新編諸子集成

墨子校注

上

吴毓江 撰
孫啓治 點校

中華書局

圖書在版編目(CIP)數據

墨子校注/吴毓江撰;孫啓治點校.—2版.—北京:中華書局,2006.2(2024.9重印)
(新編諸子集成)
ISBN 978-7-101-01015-2

Ⅰ.墨… Ⅱ.①吴…②孫… Ⅲ.①墨子-注釋②墨家 Ⅳ.B224.2

中國版本圖書館CIP數據核字(2001)第000444號

責任編輯:石 玉
封面設計:周 玉
責任印製:陳麗娜

新編諸子集成
墨子校注
(全二册)
吴毓江 撰
孫啓治 點校
*
中華書局出版發行
(北京市豐臺區太平橋西里38號 100073)
http://www.zhbc.com.cn
E-mail:zhbc@zhbc.com.cn
大廠回族自治縣彩虹印刷有限公司印刷
*
850×1168毫米 1/32 · 35¼印張 · 4插頁 · 619千字
1993年10月第1版 2006年2月第2版
2024年9月第11次印刷
印數:21801-22600册 定價:138.00元

ISBN 978-7-101-01015-2

新編諸子集成出版説明

子書是我國古籍的重要組成部分。最早的一批子書産生在春秋末到戰國時期的百家争鳴中，其中不少是我國古代思想文化的珍貴結晶。秦漢以後，還有不少思想家和學者寫過類似的著作，其中也不乏優秀的作品。

二十世紀五十年代，中華書局修訂重印了由原世界書局出版的諸子集成。這套叢書匯集了清代學者校勘、注釋子書的成果，較爲適合學術研究的需要。但其中未能包括近幾十年特别是一九四九年後一些學者整理子書的新成果，所收的子書種類不够多，斷句、排印尚有不少錯誤，爲此我們從一九八二年開始編輯出版新編諸子集成，至今已出滿四十種。

新編諸子集成所收子書與舊本諸子集成略同，是一般研究者經常要閲讀或查考的書。每一種都選擇到目前爲止較好的注釋本，有的書兼收數種各具優長的注本。出版以來，深受讀者歡迎，還有不少讀者提出意見建議，幫助我們修訂完善這套書，在此謹致謝忱。

本套書目前以平裝本行世，每種單獨定價。近期我們還將出版精裝合訂本，以滿足不同層次讀者的需求。

後續整理的重要子書，將納入新編諸子集成續編陸續刊出，敬請讀者關注。

中華書局編輯部

二〇一〇年一月

修訂説明

吴毓江先生(一八九八—一九七七)墨子校注,於一九四四年由重慶獨立出版社刊行。一九九三年,中華書局出版由孫啓治先生據重慶本所做的整理本。吴毓江先生在二十世紀五十年代曾對該書做過系統的修訂。一九五九年將書稿交某出版社,後因故出版受阻,書稿也在「文革」中損失。

吴毓江先生逝世後,其親屬蒐攏零散遺稿,重新將修訂部分彙集,由其次子吴興宇先生在整理本墨子校注的基礎上予以修訂增補,並交中華書局再版。由於遺稿有潦草損缺之處,原書中的某些存疑之處,仍未能弄清,訛誤難免,敬希專家和讀者指正。

中華書局編輯部　二〇〇〇年六月

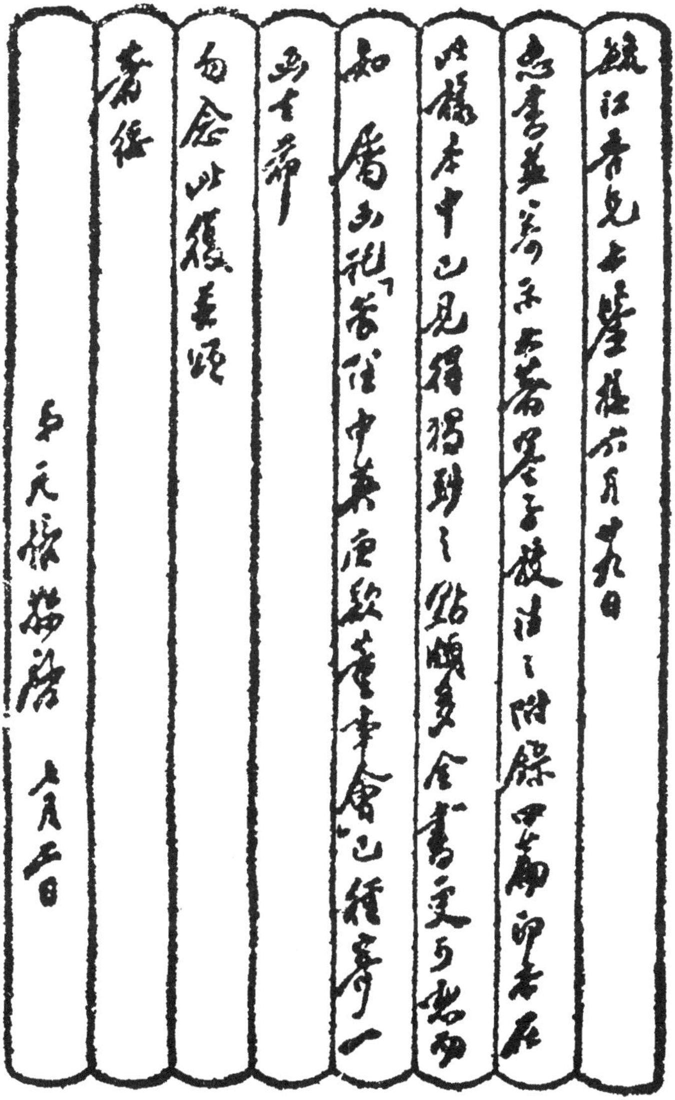

蔡子民先生致作者函

蔡孑民先生致作者函

毓江吾兄大鑒：

接六月廿九日惠書，並寄示大著墨子校注之附録四篇印本。在此樣本中已見得獨到之點頗多，全書更可想而知。

屬函託「管理中英庚款董事會」，已徑寄一函去，希勿念。此復，並頌著綏。

弟元培敬啓　七月二日

點校説明

墨子這部書，是研究先秦墨家學派及其創始人墨翟思想的重要著作，内容主要記載墨翟的言論和政治活動，還有一部分爲後期墨家著作。書中也有一些後人所附益的文章，不能作爲墨家思想對待①。

關於墨翟的國籍，史籍記載不一，一説是宋國人，一説是魯國人，疑莫能考。但從墨子所記載他的活動來看，他曾長期居住在魯國。至於他的生卒年代，史籍更無明文，大致可知他是春秋戰國之際的人，時代略後於孔丘。

墨子在先秦諸子書中號稱難讀，直至今天，書中尚有不少疑難未解。有些雖經前人作過各種解釋，但迄未定論。其原因有二：一是文字的錯譌脱衍較他書爲甚；二是書中保存下來的古字古義也較多。我們要弄清墨子書何以變成今天這個樣子，就必須了解墨翟學説由盛而衰的歷史遭遇，及其對墨子版本流傳的消極影響。

韓非子顯學篇説：「世之顯學，儒墨也。儒之所至，孔丘也。墨之所至，墨翟也。」以墨翟爲代表的墨家，在戰國時期曾是與儒家並立的兩大學派，當時視爲「顯學」。但自秦漢以降，墨學地位日益式微。不僅同取得官方正統地位的儒學不可同日而語，即同老莊之學也不能相比。這絶不是偶然的。墨翟學説的核心，可以歸結爲「兼愛」，即平等地愛一切人。由於主張兼愛，必然導致他的「非攻」思想，反對一切攻伐別國的戰争，不僅口頭反對，而且付諸行動，積極講究防禦進攻的方法②。由於主張兼愛，他又反對貴族壓榨人民以供其荒淫奢侈的生活，於是導致他的「節用」、「節葬」、「非樂」等主張。而儒家所提倡的繁文縟禮、厚葬久喪，正是耗費財力的因素之一，因而導致他的「非儒」思想③。爲了解脱人民的痛苦，實現其「兼愛」的理想，又導致了他的「尚賢」、「尚同」政治理論，主張用人唯賢，有能則使，而不論其貧富貴賤。並且自百姓、里長、鄉長直至最高統治者天子，由下而上層層服從，都要遵從同一個是非標準，即他所謂的「天志」，而這個上天的意志不是别的，正是他自己「兼相愛、交相利」思想的神格化。最後，不論是他宣揚鬼神賞善罰暴的唯心論「明鬼」思想，還是認爲國家的治亂興亡、個人的貧富榮辱都非命中所定的唯物論「非命」思想，其目的都在勸誡統治者爲善，都是爲了實現他的兼愛思想而服務的。墨翟思想客觀上反映了身處貧困與戰亂中的人民的願望，因而墨學在當時有較廣的社會基礎，成爲戰國時期一大學派。孟軻説「墨翟之言盈天下」(孟子滕文公下)，當屬可信。但這種根基於「兼愛」的學説是不可能實現的。平等的愛在封建等級社會中根本不存在，把希望寄託於對統治者的勸誡，則尤屬空想。不分等級地用人、禁止攻戰侵伐、提倡節歛省用等主張，都爲統治者所不欲，也不可能做到，因之必然遭到他們反對。再從歷史發展觀點看，戰國諸侯弱肉强食的兼併戰争，儘管給人民帶來了灾難，却是由分裂走向統一的必然過程，因而從根本上説，墨家的「非攻」思想是不符合歷史發展要求的。所以，秦漢以後雖也有一些士大夫階層的人爲墨翟説過好話④，但墨學畢竟不合封建統治的需要，終於衰落下去。

墨學既不爲歷代統治者提倡，士大夫學者和一般讀書人自然不去理會墨子。自秦漢直至清代中葉，二千多年來很少有人研究這部書，幾乎没人替它作注解⑤。先秦各大學派的代表性著作，幾乎都有唐宋以上人作的舊注，唯獨墨子没有。這種情况對墨子版本的流傳造成了消極影響。因爲歷代很少有人研究這部書，所以一方面，在抄、刻流傳過程中産生的錯誤就難得到糾正的機會，特别是後人因爲没有前人舊注作參照，尤難更正了。另一方面，書中的古體字以及六朝以來抄寫流傳中出現的異體字、俗體字保存下來的就比較多，字體既難識，後人容易認錯、寫錯，結果書中還出現一些不見於字書的杜撰字。萬曆以來，明人刻書，動輒臆改，爲書林一刼，墨子更難逃厄運，這也是清乾隆以前鮮有人研治墨子的原因之一。

畢沅是第一個整理墨子全書的人。他以明道藏本爲底本，參校了幾種明後期刻本及傳注、類書的引文，校正了一些文字，並作了簡要的注釋，刊布於乾隆四十八年。畢氏的校注雖然疏漏不少，但墨子經他一番整理並加刊布，爲後人進一步研究打下基礎，他的草創之功應該肯定。自畢注本流行，清儒始注意墨子，一時名家如王念孫、引之父子及俞樾諸人，都就畢注本加以研究，頗多成績。到了晚清，著名學者孫詒讓以其覃思十年之功，考校文字，徵引文獻，兼采王、俞諸家之説，撰成墨子閒詁，初以活字印行，至宣統二年刊布定本。俞樾稱譽爲「自有墨子以來未有此書」（墨子閒詁序），洵非濫譽之辭。墨子閒詁的主要不足之處，是孫氏寫書時能看到的版本少，除以畢刻作底本外，僅根據明吴鮑菴殘抄本、道藏本、堂策檻本等作參校，而後二種本子還未見原書，祇根據顧廣圻等人寫的校記。孫氏所見版本既很有限，以致畢校本中不少文字譌誤甚至包括刻錯的字，往往爲墨子閒詁所承襲而未能糾正。此外，孫氏對文字考訂雖精當，但限於版本依據，也産生一些本可避免的主觀臆斷。以孫氏的才識，當時如能多見異本，其書的成就當更大。

如果説畢注本的問世爲清儒治墨學作一先導，那麼墨子閒詁的問世則促進了近代學者的進一步研究。他們或專研墨經，或校補孫書，或通治墨子全書。以治全書而論，則當推吴毓江的墨子校注成就最大，也最爲重要，是繼墨子閒詁後唯一可以與之媲美的近人注本。

吴毓江，一九二五年畢業于北京大學經濟系。他從大學時代開始，即着手對墨子進行研究，積二十餘年之功，撰成墨子校注十五卷，並附墨子舊本經眼録、墨子各篇真僞考、墨子姓氏生地年世考、墨學之真諦，一九四四年由重慶獨立出版社刊行。墨子校注最大的特點，就是保存了許多今天已不易獲見或竟失傳的墨子各種版本的異文，爲整理墨子集中提供了迄今爲止最詳盡的版本資料。吴氏在自敍中説：「蓋校古書以多備古本爲第一義。異本多，則給予讀者理解書意之暗示多，往往積思逾時不得其解，一經善本印證，則豁然頓悟。」因此，他花了長時間搜訪國内外各種墨子版本，爲寫校注作準備。在本書附録墨子舊本經眼録中，他列舉了自日本古抄卷子本以下十七種抄本、刻本，這還不包括明萬曆以後及清代的版本在内。吴氏所見墨子版本之多、之善，大大超過畢孫諸人所見，即以今天看，他也是搜集版本異文最多的一人。他自云「搜集廿年，漫遊萬里，墨子刊本略備於斯」，並非虚言。由於吴氏獨具多見異本的有利條件，所以考訂文字能言之有據，不僅改正了畢孫二書的譌誤達千餘處，而且有新的創獲。在注釋方面，校注比閒詁晚出三十多年，能吸收一些孫氏所不及見或未能見的清儒和近人校勘成果，而且針對前人注解中的疏漏與錯誤，吴氏自己也提出了不少頗具參考價值的新見解。這些，都是校注勝過孫書之處。

吴氏校注以畢刻爲底本，在校勘版本文字上花了很大精力。他的校記不僅記載異文，而且連字體的古今、正俗之分，甚至刻本字筆劃的殘損情况，也都記録下來。他在校記中保存的古體字、異體字，不僅對今本文字譌誤的演變由來提供了一些綫索，而且對了解版本的淵源也是有幫助的。例如，吴氏在校勘中利用了日本古抄卷子本群書治要，這個卷子抄寫於日本文應元年，相當於我國南宋理宗景定元年，似乎可以視爲宋本了。但從校注所記録的該卷子字體看，如「朔」作「玥」，「德」作「悳」，「邊」作「邉」，「寡」作「宜」，「奪」作「奪」，「强」作「強」，「禍」作「禍」等等，多爲六朝、唐時期碑銘與寫本中常用的别體字，而「民」字又作缺筆，可以推知該卷子的底本是唐代寫本，因此它保存的墨子文字具有較高的校勘價值。如非吴氏在校記中細心保存了這些爲一般校勘者所不注意的别體字，就不易了解這古抄卷子的淵源了。但校勘的細緻不等於繁瑣，吴氏在校記中還細大不捐地把一些古書中常見的互用字也記録下來，如唯惟、無无、於于、鄰隣、睹覩之類，這就不免流於繁瑣了。

墨子校注自問世以來，頗受學術界推崇，但由於此書印刷於抗戰時代，流傳既少，印刷錯誤尤多。現予以重新整理，以便讀者。

整理這部書，我們作了如下的工作：

（一）校注以畢刻本爲底本，今重新一一覈檢，改正原印本的錯漏。吴氏對畢本有所改動，在注中已説明的，不加改動。避諱字則逕改。

（二）校注所列各本異文，以所能見到的幾種本子重校，只改正排版錯誤，其他仍舊，以保存校注原貌。主要參校本：正統道藏本，嘉靖唐堯臣刻本，緜眇閣本，堂策檻本，四庫全書文淵閣本，日本寶曆本。

（三）校注引文，大都檢覈原書，凡有改正，均出校記，列于當頁之末。

（四）所引漢魏六朝碑別字，因印刷多有變形，今查明來源，加以糾正。因不屬改字，故不出校記。

（五）原版校注是雙行小字排于正文之下，由于印刷的關係，今統一改在正文之後，并增標注文序号。

標點體例，與中華書局點校本廿四史體例大致相同。墨子書中情況特殊者，書中自成體例，讀者詳之。

點校此書，得到了中華書局陳金生同志的熱情幫助，并請張雨淼同志通讀了全稿，作了細心核對，在此特表謝意。

限於校點者水平，其中一定存在不少問題，請讀者批評指正。

一九八八年二月　孫啓治

① 關於墨子各篇内容及真僞，可參看本書附録墨子各篇真僞考。

② 今本墨子備城門以下各篇，雖有漢人文字摻入，但仍然保存了不少墨家守城的技術與方法。

③ 可參看節葬下、公孟等篇。今本非儒下篇有僞作摻入，但也保存了一些墨翟的非儒思想。

④ 例如唐代韓愈就認爲儒墨之道相爲用（讀墨子），宋代程頤也推崇墨翟的人品，説「墨子之德至矣」（二程全書遺書二十五）。

⑤ 西晉時，魯勝曾爲墨辯作注（晉書卷四十九），通志藝文略載有樂臺注墨子三卷，二人均非通注全書，且其注久佚。

墨子校注目錄

上册

卷之十五

附録

王敍

吴君毓江好治諸子學，其墨子之經濟思想一文，即畢業北京大學時所提出之論文也，足以補正梁任公之墨子學案者頗多。二十一年，晤毓江於成都，復見其所著墨子校注，方法謹嚴，考訂博洽，勸其付梓。毓江乃謂尚欲多集古本，以資參校。旋東遊數年，得窺中土未見之本，所增珍貴之資料又復不少。蓋墨子一書傳本甚罕，在宋元如陳直齋、王伯厚、黄東發、吴正傳諸君子所見，皆止三卷本。至於輓近，宋元舊槧已稱絶迹，即明代刻本亦難多覯。毓江竟能於古籍殘闕之際，搜集訪求至十餘種之多，對於現存古刊本墨子，殆已網羅無遺。持以從事校注，宜其有以異於清代名儒，而自成一家之言。昔時因訛奪聚訟，莫知適從者，讀此不煩言而解矣。

其中關於校訂方面，如法儀篇之「衡以水」，尚賢上篇之「今上舉義不辟遠近」，尚賢下篇之「粒食之民莫不勸譽」，尚同下篇之「百姓不刑，將毀之」，兼愛上篇之「故不慈不孝亡」，節用上篇之「去其無用」，非樂上篇之「其説將必與人」，公孟篇之「公孟子義」、「能爲禍福」、「則盗何遽無從入哉」，公輸篇之删去「臣見大王之必傷義而不得」等等；關於注釋方面，如辭過篇之「搁布絹」，尚賢中篇之「無故富貴」，節用上篇之「芊䱉」、「且不然已」，天志下篇之「入其溝境」，明鬼下篇之「立以爲蒓位」，非樂上篇之「黄言孔章」，經説下篇之「或木或石，不害其方之相台也」，大取篇之「察聲端名，因請復」，耕柱篇之「商葢」，公孟篇之「何遽」等等；皆博攷明辯，精審絶倫。其他發明勝義、糾正舊説之處，尚可觸目見之。

此書問世，不唯讀墨子者得一善本，即墨學真面亦可緣此而大白於天下。毓江深思好學，對於子學積稿尚多，倘能續爲刊布，其貢獻於學術者，將更不可以道里計矣。三十二年夏日，秀山王兆榮。

自敘

墨子在先秦古子中號稱難讀，今傳注本以畢沅本爲最早，以孫詒讓本爲最善。畢本刊于清乾隆四十八年，其注前無所承，措手倍難。中經王、顧、蘇、俞諸家之補苴，百餘年後，孫氏始集各家之説，斷以己見，刊布其覃思十年之墨子閒詁，博洽矜慎，允推名作。俞樾敍謂「自有墨子以來未有此書」，非過譽也。

然其書待後人補正之處亦復不少，或限于版本，或偶有疏失，自一二字以至于數百字。如第一卷七患篇曰「君脩法討臣，臣懾而不敢拂」，孫云：「舊本『臣』字不重，據羣書治要補。」今偏檢舊本，「臣」字無不重者，僅畢本脱去一「臣」字。又曰「所忠不信，所信不忠」，孫于「所忠」、「所信」之下，據羣書治要補「者」字。但審諸辭氣，求之文例，無「者」字固自可通，不必輒改本書也。又曰「四穀不收謂之餽」，邵云「餽與匱通」，孫云「邵説是」，不知太平御覽引舊注「音匱」，而正德本亦正作「匱」也。又曰「人君徹鼎食五分之五」，孫云「疑當作五分之三」，不知正德本正作「五分之三」也。又曰「今歲凶民饑道餓」，「道餓」二字置于「民饑之下，頗嫌辭贅，不如正德本作「民饑道饉」（饉讀爲殣）之愜適也。又曰「爲者疾，食者衆，則歲無豐」，俞云「疾當爲寡」，孫云：「俞説未塙。此疑當作『爲者疾，食者寡，則歲無凶；爲者緩，食者衆，則歲無豐。』」較原書增多十字，不知舊本並作「爲者寡」，至畢本始誤「寡」爲「疾」也。又曰「此其離凶餓甚矣」，孫云「凶餓當作凶饑」，不知正德本、陳本並作「凶饑」也。又曰「桀無待湯之備故放，紂無待武之備故殺」，「武」下舊本並有「王」字，惟畢本脱去，孫氏未校此條。又曰「故曰以其極」云云，與上文義不相承，因有脱文四十字在辭過篇，比而觀之，其錯立見，孫氏亦未及之。又曰「厚爲棺椁，多爲衣衾」，一本「衾」作「裳」。攷墨子説葬事無曰「衣衾」者，獨此曰「衣衾」，與全書文例不合。衾不以葬，見淮南王書，至今民俗猶然，孫氏竟未一言疑之也。墨子全書以卷一文字較順，疑難較少，今其一篇之中可商酌或待補苴之處如是其多，他篇已可概見。又舊注諸家删補移易或未允當，孫氏多踵失貤謬，杳無匡正。如尚賢下篇王氏誤删「推而上之以」五字，明鬼下篇戴氏誤删「是以莫放幽閒擬乎鬼神之明」等二十餘字，非命中篇王氏誤移「必不能曰我罷不肖我爲刑政不善」等數十字，公孟篇王氏誤補「一處而不出者行爲人筮者」十餘字，畢氏誤移「先生以鬼神爲明知能爲禍福」等二百餘字，公輸篇畢氏誤補「臣見大王之必傷義而不得」十餘字，是其一斑也。

惟是昔人校書，取譬掃葉。墨學奧博，董理尤艱，疏失挂漏，勢所難免，訂正補苴，責在後學。余不揣淺陋，竊志於斯，深思旁求，忽忽廿年。致力途徑，有可言焉：

一曰搜集異本。墨子舊本中，如吴鮑菴鈔本、顧校道藏本、顧校李本、畢刻本，皆孫氏所已見，取以覆勘，疏漏時有。如卷子本、正德俞鈔三卷本、正統道藏原本、嘉靖壬子銅活字本、嘉靖癸丑本、嘉靖丁巳本、隆慶沈刻本、萬曆丁丑潛菴本、萬曆辛巳茅校本、李贄批選本、緜眇閣本、堂策檻本、一名李贄、郎兆玉評輯本。陳仁錫本、日本寶曆秋山儀校刻本、四庫全書本，皆孫氏所未見。互相校讎，異同實繁。蓋校讀古書，以多備異本爲第一義。異本多，則給予讀者理解書意之暗示多，往往有積思逾時不得其解，一經善本印證則豁然頓悟。如尚賢下篇，道藏本作「王公大人骨肉之親，躄瘖聾，暴爲桀紂，不加失也」，銅活字本作「蹙瘖聾」，一本作「慼瘖聾」。「蹙」、「慼」字通，審校文義，「蹙」、「躄」二字皆當有，本各脱一字耳。尚同中篇「察鄉長之所以治鄉者，何故之以也」文義未完，正德本「者」上有「而鄉治」三字，則完矣。又「政以爲便譬宗於父兄故舊」義不可通，正德本、寶曆本作「便嬖宗族」，則解矣。尚同下篇一本作「上以若人爲善，將毁之，若人雖使得上之賞，而辟百姓之毁」，義不可通。一本「將毁之」作「將賞之」，義雖可通，而文尚未完。正德本作「上以若人爲善，將賞之，百姓不刑，將毁之，若人雖使得上之賞，而辟百姓之毁」，意完辭足，可證他本各脱七字。兼愛下篇一本作「然即敢問不識將惡也」，義不可通。一本作「然即敢問不識將擇之」，義亦不可通。審校文義，當作「然即敢問不識將惡擇之也」，本各脱去二字。俗本不達，妄加删節，失之遠矣。三辯篇「無乃非有血氣者之所不能至邪」與上文語氣不合，李本無「不」字，則合矣。非攻下篇「楚熊麗始討此睢山之閒」文義費解，寶曆本「討」作「封」，與下文數「邦」字一律，封、邦古通。則解矣。天志中篇「既可得留而已」文不成義，寶曆本作「既可得知而已」，「知而」雖倒，義猶可尋。非樂上篇「大人鏽然奏而獨聽之，將何樂得焉哉？其説將必與賤人」文義不協，吴鈔本無「賤」字，則解矣。耕柱篇「人不見而耶，鬼不見而富」文義難通，寶曆本「耶」作「助」，則解矣。昔人謂觀天下書未徧，不得妄下雌黄，蓋有由也。

二曰徵引善本。古今傳本句或歧出，字亦小異。許氏説文引墨子「兼、綳」二文，皆不見于今本，其經改易甚爲顯然。今于「兼」、「綳」二文之外，尚可徵諸古籍，尋出差異。如今本「無」字，卷子本治要及北宋本御覽並作「无」。今本「厲公長父」，見所染篇。卷子本治要作「竵公長父」，宋本荀子成相篇楊注引作「竵公長父」，元本作「纗公長父」，即吕氏春秋當染篇「虢公長父」之譌變。今本「伍員」，見所染篇。卷子本治要及正德本作「五員」。今本「湅餒」，見辭過篇。卷子本治要及宋本御覽作「凍餧」。段玉裁改説文之「餧」爲「餒」，惜未見此。是其一斑也。尋此久墜之緒，賴有古善之籍，故本校注徵引他書，一以善本爲主。如羣書治要用卷子本及銅活字本，北堂書鈔用明鈔本及孔本，藝文類聚用嘉靖小字校宋本，初學記用宋本，太平御覽用北宋本、古鈔本、南宋本，三史及文選皆用宋本。餘引各書，類用宋明佳槧。總十方之珍祕，會萃于校注中，非云好奇，庶幾寡過。否則樂萬加工，非樂篇「興樂萬萬人」，俗刊本御覽引作「有樂工萬人」。自若成目，耕柱篇「白若之龜」，類聚引作「自若」，剥蝕本類聚作「目若」。刑名誤而作別，魯勝墨辯注敍「以正刑名顯於世」，孫據誤本引作「別名」。蛙黽轉而爲蠅，墨子佚文「蝦蟆蛙黽，日夜而鳴」，畢、孫據誤本引作「蛙蠅」。遽加徵引，徒益紛歧。

三曰尋求例證。古代書籍歷經傳寫，文字語言遞有變遷：或衍脱錯亂，或聲轉形移，或古奧簡複。逆以今意，動多扞格。故校讀古書者，以本書文例證本書，取徑最便。其次以時代不相懸遠之書互相參證，得其恉歸。此種例證，其可恃程度有時轉在校勘版本與援據類書之上。如天志中篇「强之暴寡，詐之謀愚，貴之傲賤」，以下文「强不劫弱，衆不暴寡，詐不謀愚，貴不傲賤」、「强劫弱，衆暴寡，詐謀愚，貴傲賤」，及兼愛下篇「强之劫弱，衆之暴寡，詐之謀愚，貴之傲賤」文例證之，可知「强之暴寡」爲「强之劫弱，衆之暴寡」之殘脱。非命下篇「發而爲政乎國察萬民而觀之」，以節葬下篇「姑嘗傳而爲政乎國家萬民而觀之」文例證之，可知「察」爲「家」之字誤。非樂上篇「子墨子言曰：仁之事者，必務求興天下之利，除天下之害」，萬曆潛菴本「仁之事者」作「仁者之事」，文氣較順。但以兼愛下篇「子墨子言曰：仁人之事者，必務求興天下之利，除天下之害」文例證之，則「仁」下當脱「人」字，潛菴俗本殆以意移「者」字于「仁」字下耳。尚同中篇「他故異物」，數見于韓非子。本書小取篇有「他故」，尚賢中篇有「異物」，兼愛中篇有「難物于故」，字法皆同。兼愛下篇「以水救水」，見於莊子及淮南子。非攻下篇之「少少」，見于春秋繁露。非儒下篇之「胥車」，即韓非子之「犀車」。小取篇「殺盜非殺人」，見于莊子、荀子。耕柱篇「人不見而助，鬼不見而富」，「富」讀若「福」。與國語「皇天弗福，庶民弗助」文意相似。凡此皆古書之可互證者，其例頗多。

以上三端，皆漢學家所常用以讀古書者。非多備異本則校勘無由，非徵引善本則援據難信，非旁求例證則比類不廣。審此三者，慎而用之，則删羨補脱，訂譌移錯，庶不至漫無依據，流于空疏。至于審辭氣以正其讀，明訓詁以通其義，上溯古籀之原，旁及名物之理，奇辭奥恉，隨疑分釋，違異舊説，良非得已。於所不知，謹付闕如。海内明達，幸垂教焉。

例言

一、近世通行墨子注本，有畢沅本及孫詒讓墨子閒詁，考訂甚勤，錯譌仍多。本書廣羅異本，詳加校訂，總計删衍、補脱、正譌、移錯，訂正畢本及墨子閒詁者千有餘字。

二、本書校勘所據之重要版本如次：一、卷子本，二、明正統道藏本，三、明正德俞弁鈔本（簡稱正德本），四、明吴寬鈔本（簡稱吴鈔本），五、明嘉靖陸穩校芝城銅板活字藍印本（簡稱陸本，日本寬政田直詩翻印嘉靖銅活字本簡稱翻陸本），六、明嘉靖陸叙唐堯臣刻本（簡稱唐本，商務印書館影印唐刻本，簡稱影印唐本），七、明隆慶沈津刻百家類纂本（簡稱沈本），八、明萬曆潛菴敍子彙本（簡稱潛本），九、明萬曆茅坤校書坊刻本（簡稱茅本），十、日本寶曆七年秋山儀校刻本（簡稱寶曆本），十一、明萬曆李卓吾叢書本（簡稱李本），十二、明萬曆馮氏緜眇閣本，十三、明郎氏堂策檻本，十四、附記於顧校道藏本下闌之李本（簡稱顧校李本），十五、明陳仁錫選諸子奇賞本（簡稱陳本），十六、馬驌繹史本（簡稱繹史本），十七、清乾隆四庫全書文津閣本（簡稱四庫本），十八、清乾隆畢沅校刻本（簡稱畢本）。此外明萬曆以後節本墨子異文，間亦采及，隨注標名，參看附録墨子舊本經眼録。

三、本書校注所稱：（一）各本，指所據各種版本。（二）舊本，指除畢本外舊有之一切版本。（三）諸本，指少於各種、多於三種以上之諸種版本。（四）古本，指明隆慶以前諸本及茅本、寶曆本。

四、本書引據各書，皆盡力搜訪善本。如道藏本墨子，孫詒讓所據者僅爲蔡匯滄轉鈔之顧校道藏本，故遺漏甚多。著者則除顧校道藏本外，並見北平白雲觀、傅氏雙鑑樓、日本宫内省道藏原本三種。又如太平御覽，畢沅所據者僅爲明萬曆以後刊本。王念孫據鈔本御覽，已訂正畢誤不少。著者則更據宋本、南宋蜀刻本（簡稱蜀本）、補宋鈔本等，詳加校訂。注中所引他書，亦多人間珍祕善本，幸讀者注意之。

五、本書爲便於采用畢注，以畢本爲底本。正文字句，於各種版本中擇善而從。有時如舊本作「于」、畢本作「於」，舊本作「吾」、畢本作「我」，在今人視之毫無分别，在古人則語言文字或不盡同。諸如此類，皆改從舊本，期其近古寡過，非名實未虧而喜怒爲用也。

六、墨子書多古文，如「天」作「兲」、「迹」作「速」、「其」作「亓」、「殺」作「敍」、「梓」作「榔」等，卷子本羣書治要與宋本太平御覽所引墨子「無」並作「无」、「禮」並作「礼」，皆古文也。今本經説下篇「人若不盈无窮」，「无」誤作「先」。公孟篇「君子必學祭礼」，「礼」誤作

「祀」，可爲墨子原文作「无」、作「礼」之證。數千年來，書體屢變，傳寫迭經，俗體別構不免參雜其間。今無論其爲古文、爲俗體，皆仍其版本相傳之舊。輕變字形，或致錯誤；慎重古書，不得不爾。

七、校刊古書最忌改字。節本類書以及文選注等所引墨子，多經删節，間亦文飾，有裨參稽，不盡可恃。對於俗本異文，尤當特別注意。古本之錯譌難解處，往往即爲其樸質可貴處，可以留待解人。俗本以意輒改，文從字順，真像反晦。如堂策檻本改非命中篇「而罷不肖」爲「我罷不肖」，改公孟篇「公孟子義章甫」爲「戴章甫」。潛本改非攻中篇「且一不箸何」爲「中山諸國」，移公孟篇「有游於子墨子之門者謂子墨子曰」節入於下文。畢、王、孫諸家或據以移改底本，皆致錯誤，是其例也。

八、墨子書隱晦垂千餘年，既無帝王提倡，亦鮮士夫誦習。簡帛之朽蠹殘亂，鈔胥之錯落妄注，較之他書特爲尤甚，故錯亂甚多。自一二字以至於數百字，陳振孫直齋書録解題所謂「多訛脱不相連屬」者。如今本大取等篇，蓋經多次錯亂，若僅爲一次錯簡，尚不至如是殽雜。所幸錯亂雖多，竄改甚少，悉心董理，非全無綫索可尋。王、顧、孫、曹諸家已多校移，惜未能盡歸愜適，今依據善本審校移正，用便省覽。

九、本書引他家注語，則冠以其人姓名。常引者，著其姓。如「畢云」，畢沅云也。「秋山云」，日人秋山儀云也。「王云」，王念孫云也。「蘇云」，蘇時學云也。「俞云」，俞樾云也。「曹云」，曹耀湘云也。「吴云」，吴汝綸云也。「孫云」，孫詒讓云也。餘仿此。

十、著者校注或注於正文之下，或附於舊注之後。其附於舊注之後者，則加「案」或「○案」以别之。舊注中有愚意所未安者，亦詳爲辯正。

十一、畢、孫本舊注所引他書頗有錯誤，今依據善本隨文更正，不一一注明，以免繁瑣。

十二、著者對於本書致力既久，積稿實繁，尚有附録多種，已於數年前與本人應用書籍併留置他處。鈔寄幾經遺失，往取復感不便。時實爲之，莫可如何。俟海甸澄清，環境許可，當另印行之。

十三、著者對於本書雖用功有年，以限於學力，牽於人事，疏漏謬誤，在所難免。尚冀好學通人進而教之。不僅本書之幸，亦學術之幸也。

墨子目錄一卷

畢沅云：舊本皆無目。　　孫詒讓云：道藏本及明鈔本、刻本並無目錄，此畢氏所定。　　○案：陸本、堂策檻本並有目，畢、孫未見耳。茅本、寶曆本亦有目，惟卷第有合并。緜眇閣本更將無目諸篇第次載出。茲依據所見諸本列目，別爲一卷。

卷之一

親士第一

脩身第二

所染第三魏徵羣書治要引篇目同。

法儀第四治要引篇目同。

七患第五治要引篇目同。

辭過第六孫云：治要引此篇文并入七患篇，疑唐以後人所分。

三辯第七正德本以上七篇合爲上卷，題曰經。

卷之二

尚賢上第八治要引篇目同。漢書藝文志顔師古注引作上賢。
尚賢中第九
尚賢下第十正德本以上三篇合爲中卷，題曰論。
卷之三
尚同上第十一漢書顔注引作上同。
尚同中第十二
尚同下第十三正德本以上三篇合爲下卷，題曰論。
卷之四
兼愛上第十四漢書顔注引同。
兼愛中第十五
兼愛下第十六
卷之五六同卷。○案正統道藏本五六兩卷同一梵夾，故云。
非攻上第十七
非攻中第十八
非攻下第十九

卷之六

卷之七

卷之八

大取第四十四
小取第四十五
耕柱第四十六
卷之十二畢云：舊云「十三同卷者」，梵本分帙如此。孫云：此明人編入道藏所合并，非古本也。畢謂「梵本」，亦非。○案正統道藏本裝式爲梵夾，畢說不誤。
貴義第四十七治要引篇目同。
公孟第四十八
卷之十三
魯問第四十九
公輸第五十
□□第五十一亡。
卷之十四
備城門第五十二吴寬鈔本備城門爲第五十四，備高臨爲第五十五。書末吴氏手跋云：「本書七十一篇，其五十一之五十三，五十七，五十九之六十，六十四之六十七，篇目並闕，當訪求古本攷入。」
備高臨第五十三

□□□第五十四亡。○案「第」字低格。字數及小注「亡」字並從緜眇閣本。以下無目第次並同。
□□□第五十五亡。
備梯第五十六
□□第五十七亡。
備水第五十八
□□第五十九亡。
□□第六十亡。
備突第六十一
備穴第六十二
備蛾傅第六十三

卷之十五

第六十四亡。
第六十五亡。
第六十六亡。
第六十七亡。

迎敵祠第六十八

旗幟第六十九

號令第七十

襍守第七十一

畢沅云：按舊本皆無目，隋書經籍志云「墨子十五卷，目一卷」，馬總意林云「墨子十六卷」，孫云：馬本梁庾仲容子鈔，見高似孫子略。則是古本有目也。考漢書藝文志云「墨子七十一篇」，高誘注呂氏春秋云「七十二篇」，疑當時亦以目爲一篇耳。藏本云「闕者八篇」，而有其目：節用下、節葬上、中、明鬼上、中、非樂中、下、非儒上是也，當是宋本如此。而館閣書目云「自親士至雜守爲六十一篇，亡九篇」，恐是「八」譌爲「九」。又七十一篇亡其九，原文似謂六十一篇亡九篇，「九」爲「八」之譌，則當存五十三篇，與今本合。蓋就有目諸篇合計之，爲六十一篇也。當存六十二，而云「六十一」，亦「二」之譌也。其十篇者，藏本并無目，亦當是宋時亡之。然則宋時所存，實止五十三篇耳。然詩正義引備衡篇，則尚存其目，而不知列在第幾。太平御覽引有備衡法，正在此篇，則宋初尚多存與？孫云：御覽多本古類書，不足證北宋時此書尚有完本也。南宋人所見十三篇一本，樂臺曾注之，即自親士至上同是。而潛谿諸子辯云「上卷七篇號曰經，中卷、下卷六篇號曰論，共十三篇」，正德本有宋濂敍文，蓋即由其所見之三卷十三篇本傳鈔而來。又有可疑。夫墨子自有經上下、經說上下，在十三篇之後，此所謂「經」，乃親士、修身、所染、法儀、七患、辭過、三辯七篇，與下尚賢、尚同各三篇文例不異，似無經、論之別，未知此說何据。以意求之，或以經上下、經說上下及親士、修身六篇爲經，其說或近，以無「子墨子」云云故也。畢說非，詳校注及附録。然古人亦未言之。至樂臺所注，見鄭樵通志藝文略，而焦竑國史經籍考亦載之，似至明尚存。孫云：鄭、焦二志多存虛目，不足據。卒亦不傳，何也？若錢曾云「藏會稽鈕氏世學樓本，共十五卷七十一篇，內亡節用等九篇」者，實即今五十三篇之本，內著「闕」字者八篇，錢不深核耳。

墨子校注卷之一

親士第一①

入國而不存其士，則亡國矣②；見賢而不急，則緩其君矣。非賢無急，非士無與慮國。緩賢忘士而能以其國存者，未曾有也。

昔者文公出走而正天下③，桓公去國而霸諸侯，越王句踐遇吴王之醜④，而尚攝中國⑤之賢君。三子之能達名成功於天下也⑥，皆於其國抑而大醜也⑦。太上無敗，其次敗而有以成⑧，此之謂用民。吾聞之曰：「非無安居也，我無安心也；非無足財也，我無足心也。」是故君子自難而易彼⑨，衆人自易而難彼⑩。君子進不敗其志，内究其情⑪，雖襍庸民，終無怨心⑫，彼有自信者也。

是故爲其所難言，必得其所欲焉；未聞爲其所欲，而免其所惡者也。是故偪臣傷君，諂下傷上⑬。君必有弗弗之臣⑭，上必有詻詻之下⑮。分議者延延⑯，而交苟者詻詻⑰，焉可以長生保國⑱。臣下重其爵位而不言，近臣則喑⑲，遠臣則唫⑳，怨結於民心㉑，諂諛在側，善議障塞，則國危矣㉒。桀紂不以其無天下之士邪？殺其身而喪天下。故曰：「歸國寶㉓，不若獻賢而進士。」

今有五錐㉔，此其銛㉕，銛者必先挫。有五刀，此其錯㉖，錯者必先靡㉗。是以甘井近竭，招木近伐㉘，靈龜近灼，神蛇近暴㉙。是故比干之殪，其抗也㉚；孟賁之殺，其勇也㉛；西施之沈，其美也㉜；吳起之裂，其事也㉝。故彼人者，寡不死其所長，故曰「太盛難守」也㉞。

故雖有賢君，不愛無功之臣；雖有慈父，不愛無益之子㉟。是故不勝其任而處其位，非此位之人也；不勝其爵而處其祿，非此祿之主也。良弓難張，然可以及高入深㊱；良馬難乘，然可以任重致遠；良才難令，然可以致君見尊㊲。是故江河不惡小谷之滿己也，故能大㊳。聖人者，事無辭也，物無違也，故能爲天下器。是故江河之水，非一原之流也㊴；千鎰之裘㊵，非一狐之白也㊶。夫惡有同方取不取同而已者乎㊷？蓋非兼王之道也。

是故天地不昭昭㊸，大水不潦潦㊹，大火不燎燎，王德不堯堯㊺。者乃千人之長也㊻。其直如矢，其平如砥，不足以覆萬物。是故谿陝者速涸㊼，逝淺者速竭㊽，墝埆者其地不育㊾。王者淳澤，不出宮中㊿，則不能流國矣。

①畢沅云：衆經音義云：「倉頡篇曰：親，愛也，近也。」説文解字云：「士，从一，从十。孔子曰：推十合一爲士。」玉篇云：「傳曰：通古今，辯然不，謂之士。」　汪中云：親士、修身二篇，其言淳實，與曾子立事相表裏，爲七十子後學者所述。　孫詒讓云：此篇所論，大抵尚賢篇之餘義，似不當爲第一篇。後人因其持論尚正，與儒言相近，遂舉以冠首耳。以馬總意林所引校之，則唐以前本已如是矣。

②孫云：説文子部云：「存，恤問也。」

③畢云：「正」讀如「征」。　王念孫云：爾雅：「正，長也。」晉文爲諸侯盟主，故曰「正天下」，與下「霸諸侯」對文。又廣雅：「正，君也。」尚賢篇曰「堯舜禹湯文武之所以王天下、正諸侯者」，凡墨子書言「正天下」、「正諸侯」者，非訓爲長，即訓爲君，皆非征伐之謂。　○案：「正」，匡正。論語：「管仲相桓公，霸諸侯，一匡天下。」論衡書虚篇引作「一正天下」。漢書嚴安傳：「伯者，匡正海内，以尊天子。」

④蘇時學云：醜猶恥也。　王樹枏云：秦策「皆有詬醜大誹」，注云：「醜，恥也。」國語曰「昔者夫差恥吾君于諸侯之國」，即其義。　○案：燕策「得賢士與共國，以雪先王之恥」，新序雜事三「恥」作「醜」。

⑤「尚」，正德本作「上」。　畢云：「尚」與「上」通。　孫云：「攝」當與「懾」通。韓詩外傳云

「上攝萬乘，下不敢敖乎匹夫」，此義與彼同。　○案：七患篇「臣懾而不敢拂」，正德本及卷子本治要並作「攝」，與此同。淮南子氾論訓曰「威動天地，聲懾四海」，注云：「懾，服也。」吴越春秋句踐伐吴外傳曰：「自越滅吴，中國皆畏之。」

⑥「於」，緜眇閣本作「于」。

⑦「抑」，茅本、李本、寶曆本作「仰」。「大」，正德本作「太」。　俞樾云：「抑」之言屈抑也。「抑而大醜」與「達名成功」相對，言於其國則抑而大醜，於天下則達名成功，正見其由屈抑而達，下文所謂「敗而有以成」也。

⑧正德本無「有」字。

⑨正德本無「是」字，「君」作「民」。　畢云：言自處於難，即躬自厚而薄責人之義。

⑩道藏、意林引無兩「彼」字。正德本「衆」下有「心」字。

⑪「内」下，畢本增「不」字。　畢云：舊脱此字，据上文增。「疚」、「究」同，猶云内省不疚。俞云：「内」當作「衲」，即退字也。「進不敗其志，退究其情」，正相對成文。所謂大行不加，窮居不損也。因「退」從或體作「衲」，又闕壞而作「内」，畢氏遂據上句增入「不」字，殊失其旨。○案：「不」字不當增，俞説是也。鶡冠子夜行篇曰「致信究情」，又環流篇曰「惟聖人究道之情」。

⑫畢云：言遺佚不怨。

⑬正德本無「免」字，「諂」作「謟」。　畢云：言佞人病國與偪臣同。

⑭說文曰：「弗，撟也。」即撟弗正字，經典多以拂爲之。

⑮「詻詻」，正德本作「絡絡」，下同。　畢云：禮記云「言容詻詻」，鄭君注云：「教令嚴也。」說文云：「論〔一〕訟也。」玉篇云「魚格切」。　洪頤煊云：詻詻與諤諤同。　○案：晉書傅咸傳：「咸之爲人不能面從，自知所陳，誠頷頷觸猛獸之鬚耳。」與此「詻詻」義同。

⑯「延延」，翻陸本作「廷廷」。　新序雜事五篇曰：「主明臣賢，左右多忠，主有失，皆敢分爭正諫。」此「分議」猶彼「分爭」也。　延延，長也。　言分議者反覆爭諫而長言也。

⑰「交」，各本作「支」。今依孫校改。　孫云：「支」當爲「交」，形近而譌。　茍即敬之壞字，敬讀爲儆。交儆，謂交相儆戒也。　國語楚語：「左史倚相見申公子亹，曰：『唯子老耄，故欲見以交儆子。』」韋注云：「交，夾也。」　○案：「茍」字不必改，交茍猶交儆也。　茍、亟字通，見爾雅釋詁釋文。此以交茍爲交儆，猶天志下篇以極戒爲儆戒也。　說文曰：「茍，自急敕也。」又曰：「敕，誡也。」國語楚語曰：「昔衛武公箴儆於國曰：必朝夕以交戒我。」交儆、交戒、交茍，字異而義同。

⑱王云：「焉」猶乃也。

⑲畢云：當爲「瘖」。　說文云：「瘖，不能言也。」玉篇云：「喑，啼極無聲也。」則作「喑」亦是。孫云：「喑」、「瘖」字同，尚賢下篇有「瘖」字。　晏子諫上篇云：「近臣嘿，遠臣瘖。」又云：「朝居嚴

〔一〕「論」原誤「詻」，據畢刻本改，與說文合。

則下無言，下無言則上無聞矣。下無言則吾謂之瘖，上無聞則吾謂之聾。」說苑正諫篇「晏子云：下無言則謂之暗」，「暗」即「瘖」也。又穀梁文六年傳云「下闇則上聾」，「闇」與「暗」、「瘖」字亦通。

⑳「則唫」，正德本作「唫則」。　畢云：與「噤」音義同。史記：「蒯通曰：吟而不言。」　○案：廣韻侵部引說文曰：「唫，亦古吟字。」藝文類聚引說文曰：「吟，歎也。」說文曰：「吟，呻也。」又曰：「歎，吟也。」是古謂嗟歎爲吟也。兩義均可通。

㉑蘇時學云：「喑」、「唫」、「心」爲韻。

㉒「諂」，道藏本、正德本作「謟」。「危矣」，正德本作「矣危」。　蘇云：「側」、「塞」爲韻。

㉓畢云：「歸」讀如「齊人歸女樂」之「歸」。

㉔孫云：說文金部云：「錐，鋭也。」

㉕畢云：「銛」謂利。

㉖「挫有」，正德本作「挫其」。　畢云：言磨錯之利。

㉗正德本「靡」作「磨」。　畢云：「挫」、「靡」爲韻。　孫云：「靡」，礳之叚字，今省作磨，謂銷磨也。

㉘畢云：「招」與「喬」音相近。「竭」、「伐」爲韻。

㉙「神」，正德本作「紳」。　畢云：「灼」、「暴」爲韻。　俞云：四「近」字皆「先」字之誤。上文曰：「今有五錐，此其銛，銛者必先挫。有五刀，此其錯，錯者必先靡。」然則「甘井」四喻正承上文

而言，亦必是「先」字明矣。「先」篆書作「[illegible]」，「近」字古文作「[illegible]」，篆書作「[illegible]」，兩形相似而誤。　孫云：俞説是也。意林引此四句，「近」正作「先」。莊子山木篇亦云：「直木先伐，甘井先竭。」暴蛇者，蓋以求雨。淮南子齊俗訓云「犧牛粹毛，宜於廟牲，其於以致雨，不若黑蜧」，許慎注云：「黑蜧，神蛇也。潛於神淵，能興雲雨。」春秋繁露求雨篇云：「春旱求雨，暴巫聚蛇。」○案：新論言菀篇曰：「神龜以智見灼，靈蛇以神見暴。」

㉚ 蘇云：抗猶抗直。

㉛ 孫云：孟子公孫丑篇僞孫奭疏引皇甫謐帝王世紀云：「秦武王好多力之人，齊孟賁之徒並歸焉。孟賁生拔牛角。」依世紀説，則賁在墨子後，此文蓋後人所增竄。

㉜ 蘇云：吴越春秋逸篇云：「吴亡後，越浮西施於江，令隨鴟夷以終。」其言與此合。是吴亡西施亦死也。墨子書記當時事，必有據。後世乃有五湖隨范蠡之説，誣矣。　孫云：吴越春秋逸文見楊慎丹鉛録引修文殿御覽。

㉝ 畢云：謂事功。　汪中云：墨子與楚惠王同時，吴起之裂，以楚悼王二十一年，上距惠王之卒已五十一年，非墨子之所知也。　蘇説同。　孫云：淮南子繆稱訓云：「吴起刻削而車裂。」亦見氾論訓及韓詩外傳一、吕氏春秋執一篇高注。史記本傳不云車裂，蓋文不具。

㉞ 正德本「太」作「大」。　汪中校墨子謂「親士篇錯入道家言二條」，疑即指上文「五錐」節及此「比干之殪」節言也。

㉟ 文選求自試表注引與此同。

㊱ 文選曹子建樂府白馬篇注引與此同。

㊲ 正德本「致」作「仕」。

㊳ 初學記第六、文選求通親表注引並與此同。　孫云：說文谷部云：「泉出通川爲谷。」

㊴ 諸本作「江河之水非一源也」，正德本「江河」作「河江」、「源」作「原」，畢本作「江河之水，非一水之源也」。　畢云：舊云「非一源也」，據初學記江引此增二字，裘引此與舊同。藝文類聚引作「非一水之源」，北堂書鈔引作「非一源之水」。古無源字，本書脩身云「原濁者流不清」，只作「原」。此類俗寫亂之，非舊文也。　王云：此本作「江河之水，非一源之水也」，今本脱「之水」二字，而「一源」二字則不誤。北堂書鈔衣冠部三、初學記器物部引此並作「非一源之水」，初學記地部中引此作「非一源之流」，「流」字雖誤，而「一源」二字仍與今本同，畢謂初學記作「一水之源」，誤也。太平御覽服章部十一引作「江河之水非一源，千鎰之裘非一狐」，皆節去下二字，而「一源」二字亦與今本同。其藝文類聚衣冠部引作「非一水之源」者，傳寫誤耳。　○案：明鈔本北堂書鈔一百二十九引作「河水之□非一源之水」，陳本、孔本書鈔缺處並作「大」，初學記第六引作「是故江河之水非一源之流」，又二十六引作「江河之水非一源」。據此則畢謂初學記作「一水之源」固誤，王謂初學記作「一源之水」，亦有誤。且依王校則上下文有兩「之水」字，爲各書所無，似亦難從。今據初學記第六增「之流」二字，並據正德本改「源」爲「原」。鶡冠子道端篇曰：「海

水廣大，非獨仰一川之流也。」

㊵史記平準書曰「黃金以鎰名」，漢書食貨志作「溢」，孟康曰：「二十兩爲溢也。」國語晉語韋注云：「二十四兩爲溢。」

㊶吕氏春秋用衆篇曰「天下無粹白之狐，而有粹白之裘，取之衆白也」，淮南子說山訓文略同。

孫云：玉藻云：「君衣狐白裘。」

㊷畢云：「惡」讀如「烏」。俞云：此文本云：「夫惡有同方不取，而取同己者乎？」「同方」謂同道也，「同己」謂與己意同也。聖人但取其與道同，而不必其與己意同。故曰：「夫惡有同方不取，而取同己者乎？」傳寫錯舛，遂不可讀。

㊸孫云：中庸鄭注云：「昭昭猶耿耿，小明也。」

㊹畢云：說文云：「潦，雨大皃。」然此義與明瞭同，老子云「水至清則無魚」也。

㊺畢云：說文云：「堯，高也。从垚在兀上，高遠也。」白虎通云：「堯猶嶢嶢，至高之貌。」

㊻「者」上疑有挩文。孫云：「者」字當爲「若」，「若乃」連讀，爲更端之詞，下三語即承此言之。

㊼「陜」，陸本作「狹」。畢云：說文云：「涸，渴也。讀若狐貈之貈。」孫云：說文谷部云：「谿，山瀆無所通者。」自部云：「陜，隘也。」俗作「陿」、「狹」，非。

㊽王引之云：「逝」當爲「遊」。俗書「游」字作「遊」，與「逝」相似而誤。遊即流字也。曲禮注「士視得旁遊目五步之中」，釋文「遊」作「游」，云「徐音流」。漢書項籍傳「必居上游」，文穎曰：「居水之

上流也。游或作流。」「流淺」與「谿陜」對文。

㊾「埆」，沈本、寶曆本、李本、四庫本、繹史本同。道藏本、正德本、陸本、唐本、潛本、茅本、緜眇閣本、堂策檻本、陳本作「埇」，形微譌。畢云：「境埆」當爲「磽确」，磐石也，見說文。俗寫从土。何休公羊學曰：「境埆不生五穀。」

㊿「王」，道藏本、正德本、陸本、唐本、沈本、茅本、李本、堂策檻本作「三」。孫云：淮南子齊俗訓高注云：「淳，厚也。」

脩身第二①

君子戰雖有陳，而勇爲本焉；喪雖有禮，而哀爲本焉；士雖有學，而行爲本焉②。是故置本不安者，無務豐末③；近者不親，無務來遠；親戚不附，無務外交④；事無終始，無務多業⑤；舉物而闇，無務博聞⑥。是故先王之治天下也，必察邇來遠⑦。君子察邇，脩身也；脩身，見毁而反之身者也⑧，此以怨省而行脩矣。

譖慝之言無入之耳⑨，批扞之聲⑩無出之口⑪，殺傷人之孩⑫無存之心⑬，雖有詆訐之民，無所依矣⑭。故君子力事日彊，願欲日逾⑮，設壯日盛⑯。

君子之道也，貧則見廉，富則見義⑰，生則見愛，死則見哀。四行者，不可虛假反之身者也⑱。藏於心者無以竭愛，動於身者無以竭恭，出於口者無以竭馴⑲。暢之四支⑳，接之肌膚㉑，華髮隳顛㉒而猶弗舍者，其唯聖人乎！

志不彊者智不達，言不信者行不果。據財不能以分人者，不足與友；守道不篤，偏物不博㉓，辯是非不察者，不足與游㉔。本不固者末必幾㉕，雄而不脩者其後必惰㉖，原濁者流不清㉗，行不信者名必秏㉘。名不徒生，而譽不自長㉙，功成名遂，名譽不可虛假㉚，反之身者也。務言而緩行，雖辯必不聽；多力而伐功㉛，雖勞必不圖㉜。慧者心辯而不繁説㉝，多力而不伐功，此以名譽揚天下。言無務爲多而務爲智，無務爲文而務爲察。故彼智與察㉞在身而情，反其路者也。善無主於心者不留㉟，行莫辯於身者不立。名不可簡而成也，譽不可巧而立也，君子以身戴行者也㊱。思利尋焉，忘名忽焉，可以爲士於天下者，未嘗有也㊲。

① 畢云：脩治之字从彡；從肉者，脩脯字，經典假借多用此。○案：「脩」，陸本、堂策檻本、四庫本作「修」。

② 「而」，正德本作「㪽」，即「所」字。俞云：「君子」二字，衍文也。此蓋以「戰雖有陳」、「喪雖有

禮」二句起「士雖有學」一句，若冠以「君子」二字，則既言君子，不必又言士矣。馬總意林作「君子雖有學，行爲本焉；戰雖有陳，勇爲本焉；喪雖有禮，哀爲本焉」，與今本不同。然有「君子」字，即無「士」字，亦可知今本既言「君子」又言「士」之誤矣。「士雖有學」與「君子雖有學」文異而義同。

孫云：説苑建本篇載孔子語與此略同，「君子」似非衍文，亦見家語六本篇。○案：「士」讀爲公孟篇「姑學乎，吾將仕子」之「仕」。説文曰：「仕，學也。」又曰：「宦，仕也。」論語曰：「學而優則仕。」左氏宣二年傳曰「宦三年矣」，注：「宦，學也。學職事爲官也。」又襄三十一年傳曰「僑聞學而後入政」，曲禮曰「宦學事師」，皆古人入官有學之證，故曰「仕雖有學而行爲本焉」。「戰」、「喪」、「仕」三字平列，皆指事不指人。舊讀「士」爲士君子之士，失之。

③ 正德本無「本」字。「豐」，正德本、陸本、緜眇閣本作「豊」。俞云：「者」衍字也，下文可證。

孫云：置與植通。方言云：「植，立也。」

④ 大戴記曾子疾病篇「親戚不悦，不敢外交。近者不親，不敢求遠」，文與此略同。孫云：古多稱父母爲親戚，此則似通内外族姻言之。曲禮孔疏云：「親指族内，戚指族外。」

⑤ 「終始」，陸本、茅本、寶曆本、李本、堂策檻本、四庫本作「始終」。「無務」，正德本作「由務」。

⑥ 「博」，道藏本、陸本、唐本、茅本、李本、堂策檻本作「傳」。

⑦ 正德本「邇」作「爾」。

⑧ 以上十七字，正德本如此，惟「邇」作「爾」。諸本作「君子察邇而邇脩者也見不脩行見毁而反之身

者也」二十一字。今從正德本，並據諸本改「爾」作「邇」，與上文一律。

⑨ 「之耳」，畢本譌「于耳」，舊本並作「之耳」，今據正。　畢云：玉篇云：「慝，他得切，惡也。」經典多此字，古只作「匿」。　王云：「譖慝」即「讒慝」，僖二十八年左傳「間執讒慝之口」是也。「讒」與「譖」古字通，故小雅巷伯篇「取彼譖人」，禮緇衣注及後漢書馬援傳並引作「取彼讒人」。「無入之耳」，言不聽讒慝之言也。故下文曰：「雖有詆訐之民，無所依矣。」

⑩ 畢云：說文云：「扞，忮也。」玉篇云：「忓，擾也。」　孫云：廣雅釋詁云：「批，擊也。」易林睽之賁云：「批捍之言，我心不快。」「批扞」即「批捍」也。

⑪ 「之」，正德本作「諸」。

⑫ 「孩」字正德本闕文。　畢云：當讀如「根荄」。　孫人和云：「孩」即「趩」之借字，說文：「趩，留意也。」

⑬ 「無」，正德本作「橆」。

⑭ 正德本無「所」字。　文選三都賦序引「民」作「人」，蓋避唐諱改。　畢云：說文云：「詆，訶也。」「訐，面相庌罪也。」玉篇云：「詆，都禮切。」「訐，居謁切，攻人之陰私也。」

⑮ 「彊」，正德本、陸本、茅本、寶曆本作「疆」。「逾」，越進也，益也，遠也。「願欲日逾」，即願欲日進於遠大之意也。

⑯ 「設」，正德本作「投」。　畢云：「設壯」疑作「飾莊」。　王樹枬云：易繫辭傳「益長裕而不

設」，鄭注云：「設，大也。」「設壯」，大壯也。「設壯日盛」，謂君子之道大壯而日益盛也。

⑰ 畢云：字當爲「𦏺」，説文云：「墨翟書『義』从弗。」則漢時本如此，今書「義」字皆俗改也。　王引之云：「弗」於聲、義均有未協，「弗」當作「𢍮」。「𢍮」，古文「我」字，與「弗」相似，故譌作「弗」耳。周晉姜鼎銘「我」字作「𢍮」，是其明證。「𦏺」之从「𢍮」聲，與「義」之从我聲，一也。説文「我」字下重文未載古文作「𢍮」，故於此亦不知爲「𢍮」字之譌。蓋鐘鼎古篆，漢人亦不能偏識也。

⑱「哀」，正德本作「衰」。又正德本作「四者行不可虛假反身者也」。

⑲「馴」，正德本作「訓」，字通。　孫云：「馴」猶雅馴，謂出口者皆典雅之言。

⑳ 孫云：説文肉部云：「胑，體四胑也。或作肢。」「支」即「肢」之省。易坤文言云：「美在其中，而暢於四支。」孔穎達疏云：「四支猶言手足。」

㉑ 孫云：小爾雅廣詁云：「接，達也。」亦與「挾」通，儀禮鄉射禮鄭注云：「古文挾皆作接。」俗作「浹」，義並同。

㉒「隳顛」，諸本作「隳巔」，正德本作「隨顛」。　畢云：「隳」字當爲「墮」。　孫云：後漢書邊讓傳李賢注云：「華髮，白首也。」説文髟部云：「鬌，髮墮也。」頁部云：「顛，頂也。」「墮」與「鬌」通，「墮顛」即禿頂。新序雜事篇云：「齊宣王謂閭丘卬曰：士亦華髮墮顛而後可用耳。」

㉓「偏」讀爲「別」。天志下篇「天之愛百姓別矣」，王引之云：「別讀爲偏。」可與此互證。「偏物」即

「別物」，非攻下篇「別物上下」是也。偏與辯聲義亦近，「偏物」與「辯是非」相儷爲文。

㉔「游」，陸本、茅本、寶曆本、李本、堂策檻本、四庫本作「遊」。

㉕王云：爾雅：「幾，危也。」

㉖「雄」，茅本、寶曆本、李本作「碓」。「惰」，正德本、翻陸本作「隋」。老子：「知其雄，守其雌。」注云：「雄，先之屬。」是「雄」有先義，與「後」對文。

㉗「流不清」，縣眇閣本、陳本作「流必溷。」

㉘「秏」，舊本並作「耗」。畢云：「秏」，舊从耒，非。玉篇云：「秏，呼到切，減也，敗也。」又云：「耗，正作秏。」詩云：「秏斁下土[一]。」

㉙「譽」下，縣眇閣本空一格，似衍字被削除者。

㉚「名譽」，「名」字正德本無。

㉛縣眇閣本、陳本並無「功」字，下同。

㉜「圖」，正德本作「徒」。蘇云：圖，謀也。春秋傳云：「勞之不圖，報於何有。」

㉝「繁」，正德本作「繫」。

㉞「故」下茅本、寶曆本、李本、堂策檻本、四庫本並有「以」字。「與」，諸本作「無」，今從正德本作

〔一〕「土」原誤「士」，據畢刻本改，與詩大雅雲漢合。

「與」。

㉟「主」，正德本作「生」。

㊱「戴」，正德本作「載」，字通。孫云：釋名釋姿容云：「戴，載也。」

㊲「天」，正德本作「兂」，古文「天」字，見玉篇。

所染第三①

子墨子言見染絲者而歎②，曰：染於蒼則蒼，染於黄則黄③，所入者變，其色亦變。五入必，而已則爲五色矣④。故染不可不慎也⑤。

非獨染絲然也，國亦有染⑥。舜染於許由、伯陽⑦，禹染於皋陶、伯益，湯染於伊尹、仲虺⑧，武王染於太公、周公。此四王者所染當，故王天下，立爲天子，功名蔽天地⑨。舉天下之仁義顯人，必稱此四王者。夏桀染於干辛⑩、推哆⑪，殷紂染於崇侯、惡來⑫，厲王染於厲公長父⑬、榮夷終⑭，幽王染於傅公夷、蔡公穀⑮。此四王者所染不當，故國殘身死，爲天下僇⑯。舉天下不義辱人，必稱此四王者⑰。齊桓染於管仲、鮑叔，晉文染於舅犯、高偃⑱，楚莊染於孫叔⑲、沈尹⑳，吴闔閭染於伍員㉑、文義㉒，越句踐染於范蠡、大夫種㉓。此五君者所染當㉔，故霸諸侯，功名傳於後世㉕。范吉射染於長柳朔、王胜㉖，中行寅染於籍秦、高彊㉗，吴夫差染於王孫雒㉘、太宰嚭㉙，知伯摇染於智國、張武㉚，中山尚染於魏義、偃長㉛，宋康染於唐鞅、佃不禮㉜。此六君者所染不當，故國家殘亡，身爲刑戮，宗廟破滅㉝，絶無後類㉞，君臣離散，民人流亡。舉天下之貪暴苛擾者㉟，必稱此六君也㊱。凡君之所以安者，何也？以其行理也㊲，行理性於染當㊳。故善爲君者，勞於論人㊴，而佚於治官㊵。不能爲君者，傷形費神，愁心勞意，然國逾危，身逾辱㊶。此六君者，非不重其國、愛其身也，以不知要故也。不知要者，所染不當也。

非獨國有染也，士亦有染㊷。其友皆好仁義，淳謹畏令，則家日益、身日安、名日榮㊸，處官得其理矣㊹，則段干木㊺、禽子㊻、傅説㊼之徒是也。其友皆好矜奮，創作比周㊽，則家日損、身日危、名日辱，處官失其理矣㊾，則子西、易牙、豎刀之徒是也㊿。詩曰「必擇所堪(51)，必謹所堪」者，此之謂也(52)。

① 畢云：吕氏春秋有當染篇，文略同。　蘇云：篇中言中山尚、宋康，皆墨子後事。而禽子爲墨子弟子，至與傅説並稱。此必非墨子之言，蓋亦出於門弟子。　汪中云：宋康之滅，在楚惠王之卒後一百五十七年。墨子蓋嘗見染絲者而歎之，爲墨子學者增成其説耳。　孫云：此篇固

不出墨子，但中山尚疑即桓公，時代正與墨子相及。蘇説未審。　吴汝綸云：此吕覽文，而集録者删改末段，妄以入之墨子。

② 秋山云：「言」恐衍。　孫云：「言」字疑衍。　公羊隱十一年何休注云：「稱子冠氏上者，著其爲師也。其不冠子者，他師。」列子天瑞篇張注云：「載子於姓上者，首章是弟子之所記故也。」　○案：正德本「歎」作「嘆」。明萬曆甲午刻百子咀華本墨子及吕氏春秋、羣書治要、意林、宋本蜀本太平御覽八百十四引並無「言」字。

③ 孫云：淮南子説林訓云：「墨子見染絲而泣之，爲其可以黄、可以黑。」

④ 秋山云：一本無「必則」二字。　畢云：一本無「必」字。吕氏春秋無「則」字。後漢書馮衍傳注引作「五入之則爲五色」，太平御覽引作「五入則爲五色」。　孫云：「必」讀爲「畢」，言五入畢而爲五色也。　○案：「必」，正德本作「畢」。四庫本剜改作「色」。潛本、緜眇閣本並無「必則」二字。　吕氏春秋作「五入而以爲五色矣」，高誘注云：「一入一色。」

⑤ 卷子本羣書治要作「故染可不慎邪？」刊本治要「邪」作「耶」。　吴云：墨子之言至「故〔一〕染不可不慎也」句止，以下皆吕覽因墨子之言而推論之者也。

⑥ 「然」，正德本作「染」。　畢云：太平御覽、吴淑事類賦俱作「治國亦然」，有節文。

〔一〕「故」字原脱，據本篇正文補。

⑦高誘云：許由，陽城人。堯聘之，不至。　孫云：吕氏春秋本味篇云：「堯舜得伯陽、續耳然後成。」注云：「伯陽、續耳皆賢人，堯用之以成功也。」御覽八十一引尸子云：「舜事親養老，爲天下法。其遊也，得六人，曰：雒陶、方回、續耳、伯陽、東不識、秦不空，皆一國之賢者也。」陶潛聖賢羣輔録引皇甫謐逸士傳「舜友七子」，亦有伯陽。韓非子説疑篇作「晉伯陽」，漢書古今人表作「柏陽」，北堂書鈔四十九引尸子作「柏楊」。　○案：「由」，道藏本、陸本、唐本、茅本、寶曆本、堂策檻本作「山」。　秋山云：「山」一作「由」。

⑧高誘云：仲虺居薛，爲湯之左相。

⑨高誘云：「蔽」猶極也。

⑩吕氏春秋當染篇作「夏桀染於羊辛、歧踵戎」，高誘云：「羊辛、歧踵戎，桀之邪臣。」畢沅注云：「吕覽知度篇亦作『羊辛』，墨子及古今人表、抱朴子良規篇與吕覽愼大篇皆作『干辛』，説苑尊賢篇作『干莘』。」　○案：諸本作「干辛」，正德本作「子辛」，陸本作「于辛」，寶曆本作「羊辛」，卷子本、天明本治要引作「干辛」，銅活字本作「于辛」，意林引作「子辛」，明鈔本説苑尊賢篇作「有莘」。

⑪畢云：本書明鬼云「王手禽推哆、大戲」，下又云「推哆、大戲主別兕虎，指畫殺人」，古今人表作「雅侈」。　孫云：「推哆」，晏子春秋諫上篇、賈子新書連語篇作「推侈」，韓子説疑篇作「侯侈」，淮南子主術訓又作「推移」，惟抱朴子良規篇作「推哆」，與此同。　○案：明吉府本賈子

連語篇作「雖侈」。

⑫ 高誘云：崇，國；侯，爵；名虎。惡來，嬴姓，飛廉之子，紂之諛臣。

⑬ 秋山云：「厲」，一作「虢」。　畢云：呂氏春秋「厲」作「虢」，注云：「虢、榮，二卿士。」　洪頤煊云：荀子成相篇楊倞注引墨子作「⿰立厲公長父」，呂氏春秋當染篇「厲王染於虢公長父」，「⿰立厲」即「虢」之譌。今本作「厲」字，又後人所改。　蘇云：「厲公」，號君謚。　孫云：荀子成相篇云：「孰公長父之難，厲王流於彘。」楊注引此云：「⿰立厲公與孰公不同，不知孰是。或曰：孰公長父即詩云『皇父』也。『孰』或作『郭』。」案荀子别本作「郭」，與呂覽合，是也。「虢」、「郭」古通。洪以「⿰立厲」爲「虢」之譌，亦近是。蘇以「厲」爲虢公謚，未塙。竹書紀年：「厲王三年，淮夷侵洛，王命虢公長父伐之，不克。」後漢書東夷傳作「虢仲」。今本紀年出於摭拾，未知足據否。○案：道藏本、潛本、緜眇閣本、畢本作「厲公長父」，陸本、唐本、茅本、寶曆本、李本、堂策檻本、四庫本作「厲公長公」，正德本作「⿰糸厲公長父」。卷子本治要作「⿰立萬公長夊」，「夊」即「父」字，因卷子本「公」多作「厶」，「父」多作「夊」也。刊本治要作「厲公長文」。荀子成相篇楊注引墨子、宋本荀子作「⿰立厲公長父」，與卷子本治要相近。元本荀子作「⿰糸厲公長父」，與正德本合。可證今本墨子「厲」字，塙是後人緣古本誤字而意改者。「⿰立萬」、「⿰立厲」、「⿰糸厲」三字皆字書所無，更以秋山謂「一本作虢」校之，則洪氏「虢」譌爲「⿰立厲」之説殆無疑義，蓋草書「虎」字與「萬」、「厲」二字形略似也。

⑭ 畢云：「終」，一本作「公」。史記：「厲王好利，近榮夷公。」　蘇云：「終」或爲榮夷公名。

孫云：呂氏春秋當染同。國語周語：「厲王説榮夷公，爲卿士。」韋注云：「榮，國名。夷，謚也。」書敘有「榮伯」，史記周本紀集解引馬融云：「榮伯，周同姓，畿内諸侯，爲卿大夫也。」夷公蓋榮伯之後。　○案：「終」，李本、堂策檻本、四庫本作「公」。

⑮ 畢云：「蔡」，一本作「祭」。呂氏春秋作「虢公鼓、祭公敦」。　蘇云：「傅公夷」無考。國語「惠王時有傅氏」，注曰：「傅氏，貍姓也，在周爲傅氏。」「蔡公穀」，呂覽作「祭公敦」，竊謂當從呂覽作「祭公」爲是。祭爲周畿内國，周公少子所封，自文公謀父以下，世爲卿士於周。隱元年所書「祭伯來」者，即其後也。若蔡，當幽王時唯有釐侯，所事不聞更有名穀者。　孫云：「夷」，治要作「幾」。高誘謂「虢公鼓」即虢石父，見國語晉語、鄭語，未知是否？　○案：「蔡」，潛本、緜眇閣本作「祭」。

⑯ 「僇」，刊本治要作「戮」，卷子本治要作「僇」，與本書合。高誘云：「僇，辱也。」　畢云：「戮」字假音。

⑰ 「稱」下「此」字，畢本脱，舊本並有，今據補。治要與呂氏春秋亦有「此」字。

⑱ 王云：「高」當爲「𩫏」，「𩫏」即「城郭」之「郭」，形與「高」相近，因譌爲「高」。賈子過秦篇「據億丈之𩫏」，今本「𩫏」譌作「高」。墨子多古字，後人不識，故傳寫多誤耳。左傳「晉大夫卜偃」，晉語作「郭偃」，韋注曰：「郭偃，晉大夫卜偃也。」商子更法篇、韓子南面篇並與晉語同。呂氏春秋作「郤偃」，「郤」即「郭」之譌，非郤氏之郤也。太平御覽治道部一引呂氏春秋正作「郭偃」。梁玉繩

云：「高與郭，聲之轉也。」　俞云：「高」亦可讀如「郭」。詩緜篇毛傳曰「王之郭門曰皋門」，「郭偃」之爲「高偃」，猶「郭門」之爲「皋門」也。　孫云：「齊桓」、「晉文」下，治要並有「公」字。○案：卷子本治要「晉文公」之「公」字爲校點者所加。「舅」，治要及呂氏春秋並作「咎」，同。

⑲ 呂覽作「孫叔敖」。　孫云：左宣十一年傳「楚令尹蔿艾獵城沂」，孔疏引服虔云：「艾獵，蔿賈之子孫叔敖也。」洪适隸釋漢孫叔敖碑云：「楚相孫君，諱饒，字叔敖。」不知何據。

⑳ 畢云：呂氏春秋作「沈尹蒸」。又贊能有沈尹莖，「楚莊王欲以爲令尹，沈尹莖辭曰：期思之鄙人有孫叔敖者，聖人也」。又尊師云「楚莊王〔一〕師孫叔敖、沈申巫」，高誘曰：「沈縣大夫。」新序作「沈尹竺」。案「申」、「尹」，「莖」、「巫」、「竺」，皆字之誤。　李惇云：宣十二年左傳邲之戰，孫叔敖令尹也，而將中軍者爲沈尹，注云：「沈或作寢，寢縣也。」韓詩外傳所載楚樊姬事，與淮南子、新序正同，但淮南、新序並曰「虞邱子」，惟外傳則曰「沈令尹」。乃知沈尹即虞邱子，令尹者其官，沈者其氏或食邑也。　孫云：李説是也。「沈尹莖」，呂氏春秋察傳篇又作「沈尹筮」，字形並相近，未知孰爲正也。　至余知古渚宫舊事作「沈尹華」，以呂氏春秋去宥篇考之，乃楚威王臣，蓋誤並爲一也。

㉑ 孫云：「閭」，呂氏春秋當染篇作「廬」，左昭二十七年傳、史記吳世家同。此及後非攻中篇並作

〔一〕「王」字原脱，畢刻本同，今據呂氏春秋尊師篇補。

「閭」，與史記十二諸侯年表、淮南子泰族訓、吳越春秋同。　○案：「閭」，治要作「廬」。「伍」，正德本及卷子本治要並作「五」。廣韻十姥：「五，又姓。」左氏傳「伍參」，漢書古今人表作「五參」。「伍舉」，漢孫叔敖碑作「五舉」。「伍尚」，風俗通義作「五尚」。「伍奢」，廣韻作「五奢」。例並與此同。今則人姓之「五」，皆以「伍」爲之矣。

㉒ 呂氏春秋當染篇作「文之儀」。　畢云：呂氏春秋尊師云「吳王闔閭師伍子胥、文之儀」，高誘云：「文，氏。之儀，名。」案彼有「之」字者，如「庾公差」，孟子云「之斯」；「專諸」，左傳云「設諸」，音之緩急。

㉓「蠡」，卷子本治要作「蚤」。　高誘云：「范蠡，楚三户人也，字少伯。大夫種，文氏，字子禽，楚之鄒人。」　孫云：「文選豪士賦序李注引吳越春秋云：「文種者，楚南郢人也。姓文，字少禽。」」太平寰宇記説同。高注「鄒」即「郢」之譌。

㉔「者」字各本脱，治要及呂氏春秋並有，今據補。

㉕ 治要無「功」字。　緜眇閣本「世」作「也」。

㉖ 畢云：呂氏春秋「長」作「張」，「胜」作「生」字。高誘注云：「吉射，晉范獻子鞅之子昭子也。張柳朔、王生二人者，吉射家臣也。」　孫云：左哀五年傳有張柳朔、王生，與呂覽同。此「長柳朔」、「王胜」即「張柳朔」、「王生」。「長柳」，古複姓，漢書藝文志有長柳占夢。但據左傳則朔、生乃范氏之賢臣，朔并死范氏之難，與此書異，或所聞不同。　○案：「長柳朔」，卷子本治要作「旅柳

玥」，刊本治要作「張柳朔」。「胜」，畢本如此，諸本作「肚」，正德本作「眭」。

㉗ 畢云：吕氏春秋作「黄籍秦」，非。高誘注云：「寅，晉大夫中行穆子之子荀子也。黄籍秦、高彊，其家臣。高彊，齊子尾之子，奔晉，爲中行氏之臣。」史記索隱云：「系本：籍秦，晉大夫籍游之孫，籍談之子。」　孫云：吕氏春秋注「荀子」當作「荀文子」，即寅謚也，見定八年左傳。　○案：「彊」，正德本作「強」，陸本、茅本、寶曆本、李本、堂策檻本、四庫本作「彊」。

㉘ 「雒」，舊本並同，四庫本剜改作「雄」，畢本亦改「雄」。　畢云：舊誤作「雒」。　盧文弨云：今外傳吴語「王孫雄」，舊宋本作「王孫雒〔一〕」，墨子所染篇同。吴越春秋夫差内傳、句踐伐吴外傳、越絶請糴内傳皆作「王孫駱」，説苑雜言篇作「公孫雒」。唯吕氏春秋當染篇作「王孫雄」，史記越世家作「公孫雄」。以「駱」字證之，則「雒」字是矣。顧廣圻校同。　王云：盧説是也。困學紀聞左氏類引國語、吕氏春秋並作「雒」。韓子説疑篇有「吴王孫頟」，「頟」即「雒」之譌，則其字之本作「雒」益明矣。

㉙ 高誘云：「嚭」，晉伯宗之孫，楚州犁之子。　孫云：定四年左傳云「伯州犁之孫嚭爲吴太宰」，史記吴世家、越絶書、吴越春秋、杜預春秋釋例並謂嚭爲伯州犁孫，唯高誘吕氏春秋當染、重言二篇注以爲州犁之子，誤也。國語吴語韋注誤與高同。　○案：卷子本治要作「吴夫差染於宰

〔一〕「雒」原誤「頟」，據墨子閒詁引改正。按：宋明道本、公序本國語吴語並作「王孫雒」，與盧校合。

喜」，校點者於其上闌外批一「嚭」字，刊本治要遂改作「嚭」。考「伯嚭」吳越春秋闔閭內傳作「白喜」，論衡逢遇篇作「帛喜」，正與此「宰嚭」作「宰喜」例同，喜非誤字也。

㉚ 畢云：「搖」，一本作「瑤」。　孫云：呂氏春秋當染亦作「瑤」。高誘注云：「智瑤，宣子申之子襄子也。國、武二人，其家臣。」國語晉語云「知襄子戲韓康子而侮段規，知伯國聞之，諫曰：主不備，難必至矣」，韋注云：「伯國，晉大夫知氏之族。」左哀二十三年傳「晉荀瑤伐齊，將戰，長武子請卜」，杜注云：「武子，晉大夫。」案「智國」、「張武」蓋即「知伯國」、「長武子」也，「長」、「張」字通。淮南子人間訓云：「張武教智伯奪韓、魏之地，而擒於晉陽。」　○案：「知伯搖」，緜眇閣本及卷子本治要作「智伯瑤」。「搖」，潛本、寶曆本、四庫本作「瑤」。

㉛ 畢云：「偃」，呂氏春秋作「榎」。高誘注云：「尚，魏公子牟之後，魏得中山以邑之。義、長，其二臣。」　蘇云：中山爲魏之別封，非春秋時之鮮虞也。　孫云：中山即春秋之鮮虞，左傳定四年始見於傳。其初亡於魏，文侯十七年使樂羊圍中山，三年滅之。後中山復國，又亡於趙，則惠文王四年滅之。並見史記魏、趙世家及樂毅傳。據水經滱水酈道元注及太平御覽百六十一引十三州志，並謂中山桓公爲魏所滅，則尚或即桓公，墨子猶及見之。高、蘇以爲魏別封，非也。
○案：「中山尚」究爲何時人，書缺有閒，苦難質定。唯鮮虞於魯昭公十二年已見經傳，孫氏謂定四年始見於傳，誤也。

㉜ 畢云：呂氏春秋「佃」作「田」，是。「禮」作「禋」，誤。　蘇云：宋康之亡，當楚頃襄王十一年，

上去楚惠王之卒一百四十三年，此不獨與墨子時世不值，且與中山之亡相距止數年，而皆在孟子之後。孟子言「方千里者九」，則中山未亡；言「宋王行仁政」，則宋亦未亡。若此書爲墨子自著，則墨子時世更在孟子之後，不知孟子之闢墨子，正在墨學方盛之時，其必不然也審矣。孫云：宋王偃爲齊湣王所滅，謚康，見國策宋策。呂氏春秋作「宋康王」，荀子王霸篇又作「宋獻」。呂氏春秋淫辭篇、荀子解蔽篇均載有唐鞅被殺事。「佃不禮」，荀子解蔽篇楊注引呂氏春秋亦作「田不禋」。漢書古今人表有「田不禮」，則似據趙世家也。史記趙世家載趙主父使田不禮相太子章，後爲李兑所殺，事當宋康之末年，或即一人先仕宋而後事趙與？　○案：「佃」，諸本作「伷」，正德本作「伸」，寶曆本作「田」。

㉝「滅」，李本作「裂」。　秋山云：「滅」，一作「裂」。

㉞「絕」字，翻陸本、緜眇閣本無。　孫云：荀子禮論篇楊注云：「類，種也。」

㉟「貪」，正德本、翻陸本作「貧」。「苟擾者」，呂氏春秋作「可羞人」。　畢云：「擾」，「擾」字之誤，經典通用此。

㊱呂氏春秋「也」作「者」。

㊲「理」，正德本作「禮」。　孫云：廣雅釋詁云：「理，道也。」

㊳畢云：「性」當爲「生」，一本作「在」，誤。　秋山云：「生」，一作「在」。　孫云：治要及呂氏春秋並作「生」。　○案：「性」、「生」古字通用。諸本作「性」，寶曆本作「生」。正德本作「怔」，

「性」即「性」字之誤。潛本、緜眇閣本作「在」。

㊴ 高誘云：「論」猶擇也。

㊵ 「佚」，治要作「逸」。

㊶ 兩「逾」字，治要及呂氏春秋並作「愈」。 高誘云：「愈，益也。」

㊷ 吳云：以下非呂覽之文，乃集録墨子者所坿益也，乃以「傳説」列「段干木、禽子」之後，稱名不順矣。

㊸ 呂氏春秋貴當篇曰：「其友皆孝悌純謹畏令，如此者，其家必日益，身必日〔一〕榮矣。」後人即襲其文而以入之墨子。

㊹ 孫云：「理」亦道也。

㊺ 畢云：呂氏春秋云：「田子方學于子貢，段干木學于子夏。」

㊻ 畢云：呂氏春秋云：「禽滑釐學于墨子，許犯學于禽滑釐。」此稱「禽子」，則墨子門人小子之文矣。

㊼ 見尚賢中篇。

㊽ 孫云：左文十八年傳云：「頑嚚不友，是與比周。」杜注云：「比，近也。周，密也。」

㊾ 「理」，正德本作「禮」。

㊿ 「刀」，舊本作「刁」。「易牙、豎刀」，正德本作「豎刁、易牙」。 畢云：經傳或作「豎貂」，此作

〔一〕「日」字原脱，據呂氏春秋貴當篇補。

「刀」者，「貂」省文。舊作「刁」，非。玉篇云：「刀，丁幺切，亦姓。俗作刁。」蘇云：春秋時子西有三：一爲鄭公孫夏，一爲楚鬬宜申，一爲楚公子申。茲所舉蓋鬬宜申也。○案：蘇說近是，左文十年傳：「子西與子家謀弒穆王，穆王聞之，五月殺鬬宜申。」

⑤¹「必擇」下，茅本、寶曆本、李本、堂策檻本、四庫本並有「其」字。王云：「堪」當讀爲「湛」。湛與漸漬之漸同。說文作「瀸」，云「漬也」。月令「湛熾必絜」，鄭注云：「湛，漬也。」考工記鍾氏「以朱湛丹秫」，注曰：「鄭司農云：『湛，漬也。』玄謂『湛』讀如『漸車帷裳』之『漸』。」是湛與漸同。湛、漬皆染也。楚辭七諫「日漸染而不自知兮」，王注曰：「稍漬爲漸，汙變爲染。」考工記鍾氏注曰「漬」，亦染也。「必擇所湛」，猶云必擇所染耳。荀子勸學篇曰：「蘭槐之根是爲芷，其漸之滫中，君子不近，庶人不服，其質非不美也，所漸者然也。」晏子春秋襍篇曰：「非蘭本美也，所湛然也。」願子之必求所湛。」說苑雜言篇曰：「願子詳其所湛，既得所湛，亦求所湛。」義並與墨子同。

⑤²蘇云：此蓋逸詩也。

法儀第四①

子墨子曰②：天下從事者，不可以無法儀。無法儀而其事能成者，無有③。雖至士之爲將相者皆有法，雖至百工從事者亦皆有法。百工爲方以矩，爲圓以規④，直以繩，衡以水⑤，正以縣⑥。無巧工不巧工，皆以此五者爲法⑦。巧者能中之⑧，不巧者雖不能中，放依以從事⑨，猶逾已⑩。故百工從事，皆有法所度⑪。今大者治天下，其次治大國，而無法所度，此不若百工辯也⑫。

然則奚以爲治法而可⑬？當皆法其父母奚若⑭？天下之爲父母者衆，而仁者寡，若皆法其父母，此法不仁也。法不仁，不可以爲法。當皆法其學奚若⑮？天下之爲學者衆，而仁者寡⑯，若皆法其學，此法不仁也。法不仁，不可以爲法。當皆法其君奚若？天下之爲君者衆，而仁者寡，若皆法其君，此法不仁也。法不仁，不可以爲法。故父母、學、君三者，莫可以爲治法⑰。

然則奚以爲治法而可？故曰：莫若法天⑱。天之行廣而無私，其施厚而不德⑲，其明久而不衰，故聖王法之。既以天爲法，動作有爲必度於天，天之所欲則爲之，天所不欲則止⑳。然而天何欲何惡者也㉑？天必欲人之相愛相利，而不欲人之相惡相賊也㉒。奚以知天之欲人之相愛相利，而不欲人之相惡相賊也？以其兼而愛之、兼而利之也。奚以知天兼而愛之、兼而利之也㉓？以其兼而有之、兼而食之也。今天下無小大國㉔，皆天之邑也㉕；人無幼長貴賤，皆天之臣也㉖。此以莫不犓牛羊㉗、豢犬豬㉘，絜爲酒醴粢盛㉙，以敬事天。

此不爲兼而有之、兼而食之邪？天苟兼而有食之㉚，夫奚説以不欲人之相愛相利也。故曰：「愛人利人者，天必福之；惡人賊人者，天必禍之㉛。」曰：「殺不辜者㉜，得不祥焉㉝。」夫奚説人爲其相殺而天與禍乎？是以天欲人相愛相利㉞，而不欲人相惡相賊也。

昔之聖王禹湯文武，兼愛天下之百姓㉟，率以尊天事鬼，其利人多，故天福之，使立爲天子，天下諸侯皆賓事之㊱。暴王桀紂幽厲，兼惡天下之百姓，率以詬天侮鬼㊲，其賊人多㊳，故天禍之㊴，使遂失其國家㊵，身死爲僇於天下㊶，後世子孫毀之，至今不息。故爲不善以得禍者，桀紂幽厲是也；愛人利人以得福者，禹湯文武是也。愛人利人以得福者有矣，惡人賊人以得禍者亦有矣。

①　畢云：「法」，説文云：「灋，刑也。平之如水，从水。廌所以觸不直者去之。法，今文省。」此借爲法度之義。「儀」，義如渾天儀之儀。説文云：「檥，榦也。」儀與檥音相近。又説文云「儀，度也」，亦通。　孫云：爾雅釋詁云「儀，榦也」，與説文「檥」説解同。管子形勢解篇云：「法度者，萬民之儀表也。」

②　李明仲營造法式引「曰」上有「言」字。

③　治要「有」下有「也」字，孫據增。　案類書或節本引書，不唯有删節，且有加字潤飾者。治要或因於

「無有」之下刪去七十一字，故加一「也」字頓住，亦未可知。細讀此文，無「也」字亦可。吕氏春秋用民篇曰「若是而能用其民者，古今無有」，又愛類篇曰「聖王通士，不出於利民者無有」，「無有」之下均無「也」字，與此語法正類。竊以爲根據類書或節本校改原書，須加意審慎，若義屬二可者，不如各仍本書存參，固闕疑寡過之一道也。

④「圓」，諸本作「圜」。營造法式引亦作「圜」。正德本作「圓」，與畢本同。

⑤此三字各本捝，營造法式引有，今據補。

⑥畢云：此縣挂正字。　孫云：考工記輿人云：「圜者中規，方者中矩，立者中縣，衡者中水。」莊子馬蹄篇云：「曲者中鉤，直者應繩。」即此義。　○案：「縣」，李本、堂策檻本、四庫本作「懸」，營造法式引作「垂」。吕氏春秋職分篇曰：「巧匠爲宫室，爲圓必以規，爲方必以矩，爲平直必以準繩。」

⑦八行李本「五」作「工」。　秋山云：「五」，一作「工」。

⑧畢云：史記索隱引倉頡篇云：「中，得也。」

⑨「放依」，營造法式引作「依放」。　畢云：説文云：「仿，相似也。」「放」與「仿」同。

⑩「逾」，李本作「愈」，營造法式引作「猶愈於已」。　畢云：猶勝於已。

⑪治要無「所」字，下同。

⑫「辯」，四庫本作「辨」，字通。辨，明察也。治要無「辯」字。

⑬「而可」，正德本作「而後可」三字，文義較足。

⑭畢云：「奚若」與「何如」同。王引之云：「當」並與「儻」同。孫云：「當」與「嘗」通。嘗，試也。詳天志下篇。

⑮孫云：「學」謂師也。

⑯「之」字舊本無。

⑰「治法」下，諸本有「而可」二字，潛本、緜眇閣本、陳本並無，今據刪。王校同。

⑱「故」字疑衍，以正德本上文校之，「而可故」當爲「而後可」之譌倒。

⑲「德」，治要作「息」。案卷子本治要「德」多作「悳」，與「息」形近，故易筆誤。荀子堯問篇「其猶土也？多其功而不德」，今本亦誤作「息」。淮南子詮言訓曰：「誅而無怨，施而不德，若天若地，何不覆載。」越絶書吴内傳曰：「天道盈而不溢，盛不驕者也。地道施而不德，勞而不矜其功者也。」

⑳「止」，正德本作「正」，誤。

㉑「而」，緜眇閣本、陳本作「則」。

㉒「賊」，正德本誤「賤」，下同。

㉓治要「知天」下有「之」字。

㉔「小大」，畢本作「大小」，舊本及治要並作「小大」，今據乙。「國」下，正德本有「家」字。

㉕正德本無「皆」字。

㉖「臣」，寶曆本作「子」。　秋山云：「子」，一作「臣」。

㉗原作「犓羊」二字，畢云：「當云『牛羊』。」秋山校同，蘇亦校作「犓牛羊」。　案「犓牛羊」本書屢見，今依增「牛」字。

㉘「豬」，正德本作「猪」。　畢云：說文云：「犓，以芻莖養牛也。」「豢，以穀圈養豕也。」玉篇云：「犓，則俱切，今作芻。」陸德明莊子音義云：「司馬云：牛羊曰芻，犬豕曰豢。」

㉙「絜」，堂策檻本、四庫本作「潔」。　說文曰：「齍，黍稷在器以祀者也。」經傳多以「粢」爲之。畢云：「潔」字正作「絜」。

㉚正德本挩「有」字。

㉛「賊」，卷子本治要作「賤」，誤。

㉜「日」，舊本作「曰」。

㉝正德本「祥」作「詳」，字通。

㉞王云：「是以」下有「知」字，而今本脫之，則文義不明。上文曰：「奚以知天之欲人之相愛相利，而不欲人之相惡相賊也？」「奚以知」正與「是以知」相應。

㉟畢云：舊脫「愛」字，以意增。　○案：潛本、緜眇閣本、陳本及治要並有「愛」字。　秋山云：一本「兼」下有「愛」字，是。

㊱「賓」，卷子本、銅活字本治要作「實」，天明本治要作「賓」，當據本書校改者。　孫云：廣雅釋

詁云：「賓，敬也。」

㊲「天」，正德本作「兲」。「兲」即「天」字，見漢無極山碑。玉篇曰：「兲，古文天。」　孫云：廣雅釋詁云：「詬，罵也。」

㊳「其賊」，諸本作「賊其」，寶曆本及治要並作「其賊」，今從之，俞校同。正德本挩「其」字。

㊴「天」，正德本作「旡」。「禍」，卷子本治要作「祸」，校者旁注「禍」字，下同。

㊵孫云：「遂」與「隊」通。易震「遂泥」，釋文云：「遂，荀本作隊。」俗作「墜」，義同。淮南子天文訓高注云：「墜，隕也。」

㊶「僇」，卷子本治要作「僇」，刊本治要作「戮」。呂氏春秋當染篇曰：「國殘身死，爲天下僇。」高注云：「僇，辱也。」　畢云：「僇」，戮字假音。　孫云：大學「辟則爲天下僇矣」，孔穎達疏云：「僇謂刑僇也。」荀子非相篇云「爲天下大僇」，楊注云：「僇與戮同。」

七患第五

子墨子曰：國有七患。七患者何？城郭溝池不可守，而治宮室，一患也。邊國至境①，四鄰莫救，二患也。先盡民力無用之功②，賞賜無能之人③，民力盡於無用，財寶虛於待客④，三患也。仕者持禄，游者憂交⑤，君脩法討臣，臣懾而不敢拂⑥，四患也。君自以爲聖智而不問事，自以爲安彊而無守備⑦，四鄰謀之不知戒，五患也。所信不忠⑧，所忠不信⑨，六患也。畜種菽粟不足以食之⑩，大臣不足以事之⑪，賞賜不能喜，誅罰不能威，七患也。以七患居國⑫，必無社稷⑬；以七患守城，敵至國傾⑭。七患之所當，國必有殃⑮。

凡五穀者，民之所仰也，君之所以爲養也⑯。故民無仰則君無養⑰，民無食則不可事⑱。故食不可不務也，地不可不力也⑲，用不可不節也。五穀盡收，則五味盡御於主⑳；不盡收，則不盡御㉑。一穀不收謂之饉，二穀不收謂之旱㉒，三穀不收謂之凶，四穀不收謂之餽㉓，五穀不收謂之饑㉔。歲饉，則仕者大夫以下皆損禄五分之一；旱，則損五分之二；凶，則損五分之三；餽，則損五分之四㉕；饑，則盡無禄，稟食而已矣㉖。故凶饑存乎國，人君徹鼎食五分之三㉗，大夫徹縣㉘，士不入學㉙，君朝之衣不革制㉚，諸侯之客，四鄰之使，雍食而不盛㉛，徹驂騑㉜，塗不芸㉝，馬不食粟，婢妾不衣帛，此告不足之至也。

今有負其子而汲者，隊其子於井中，其母必從而道之㉞。今歲凶、民飢、道饉㉟，此疚重於隊其子㊱，其可無察邪？故時年歲善㊲，則民仁且良；時年歲凶，則民吝且惡。夫民何常此之有㊳？爲者寡，食者衆，則歲無豐㊴。故曰：「財不足則反之時，食不足則反之用。」故先民以時生財㊵，固本而用財，則財足㊶。故雖上世之聖王，豈能使五穀常收，而旱水不至哉？然而無凍餓之民者，何也㊷？其力時急，而自養儉也。故夏書曰「禹七年水」，殷書曰「湯五年旱」㊸，此其離凶饑甚矣㊹。然而民不凍餓者，何也㊺？其生財密，其用之節也。故倉無備粟，不可以待凶饑㊻；庫無備兵，雖有義，不能征無義；城郭不備完㊼，不可以自守；心無備慮，不可以應卒㊽。是若慶忌無去之心，不能輕出㊾。夫桀無待湯之備，故放；紂無待武王之備，故殺㊿。桀紂貴爲天子，富有天下，然而皆滅亡於百里之君者，何也(51)？有富貴而不爲備也。故備者，國之重也。

食者，國之寶也；兵者，國之爪也；城者，所以自守也(52)。此三者，國之具也。故曰：以其極役，脩其城郭(53)，則民勞而不傷；以其常正(54)，收其租稅，則民費而不病(55)。民所苦者，非此也。苦於厚作斂於百姓(56)，賞以賜無功(57)，虛其府庫，以備車馬衣裘奇怪；苦其役徒，以治宮室觀樂。死又厚爲棺椁(58)，多爲衣裘(59)，生時治臺榭(60)，死又脩墳墓。故民苦於外，府庫單於內(61)，上不厭其樂(62)，下不堪其苦。故國離寇敵則傷(63)，民見凶饑則亡，此皆備不具之罪也。且夫食者，聖人之所寶也。故周書曰：「國無三年之食者，國非其國也；家無三年之食者，子非其子也(64)。」此之謂國備(65)。

① 畢云：當爲「竟」。本書耕柱云「楚四竟之田」，只作「竟」。　洪云：「邊」當是「適」字之譌，古

「敵」字多用「適」。　○案：洪説近是。「邊」，卷子本治要作「邉」，即「邊」之别構字，見魏刁遵碑。

② 「民」，卷子本治要作「巳」，蓋避唐諱，餘仿此。

③ 「無」，卷子本治要作「无」。

④ 「待」，道藏本、陸本、唐本、沈本、潛本、緜眇閣本作「侍」。

⑤ 諸本作「仕者待禄，游者憂反」，正德本「游」下多一「山」字。卷子本、銅活字本治要並作「仕將持禄，遊者憂佼」，天明本治要「將」作「者」，蓋據墨子本書校改。　王云：「待」當爲「持」，「憂反」當爲「愛交」。呂氏春秋慎大篇注：「持猶守也。」言仕者守其禄，游者愛其交，皆爲己不爲國家也。管子明法篇曰：「小臣持禄養交，不以官爲事。」晏子春秋問篇曰：「仕者持禄，游者養交。」「養交」與「愛交」同意。今本「持」作「待」，「愛交」作「憂反」，則義不可通。　俞云：古書多言「持禄養交」，尟言「持禄愛交」者。墨子原文蓋本作「恙交」，「恙」即「養」之叚字，古同聲通用。後人不達叚借之旨，改其字作「憂」，而墨子原文不可復見矣。　○案：王校「待」作「持」，「反」作「交」，是也，今依改。「交」、「佼」字通，「憂」、「養」義近。詩二子乘舟「中心養養」，毛傳：「養養然憂。」荀子禮論篇「久而平，所以優生也」，楊注：「優養生者。」以「優」爲之。莊子至樂篇「若果養乎」，俞樾訓「養」爲憂。

⑥ 「討」，正德本作「紂」。「臣」字畢本不重，舊本並重，治要亦重，今據補「臣」字。「懾」，卷子本治要

作「搆」，銅活字本治要及正德本作「攝」，天明本治要作「懾」。「懾」正字，「攝」借字。治要「拂」作「咈」，說文曰：「咈，違也。」又曰：「弗，撟也。」「拂」即「弗」、「咈」之借字。荀子臣道篇曰：「事暴君者，有補削，無撟拂。」

⑦「彊」，陸本、茅本、寶曆本、堂策檻本作「疆」，卷子本治要作「旋」，刊本治要及正德本作「强」。卷子本治要「無」作「无」。

⑧「信」，諸本譌「言」，正德本作「信」，今據正。治要亦作「信」。

⑨「所信」、「所忠」之下，治要並有「者」字。晏子春秋問上篇曰：「忠臣不信，一患也；信臣不忠，二患也。」賈子大政下篇曰：「故君之信在所信，所信不信，雖欲論信也，終身不信矣。」新序雜事一篇曰：「忠臣不用，用臣不忠。」杜恕體論曰：「有盡忠不見信，有見信而不盡忠。」

⑩「畜」，治要作「蓄」，字通。　畢云：「菽」，正爲「尗」。

⑪畢云：舊脱「以」字，一本有。　孫云：荀子正名篇楊注云：「事，任使也。」　〇案：潛本、緜眇閣本、陳本並有「以」字。卷子本、銅活字本治要並作「大臣不足以食之，大臣不足以事之，賞之」，較本書多九字。天明本治要與本書同。

⑫正德本作「以七患君國也」六字，卷子本、銅活字本治要並作「以七患也國」。

⑬「無」，卷子本治要作「无」。　畢云：「國」、「稷」爲韻。

⑭畢云：「城」、「傾」爲韻。

⑮ 畢云：「當」、「殃」爲韻。

⑯ 「之」，正德本作「子」。

⑰ 畢云：「仰」、「養」爲韻。

⑱ 事、使字通。　畢云：「食」、「事」爲韻。

⑲ 「力」，畢本譌「立」，舊本並作「力」，今據正。

⑳ 孫云：獨斷云：「御者，進也。凡飲食入於口曰御。」　秋山云：「主」，一作「王」。

㉑ 孫云：白虎通義諫諍篇云：「陰陽不調，五穀不熟，故王者爲不盡味而食之。」

㉒ 俞云：「旱」者，不雨也，不得爲二穀不收之名，疑「旱」乃「罕」字之誤。

㉓ 邵晉涵云：「餽」與「匱」通。鄭注月令云：「匱，乏也。」　○案：「餽」，正德本作「匱」，下同。宋本、蜀本御覽三十五引「餽」，注云「音匱」，可爲邵説之證。

㉔ 畢云：太平御覽引作「飢」，誤，此飢餓字。穀梁傳云：「一穀不升謂之嗛，二穀不升謂之饑，三穀不升謂之饉，四穀不升謂之康，五穀不升謂之大侵。」爾雅云：「穀不孰爲饑，蔬〔一〕不孰爲饉，果不孰爲荒。」與此異。　又畢本此下據藝文類聚增「五穀不孰謂之大侵」八字。　王云：既言「五穀不收謂之饑」，則不得又言「五穀不孰謂之大侵」。藝文類聚百穀部引墨子「五穀不孰謂

〔一〕「蔬」原作「疏」，據畢本原注改，與爾雅釋天合。又爾雅「孰」並作「熟」。

之大侵」者，乃涉上文引穀梁傳「五穀不升謂之大侵」而衍，故太平御覽時序部二十、百穀部一引墨子皆無此八字。下文「饑則盡無祿」，畢依類聚於「饑」下增「大侵」二字，亦御覽所無。孫云：華嚴經本、蜀本御覽三十五引作「飢」，又八百三十七引作「饑」，其下並無畢增八字。

㉕「餽」，茅本、寶曆本作「饋」，即「匱」之借字。

㉖「饑」下畢增「大侵」二字，非是，說詳上。孫云：「稟食」，謂有稍食而無祿。說文云：「稟，賜穀也。」周禮司士鄭注云：「食，稍食也。」

㉗「三」，諸本作「五」，正德本作「三」，今從之。孫云：曲禮鄭注云：「徹，去也。」

㉘孫云：周禮小胥云「卿大夫判縣」，鄭注謂左右縣。曲禮云：「大夫無故不徹縣。」孔疏云：「徹亦去也。」

㉙孫云：周書糴匡篇云：「成年，餘子務藝；年儉，餘子務穡。」是不入學也。

㉚吳云：「不革制」者，不更制新衣也。

㉛王云：「雍食」當爲「雍飧」。周官外饔「凡賓客之飧饔饗食之事」，鄭注曰：「飧，客始至之禮。饔，既將幣之禮。」「飧饔」即「饔飧」也。「饔」、「雍」古字通。

㉜畢云：高誘注呂氏春秋云：「在中曰服，在邊曰騑。」

㉝畢云：「塗」，俗寫从土。本書非攻中云「涂道之脩遠」，只作「涂」。「芸」，「䒀」省文。孫云：穀梁襄二十四年傳云「大侵之禮，廷道不除」，范甯注云：「廷內道路不修除也。」

㉞ 畢云：「隊」，「墜」正字。說文云：「隊，從高隊也。」　蘇云：「道」與「導」同，謂引也。○案：「道」，寶曆本作「遁」，說文曰：「遁，遷也。」義亦可通。

㉟ 「飢」，諸本作「饑」，正德本、茅本、寶曆本作「飢」，今從之。「饉」，諸本作「餓」，正德本作「饉」，今從之。文選王命論曰「餓饉流隸」，李注云：「饉，或爲殣，荀悅曰：道瘞謂之殣也。」左昭三年傳曰「道殣相望」，杜注云：「餓死爲殣。」「道饉」即「道殣」也。

㊱ 各本作「重其子此疚於隊」，今依王引之說移，蘇說同。正德本「疚」作「疾」。

㊲ 「年歲」連文。論衡治期篇曰：「案穀成敗自有年歲，年歲水旱，五穀不成。」

㊳ 正德本無「民」字。緜眇閣本「常」下「此」字闕文，陳本無「此」字。

㊴ 「寡」，畢本作「疾」。　俞云：「疾」當爲「寡」。　孫云：俞說未塙。此疑當作「爲者疾，食者寡，則歲無凶；爲者緩，食者衆，則歲無豐」。　○案：「寡」，畢本誤「疾」，舊本並作「寡」，今據正。貴義篇曰：「食者衆而耕者寡。」商子農戰篇曰：「農者寡而游食者衆，故其國貧危。」又曰：「農者寡而游食者衆，則農者殆。」賈子孽產子篇曰：「一人耕之，十人聚而食之，欲天下亡飢，胡可得也？」潛夫論浮侈篇曰：「一夫耕，百人食之，以一奉百，孰能供之？」義均類此。

㊵ 「時」，正德本作「之」。　孫云：禮記坊記鄭注云：「先民謂上古之君也。」書尹訓孔疏引賈逵國語注云：「先民，古賢人也。」

㊶ 「固」，正德本作「顧」。

㊷「餓」，正德本作「飢」。

㊸畢云：管子權數云：「管子曰：湯七年旱，禹五年水。」與此文互異。莊子秋水云：「湯之時，八年七旱。」荀子王霸云：「禹十年水，湯七年旱。」賈誼新書憂民云：「禹有十年之蓄，故免九年之水；湯有十年之積，故勝七年之旱。」淮南子主術云：「湯之時七年旱。」又異。　孫云：呂氏春秋順民篇云：「昔者湯克夏，天大旱五年。」與此書所言正合。王充論衡感虛篇亦云：「書傳言湯遭七年旱，或言五年。」是古書本有二說也。

㊹「饑」，諸本作「餓」，正德本、陳本並作「饑」，今從之。　畢云：「離」讀如「羅」。

㊺「餓」，正德本作「饑」。

㊻「倉」，各本作「食」。秋山云：「『食』疑『倉』誤。」俞校同。今依改。

㊼「完」，諸本作「全」，正德本作「完」，今從之。

㊽「卒」讀如「猝」。

㊾畢云：言慶忌雖勇，猶輕出致死。昔吳王患慶忌之在隣國，恐合諸侯來伐。要離詐以負罪出奔，戮妻子，斷右手，如衛求見慶忌。與東之吳，渡江中流，順風而刺慶忌。事見吳越春秋闔閭內傳。

㊿「王」字畢本脫，舊本並有，今據補。「武王」與「湯」對文，亦見非攻下篇及非命三篇，不必字數相等也。　王引之云：禦敵謂之待，魯語、楚語韋注並云：「待，禦也。」

(51) 孫云：孟子公孫丑篇云：「湯以七十里，文王以百里。」

㊷ 畢云：「寶」、「爪」、「守」爲韻。

㊸ 「脩」，正德本誤「循」。

㊹ 蘇云：「正」同「征」。

㊺ 「則民」，舊本作「民則」。

㊻ 自「役脩」至「百姓」四十字，舊本錯入辭過篇「故作誨婦人治」之下，畢本依盧文弨校移於辭過篇「凡費財勞力不加利者不爲也」之下，不惟文義不接，且間斷原文文氣，不可從。今校移於此，上下文緊相銜接。潛本、緜眇閣本、陳本並脱「去其城郭」以下三十八字，疑以意刪。　王云：「作斂」與「籍斂」同，「籍」古讀如「昨」。節用上篇「其籍斂厚」。

㊼ 韓子難一篇曰：「明主賞不加於無功。」又外儲説右下篇曰：「使民有功與無功俱賞者，此亂之道也。」

㊽ 畢云：舊作「槨」，俗寫。　○案：正德本作「椁」。

㊾ 曹耀湘云：「裘」當作「衾」。　○案：「裘」字疑涉上文「衣裘」而誤。茅本、寶曆本並作「裳」。史記匈奴傳「其送死有衣裘」，漢書「裘」作「裳」。淮南子氾論訓曰：「葬死人者，裘不可以藏。」今民間猶有此遺俗也。

㊿ 畢云：當爲「謝」，荀子王霸云「臺謝甚高」，楊倞曰：「謝、榭同。」陸德明左氏音義云：「榭，本亦作謝。」知古無榭字。　○案：爾雅釋宫曰：「闍謂之臺，有木者謂之榭。」説文古籀補載虢季

子白盤有「廚」字。吴大澂云：「廚」，講武堂也。有屋謂之廚，从广、从射。小篆从木作『榭』。」

㉑正德本無「府」字。「單」，盡也。莊子列禦寇篇曰：「單千金之家。」本字當作「殫」。

㉒正德本無「不」字。

㉓畢云：「離」讀如「羅」。

㉔兩「子」字，寶曆本作「家」。

㉕畢云：周書云：「夏箴云：小人無兼年之食，遇天饑，妻子非其有也；大夫無兼年之食，遇天饑，臣妾輿馬非其有也。」墨蓋夏教，故義略同。　孫云：畢據周書文傳篇文，此文亦本夏箴而與文傳小異。考穀梁莊二十八年傳云：「國無三年之畜，曰國，非其國也。」與此文略同，疑先秦所傳夏箴文本如是也。又御覽五百八十八引吴廣百官箴敍云：「墨子著書，稱夏箴之辭。」蓋即指此。若然，此書當亦稱夏箴，與周書同，而今本脱之。　○案：穀梁文亦未言出夏箴，孫説未知是否。

辭過第六①

子墨子曰：古之民②未知爲宫室時③，就陵阜而居，穴而處④。下潤濕傷民⑤，故聖王作爲宫室⑥，爲宫室之法⑦，曰：高足以辟潤濕⑧，邊足以圉風寒⑨，上足以待雪霜雨露⑩，宫墻之高⑪，足以别男女之禮⑫。謹此則止⑬，凡費財勞力不加利者，不爲也⑭。是故聖王作爲宫室，便於生⑮，不以爲觀樂也；作爲衣服帶履，便於身⑯，不以爲辟怪也⑰。故節於身，誨於民⑱，是以天下之民可得而治，財用可得而足⑲。當今之主⑳，其爲宫室則與此異矣。必厚作斂於百姓㉑，暴奪民衣食之財㉒，以爲宫室臺榭曲直之望㉓，青黄刻鏤之飾㉔。爲宫室若此，故左右皆法象之㉕，是以其財不足以待凶饑㉖、振孤寡㉗，故國貧而民難治也㉘。君實欲天下之治而惡其亂也㉙，當爲宫室不可不節㉚。

古之民未知爲衣服時㉛，衣皮帶茭㉜，冬則不輕而温㉝，夏則不輕而清㉞。聖王以爲不中人之情㉟，故作誨婦人治絲麻㊱、梱布絹㊲，以爲民衣。爲衣服之法：冬則練帛之中㊳，足以爲輕且煖㊴；夏則絺綌之中㊵，足以爲輕且清㊶。謹此則止。故聖人爲衣服㊷，適身體、和肌膚而足矣，非榮耳目而觀愚民也。當是之時，堅車良馬不知貴也㊸，刻鏤文采不知喜也㊹。何則？其所道之然。故民衣食之財㊺，家足以待旱水凶饑者，何也？得其所以自養之情，而不感於外也㊻。是以其民儉而易治㊼，其君用財節而易贍也㊽。府庫實滿，足以待不然㊾；兵革不頓㊿，士民不勞，足以征不服，故霸王之業可行於天下矣。當今之王㊿¹，其爲衣服則與此異矣。冬則輕煗㊿²，夏則輕清，皆已具矣。必厚作斂於百姓㊿³，暴奪民衣食之財[54],以爲錦繡文采靡曼之衣[55]。鑄金以爲鉤,珠玉以爲珮[56],女工作文采,男工作刻鏤,以爲身服[57]。此非云益煖之情也[58],單財勞力[59],畢歸之於無用也[60]。以此觀之[61],其爲衣服,非爲身體,皆爲觀好。是以其民淫僻而難治,其君奢侈而難諫也。夫以奢侈之君御好淫僻之民[62],欲用無亂[63],不可得也。君實欲天下之治而惡其亂[64],當爲衣服不可不節。

古之民[65]未知爲飲食時[66],素食而分處[67]。故聖人作誨男耕稼樹藝[68],以爲民食。其爲食也,足以增氣充虛、彊體適腹而已矣[69]。故其用財節,其自養儉,民富國治[70]。今則不然,厚作斂於百姓[71],以爲美食芻豢,蒸炙魚鼈[72],大國累百器,小國累十器,前方丈[73],目不能徧視,手不能徧操[74],口不能徧味[75],冬則凍冰,夏則餲饐[76]。人君爲飲食如此,故左右象之,是以富貴者奢侈,孤寡者凍餒[77],雖欲無亂[78],不可得也。君實欲天下之治而惡其亂[79],當爲食飲不可不節[80]。

古之民未知爲舟車時[81],重任不移,遠道不至。故聖王作爲舟車,以便民之事。其爲舟車也,完固輕利[82],可以任重致遠。其爲用財少,而爲利多[83],是以民樂而利之。故法令不急而行[84],民不勞而上足用[85],故民歸之。當今之主[86],其爲舟車與此異矣。完固輕利皆已具[87],必厚作斂於百姓[88],以飾舟車[89],飾車以文采[90],飾舟以刻鏤。女子廢其紡織而脩文采,故民寒;男子離其耕稼而脩刻鏤,故民飢[91]。人君爲舟車若此,故左右象之,是以其民飢寒並至，故爲姦衺[92]。姦衺多則刑罰深[93]，刑罰深則國亂[94]。君實欲天下之治而惡其亂[95]，當爲舟車不可不節。

凡回於天地之閒[96]，包於四海之內，天壤之情，陰陽之和，莫不有也，雖至聖不能更也。何以知其然？聖人有傳：天地也，則曰上下；四時也，則曰陰陽；人情也，則曰男女；禽獸也，則曰牡牝雄雌也[97]。真天壤之情，雖有先王，不能更也。雖上世至聖，必蓄私不以傷行[98]，故民無怨。宮無拘女，故天下無寡夫[99]。內無拘女，外無寡夫，故天下之民衆。當今之君[100]，其蓄私也，大國拘女累千，小國累百，是以天下之男多寡無妻[101]，女多拘無夫。男女失時[102]，故民少。君實欲民之衆而惡其寡[103]，當蓄私不可不節。

凡此五者[104]，聖人之所儉節也[105]，小人之所淫佚也[106]。儉節則昌，淫佚則亡。此五者不可不節，夫婦節而天地和[107]，風雨節而五穀孰[108]，衣服節而肌膚和。

① 畢云：「辭受」之字从「受」，經典假借用此。「過」，謂宮室、衣服、飲食、舟車、蓄私五者之過也。

孫云：群書治要引并入七患篇，此疑後人妄分，非古本也。

② 畢云：太平御覽引作「上古之民」。○案：宋本、蜀本御覽一百七十三引作「上古之人」，營造法式引作「古之名」。

③畢云：舊脱「室」字，據太平御覽增。　孫云：趙蕤長短經適變篇引亦有「室」字。禮運云：「昔者先王未有宮室，冬則居營窟，夏則居橧巢。」　○案：長短經、御覽引並有「室」字，無「時」字。治要及營造法式引並有「室時」二字。

④「就」，八行李本作「蓋」。　秋山云：「就」，一作「蓋」。　易繫辭曰：「上古穴居而野處，後世聖人易之以宮室，上棟下宇，以待風雨。」

⑤「濕」，正德本作「滋」，下同。「濕」本字當作「溼」。

⑥畢云：「王」，御覽引作「人」。

⑦畢云：御覽引作「制」。　○案：宋本、蜀本御覽引作「法」，與本書同。

⑧畢云：「辟」，避字假音。　○案：「辟」，正德本作「辭」，治要、長短經、御覽並作「避」。治要「高」上有「室」字，「潤」下無「濕」字。營造法式引「高」上有「宮」字。

⑨畢云：「邊」，太平御覽引作「中」，非。「圉」，李善注左思魏都賦引作「御」，太平御覽引作「禦」。玉篇云：「圉，禁也。」　○案：正德本「圉」作「禦」。卷子本治要「邊」作「邉」，「圉」作「圄」。「邉」即「邊」之別構字。營造法式「邊」作「旁」。

⑩「雪霜」，太平御覽、營造法式引作「霜雪」。　王引之云：「待」，禦也。節用篇「待」作「圉」，「圉」即「禦」字也。

⑪「墻」，正德本作「牆」，卷子本治要作「檣」。　孫云：禮記儒行鄭注云：「宮謂墻垣也。」

⑫「禮」，卷子本治要作「礼」。

⑬畢云：「謹」，廑字假音。

⑭「凡」字諸本脱，正德本有，與治要合，今據補。

⑮「生」，正德本作「主」。「便於生」，治要作「使上」二字，屬下讀。　畢云：太平御覽引作「以便生」。

⑯「便於身」，治要作「使身」二字。

⑰畢云：「辟」，僻字假音。

⑱卷子本、銅活字本治要作「故節於身，論於身，論於民」十字，當衍「論於身」三字。天明本治要與本書同。

⑲孫云：長短經有「也」字。

⑳「主」，卷子本、銅活字本治要、長短經作「王」。

㉑「作」字，治要、長短經、御覽並無。

㉒「奪」，卷子本治要、宋本御覽作「窼」。

㉓御覽作「爲曲直之室」。

㉔畢云：以上六句，太平御覽節。　○案：畢校誤。

㉕「法象之」，潛本、緜眇閣本、陳本、繹史本並作「象法之」，長短經作「法而象之」。

㉖「饑」，正德本、茅本、寶曆本、李本作「飢」。

㉗「振」，各本作「賑」，俗字。孫從治要作「振」。「寡」，卷子本治要作「宜」，即「寡」之別構，見唐雲麾將軍碑。

㉘孫云：長短經「治」作「理」，蓋避唐諱改。○案：「而」，茅本、寶曆本、李本作「其」，秋山云：「其，一作而。」「治」，宋本、蜀本御覽引作「訴」。

㉙「實」，正德本及治要並作「誠」。

㉚王引之云：「當」猶則也。

㉛「民」，北堂書鈔一百二十九、藝文類聚八十五、宋本蜀本御覽六百八十九及八百十五引並作「人」。

㉜畢云：「衣皮」，藝文類聚引作「衣皮毛」，非。說文云：「茭，乾芻。」王云：說文：「筊，竹索也。」其草索則謂之茭。尚賢篇曰「傅說被褐帶索」，謂草索也。此言「帶茭」，猶彼言「帶索」矣。孫云：「帶茭」，疑即喪服之「絞帶」。「傳云：『絞帶者，繩帶也。』」○案：宋本御覽無「衣」字。蜀本御覽擠刊一「衣」字。

㉝「温」，長短經作「煖」。

㉞孫云：曲禮「冬温而夏凊」，釋文云：「凊，七性反，字從冫，秋冷也。本或作水旁，非也。」說文云：「凊，寒也。」

㉟「王」，正德本作「人」。　孫云：「情」，治要作「温清」二字，誤。　○案：卷子本治要原無「温」字，「情」作「请」，似「請」字之行書，「請」、「情」字通，校點者見上文有「温清」字，遂妄加「温」字於其旁而成「温请」矣。昔人謂古書多晦於校者，此類是也。

㊱「治」下，諸本有「役脩其城郭云云」四十字，今移於七患篇。　潛本、緜眇閣本、陳本、繹史本僅有「役脩」二字。

㊲「搁」，諸本作「梱」，正德本作「相」，潛本、緜眇閣本、陳本作「搁」，繹史本作「捆」，茅本、李本作「梱」，寶曆本作「搁」，今從之。説文曰：「搁，手推之也。」桂馥云：「推當作椎。」集韻：「搁，或作捆。」孟子「捆屨」，趙注：「捆猶叩椓也。」孫奭音義云：「捆，丁音閫。鄦叔重曰：『捆，織也。』玉篇：『捆，織也。』」是「搁」者正字，「捆」者或字，其餘均「梱」、「捆」形聲之轉變也。　畢云：「梱」字當爲「稛」，説文云「絭束也」。　孫云：非樂上作「綑布縿」，非命下作「捆布縿」，此「梱」或當爲「捆」，亦「稛」之假字。「絹」當爲「綃」，與「繰」通，故彼二篇又誤「縿」。

㊳孫云：「中」即中衣。凡上服以内之衣，通稱中衣。深衣鄭目録云：「大夫以上祭服，中衣用素練。」「帛」即素也。詩唐風揚之水孔穎達疏云：「中衣者，朝服〔二〕、祭服之裏衣也。其制如深衣。」「中」，經典亦作「衷」。説文衣部云：「衷，裏褻衣。」穀梁宣九年傳云「或衣其衣，或衷其襦」，范注

〔二〕「服」字，墨子閒詁原注脱，本書沿誤，據詩孔疏補。

云：「衷者，襦在裏也。」是對文「衷」爲裏衣，散文則通言「衣」，故節用中篇云：「冬服紺緅之衣，足以爲輕且暖。」

㊴畢云：文選注引作「煗」。　孫云：後文「煗」字兩見，說文火部「煖」、「煗」並訓「溫也」。長短經仍作「煖」。　○案：宋本文選求自試表注引仍作「煖」。明鈔本及孔本書鈔引並作「冬則絹綿輕且暖」。

㊵「綌」，卷子本治要作「絃」，俗「綌」字。宋本御覽六百八十九引作「紘」，即「絃」之譌。　孫云：說文云：「絺，細葛也。」「綌，粗葛也。」

㊶舊本脱「煖」至「且」十二字，今依畢、王校補。畢本據北堂書鈔增「煖夏則絺綌輕且」七字。王云：「夏則絺綌輕且清」本作「夏則絺綌之中，足以爲輕且清」，與「冬則練帛之中，足以爲輕且煖」對文。北堂書鈔衣冠部三引作「冬則練帛輕且煖，夏則絺綌輕且清」，省文也。若下二句内獨少「之中足以爲」五字，則與上二句不對矣。群書治要所引上下皆有此五字，當據補。　孫云：長短經引云：「夏則絺綌足以爲輕清」，亦有「足以爲」三字。　○案：宋本、蜀本御覽引作「冬則絹帛輕且溫，夏則絺綌清且涼。」

㊷依上下文例，「聖人」下當有「作」字。治要「聖人」下有「之」字。

㊸「不知」上，茅本、寶曆本、李本有「而」字。　秋山云：一本無「而」字。

㊹「采」，正德本作「彩」。

㊺正德本無「民」字。

㊻孫云：「感」，治要同。「感」當爲「惑」之誤。「也」字治要無。○案：「感」字不誤。說文曰：「感，動人心也。」吕氏春秋有度篇云「使人不能執一者，物感之也」，注云：「感，惑也。」義與此同。

㊼長短經作「是以其人用儉約而易治」。

㊽畢云：吕氏春秋適音云「不充則不詹」，高誘曰：「詹，足也。『詹』讀如『澹然無爲』之『澹』。」文選注云：「許君注淮南子云：澹，足也。」古無从「貝」字，此俗寫。○案：「贍」，卷子本治要作「贍」。節葬下篇「財不贍」，吴鈔本亦作「贍」。

㊾左莊二十三年傳曰：「征伐以討其不然。」孫云：「不然」，謂非常之變也，漢書司馬相如傳「衛使者不然」。○案：「然」，卷子本治要作「拯」，刊本治要作「極」。

㊿孫云：襄四年左傳「甲兵不頓」，杜注云：「頓，壞也。」

51「王」，諸本並同，卷子本治要、銅活字本治要、長短經引亦作「王」，惟寶曆本、繹史本及天明本治要作「主」。竊疑本篇各「主」字本皆作「王」，因卷子本治要及長短經均作「王」也。

52「煗」，李本、緜眇閣本、陳本及治要並作「煖」，下同。

53藝文類聚、長短經、御覽引並無「作」字。

54「奪」，卷子本治要作「奪」。

55「曼」，卷子本治要作「曼」。「之衣」，諸本作「衣之」，潛本、緜眇閣本、陳本作「之衣」，治要、類聚、長短經引亦作「之衣」，今從之。俞校同。　秋山云：「衣之」，一作「之衣」。　孫云：小爾雅廣言云：「靡，細也。」漢書韓信傳顏注云：「靡，輕麗也。」文選七發李注云：「曼，輕細也。」

56 畢云：當爲「佩」，古無此字。　孫云：治要作「佩」，長短經同。　○案：卷子本、銅活字本、天明本治要並作「珮」。

57 「以爲身服」，潛本、緜眇閣本、陳本、繹史本同，諸本作「以身服」，卷子本、銅活字本治要亦作「以身服」，寶曆本及天明本治要作「以身服之」。　秋山云：「以身服之」，一作「以爲身服」。

58 俞云：廣雅釋詁曰：「云，有也。」「情」猶實也。「此非云益煗之情」，猶曰「此非有益煖之實」。　○案：春秋繁露調均篇曰：「凡衣裳之生也，爲蓋形煖身也。然而染五采、飾文章者，非以爲益肌膚血氣之情也。」意與此同。

59 孫云：「單」，盡也。

60 「無」，卷子本治要作「无」。「也」字各本無，孫據治要補。

61 孫云：「以」，長短經作「由」。

62 「御」，卷子本治要作「卻」。「好」字疑衍，治要、長短經並無。

63 「用」，畢本作「國」，偏檢舊本皆作「用」，治要引亦作「用」，唯近刻長短經引作「國」，疑墨子古本本作「用」也。「用」，以也。節葬下篇曰：「欲以衆人民，甚得寡焉；欲以治刑政，甚得亂焉。」此言「欲用」，猶彼言「欲以」矣。卷子本治要「無」作「无」。

㊹ 治要「實」作「誠」。

㊺ 文選曹子建贈徐幹詩注引「民」作「人」。

㊻ 治要及御覽六百二十七引並無「時」字。

㊼ 孫云：管子禁藏〔一〕篇云「果蓏素食當十石」，「素」，疏之假字。淮南子主術訓云「夏取果蓏，秋畜疏食」，「疏」俗作「蔬」。月令「取蔬食」，鄭注云：「草木之實爲蔬食。」禮運説上古云「未有火化，食草木之食」，即此「素食」也。

㊽ 畢云：古只作「埶」，説文云：「埶，種也。从坴，丮持而種之。」

㊾ 「足」，道藏本、陸本、唐本、潛本、茅本、李本、堂策檻本、四庫本作「是」，誤。「腹」，明鈔本、孔本書鈔引作「脉」。

㊿ 治要「故」字在「民富」上。

(71) 治要、御覽並無「作」字。

(72) 畢云：太平御覽引「炙」作「庖」，「鼈」作「鱉」。孫云：治要無「魚鼈」二字。「蒸」與「烝」通。○案：「鼈」宋本、蜀本御覽仍作「鼈」，潛本、緜眇閣本、陳本作「鱉」。「芻豢蒸炙」，卷子本治要作「𦬸豢烝豕」，銅活字本治要作「蒭豢蒸豕」，天明本治要作「蒭豢蒸炙」。「𦬸」即「芻」之別構

〔一〕「禁藏」原誤「七臣七主」，據西南師大漢語言文獻研究所校改。

字，見魏義橋石象碑。說文曰：「炙，炮肉也。从肉在火上。」

⑬ 畢本據文選七命及應璩與從弟君苗君冑書注所引改「前方丈」作「美食方丈」。　王云：畢改非也。群書治要引作「前方丈」，則魏徵所見本正與今本同。文選注引作「美食方丈」者，此以上文之「美食」與下文之「方丈」連引，而節去「芻豢」以下十七字，乃是約舉其詞，不得據彼以改此也。太平御覽治道部八引作「前則方丈」，句法較爲完足。　孫云：孟子盡心篇云「食前方丈」，趙注云：「極五味之饌食，列於前方一丈。」

⑭ 「操」，卷子本治要作「掾」，銅活字本治要作「摻」。

⑮ 三「徧」字，卷子本治要並作「偏」，古通用。

⑯ 「餲」，各本作「飾」。　秋山云：「飾」疑「餲」。　洪云：「飾饐」當作「餲饐」。爾雅釋器「食饐謂之餲」，郭注：「飯䬳臭。」論語鄉黨「食饐而餲」，孔注：「饐餲，臭味變也。」「飾」本作「餝」，餲、餝字形相近。　俞說同。　案秋山、洪、俞說是也。明刻慎懋賞本僞慎子襲取此節，正作「餲饐」，今依改。論衡商蟲篇曰：「温濕饐餲，蟲生不禁。」「饐餲」猶餲饐也。　張文虎云：「飾饐」，群書治要引作「餕饐」，是也。論語鄭注云：「食餘曰餕。」「餕饐」者，謂食餘而致壞也。或曰「餕」當爲「酸」，「酸饐」與上「凍冰」對。

⑰ 「寡」，卷子本治要作「宜」。「餧」，各本作「餒」。卷子本治要、宋本蜀本御覽引並作「餧」，今從作「餧」。　畢云：「餒」當爲「餧」。　說文云：「餧，飢也。」

(78) 畢云：舊脱「雖」字，據太平御覽增。　○案：卷子本治要亦無「雖」字。「無亂」作「无乱」，下「亂」字同。

(79) 「實」，治要作「誠」。「之」字各本無，王據上下文補。

(80) 孫云：「食飲」當作「飲食」。　○案：卷子本治要亦作「食飲」。「食飲」猶飲食，古人常語。非攻中篇曰「食飲之不時」，又下篇曰「食飲不時」。

(81) 自上文「水凶饑者何也」至「未知爲舟車」，道藏本凡四百零三字，正德本脱。

(82) 「完」，諸本作「全」，正德本作「完」，與治要、孔本書鈔、意林、御覽引合，今從之。明鈔本書鈔一百三十七引作「周兒輕利」，「周兒」即「完固」之譌倒。說文「完」訓「全」，則作「全」亦通。

(83) 治要引無「其爲」二字。

(84) 治要引無「故」字，「令」作「禁」。　王云：「故」字涉下「故」字而衍。

(85) 畢云：「上」，舊作「止」，一本如此。　○案：「上」，諸本作「止」，潛本、寶曆本、緜眇閣本、陳本、繹史本、四庫本作「上」。秋山云：「上，一作止。」治要引作「民不勞，上足以用。」

(86) 「主」，諸本作「王」，卷子本、銅活字本治要引亦作「王」。「王」字是。唯寶曆本、畢本及天明本治要作「主」。

(87) 「完」，諸本作「全」，正德本作「完」，與治要合，今從之，説詳上。正德本「已」作「矣」。治要「具」下有「矣」字。　秋山云：一本「具」下有「矣」字。

88 「作斂」，影印唐本作「科斂」。治要及御覽六百二十七引並無「作」字。

89 治要作「以爲舟車飾」五字。

90 「采」，正德本作「彩」，下同。

91 「飢」，諸本作「饑」，正德本、茅本、寶曆本、李本作「飢」，今從之。治要引亦作「飢」。下同。

92 孫云：治要作「邪」。

93 各本「姦衺」二字不重，王據治要補。

94 孫云：治要「國」上衍「固」字。○案：卷子本治要「國」上「固」字之右上角有三點，已表示刪去，翻本治要未及審校，竟仍存之。

95 「實」，正德本作「誠」，治要引亦作「誠」。

96 蘇云：「回」當作「同」。　王樹枏云：回與迴同物。呂氏春秋上德篇「德迴乎天地」，注云：「迴，通也。」　○案：呂氏春秋「德迴乎天地」之「迴」，王念孫校，爲「迵」字之誤。若彼文依王校，則此「回」字當如蘇校，爲「同」字之誤。「同」、「迵」字通。

97 「牡牝」，陸本、茅本、寶曆本、李本、堂策檻本、四庫本並作「牝牡」。

98 「蓄」，正德本作「畜」，下同。　顧廣圻云：晏子春秋內篇諫下：「古聖王畜私不傷行。」　孫云：「私」，謂妾媵私人。

99 孫云：小爾雅廣義云：「凡無妻無夫，通謂之寡。寡夫曰煢。」左襄二十七年傳云「齊崔杼生成及彊而寡」，杜注云：「偏喪曰寡。寡，特也。」

⑩⓪「君」，上文作「王」。

⑩①「之」字，正德本、翻陸本並無。

⑩②畢云：「『女』，舊作『子』，一本如此。」○案：正德本、潛本、寶曆本、緜眇閣本、陳本、繹史本並作「女」。

⑩③「實」，正德本作「試」，蓋「誠」字之筆誤。

⑩④「凡」，正德本誤「兄」。

⑩⑤「儉」，寶曆本作「險」，疑誤。下仍作「儉」。

⑩⑥正德本、繹史本「佚」作「泆」，下同。緜眇閣本此作「泆」，下作「佚」。

⑩⑦「和」，茅本、寶曆本、李本作「利」。

⑩⑧「孰」，舊本作「熟」，俗字。

三辯第七①

程繁②問於子墨子曰：夫子曰③：「聖王不爲樂。」昔諸侯倦於聽治④，息於鐘鼓之樂；士大夫倦於聽治，息於竽瑟之樂⑤；農夫春耕夏耘⑥，秋斂冬藏⑦，息於瓴缶之樂⑧。今夫子曰「聖王不爲樂」，此譬之猶馬駕而不稅⑨，弓張而不弛，無乃非有血氣者之所能至邪⑩？子墨子曰：昔者堯舜有第期者⑪，且以爲禮⑫，且以爲樂。湯放桀於大水⑬，環天下自立以爲王⑭，事成功立，無大後患，因先王之樂，又自作樂，命曰護，又脩九招⑮。武王勝殷殺紂，環天下自立以爲王，事成功立，無大後患，因先王之樂，又自作樂，命曰象⑯。周成王因先王之樂，又自作樂，命曰騶虞⑰。周成王之治天下也，不若武王；武王之治天下也，不若成湯；成湯之治天下也，不若堯舜。故其樂逾繁者⑱，其治逾寡。自此觀之，樂非所以治天下也。

程繁曰：子曰：「聖王無樂。」此亦樂已⑲，若之何其謂聖王無樂也？子墨子曰：聖王之命也多寡之⑳。食之利也，以知飢而食之者，智也㉑，因爲無智矣㉒。今聖㉓有樂而少，此亦無也㉔。

① 畢云：此辯聖王雖用樂，而治不在此。「三」者，謂堯舜及湯及武王也。

② 畢云：太平御覽引作「程子」。　孫云：公孟篇亦作「程子」。○案：宋本、蜀本御覽五百六十五引作「程繁」，與此合。

③此三字各本無，今依王校增。

④「倦」，正德本作「卷」，下同。

⑤宋本、蜀本御覽引「瑟」作「琴」。

⑥畢云：說文云：「䅽，除苗間穢也。𦔧，或字。」此省文。

⑦畢云：古只作「臧」。

⑧畢云：「聆」當作「瓴」。「聆缶」，太平御覽引作「吟謠」，是也。「缶」是「䍃」字之壞。王云：今本墨子作「聆缶」者，「聆」乃「瓵」字之譌，「瓵」即「瓴」字也。北堂書鈔樂部七「缶」下、鈔本御覽樂部二及二十二「缶」下引墨子並作「吟缶」，「吟」亦「瓵」之譌。蓋墨子書「瓴」字本作「瓵」，故今本譌作「聆」，諸類書譌爲「吟」，而「缶」字則皆不譌也。其刻本御覽作「吟謠」者，後人不知「吟」爲「瓵」之譌，遂改「吟缶」爲「吟謠」耳。淮南精神訓「叩盆拊瓴，相和而歌」，「盆」即「缶」也。鐘、鼓、竽、瑟、瓵、缶皆樂器，若吟謠則非樂器，不得言吟謠之樂矣。○案：王說是也。宋本、蜀本御覽引作「吟缶」，萬曆活字本御覽引作「吟謠」，疑以意改。文選楊惲報孫會宗書曰「仰天拊缶而呼嗚嗚」，李注云：「應劭漢書注曰：缶，瓦器也。秦人擊之以節歌。」李斯上書曰：「擊甕叩缶而呼嗚嗚快耳者，真秦聲也。」「甕」即「瓴」也。

⑨畢云：太平御覽作「脱」，同。孫云：方言云：「税，舍車也。趙宋陳魏之閒謂之税。」郭璞注云：「税猶脱也。」

⑩「能」上諸本有「不」字，李本無，今據刪。明萬曆甲午刻百子咀華本載此亦無「不」字。茅本此行多一字，以四字距離密刊「之所不能至」五字，似其底本原無「不」字者。

⑪畢據太平御覽改「第期」作「茅茨」。俞云：此疑後人不達「第期」之義而臆改之，未可爲據，仍當從原文而缺其疑。孫云：畢校不誤。詩小雅甫田鄭箋云：「茨，屋蓋也。」孔疏云：「墨子稱『茅茨不翦』，謂以茅覆屋。」○案：宋本、蜀本御覽引作「茅茨」，但各本均作「第期」。竊疑「第期」爲「大章」之聲轉，再以下文「又脩九招」句校之，上文應先出「九招」字，下文「又脩」字始有所本。此文疑本作「昔者堯有第期，舜有九招」，今本有脱誤耳。大章，堯樂。九招，舜樂也。

⑫「禮」，宋本御覽引作「礼」。

⑬蘇云：列女傳云：「流於海，死於南巢之山。」尚書大傳云：「桀曰〔一〕：『國，君之國也。吾聞海外有人。』與其屬五百人去。」與此言合。

⑭「環」猶營也。韓子五蠹篇曰「自環者謂之私」，説文引作「自營爲私」，可證。「環天下」，猶言經營天下也。

⑮畢云：「脩」，舊作「循」，今以意改。已上十六字舊脱，今據太平御覽增。吕氏春秋云：「湯命伊尹作爲大護，歌晨露，脩九招、六列。」孫云：風俗通義聲音篇云：「湯作護，『護』言救民也。」

〔一〕「桀曰」二字原脱，文意不顯，今據太平御覽皇王部八引補。

周禮大司樂「護」作「濩」，漢書禮樂志同。「護」、「濩」字亦通。九招即書皋陶謨「簫韶九成」，舜樂也。史記夏本紀云「禹興九招之樂」，吕氏春秋古樂篇云「舜令質脩九招」，山海經大荒西經云「啟始歌九招」，周禮大司樂作「九磬」，「招」、「韶」、「磬」字並通。○案：各本均有「自作樂命曰九招」七字，僅脱去九字，畢校未審。宋本、蜀本御覽引「招」作「韶」。玉篇云：「頀，湯樂名。」「護」、「濩」、「頀」字並通。

⑯ 畢云：吕氏春秋云「周公爲三象」，乃是成王之樂，此云象又是武王作，未詳。　孫云：毛詩周頌序鄭箋、禮記文王世子鄭注、春秋繁露三代改制質文篇、淮南子氾論訓、白虎通義禮樂篇皆以象爲武王所作。左襄二十九年傳杜注、史記吴世家集解引賈逵、詩周頌疏引服虔又以象爲文王樂，蓋皆傳聞之異。

⑰ 「又自作樂」四字，舊本無。　王云：御覽引作「周成王因先王之樂又自作樂，命曰騶吾」，是也。今本脱去「又自作樂」四字，則義不可通。困學紀聞所引已同今本。書傳中「騶虞」字多作「騶吾」，故困學紀聞詩類引墨子尚作「騶吾」。今作「騶虞」者，後人依經典改之。　孫云：鈔本御覽樂部三引此書「騶虞」又作「鄒吾」，字並通。詩召南有騶虞篇，蓋作於成王時，故墨子以爲成王之樂，凡詩皆可入樂也。　○案：「又自作樂」四字，依上文當有，今依王校增。　宋本、蜀本御覽引並無「又自作樂」四字，與王引御覽異。又「騶虞」作「騶吾」，與孫見御覽異。

⑱ 「樂」，潛本、緜眇閣本、陳本、繹史本並作「道」。

⑲「已」，正德本作「也」，緜眇閣本、繹史本作「矣」。

⑳此有缺亂，疑當作「聖王命樂也寡，今之樂也多」。

㉑「飢」，諸本作「饑」，正德本、茅本、寶曆本、李本並作「飢」，今從之。

㉒「智」，舊本作「知」，字通。

㉓孫云：「『聖』下當有『王』字。」

㉔飢而食，有利於人。飢知食，智也。因此智爲一般人所共有，猶之無智矣。以喻聖王有樂而少，不至於虧奪民財以拊樂，猶之無樂也。

墨子校注卷之二

尚賢上第八

子墨子言曰①：古者王公大人爲政於國家者②，皆欲國家之富，人民之衆，刑政之治。然而不得富而得貧，不得衆而得寡，不得治而得亂，則是本失其所欲，得其所惡，是其故何也？

子墨子言曰：是在王公大人爲政於國家者，不能以尚賢事能爲政也③。是故國有賢良之士衆，則國家之治厚；賢良之士寡④，則國家之治薄。故大人之務，將在於衆賢而已。

曰⑤：然則衆賢之術將柰何哉？子墨子言曰：譬若欲衆其國之善射御之士者，必將富之貴之，敬之譽之，然后國之善射御之士⑥將可得而衆也⑦。況又有賢良之士⑧厚乎德行⑨、辯乎言談⑩、博乎道術者乎？此固國家之珍，而社稷之佐也⑪。亦必且富之貴之，敬之譽之，然後國之良士亦將可得而衆也⑫。

是故古者聖王之爲政也⑬，言曰⑭：「不義不富，不義不貴，不義不親，不義不近⑮。」是以國之富貴人聞之，皆退而謀曰：「始我所恃者，富貴也。今上舉義不辟貧賤⑯，然則我不可不爲義。」親者聞之，亦退而謀曰：「始我所恃者，親也。今上舉義不辟親疏⑰，然則我不可不爲義。」近者聞之，亦退而謀曰：「始我所恃者，近也。今上舉義不辟遠近⑱，然則我不可不爲義。」遠者聞之，亦退而謀曰：「我始以遠爲無恃⑲。今上舉義不辟遠⑳，然則我不可不爲義。」逮至遠鄙郊外之臣㉑、闕庭庶子㉒、國中之衆㉓、四鄙之萌人㉔，聞之皆競爲義。是其故何也？曰：上之所以使下者，一物也；下之所以事上者，一術也。譬之富者㉕，有高墻深宮，墻立既謹，上爲鑿一門㉖。有盗人入，闔其自入而求之㉗，盗其無自出。是其故何也，則上得要也。

故古者聖王之爲政，列德而尚賢㉘，雖在農與工肆之人㉙，有能則舉之，高予之爵，重予之禄㉚，任之以事，斷予之令㉛，曰：「爵位不高則民弗敬，蓄禄不厚則民不信，政令不斷則民不畏。」舉三者授之賢者，非爲賢賜也，欲其事之成。故當是時，以德就列㉜，以官服事㉝，以勞殿賞㉞，量功而分禄。故官無常貴，而民無終賤㉟，有能則舉之，無能則下之㊱。舉公義，辟私怨㊲，此若言之謂也㊳。

故古者堯舉舜於服澤之陽㊴，授之政，天下平；禹舉益於陰方之中㊵，授之政，九州成㊶；湯舉伊尹於庖厨之中㊷，授之政，其謀得；文王舉閎夭、泰顛於罝罔之中㊸，授之政，西土服㊹。故當是時，雖在於厚禄尊位之臣，莫不敬懼而施㊺，雖在農與工肆之人，莫不競勸而尚意㊻。故士者，所以爲輔相承嗣也㊼。故得士則謀不困，體不勞，名立而功成，美章而惡不生㊽，則由得士也。

是故子墨子言曰：得意，賢士不可不舉㊾；不得意，賢士不可不舉。尚欲祖述堯舜禹湯之道㊿，將不可不以尚賢㊿¹。夫尚賢者，政之本也。

① 卷子本治要引作「子墨曰子言」，此寫者筆誤，錯「曰」字於「子言」之上，校點者不察，遂於「墨曰」之側注一「子」字。銅活字本治要承之，作「子墨子曰子言」。天明本治要見其重複，遂將「子言」二字徑行删去，文則順矣，其如古本真面目愈加晦霾何。

② 秋山云：「古」當作「今」。　王云：此謂今之王公大人，非謂古也。「古者」當依群書治要作「今者」。　○案：「古者」，正德本作「昔者」，義同。「古者」義自可通，蓋欲治惡亂者，其希望；失治得亂者，其事實；固無間古今也。本篇「古者」，與非攻上中篇、非命上篇之「古者」文例相類。四篇無一作「今者」，可見「古」字之非偶然筆誤矣。王氏謂當依群書治要作「今者」，案卷子本治要、銅活字本治要並作「古者」。至天明本治要始改作「今者」，蓋從寶曆本墨子秋山之説。

天明本治要竄改底本之處甚多，學者早已病之矣。今仍從舊。

③ 孫云：「事」、「使」義同。漢書高帝紀如淳注云：「事，謂役使也。」

④ 正德本「賢良」上有「國」字。

⑤ 正德本及治要並無「曰」字。

⑥ 「后」，正德本、潛本、李本、緜眇閣本、堂策檻本、陳本、四庫本作「後」。治要引亦作「後」。

⑦ 王引之云：此「將」字猶乃也，與上「將」字異義。

⑧ 正德本無「又」字。

⑨ 「德」，卷子本治要作「悳」，下二「德」字並同。

⑩ 「辯」，正德本、翻陸本作「辨」。治要引亦作「辨」。

⑪ 畢云：「佐」當爲「左」。鈕樹玉云：左字見漢刻石門頌。

⑫ 「後」，畢本作「后」，舊本及治要並作「後」，今從舊本。

⑬ 孫云：舊本脱「也」字，今據治要補。

⑭ 正德本無「曰」字。

⑮ 治要「不富」、「不貴」、「不親」、「不近」並在「不義」上。

⑯ 蘇云：「辟」讀如「避」，下同。孫云：「辟」，治要作「避」，下並同。

⑰ 王云：「親」字涉上文而衍。○案：尚賢中篇曰：「雖天亦不辯貧富貴賤、遠邇親疏，賢者舉

而尚之，不肖者抑而廢之。」韓子說疑篇曰：「内舉不避親，外舉不避讎。是在焉，從而舉之；非在焉，從而罰之。」樹義與此相同。可見舉義者不避疏，亦不避親也。治要引亦作「不避親疏」。

⑱「辟」，茅本、寶曆本作「避」，字通。「遠近」，諸本作一「近」字，正德本及治要並作「遠近」，今從之。尸子明堂篇曰「古者明王之求賢也，不避遠近。」

⑲卷子本治要「無」作「无」。

⑳正德本「舉義」作「所舉」。

㉑國語齊語韋注云：「鄙，郊以外也。」　孫云：書文侯之命孔疏引鄭注云：「鄙，邊邑也。」周禮載師杜子春注云：「五十里爲近郊，百里爲遠郊。」又引司馬法云：「王國百里爲郊。」

㉒孫云：說文云：「庭，宮中也。」周禮宮伯「掌王宮之士庶子凡在版者」，鄭衆注云：「庶子，宿衛之官。」鄭康成云：「王宮之士，謂王宮中諸吏之適子也。庶子，其支庶也。」　○案：「闕」，諸本作「門」，正德本作「闕」，即「闕」之俗字，今從之。說文曰：「闕，門觀也。」呂氏春秋仲冬紀曰「塗闕庭門閭」，注云：闕，門闕也。於周禮爲象魏。」禮記月令作「闕廷」。詩子衿疏云：「闕是人君宮門。」「闕庭庶子」者，即王宮中宿衛之官也。

㉓孫云：周禮鄉大夫鄭注云：「國中，城郭中也。」

㉔「四鄙」，四方之邊鄙也。　畢云：「萌」，「氓」字之假音。　孫云：漢書劉向傳顏注云「萌與甿同，無知之貌。」管子山國軌篇尹注云：「萌，田民也。」一切經音義云：「萌，古文氓同。」說文民

部云：「氓，民也。讀若盲。」又：「甿，田民也。」

㉕ 畢云：「富」，舊作「異」，一本如此。　○案：寶曆本、堂策檻本、四庫本並作「富」。

㉖ 孫云：當作「宮墻既立，謹止鑿一門」，「謹」與「僅」通。　○案：孫校「上」爲「止」，近是，餘並非。「謹」即禮記月令「謹房室必重閉」之「謹」。謂墻立既已謹慎周密，止爲鑿一門，使出入者必由是門也。

㉗ 「而」，正德本作「面」。　畢云：「自入」言所從入之門。

㉘ 繹史本「列」作「別」。　孫云：國語周語韋注云：「列，位次也。」

㉙ 孫云：論語子張篇云：「百工居肆，以成其事。」

㉚ 治要兩「予」字並作「與」，繹史本下「予」字作「與」。

㉛ 孫云：禮記樂記鄭注云：「斷，决也。」謂其令必行。

㉜ 論語季氏篇曰：「陳力就列。」

㉝ 荀子解蔽篇楊注云：「官，謂各當其任，無差錯也。」

㉞ 俞云：「殿」者，定也。殿與定一聲之轉。文選江賦注曰：「澱與淀古字通。」殿之與定，猶澱之與淀也。殿、奠文異而義同，奠亦定也。　孫云：「殿」，治要作「受」。　○案：「殿」，卷子本、銅活字本治要並作「爱」。

㉟ 孫云：「終」，治要作「恒」。

㊱以上三「無」字，卷子本治要並作「无」。

㊲「辟」，治要作「避」。　俞云：小爾雅廣言：「辟，除也。」「辟私怨」，謂唯公義是舉，而私怨在所不問，故除去之也。又禮記郊特牲篇「有由辟焉」，鄭注曰：「辟，讀爲弭。」此「辟」字或從鄭讀，亦通。

㊳王云：「若」亦此也。古人自有複語，本書屢見。

㊴宋本、蜀本御覽八十一引與此同。　畢云：未詳其地。「服」與「蒲」，音之緩急。或即蒲澤，今蒲州府。　孫云：文選曲水詩序李注引帝王世紀云：「堯求賢，而四嶽薦舜，堯乃命于順澤之陽。」疑即本此書。

㊵畢云：未詳其地。　○案：吴越春秋越王無余傳曰：「禹讓位商均，退處陽山之南，陰阿之北。」此「陰方」殆即所謂「陰阿」歟？

㊶蘇云：「成」與「平」爲韻。

㊷畢云：韓非子云：「上古有湯，至聖也。伊尹，至智也。然且七十説而不受，身執鼎俎爲庖宰，昵近習親，湯乃僅知其賢而舉之。」

㊸畢云：事未詳。或以詩兔罝有「公侯腹心」之語而爲説，恐此詩即賦「閎夭、泰顛」事。古者書傳未湮，翟必有據。　孫云：書君奭僞孔傳云：「閎、泰，氏。夭、顛，名。」詩周南兔罝敍云：「兔罝，后妃之化也。關雎之化行，則莫不好德，賢人衆多也。」毛傳云：「兔罝，兔罟也。」

㊹蘇云：「服」與「得」爲韻。

㊺畢云：下疑脱一字。　俞云：「施」當讀爲「惕」。尚書盤庚篇「不惕予一人」，白虎通號篇引作「不施予一人」，是也。　王樹枏云：「施」，善也。見詩彼何人斯釋文。

㊻「尚意」，猶言高尚其意志。

㊼孫云：大戴禮記曾子立事篇云：「使子猶使臣也，使弟猶使承嗣也。」盧辯注云：「承嗣，冢子也。」孔廣森云：「承，丞也。左傳曰『請承』。『嗣』讀爲『司』。丞司者，官之偏貳，故弟視之。『臣』則私臣，自所謁除也，可以子視之。」案孔説是也。此云「輔相承嗣」，中篇云「承嗣輔佐」，義皆如孔説。大戴禮記保傅篇云：「博聞強記，接給而善對者，謂之承。承者，承天子之遺忘者也。」書益稷「欽四鄰」，孔疏引鄭康成云：「四近謂左輔、右弼、前疑、後承。」文王世子孔疏引尚書大傳「承」作「丞」。此「承」義並與彼同。

㊽舊本作「名立而功業彰而惡不生」，正德本「彰」作「章」。王云：「群書治要引作『名立而功成，美章而惡不生』，是也。」今據補正。

㊾上「不」字，正德本脱。

㊿王引之云：「『尚』與『儻』同。」　孫云：「尚」疑與「上」同。下篇云「上欲中聖王之道」。○案：依孫説，疑此下當脱「下欲中國家百姓之利」句，或非「中」字，而爲與「祖述」對文之他二字。尚賢下篇、尚同下篇、非攻下篇、節葬下篇、天志下篇皆「上欲中聖王之道」與「下欲中國家百姓之

利」對舉，此篇文例或當相類。

51 「不以」，畢本作「以不」，舊本並作「不以」，今從舊本。四庫本剜改作「以不」，可知其底本仍作「不以」也。

尚賢中第九

子墨子言曰：今王公大人之君人民、主社稷、治國家，欲脩保而無失①，故不察尚賢爲政之本也②？何以知尚賢之爲政本也？曰：自貴且智者爲政乎愚且賤者則治，自愚且賤者③爲政乎貴且智者則亂，是以知尚賢之爲政本也。故古者聖王甚尊尚賢而任使能④，不黨父兄，不偏貴富〔一〕，不嬖顏色。賢者舉而上之，富而貴之，以爲官長；不肖者抑而廢之，貧而賤之，以爲徒役。是以民皆勸其賞、畏其罰，相率而爲賢。者以賢者衆而不肖者寡⑤，此謂進賢⑥。然後聖人聽其言，迹其行，察其所能而慎予官，此謂事能⑦。故可使治國者，使治國，可使長官者，使長官，可使治邑者，使治邑。凡所使治國家、官府、邑里⑧，此皆國

〔一〕「貴富」原倒作「富貴」，據畢沅刻本改。

之賢者也。

賢者之治國也⑨，蚤朝晏退⑩，聽獄治政，是以國家治而刑法正。賢者之長官也，夜寢夙興，收斂關市、山林、澤梁之利，以實官府，是以官府實而財不散。賢者之治邑也，蚤出莫入⑪，耕稼樹藝，聚菽粟，是以菽粟多而民足乎食。故國家治則刑法正，官府實則萬民富。上有以絜爲酒醴粢盛，以祭祀天鬼。外有以爲皮幣，與四鄰諸侯交接。內有以食飢息勞⑫，將養其萬民⑬，外有以懷天下之賢人⑭。是故上者天鬼富之⑮，外者諸侯與之，內者萬民親之，賢人歸之。以此謀事則得，舉事則成，入守則固，出誅則彊⑯。故唯昔三代聖王堯舜禹湯文武之所以王天下、正諸侯者⑰，此亦其法已。

既曰若法，未知所以行之術，則事猶若未成⑱。是以必爲置三本。何謂三本？曰：爵位不高則民不敬也⑲，蓄祿不厚則民不信也，政令不斷則民不畏也。故古聖王高予之爵，重予之祿⑳，任之以事，斷予之令。夫豈爲賢臣賜哉㉑？欲其事之成也。詩曰：「告女憂卹，誨女予爵㉒，孰能執熱，鮮不用濯㉓？」則此語古者國君諸侯之不可以不執善承嗣輔佐也㉔，譬之猶執熱之有濯也㉕，將休其手焉。古者聖王唯毋得賢人而使之㉖，般爵以貴之㉗，裂地以封之㉘，終身不厭。賢人唯毋得明君而事之，竭四肢之力㉙，以任君之事，終身不倦。若有美善，則歸之上，是以美善在上，而所怨謗在下，寧樂在君㉚，憂慼在臣㉛。故古者聖王之爲政若此。

今王公大人亦欲效人以尚賢使能爲政㉜，高予之爵，而禄不從也。夫高爵而無禄，民不信也。曰：「此非中實愛我也㉝，假藉而用我也㉞。」夫假藉之民，將豈能親其上哉？故先王言曰：「貪於政者㉟，不能分人以事；厚於貨者，不能分人以禄。」事則不與，禄則不分，請問天下之賢人將何自至乎王公大人之側哉？若苟賢者不至乎王公大人之側，則此不肖者在左右也。不肖者在左右，則其所譽不當賢㊱，而所毁不當暴㊲。王公大人尊此以爲政乎國家，則賞亦必不當賢，而罰亦必不當暴。若苟賞不當賢而罰不當暴，則是爲賢者不勸，而爲暴者不沮矣。是以入則不慈孝父母㊳，出則不長弟鄉里，居處無節，出入無度㊴，男女無别。使治官府則盜竊，守城則倍畔㊵，君有難則不死，出亡則不從。使斷獄則不中㊶，分財則不均。與謀事不得，舉事不成，入守不固，出誅不彊㊷。故雖昔者三代暴王桀紂幽厲之所以失措其國家，傾覆其社稷者㊸，已此故也㊹。何則？皆以明小物而不明大物也㊺。

今王公大人有一衣裳不能制也，必藉良工；有一牛羊不能殺也，必藉良宰。故當若之二物者㊻，王公大人皆知以尚賢使能爲政也㊼。逮至其國家之亂，社稷之危，則不知使能以治之㊽。親戚則使之，無故富貴、面目佼好則使之㊾。夫無故富貴、面目佼好則使之，豈必智且有慧哉㊿？若使之治國家，則此使不智慧者治國家也，國家之亂，既可得而知已。且夫王公大人有所愛其色而使(51)，其心不察其知，而與其愛，是故不能治百人者，使處乎千人之官；不能治千人者，使處乎萬人之官。此其故何也？曰：「若處官者爵高而祿厚，故愛其色而使之焉(52)。」夫不能治千人者，使處乎萬人之官，則此官什倍也。夫治之法將日至者也，日以治之，日不什脩(53)，知以治之，知不什益，而予官什倍，則此治一而棄其九矣。雖日夜相接以治若官，官猶若不治。此其故何也？則王公大人不明乎以尚賢使能爲政也。故以尚賢使能爲政而治者，若吾言之謂也(54)，以下賢爲政而亂者(55)，若吾言之謂也。

今王公大人中實將欲治其國家(56)，欲脩保而勿失，胡不察尚賢爲政之本也(57)？且以尚賢爲政之本者，亦豈獨子墨子之言哉？此聖王之道，先王之書，距年之言也(58)，傳曰：「求聖君哲人，以裨輔而身(59)。」湯誓曰(60)：「遂求元聖，與之戮力同心，以治天下(61)。」則此言聖之不失以尚賢使能爲政也(62)。故古者聖王唯能審以尚賢使能爲政，無異物雜焉(63)，天下皆得其列(64)。古者舜耕歷山(65)，陶河瀕(66)，漁雷澤(67)，堯得之服澤之陽(68)，舉以爲天子，與接天下之政，治天下之民。伊摯，有莘氏女之私臣(69)，親爲庖人(70)，湯得之，舉以爲己相，與接天下之政，治天下之民。傅說被褐帶索，庸築乎傅巖(71)，武丁得之，舉以爲三公(72)，與接天下之政，治天下之民。此何故始賤卒而貴，始貧卒而富(73)？則王公大人明乎以尚賢使能爲政。是以民無飢而不得食、寒而不得衣、勞而不得息、亂而不得治者。故古聖王唯以審以尚賢使能爲政⑭，而取法於天。雖天亦不辯貧富貴賤、遠邇親疏⑮，賢者舉而尚之，不肖者抑而廢之。

然則富貴爲賢以得其賞者，誰也？曰：若昔者三代聖王堯舜禹湯文武者是也。所以得其賞何也⑯？曰：其爲政乎天下也，兼而愛之，從而利之，又率天下之萬民以尚尊天事鬼，愛利萬民。是故天鬼賞之，立爲天子，以爲民父母，萬民從而譽之曰聖王，至今不已。則此富貴爲賢以得其賞者也。

然則富貴爲暴以得其罰者，誰也？曰：若昔者三代暴王桀紂幽厲者是也。何以知其然也？曰：其爲政乎天下也，兼而憎之⑰，從而賊之⑱，又率天下之民以上詬天侮鬼，賊殺萬民⑲。是故天鬼罰之，使身死而爲刑戮，子孫離散，室家喪滅，絶無後嗣，萬民從而非之曰暴王，至今不已。則此富貴爲暴而以得其罰者也。

然則親而不善以得其罰者，誰也？曰：若昔者伯鯀，帝之元子⑳，廢帝之德庸，既乃刑之于羽之郊㉑，乃熱照無有及也㉒，帝亦不愛。則此親而不善以得其罰者也。

然則天之所使能者，誰也？曰：若昔者禹稷皋陶是也。何以知其然也？先王之書呂刑道之㉓曰㉔：「皇帝清問下民，有辭有苗㉕，曰㉖：『羣后之肆在下㉗，明明不常㉘，鰥寡不蓋㉙。德威維威㉚，德明維明㉛。』乃名三后㉜，恤功於民㉝。伯夷降典，哲民維刑㉞。禹平水土，主名山川⑮。稷隆播種，農殖嘉穀⑯。三后成功，維假於民⑰。」則此言三聖人者，謹其言，慎其行，精其思慮，索天下之隱事遺利以上事天，則天鄉其德⑱。下施之萬民，萬民被其利，終身無已。故先王之言曰：「此道也，大用之天下則不窕⑲，小用之則不困，脩用之則萬民被其利，終身無已⑳。」周頌道之曰：「聖人之德，若天之高，若地之普，其有昭於天下也㉑。若地之固，若山之承㉒，不坼不崩㉓。若日之光，若月之明，與天地同常㉔。」則此言聖人之德章明博大，埴固以脩久也㉕。故聖人之德，蓋總乎天地者也。

今王公大人欲王天下、正諸侯，夫無德義，將何以哉？其說將必挾震威彊。今王公大人將焉取挾震威彊哉㉖？傾者民之死也㉗。民，生爲甚欲，死爲甚憎，所欲不得而所憎屢至㉘，自古及今，未嘗能有以此王天下、正諸侯者也㉙。今王大人㉚欲王天下、正諸侯，將欲使意得乎天下，名成乎後世，故不察尚賢爲政之本也㉛？此聖人之厚行也。

①正德本「保」作「葆」。

②畢云：「『故』，一本作『胡』。」蘇云：「『胡』是也，下同。」王云：「『故』與『胡』同。下文曰『胡不察尚賢爲政之之本也』，又曰『故不察尚賢爲政之本也』。管子侈靡篇：『公將有行，故不送公？』亦以『故』爲『胡』。」○案：「故」，寶曆本、堂策檻本、四庫本作「胡」。史記留侯世家「北

有胡宛之利」，新序善謀下篇作「北有故宛之利。」

③「愚」下「且」字，畢本脱，舊本並有，今據補。

④「尊尚」、「任使」，古人複語。

⑤俞云：「相率而爲賢」絶句。「者」字乃「是」字之誤，屬下讀。

⑥畢云：「謂」，一本作「爲」。孫云：「進賢」，依上文當作「尚賢」。

⑦上文作「使能」，義同。

⑧下文「治國」下有「者」字，當爲此處脱文。

⑨畢云：「國」下，一本有「家」字。○案：「國」下，道藏本、正德本、陸本、唐本、沈本、茅本、李本、堂策檻本、四庫本有「者」字，潛本、寶曆本、緜眇閣本、陳本有「家」字。秋山云：「家」，一作「者」。

⑩畢云：「蚤」字同「早」。

⑪正德本「莫」作「暮」，俗字。

⑫「飢」，諸本作「饑」，道藏本、正德本、陸本、潛本、寶曆本並作「飢」，今從之。茅本、李本作「肌」，爲「飢」之誤字。

⑬俞云：「將」當作「持」。「持養」乃古人恒言。非命上篇「將養老弱」，亦「持養」之誤。王樹枏云：「將」亦養也。天志篇「持養」亦當作「將養」。○案：「持養」、「將養」義均可通，宜各從

本文。

⑭王云：「外有以」三字，涉上文「外有以爲皮幣」而衍。下文曰「内者萬民親之，賢人歸之」，是養民與懷賢皆内事，非外事也。　○案：戰國策齊策曰：「内牧百姓，循撫其心。外懷戎翟、天下之賢士。」天下之賢人原在外，故曰外。及其歸於某國，始屬於内。故言「外」者，就賢之所自言也。

⑮「富」讀爲「福」。耕柱篇「鬼不見而富」，王引之云：「富讀爲福。」

⑯正德本「彊」作「強」，陸本作「疆」。

⑰「唯」，下文作「雖」，字通。正德本無「之」字。　王云：「爾雅云：「正，長也。」」

⑱王云：「「曰」者，「有」之壞字也。「若法」，此法也。言既有此法，而無術以行之，則事猶然未成也。「若」與「此」同義。「猶若」即猶然。」　俞云：「「曰」字乃「云」字之誤。云者，有也。說見辭過篇。」　○案：「曰」字不誤。戰國策趙策曰：「曰諒毅者，辯士也。」注云：「曰，猶有。」

⑲「也」，諸本作「矣」，四庫本剜改作「也」，與畢本合。

⑳以上兩「予」字，正德本並作「與」。

㉑「賢」，諸本作「其」，正德本作「賢」，今從之。上篇曰：「非爲賢賜也。」

㉒「予爵」，諸本作「予鬱」，盧以意改爲「序爵」，畢本從之。　王云：「「鬱」爲「爵」之譌，「予」則非譌字也。上文言「古聖王高予之爵，重予之祿」，下文言「今王公大人之用賢，高予之爵而祿不

從」，此引詩「誨女予爵」，正與上下文「予」字同義，則不得改「予」爲「序」矣。毛詩作「告爾憂恤，誨爾序爵。誰能執熱，逝不以濯？」今墨子兩「爾」字皆作「女」，「序」作「予」，「誰」作「孰」，「逝」作「鮮」，「以」作「用」，是墨子所見詩固有異文也。　孫云：王說是也。王應麟詩考引亦作「序爵」，盧蓋兼據彼文。然王考多以意改，未必宋本「予」果作「序」也。毛詩大雅桑柔傳云：「濯所以救熱也，禮亦所以救亂也。」鄭箋云：「恤，亦憂也。逝，猶去也。我語女以憂天下之憂，教女以次序賢能之爵，其爲之當如手持熱物之用濯，謂治國之道當用賢者。」　○案：「爵」，陸本作「鬱」，寶曆本作「欝」，秋山云：「『欝』，疑『爵』。」四庫本剜改作「爵」。

㉓孫云：詩考引「孰」作「誰」，蓋亦王氏所改。

㉔王云：「善」，謂善待此承嗣輔佐之人。「善」上不當有「執」字，涉上下文「執熱」而衍。　孫云：「執」猶親密也。曲禮云「執友稱其仁也」，鄭注云：「執友，志同者。」呂氏春秋遇合篇云「故嫫母執乎黃帝」，列女傳辯通篇齊鍾離春傳云「衒嫁不售，流弃莫執」，並與親義相近，此「執善」亦言親善也。　○案：唐本「執」作「埶」，疑當爲「埶」，即古「勢」字。法言問神篇云「盍勢諸？名卿可幾也」，李注云：「勢，親也。」

㉕正德本「猶」作「有」。

㉖「唯毋」，舊本並同，畢本作「惟毌」。　畢云：「毌」讀如「貫習」之「貫」。　王云：畢改非也。「毋」，語詞耳，本無意義。「唯毋得賢人而使之」者，唯得賢人而使之也。本書屢見，管子立政九

敗解篇亦有之。其字或作「毋」，或作「無」，皆是語詞，非有實義也。漢書貨殖傳孟康注曰：「無，發聲助也。」

㉗ 畢云：「般」讀如「頒賜」之「頒」。

㉘ 正德本「裂」作「列」。

㉙ 正德本「肢」作「支」。

㉚ 畢云：「寧」當爲「寍」，經典通用此。

㉛ 正德本「慼」作「戚」。以上四句，魯問篇作「是以美善在上，而怨讎在下，安樂在上，而憂慼在臣」。

㉜ 孫云：「效人」，謂效古人之爲政也。

㉝ 正德本「實」作「誠」。

㉞ 畢云：古無「借」字，只用「藉」。說文序有「假借」字，從人，俗寫亂之。　孫云：漢書薛宣朱博傳贊「假借用權」，宋祁校云：「借，蕭該謂本作『藉』字。」大戴記衛將軍文子篇云：「使其臣如藉。」

㉟ 畢云：「貪」，舊作「食」，一本如此。　○案：潛本、寶曆本、緜眇閣本、陳本並作「貪」。

㊱ 正德本「譽」下有「者」字。

㊲ 「毀」，諸本作「罰」，潛本作「毀」，今從之。「毀」與「譽」對文。

㊳ 王引之云：賈子道術篇云：「親愛利子謂之慈，子愛利親謂之孝。」孝與慈不同，而同取愛利之

義，故孝於父母亦可謂之「孝慈」。莊子漁父篇曰：「事親則慈孝。」孫云：國語齊語云：「不慈孝於父母，不長弟於鄉里。」

㊴孫云：「節」、「度」義同。非命上篇云：「坐處不度，出入無節。」

㊵「畔」、「叛」字通。

㊶寶曆本無「使」字。秋山云：一本「斷」上有「使」字。

㊷「彊」，正德本作「強」，陸本作「疆」。

㊸「措」，正德本作「亡」。王云：「措」當是「損」字之誤。大戴記曾子立事篇曰：「諸侯日旦思其四封之內，戰戰唯恐失損之。」「損」讀爲「抎」。故非命篇作「失抎」。說文：「抎，有所失也。」王樹枬云：「措」讀爲「錯」。錯，廢也。謂失廢其國家也。

㊹畢云：古字「以」、「已」通。一本作「以」，非。○案：潛本、緜眇閣本，陳本「已」作「以」。正德本「已此故也」作「此亦其法已此其故也」九字。上文曰：「故唯昔三代聖王堯舜禹湯文武之所以王天下、正諸侯者，此亦其法已。」與正德本文例相同。

㊺孫云：周禮大司徒鄭注云：「物猶事也。」

㊻寶曆本「之」作「此」。

㊼「皆」，諸本作「未」，李本作「皆」，今從之。

㊽戰國策齊策：「王斗曰：王之憂國愛民，不若王愛尺縠也。王使人爲冠，不使左右便辟而使工

者，何也？爲能之也。今王治齊，非左右便辟無使也。臣故曰不如愛尺縠也。」文意與此略同。蘇云：「使能」上當脱「尚賢」二字。

㊾「佼好」，正德本作「絞好」，下同。　畢云：「佼」，姣字假音。説文云：「姣，好也。」玉篇云：「姣音狡，妖媚也。」　俞云：「無故富貴」義不可通，「無」乃衍字。「故富貴」，謂本來富貴者也。下篇同。　孫云：「故」當爲「攻」，即功之借字。　○案：俞、孫删改非是。「無故」古人常語。禮記曲禮曰「君無故玉不去身，士無故不徹琴瑟」，又王制曰「諸侯無故不殺牛，庶人無故不食珍」，戰國策趙策曰「聖人甚禍無故之利」，又魏策曰「無故索地，故弗予」，又燕策曰「燕無故而得十城」，韓子説林篇曰「無故索地，鄰國必恐」，又内儲説篇曰「使我無故得百束布」，淮南子人間訓曰「無故有顯名者，勿處也」，其例甚多。

㊿王云：「智且慧」與前「貴且智」、「愚且賤」文同一例，「慧」上不當有「有」字，蓋後人所加。

51孫云：據下文下當有「之」字。

52王云：「若」與「故」義不相屬，「若處官者」當爲「處若官者」。若官，此官也。下文曰「雖日夜相接以治若官」，是其證。　○案：「若」猶其也，義亦可通。

53「脩」，潛本、陳本作「修」。　孫云：小爾雅廣言云：「脩，長也。」什脩，謂十倍其長。

54「若吾」，諸本作「夫若」，寶曆本作「若吾」，今從之。二者皆墨子之言，古人文不避複，故「若吾言」凡兩見。　秋山云：「若吾」，一作「夫若」。

55 正德本「下」作「不」。

56 正德本「實」作「誠」。

57 正德本「胡」作「故」，又無「爲政」二字。

58 「距」，道藏本、陸本、唐本、茅本、緜眇閣本、堂策檻本、四庫本作「歫」。　畢云：「距年」，下篇作「豎年」，猶云遠年。　吴云：「距年」，古書篇名。

59 蘇云：伊訓云「敷求哲人，俾輔于爾後嗣」，與此略同。　孫云：伊訓僞孔傳云：「布求賢智，使師輔於爾嗣王。言仁及後世。」下篇云：「睎夫聖武知人，以屏輔爾身。」文義較詳備，此約述之。禆輔不當有聖君，「君」蓋亦「武」之譌。　國語晉語云「禆輔先君」，韋注云：「禆，補也。」

60 書敍云：「伊尹相湯伐桀，升自陑，遂與桀戰于鳴條之野，作湯誓。」　孫云：今湯誓無此文，僞古文摭此爲湯誥，謬。

61 「遂」，諸本作「聿」，茅本、寶曆本作「幸」，正德本作「遂」，今從之。孔書「遂」作「聿」。　蘇云：今書湯誥篇無「同心」以下六字。　孫云：湯誥僞孔傳云：「聿，遂也。大聖陳力，謂伊尹。」孔疏云：「戮力猶勉力也。」案説文力部云：「勠，并力也。」「戮」，勠之借字。

62 「之」，疑「王」之誤字。　孫云：「聖」下當有「王」字。

63 正德本無「異」字。

64 「列」，畢本作「利」，舊本並作「列」，今從舊本。「列」，位列也。上篇曰「以德就列」，荀子儒效篇曰：「譎德而定次，量能而授官，使賢不肖皆得其位，能不能皆得其官。」此言「皆得其列」，猶彼言「皆得其位」也。

⑥⑤ 畢云：史記集解云：「鄭玄曰：在河東。」水經注云：「河東郡南有歷山，謂之歷觀，舜所耕處也。有舜井，嬀、汭二水出焉。」二説在今山西永濟縣。高誘注淮南子云：「歷山在沛陰成陽也。一曰濟南歷城山也。」

⑥⑥ 畢云：此古「濱」字，見説文。史記集解云：「皇甫謐曰：濟陰定陶西南陶丘亭是也。」正義曰：「案：於曹州濱河作瓦器也。括地志云：陶城在蒲州河東縣北三十里，即舜所都也。南去歷山不遠。或耕或陶，所在則可，何必定陶方得爲陶也？舜之陶也，斯或一焉。」案守節説本水經注，是也。　孫云：水經濟水注云：「陶丘，墨子以爲釜丘也。」今檢勘全書，無「釜丘」之文，疑古本此文或作「陶釜丘」矣。

⑥⑦ 畢云：太平御覽、玉海引作「濩澤」。　王云：「雷澤」本作「濩澤」，此後人習聞舜漁雷澤之事，而以其所知改其所不知也。漢書地理志河東郡濩澤縣，應劭曰：「有濩澤，在西北。」穆天子傳「天子四日休於濩澤」，郭璞曰：「今平陽濩澤縣是也。濩音獲。」水經沁水注曰：「濩澤水出濩澤城西白澗渠，東逕濩澤。墨子曰：『舜漁濩澤。』又東逕濩澤縣故城南，蓋以澤氏縣也。」初學記州郡部正文出「舜澤」二字，注曰：「墨子曰『舜漁於濩澤』，在濩澤縣西。」今本初學記作「雷澤」，與注不合，明是後人所改。又元和郡縣志河東道下、太平寰宇記河東道下、太平御覽州郡部九、路

史疏佐紀引墨子並作「濩澤」，是墨子自作「濩澤」，與他書作「雷澤」者不同。濩澤在今澤州府陽城縣西嶕嶢山下。下篇「漁於雷澤」亦後人所改。　孫云：史記五帝本紀作「舜耕歷山，漁雷澤，陶河濱。」

68 「服澤」，詳上篇。

69 正德本無「有」字、「氏」字。　畢云：「莘」，漢書作「㜪」。玉篇：「㜪、嫀，二同。色臻切。有㜪國。」說文云：「呂不韋曰：有侁氏以伊尹㑞女。」案：呂氏春秋本味云：「有侁氏女子採桑，得嬰兒於空桑之中，獻之其君。其君令烰人養之，長而賢。湯聞伊尹，使人請之有侁氏，有侁氏不可。伊尹亦欲歸湯，湯〔一〕於是請取婦爲婚。有侁氏喜，以伊尹爲媵送女。」高誘曰：「侁讀曰莘。」有莘在今河南陳留縣。　孫云：詩商頌長發孔疏引鄭康成書注云：「伊尹名摯，湯以爲阿衡以尹天下，故曰伊尹。」

70 孫云：周禮天官庖人鄭注云：「庖之言苞也，裹肉曰苞苴。」說文广部云：「庖，廚也。」莊子庚桑楚篇云：「伊尹以胞人籠湯。」呂氏春秋本味篇作「烰人」。「胞」、「烰」並「庖」之借字。

71 畢云：「庸」，史記索隱作「傭」。　孔安國書傳云：「傅巖在虞虢之界。」史記索隱云：「在河東太陽

〔一〕畢沅原引脫下「湯」字，本書沿誤，據呂氏春秋本味篇補。

縣。又夏靖書云：「猗氏六十里黄〔一〕河西岸吴阪下，便得隱穴，是説所潛身處也。」案今在山西平陸縣東二十五里。　孫云：賈誼傳索隱引「被」作「衣」，「乎」作「於」，義並通。　○案：文選解嘲李注引無「乎」字。史記殷本紀云：「武丁夜夢得聖人，名曰説。以夢所見視群臣百吏，皆非也。於是迺使百工營求之野，得説於傅巖中。是時説爲胥靡，築於傅險。見於武丁，武丁曰是也。得而與之語，果聖人。舉以爲相，殷國大治。故遂以傅險姓之，號曰傅説。」索隱曰：「舊本作『傅險』，亦作『傅巖』也。」

(72) 孫云：國語楚語云：「武丁使以象夢求四方之賢聖，得傅説以來，升以爲公。」韋注云：「公，三公也。」

(73) 正德本作「始賤而卒貴，始貧而卒富」。

(74) 「唯以審」三字，諸本作「以審」，正德本作「唯使」。案「唯」字當有，今據補。「以」讀爲「能」。能從已聲，故得通借。「唯以審」，唯能審也。上文曰「故古者聖王唯能審以尚賢使能爲政」。

(75) 正德本「辯」作「辨」。

(76) 「所以」，畢本如此，諸本作「以所」，正德本作「其所」。

(77) 正德本「憎」作「增」，字通。

〔一〕「黄」，畢沅原引脱，本書沿誤，據史記屈原賈生列傳索隱補。

⑱「賊」，各本作「賤」，今依王校改。 王云：「『賤』當爲『賊』，字之誤也。尚同篇『則是上下相賊也』，天志篇『上詬天，中誣鬼，下賊人』，非儒篇『是賊天下之人者也』，今本『賊』字並誤作『賤』。此言桀紂幽厲之爲政乎天下，兼萬民而憎惡之，又從而賊害之，非謂賤其民也。上文云：『堯舜禹湯文武之爲政乎天下也，兼而愛之，從而利之。』愛、利與憎、賊正相反。天志篇曰：『堯舜禹湯文武之兼愛天下也，從而利之。桀紂幽厲之兼惡天下也，從而賊之。』故知『賤』爲『賊』之誤。」

⑲「賊殺」，諸本作「賤傲」。 王云：「『賤』亦當爲『賊』。『傲』當爲『殺』。說文『敖』字本作『𢾊』，『殺』字古文作『𢿱』，二形相似。『𢿱』誤爲『敖』，又誤爲『傲』耳。墨子多古字，後人不識，故傳寫多誤。魯問篇『賊敖百姓』，太平御覽兵部七十七引『賊敖』作『賊殺』，是其明證也。」 ○案：王說是也，今依改。 魯問篇「賊敖百姓」，陳本作「賊殺百姓」，可爲王說之又一證。「上」字諸本無，正德本作「以上侮天賤鬼傲虐萬民」，與諸本文異，又多一「上」字。案「上」字當有，今據補。上文曰「以尚尊天事鬼，愛利萬民」，非命上篇曰「率其百姓以上尊天事鬼」，與此語法正似。

⑳孫云：「大戴禮記五帝德篇云：『禹，高陽之孫，鯀之子也。』帝繫篇云：『顓頊產鯀。』史記夏本紀云：『鯀之父曰帝顓頊。』三代世表亦云：『顓頊生鯀。』索隱云：『皇甫謐云：「鯀，帝顓頊之子，字熙。」系本亦以鯀爲顓頊子。』漢書律曆志則云：『顓頊五代而生鯀。』案鯀既仕堯，與舜代系殊懸。舜即顓頊六代孫，則鯀非是顓頊之子。蓋班氏之言近得其實。」案小司馬說於理近是。漢志亦引帝繫，而與今本大戴禮舛異。楚辭離騷王注引帝繫及淮南子原道訓高注說並與漢志同。吳

越春秋越王無余外傳亦以鯀爲顓頊之後。山海經則云：「黄帝生駱明，駱明生白馬，白馬是爲鯀。」則又以鯀爲黄帝之孫。諸文錯互。此書云「帝之元子」，疑墨子於鯀之世系亦同世本説，未能審校其年代也。

81 「庸」訓爲「功」。　畢云：郭璞注山海經云：「今東海祝其縣西南有羽山。」案在今山東蓬萊縣。　孫云：書舜典、孟子萬章篇、史記五帝本紀並云：「殛鯀於羽山。」晉語韋注云：「殛，放而殺也。」楚辭天問云：「永遏在羽山，夫何三年不施？」王注云：「言堯長放鯀於羽山，絶在不毛之地，三年不舍其罪也。」案此「刑」亦謂放，故下云「乃熱照無有及也」。　○案：鯀被放流，是也。左氏文十八年傳：「流四凶族，渾敦、窮奇、檮杌、饕餮，投諸四裔，以禦螭魅。」杜注：「檮杌謂鯀。」論衡恢國篇曰：「鯀不能治水，唐虞放流，死於不毛。」皆可爲證。

82 寶曆本「熱照」作「熟照」，正德本「照」作「昭」、「有」作「存」。　孫云：言幽囚之，日月所不照。

83 孫云：書敘云：「吕命，穆王訓夏贖刑，作吕刑。」

84 正德本無「曰」字。

85 畢云：孔書作「鰥寡有辭于苗」。　孫云：書釋文引馬融云：「清問，清訊也。」僞孔安國傳云：「帝堯詳問民患，皆有辭怨于苗民。」

86 孔書無「曰」字。

87 畢云：「肆」，孔書作「逮」。　孫云：「肆」，正字作「隸」，與逮聲類同，古通用。此「肆」即逮之假字。僞孔傳云：「群后諸侯之逮在下國。」

⑧⑧ 畢云：孔書「不」作「棐」，傳云「輔」。據此當作「匪」。　孫星衍云：「不常」，言非常明察。

孫云：「明明」，謂明顯有明德之人。「不常」，猶言立賢無方也。書作「棐」者，「匪」之假字。匪、不義同，畢說得之。僞孔傳云「皆以明明大道輔行常法」，非經義。

⑧⑨ 孔書「不」作「無」。　孫云：今書「群后」以下十四字在「皇帝清問下民」上。僞孔傳云：「使鰥寡得所，無有掩蓋。」

⑨⓪ 畢云：孔書作「畏」。　○案「維」，孔書作「惟」，下同。禮記表記引甫刑「惟畏」字亦作「威」，與此同。

⑨① 孫云：僞孔傳曰：「言堯監苗民之見怨，則又增修其德，行威則民畏服，明賢則德明，人所以無能名焉。」表記鄭注云：「德所威則人皆畏之，言服罪也。德所明，則人皆尊寵之，言得人也。」

⑨② 畢云：孔書「名」作「命」。　孫云：「名」、「命」通。

⑨③ 孔書「於」作「于」。　孫云：僞孔傳云：「堯命三君，憂功於民。」

⑨④ 畢云：孔書「哲」作「折」。　王引之云：折之言制也。「折」正字，「哲」借字。　孫云：書釋文引馬融云：「折，智也。」僞孔傳云：「伯夷下典禮教民，而斷以法。」漢書刑法志引「折」作「悊」。「悊」、「哲」字同，與此書合。

⑨⑤ 孫云：僞孔傳云：「禹治洪水，山川無名者主名之。」

(96)「隆」，正德本、堂策檻本、畢本作「降」。史記殷本紀曰：「后稷降播，農殖百穀。」孫星衍云：「農」者，勉也。「殖」者，種也。　王云：畢依呂刑改「隆」爲「降」。古者「降」與「隆」通，不煩改字。　孫云：僞孔傳云：「后稷下教民播種，農畝生善穀。」

(97) 畢云：「假」，一本作「殷」。孔書亦作「殷」。　王鳴盛云：疑隸變相似而誤。　孫云：僞孔傳云：「各成其功，惟所以殷盛於民。言禮教備，衣食足。」此作「假」，蓋與「嘏」通。説文古部云：「嘏，大遠也。」「維嘏於民」，言其功施於民者大且遠。下文所謂「萬民被其利」也。王應麟漢書藝文志考證引墨子亦作「假」，則宋本固如是。今本或作「殷」，乃據孔書改，非其舊也。○案：「假」，堂策檻本、四庫本作「殷」。「假」、「嘏」字通。詩卷阿「純嘏爾常矣」，箋云：「予福曰嘏。」此「維假於民」，言三后成功，維予福利於民也。

(98) 孫云：「鄉」當讀爲「享」。明鬼下篇云：「帝享女明德。」

(99)「窕」，諸本作「究」，寶曆本、緜眇閣本作「宄」，正德本作「宄」，似「窕」之行草。堂策檻本、四庫本作「窕」，今從之。　畢云：「究」，一本作「窕」，非。　王云：作「窕」者是也，説見管子宙合篇。　孫云：尚同下篇亦云：「大用之，治天下不窕。」説詳彼注。

(100) 正德本「終身」下有「用之」二字。

(101) 寶曆本「昭」作「照」。

⑩② 孫云：「承」與「丞」通。說文収部云：「丞，翊也。从収，从卩，从山。山〔二〕高，奉承之義。」「若山之承」，亦言如山之高也。

⑩③ 「拆」，四庫本原作「拆」，改作「拆」。

⑩④ 「常」，恒也。言與天地同其恒久也。　俞云：此文疑有錯誤。當云：「聖人之德，昭於天下，若天之高，若地之普。若山之承，不拆不崩。若日之光，若月之明，與天地同常。」蓋首四句「下」、「普」隔句爲韻。中二句「承」、「崩」，末三句「光」、「明」、「常」，皆每句協韻。「昭於天下」句傳寫脱去，而誤補於「若地之普」下，則首二句無韻矣。又增「其」、「有」、「也」三虚字，則非頌體矣。既云「若地之普」，又云「若地之固」，重複無義，故知其錯誤也。

⑩⑤ 「埴」，四庫本原作「埴」，改作「植」。　畢云：「埴」訓黏土，堅牢之意。　孫云：淮南子泰族訓云：「勇者可令埴固。」

⑩⑥ 以上二十一字，正德本作「其説將必扶振威彊哉」九字。二「彊」字，陸本、茅本作「疆」。

⑩⑦ 「傾」，正德本作「頗」。說文曰：「者，別事詞也。」「傾者民之死也」，猶言陷斯民於死地也。

⑩⑧ 畢云：「屢」即「屨」字省文。史記或作「屨」，漢書或作「婁」，皆訓數。

⑩⑨ 畢本「末」下衍「有」字，舊本並無，今據删。蘇校同。正德本無「能」字及「以」字。

〔二〕原脱下「山」字，據墨子閒詁補，與説文合。

(110) 「王」字諸本脱，正德本有，今據補。以上文校之，疑本作「今王公大人」，正德本脱一「公」字，諸本更脱去「王公」二字耳。

(111) 各本脱「爲」字，今依王校增。寶曆本「故」作「胡」，正德本「政」作「正」，並字通。

尚賢下第十

子墨子言曰：天下之王公大人，皆欲其國家之富也，人民之衆也，刑法之治也①。然而不識以尚賢爲政其國家百姓，王公大人本失尚賢爲政之本也②。若苟王公大人本失尚賢爲政之本也，則不能毋舉物示之乎③？今若有一諸侯於此，爲政其國家也，曰：「凡我國能射御之士④，我將賞貴之；不能射御之士，我將罪賤之。」問於若國之士，孰喜孰懼⑤？我以爲必能射御之士喜，不能射御之士懼。我賞因而誘之矣⑥，曰：「凡我國之忠信之士，我將賞貴之；不忠信之士，我將罪賤之。」問於若國之士，孰喜孰懼？我以爲必忠信之士喜，不忠信之士懼⑦。今唯毋以尚賢爲政其國家百姓⑧，使國爲善者勸⑨，爲暴者沮；大以爲政於天下⑩，使天下之爲善者勸，爲暴者沮。然昔吾所以貴堯舜禹湯文武之道者⑪，何故以哉⑫？以其唯毋臨衆發政而治民，使天下之爲善者可而勸也⑬，爲暴者可而沮也。然則〔一〕此尚賢者也，與堯舜禹湯文武之道同矣。

而今天下之士君子，居處言語皆尚賢⑭，逮至其臨衆發政而治民，莫知尚賢而使能，我以此知天下之士君子明於小而不明於大也⑮。何以知其然乎⑯？今王公大人有一牛羊之財⑰，不能殺，必索良宰；有一衣裳之財⑱，不能制，必索良工。當王公大人之於此也，雖有骨肉之親、無故富貴、面目美好者⑲，實知其不能也⑳，不使之也。是何故？恐其敗財也。當王公大人之於此也，則不失尚賢而使能。王公大人有一罷馬，不能治㉑，必索良醫㉒；有一危弓，不能張㉓，必索良工。當王公大人之於此也，雖有骨肉之親、無故富貴㉔、面目美好者，實知其不能也㉕，必不使。是何故？恐其敗財也。當王公大人之於此也，則不失尚賢而使能。逮至其國家則不然㉖，王公大人骨肉之親、無故富貴、面目美好者，則舉之。則王公大人之親其國家也㉗，不若其親一危弓、罷馬、衣裳、牛羊之財與㉘？我以此知天下之士君子皆明於小而不明於大也㉙。此譬猶瘖者而使爲行人㉚，聾者而使爲樂師。

是故古之聖王之治天下也，其所富，其所貴，未必王公大人骨肉之親、無故富貴、面目

〔一〕「則」原誤「而」，據畢刻本正。

美好者也。是故昔者舜耕於歷山，陶於河瀕，漁於雷澤㉛，灰於常陽㉜，堯得之服澤之陽，立爲天子，使接天下之政，而治天下之民。昔伊尹爲莘氏女師僕㉝，使爲庖人，湯得而舉之，立爲三公，使接天下之政，治天下之民㉞。昔者傅説居北海之洲㉟，圜土之上㊱，衣褐帶索，庸築於傅巖之城，武丁得而舉之，立爲三公，使之接天下之政㊲，而治天下之民。是故昔者堯之舉舜也，湯之舉伊尹也，武丁之舉傅説也，豈以爲骨肉之親、無故富貴、面目美好者哉？唯法其言㊳，用其謀，行其道，上可而利天㊴，中可而利鬼，下可而利人，是故推而上之㊵。

古者聖王既審尚賢，欲以爲政，故書之竹帛，琢之槃盂㊶，傳以遺後世子孫。於先王之書呂刑之書然，王曰：「於㊷！來，有國有土㊸，告女訟刑㊹。在今而安百姓㊺，女何擇言人㊻？何敬不刑？何度不及㊼？」能擇人而敬爲刑㊽，堯舜禹湯文武之道可及也。是何也？則以尚賢及之。於先王之書、豎年之言然㊾，曰：「晞夫聖武知人㊿，以屏輔而身。」此言先王之治天下也，必選擇賢者，以爲其羣屬輔佐(51)。

曰：今也天下之士君子，皆欲富貴而惡貧賤(52)。然女何爲而得富貴而辟貧賤(53)？曰(54)：莫若爲賢。爲賢之道將柰何？曰：有力者疾以助人，有財者勉以分人，有道者勸以教人(55)。若此，則飢者得食，寒者得衣，亂者得治。若飢則得食，寒則得衣，亂則得治，此安生生(56)。今王公大人其所富，其所貴，皆王公大人骨肉之親、無故富貴、面目美好者也。今王公大人骨肉之親、無故富貴、面目美好者，焉故必知哉[57]？若不知[58]，使治其國家，則其國家之亂可得而知也。

今天下之士君子，皆欲富貴而惡貧賤。然女何爲而得富貴而辟貧賤哉？曰：莫若爲王公大人骨肉之親、無故富貴、面目美好者[59]。王公大人骨肉之親、無故富貴、面目美好者，此非可學能者也[60]。使不知辯[61]，德行之厚若禹湯文武，不加得也；王公大人骨肉之親，躄瘖聾[62]，暴爲桀紂，不加失也[63]。是故以賞不當賢，罰不當暴，其所賞者已無故矣[64]，其所罰者亦無罪。是以使百姓皆放心解體[65]，沮以爲善，垂其股肱之力[66]，而不相勞來也[67]；腐臭餘財[68]，而不相分資也[69]；隱匿良道[70]，而不相教誨也。若此，則飢者不[71]得食，寒者不得衣，亂者不得治[72]。

是故昔者，堯有舜，舜有禹，禹有皋陶，湯有小臣[73]，武王有閎夭、泰顛[74]、南宮括[75]、散宜生[76]。得此推而上之[77]，以[78]而天下和，庶民阜[79]。是以近者安之，遠者歸之，日月之所照，舟車之所及，雨露之所漸[80]，粒食之民莫[81]不勸譽[82]。且今天下之王公大人士君子，中實將欲爲仁義[83]，求爲上士[84]，上欲中聖王之道，下欲中國家百姓之利[85]，故尚賢之爲說，而不可不察此者也[86]。尚賢者，天鬼百姓之利，而政事之本也[87]。

①卷子本治要「刑」作「形」。

②「之」字正德本在「爲政」上，下同。

③正德本「物」作「勿」。

④「凡」，正德本誤「兄」。

⑤「喜」，道藏本誤「善」。

⑥「因」，茅本、寶曆本、李本、緜眇閣本作「内」。　孫云：「賞」當爲「嘗」。嘗，試也。此句爲下文發端。書中「嘗」字多譌「賞」，詳尚同下篇。

⑦「不忠信」，諸本作「不忠不信」四字。正德本作「不忠信」，今從之。

⑧「唯毋」，畢本作「惟毌」，注云「毌同貫。下同。」　○案：寶曆本、緜眇閣本作「惟毋」，道藏本、正德本、陸本、唐本、茅本、李本、堂策檻本、四庫本作「唯毋」，今從之。「毋」，語詞。説詳中篇，餘仿此。

⑨王景羲云：「使國」下當有「之」字。

⑩畢云：「大」，一本作「夫」。　○案：「大」，堂策檻本、四庫本作「夫」。

⑪正德本「昔吾」下有「之」字，「之道」下無「者」字。

⑫正德本作「故何以哉」。

⑬王云：「可而」猶可以也。下文曰「上可而利天，中可而利鬼，下可而利人」，與此文同一例。

⑭「而」字正德本無，疑衍。「居處」，陸本、茅本、寶曆本、李本、緜眇閣本、堂策檻本、四庫本作「處居」。

⑮上「於」字諸本無，寶曆本有。下「於」字諸本有，寶曆本無。案兩「於」字當並有，今據補，與下文及治要引合。

⑯「乎」，治要作「也」。

⑰畢云：同「材」。

⑱以上兩「之財」字，治要並節去。

⑲「雖」，道藏本、正德本、陸本、唐本、茅本、緜眇閣本作「唯」，字通。

⑳正德本「實」作「誠」。

㉑孫云：「罷」，治要作「疲」，下同。案「罷」、「疲」字同。國語齊語云「天下諸侯罷馬以爲幣」，韋注云：「罷，不任用也。」管子小匡篇作「疲馬」，尹注云：「疲謂瘦也。」

㉒「醫」，卷子本治要作「毉」。

㉓孫云：考工記弓人云「豐肉而短，寬緩以荼，若是者爲之危弓」，鄭注云：「危猶疾也。」

㉔「無」卷子本治要作「无」，下並同。

㉕「實」，正德本及治要作「誠」。

㉖孫云：「逮至」，治要作「至建」。○案：卷子本治要原作「逮至」，校點者誤認「逮」作「建」，遂

將「逮」字上側方注一「至」字，而將原文「至」字附一□符號。

㉗ 曹云：「親」猶愛也。

㉘ 「其親」，畢本作「親其」，舊本及治要並作「其親」，今據乙。「與」，治要作「歟」。

㉙ 畢云：舊脱「明」字，一本有。　○案：「明」字各本並有，治要引亦有。

㉚ 「瘖」，繹史本作「暗」。「猶」，正德本作「有」。　孫云：説文云：「瘖，不能言也。」

㉛ 王云：當作「濩澤」，説詳上篇。

㉜ 畢云：疑即恒山之陽。　洪云：「灰」當是「販」字之譌。尚書大傳「販於頓丘」，史記五帝本紀「就時於負夏」，索隱：「就時，猶逐時。若言乘時射利也。」義亦與販相近。　俞云：「灰」疑「反」字之誤。反者，販之假字。販从反聲，古文以聲爲主，故止作「反」也。

㉝ 畢云：「僕」，佚也。「女師」見詩云「言告師氏」。　王云：「僕」即「佚」之譌。此謂有莘氏以伊尹媵女，非以爲僕也。説文：「佚，送也。」呂不韋曰：「有侁氏㠯伊尹佚女。」侁、莘同。今本呂氏春秋本味篇作「媵」。經傳皆作「媵」，而「佚」字罕見。唯墨子書有之，而字形與「僕」相似，因譌而爲「僕」。淮南時則篇「具曲栚筥筐」，今本「栚」作「撲」，誤與此同。　俞云：「師」當爲「私」，聲之誤。「僕」猶臣也。禮記禮運篇：「仕於公曰臣，仕於家曰僕。」是臣、僕一也。私僕猶曰私臣。中篇曰：「伊摯，有莘氏女之私臣。」　○案：「師」，正德本作「私」，可爲俞説之證。

㉞ 「治」上，上下文並有「而」字，此無「而」字，與中篇文例同。

㉟ 畢云：書正義云：「尸子云：傅巖在北海之洲。」孔傳云：「傅巖在虞虢之界。」「洲」當作「州」。

㊱ 畢云：史記殷本紀云：「説爲胥靡，築於傅巖。」孔傳云：「説賢而隱，代胥靡築之，以供食。」故此云圜土也。　孫云：呂氏春秋求人篇亦云：「傅説，殷之胥靡也。」周禮大司徒鄭注云：「圜土謂獄也。獄城圜。」　○案：周禮大司寇曰「以圜土聚教罷民。凡害人者寘之圜土，而施職事焉，以明刑恥之。」

㊲ 「使」下，正德本無「之」字，與上文一律。

㊳ 「唯」，緜眇閣本、畢本作「惟」，道藏本、正德本、陸本、唐本、茅本、寶曆本、李本、堂策檻本、四庫本並作「唯」，今從之。　治要引亦作「唯」。

㊴ 王云：「可而」猶可以也，説見上文。

㊵ 荀子性惡篇曰：「賢者敢推而尚之。」

㊶ 正德本「槃」作「盤」，字同。

㊷ 畢云：孔書作「吁」。　孫云：僞孔傳云：「吁，歎也。」釋文引馬融本作「于」，云：「于，吁也。」

㊸ 畢云：孔書「國」作「邦」。　孫云：史記周本紀亦作「國」。僞孔傳云：「有國土諸侯。」　○案：正德本「土」作「士」。

㊹ 畢云：孔書「女」作「爾」，「訟」作「詳」。　段玉裁云：「訟刑」，公刑也。古「訟」、「公」通用。　王鳴盛云：墨子作「訟」，從「詳」而傳寫誤。　孫云：王説是也。今書改作「祥」，孔傳云：

「告汝以善用刑之道。」周禮大宰大司寇鄭注引並作「詳」。後漢書劉愷傳李注引鄭書注云：「詳，審察之也。」此「訟」疑即「詳」之誤。

㊺ 畢云：孔書「而」作「爾」。

㊻ 畢云：孔書無「女」字，作「何擇非人」。　王引之云：「言」當爲「否」。篆書否字作「▢」，言字作「▢」，二形相似。隸書否字或作「音」，言字或作「音」，亦相似。故否誤爲言。否與不古字通，故下二句云「何敬不刑，何度不及」也。今書作「何擇非人，何敬非刑，何度非及」，非、否、不並同義。　段玉裁云：「言人」當是「吉人」之譌，謂何擇非吉人乎？冡上苗民「罔擇吉人」言之。

㊼ 畢云：孔書兩「不」字並作「非」。　孫云：孔傳云：「在今爾安百姓兆民之道，當何所擇，非惟吉人乎？當何所敬，非惟五刑乎？當何所度，非惟及世輕重所宜乎？」釋文引馬融云：「度，造謀也。」案以此下文推之，則墨子訓「不及」爲不及堯舜禹湯文武之道，猶言何慮其不能逮也，與孔說異。　○案：正德本「及」作「聾」。

㊽ 正德本「爲」作「不」。

㊾ 畢云：「豎」，距字假音。

㊿ 畢云：「晞」疑當从目。　孫云：畢說是也。說文目部云：「睎，望也。」「聖武」謂聖人與武人也。「知」與「智」通。逸周書皇門篇云：「乃方求論擇元聖武夫，羞於王所。」　吴云：「晞」，希之借字，求也。「武」者，士也。

㊿1 下文「曰今也」之「也」字，曹校移此。

52 各本「之」作「言」，今依王校改。王云：「『言』當爲『之』，此語又見下文。草書『言』與『之』相似，故『之』譌爲『言』。」

53 畢云：「『辟』同『避』。」

54 此「曰」字本在上文「然女何爲」之上，今依下文校移於此。

55 王樹枏云：「後漢書馬融傳注云：『勸，勉也。』宋策『許救甚勸』，注云：『勸，力也。』勸與上疾、勉同義。」

56 王引之云：「『安』猶乃也。言如此乃得生生也。」○案：以中篇及非命下篇文例校之，「寒者得衣」下疑脱「勞者得息」，「寒則得衣」下疑脱「勞則得息」。

57 孫云：「論語子路皇疏云：『焉猶何也。』顔氏家訓音辭篇引葛洪字苑云：『「焉」字訓何、訓安，音於愆反。』」曹云：「『知』與『智』同。」

58 亦讀爲「智」。

59 各本脱此八字，今從王校增。

60 王校「能」上增「而」字。

61 「知」字畢本脱，舊本並有，今據補。正德本、緜眇閣本「辯」作「辨」，字通。「知」當爲「之」，俗音相混而譌，本書屢見之。周禮酒正「辨三酒之物」，賈疏云：「辨者，豫先之名。」考工記「以辨民器」，鄭注云：「辨猶具也。」「使不之辯」者，猶言使不豫具王公大人骨肉之親、無故富貴面目美好之倏件，雖德性如禹湯文武，不加得也。

⑫「蹙躄瘖聾」四字，道藏本、唐本、畢本作「躄瘖聾」三字。正德本作「躃瘖聾」，「躄」、「躃」字同。陸本、茅本、緜眇閣本、堂策檻本、四庫本作「蹙瘖聾」三字。寶曆本作「慼瘖聾」，秋山云：「慼，一作蹙。」「蹙」、「慼」字通。案本文「蹙」、「躄」二字當並有，各本互脱其一耳，今據補。管子水地篇注云：「蹙，屈聚也。」國語晉語曰「戚施不可使仰」，詩新臺傳云「戚施，不能仰者」，淮南子脩務訓注云「戚施，僂也」，「戚」、「蹙」字同，是「蹙」有傴僂之義。「蹙躄瘖聾」皆惡疾名。孫云：說文止部云：「壁，人不能行也。」呂氏春秋盡數篇高注云：「躄，不能行也。」「躄」即「壁」之或體。

⑬「爲」猶如也。孫云：「爲」乃「如」之誤，二字艸書相近。「暴如桀紂」，言其有惡行也。

⑭王云：「故」乃「攻」字之誤，攻即功字也。○案：「故」字不改亦可通，說見中篇。

⑮「放」，諸本作「攸」，正德本作「放」，今從之。畢云：「攸」，一本作「放」。

⑯孫云：「垂」義不可通，字當作「舍」，艸書形近而誤。○案：荀子富國篇「垂事養民」，俞樾云：「垂猶委也。」此「垂」字與彼同。「垂」借爲委。委，舍去也。又案：緜眇閣本「垂」作「乘」，則疑爲「賸」之音假，俗又作「剩」。賸，用餘也。義與本文亦合。

⑰孫云：爾雅釋詁云：「勞來，勤也。」孟子滕文公篇云「勞之來之」，史記周本紀云：「武王曰：日夜勞來，定我西土。」說文力部云：「勑，勞勑也。」「勞來」即勞勑。

⑥⑧ 畢云：「臭」，「殠」省文。 ○案：正德本「臭」作「殠」。

⑥⑨ 孫云：戰國策齊策高注云：「資，與也。」莊子大宗師篇郭注云：「資者，給資之謂。」

⑦⓪ 「匿」，道藏本、正德本、唐本、畢本作「慝」。陸本、茅本、寶曆本、緜眇閣本、堂策檻本、四庫本作「匿」，今從作「匿」，與尚同上、中篇一律。 畢云：「慝」即「匿」字異文。

⑦① 「飢者不」之下，本有「推而上之以」五字，應在下文「得此」之下，今校移於彼。

⑦② 以上十二字各本脱，今依上文及王校補。

⑦③ 孫云：呂氏春秋尊師篇云「湯師小臣」高注云：「小臣，謂伊尹。」楚詞天問篇王注同。

⑦④ 「顛」，正德本、寶曆本作「顚」。

⑦⑤ 正德本「括」作「适」。

⑦⑥ 書君奭僞孔傳云：「閎、散、泰、南宮皆氏，夭、宜生、顛、括皆名。」 孫云：大戴禮記帝繫篇云「堯娶於散宜氏之女」，「散宜」蓋以國爲氏也。

⑦⑦ 尚書大傳曰「堯推尊舜而尚之」，又曰：「堯得舜，推而尊之。」

⑦⑧ 「推而上之以」五字原在上文「飢者不」之下，今校移於此。

⑦⑨ 「以而天下和、庶民阜」連讀，「以而」猶備城門篇「因而離」之「因而」。

⑧⓪ 孫云：廣雅釋詁云：「漸，漬也。」

⑧① 「民莫」二字，諸本作「所養」，正德本作「民莫」，今從之。「粒食之民」又見本書天志上篇及天志下

篇。「莫」字屬下讀。　孫云：書益稷云「烝民乃粒」，僞孔傳云：「米食曰粒。」王制云：「西方曰戎，被髮衣皮，有不粒食者矣。北方曰狄，衣羽毛穴居，有不粒食者矣。」

⑫「莫不勸譽」連讀。

⑬正德本「實」作「誠」。

⑭各本無「上」字，王據各篇補。

⑮自「不勸譽」至此，舊本凡四十一字，錯入上文「而天下和」之上，今據道藏本、正德本審校文義，移置於此。又本篇自「若此則飢者不」以下至此，各本均錯亂，今除「所養」二字據正德本改爲「民莫」外，餘照道藏本原文録如次：「若此則飢者不推而上之以是故昔者堯有舜舜有禹禹有皋陶湯有小臣武王有閎夭泰顛南宫括散宜生得此不勸譽且今天下之王公大人士君子中實將欲爲仁義求爲士上欲中聖王之道下欲中國家百姓之利而天下和庶民阜是以近者安之遠者歸之日月之所照舟車之所及雨露之所漸粒食之民莫。」凡一百二十二字，以之與校本對照，即可知其錯亂之處。

⑯孫云：治要作「是故尚賢之爲説不可不察也」。

⑰「政」，正德本誤「故」。

墨子校注卷之三

尚同上第十一①

子墨子言曰：古者民始生未有刑政之時②，蓋其語，人異義③。是以一人則一義，二人則二義，十人則十義。其人茲衆，其所謂義者亦茲衆④。是以人是其義⑤，以非人之義，故交相非也。是以内者父子兄弟作怨惡⑥，離散不能相和合⑦。天下之百姓，皆以水火毒藥相虧害⑧，至有餘力不能以相勞⑨，腐死餘財不以相分⑩，隱匿良道不以相教⑪，天下之亂，至若禽獸然⑫。

夫明虖天下之所以亂者⑬，生於無政長⑭。是故選天下之賢可者⑮，立以爲天子。天子立，以其力爲未足⑯，又選擇天下之賢可者⑰，置立之以爲三公。天子三公既以立⑱，以天下爲博大，遠國異土之民、是非利害之辯⑲，不可一二而明知⑳，故畫分萬國㉑，立諸侯國君。諸侯國君既已立，以其力爲未足，又選擇其國之賢可者，置立之以爲正長㉒。正長既已具，天子發政於天下之百姓，言曰：「聞善而不善㉓，皆以告其上。上之所是必皆是之，上之所非㉔必皆非之㉕。上有過則規諫之，下有善則傍薦之㉖。上同而不下比者㉗，此上之所賞而下之所譽也㉘。意若聞善而不善，不以告其上。上之所是弗能是，上之所非弗能非。上有過弗規諫，下有善弗傍薦。下比不能上同者，此上之所罰而百姓所毀也㉙。」上以此爲賞罰，甚明察以審信㉚。是故里長者，里之仁人也。里長發政里之百姓，言曰：「聞善而不善，必以告其鄉長。鄉長之所是必皆是之，鄉長之所非必皆非之。去若不善言，學鄉長之善言；去若不善行，學鄉長之善行。」則鄉何說以亂哉？察鄉之所以治者，何也㉛？鄉長唯能壹同鄉之義㉜，是以鄉治也。鄉長者，鄉之仁人也。鄉長發政鄉之百姓，言曰：「聞善而不善者，必以告國君。國君之所是必皆是之，國君之所非必皆非之。去若不善言，學國君之善言；去若不善行，學國君之善行。」則國何說以亂哉？察國之所以治者，何也？國君唯能壹同國之義，是以國治也。國君者，國之仁人也。國君發政國之百姓，言曰：「聞善而不善，必以告天子。天子之所是皆是之，天子之所非皆非之。去若不善言，學天子之善言；去若不善行，學天子之善行。」則天下何說以亂哉？察天下之所以治者，何也？天子唯能壹同天下之義，是以天下治也㉝。

天下之百姓皆上同於天子，而不上同於天㉞，則菑猶未去也㉟。今若天飄風苦雨㊱，溱湊而至者㊲，此天之所以罰百姓之不上同於天者也㊳。

是故子墨子言曰：古者聖王爲五刑㊴，請以治其民㊵。譬若絲縷之有紀㊶，罔罟之有綱㊷，所以連收天下之百姓不尚同其上者也㊸。

① 畢云：楊倞注荀子「尚」作「上」。　孫云：「尚」與「上」通。漢書藝文志作「上同」，注：「如淳云：言皆同，可以治也。」

② 「刑」，道藏本、陸本、唐本、茅本、緜眇閣本、陳本作「形」。宋本、蜀本御覽七十七引無「始」字。

③ 俞云：此本作「古者民始生未有政長之時，蓋其語曰：天下之人異義」。中篇文同，可據訂。

④ 正德本「茲」並作「滋」。　孫云：說文艸部云：「茲，艸木多益。」水部云：「滋，益也。」古正作「茲」，今相承作「滋」。

⑤ 「人」，茅本、緜眇閣本作「仁」。

⑥ 畢云：「也是」，舊作「是也」，字倒，今以意改。　○案：正德本無「也」字，「內者」作「內之」。

⑦ 正德本無「和合」二字，空一格。　秋山云：「合」，一作「令」。

⑧ 孫云：小爾雅廣言云：「虧，損也。」

⑨ 詩旱麓「神所勞矣」，鄭箋〔二〕云：「勞，勞來。猶言佑助。」尚賢下篇作「勞來」。

⑩ 畢云：舊本「歺」俱作「列」，非。說文云：「歺，腐也。」　孫云：尚賢下作「腐臭餘財」，「臭」、「歺」亦聲近。　○案：「歺」，正德本作「臭」，四庫本剜改作「歺」。

⑪ 正德本「匿」作「慝」。

⑫ 「至」字諸本脱，正德本有，今據補，與中篇一律。

⑬ 道藏本「天」作「夫」，誤。　孫云：「虖」借爲乎字。

⑭ 「長」四庫本剜改作「教」，非是。　畢云：「政」當爲「正」。

⑮ 王云：「選」下有「擇」字，而今本脱之。下文及中、下二篇皆作「選擇」。太平御覽皇王部二引此同。　○案：「賢可」本篇屢見，非命上篇亦有，宋本、蜀本御覽引此亦作「賢可」。史記燕世家：「燕昭王謂郭隗曰：然誠得賢士以共國，以雪先王之恥，孤之願也。先生視可者，得身事之。」新序雜事三所引略同。「可者」，即指上文之「賢士」也。呂氏春秋正名篇曰：「人主雖不肖，猶若用賢，猶若聽善，猶若爲可者。其患在乎所謂賢，從不肖也；所謂善，而從邪辟；所謂可，從悖逆也。是刑名異充，而聲實異謂也。」可證可與賢、善義近，故「賢可」連文。

⑯ 正德本無「爲」字。

〔二〕「鄭箋」原誤「毛傳」，據毛詩正義改正。

⑰正德本無「擇」字。

⑱正德本「以」作「已」，字通。

⑲正德本「辯」作「辨」。

⑳正德本「知」作「之」。荀子非相篇曰「欲知億萬，則審一二」，三國志胡綜傳曰「此皆先定所一二知」。

㉑畢云：說文云：「畫，界也。」

㉒正德本「正」作「政」，下同。孫云：爾雅釋詁云：「正，長也。」書立政云「立民長伯，立政」，「政」與「正」同。此「正長」即中篇所云「左右將軍大夫」及「鄉里之長」，與上文「正長」通天子諸侯言者異。淮南子脩務訓云：「且古之立帝王者，非以奉養其欲也。聖人踐位者，非以逸樂其身也。爲天下強掩弱、衆暴寡、詐欺愚、勇侵怯、懷知而不以相教、積材而不以相分，故立天子以齊一之。爲一人聰明而不足以徧燭海內，故立三公九卿以輔翼之。絶國殊俗、避遠幽閒之處不能被德承澤，故立諸侯以教誨之。是以地無不任，時無不應，官無隱事，國無遺利。」蓋本此書。

㉓王引之云：「而」猶與也。言善與不善也。「而」、「與」聲之轉。

㉔「上之」二字，諸本脫。正德本作「上所之非」，文雖倒錯，然本有「上之」二字則甚明，今據補「上之」二字，與下文「鄉長之所非」、「國君之所非」、「天子之所非」文例一律。

㉕正德本脫「必皆非」三字。

㉖畢云：「則」，一本作「必」。　○案：「則」，陳本作「必」。「傍」借爲訪。說文曰：「汎謀曰訪。」徐傳曰：「此言汎謀，謂廣問於人也。」晉書山濤傳曰：「甄拔隱屈，搜訪賢才。」

㉗「不下比」，正德本作「下不比」。　孫云：樂記鄭注云：「比猶同也。」

㉘正德本「賞」作「貴」，又無「而」字。

㉙孫云：韓非子難三篇云：「明君求善而賞之，求姦而誅之，其得之一也。故以善聞之者，以說善同於上者也。以姦聞之者，以惡姦同於上者也。此宜賞譽之所及也。不以姦聞，是異於上而下比周於姦者也。此宜毀罰之所及也。」與此說略同。　王景羲云：依上文，「所」上當有「之」字。

㉚「甚」，諸本作「其」，正德本作「甚」，今從之，王校同。

㉛「以」字諸本無，繹史本有，今據補，孫校同。

㉜「壹」，正德本作「一」，下並同。

㉝舊本「治」上有「以」字。

㉞「子」，諸本作「一」，正德本作「子」，今從之。蘇校同。

㉟畢云：「菑」，巛字之假音。菑，不耕田也。巛，害也。見說文。　孫云：「菑」上，依中篇當有「天」字。

㊱王云：「今若天」，「天」當爲「夫」。夫與天字相似，篇內又多「天」字，故「夫」誤爲「天」。「今若

夫」，猶言今夫。　孫云：王説亦通，但中篇云：「故當若天降寒熱不節，雲霜雨露不時，五穀不孰，六畜不遂，疾菑戾疫，飄風苦雨，荐臻而至者，此天之降罰也。」則此「天」字似非譌文。爾雅釋言云：「迴風爲飄。」詩大雅何人斯毛傳云：「飄，暴起之風。」釋文云：「疾風也。」左莊四年傳云「秋無苦雨」，杜注云：「霖雨爲人所患苦。」禮記月令云：「苦雨數至，五穀不滋。」

㊲畢云：「湊」同「臻」。太平御覽作「臻」。史記三王世家云「西湊月氏」，正義云：「湊音臻。」○案：「湊」，各本並同，宋本、蜀本、萬曆活字本御覽卷二引並作「溱」，松方文庫補宋鈔本御覽作「湊」。説文曰「湊，水上人所會也。」淮南子主術訓曰：「湯以身禱於桑林之際，而四海之雲湊，千里之雨至」，注云：「湊，會也。」太玄玄捝注：「湊，至也。」

㊳上「天」字，正德本作「兲」，古「天」字。

㊴正德本「聖」作「帝」。

㊵孫云：「請」與「誠」通。此書「誠」多作「請」。　曹云：墨子書「請」、「情」、「誠」三字多通用。

㊶畢云：説文云：「紀，絲别也。」　孫云：「紀」本義爲絲别，引申之，絲之統總亦爲紀。説文糸部云：「統，紀也。」禮記樂記鄭注云：「紀，總要之名也。」禮器云「紀散而衆亂」，注云：「絲縷之數有紀。」

㊷正德本「罔」作「罓」。書盤庚曰「若網在綱」。　畢云：説文云：「綱，維紘繩也。」

㊸「以」字原脱，今依俞説增。　俞云：「所」下脱「以」字。中篇曰「將以運役天下淫暴而一同其

義也」，彼云「將以」，此云「所以」，文法雖異而實同。

尚同中第十二

子墨子言曰①：方今之時，復古之民始生未有正長之時②，蓋其語曰：「天下之人異義。」是以一人一義，十人十義，百人百義。其人數茲衆，其所謂義者亦茲衆。是以人是其義，而非人之義，故交相非也③。內之父子兄弟作怨讎，皆有離散之心，不能相和合，至乎舍餘力不以相勞，隱匿良道不以相教，腐死餘財不以相分④，天下之亂也，至若禽獸然⑤。無君臣上下長幼之節，父子兄弟之禮，是以天下亂焉。

明乎民之無正長⑥以一同天下之義，而天下亂也，是故選擇天下賢良聖知辯慧之人⑦，立以爲天子，使從事乎一同天下之義。天子既已立矣⑧，以爲唯其耳目之請⑨，不能獨一同天下之義，是故選擇天下贊閱賢良聖知辯慧之人⑩，置以爲三公，與從事乎一同天下之義。天子三公既已立矣⑪，以爲天下博大，山林遠土之民不可得而一也，是故靡分天下⑫，設以爲萬諸侯國君⑬，使從事乎一同其國之義。國君既已立矣⑭，又以爲唯其耳目之請⑮，不能獨一同其國之義⑯，是故擇其國之賢者⑰，置以爲左右將軍大夫⑱，以遠至乎鄉里之長⑲，與從事乎一同其國之義。

天子、諸侯之君、民之正長，既已定矣。天子爲發政施教，曰：「凡聞見善者必以告其上，聞見不善者亦必以告其上。上之所是必亦是之，上之所非必亦非之。己有善傍薦之⑳，上有過規諫之。尚同義其上㉑，而毋有下比之心，上得則賞之，萬民聞則譽之。意若聞見善不以告其上，聞見不善亦不以告其上。上之所是不能是，上之所非不能非。己有善不能傍薦之，上有過不能規諫之㉒。下比而非其上者，上得則誅罰之，萬民聞則非毁之㉓。」故古者聖王之爲刑政賞譽也，甚明察以審信，是以舉天下之人皆欲得上之賞譽，而畏上之毁罰㉔。

是故里長順天子政，而一同其里之義。里長既同其里之義，率其里之萬民以尚同乎鄉長㉕，曰：「凡里之萬民，皆尚同乎鄉長，而不敢下比。鄉長之所是必亦是之，鄉長之所非必亦非之。去而不善言，學鄉長之善言；去而不善行，學鄉長之善行。」鄉長固鄉之賢者也，舉鄉人以法鄉長，夫鄉何説而不治哉？察鄉長之所以治鄉而鄉治者㉖，何故之以也？曰：唯以其能一同其鄉之義，是以鄉治。

鄉長治其鄉㉗，而鄉既已治矣㉘。有率其鄉萬民㉙以尚同乎國君，曰：「凡鄉之萬民，皆上同乎國君，而不敢下比。國君之所是必亦是之，國君之所非必亦非之。去而不善言，學國君之善言；去而不善行，學國君之善行。」國君固國之賢者也，舉國人以法國君，夫國何說而不治哉？察國君之所以治國而國治者，何故之以也？曰：唯以其能一同其國之義，是以國治。

國君治其國，而國既已治矣㉚。有[一]率其國之萬民以尚同乎天子㉛，曰：「凡國之萬民，皆上同乎天子，而不敢下比㉜。天子之所是必亦是之，天子之所非必亦非之。去而不善言，學天子之善言；去而不善行，學天子之善行。」天子者，固天下之仁人也。舉天下之萬民以法天子，夫天下何說而不治哉㉝？察天子之所以治天下而天下治者㉞，何故之以也？曰㉟：唯以其能一同天下之義，是以天下治。

天下既尚同乎天子㊱，而未尚同乎天者㊲，則天菑將猶未止也㊳。故當若天降寒熱不節㊴，雪霜雨露不時㊵，五穀不孰㊶，六畜不遂㊷，疾菑戾疫㊸，飄風苦雨㊹，荐臻而至者㊺，此天之降罰也，將以罰下人之不尚同乎天者也。

故古者聖王明天鬼之所欲，而避天鬼之所憎㊻，以求興天下之利，除天下之害。是以率天下之萬民，齊戒沐浴㊼，絜爲酒醴粢盛㊽，以祭祀天鬼。其事鬼神也㊾，酒醴粢盛不敢

〔一〕「有」原作「又」，據畢沅刻本改，與墨子原文合。

不蠲潔[50]，犧牲不敢不腯肥[51]，珪璧幣帛不敢不中度量[52]，春秋祭祀不敢失時幾，聽獄不敢不中[53]，分財不敢不均，居處不敢怠慢。曰：其爲正長若此[54]，是故[55]上者天鬼有厚乎其爲政長也，下者萬民有便利乎其爲政長也[56]。天鬼之所深厚，而彊從事焉[57]，則天鬼之福可得也；萬民之所便利，而能彊從事焉[58]，則萬民之親可得也。其爲政若此[59]，是以謀事得[60]，舉事成，入守固，出誅勝。曰[61]：何故之以也？曰：唯而以尚同爲政者也[62]。故古者聖王之爲政若此[63]。

今天下之人曰：方今之時，天下之正長猶未廢乎天下也[64]，而天下之所以亂者，何故之以也？子墨子曰：方今之時之以正長，則本與古者異矣。譬之若有苗之以五刑然[65]。昔者聖王制爲五刑，以治天下[66]，逮至有苗之制五刑，以亂天下。則此豈刑不善哉？用刑則不善也。是以先王之書呂刑之道[67]曰：「苗民否用練[68]，折則刑[69]，唯作五殺之刑，曰法[70]。」則此言善用刑者以治民，不善用刑者以爲五殺。則此豈刑不善哉？用刑則不善，故遂以爲五殺[71]。是以先王之書術令之道曰[72]：「惟口出好興戎[73]。」則此言善用口者出好，不善用口者以爲讒賊寇戎。則此豈口不善哉？用口則不善也，故遂以爲讒賊寇戎。

故古者之置正長也，將以治民也。譬之若絲縷之有紀[74]，而罔罟之有綱也，將以運役天下淫暴而一同其義也[75]。是以先王之書相年之道曰[76]：「夫建國設都，乃作后王君公，否用泰也⑰，卿大夫師長⑱，否用佚也⑲，維辯使治天均⑳。」則此語古者上帝鬼神之建設國都立正長也，非高其爵、厚其禄、富貴佚而錯之也㉑，將以爲萬民興利除害、富貧衆寡、安危治亂也㉒。故古者聖王之爲政若此㉓。

今王公大人之爲刑政，則反此㉔。政以爲便譬宗族、父兄故舊㉕，立以爲左右㉖，置以爲正長㉗。民知上置正長之非正以治民也㉘，是以皆比周隱匿，而莫肯尚同其上㉙，是故上下不同義。若苟上下不同義，賞譽不足以勸善，而刑罰不足以沮暴㉚。何以知其然也？曰：上唯毋立而爲政乎國家，爲民正長㉛，曰：「人可賞，吾將賞之。」若苟上下不同義，上之所賞，則衆之所非㉜，曰：人衆與處，於衆得非。則是雖使得上之賞，未足以勸乎㉝。上唯毋立而爲政乎國家，爲民正長㉞，曰：「人可罰，吾將罰之。」若苟上下不同義，上之所罰，則衆之所譽㉟。曰：人衆與處，於衆得譽。則是雖使得上之罰，未足以沮乎。若立而爲政乎國家，爲民正長，賞譽不足以勸善，而刑罰不足以沮暴㊱，則是不與鄉吾本言民始生未有正長之時同乎？若有正長與無正長之時同，則此非所以治民一衆之道。

故古者聖王唯而以尚同㊲以爲正長㊳，是故上下情請爲通㊴。上有隱事遺利㊵，下得而利之；下有蓄怨積害，上得而除之。是以數千萬里之外有爲善者，其室人未徧知，鄉里未徧聞，天子得而賞之；數千萬里之外有爲不善者，其室人未徧知，鄉里未徧聞⑩①，天子得而罰之。是以擧天下之人皆恐懼振動惕慄⑩②，不敢爲淫暴，曰：「天子之視聽也神⑩③。」先王之言曰⑩④：「非神也，夫唯能使人之耳目助己視聽⑩⑤，使人之吻助己言談⑩⑥，使人之心助己思慮，使人之股肱助己動作。」助之視聽者衆，則其所聞見者遠矣⑩⑦，助之言談者衆，則其德音之所撫循者博矣⑩⑧，助之思慮者衆，則其談謀度速得矣⑩⑨；助之動作者衆，卽其擧事速成矣⑪⑩。

故古者聖人⑪①之所以濟事成功，垂名於後世者，無他故異物焉⑪②，曰：唯能以尚同爲政者也。是以先王之書周頌之道之曰⑪③：「載來見彼王⑪④，聿求厥章⑪⑤。」則此語古者國君諸侯之以春秋來朝聘天子之廷，受天子之嚴教。退而治國，政之所加，莫敢不賓⑪⑥。當此之時⑪⑦，本無有敢紛天子之教者⑪⑧。詩曰：「我馬維駱⑪⑨，六轡沃若⑫⓪。載馳載驅，周爰諮度⑫①。」又曰：「我馬維騏⑫②，六轡若絲⑫③。載馳載驅，周爰咨謀⑫④。」卽此語古者國君諸侯之聞見善與不善也，皆馳驅以告天子⑫⑤，是以賞當賢，罰當暴，不殺不辜，不失有罪，則此尚同之功也。

是故子墨子曰：今天下之王公大人士君子，請將欲富其國家⑫⑥，衆其人民，治其刑政，定其社稷，當若尚同之不可不察，此之本也⑫⑦。

① 「言」字諸本無，正德本有，今據補。

② 正德本「始」字空一格，又「正」作「政」。　孫云：「易雜卦傳云：「復，反也。」謂反而考之古之民始生之時。

③ 畢本作「故相交非也」，寶曆本、李本作「故交相非是也」，諸本作「故交相非也」，今從之。　戴校同。

④ 畢云：「歹」，舊作「列」，見上篇。　○案：四庫本剜改作「歹」。

⑤ 「若」，諸本作「如」，正德本作「若」，今從之。

⑥ 正德本「正」作「政」。

⑦ 正德本「賢良」上有「一」字，「辯慧」作「不惠」。

⑧ 「已」，畢本作「以」，舊本並作「已」，今從舊本。

⑨ 緜眇閣本「唯」作「惟」。　正德本「請」作「人」。　畢云：「請」當爲「情」，下同。　顧云：史記禮書「情文俱盡」，徐廣曰：「古情字或假借作請，諸子中多有此比。」　洪云：列子說符篇「發於〔一〕此而應於外者唯請」，張湛注：「請當作情。」荀子成相篇「聽之經，明其請」，楊倞注：「請當爲情。」「言」古文「」，與「心」字篆文「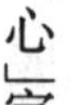」字形近，故「情」字多爲「請」。

⑩ 正德本「閱」作「閭」，「辯慧」作「辨患」。　說文曰：「贊，見也。」易說卦傳注：「贊，明也。」穀梁桓六年傳注云：「閱爲簡練。」史記高祖功臣年表曰：「積日曰閱。」是「贊閱」者，明察歷練之義。

〔一〕「於」字原脫，據列子說符篇補。

⑪ 正德本「已」作「以」。

⑫ 王樹枏云：廣雅釋言：「靡，離也。」

⑬ 「設」，正德本誤「没」。以上篇「故畫分萬國，立諸侯國君」文例校之，疑此文當爲「設以爲萬國，立諸侯國君」。下文「上帝鬼神之建設國都立正長也」，可爲設、立並用之證。今本脱「國立」二字，文義不完。

⑭ 正德本「已」作「以」。

⑮ 緜眇閣本「唯」作「惟」。茅本、寶曆本「耳目」作「目耳」。正德本「請」作「情」。

⑯ 「獨」字諸本無，正德本有，今據補。

⑰ 上文「擇」上有「選」字。

⑱ 孫云：「將軍」謂卿也。周禮夏官：「軍將皆命卿。」春秋戰國時，侯國亦皆以卿爲將，通謂之將軍。非攻中篇云「晉有六將軍」，即六卿也。管子立政篇云「將軍大夫以朝」，水經河水酈注引竹書紀年云「邯鄲命將軍大夫、適子、戍〔二〕吏皆貉服」，並稱卿大夫爲將軍大夫。

⑲ 孫云：「遠」當作「逮」，形近而誤。後文云「逮至有苗之制五刑」，尚賢上篇云「逮至遠鄙郊外之臣」，與此文例正同。

〔二〕「戍」，墨子閒詁原引誤「代」，本書沿誤，據水經河水酈注改。

⑳正德本「傍」作「防」，下仍作「傍」。　王云：「己」字義不可通，「己」當爲「民」，字之誤也。「傍」者，溥也，徧也。說文：「旁，溥也。」「旁」與「傍」通。言民有善則衆共薦之，若堯典所云「師錫」也。上篇云「上有過則規諫之，下有善則傍薦之」，「下」亦民也。　孫云：祭義云「卿大夫有善，薦於諸侯」，鄭注云：「薦，進也。」謂在位之人己有善，則告進之於上也。「傍」當爲訪之借字，二字皆从方得聲，古多通用。魯問篇云：「所謂忠臣者，上有過則微之以諫，己有善則訪之上，而無敢以告外。匡其邪而入其善，尚同而無下比。」與此上下文義並略同，可證「傍薦」之義。上篇亦同。　王樹枏云：據上篇「己」當是「下」字。　曹亦校作「下」。　○案：「己」字二王、曹並校爲誤字，是也。以字形求之，「民」字爲近。孫引祭義及魯問篇文以釋「傍薦」之義，非是。尚同上、中篇文爲訪賢薦善之義，賢善不屬於訪薦者。中篇雖有誤字，上篇固文義顯明，不容曲解者也。祭義及魯問篇文爲歸美讓善之義，美善即屬於歸讓者。二者不應並爲一談。祭義曰「天子有善，讓德於天。諸侯有善，歸諸天子。卿大夫有善，薦於諸侯。士庶人有善，本諸父母，存諸長老」，鄭注云：「薦，進也。」孔疏云：「此一節明有善讓於尊上。」是鄭注「薦，進」當依孔疏釋爲歸美讓善之義，不當如孫氏加字解經，釋爲告進也。魯問篇「己有善則訪之上」一節，與尚賢中篇「若有美善則歸之上」一節文義全同，「訪」當訓爲依傍歸附之義，方與上下文及尚賢中篇文意相合。孫氏釋爲進其謀於上，殊失其旨。蓋尚賢中篇美善歸上一節固亦文義顯明，不容曲解者也。孫氏蓋隱據孔書君陳篇「爾有嘉謀嘉猷，則入告爾后於內」之說，故竟將字面相近、樹義各

別之文並爲一談。後人失檢祭義與尚賢中篇文，易爲其說所惑，故申論之。

㉑ 孫云：「義」當作「乎」，下文云「尚同乎鄉長」、「尚同乎國君」，可證。

㉒ 正德本無「能」、「之」二字。

㉓ 正德本無「萬」字。

㉔ 管子小匡篇曰：「正月之朝，鄉長復事。公親問焉，曰：『於子之鄉，有居處爲義好學，聰明質仁，慈孝於父母，長弟聞於鄉里者，有則以告。有而不以告，謂之蔽賢，其罪五。』有司已於事而竣。公又問焉，曰：『於子之鄉，有拳勇股肱之力，筋骨秀出於衆者，有則以告。有而不以告，謂之蔽才，其罪五。』有司已於事而竣。公又問焉，曰：『於子之鄉，有不慈孝於父母，不長弟於鄉里，驕躁淫暴，不用上令者，有則以告。有而不以告，謂之下比，其罪五。』是故匹夫有善可得而舉，匹夫有不善，可得而誅。」樹義與此略同。

㉕ 正德本「尚」作「上」。

㉖ 「而鄉治」三字諸本無，正德本有，今據補。

㉗ 「鄉長治」三字諸本無，正德本、藤本並有，今據補。王、蘇校同。

㉘ 「已」，諸本作「以」。正德本作「已」，與畢本同。

㉙ 依上下文，「萬民」上當有「之」字。孫云：「有」讀爲「又」，下並同。

㉚ 「而」下「國」字諸本無，正德本有，今據補。王校同。

㉛ 正德本「尚」作「上」。

㉜ 各本無「皆」字，宋本、蜀本御覽七十七引有「皆」字，「上」作「尚」，今據補「皆」字。

㉝ 畢云：「下」舊作「子」，一本如此。○案：正德本、寶曆本、四庫本並作「下」。宋本、蜀本御覽引亦作「下」。

㉞ 「而天下治」四字各本脱，今據上文「察鄉長之所以治鄉而鄉治者」、「察國君之所以治國而國治者」文例校增。

㉟ 「曰」字，正德本在「何故之以也」上。

㊱ 「天下」，諸本作一「夫」字，正德本作「天下」二字，今據補正。上篇曰：「天下之百姓皆上同於天子。」

㊲ 「尚」，畢本作「上」，舊本並作「尚」，今從舊本。

㊳ 正德本「止」作「正」。

㊴ 王云：「天」亦「夫」字之誤，「降」字則因下文「降罰」而衍。孫云：「天降」二字，蓋通貫下文言之。

㊵ 「雪霜」，陸本、茅本、寶曆本、李本、緜眇閣本、堂策檻本、四庫本作「霜雪」。

㊶ 舊本「孰」作「熟」，俗寫。

㊷ 孫云：國語齊語云「犧牲不略則牛羊遂」，韋注云：「遂，長也。」

㊸畢云：「戾」，沴字之假音。　孫云：「戾疫」即兼愛下篇之「癘疫」。「戾」、「癘」一聲之轉。漢書食貨志顔注云：「戾，惡氣也。」

㊹正德本「苦」作「菑」。

㊺國語楚語「禍災荐臻」，韋注云：「荐，重也。臻，至也。」「荐」亦作「薦」，詩雲漢「饑饉薦臻」。

㊻「而」，畢本誤「不」，舊本並作「而」，今據正。

㊼「齊」，道藏本、正德本、陸本、唐本、沈本、茅本、李本、緜眇閣本、陳本作「齋」。

㊽「絜」，諸本作「潔」，李本作「絜」，今從之。　畢云：本書多作「絜」，俗從水。

㊾「事」，李本、緜眇閣本、陳本作「祀」。

㊿孫云：周禮宮人鄭注云：「蠲猶絜也。」呂氏春秋尊師篇云：「臨飲食必蠲絜。」

51左桓六年傳云「吾牲牷肥腯」，杜注云：「腯亦肥也。」

52李本「幣」作「玉」。　孫云：珪璧有度，若考工記玉人云「四圭尺有二寸，以祀天」、「兩圭五寸有邸，以祀地」之屬是也。幣帛有度，若漢書食貨志云「周法布帛廣二尺二寸爲幅」、周禮內宰鄭注引天子巡守禮云「制幣丈八尺、純四䊷」是也。王制云：「布帛幅廣狹不中量，不粥於市。」

53正德本「聽」作「听」，俗借爲聽字。　畢云：「幾」讀如「關市譏」。　俞云：「幾」者，期也。詩楚茨篇「如幾如式」，毛傳訓「幾」爲「期」，是也。「不敢失時幾」者，不敢失時期也。國語周語注曰：「期，將事之日也。」是「期」以日言。不敢失時，並不敢失日，故曰「不敢失時幾」。○

案：俞說是也。惟析言時日似可不必。節葬下篇曰「祭祀不時度」，即所謂祭祀失時幾也。

㊹ 正德本「正」作「政」。

㊺ 此下至「方今之時」止，各本錯簡。

㊻ 正德本「正」作「政」。

㊼ 「彊」，正德本作「强」，陸本作「疆」，下同。「彊」上王據下文補「能」字。

㊽ 蘇校刪「能」字。

㊾ 正德本「爲」作「鴑」。

㊿ 畢云：舊脱此字，據後文增。

(61) 「曰」，諸本作「者」。正德本作「曰」，今從之。

(62) 「而」字諸本脱，正德本有，今據補。而，能也。

(63) 正德本「爲」作「鴑」。

(64) 以上錯文照道藏本原文録如次：「曰其爲正長若此是故出誅勝者何故之以也曰唯以尚同爲政者也故古者聖王之爲政若此今天下之人曰方今之時天鬼之福可得也萬民之所便利而能彊從事焉則萬民之親可得也其爲政若此是以謀事舉事成入守固上者天鬼有厚乎其爲政長也下者萬民有便利乎其爲政長也天鬼之所深厚而彊從事焉則天下之正長猶未廢乎天下也」。今依王、蘇校移。

(65) 畢云：「苗」，舊作「量」，據下改。○案：寶曆本作「苗」，不誤。

⑯「天」，正德本作「兲」，原注云：「古天字。」　畢云：文選永明九年策秀才文注引此云「畫衣冠、異章服而民不犯」，疑此閒脱文。　孫云：書舜典僞孔傳云：「五刑，墨、劓、剕、宮、大辟。」

⑰畢云：當云「道之」。　孫云：下文兩云「之道」，疑此不倒。　吴云：「之道」猶之言也，非誤倒。　○案：舊本「吕」作「以」。古「以」字作「㠯」，與「吕」形近而譌。

⑱正德本「練」作「陳」。

⑲畢云：孔書作「弗用靈，制以刑」，「靈」「練」、「否」「弗」、「折」「制」音同。　錢大昕云：古書「弗」與「不」同，「否」即「不」字。「靈」、「練」聲相近。緇衣引作「匪用命」，「命」當是「令」之譌，「令」與「靈」古文多通用。「令」、「靈」皆有善義，鄭康成注禮解爲「政令」，似遠。　王鳴盛云：古音「靈」讀若「連」，故轉爲「練」也。「折」爲「制」古字，亦通。古文論語云「片言可以折獄」，魯論「折」作「制」，是也。　段玉裁云：「靈」作「練」者，双聲也。依墨子上下文觀之，「練」亦訓善，與孔正同。　孫云：僞孔傳云：「三苗之君習蚩尤之惡〔一〕，不用善化民，而制以重刑。三苗，帝堯所誅。」吕刑及緇衣孔疏引書鄭注云：「苗民謂九黎之君也。九黎之君於少昊氏衰而棄善道，上效蚩尤重刑，必變九黎言苗民者，有苗，九黎之後。顓頊代少昊，誅九黎，分流其子孫爲

〔一〕「三苗之君習蚩尤之惡」句，墨子閒詁原引作「三苗之主凶頑若民」，乃孔傳下文注語之首八字而誤置於此，本書沿誤。今據尚書孔傳原文訂正。

居於西裔者三國〔一〕。至高辛之衰，又復九黎之君，惡。堯興，又誅之，堯末又在朝。舜時又竄之。後禹攝位，又在洞庭逆命，禹又誅之。後王深惡此族三生凶惡，故著其氏而謂之民。民者，冥也，言未見仁道。」又鄭緇衣注云：「命，謂政令也。高辛氏之末，諸侯有三苗者作亂，其治民不用政令，專制御之以嚴刑，乃作五虐蚩尤之刑，以是爲法。」案鄭書、禮二注不同，書注與此合，於義爲長。戰國策魏策：「吳起云：昔者，三苗之居，左彭蠡之波，右洞庭之水，文山在其南，而衡山在其北。恃此險也，爲政不善，而禹放逐之。」史記吳起傳作「左洞庭，右彭蠡」。五帝本紀張守節正義據彼云：「今江州、鄂州、岳州，三苗之地也。」案古三苗國當在今湖南、湖北境。

⑩ 正德本「殺」作「榖」，「刑」作「行」。僞孔傳云：「惟爲五虐之刑，自謂得法。」畢云：孔書「殺」作「虐」。孫星衍云：「虐」、「殺」義相同。孫云：吕刑下文云「殺戮無辜，爰始淫爲刵、劓、椓、黥」，則止四刑。書堯典孔疏引今文夏侯等書作「臏、宮割、劓、頭鹿剠」，臏一、宮割二、劓三、頭鹿剠四，亦無五刑。以吕刑「五刑」之「辟」校之，惟少大辟，蓋即以「殺戮」晐大辟矣。

⑪ 正德本「殺」作「榖」。

⑫ 正德本「道」下有「之」字。

⑬ 蘇云：出書大禹謨。孫云：「術令」當是「説命」之假字。禮記緇衣云：「兑命曰：惟口起

〔一〕「國」原作「苗」，據墨子閒詁改。按：緇衣孔疏引鄭注作「苗」，吕刑孔疏引鄭注作「國」，二引不同。作「國」是。

羞，惟甲胄起兵，惟衣裳在笥，惟干戈省厥躬」，鄭注云：「兑當爲説，謂殷高宗之臣傅説也。作書以命高宗，尚書篇名也。羞猶辱也。惟口起辱，當慎言語也。」案此文與彼引兑命辭義相類，「術」「説」、「令」「命」音並相近，必一書也。晉人作僞古文書不悟，乃以竄入大禹謨，疏繆殊甚。近儒辯古之書者，亦皆不知其爲説命佚文，故爲表出之。僞孔傳云：「好謂賞善，戎謂伐惡。言口榮辱之主〔一〕。」　吴云：術令、相年蓋皆百篇之書篇名也。

(74) 「有」下，正德本有「中」字。

(75) 正德本「役」作「投」。　王云：「運役」當依上篇作「連收」，字之誤也。「連收」二字正承「絲縷」、「罔罟」而言。

(76) 正德本「道」下有「之」字。　畢云：「相年」當爲「拒年」。

(77) 「泰」，侈泰也。「否」，下篇作「非」。　王引之云：「否」，非也。

(78) 「卿」，諸本作「輕」。正德本作「卿」，今從之。　畢云：「輕」當爲「卿」。　盧云：下篇作「奉以卿」，字誤也。

(79) 呂氏春秋恃君覽曰：「置君，非以阿君也。置天子，非以阿天子也。置官長，非以阿官長也。」樹義相近。

〔一〕「主」原誤「至」，據墨子閒詁原引改，與書孔傳合。

(80) 正德本「辯」作「便」，於義亦通。孫云：「辯」、「辨」字通。周易集解引易鄭注云：「辯，分也。」謂分授以職，使治天均。下篇作「治天明」。

(81) 畢云：「錯」讀如「舉措」。王云：「佚」上有「游」字，而今本脱之，則語意不完。下篇曰「非特富貴游佚而擇之也」，是其證。「游佚」即淫佚，語之轉耳。

(82) 「富貧衆寡」，諸本作「富貴貧寡」。正德本作「富貧寡」三字，可見古本先脱一「衆」字，後人妄於「富」下加「貴」字，遂不可通。節葬下篇以「富貧衆寡、定危治亂」連文，與此文例相同。今據正德本删「貴」字，據節葬下篇補「衆」字。

(83) 諸本無「政」字，今據藤本增。戴校同。下文「非正以治民也」句衍一「正」字，疑此處脱文。「正」、「政」字同。

(84) 「反」，諸本作「文」，正德本作「丈」，均形譌。戴云：「刑」字衍。

(85) 「便嬖宗族」，諸本作「便譬宗於」。正德本、寶曆本並作「便嬖宗族」，今據正。説文曰：「便嬖，愛也。」孟子梁惠王篇曰「便嬖不足使令於前與」。寶曆本「政以」作「故以」。秋山云：「故以」之「故」，一作「政」。

(86) 各本無「立」字，今依戴説增。

(87) 正德本「以」作「吕」，與古「以」字形近。

(88) 戴云：「非」下「正」字衍。

㉙ 緜眇閣本、陳本無「尚」字。正德本「其上」作「上同」。

㉚ 唐本「而」作「不」，誤。

㉛ 正德本「唯」作「惟」，「政」作「正」。緜眇閣本「唯」作「惟」。

㉜ 此下至「即其舉事速成矣故古者聖人」，凡三百八十餘字，正德本錯入尚同下篇。

㉝ 正德本「末」下有「之」字。

㉞ 「唯」，正德本作「雖」，緜眇閣本作「惟」。

㉟ 正德本「衆」下有「人」字。

㊱ 「不足以沮暴」，畢本作「不沮暴」三字，諸本作「不可以沮暴」，李本、緜眇閣本並作「不足以沮暴」，今從之。

㊲ 正德本無「者」字。畢本「唯而」下增「審」字。畢云：「而」讀與「能」同。舊脱「審」字，文選注引作「能審以尚同」，今據增。○案：在墨子書中，雖有「唯能審」連文者，但此處「審」字似不必增。本篇「唯以其能」凡三見，「唯能」二見，「唯而」二見，上篇「唯能」三見，下篇「唯能」二見，「唯而」一見，其下俱無「審」字。則此「唯而」之下似不必獨增「審」字，今不據增。

㊳ 俞云：下文曰：「故古者聖王之所以濟事成功、垂名於後世者，無他故異物焉，曰唯能以尚同爲政者也。」然則此文當云「唯而審以尚同爲政」，上下文義始相應。因涉上文屢言「正長」，遂誤作「以爲正長」，上下不應矣。且既云「審以尚同」，又云「以爲正長」，一句中兩用「以」字，義亦未安。

「爲正長」以人言，「爲政」以事言，明爲正長者當以尚同爲政也。若作「尚同以爲正長」，即失其義矣。

⑨⑨ 畢云：文選注引作「是故上下通情」，舊脱「故」字，今據增。王云：此本作「是故上下請通」，「請」即「情」字也，墨子書多以「請」爲「情」。今作「情請爲通」者，後人旁記「情」字，而寫者遂誤入正文，又涉上文「以爲正長」而衍「爲」字耳。文選東京賦注引「情通」作「通情」者，乃涉賦文「上下通情」而誤。顧云：「情」字衍，當是讀者旁注誤入正文。曹校作「是故上下之情爲通」。○案：畢校增「故」字，是也，今從之。「情請爲通」，緜眇閣本補刊作「情謀相通」，陳本、藤本亦作「情謀相通」。

⑩⓪ 孫云：「隱事遺利」，與節葬篇「隱謀遺利」義同。

⑩① 正德本「徧」作「遍」。

⑩② 「懼」，正德本作「惧」，俗省。

⑩③ 畢云：「子」，舊作「下」，一本如此。○案：寶曆本、李本、緜眇閣本、陳本、四庫本並作「子」，正德本無「子」字。

⑩④ 正德本「王」作「生」。

⑩⑤ 「唯」，正德本、緜眇閣本作「惟」。

⑩⑥ 正德本「使」誤「下」。孫云：説文云：「吻，口邊也。」

⑩⑦ 管子入國篇曰：「以天下之目視，則無不見也。以天下之耳聽，則無不聞也。以天下之心慮，則無不知也。」

⑩⑧ 正德本「撫」作「无」。无，古文無。 孫云：荀子富國篇云「拊循之」，楊注云：「拊與撫同。撫循，慰悅之也。」

⑩⑨ 正德本「矣」誤「三」。 王云：「談」字蓋涉上文「言談」而衍。蘇說同。

⑪⑩ 各本「其」在「舉」下。 蘇云：當作「則其舉事速成矣」。 俞云：此本作「即其舉事速成矣」。上文三言「則其」，此言「即其」，「即」、「則」古通用也。 ○案：俞說是，今依乙。

⑪① 自「曰人衆以處」至此，凡三百八十餘字，正德本錯入尚同下篇。

⑪② 孫云：「異物」猶言異事。韓非子外儲說右上篇云：「所以然者，無他故異物，從狐偃之謀，假顛頡之脊也。」 ○案：「異物」猶他故，古文複語耳。尚賢中篇曰「無異物雜焉」，小取篇曰「無他故焉」，兼愛中篇曰「天下之難物迂故也」，韓子問田篇曰「此無他故異物」，史記匈奴傳曰「薄物細故」。

⑪③ 孫云：古書「詩」、「書」多互稱。

⑪④ 畢云：一本作「載見辟王」，同詩。 孫云：詩載見敍云：「諸侯始見乎武王廟也。」毛傳云：「載，始也。」鄭箋云：「諸侯始見君王，謂見成王也。」 ○案：四庫本「彼」剜改作「辟」。

⑪⑤ 「雖」字道藏本、陸本、唐本缺一格，茅本、寶曆本、李本、緜眇閣本無。正德本作「雖」，今從之。廣

雅釋詁曰：「雖，詞也。」堂策檻本作「曰」，四庫本剜改作「聿」，畢本作「聿」，無注，蓋皆據詩以意增之，因其所據底本皆缺此字也。詩作「曰」。「雖」、「聿」、「曰」皆詞也。　孫云：鄭箋云：「求車服禮儀之文章制度也。」

(116) 孫云：爾雅釋詁云：「賓，服也。」

(117) 「當」字正德本缺一格。

(118) 正德本「無」作「无」，「子」作「孚」。　孫云：廣雅釋詁云：「紛，亂也。」

(119) 説文曰：「駱，馬白色黑鬣尾也。」

(120) 孫云：毛詩衛風氓傳云：「沃若，猶沃沃然。」

(121) 孫云：毛詩小雅皇皇者華傳云：「咨禮儀所宜爲度。」

(122) 孫云：毛詩魯頌駉傳云：「蒼綦曰騏。」

(123) 正德本「若」作「如」，與詩同。　毛傳云：「言調忍也。」

(124) 孫云：毛傳云：「咨事之難易爲謀。」

(125) 「即此語」下諸本有「也」字，正德本無，今據删。王校同。寶曆本「即」作「則」，字通。

(126) 王云：「請」即「誠」字。　俞云：「請」上脱「中」字。墨子書多以「請」爲「情」，中請即中情也。下篇曰「今天下王公大人士君子中情將欲爲仁義」，是其證也。尚賢篇曰「且今天下之王公大人士君子中實將欲爲仁義」，「中實」亦即中情也。

(127) 畢云：當云「此爲政之本也」。俞云：「若」字衍文。「不可不察」上脱「説」字，「此」下脱「爲政」二字，當據下篇補。孫云：畢、俞校是也。唯「若」字實非衍文。「當若」猶言當如。尚賢中、兼愛下、非攻下、明鬼下、節葬下、非命下各篇皆有之，可證。吴云：「此之本也」之「之」，猶其也。○案：「若」字非衍文，孫説是。緜眇閣本「察」作「審」。

尚同下第十三①

子墨子言曰：知者之事，必計國家百姓所以治者而爲之②，必計國家百姓之所以亂者而辟之③。然計國家百姓之所以治者，何也④？上之爲政，得下之情則治，不得下之情則亂。何以知其然也？上之爲政得下之情，則是明於民之善非也⑤。若苟明於民之善非也⑥，則得善人而賞之，得暴人而罰之也⑦。善人賞而暴人罰，則國必治。上之爲政也，不得下之情，則是不明於民之善非也。若苟不明於民之善非，則是不得善人而賞之⑧，不得暴人而罰之。善人不賞而暴人不罰，爲政若此，國衆必亂⑨。故賞罰不得下之情⑩，而不可不察者也⑪。

然計得下之情將奈何可⑫？故子墨子曰：唯能以尚同一義爲政，然後可矣。何以知尚同一義之可而爲政於天下也⑬？然胡不審稽之古之治爲政之說乎⑭？古者天之始生民，未有正長也，百姓爲人⑮。若苟百姓爲人，是一人一義，十人十義，百人百義，千人千義，逮至人之衆不可勝計也⑯，則其所謂義者亦不可勝計⑰。此皆是其義而非人之義，是以厚者有鬭而薄者有争⑱。是故天下之欲同一天下之義也⑲，是故選擇賢者立爲天子⑳。天子以其知力爲未足獨治天下，是以選擇其次立爲三公㉑。三公又以其知力爲未足獨左右天子也，是以分國建諸侯。諸侯又以其知力爲未足獨治其四境之内也，是以選擇其次立爲卿之宰㉒。卿之宰又以其知力爲未足獨左右其君也，是以選擇其次立而爲鄉長家君。是故古者天子之立三公、諸侯、卿之宰、鄉長家君，非特富貴游佚而擇之也㉓，將使助治亂刑政也㉔。故古者建國設都，乃立后王君公㉕，奉以卿士師長，此非欲用說也㉖，唯辯而使助治天助明也㉗。

今此何爲人上而不能治其下，爲人下而不能事其上？則是上下相賊也㉘。何故以然㉙？則義不同也。若苟義不同者有黨，上以若人爲善，將賞之，百姓不刑，將毁之㉚。若人唯使得上之賞㉛，而辟百姓之毁㉜，是以爲善者㉝未必可使勸也㉞。上以若人爲暴，將罰之，百姓姓付，將舉之㉟。若人唯使得上之罰，而懷百姓之譽㊱，是以爲暴者未必可使沮也㊲。故計上之賞譽㊳不足以勸善，計其毁罰㊴不足以沮暴㊵。此何故以然？則義不同也。

然㊶則欲同一天下之義，將柰何可？故子墨子言曰：然胡不賞使家君試用家君發憲布令其家㊷，曰：「若見愛利家者必以告，若見惡賊家者亦必以告。若見愛利家以告㊸，亦猶愛利家者也，上得且賞之，衆聞則譽之；若見惡賊家不以告，亦猶惡賊家者也，上得且罰之，衆聞則非之。」是以徧若家之人㊹，皆欲得其長上之賞譽，辟其毀罰。是以見善言之㊺，見不善言之㊻。家君得善人而賞之，得暴人而罰之。善人之賞而暴人之罰㊼，則家必治矣。然計若家之所以治者，何也？唯以尚同一義爲政故也㊽。

家既已治，國之道盡此已邪㊾？則未也。國之爲家數也甚多㊿，此皆是其家而非人之家，是以厚者有亂，而薄者有争。故又使家君總其家之義51，以尚同於國君。國君亦爲發憲布令於國之衆，曰：「若見愛利國者必以告，若見惡賊國者亦必以告。若見愛利國以告者52，亦猶愛利國者也53，上得且賞之，衆聞則譽之；若見惡賊國不以告者，亦猶惡賊國者也，上得且罰之，衆聞則非之。」是以徧若國之人，皆欲得其長上之賞譽，避其毀罰。是以民見善者言之，見不善者言之。國君得善人而賞之，得暴人而罰之。善人賞而暴人罰，則國必治矣。然計若國之所以治者，何也？唯能以尚同一義爲政故也54。

國既已治矣55，天下之道盡此已邪？則未也。天下之爲國數也甚多，此皆是其國56而非人之國，是以厚者有戰，而薄者有争57。故又使國君選其國之義58，以尚同於天子59。天子亦爲發憲布令於天下之衆[60]，曰：「若見愛利天下者必以告，若見惡賊天下者亦必以告[61]。若見愛利天下以告者，亦猶愛利天下者也[62]，上得則賞之，衆聞則譽之；若見惡賊天下不以告者[63]，亦猶惡賊天下者也，上得且罰之[64]，衆聞則非之[65]。」是以徧天下之人，皆欲得其長上之賞譽[66]，避其毁罰。是以見善者善之，見不善者告之[67]。天子得善人而賞之，得暴人而罰之。善人賞而暴人罰，則天下必治矣[68]。然計天下之所以治者，何也？唯而以尚同一義爲政故也[69]。

天下既已治[70]，天子又總天下之義，以尚同於天[71]。故當尚同之爲說也[72]，上用之天子[73]，可以治天下矣；中用之諸侯，可而治其國矣[74]；小用之家君，可而治其家矣[75]。是故大用之治天下而不窕[76]，小用之治一國一家而不横者[77]，若道之謂也。故曰：治天下之國若治一家，使天下之民若使一夫。意獨子墨子有此而先王無此，其有邪？則亦然也。聖王皆以尚同爲政，故天下治。何以知其然也？於先王之書也大誓之言然[78]，曰：「小人見姦巧乃聞[79]，不言也，發罪鈞[80]。」此言見淫辟不以告者[81]，其罪亦猶淫辟者也。

故古之聖王治天下也，其所差論以自左右羽翼者皆良[82]，外爲之人[83]助之視聽者衆。故與人謀事，先人得之；與人舉事[84]，先人成之；光譽令問[85]，先人發之。唯信身而從事，故利若此[86]。古者有語焉，曰：「一目之視也[87]，不若二目之視也；一耳之聽也，不若二耳之聽也[88]；一手之操也，不若二手之彊也[89]。」唯能信身而從事，故利若此。是故古之聖王之治天下也，千里之外有賢人焉，其鄉里之人皆未之均聞見也[90]，聖王〔二〕得而賞之；千里之外有暴人焉[91]，其鄉里之人[92]未之均聞見也[93]，聖王得而罰之。故唯毋以聖王爲聰耳明目與[94]？豈能一視而通見千里之外哉，一聽而通聞千里之外哉。聖王不往而視也[95]，不就而聽也。然而使天下之爲寇亂盗賊者，周流天下無所重足而立者[96]，何也？其以尚同爲政善也。

是故子墨子曰：凡使民尚同者，愛民不疾[97]，民無不使[98]。曰：必疾愛而使之，致信而持之[99]，富貴以道其前[100]，明罰以率其後。爲政若此，唯欲毋與我同[101]，將不可得也。是以子墨子曰：今天下王公大人士君子，中情將欲爲仁義[102]，求爲上士[103]，上欲中聖王之道[104]，下欲中國家百姓之利，故當尚同之説[105]而不可不察[106]。尚同爲政之本，而治國之要也[107]。

① 畢云：中興書目云「一本自親士至上同凡十三篇」者，即此已上諸篇，非有異本。○案：正德本三卷，自親士至尚同凡十三篇。上卷親士等七篇題曰經，中卷尚賢三篇、下卷尚同三篇並題

〔二〕「王」原誤「人」，據畢刻本改。

曰論。即中興書目所謂之「一本」也。

②户埼云：「百姓」下脱「之」字。

③畢云：「辟」同「避」。

④高木猷云：「治」下脱「亂」字。

⑤潛本、畢本如此。道藏本、正德本、陸本、茅本、寶曆本、堂策檻本、四庫本作「則是明民於善非也」，唐本作「則是明於民善非也」，緜眇閣本作「則是明民之善非也。」

⑥畢云：「若苟」二字舊倒，據下文改。　○案：正德本作「若苟」，不倒。

⑦正德本「暴」下錯入尚同中篇文，凡三百八十餘字。

⑧「是」，陸本、茅本、寶曆本、緜眇閣本、堂策檻本、四庫本作「以」。

⑨秋山云：「衆」疑「家」。

⑩諸本脱「罰」字，正德本有，今據補。蘇、俞校同。

⑪俞云：「而不可」當作「不可而」，猶言不可以也。

⑫正德本「計」作「既」。

⑬正德本「政」誤「故」。　王云：「可而」猶可以也。

⑭「稽之」，「之」字諸本脱，正德本有，今據補。　王引之云：「然」猶則也。「然胡不」，則胡不也。
俞云：「治」字乃「始」字之誤。下文曰「古者天之始生民未有正長也」云云，是從古之始爲政

者説，故此云「胡不審稽古之始爲政之説乎」。

⑮「人」、「尸」古字通。「尸」，古「夷」字。言百姓爲等夷，無上下之可分也。此指原始社會人類相互間連繫脆弱之人。

⑯正德本「勝」誤「縢」。

⑰正德本「勝」字缺。

⑱畢云：「薄」，舊作「蕩」，一本如此。○案：正德本、寶曆本、堂策檻、四庫本並作「薄」。

⑲正德本無「也」字。畢云：文選三國名臣序贊注引作「古者同天之義」。

⑳孫云：文選王元長三月三日曲水詩序注引此作「上聖立爲天子」，蓋李善所改易。又袁彥伯三國名臣序贊注引則並與此同。○案：文選李注所引「上聖立爲天子」爲本書公孟篇文，孫説誤。

㉑正德本「三公」作「王公」，下並同。

㉒「卿」，正德本、陸本作「鄉」，下並同。孫云：「之」猶與也。

㉓正德本「特」作「時」。孫云：「擇」，當依中篇讀爲「措」。

㉔正德本「助」下有「力」字。説文曰：「亂，治也。」孫云：「亂」字疑衍。○案：「亂」本應作「𤔔」（金文「治」字）。

㉕正德本「立」作「作」，「王」作「主」。又「者」下、「作」下並有「無」字，疑爲古本空白之記。

㉖正德本「説」作「設」。王云：「説」字義不可通，「説」當爲「逸」，字之誤也。中篇曰「否用佚也」，「否用佚」即非用逸，是其證。僞古文説命「建邦設都，樹后王君公，承以大夫師長，不惟逸豫」，即用墨子而小變其文。○案：「説」之本義爲悦懌。荀子禮論篇曰「説豫娩澤」，與中篇「泰」、「佚」之義亦近。

㉗正德本「明也」之上有「地」字。王云：下「助」字衍。「唯辯而使助治天明」者，「辯」讀爲「徧」（古偏字多作辯），「天明」，天之明道也（哀二年左傳曰「二三子順天明」）。中篇作「維辯使治天均」。孫云：王謂下「助」字衍，是也。「辯」當訓爲分。大戴禮記虞戴德篇云「法于天明，開施教于民」，左昭二十五年傳云「則天之明」，義並略同。僞古文書説命作「惟以亂民」，疑僞孔讀「天明」爲「天民」。

㉘「賊」，諸本作「賤」。寶曆本作「賊」，今從之。王校同。緜眇閣本作「殘」，與蘇校同。正德本無「也」字。

㉙下文作「此何故以然」，語法較足。

㉚以上十六字，諸本作「上以若人爲善，將毁之」，潛本、寶曆本、畢本作「上以若人爲善，將賞之」，均脱去七字。惟正德本作「上以若人爲長，將賞之，百姓不刑，將毁之」，文義完足，今據補七字，惟「善」字仍從諸本。爾雅釋詁曰：「刑，法也。」

㉛孫云：「唯」、「雖」字通。

㉜正德本無「之」字。　孫云：「辟」、「避」字同。後文「辟」、「避」錯出。

㉝正德本「善」作「義」。

㉞「未必可使勸也」，諸本作「必未可使勸見有賞也」九字，今從正德本。

㉟「百姓」以下七字諸本脱，正德本有，今據補。「姓付」疑即性附，猶言中心親附也。「舉」，譽之借字。

㊱正德本無「之」字。

㊲「未必可使沮也」，諸本作「必未可使沮見有罰也」九字，今從正德本。

㊳「上之」二字，正德本作二「其」字。

㊴正德本無「其」字。

㊵韓子外儲說右下篇曰：「夫賞所以勸之，而毀存焉。罰所以禁之，而譽加焉。民中立而不知所由。」又八經篇曰：「民之重名與其重賞也均。賞者有誹，焉不足以勸；罰者有譽，焉不足以禁。」義與此同。

㊶各本脱此六字，王據上文校增。　王云：「此何故以然」是問詞，「則義不同也」是答詞，「然則欲同一天下之義將柰何可」又是問詞。舊脱中六字，則上下文皆不可通矣。

㊷正德本「胡」作「故」。　王云：「賞」當爲「嘗」。「嘗」、「賞」字相似，又涉上下文「賞罰」而誤。「使家君」三字，則涉下文「使家君」而衍。既言「用家君」，則不得又言「使家君」。「胡不嘗試用家

君發憲布令其家」作一句讀。孫云：以下文校之，此文當云「胡不嘗使家人總其身之義以尚同於家君？試用家君發憲布令其家」，前後文例乃相應。蓋今本「胡不嘗使家」下脱十一字，「使家君」三字非衍文也。「發憲」猶言布憲。「憲」者，法也。非命上篇云：「先王之書，所以出國家布施百姓者，憲也。」　○案：王校「賞」爲「嘗」，是也。「嘗使家君」與「試用家君」義同，蓋一本作「嘗使家君」，一本作「試用家君」，傳寫者並存之耳。

㊸正德本「家」下有「者」字。

㊹畢云：「偏」，舊作「禍」，一本如此。下同。　○案：「偏」，諸本誤「禍」。正德本作「偏」，「偏」、「偏」古通用。潛本、寶曆本、四庫本作「偏」，下並同。

㊺「見」字諸本脱，正德本有，今據補。

㊻畢本作「不善言之」。　畢云：舊脱四字，一本有。　秋山云：一本有「不善言之」四字。　○案：潛本有「不善言之」四字，今又據下文例增「見」字。

㊼正德本無「而」字。

㊽「唯」下，依下文有「能」字。

㊾正德本「已」作「以」。

㊿畢本「國之」作「天下」。　畢云：「天下」下當脱「之」字，一本「天下」作「國之」。　孫云：「國之」是。　○案：諸本作「天下」，潛本、寶曆本、緜眇閣本並作「國之」，今從之。

51 畢云：舊脱此字，一本有。　○案：潛本、寶曆本並有「義」字。
52 正德本無「者」字。
53 正德本「猶」作「有」。
54 正德本無「爲政」二字。
55 正德本「已」作「以」。
56 畢云：舊脱「其」字，一本有。　○案：正德本、四庫本有「其」字。
57 「戰」，陸本、茅本、緜眇閣本作「載」，堂策檻本、四庫本作「亂」。
58 俞云：上下文並言「總」，而此言「選」，「選」亦「總」也。詩猗嗟篇「舞則選兮」，毛傳訓「選」爲「齊」。「選其國之義」，猶齊其國之義。曰「總」、曰「選」，文異而義同也。史記仲尼弟子列傳任不齊字選，是「選」有齊義。賈子等齊篇曰「撰然齊等」，「撰」與「選」通。戴説同。
59 諸本「以」下有「義」字。　畢云：一本無此字，是。　俞、孫校同。　○案：潛本、寶曆本「以」下無「義」字，今據删。
60 正德本無「憲」字。
61 諸本脱「必」字，正德本有，今據補。
62 正德本無「者」字。
63 正德本無「者」字。

⑥④ 畢云：「且」，一本作「則」。 ○案潛本「且」作「則」。

⑥⑤ 正德本作「天下之衆聞則非之」。

⑥⑥ 正德本無「長」字。

⑥⑦ 以上十一字，諸本作「見善不善者告之」七字，正德本作「見善者善之，見不善者告之」十一字，今從正德本。「善之」之「善」，疑「告」字之誤。又以上文例校之，則「善之」與「告之」皆「言之」之譌。「善」字隸書或作「𠵊」，與「言」形近。「告」字與「言」形亦近，又涉上下文諸「告」字而誤。

⑥⑧ 「則」字，正德本、畢本脱，道藏本、陸本、唐本、茅本、緜眇閣本、堂策檻本、四庫本作「之」。潛本、寶曆本作「則」，今從之。

⑥⑨ 畢云：一本無「而」字，非。而同能。 ○案：正德本「而」作「能」。潛本無「而」字。

⑦⑩ 畢云：「既」，一本作「計」，非。 ○案：「既」，潛本作「計」。「已」，正德本、陸本、茅本、寶曆本、緜眇閣本、堂策檻本、四庫本作「以」。

⑦① 「下」，畢本譌「子」，舊本並作「下」，今據正。俞校同。正德本「於天」之下有「下」字。

⑦② 「同」，畢本譌「用」，舊本並作「同」，今據正。

⑦③ 畢本「上用」作「尚同」。 畢云：一本作「上同」。 王云：「同」爲「用」之誤。 蘇云：當作「上用」。 ○案：諸本作「尚同」，潛本、寶曆本作「上用」，今從之。

⑦④ 正德本「而」作「以」，下同。 王引之云：「而」與「以」同義。

⑮ 王引之云：「小用之」當作「下用之」，與「尚用之」、「中用之」對文。下文「小用之」則與「大用之」對文。今本「下用」作「小用」者，即涉下文「小用之」而誤。○案：道藏本、陸本、唐本、茅本、寶曆本、緜眇閣本、堂策檻本、四庫本「可」下並有「用」字。四庫本上文「可而」之間亦有「用」字，蓋據下衍「用」字臆補。正德本、潛本「可」下並無「用」字，與畢本同。

⑯ 「而」字諸本無，潛本、寶曆本並有，今據補。

⑰ 畢云：爾雅云：「窕，閒也。」猶云無閒。王云：畢說非也。「窕」，不滿也。「横」，充塞也。以小居大則窕，以大入小則塞。唯此尚同之道，則大用之治天下而不窕，小用之治一國一家而不塞也。大戴記王言篇曰：「布諸天下而不窕，内諸尋常之室而不塞。」○案：畢、王注異名同實。「窕」者閒隙之名，故畢氏以「無閒」釋「不窕」，猶言無閒隙也。賈子容經篇曰：「聖人者，在小不實，在大不窕。」

⑱ 正德本「大」作「太」。孫云：書敍云：「惟十有一年，武王伐殷，一月戊午，師渡孟津，作泰誓。」古書「泰」皆作「大」，僞孔傳云「大會以誓衆」，則作「大」是。

⑲ 句。

⑳ 畢云：孔書無此文。蘇云：「發」當作「厥」。今泰誓云「厥罪惟鈞」。江聲云：「發」謂發覺也。「鈞」，同也。言知姦巧之情而匿不以告，比事發覺，則其罪與彼姦巧者同。○案：正德本無「見」字，「發」作「厥」。高氏子略稱墨子引「發罪惟鈞」出於泰誓，當即指此。

(81) 正德本「辟」作「僻」，下同。

(82) 王云：「差」、「論」皆擇也。爾雅釋詁曰：「差，擇也。」所染篇曰「勞於論人」，呂氏春秋當染篇同，高注：「論猶擇也。」非攻篇「差論其爪牙之士」，義與此同。

(83) 管子小匡篇：「桓公曰：甲兵大足矣，吾欲從事於諸侯，可乎？管仲對曰：未可。治内者未具也，爲外者未備也。」此「外爲之人」，即所謂「爲外者」也。

(84) 正德本無「與人」二字。

(85) 畢本作「先之譽令聞」。畢云：「先之」二字，一本作「光」，是。俞云：「光」、「廣」古通用，「光譽」即「廣譽」。孟子曰「令聞廣譽施於身」。孫云：「問」與「聞」字通。禮記孔子閒居鄭注云：「令，善也。」言以名德善聞。○案：「光譽令問」，正德本作「先之譽令聞問」六字，道藏本、陸本、唐本、茅本、堂策檻本、四庫本作「先之譽令問」五字，寶曆本作「光之譽令問」五字（秋山云：「之」字衍），緜眇閣本、陳本作「光譽令聞」，潛本作「光譽令問」，今從潛本，與非命下篇文合。

(86) 國語周語曰「言信必後身」，韋注云：「先信於身，而後〔一〕及人。」

(87) 畢云：舊脱「之」字，一本有。○案：沈本、潛本、寶曆本、緜眇閣本並有「之」字。

〔一〕「後」，原誤「及」，據國語周語下韋注改。

88 孫云：「二目之視」，「視」當作「覩」。「二耳之聽」，「聽」當作「聰」。　吴云：「二目之視」，「視」當作「明」，「二耳之聽」，「聽」當作「聰」。　○案：韓詩外傳卷五曰：「獨視不若與衆視之明也，獨聽不若與衆聽之聰也。」

89 畢云：舊脱「之」字，一本有。　○案：潛本、寶曆本、緜眇閣本並有「之」字。「彊」，正德本作「強」，陸本作「彊」。

90 孫云：説文土部云：「均，平徧也。」此與中篇云「室人未徧知，鄉里未徧聞」義同。

91 「外」，各本作「内」，高木穀校作「外」，是也。中篇曰「數千萬里之外有爲不善者，其室人未徧知，鄉里未徧聞，天子得而罰之」，與此文意相同，字正作「外」。今據以訂正。

92 「之人」二字諸本脱，正德本有，今據補。畢校同。

93 「聞」字諸本脱，正德本有，與畢本同。秋山云：「均」下脱「聞」。

94 王云：「唯」與「雖」同。「毋」，語詞。

95 正德本無「王」字、「也」字。

96 「而立」二字諸本脱，正德本有，今據補。　孫云：詩無將大車鄭箋云：「重猶累也。」

97 孫云：以下文校之，「不疾」疑當作「必疾」。　吕氏春秋尊師篇高注云：「疾，力也。」　王景羲云：「不疾」，疾也。

98 「不」，諸本作「可」。　正德本作「不」，今從之。　言疾於愛民者，民無不惟其所使也。

99 「致」，畢本譌「畋」，正德本作「政」，諸本作「致」，今從作「致」。鶡冠子夜行篇曰「致信究情」。孫云：國語越語韋注云：「持，守也。」　秋山云：「持」，一作「待」。

100 正德本「道」作「導」。

101 「唯」，畢本作「雖」。　畢云：舊作「唯」，以意改。　王云：古者「雖」與「唯」通，不煩改字。

○案：沈本「唯」作「雖」。

102 「仁」，正德本作「人」。　王云：「情」即誠字。尚賢篇曰「中實將欲爲仁義」，「實」亦誠也。墨子書中「誠」、「情」通用者，不可枚舉。古書中亦有其例。　洪云：「中情欲」三字書中屢見，或作「中請欲」（請即情字），或作「中實欲」。情，實也，其義並同。

103 各本無「上」字，今依王校增。

104 舊本無「王」字。

105 「尚」，諸本作「上」，正德本作「尚」，與畢本同。

106 諸本作「而不察」三字，潛本、寶曆本作「而不可不察」，今從之。　畢校同。

107 「國之」二字諸本脱，正德本有，今據補。

墨子校注卷之四

兼愛上第十四①

聖人以治天下爲事者也②，必知亂之所自起，焉能治之③；不知亂之所自起，則不能治。譬之如醫之攻人之疾者然④，必知疾之所自起，焉能攻之；不知疾之所自起，則弗能攻。治亂者何獨不然，必知亂之所自起，焉能治之；不知亂之所自起，則弗能治。

聖人以治天下爲事者也，不可不察亂之所自起。當察亂何自起？起不相愛⑤。臣子之不孝君父，所謂亂也。子自愛不愛父⑥，故虧父而自利⑦；弟自愛不愛兄，故虧兄而自利；臣自愛不愛君⑧，故虧君而自利。此所謂亂也。雖父之不慈子，兄之不慈弟，君之不慈臣，此亦天下之所謂亂也。父自愛也，不愛子，故虧子而自利；兄自愛也，不愛弟，故虧弟而自利；君自愛也，不愛臣，故虧臣而自利。是何也？皆起不相愛。雖至天下之爲盜賊者，亦然。盜愛其室，不愛異室⑨，故竊異室以利其室；賊愛其身，不愛人，故賊人以利其身⑩。此何也？皆起不相愛⑪。雖至大夫之相亂家、諸侯之相攻國者，亦然。大夫各愛其家⑫，不愛異家，故亂異家以利其家⑬；諸侯各愛其國，不愛異國，故攻異國以利其國。天下之亂物，具此而已矣⑭。

察此何自起？皆起不相愛。若使天下兼相愛，愛人若愛其身⑮，猶有不孝者乎？視父兄與君若其身⑯，惡施不孝？猶有不慈者乎？視子弟與臣若其身，惡施不慈？故不慈不孝亡⑰。猶有盜賊乎⑱？視人之室若其室，誰竊？視人身若其身，誰賊？故盜賊有亡⑲。猶有大夫之相亂家、諸侯之相攻國者乎？視人家若其家，誰亂？視人國若其國，誰攻？故大夫之相亂家、諸侯之相攻國者有亡⑳。若使天下兼相愛，國與國不相攻，家與家不相亂，盜賊無有，君臣父子皆能孝慈，若此則天下治。

故聖人以治天下爲事者，惡得不禁惡而勸愛。故天下兼相愛則治，交相惡則亂㉑。故子墨子曰不可以不勸愛人者，此也。

① 畢云：㤅好之字作㤅，从夊者行皃，經典通用此。　孫云：邢昺爾雅疏引尸子廣澤篇云：「墨子貴兼。」　○案：孟子曰「墨子兼愛」，賈子脩政語上引帝嚳曰「德莫高於博愛人，而政莫高於博利人」，蓋襲墨家之說，託諸帝嚳者。

②「聖人」上有脱文。

③王引之云：「焉」，乃也。言知亂之所自起，乃能治之也。顧云：三「焉」字皆下屬。

④孫云：小爾雅廣詁云：「攻，治也。」

⑤孫云：「當」讀爲「嘗」，同聲假借字。荀子君子篇「先祖當賢」，楊注云：「當或爲嘗。」孟子萬章篇「是時孔子當阸」，説苑至公篇引「當阸」作「嘗阸」，是其證。嘗，試也。下篇云「姑嘗本原若衆害之所自生」，語意與此同。

⑥翻陸本「父」上有「其」字。

⑦「故」字，意林引作「欲」。下文「故虧兄」，「故」字同。

⑧畢本「不」下有「自」字，舊本並無，今據删。

⑨「異室」上，各本有「其」字，今依王校删。王云：下句不當有「其」字，蓋涉上下文而衍。下文「不愛異家」、「不愛異國」，皆無「其」字，是其證。意林引無「其」字。

⑩俞云：兩「人」字下並脱「身」字。本作「賊愛其身，不愛人身，故賊人身以利其身」，方與上句一律。下文云「視人身若其身，誰賊」，亦以「人身」、「其身」對言。中篇云「今人獨知愛其身，不愛人之身，是以不憚舉其身以賊人之身」，並可證「人」下當有「身」字也。

⑪「起」，道藏本、陸本、唐本、沈本、茅本作「遂」。

⑫「其」字各本無，今依畢引一本增。畢云：一本云「愛其家」。

⑬ 各本無「其」字，今依畢引一本增。　畢云：一本云「利其家」。

⑭ 緜眇閣本、繹史本「具」作「其」。戰國策韓策曰：「韓珉之議。知其君不知異君，知其國不知異國。」　孫云：「物」亦事也。言天下之亂事畢盡於此。

⑮ 句首「愛」字各本無，今依盧校增。

⑯ 「猶有」以下十四字各本無，王據下文校增「猶有不孝者乎視父若其身」十一字，王樹枏於王校「父」字下增「與君」二字，孫則於「父」字下更增「兄與君」三字。　孫云：此文以「無不孝」晐「無不忠、不弟」，猶下文以「無不慈」晐「無不惠、不和」也。　○案：孫校文義較完，今從之。

⑰ 諸本脱「不慈」二字，潛本、緜眇閣本、陳本、繹史本並有，今據補。　句首「故」字，各本錯於下文「猶有盜賊乎」之下，今依王樹枏校移。　本句文義已足，畢於「亡」字下臆增「有」字，非是。　非命中篇曰：「我所以知命之有與亡者，以衆人耳目之情知有與亡。有聞之，有見之，謂之有。莫之聞，莫之見，謂之亡。」論語曰：「有顔回者，好學。不幸短命死矣，今也則亡。」又曰：「人皆有兄弟，我獨亡。」「有」、「亡」相反爲義，其例甚多。　畢氏隱據明末清初濫惡坊刻之諸子彙函，改各古本下文「有亡」字二處爲「亡有」，又於此「亡」字下臆增「有」字，使與下文所改之「亡有」字一律。　若此文「亡」字下非增「有」字不可，則上引諸例「亡」字之下均須增一「有」字矣，有是理乎？此文言「亡」，故下文以「有亡」承之。「有亡」者，又亡也。　層次井然。　最後之「盜賊無有」句，文各有宜，不得與「故盜賊有亡」句并爲一談。　今詳爲訂正，庶幾古本真面目回復其舊觀也。

⑱此下各本有「故」字，今依王樹枏校移於上文「不慈不孝亡」之上。

⑲「視人身若其身」，繹史本「人」下有「之」字。「有亡」，緜眇閣本作「有無」，字通。「有」讀爲「又」，下同。畢本乙作「亡有」，非是。

⑳畢本改作「亡有」，非是。

㉑「惡得」猶何得。各本脱「交」字，今依王校增。

兼愛中第十五

子墨子言曰：仁人之所以爲事者，必興天下之利，除去天下之害，以此爲事者也。然則天下之利何也？天下之害何也？子墨子言曰：今若國之與國之相攻，家之與家之相篡①，人之與人之相賊，君臣不惠忠，父子不慈孝，兄弟不和調，則此天下之害也②。然則崇此害亦何用生哉③？以相愛生邪④？子墨子言：以不相愛生。今諸侯獨知愛其國，不愛人之國，是以不憚舉其國以攻人之國；今家主獨知愛其家，而不愛人之家⑤，是以不憚舉其家以篡人之家；今人獨知愛其身，不愛人之身，是以不憚舉其身以賊人之身。是故諸侯不相愛，則必野戰；家主不相愛，則必相篡；人與人不相愛，則必相賊；君臣不相愛，則不惠忠;父子不相愛,則不慈孝;兄弟不相愛,則不和調。天下之人皆不相愛,强必執弱⑥,衆必劫寡⑦,富必侮貧,貴必敖賤⑧,詐必欺愚。凡天下禍篡怨恨,其所以起者,以不相愛生也,是以仁者非之。

既以非之,何以易之?子墨子言曰:以兼相愛、交相利之法易之。然則兼相愛、交相利之法將奈何哉?子墨子言:視人之國若視其國,視人之家若視其家,視人之身若視其身。是故諸侯相愛,則不野戰;家主相愛,則不相篡;人與人相愛,則不相賊;君臣相愛,則惠忠;父子相愛,則慈孝;兄弟相愛,則和調。天下之人皆相愛,强不執弱,衆不劫寡,富不侮貧⑨,貴不敖賤,詐不欺愚。凡天下禍篡怨恨可使毋起者,以相愛生也,是以仁者譽之。

然而今天下之士⑩君子曰⑪:然⑫,乃若兼則善矣⑬。雖然,天下之難物于故也⑭。子墨子言曰:天下之士君子,特不識其利、辯其故也⑮。今若夫攻城野戰⑯,殺身爲名,此天下百姓之所皆難也。苟君説之,則士衆能爲之。況於兼相愛、交相利,則與此異。夫愛人者,人必從而愛之;利人者,人必從而利之。惡人者,人必從而惡之;害人者,人必從而害之⑰。此何難之有?特上弗以爲政,士不以爲行故也。

昔者晉文公好士之惡衣⑱,故文公之臣⑲皆牂羊之裘⑳,韋以帶劍㉑,練帛之冠㉒,入以見於君,出以踐於朝㉓。是其故何也?君説之,故臣爲之也㉔。昔者楚靈王好士細要㉕,故靈王之臣㉖皆以一飯爲節㉗，脇息然後帶㉘，扶墻然後起㉙，比期年，朝有黧黑之色㉚。是其故何也㉛？君說之，故臣能之也㉜。昔越王句踐好士之勇，教馴其臣㉝，和合之㉞，焚舟失火㉟，試其士曰：「越國之寶盡在此！」越王親自鼓其士而進之㊱，其士聞鼓音，破碎亂行㊲，蹈火而死者，左右百人有餘㊳，越王擊金而退之。

是故子墨子言曰：乃若夫少食、惡衣、殺身而爲名㊴，此天下百姓之所皆難也。若苟君說之，則衆能爲之。况兼相愛、交相利與此異矣。夫愛人者，人亦從而愛之；利人者，人亦從而利之；惡人者，人亦從而惡之；害人者，人亦從而害之㊵。此何難之有焉？特上不以爲政，而士不以爲行故也。

然而今天下之士君子曰：然，乃若兼則善矣。雖然，不可行之物也，譬若挈太山越河濟也㊶。子墨子言：是非其譬也。夫挈太山而越河濟，可謂畢劼有力矣㊷。自古及今，未有能行之者也。况乎兼相愛、交相利則與此異，古者聖王行之。何以知其然？古者禹治天下，西爲西河、漁竇㊸，以泄渠、孫、皇之水㊹。北爲防、原、泒㊺，注后之邸㊻、嘑池之竇㊼，洒爲底柱㊽，鑿爲龍門㊾，以利燕代胡貉與西河之民㊿。東方漏之陸(51)，防孟諸之澤(52)，灑爲九澮(53)，以楗東土之水(54)，以利冀州之民(55)。南爲江、漢、淮、汝，東流之，注五湖之處(56)，以利荆楚、干、越與南夷之民(57)。此言禹之事，吾今行兼矣。昔者文王之治西土，若日若月，乍光于四方，于西土58，不爲大國侮小國，不爲衆庶侮鰥寡，不爲暴勢奪穡人黍稷狗彘59。天屑臨文王慈60，是以老而無子者，有所得終其壽；連獨無兄弟者61，有所雜於生人之閒62；少失其父母者，有所放依而長63。此文王之事64，則吾今行兼矣65。昔者武王將事泰山，隧66，傳曰：「泰山！有道曾孫周王有事67，大事既獲68，仁人尚作69，以祗商夏蠻夷醜貉70。雖有周親，不若仁人。萬方有罪，維予一人71。」此言武王之事，吾今行兼矣。

是故子墨子言曰：今天下之士君子72，忠實欲天下之富73，而惡其貧；欲天下之治，而惡其亂，當兼相愛，交相利。此聖王之法，天下之治道也，不可不務爲也。

① 孫云：說文厶部云：「屰而奪取曰篡。」

② 「則此」，畢本作「此則」。舊本並作「則此」，今從舊本。

③ 「崇」乃「祟」之誤。祟，察之借字。俞云：「崇」字無義，乃「察」字之誤。「何用生」者，何以生也。一切經音義卷七引蒼頡篇曰：「用，以也。」上篇曰「當察亂何自起」，與此同義。

④ 諸本「以」下有「不」字，寶曆本無，今據刪。俞校同。

⑤ 孫云：「家主」謂卿大夫也。周禮春官敘官鄭注云：「家，謂大夫所食采地。」又大宰鄭衆注云：「主，謂公卿大夫世世食采不絕者。」

⑥廣雅釋言曰:「執,脅也。」下篇作「劫」,義同。

⑦以上四字各本無,今依孫校增。　孫云:以下文校之,疑脱「衆必劫寡」四字。

⑧畢云:「敖」,一本作「傲」。此「傲」字假音。　○案:緜眇閣本、堂策檻本作「傲」。

⑨自「君臣相愛」以下至此凡四十字,各本錯入下文「今天下之士」之下,王移置於此,是也,今從之。

⑩自「貴不敖賤」以下至此凡三十八字,各本錯入上文「則不相賊」之下,王移置於此。又「凡天下禍篡怨恨可使毋起者,以相愛生也,是以仁者譽之」,各本脱去「以相愛生也是」六字,王據上文云「凡天下禍篡怨恨其所以起者,以不相愛生也,是以仁者非之」補六字,是也,今並從之。

⑪王云:「然而今天下之士君子曰」爲一句,舊本「君子曰」作「子墨子曰」,此因與下文「子墨子言曰」相涉而誤。下文云:「然而今天下之士君子曰」,今據改。　孫云:王校是也。畢本作「子墨子言曰」,尤誤。道藏本無「言」字。　○案:舊本並無「言」字。

⑫句。

⑬王引之云:「乃若」,轉語詞也。

⑭孫云:「于」即「迂」之借字。禮記文王世子云「況于其身以善其君乎」,鄭注:「于讀爲迂。」是其證。「故」者,事也。「迂故」言迂遠難行之事。尚同中篇云「無他故異物焉」,與此文例正同。　○案:「于故」,諸本並同,緜眇閣本、堂策檻本、陳本、四庫本、畢本作「於故」,非是。「難物」猶「迂故」,古人複語耳,説見尚同中篇。

⑮非攻下篇「子未察吾言之類，未明其故者也」凡數見，此言「辯其故」，猶彼言「明其故」也。

⑯「攻」，道藏本、陸本、唐本、茅本作「政」，誤。

⑰上文「況於」句僅舉愛、利，不及惡、害。「惡人者」以下十八字當爲衍文。此後人不曉文義，見有「愛人」、「利人」十八字，妄加「惡人」、「害人」十八字以耦之，而不知其非也。下文「此何難之有」之「此」字，緊承「愛人」、「利人」而言，以見兼愛交利之易爲也。「上弗以爲政，士不以爲行」，言上不以兼愛交利爲政，士不以兼愛交利爲行也。今閒入「惡人」、「害人」十八字，不惟閒斷上下文勢，抑且違背墨指。若上以惡人害人爲政，士以惡人、害人爲行，墨子將非之不遑矣。墨子書中多言「賊人」，少言「害人」，此文均作「害人」，亦誤衍之跡宛然可尋者。下文「惡人者人亦從而惡之，害人者人亦從而害之」十八字，衍與此同。

⑱畢云：太平御覽引作「服」。

⑲畢云：太平御覽引作「大夫」二字。

⑳「牂」，舊作「⿰牛羊」，俗字。　畢云：爾雅云：「羊，牝、牂。」

㉑畢云：舊作「錢」，據太平御覽改。　孫云：公孟篇正作「劍」。漢書東方朔傳云「孝文皇帝以韋帶劍」，顏注云：「但空用韋，不加飾。」

㉒畢云：太平御覽引「練」作「大」。　孫云：「練帛」詳辭過篇。「練帛」蓋即大帛。左閔二年傳「衛文公大帛之冠」，杜注云：「大帛，厚繒。」後漢書馬皇后傳李注云：「大練，大帛也。」○

案：宋本御覽三百八十九引作「昔文公好士之惡服，大夫牂羊之裘，韋以帶劍，大帛之冠」。蜀本御覽「昔」作「晉」，此爲「畢」校所據。宋本、蜀本御覽四百三十一引作「晉文公好惡衣，臣下皆衣牂羊之裘，以韋帶劍」，又六百八十九引作「晉文公好士之惡衣，故文公之臣皆牂羊之裳，韋以爲帶」，又六百九十四引作「晉文公好士之惡衣，故文公之臣皆牂裘」。

㉓ 各本「踐」下無「於」字，王據上句增。 畢云：淮南子齊俗訓云：「晉文公大布之衣，牂羊之裘，韋以帶劍，威立于海内。」 王云：「練帛之冠」下當有「大布之衣，且苴之履」八字，而今本脱之。上文曰「晉文公好士之惡衣」，此但言「冠」而不言「衣」，則與上文不合。「入以見於君」是總承上文而言，「出以踐於朝」則專指且苴之履而言。今本脱「且苴之履」四字，則「踐」字義不可通。下篇曰「大布之衣，牂羊之裘，練帛之冠，且苴之履，入見文公，出以踐之朝」，是其證。

○案：王校近是。以御覽作「大帛之冠」及下篇次敍校之，疑原文本作「大布之衣，練帛之冠，且苴之履」，御覽「大」字即脱文之殘存者。

㉔ 「故臣」，緜眇閣本、陳本、作「臣故」。 王云：「爲」上脱「能」字。下文「君說之，故臣能之也」，「能」下脱「爲」字。前文曰「苟君說之，則士衆能爲之」，後文曰「若苟君說之，則衆能爲之」，皆其證。

㉕ 畢云：舊作「腰」，俗寫。後漢書馬援傳注引此云：「楚靈王好細腰，而國多餓人。」 孫云：晏子春秋外篇云：「楚靈王好細腰，其朝多餓死人。」韓非子二柄篇云：「楚靈王好細腰，而國中多

餓人。」後漢書注疑涉彼二書而誤。

㉖「故」字畢本脱，舊本並有，今據補。宋本、蜀本御覽三百七十一引亦有「故」字。

㉗畢云：太平御覽引此「一」作「三」。孫云：戰國策楚策「莫敖子華曰：昔者先君靈王好小腰，楚士約食，馮而能立，式而能起。」吴師道校注引此云「楚靈王好士細腰，故其臣皆三飯爲節」，與御覽同。○案：吴師道僅見三卷本墨子，其引此節蓋據類書。

㉘畢云：「脇」，舊作「肱」，據太平御覽改。孫云：戰國策校注引亦不誤。

㉙孫云：兩「然」字，戰國策校注引並作「而」。

㉚畢云：「黧」非古字，當爲「黎」。吕氏春秋行論云「禹官爲司空，以通水潦，顔色黎黑」，只作「黎」。玉篇云：「黧，亦作黎。」○案：「色」，諸本作「危」，明王三陽衆子巵言本作「色」，今從之。秋山儀、王引之、蘇時學校並同。「黧黑之色」，緜眇閣本、陳本作「黧危」二字。

㉛「何」，畢本譌「是」，舊本並作「何」，今據正。蘇校同。

㉜「能」下，王校增「爲」字，説詳上。

㉝孫云：「馴」讀爲「訓」。

㉞孫云：此三字無義，疑當作「私令人」，屬下讀。○案：孫改未允。管子兵法篇曰「畜之以道則民和，養之以德則民合，和合故能諧」，即此「和合」之義。其文又見幼官篇。

㉟孫云：「舟」非藏寶之所。御覽宫室部引墨子作「自焚其室」，疑「舟」當爲「内」，内謂寢室。吕氏

春秋用民篇云：「句踐試其民於寢宮，民爭入水火死者千餘矣，遽擊金而卻之。」劉子新論閱武篇同。韓非子內儲說上篇亦云「焚宮室」，並與此事同。「內」、「舟」形近而譌。非攻中篇「徙大舟」，「舟」譌爲「內」，與此可互證。下篇亦同。王紹其云：御覽引作「焚其室」，疑本當作「焚舟室」。越絶外傳記越地傳云：「舟室者，句踐船宮也。」蓋即教舟師之地，故下篇云「伏水火而死者不可勝數也」，言或赴火，或蹈水，死者甚衆也。後人不喻「舟室」之義，則誤刪「舟」字，校本書者又刪「室」字，遂致歧互矣。○案：御覽引見卷三百八十九人事部三十，孫云「宮室部」，誤。

㊱ 畢本「鼓」作「鼔」。畢云：「鼔擊」之字从攴，「鐘鼓」之字从支。孫云：周禮小師鄭注云：「出音曰鼓。」此與「六鼓」之「鼓」〔一〕字同而義小異，經典凡「鐘鼓」與「鼓擊」字通如此作。說文攴部雖別有「鼔」字，而音義殊異。畢從宋毛晃說强爲分別，非也。

㊲ 孫云：「碎」疑「萃」之借字，萃亦行列之謂。穆天子傳「七萃之士」，郭璞注云：「萃，集也，聚也。」蓋凡卒徒聚集部隊謂之萃。「破萃亂行」，皆謂凌躐其曹伍，爭先赴火也。○案：「其」，諸本爛作「曰」，緜眇閣本、陳本、畢本刪去「曰」字，非是。下篇曰「其士偃前列」，可爲「士」上有「其」字之證。「碎」字孫說是也。穆天子傳曰「行萃百人」，即「行萃」駢用。

㊳ 畢云：太平御覽人事部三十引云：「越王好士勇，自焚其室，曰：『越國之寶悉在此中！』王自

〔一〕以上二「鼓」字原並誤「鼔」，依墨子閒詁原引改，與周禮鼓人合。

鼓，蹈火而死者百餘人。」

㊴王引之云：「乃若」，發語詞也。

㊵「惡人者」以下十八字衍文，説詳上。

㊶畢云：此「濟」字當爲「泲」，即出山西垣曲縣王屋山之沇水也。从「齊」者，石濟水，出直隸贊皇縣也。　孫云：淮南子俶真訓高注云：「挈，舉也。」孟子梁惠王篇云「挾泰山以超北海，語人曰：『我不能。』是誠不能也」，與此語意相類。

㊷「劼」，各本作「劫」，今依孫校改。　孫云：淮南子覽冥訓云「體便輕畢」，高注云：「畢，疾也。」「劫」於義無取，當爲「劼」之誤。廣韻十八黠云：「劼，用力也。」

㊸畢云：「西河」在今山西、陝西之界。「漁竇」疑即龍門。　孫云：「漁」疑「涓」之譌。○案：「漁」疑「濕」字之譌。孔書禹貢曰：「黑水西河惟雍州。」唐韻、廣韻並作「濕水」。「濕竇」猶濕水也。

㊹畢云：未詳其水。　孫云：「渠孫皇」，疑當作「蒲弦澤」，即雍州澤藪之弦蒲也。　○案：「渠」、「孫」、「皇」皆水名。「渠」者，水經河水條：「河水屈而流，白渠水注之。」酈注云：「水出塞外。」「孫」者，水經若水酈注云：「山海經曰：『南海之内，黑水之間，若水出焉。』又有孫水，出臺高縣，即臺登縣也。南流逕邛都縣。司馬相如定西南夷，橋孫水，即是水也。」「皇」者，「湟」之省文。水經河水酈注云：「金城允吾縣南有湟水，出塞外，東流注于金城河，即積石之黃河也。」以

上諸水皆在西河、濕水流域。以下文例校之，此下疑脱「以利……之民」一句。

㊺「泒」，陸本、茅本、李本、緜眇閣本、陳本作「派」。畢云：「泒」疑即雁門泒水也。孫云：「原」亦水名，無考。説文水部云：「泒水，起雁門葰人戍夫山，東北入海。」即滹池之原。○案：「防」、「原」當爲水名。水經聖水酈注云：「防水出良鄉縣西北大防山南。」水經又有原公水，出茲氏縣西羊頭山。不知是此防水、原水否？泒水，孫以爲滹池之原，則與下文「滹池」犯複。三國志魏武帝紀「鑿渠自呼沲入泒水，名平虜渠」，「呼沲」即「滹池」，則「泒」非「滹池之原」甚明，孫考未審。

㊻孫云：「后之邸」疑即職方氏并州澤藪之昭余祈也。爾雅釋地十藪，燕有昭餘祁，釋文引孫炎本「祁」作「底」。「祁」、「底」、「邸」並音近相通。「昭」作「后」者，疑省「昭」爲「召」，又誤作「后」。「之」、「餘」音亦相轉。漢書地理志：「太原郡：鄔，九澤在北，是爲昭余祈，并州藪。」在今山西太原府祁縣東七里。○案：周禮職方氏：「并州，其澤藪曰昭餘祁，其川虖池、嘔夷。」爾雅釋地「燕有昭餘祁」，郭注云：「今太原鄔陵縣北九澤是也。」水經汾水酈注云：「陂南接鄔，地理志曰『九澤在北，并州藪也』。呂氏春秋謂之大陸，又名之曰漚洟之澤，俗謂之鄔城泊。」注又云：「鄔澤，是爲祁藪也，即爾雅所謂昭餘祈矣。」是祈藪別名甚多，又名漚洟之澤。「漚」與「后」、「洟」與「邸」皆同音。「后」似非誤字。

㊼畢云：即虖沱河，出今山西繁畤縣。古無「池」字，即「沱」異文，故此亦以「池」爲「沱」也。顧

云：「賨」即「潰」字。周禮大宗伯注「四賨」，釋文：「本亦作潰。」　孫云：職方氏「并州，其川虖池」，鄭注云：「虖池出鹵城。」案漢書地理志亦作「虖池」，禮記禮器作「惡池」，注云：「惡當爲呼，聲之誤也。」嘑、呼字同。戰國策秦、韓、中山策並作「呼池」。　○案：「嘑池」，寶曆本作「滹沱」，秦惠文王詛楚文作「亞駞」。

㊽畢云：説文云：「灑，汛也。」「洒」假音字。水經云：「砥柱山在河東大陽縣東河中。」括地志云：「厎柱山，俗名三門山，硤石縣東北五十里黄河之中。」案在今山西平陸縣東五十里三門山東。　孫云：「洒」與下文「灑」同，當讀所宜反。「底」當作「厎」。禹貢「東至于厎柱」，僞孔傳云：「厎柱，山名。河水分流，包山而過，山見水中，若柱然。在西虢之界。」「洒」即謂分流也。

㊾畢云：水經云：「龍門山在河東皮氏縣西。」括地志云：「龍門山在同州韓城縣北五十里。」山在今河津、韓城二縣界。

㊿畢云：「貉」，非攻中作「貊」。　孫云：「貊」、「貉」之俗。説文豸部云：「貉，北方豸種也。」職方氏有「九貉」。漢書高帝紀顔注云：「貉在東北方，三韓之屬皆貉類也。」考工記鄭注云：「胡，今匈奴。」

(51)孫云：以上下文例校之，「方」當作「爲」。「漏之陸」疑當作「漏大陸」。淮南子本經訓説禹治水云「鴻水漏，九州乾」，言大陸之水漏而乾也。畢讀「漏之陸防」句，云：「陸防疑即大陸，在今山東鉅鹿縣。」

52 「孟」，道藏本、陸本、唐本、茅本、緜眇閣本、堂策檻本、陳本、四庫本作「蓋」，誤。畢云：澤在今山東虞城縣西北十里，有孟諸臺，接商丘縣界。水經云：「明都澤在梁郡睢陽縣東北。」「明」「孟」、「諸」「都」音相近。孫云：禹貢豫州「導荷澤，被孟猪」，史記夏本紀作「明都」，漢書溝洫志作「盟諸」。職方氏云：「青州，其澤藪曰望諸。」爾雅釋地云「宋有孟諸」，此與爾雅字同。漢書地理志注云：「孟猪在梁國睢陽縣東北。」

53 畢云：此「巜」字之假音。爾雅云：「水注溝曰澮。」說文以澮爲水名。案九巜即九河也。孫云：「灑」、「釃」字通。漢書溝洫志云：「禹迺釃二渠以引其河。」注：「孟康云：釃，分也。分其流，泄其怒也。」史記河渠書「釃」作「廝」，索隱云：「廝，漢書作『灑』。史記舊本亦作『灑』」，字从水。韋昭云：疏決爲灑。」此與史、漢舊本字正同。漢書司馬相如傳顔注云：「灑，分也。所宜反。」淮南子要略云：「禹剔河而道九岐。」

54 畢云：說文云：「楗，門限。」則此蓋言限也。孫云：呂氏春秋愛類篇云：「禹於是疏河決江，爲彭蠡之障，乾東土，所活者千八百國。」○案：「楗」，道藏本、唐本、寶曆本作「揵」，字通。揵者，用竹木草土石等塞水之名，見漢書溝洫志注。

55 孫云：爾雅釋地云：「兩河閒曰冀州。」說文北部云：「冀，北方州也。」案古通以中土爲冀州。穀梁桓五年傳云「鄭，同姓之國也，在乎冀州」，逸周書嘗麥篇云「在大國有殷，是威厥邑，無類於冀州」，晏子春秋問上篇云「恒公撫存冀州」，淮南子地形訓云「正中冀州曰中土」，高注云：「冀，大也。四州之主，故曰中土。」又覽冥訓注云：「冀，九州中，謂今四海之內。」山海經大荒北經郭注云：「冀州，中土也。」

56 畢云：文選江賦注云：「張勃吴録云：五湖者，太湖之别名也。周行五百餘里。」今案江南吴吴江、宜興、武進、無錫、浙江、烏程、長興七縣皆瀕此湖也。　孫云：玉海地理門引作「東流注之五湖而定東海」。職方氏「揚州其浸五湖」，鄭注云：「五湖在吴南。」　○案：夢溪筆談卷四引墨子作「東流注之五湖」。

57 舊本作「以利楚荆越與南夷之民」，文選江賦注引作「以利荆楚干越之民」，畢本校作「以利荆楚干越南夷之民」。　王云：畢改非也。今本墨子但誤倒「荆楚」二字，又脱「干」字耳。若「與南夷」之「與」，則不誤也。上文云「燕代胡貉與西河之民」，此文云「荆楚、干、越與南夷之民」，「與」非誤字明矣。「南夷」，謂荆楚、干、越以南之夷，故曰「荆楚、干、越與南夷」。文選注無「與南夷」三字，省文耳。「干越」即「吴越」，非春秋所謂於越也。畢改「干越」爲「于越」，亦非。又云：莊子刻意篇曰「夫有干越之劍者」，釋文：「司馬彪云：干，吴也。」荀子勸學篇曰：「干越夷貉之子」，楊倞曰「干越猶言吴越。」淮南原道篇曰「干越生葛絺」，高注曰：「干，吴也。」是「干越」即「吴越」也。干、越爲二國。若春秋之於越，即是越而以「於」爲發聲，與干越不同。　劉台拱云：「干」

與哀九年左傳「吴城邗〔一〕，溝通江淮」之「邗」同。孫云：王、劉説是也。「干」，邗之借字。説文邑部云：「邗，國也。今屬臨淮。一曰：邗本屬吴。」管子内業篇云「昔者吴、干戰」，據管子説，則吴、干本二國。後干爲吴所滅，遂通稱吴爲干，故此云「干越」矣。○案：王校是也，今從之。

58 蘇云：此與泰誓略同，疑有脱誤。孫云：下篇引作「泰誓」，今僞古文即采此書。僞孔傳云：「言其明德充塞四方，明著岐周。」義互詳下篇。

59 「穡人」，農夫也。左襄四年傳曰：「民狎其野，穡人成功。」

60 孫云：以上疑並出古泰誓，今僞古文止采下篇，故無之。後漢書馬廖傳李注云：「肎，顧也。」

61 王引之云：「連」疑當作「逴」，與「連」相似而誤。「逴」猶獨也。故以「逴獨」連文。俞云：「連」當讀爲「離」，連與離一聲之轉。孫云：「連」疑當讀爲「矜」，一聲之轉，猶史記龜策傳以「苓葉」爲「蓮葉」。爾雅釋詁云：「矜，苦也。」「連獨」猶言窮苦煢獨。○案：文選寡婦賦「少伶俜而偏孤兮」，李注：「伶俜，單孑貌。」晉書李密傳「零丁孤苦」，此「連」字疑與彼「伶」、「零」字同義。連與零、伶聲轉甚近。「連」猶獨也，孫釋爲「苦」，義較迂曲。

62 孫云：「雜」讀爲「集」。廣雅釋詁云：「集，成也，就也。」

〔一〕「邗」原誤「邘」，據左傳、説文改。下並同。

63 孫云：「放」、「依」義同。檀弓：「子貢曰：哲人其萎，則吾將安放。」

64 孫云：以上下文校之，「此」字下亦當有「言」字。

65 上下文無「則」字。

66 畢云：「隧」或爲「隊」。穆天子傳云「鈃山之隊」。玉篇云：「隊，以醉切，掘地通路也。或作𨽍。」案隊、隧字皆說文「𨽍」字之省。閻若璩云：玩其文義，乃是武王既定天下後，望祀山川或初巡守岱宗禱神之辭，非伐紂時事也。孫云：廣雅釋詁云：「將，行也。」周禮小宗伯云「將事于四望」。

67 孫云：僞古文書武成襲此文云「告于〔一〕皇天后土、所過名山大川曰：惟有道曾孫周王發」，孔疏云：「自稱有道者，聖人至公，爲民除害，以紂無道，言己有道，所以告神求助，不得飾以謙辭也。稱曾孫者，曲禮說諸侯自稱之辭云：『臨祭祀，外事曰曾孫某侯某。』哀二〔二〕年左傳蒯聵禱祖亦自稱『曾孫』。皆是己承藉上祖奠享之意。」

68 孫云：小爾雅廣言云：「獲，得也。」

69 孫云：說文人部云：「作，起也。」

〔一〕「于」原作「於」，據墨子閒詁改，與尚書武成合。

〔二〕「二」，墨子閒詁誤「六」，本書沿誤，據武成孔疏及左傳改。

⑦⓪ 孫云：僞武成云：「予小子既獲仁人，敢祗承上帝，以遏亂略，華夏、蠻貊罔不率俾。」僞孔傳云：「仁人，謂太公、周、召之徒。言誅紂敬承天意，以絶亂路。」案：祗當讀爲振。内則「祗見孺子」，鄭注云：「祗，或作振。」國語周語云「以振救民」，韋注云：「振，拯也。」此謂得仁人以拯救中國及四夷之民，僞書改爲「祗承上帝」，失其恉矣。醜貉者，貉類衆多。爾雅釋詁云：「醜，衆也。」

⑦① 蘇云：書泰誓篇「若」作「如」，「萬方有罪」作「百姓有過」，「維」作「在」。孫云：僞古文泰誓即誤采此文。僞孔傳云：「周，至也。言紂至親雖多，不如周家之少仁人。民之有過，在我教不至。」又論語堯曰篇云：「雖有周親，不如仁人，百姓有過，在予一人。」集解：「孔安國云：親而不賢不忠，則誅之，管、蔡是也。仁人，謂箕子、微子，來則用之。」又説苑貴德篇云：「武王克殷，問周公曰：『將柰其士衆何？』周公曰：『使各宅其宅，田其田，無變舊新，惟仁是親，百姓有過，在予一人。』」尚書大傳、韓詩外傳、淮南子主術訓文並略同。群書治要引尸子綽子篇云「文王曰：苟有仁人，何必周親」，則以爲文王語，與墨子、韓詩、説苑並異。

⑦② 「士」字舊本錯於下文「富」字之上，今依曹校移。

⑦③ 畢云：「忠」，一本作「中」。「富」，舊云「士富」，「士」字衍。孫云：「忠」、「中」通。○案：「忠」，堂策檻本、四庫本作「中」。「士富」，「士」字乃上文「士君子」之脱文，非衍文，今移正。

兼愛下第十六

子墨子言曰：仁人之事者，必務求興天下之利①，除天下之害。然當今之時，天下之害孰爲大？曰：若大國之攻小國也，大家之亂小家也，强之劫弱，衆之暴寡，詐之謀愚，貴之敖賤②，此天下之害也。又與爲人君者之不惠也③，臣者之不忠也，父者之不慈也，子者之不孝也，此又天下之害也。又與今人之賤人④，執其兵刃毒藥水火，以交相虧賊，此又天下之害也。姑嘗本原若衆害之所自生⑤，此胡自生？此自愛人、利人生與？即必曰非然也，必曰從惡人、賊人生。分名乎天下惡人而賊人者，兼與？別與？即必曰別也⑥。然即之交別者⑦，果生天下之大害者與？是故別非也。

子墨子曰⑧：非人者，必有以易之。若非人而無以易之，譬之猶以水救水也⑨，其説將必無可焉。是故子墨子曰：兼以易別。然即兼之可以易別之故何也？曰：藉爲人之國若爲其國，夫誰獨舉其國以攻人之國者哉？爲彼者由爲己也⑩。爲人之都若爲其都，夫誰獨舉其都以伐人之都者哉？爲彼猶爲己也。爲人之家若爲其家，夫誰獨舉其家以亂人之家者哉？爲彼猶爲己也。然即國都不相攻伐，人家不相亂賊，此天下之害與？天下之利與？

即必曰天下之利也。姑嘗本原若衆利之所自生，此胡自生？此自惡人、賊人生與？即必曰非然也，必曰從愛人、利人生。分名乎天下愛人而利人者，別與？兼與？即必曰兼也。然即之交兼者，果生天下之大利者與？是故子墨子曰：兼是也。

且鄉吾本言曰⑪：仁人之事者⑫，必務求興天下之利，除天下之害。今吾本原兼之所生天下之大利者也⑬，吾本原別之所生天下之大害者也。是故子墨子曰：別非而兼是者，出乎若方也⑭。今吾將正求興天下之利而取之⑮，以兼爲正。是以聰耳明目相爲視聽乎⑯，是以股肱畢强相爲動宰乎⑰，而有道肆相教誨⑱。是以老而無妻子者，有所侍養以終其壽⑲；幼弱孤童之無父母者，有所放依以長其身。今唯毋以兼爲政⑳，即若其利也。不識天下之士㉑所以皆聞兼而非之者㉒，其故何也？

然而天下之士非兼者之言猶未止也，曰：「兼即善矣㉓，雖然，豈可用哉？」子墨子曰：用而不可，雖我亦將非之㉔。且焉有善而不可用者㉕？姑嘗兩而進之，設以爲二士㉖，使其一士者執別，使其一士者執兼。是故別士之言曰：「吾豈能爲吾友之身若爲吾身，爲吾友之親㉗若爲吾親。」是故退睹其友，飢即不食，寒即不衣㉘，疾病不侍養，死喪不葬埋㉙。別士之言若此，行若此。兼士之言不然，行亦不然，曰：「吾聞爲高士於天下者，必爲其友之身若爲其身，爲其友之親若爲其親，然後可以爲高士於天下㉚。」是故退睹其友，飢則食之，寒則衣之，疾病侍養之，死喪葬埋之。兼士之言若此，行若此。若之二士者，言相非而行相反與㉛？當使若二士者㉜，言必信，行必果，使言行之合，猶合符節也，無言而不行也。然即敢問：今有平原廣野於此，被甲嬰胄㉝，將往戰㉞，死生之權未可識也㉟；又有君大夫之遠使於巴、越、齊、荆㊱，往來及否未及否，未可識也㊲。然即敢問不識將惡擇之也㊳？家室奉承親戚，提挈妻子，而寄託之㊴，不識於兼之有是乎？於別之有是乎㊵？我以爲當其於此也㊶，天下無愚夫愚婦，雖非兼之人，必寄託之於兼之有是也。此言而非兼，擇即取兼㊷，即此言行費也㊸。不識天下之士所以皆聞兼而非之者，其故何也？

然而天下之士非兼者之言猶未止也，曰：「意可以擇士，而不可以擇君乎㊹？」姑嘗兩而進之，設以爲二君㊺，使其一君者執兼，使其一君者執別㊻。是故別君之言曰㊼：「吾惡能爲吾萬民之身若爲吾身㊽，此泰非天下之情也㊾。人之生乎地上之，無幾何也，譬之猶駟馳而過隙也㊿。」是故退睹其萬民，飢即不食，寒即不衣，疾病不侍養，死喪不葬埋。別君之言若此，行若此。兼君之言不然，行亦不然，曰：「吾聞爲明君於天下者，必先萬民之身，後爲其身，然後可以爲明君於天下(52)。」是故退睹其萬民(53)，飢即食之，寒即衣之，疾病侍養之，死喪葬埋之。兼君之言若此，行若此。然即交若之二君者(54)，言相非而行相反與？常使若二君者(55)，言必信，行必果，使言行之合，猶合符節也，無言而不行也。然即敢問：今歲有癘疫[56]，萬民多有勤苦凍餒[57]，轉死溝壑中者[58]，既已衆矣。不識將擇之二君者，將何從也？我以爲當其於此也，天下無愚夫愚婦，雖非兼君[59]，必從兼君是也。言而非兼[60]，擇即取兼[61]，即此言行拂也[62]。不識天下所以皆聞兼而非之者，其故何也？

然而天下之士非兼者之言[63]猶未止也[64]，曰：兼即仁矣，義矣。雖然，豈可爲哉？吾譬兼之不可爲也，猶挈泰山以超江河也[65]。故兼者，直願之也，夫豈可爲之物哉？子墨子曰：夫挈泰山以超江河[66]，自古之及今[67]，生民而來未嘗有也。今若夫兼相愛、交相利[68]，此自先聖六王者親行之[69]。何以知先聖六王之親行之也[70]？子墨子曰：吾非與之並世同時，親聞其聲，見其色也。以其所書於竹帛，鏤於金石，琢於槃盂[71]，傳遺後世子孫者知之[72]。泰誓曰[73]：「文王若日若月乍照，光于四方，于西土[74]。」即此言文王之兼愛天下之博大也，譬之日月兼照天下之無有私也，即此文王兼也。雖子墨子之所謂兼者，於文王取法焉[75]。且不唯泰誓爲然[76]，雖禹誓即亦猶是也[77]。禹曰：「濟濟有衆[78]，咸聽朕言[79]，非惟小子敢行稱亂[80]，蠢茲有苗[81]，用天之罰[82]，若予既率爾羣對諸羣以征有苗[83]。」禹之征有苗也，非以求以重富貴[84]、干福祿[85]、樂耳目也，以求興天下之利，除天下之害，即此禹兼也。雖子墨子之所謂兼者，於禹求焉[86]。且不唯禹誓爲然[87]，雖湯說即亦猶是也[88]。湯曰[89]：「惟予小子履[90]，敢用玄牡，告於上天后[91]曰：今天大旱，即當朕身履[92]，未知得罪于上下[93]。有善不敢蔽，有罪不敢赦，簡在帝心[94]。萬方有罪，即當朕身。朕身有罪，無及萬方[95]。」即此言湯貴爲天子，富有天下，然且不憚以身爲犧牲，以祠說于上帝鬼神[96]，即此湯兼也。雖子墨子之所謂兼者，於湯取法焉。且不唯誓命與湯說爲然[97]，周詩即亦猶是也[98]。周詩曰：「王道蕩蕩，不偏不黨。王道平平，不黨不偏[99]。其直若矢，其易若厎，君子之所履，小人之所視[100]。」若吾言非語道之謂也？古者文武爲正[101]，均分賞賢罰暴，勿有親戚弟兄之所阿[102]，即此文武兼也。雖子墨子之所謂兼者，於文武取法焉。不識天下之人所以皆聞兼而非之者，其故何也？

然而天下之非兼者之言猶未止[103]，曰：意不忠親之利，而害爲孝乎[104]？子墨子曰：姑嘗本原之孝子之爲親度者。吾不識孝子之爲親度者，亦欲人愛利其親與？意欲人之惡賊其親與[105]？以說觀之，即欲人之愛利其親也。然即吾惡先從事即得此？若我先從事乎愛利人之親，然後人報我以愛利吾親乎[106]？意我先從事乎惡賊人之親[107]，然後人報我以愛利吾親乎？即必吾先從事乎愛利人之親，然後人報我以愛利吾親也。然即之交孝子者[108]，果不得已乎毋先從事愛利人之親者與？意以天下之孝子爲遇[109]，而不足以爲正乎？姑嘗本原之先王之所書[110]大雅之所道曰：「無言而不讎，無德而不報[111]。投我以桃，報之以李[112]。」即此言愛人者必見愛也，而惡人者必見惡也。不識天下之士所以皆聞兼而非之者，其故何也[113]？意以爲難而不可爲邪？嘗有難此而可爲者。昔荆靈王好小要[114]，當靈王之身，荆國之士飯不踰乎一[115]，固據而後興[116]，扶垣而後行。故約食爲其難爲也[117]，然後爲而靈王説之[118]，未踰於世而民可移也[119]，即求以鄉其上也[120]。昔者越王句踐好勇，教其士臣三年，以其知爲未足以知之也[121]，焚舟失火[122]，鼓而進之，其士偃前列[123]、伏水火而死者[124]，不可勝數也。當此之時，不鼓而退也[125]，越國之士可謂顫矣[126]。故焚身爲其難爲也[127]，然後爲而越王説之[128]，未踰於世而民可移也，即求以鄉其上也[129]。昔者晉文公好苴服[130]，當文公之時，晉國之士大布之衣[131]，牂羊之裘[132]，練帛之冠，且苴之屨[133]，入見文公[134]，出以踐之朝。故苴服爲其難爲也[135]，然後爲而文公説之[136]，未踰於世而民可移也，即求以鄉其上也。是故約食、焚身、苴服[137]，此天下之至難爲也[138]，然後爲而上説之[139]，未踰於世而民可移也。何故也？即求以鄉其上也。今若夫兼相愛、交相利[140]，此其有利且易爲也，不可勝計也。我以爲則無有上説之者而已矣，苟有上説之者，勸之以賞譽，威之以刑罰，我以爲人之於就兼相愛、交相利也，譬之猶火之就上、水之就下也，不可防止於天下。

故兼者，聖王之道也，王公大人之所以安也，萬民衣食之所以足也。故君子莫若審兼而務行之，爲人君必惠，爲人臣必忠，爲人父必慈，爲人子必孝，爲人兄必友，爲人弟必悌[141]。故君子莫若欲爲惠君、忠臣、慈父、孝子、友兄、悌弟[142]，當若兼之不可不行也，此聖王之道而萬民之大利也。

①道藏本「興」作「與」。

②畢云：「敖」，一本作「傲」。

③「又」，諸本作「人」，潛本、寶曆本、李本、緜眇閣本、堂策檻本、陳本、繹史本、四庫本並作「又」，今從之。王、蘇校同。　王云：廣雅：「與，如也。」「又與」，又如也。

④王云：「今」下衍「人」字。　○案：「賤」，寶曆本作「賊」。「又與今人之賤人」，焦竑校本作「與今之賤人」五字。

⑤「生」字各本無，孫、曹依下文校增，今從之。

⑥「曰」字舊本脱，畢據上文增。

⑦「然即之」猶然則此。

⑧俞云：此本作「是故子墨子曰別非也」。下文「是故子墨子曰兼是也」與此爲對文，可證。

⑨畢本作「火救水」。　畢云：一本作「火救水」。　蘇云：「水救火」是也，當據改。　俞云：疑墨子原文本作「猶以水救水，以火救火也」。今本作「水救火」，別本作「火救水」，皆有脱文。　○案：「水救火」，道藏本、陸本、唐本、茅本作「水救火」，潛本、緜眇閣本、堂策檻本、顧校李本、陳本、繹史本、四庫本作「火救水」，寶曆本、李本作「水救水」，今從之。左昭二十年傳：

「晏子對景公曰：君所謂可，據亦曰可，君所謂否，據亦曰否，若以水濟水，誰能食之？」晏子春秋外篇文略同。莊子人間世篇曰：「是以火救火，以水救水，名之曰益多。」淮南子兵略訓曰：「是猶以火救火，以水應水也，何所能制？」論衡譴告篇曰：「非疾之者，宜有以改易之也。是故離上兑下曰革。革，更也。火金殊氣，故能相革，如俱火而皆金，安能相成？」正明非之無以易之之不可，文義與此相類。

⑩「爲彼」下，下文無「者」字。「由」，李本作「猶」。　畢云：「由」同「猶」。

⑪畢云：「鄉」，「䢅」字省文。說文云：「䢅，不久也。」鄭君注儀禮云：「䢅，曩也。」

⑫「事」，畢本譌「是」，舊本並作「事」，今據正。

⑬「也」字畢本脱，舊本並有，今據補。

⑭畢云：「乎」，舊作「平」，以意改。　孫云：樂記鄭注云：「方猶道也。」　○案：陸本、潛本、寶曆本、緜眇閣本、陳本、繹史本並作「乎」，茅本字形在「平」、「乎」之間。

⑮「興」，諸本並同，道藏本、唐本、畢本作「與」。

⑯「是」下，畢本有「故」字，舊本並無，今據删。

⑰畢云：舊「動」下有「爲」字，一本無。　孫云：「畢」與中篇「畢劼有力」義同。「宰」疑當作「舉」。　○案：潛本、李本、緜眇閣本、陳本、繹史本「動」下並無「爲」字。「宰」猶治也。

⑱孫云：爾雅釋言云：「肆，力也。」文選東京賦「厥庸孔肆」，薛綜注云：「肆，勤也。」言勤力相教

誨。

⑲俞云：「侍」當爲「持」。

⑳「今」，畢本譌「令」，舊本並作「今」，今據正。

㉑畢云：舊作「事」，一本如此。　○案：潛本、緜眇閣本、陳本並作「士」。

㉒各本無「之」字，今依孫校增。

㉓各本無「兼」字，今依曹校增。

㉔各本「雖我」作「難哉」。　王云：「難哉」二字與下文義不相屬，「難哉」當爲「雖我」，字之誤也。言兼愛之道如其用而不可，則雖我亦將非之也。　蘇校同。　○案：今依改。

㉕寶曆本「善」作「義」。　秋山云：「義」亦作「善」。

㉖「設」，各本作「誰」，今依王引之校改。　王引之云：「誰」當爲「設」。言設爲二士於此，而使之各執一說也。隸書二形略相似，故誤。

㉗「爲吾」，陸本、茅本、堂策檻本、四庫本作「若爲」。

㉘「即」，緜眇閣本、繹史本並作「則」。　陳澧云：此謂友飢而不餽以食，友寒而不贈以衣也。

㉙畢云：當爲「薶」。說文云：「薶，瘞也。」玉篇云：「埋與薶同。」本書或作「貍」。

㉚「於」字諸本無，潛本、寶曆本、緜眇閣本、陳本、繹史本、四庫本並有，今據補。　畢云：一本有「於」字。

㉛「士」字諸本無，潛本、寶曆本、緜眇閣本、陳本、繹史本並有，今據補。　畢云：一本有「士」字，是。

㉜王引之云：「當」與「儻」同。「若」，此也。言儻使此二士之言行相合，則無言而不行也。　孫云：「當」疑爲「嘗」之借字。　戴云：依下文，「當」宜作「常」。　○案：王、孫説義均可通，孫説於本書字例爲近。「當」，潛本、緜眇閣本、陳本、繹史本作「常」。

㉝畢云：説文云：「嬰，頸飾也。」　孫云：漢書賈誼傳顔注云：「嬰，加也。」

㉞「戰」，白雲觀道藏本、傅氏雙鑑樓道藏本並作「識」，誤。日本宮内省道藏本作「戰」，不誤。

㉟孫云：「權」疑當作「機」。　○案：「權」疑當爲「數」，草書形近而譌。

㊱孫云：左傳桓九年杜注云：「巴國在巴郡江州縣。」常璩華陽國志云：「巴，黄帝、高陽之支庶，世爲侯伯。周武王克商，封其宗姬於巴，爵之以子。七國稱王，巴亦稱王。周慎王五年，秦遣張儀、司馬錯伐蜀，滅之。因取巴，執王以歸，置巴郡。」

㊲王云：此當作「往來及否未可識也」。

㊳「惡擇之也」四字，諸本作「惡也」二字，寶曆本作「擇之」二字。審校文義，「惡擇之也」四字當並有，今本互脱其二字耳。「惡擇之也」，猶言何擇之也。「然即」以下十一字，潛本、緜眇閣本、陳本、繹史本僅存「然即將」三字，蓋以臆删。　秋山云：「擇之」，一作「惡之」。

㊴此當作「奉承親戚，提挈妻子家室，而寄託之」。古人稱父母爲親戚。親戚與妻子家室輕重不同，

故以「奉承」與「提挈」字分別言之。賈子容經篇曰「妻子家中得毋病乎」，淮南子泰族訓曰「寧家室，樂妻子」，國語晉語韋注云：「室，妻妾貨賄也。」左成二年傳「巫臣盡室以行」，杜注云：「室家盡行。」此遠使異國，不能挈室以行，故須奉承親戚、提挈妻子家室而寄託之。

㊵戴云：「有」字皆「友」之聲誤。

㊶「我」，各本作「哉」。王云：「哉」亦當爲「我」。蘇校同。○案：今依改。

㊷「即取兼」三字，潛本、緜眇閣本、陳本、繹史本脱。

㊸畢本作「言行拂」。畢云：舊作「言兼費」，一本如此。秋山云：以下文推之，「言兼費」當作「言行拂」。王云：古者「拂」與「費」通，不煩改字。大雅皇矣篇「四方以無拂」，鄭箋曰：「拂猶佹也。」中庸「君子之道費而隱」，注曰：「費猶佹也。」釋文：「費本又作拂，同，扶弗反。」是其證。顧説同。○案：「言行費」，道藏本、陸本、唐本、茅本、寶曆本、李本作「言兼費」，潛本、緜眇閣本、堂策檻本、陳本、繹史本、四庫本作「言行拂」。今分別依據訂作「言行費」。「費」、「拂」字通，王、顧説是也。

㊹「乎」，各本作「子」，今依王校改。王云：「子」當爲「乎」，字之誤也。「乎」與「意」文義相承。下文曰「意不忠親之利而害爲孝乎」，是其證。

㊺「設」，各本作「誰」，今依王引之校改，説見上。

㊻「其」字畢本脱，舊本並有，今據補。

㊼「曰」字畢本脱，舊本並有，今據補。

㊽「若」字畢本脱，舊本並有，今據補。

㊾畢云：「泰」，一本作「大」。　○案：「泰」，堂策檻本、四庫本作「太」。

㊿畢本「隙」改「郤」。　畢云：「郤」舊作「隙」，據文選注引作「郄」，云「古隙字」。「郄」即「郤」也。說文云：「隙，壁際孔也。」「郤，節郤也。」節郤言節之會，亦際縫之意，皆通。　孫云：「隙」、「郤」通，不必改。禮記三年問云「若駟之過隙」，鄭注云：「喻疾也。」莊子知北游篇云：「人生天地之閒，若白駒之過郤，忽然而已。」釋文云：「郤，本亦作隙。隙，孔也。」又盜跖篇云「忽然無異騏驥之馳過隙也」。　○案：「駟馳」，陸本、茅本、寶曆本、李本、堂策檻本、四庫本作「馳駟」。

51 畢云：「先」，舊作「萬」，一本如此。　○案：潛本、緜眇閣本、堂策檻本、陳本、繹史本、四庫本並作「先」。

52 自「必先」以下至此凡二十字，茅本、寶曆本、李本並脱。

53 畢云：舊脱「其」字，以意增。

54「交」，「校」之省，比校也。言比校若是二君者。

55 秋山云：「常」疑「當」。　蘇云：據上文，「常」宜作「當」。　王引之云：「常」讀爲「儻」。
孫云：「常」疑讀爲「嘗」，詳前。

56 潛本、緜眇閣本、陳本「癘」作「厲」。　寶曆本「疫」作「疫」。

(57) 畢云：當作「餧」。　○案：辭過篇「孤寡者凍餧」，字正作「餧」。

(58) 孫云：孟子公孫丑篇云「老羸轉於溝壑」，趙注云：「轉，轉尸於溝壑也。」國語吳語云「子之父母將轉於溝壑」，韋注云：「轉，入也。」逸周書大聚篇云「死無傳尸」，淮南子主術訓作「轉尸」，高注云：「轉，棄也。」

(59) 依上文，「君」當作「之人」二字。　王云：「君」當作「者」。

(60) 依上文，「言」上當有「此」字。

(61) 畢云：二字舊脱，據上文增。　○案：四庫本有「取兼」二字。秋山校與畢同。

(62) 「即」字各本脱，今據上文及孫校增。以上二句，舊本涉二「即」字，共脱去三字。

(63) 「言」下諸本有「也」字，潛本、緜眇閣本、陳本、繹史本並無，今據刪。

(64) 畢云：「猶」，舊作「獨」，一本如此。　○案：潛本、寶曆本、緜眇閣本、陳本、繹史本並作「猶」。翻陸本「猶未」作「獨不」。

(65) 畢云：「泰」，一作「太」。　孫云：中篇作「譬若挈太山，越河、濟也」，非攻中篇〔一〕、備梯篇又並作「大山」。　○案：「泰」，潛本、緜眇閣本、陳本、繹史本作「太」。「超」，寶曆本作「越」。

(66) 「泰」，緜眇閣本、陳本、繹史本作「太」。

〔一〕「篇」原誤「節」，據墨子閒詁改。

67 戴云：「之」字衍。○案：「之」字諸本同。節葬下篇、非命中篇並有「自古以及今，生民以來者」之語，「之」字似非衍文。潛本、縣眇閣本、陳本、繹史本無「之」字，疑以意删。晏子春秋諫下篇曰：「古之及今，子亦嘗聞請葬人主之宫者乎？」

68 四庫本「愛」作「害」，誤。

69 孫云：下文止有四王，此「六」疑「四」篆文之誤。下同。○案：非命下篇有「先聖大王」，此「六王」疑「大王」之譌。下同。「大王」與「先聖」平列，禹湯文武皆所謂「先聖大王」也。本篇曰「此先聖大王者親行之」，中篇曰「古者聖王行之」，繁簡異而文義同。「大」、「六」形近易譌。旗幟篇「到大城」、「乘大城」，「大」諸本並譌作「六」。節葬下篇「大鞅萬領」，「大」一作「六」。皆其例也。

70 「何」下「以」字各本無，蜀本、補宋鈔本御覽七百六十引有「以」字，今據補。畢云：太平御覽引有「以」字。

71 孫云：文選廣絶交論李注引云「琢之槃盂，銘於鐘鼎，傳於後世」，疑兼用魯問篇文。吕氏春秋求人篇云「功績銘乎金石，著於槃盂」，高注云：「金，鍾鼎也。石，豐碑也。槃盂之器，皆銘其功。」

○案：蜀本、宋補鈔本御覽引「槃」作「盤」。繹史本同。

72 畢云：「遺」，劉逵注左思賦引作「于」。孫云：天志中、非命下、貴義、魯問四篇皆作「遺」，劉引非。○案：繹史本「遺」作「於」。宋本六臣文選左思魏都賦注引作「傳遺後代子孫」，字正作「遺」，與本書同。宋尤袤本文選注作「於」。

(73) 孫云：尚同下篇、天志中篇、非命上中下篇並作「大誓」。此作「泰」，與今僞孔本同，疑後人所改。

(74) 畢云：孔書云：「唯我文考，若日月之照臨，光于四方，顯于西土。」孫星衍云：「乍」古與「作」通。○案：兩「于」字畢本作「於」，道藏本、陸本、唐本、沈本、潛本、茅本、寶曆本、李本、堂策檻本並作「于」，今從作「于」。

(75) 孫云：「雖」與「唯」通，下並同。

(76) 「唯」，畢本、繹史本作「惟」，道藏本、陸本、唐本、沈本、潛本、茅本、寶曆本、李本、堂策檻本、四庫本並作「唯」，今從作「唯」。

(77) 畢云：大禹謨文云：「禹誓者，禹之所誓也。」孫云：今大禹謨出僞古文，即采此書爲之。惠棟云：皋陶謨言「苗頑勿即功」，則舜陟後，禹當復有征苗誓師之事。

(78) 孔安國云：「濟濟，衆盛之貌。」

(79) 畢云：孔書作「命」。

(80) 畢云：孔書無此八字。蘇云：二語今見湯誓，「惟」作「台」。○案：「惟」，緜眇閣本剜改作「台」，陳本、繹史本亦作「台」，疑據孔書湯誓改。

(81) 孫云：爾雅釋訓云：「蠢，不遜也。」孔安國云：「蠢，動也。」

(82) 畢云：孔書無此四字。

(83) 畢云：孔書作「肆予以爾衆士奉辭伐罪」，「群」，猶衆。 惠棟云：「群」猶君也。周書：「太子晉云：侯能成群謂之君。」堯典言「群后」。 孫云：此「群對諸群」當讀爲「群封諸君」。封與邦古音近通用，封、對形近而誤。群封諸君，言衆邦諸君也。

(84) 秋山云：下「以」衍。 戴説同。 ○案：潛本、緜眇閣本、陳本、繹史本「求」下並無「以」字。考節葬下篇「是故求以富國家云云」，「求以」字屢見，則此「求」下「以」字似非衍文。

(85) 孫云：「詩小雅假樂篇鄭箋云：『干，求也。』」

(86) 孫云：「求焉」，以上下文校之，當作「取法焉」。

(87) 「唯」，畢本作「惟」。 道藏本、陸本、唐本、沈本、潛本、茅本、寶曆本、堂策檻本、四庫本並作「唯」，今從作「唯」。

(88) 孫云：周禮大祝「六祈」，六曰「説」，鄭注云：「説，以辭責之，用幣而已。」此下文亦云「以祠説於上帝鬼神」。若然，則説禮殷時已有之。 論語堯曰篇集解「孔安國云墨子引湯誓」，國語周語内使過引湯誓，與此下文略同。 韋注云：「湯誓，商書伐桀之誓也。今湯誓無此言，則已散亡矣。」案孔安國引此作湯誓，或兼據國語文。 尚賢中篇引湯誓，今書亦無之。

(89) 畢云：今湯誥文。

(90) 畢云：孔書作「肆台小子」。 孫云：論語堯曰篇無「惟」字，孔注云：「履，殷湯名。此伐桀告天之文。」案孔以此爲伐桀時事，白虎通義三正篇及周語韋注説同。 然據此後文，則是湯禱旱之文。孔説蓋誤。大戴禮記少閒篇云：「乃有商履代興。」白虎通義姓名篇云：「湯，王後更名，爲子孫法，本名履也。」　○案：宋本、蜀本御覽八十三引帝王世紀載此文「唯」作「惟」。

91 畢云：孔書作「上天神后」。　秋山云：「后」下脱「土」。　孫云：論語作「敢昭告于皇皇后帝」，孔注云：「殷家尚白，未變夏禮，故用玄牡。皇，大。后，君也。大大君帝，謂天帝也。」白虎通義三正篇云：「論語曰『予小子履』云云，此湯伐桀，告天以夏之牲也。」與論語孔注説同。書湯誥孔疏云：「鄭玄解論語云：『用玄牡者，爲舜命禹事，於時總告五方之帝，莫適用，用皇天大帝之牲。』其意與孔異。」國語周語「皇天嘉禹，胙以天下」，韋注亦引論語「帝臣不蔽」二語。又詩閟宫孔疏云：「論語曰『皇皇后帝』，論語説帝受終文祖，宜總祭五帝也。」並從鄭，以此爲禹事，與墨子、尸子説異。御覽八十三引帝王世紀載此文作「告于上天后土」，疑此「后」下亦脱「土」字。

○案：宋本、蜀本御覽引帝王世紀「牡」作「牲」。

92 畢云：詳此文是湯禱旱文，孔書亦無此十字。　孫云：帝王世紀云：「湯自伐桀後，大旱七年，禱於桑林之社。」其辭如此。

93 畢云：孔書作「未知獲戾于上下」。

94 畢云：皆與孔書微異。　孫云：論語集解包咸云：「順天奉法，有罪者不敢擅赦。」何晏云：「言桀居帝臣之位，罪過不可隱蔽，以其簡在天心故。」案論語作「帝臣不蔽」，何氏以爲指桀，與此義不合，非也。僞湯誥云「爾有善，朕弗敢蔽。罪當朕躬，弗敢自赦。惟簡在上帝之心」，孔傳云：「所以不蔽善人，不赦己罪，以其簡在天心故也。」孔疏云：「鄭玄注論語云：簡閱在天心，言天簡閱其善惡也。」

⑮畢云：俱與孔書微異。孔安國注論語「有罪不敢赦，帝臣不蔽，簡在帝心，朕躬有罪，無以萬方，萬方有罪，罪在朕躬」云：「墨子引湯誓，其辭若此。」國語周語內史過引湯誓云：「余一人有辠，無以萬夫，萬夫有辠，在余一人。」　孫云：僞湯誥云「其爾萬方有罪，在予一人，予一人有罪，無以爾萬方」，孔傳云：「在予一人，自責化不至。無用爾萬方，言非所及。」孔安國注論語云：「無以萬方，萬方不與也。萬方有罪，我身之過。」群書治要引尸子綽子篇云：「湯曰：朕身有罪，無及萬方，萬方有罪，朕身受之。」帝王世紀云：「萬方有罪，罪在朕躬。朕躬有罪，無及萬方。無以一人之不敏，使上帝鬼神傷民之命。」並與此文小異。

⑯孫云：呂氏春秋順民篇云：「昔者湯克夏而正天下，天大旱，五年不收。湯乃以身禱於桑林，曰：余一人有罪，無及萬夫，萬夫有罪，在余一人。無以一人之不敏，使上帝鬼神傷民之命。於是翦其髮，鄽其手，以身爲犧牲，用祈福於上帝。」與此文合。則湯說即禱桑林之辭也。御覽八十三引尸子及帝王世紀說與吕略同。

⑰孫云：「誓命」，依上文當作「禹誓」。漢書藝文志「禹」作「禼」，顏注云：「古禹字。」此書多古字，蓋亦作「禼」，與「命」相似而譌。校者不悟，又移著「誓」下，遂與上文不合矣。　○案：「唯」，畢本作「惟」，道藏本、陸本、唐本、沈本、潛本、茅本、寶曆本、李本、堂策檻本、四庫本並作「唯」，今

從作「唯」。

⑱ 依上文例，句首當有「雖」字。

⑲ 蘇云：見書洪範篇，四「不」字作「無」。玆稱「周詩」，或有據。　孫云：洪範云「無偏無黨，王道蕩蕩。無黨無偏，王道平平」，僞孔傳云：「『蕩蕩』言開闢，『平平』言辯治。」呂氏春秋貴公篇高注云：「蕩蕩，平易也。」史記張釋之馮唐傳、説苑至公篇引書「無」並作「不」，與此同。古詩、書亦多互稱。戰國策秦策引詩云「大武遠宅不涉」，即逸周書大武篇所云「遠宅不薄」，可以互證。

⑳ 蘇云：詩大東篇作「周道如砥，其直如矢」，下無兩「之」字。　孫云：親士篇云「其直如矢，其平如砥」，「厎」仍作「砥」，與毛詩同。小雅大東毛傳云：「如砥，貢賦平均也。如矢，賞罰不偏也。」鄭箋云：此言古者天子之恩厚也。君子皆法效而履行之，其如砥矢之平。小人又皆視之、共之無怨。」孟子萬章篇引詩「砥」亦作「厎」，字通。趙注云：「厎，平。矢，直。視，比也。周道平直，君子履直道，小人比而則之。」案「厎」，道藏本作「底」，譌。説文厂部云：「厎，柔石也。」重文作「砥」。又广部云：「底，山居也，下也。」二字迥別，今經典多互譌。　○案：「厎」，舊本作「底」。

(101) 陳本「正」作「政」。

(102) 孫云：呂氏春秋高義篇高注云：「阿，私也。」

(103) 「止」下，曹校增「也」字。

⑩④ 蘇云：「忠」當作「中」，讀去聲。戴云：「中」當訓爲得。○案：「中」，適合也。

⑩⑤ 蘇云：「意」讀如「抑」，下文亦然。

⑩⑥ 「以」字諸本脱，寶曆本有，今據補。

⑩⑦ 「賊」字諸本脱，潛本、緜眇閣本、陳本、繹史本並有，今據補。

⑩⑧ 孫云：「之交孝子」，猶上云「交兼」、「交别」。

⑩⑨ 畢云：一本作「偶」。○案：「遇」，潛本、緜眇閣本、堂策檻本、陳本、繹史本、四庫本作「偶」，寶曆本作「過」。秋山云：「過」，一作「遇」。或曰當作「愚」。孫云：「遇」當爲「愚」，同聲假借字。

⑪⓪ 「原」下「之」字畢本脱，舊本並有，今據補。孫云：「所」字疑衍。尚同中篇云「是以先王之書周頌之道之曰」，是其證。

⑪① 蘇云：大雅抑篇無兩「而」字。○案：大雅抑篇孔疏云：「相對謂之讎。」

⑪② 鄭箋云：「此言善往則善來，人無行而不得其報也。投猶擲也。」

⑪③ 「兼」，畢本作「愛」，舊本並作「兼」，今據正。

⑪④ 畢云：舊作「腰」，非。○案：舊本並作「腰」。

⑪⑤ 中篇曰「皆以一飯爲節」。

⑪⑥ 畢云：「固」，一本作「握」。孫云：説文手部云：「據，杖持也。」○案：堂策檻本、四庫

本作「握」。

⑪⑦ 俞云：「其」當作「甚」，下二句並同。「甚難爲」即至難爲也。下文曰「是故約食，焚舟、苴服，此天下之至難爲也」，是其證。　○案：「其」訓「極」。

⑪⑧ 孫云：「後」疑當作「衆」。中篇云「若苟君說之，則衆能爲之」，是其證。下並同。　○案：「後」當爲「復」，形近而譌。公孟篇「反後坐」，備城門篇「後使卒急爲壘壁，以蓋瓦後之」，諸「後」字王並校爲「復」，例與此同。「而」，以也。言然復爲之者，以靈王說之也。下並同。管子七臣七主篇曰：「夫楚王好小䐔而美人省食，吳王好劍而國士輕死。死與不食者，天下之所共惡也。然而爲之者，何也？從主之所欲也。」文與此略同。

⑪⑨ 說文曰：「踰，越也。」「未踰於世」言時之暫。　孫云：「踰」當作「渝」，下並同。爾雅釋言云：「渝，變也。」言世未變而民俗已爲之移也。　非命中篇云：「此世不渝而民不改，上變政而民易教。」非命上、下篇文略同。　此云「未渝於世」，猶彼云「世不渝」也。

⑫⓪ 孫云：「鄉」與「向」字通。

⑫① 蘇云：上「知」字當讀如「智」。

⑫② 詳上篇。

⑫③ 說文曰「偃，僵也」，段注云：「凡仰仆曰偃。」

⑫④ 「者」，諸本作「有」，寶曆本作「者」，今從之。　王、蘇校同。

125 「而」猶乃也。不鼓乃退，則鼓時不退可知。

126 畢云：玉篇云：「顫，動也。」言其驚畏。孫云：「顫」當讀爲「憚」。非攻下篇云「以譂其衆」，「顫」、「譂」並與「憚」同。○案：「顫」讀爲「憚」，是也。廣雅釋詁曰：「憚，強也。」

127 俞云：「其」當作「甚」。

128 「而」，諸本作「之」，陳本、繹史本作「而」，與上下文一律，今從之。畢校同。「後」當爲「復」，說詳上。

129 「其」字諸本脱，潛本、寶曆本、緜眇閣本、陳本、繹史本並有，今據補。

130 孫云：「苴」、「粗」字通，猶中篇云「惡衣」。

131 孫云：左閔二年傳「衛文公大布之衣」，杜注云，「大布，麤布。」淮南子齊俗訓許注義同。

132 「牂」，諸本作「牂」，四庫本剜改作「牂」。

133 「且」，諸子品節引墨子作「粗」。畢云：「且」當爲「粗」。王云：「且苴」即麤粗。麤倉胡反，粗才户反。廣雅釋詁：「粗，麤，大也。」○案：「且」即「粗」之省文。儀禮士喪禮「苴絰大鬲」，注云：「苴麻者，其貌苴，以爲絰。服重者尚麤惡。」古屨以麻爲之，苴麻質色麤惡，粗苴之屨所以尚儉。「粗苴」與「大布」、「牂羊」、「練帛」平列。

134 以中篇及下文校之，「入」下疑脱「以」字。

135 俞云：「其」當作「甚」。

⑬⑥「後」當爲「復」。

⑬⑦「身」，各本作「舟」，今依孫、曹校改。

⑬⑧「難爲」，陸本、茅本、寶曆本、李本、堂策檻本、四庫本作「爲難」。

⑬⑨「後」當爲「復」。

⑭⓪各本脱「愛交相」三字，今依王校增。

⑭①畢云：當爲「弟」，此俗寫。

⑭②王云：「莫」字蓋涉上文「莫若」而衍。○案：「莫」疑「藉」字之譌。「藉若」古人常語。

墨子校注卷之五

非攻上第十七①

子墨子言曰：古者王公大人情欲得而惡失②，欲安而惡危③，故當攻戰而不可不非④。

今有一人，入人園圃⑤，竊其桃李，衆聞則非之，上爲政者得則罰之。此何也？以虧人自利也。至攘人犬豕雞豚者⑥，其不義又甚入人園圃竊桃李。是何故也？以虧人愈多⑦，其不仁兹甚⑧，罪益厚。至入人欄廄⑨，取人馬牛者，其不仁義又甚攘人犬豕雞豚⑩。此何故也？以其虧人愈多，苟虧人愈多，其不仁兹甚，罪益厚。至殺不辜人也，拖其衣裘⑪、取戈劍者，其不義又甚入人欄廄、取人馬牛。此何故也？以其虧人愈多，苟虧人愈多，其不仁兹甚矣，罪益厚。當此，天下之君子⑫皆知而非之，謂之不義。今至大爲攻國⑬，則弗知非⑭，從而譽之，謂之義。此可謂知義與不義之别乎⑮？

殺一人謂之不義，必有一死罪矣⑯。若以此説往⑰，殺十人十重不義，必有十死罪矣；

殺百人百重不義，必有百死罪矣。當此，天下之君子皆知而非之，謂之不義。今至大爲不義攻國，則弗知而非⑱，從而譽之，謂之義。情不知其不義也⑲，故書其言以遺後世。若知其不義也，夫奚説書其不義以遺後世哉⑳？

今有人於此，少見黑曰黑，多見黑曰白，則以此人不知白黑之辯矣㉑；少嘗苦曰苦，多嘗苦曰甘，則必以此人爲不知甘苦之辯矣。今小爲非，則知而非之。大爲非攻國，則不知而非㉒，從而譽之，謂之義㉓。此可謂知義與不義之辯乎㉔？是以知天下之君子也，辯義與不義之亂也㉕。

① 曹云：此篇首末疑均有闕文。竊攷中篇之首「子墨子言曰」至「不過失是故」凡三十五字，當在此篇之首。其篇中「是故子墨子言曰」至「不可不非也」凡三十四字，當在此篇之末。○案：曹謂本篇有闕文，中篇有錯簡，是也。其所移中篇文未臻允當。今依據古本，不加一字，不減一字，不改一字，重爲校移如正文。

② 「情」、「誠」字通。

③ 畢云：「欲」，舊作「故」，以意改。○案：潛本、寶曆本、緜眇閣本、陳本並作「欲」。

④ 以上三十一字，本在中篇「亦以攻戰也是故」之下，今校移於此。

⑤ 畢云：說文云：「園，所以樹果。種菜曰圃。」

⑥ 孟子滕文公篇「今有人日攘其鄰之雞者」，趙注云：「攘，取也。」禮記禮器鄭注云：「攘，盜竊也。」

⑦ 孫云：依下文，當有「苟虧人愈多」五字。

⑧ 「茲」，益也。

⑨ 畢云：說文無「欄」字。玉篇云：「木欄也。」　孫云：「欄」即「闌」之借字。說文門部云：「闌，門遮也。」廣雅釋室云：「闌，牢也。」

⑩ 孫云：依上下文，此句疑不當有「仁」字。

⑪ 「扡」，諸本作「杝」，潛本、陳本作「扡」，寶曆本作「把」。　畢云：「扡」讀如「終朝三拕」之「拕」。陸德明易音義云：「褫，鄭本作拕，徒可反。」「扡」即「拕」異文。　王云：「也」即「扡」字之誤而衍者。　孫云：說文手部云：「拕，曳也。」淮南子人間訓云「秦牛缺徑於山中而遇盜，拖其衣被」，許注云：「拖，奪也。」「拖」即「拕」之俗。

⑫ 畢云：舊脫「子」字，據後文增。　○案：潛本、寶曆本、緜眇閣本、陳本、繹史本並有「子」字。

⑬ 畢云：據後文云「大爲不義攻國」。　王景羲云：「爲」下當脫「非」字，下文云「大爲非攻國」。

○案：原文亦可通。

⑭ 畢云：「知」，一本作「之」。舊脫「非」字，據後文增。　○案：舊本並有「非」字。潛本、緜眇閣本、陳本、繹史本「知」作「之」。以下文校之，「知」下疑脫「而」字。

⑮「可」，諸本作「何」。　畢云：一本作「可」，是。　○案：灊本、緜眇閣本、陳本、繹史本並作「可」，今從之。

⑯孫云：荀子正論篇云：「殺人者死，傷人者刑，是百王之所同也。」

⑰句。

⑱「知」，各本作「之」。　王云：「之」當爲「知」。俗音「知」、「之」相亂，故「知」誤爲「之」。　畢云：一本無「而」字，是。　○案：王校「之」爲「知」，是也，今依改。「而」字，灊本、緜眇閣本、陳本、繹史本無，道藏本、陸本、唐本、茅本、寶曆本、李本、堂策檻本、四庫本並有。有者是也。上文無「而」字，轉恐是脱文耳。下文「則不知而非」，亦有「而」字，句法與此同。「而」猶其也。

⑲王云：「情」、「誠」通用。

⑳孫云：「奚説」，言何辭以解説也。　○案：節葬篇「夫胡説中國之君子爲而不已、操而不擇哉」，「奚説」與「胡説」義同，言何説也。

㉑「白黑」，灊本、緜眇閣本、陳本、繹史本作「黑白」。　秋山云：「以」上脱「必」，「人」下脱「爲」。

㉒王、蘇校删「而」字，未碻。説詳上文。孫説同。

㉓畢云：舊「之謂」二字倒，一本如此。　○案：「之謂」二字，灊本、寶曆本、緜眇閣本、堂策檻本、陳本、四庫本並不倒。「之謂之義」四字，李本作「謂之知義」，寶曆本作「之謂之知義」五字。

㉔畢本脱「此」字。又「謂」作「爲」。畢云：一本作「謂」，是。○案：舊本並作「此可謂」，今據補正。

㉕孫云：上「也」字疑衍。○案：上「也」字疑「之」字之誤。

非攻中第十八

子墨子言曰：古者王公大人爲政於國家者，情欲毁譽之審①，賞罰之當，刑政之不過失②，故當攻戰而不可爲也③。今師徒唯毋興起④，冬行恐寒，夏行恐暑，此不可以冬夏爲者也。春則廢民耕稼樹藝，秋則廢民穫斂⑤。今唯毋廢一時，則百姓飢寒凍餒而死者，不可勝數⑥。今嘗計軍上⑦，竹箭、羽旄、幄幕、甲、盾、撥⑧，劫往⑨而靡弊腑冷不反者⑩，不可勝數；又與矛、戟、戈、劒、乘車，其列往⑪碎折靡弊而不反者，不可勝數；與其牛馬⑫肥而往，瘠而反，往死亡而不反者⑬，不可勝數；與其涂道之脩遠，糧食輟絶而不繼⑭，百姓死者，不可勝數也；與其居處之不安⑮，食飲之不時⑯，飢飽之不節，百姓之道疾病而死者，不可勝數⑰。喪師多不可勝數，喪師盡不可勝計，則是鬼神之喪其主后⑱，亦不可勝數。

國家發政，奪民之用，廢民之利若此甚衆，然而何爲爲之？曰：我貪伐勝之名，及得之利，故爲之。子墨子言曰：計其所自勝，無所可用也。計其所得，反不如所喪者之多。今攻三里之城，七里之郭⑲，攻此不用鋭，且無殺而徒得，此然也⑳。殺人多必數於萬，寡必數於千，然後三里之城、七里之郭且可得也㉑。今萬乘之國，虚數於千㉒，不勝而入㉓，廣衍數於萬㉔，不勝而辟㉕。然則土地者，所有餘也；王民者，所不足也㉖。今盡王民之死，嚴下上之患，以争虚城，則是棄所不足，而重所有餘也。爲政若此，非國之務者也。

飾攻戰者也言曰㉗：南則荆吴之王㉘，北則齊晉之君，始封於天下之時，其土地之方㉙，未至有數百里也㉚；人徒之衆，未至有數十萬人也。以攻戰之故，土地之博至有數千里，人徒之衆至有數百萬人，是故攻戰之速也㉛。子墨子言曰：雖四五國則得利焉，猶謂之非行道也。譬若醫之藥人之有病者然㉜，今有醫於此，和合其祝藥之于天下之有病者而藥之㉝，萬人食此，若醫四五人得利焉，猶謂之非行藥也㉞。故孝子不以食其親，忠臣不以食其君。古者封國於天下，尚者以耳之所聞㉟，近者以目之所見，以攻戰亡者不可勝數。何以知其然也？東方有莒之國者㊱，其爲國甚小，閒於大國之閒，不敬事於大，大國亦弗之從而愛利㊲。是以東者越人夾削其壤地㊳，西者齊人兼而有之。計莒之所以亡於齊越之閒者，以是攻戰也㊴。雖南者陳蔡，其所以亡於吴越之閒者㊵，亦以攻戰㊶。雖北者且一、不著何㊷，其所以亡於燕代胡貊之閒者㊸，亦以攻戰也。是故子墨子曰：古者有語：「謀而不得，則以往知來，以見知隱。」謀若此，可得而知矣㊹。

飾攻戰者之言曰：彼不能收用彼衆，是故亡。我能收用我衆，以此攻戰於天下，誰敢不賓服哉？子墨子言曰：子雖能收用子之衆，子豈若古者吳闔閭哉㊺？古者吳闔閭教七年㊻，奉甲執兵，奔三百里而舍焉㊼，次注林，出於冥隘之徑㊽，戰於柏舉㊾，中楚國㊿而朝宋與魯(51)。及至夫差之身，北而攻齊，舍於汶上，戰於艾陵(52)，大敗齊人而葆之大山(53)。東而攻越，濟三江五湖(54)，而葆之會稽(55)。九夷之國莫不賓服(56)。於是退不能賞孤(57)，施舍羣萌(58)，自恃其力，伐其功，譽其智(59)，怠於教，遂築姑蘇之臺，七年不成(60)。及若此，則吳有離罷之心(61)。越王句踐視吳上下不相得，收其衆以復其讐。入北郭，徙大内(62)，圍王宫(63)，而吳國以亡(64)。昔者晉有六將軍(65)，而智伯莫爲强焉。計其土地之博，人徒之衆，欲以抗諸侯，以爲英名(66)。故差論其爪牙之士(67)，比列其舟車之衆(68)，以攻中行氏而有之。以其謀爲既已足矣(69)，又攻兹范氏而大敗之(70)。并三家以爲一家而不止(71)，又圍趙襄子於晉陽(72)。及若此，則韓魏亦相從而謀曰：「古者有語：『脣亡則齒寒(73)。』趙氏朝亡，我夕從之；趙氏夕亡，吾朝從之(74)。詩曰：『魚水不務(75)，陸將何及乎(76)？』」是以三主之君一心戮力(77)，辟門除道(78)，奉甲興士，韓魏自外，趙氏自内，擊智伯，大敗之(79)。

是故子墨子言曰：古者有語曰：「君子不鏡於水，而鏡於人。鏡於水見面之容，鏡於人則知吉與凶⑧⓪。」今以功戰爲利，則蓋嘗鑒之於智伯之事乎⑧①？此其爲不吉而凶，既可得而知矣。

①「毁」字各本無。秋山云：「『譽』上疑脱『毁』字。」王校同。今依增。　孫云：「情」亦與「誠」通，下並同。

②王云：下有脱文。

③以上九字，舊在下文「至有數百萬人」之下，今校移於此。「爲」字古本並同，潛本、緜眇閣本、陳本始改「爲」作「已」。蓋俗本不知本句爲錯簡，見其文義不順，奮筆輒改也。此處舊有「是故子墨子曰古者有語云云」三十一字，今分别移入下文。

④「徒」，畢本作「徒」，舊本並作「徙」，今據正。「毋」，緜眇閣本、陳本、繹史本作「無」。

⑤孫云：此下依上文或當有「此不可以春秋爲者也」句。

⑥「飢」，唐本、緜眇閣本、堂策檻本、陳本、四庫本作「饑」。

⑦繹史本「計」作「託」。　孫云：「嘗」猶試也，下同。「上」字誤，疑當作「出」。戰國策齊策云：「軍之所出，矛戟折，鐶弦絶，傷弩，破車，罷馬，亡矢〔一〕之大半。」

〔一〕「矢」，墨子閒詁原引誤作「失」，本書沿誤。據戰國策齊策五改。

⑧畢云：說文曰：「楃，木帳也。」「幄」當从木。　孫云：「幄」，節葬下篇作「屋」，此俗作。周禮幕人鄭注云：「在旁曰帷，在上曰幕，四合象宮室曰幄。」史記孔子世家索隱云：「撥音伐，謂大盾也。」

⑨畢云：「往」，舊作「住」，一本如此。　○案：「往」，諸本作「住」，潛本、寶曆本、李本、緜眇閣本、陳本、繹史本、畢本作「往」。「劫」，各本作「劫」，形近而譌。兼愛中篇「可謂畢劫有力矣」，今本亦作「劫」，誤與此同。爾雅釋詁曰：「劫，固也。」「劫」與下文「靡弊腐爛」文義相反。

⑩畢云：「腑」即「腐」字異文。「冷」、「爛」音相近，當爲「爛」。　秋山云：「反」，一作「及」。○案：「冷」，道藏本、潛本作「泠」。「反」，道藏本、陸本、唐本、沈本、茅本、李本、堂策檻本、四庫本作「及」。下同。

⑪依下文例，「其」字當在上文「又與」之下。　畢本「列往」作「歹往」。　畢云：舊作「列住」，以意改。　○案：寶曆本、李本作「往」，與畢改合。「列」字不誤。「列」者，比列整齊之意，與下文「碎折靡弊」文義相反。「列往」與上文「劫往」、下文「肥而往」語法相儷。

⑫「牛馬」，陸本、茅本、寶曆本、李本、堂策檻本、四庫本作「馬牛」。

⑬「反」，翻陸本、茅本、李本、堂策檻本、四庫本作「及」，誤。　吴云：王念孫謂下「往」字衍，非是。此言肥往瘠反與往而不反二事也。

⑭寶曆本無「之」字。「糧」，諸本作「粮」，陸本、茅本、寶曆本、李本、堂策檻本、四庫本作「糧」，今從

之。畢云：「粮」，俗。玉篇云：「粮同糧。」孫云：周禮廩人：「凡邦有師役之事，則治其糧，與其食。」鄭注云：「行道曰糧，謂糒也。止居曰食，謂米也。」孟子梁惠王篇云「師行而糧食」，趙注云：「行軍皆遠轉糧食而食之。」

⑮ 四庫本「處」作「止」。

⑯ 各本「飲」作「飯」，今依王校改。王云：「食飲不時」見下篇。

⑰ 吴云：「道」，由也。

⑱ 洪云：「后」當作「石」，即「祏」字省文。左氏昭十八年傳「使祝史徙主祏于周廟」，杜預注：「祏，廟主石函。」説文：「祏，宗廟主也。」孫云：「后」與「後」字通。王制云「天子諸侯，祭因國之在其地而無主後者」，鄭注云「絶無後爲之祭主者」，即此義。○案：「后」，潛本、緜眇閣本、陳本、繹史本作「後」。「主后」，孫説是也。禮記郊特牲曰「將以爲社稷主，爲先祖後」，又喪服小記曰「必嘗同居，皆無主後，有主後者爲異居」，國語周語曰「故亡其氏姓，踣斃不振，絶後無主」。

⑲ 孫云：雜守篇云「率萬家而城方三里」，孟子公孫丑篇亦云「三里之城，七里之郭」。

⑳ 「然」，聲借爲難易之難。難之本義爲鳥名，蓋亦因聲託事，借爲難易字也。然之古文爲「蘸」、「蘸」，可爲「然」、「難」音同之證。節用上篇「且不然已」，「然」亦借爲難易之難，例與此同。經説上篇「欲難其指」，論衡感虚篇「熯一炬火」，「難」、「熯」並借爲「然」。「僬」字亦可訓爇。皆可爲「然」、「難」通假之例。史記甘茂傳：「蘇代對向壽曰：甘茂許公仲以武遂，反宜陽之民，今公徒

收之，甚難。」戰國策韓策文略同。彼「徒」字、「難」字，義與此「徒」字、「然」字同。「徒」，空也。不用一兵，不殺一人，而得城郭，是謂「徒得」。攻城必用鋭，且有殺，無徒得之理，故曰「難」也。殺人多者以萬計，寡者以千計，然後三里之城七里之郭且可得也。

㉑ 韓子八説篇曰：「無難之法，無害之功，天下無有也。是以拔千丈之都，敗十萬之衆，死傷者軍之垂。」意與此近。

㉒ 耕柱篇曰：「評虛數千，不可勝入。」　畢云：「虛」，「墟」字正文，俗从土。　孫云：「虛」下疑脱「城」字。下文云「以爭虛城」。

㉓ 畢云：舊作「人」，以意改。　○案：管子小匡篇曰：「墾草入邑，辟土聚粟。」

㉔ 畢云：王逸注楚辭曰：「衍，廣大也。」　○案：枚乘梁王菟園賦曰「臨廣衍」。周禮大司徒注：「下平曰衍。」

㉕ 畢云：此「闢」字之假音。「入」、「辟」爲韻。

㉖ 王云：「王民」、「士民」之誤。下同。　○案：「王民」當爲「人民」。下文「王民」同。公輸篇「吾義固不殺人」，宋本國策「人」作「王」，誤與此同。蓋「人」武后制字作「𤯔」，遂轉譌爲「王」耳。下篇曰「是人不足而地有餘也」。彼言「人不足」，此言「人民者所不足也」，立辭正同，可證。

㉗ 「也言曰」三字，諸本作「也言」，潛本、緜眇閣本、陳本、繹史本、畢本作「言曰」。今案「也言曰」三字當並有。下文曰「飾攻戰者之言曰」，此「也」字亦當爲「之」。　畢云：舊作「也言」，一本作

「言曰」。

㉘孫云：「吳」當作「越」。墨子時吳已亡，故下文以夫差亡吳事爲戒，不宜此復舍越而舉吳也。下篇云「今天下好戰之國齊晉楚越」，節葬下篇云「諸侯力征，南有楚越之王，而北有齊晉之君」，皆其證也。

㉙「地」字畢本無，舊本並有，今據補。

㉚「未至有」，緜眇閣本、陳本，作「未有至」，下同。

㉛「是故」二字本在上文「行政之不過失」下，與此處「故當攻戰而不可爲也」九字互錯，今互移之。「攻戰之速」四字本在下文「以爲英名」之下，「也」字本在上句「至有數千里」之下，潛本、緜眇閣本、陳本删去「也」字，非是，今並校移於此。「速」爲籀文「迹」字。漢沛相楊統碑「勳速藐矣，莫與争先」，「速」字義與此同。本或作「速」，速，召也。義亦可通。

㉜句。

㉝畢云：「祝」謂祝由，見素問。或云祝藥猶言疰藥，非。一本無「祝」字，非也。○案：潛本、緜眇閣本、陳本、繹史本「其祝藥之于」作「其藥于」，無「祝之」二字。「祝藥」者，經詛祝之藥也。抱朴子黄白篇曰：「夫醫家之藥，淺露之甚，而其常用效方，便復秘之。故方有用夜光骨、百花醴、冬鄒齋之屬，皆近物耳，而不得口訣，猶不可知。」可爲古人藥方多經口訣秘祝之證。

㉞蘇云：食者多而利者少，則非常行之藥。

㉟「尚」與「上」同，言久遠也。
㊱畢云：今山東莒州。
㊲「大國」，道藏本、陸本、唐本、茅本、堂策檻本作「夫國」，濳本、緜眇閣本、陳本無「大」字。
㊳孫云：國策齊策云「莒恃越而滅」，與此異。　○案：「莒恃越而滅」，與此文不必異，孫說未審。
㊴蘇云：史記云：「楚簡王元年，北伐滅莒。」據此，則莒實爲齊滅，故其地在戰國屬齊。　孫云：戰國策西周策云「邾、莒亡於齊」，亦其證。
㊵孫云：左傳魯哀公十七年楚滅陳，史記管蔡世家「蔡侯齊四年，楚惠王滅蔡」，案在貞定王二十二年。　○案：陳蔡均亡於楚，不應舍楚不言，疑有脫誤。
㊶「戰」下，藤校增「也」字。
㊷畢本作「中山諸國」。　畢云：四字舊作「且一不著何」五字，一本如此。　孫云：中山初滅於魏，後滅於趙，詳所染篇。然此「中山諸國」四字乃後人肊改，實當作「且不著何」四字。舊本作「且一不著何」，道藏本作「且不一著何」，並衍「一」字。「且」疑「柤」之借字。國語晉語「獻公田，見翟柤之氛」，韋注云「翟柤，國名」，是也。「不著何」亦北胡國。周書王會篇云「不屠何青熊」，孔晁注云：「不屠何亦東北夷也。」管子小匡篇「敗胡貉，破屠何」，尹注云：「屠何，東胡之先也。」劉恕通鑑外紀：「周惠王三十三年，齊桓公救燕，破屠何。」「屠」、「著」聲類同，「不著何」即「不屠何」

也。又王會伊尹獻令，正北有且略、豹胡，「且略」即此「且」及左傳「翟柤」，「豹胡」亦即「不屠何」，「豹」「不」、「胡」「何」並一聲之轉。不屠何，漢爲徒河縣，屬遼西郡，故城在今奉天錦州府錦縣西北。柤，據國語爲晉獻公所滅，所在無考。 ○案：道藏本作「且一不著何」，孫謂作「且不一著何」者，蓋由於顧校本偶然筆誤，而孫氏又無原本以訂正之也。諸本並作「且一不著何」，無作「且不一著何」者。潛本、緜眇閣本、陳本作「中山諸國」四字。「且一」即「且略」，「一」與「略」皆聲助之辭，夷狄之言不甚諦也。在漢爲且如縣，屬代郡。

㊸孫云：「貊」、「貉」之俗，詳兼愛中篇。

㊹莒、陳、蔡等以攻戰亡國，皆往事，見事之可爲鑑戒者。以上二十九字在上文「刑政之不過失」下，今校移於此。此處原有「子墨子言曰古者王公大人」云云三十一字，今移於上篇之首。

㊺「閭」，群書治要引所染篇作「廬」，詳彼注。

㊻畢云：案史記闔閭九年入郢。吴越春秋云「九年十月，楚二師陳於柏舉」，即此事也。 俞云：「教」下疑脱「士」字。

㊼俞云：奉甲執兵奔三百里而舍，即教士之法，乃古所謂武卒者，見荀子議兵篇。 孫云：吕氏春秋簡選篇云「吴闔閭選多力者五百人，利趾者三千人，以爲前陳」，此云「奉甲執兵奔三百里而舍」，即多力利趾者也。

㊽畢云：淮南子地形訓作「澠陀」，高誘曰：「澠陀，今宏農澠池是也。」則在今河南永寧縣。 史記魏

世家云「秦攻冥阸之塞」，集解云：「徐廣曰：或以爲江夏鄳縣。」又杜預注左傳云：「漢東之隘道。」括地志云：「石城山在申州鍾山縣東南二十一里，魏攻冥阸即此山。」吕氏春秋、淮南子「九塞」，此其一也。玉海：「在信陽軍東南五十里。」今在河南信陽州東南九十里。　孫云：左傳定四年：「吴伐楚，舍舟於淮汭，自豫章與楚夾漢。左司馬戌謂子常曰：我悉方城外以毁其舟，還塞大隧、直轅，冥阸。」釋文云：「阸，本或作隘。」杜注云：「三者漢東之隘道。」案此「冥隘」即左傳之「冥阸」。史記蘇秦傳云「塞鄳阸」，亦即此。集解引徐廣云：「鄳，江夏鄳縣。」

㊾ 畢云：在今湖北麻城縣。元和郡縣志云：「麻城縣，黽頭山在縣東南十八里，舉水之所出也。春秋吴、楚戰於柏舉，即此地也。」　孫云：事見春秋定四年經。「柏舉」，杜注云：「楚地。」吕氏春秋首時篇高注云：「柏舉，楚南鄙邑。」

㊿ 左定四年傳：「吴入郢，以班處宮。」故云「中楚國」也。

51 諸本作「宋與及魯」，蘇云：「及魯二字誤倒，魯字屬上句，及字屬下句也。」案蘇校是也，今依乙。潛本、緜眇閣本、陳本無「與」字，蓋以臆删。孫謂左傳闔閭時無宋魯朝吴事，疑因哀七年夫差會魯於鄫，徵宋魯百牢事傅會之。案闔閭爲春秋時霸主，朝宋與魯事屬可能。墨子未必無據。

52 畢云：在今山東泰安縣東南。史記吴太伯世家云：「夫差七年，北伐齊，敗齊師於艾陵，至繒。」
孫云：見春秋哀十一年經。

53 「大山」，潛本、緜眇閣本、四庫本作「太山」，陳本作「泰山」。　蘇云：「大山」即「太山」，篇中

「太」多作「大」。魯問篇「齊太王」作「大王」是也。

(54) 畢云：史記索隱云：「韋昭云：三江，謂松江、錢塘江、浦陽江。」史記正義云：「顧夷吳地記云：松江東北行七十里，得三江口。東北入海爲婁江，東南入海爲東江，并松江爲三江。」

(55) 畢云：今浙江山陰會稽山。　孫云：左傳哀元年「吳王夫差敗越於夫椒，遂入越。越子以甲楯五千，保於會稽」，杜注云：「上會稽山也。」「葆」、「保」字通。「會稽山」詳節葬下篇。

(56) 孫云：爾雅釋地云：「九夷、八狄、七戎、六蠻，謂之四海。」王制孔疏云：「九夷，依東夷傳九種，曰畎夷、于夷、方夷、黄夷、白夷、赤夷、玄夷、風夷、陽夷。李巡注爾雅云：一曰玄菟，二曰樂浪，三曰高驪，四曰滿飾，五曰鳧臾，六曰索家，七曰東屠，八曰倭人，九曰天鄙。」案王制孔疏所云，皆海外遠夷之種別。此「九夷」與吳、楚相近，蓋即淮夷，非海外東夷也。書敍云：「成王伐淮夷，遂踐奄。」韓非子説林上篇云：「周公旦攻九夷，而商蓋服。」商蓋即商奄，則九夷亦即淮夷。春秋以後，蓋臣屬楚、吳、越三國。戰國時，又專屬楚。説苑君道篇説越王句踐與吳戰，大敗之，兼有九夷。淮南子齊俗訓云「越王句踐霸天下，泗上十二諸侯皆率九夷以朝」，戰國策秦策云「楚苞九夷，方千里」，魏策云：「張儀云：楚破南陽九夷，内沛，許、鄢陵危〔一〕。」文選李斯上秦始皇帝書説秦伐楚，「苞九夷，制鄢、郢」，李注云：「九夷，屬楚夷也。」若然，九夷實在淮、泗之間，北與齊、魯

〔一〕「危」，墨子閒詁原引誤「死」，本書沿誤，據戰國策魏策一改。

接壤，故論語「子欲居九夷」。參互校覈，其疆域固可攷矣。

57 孫云：月令「立冬，賞死事，恤孤寡」，鄭注云：「死事，謂以國事死者。孤寡，其妻子也。」

58 畢云：此「氓」字之假音。　孫云：「舍」、「予」聲近字通。「施舍」猶賜予也。左昭十三年傳云「施舍寬民」，又云「施舍不倦」，杜注云：「施舍猶云布恩德。」　○案：左成十八年傳曰「施舍已〔一〕責」，又襄九年傳「晉侯歸，謀所以息民，魏絳請施舍」，杜注並云：「施恩惠，舍勞役。」

59 「智」，緜眇閣本、陳本作「知」。

60 畢云：史記集解云：「越絶書曰：『闔閭起姑蘇之臺，三年聚材，五年乃成，高見三百里。』」顔師古注漢書伍被傳云：「吴地記云：因山爲名，西南去國三十五里。」今江南蘇州府治。　孫云：國語吴語説吴王夫差云「高高下下，以罷民於姑蘇」，韋注云：「姑蘇，臺名，在吴西，近湖。」案國語以築姑蘇臺爲夫差事，與此書正合。越絶以姑蘇爲闔閭所築，疑誤。　○案：任昉述異記曰：「吴王夫差築姑蘇之臺，三年乃成，崇飾土木，殫耗人力。」

61 蘇云：「罷」讀如「疲」。

62 王云：「大内」當爲「大舟」。隸書「舟」字或作「月」，與「内」相似而誤。吴語〔二〕：「越王句踐襲吴，

〔一〕「已」原誤「己」，據左傳成公十八年改。
〔二〕「吴語」原誤「越語」，據王念孫讀書雜誌改。

入其郛，焚其姑蘇，徙其大舟。」韋注云：「大舟，王舟。」吴越春秋夫差内傳亦作「徙其大舟」。孫云：王説是也。吴語韋注云：「郛，郭也。徙，取也。」此哀十三年越入吴事，與二十年圍吴事不相涉，此類舉之耳。

⑥③孫云：國語吴語云「越師入吴國，圍王宮」，韋注云：「王宮，姑蘇。」

⑥④孫云：左傳哀二十年十一月，越圍吴；二十二年十一月，越滅吴。

⑥⑤孫云：「六將軍」，即六卿爲軍將者也。春秋時通稱軍將爲將軍，穀梁文六年傳云「晉使狐射姑爲將軍」是也。淮南子道應訓云：「趙文子問於叔向曰：晉六將軍，其孰先亡乎？」又人閒訓云「張武爲智伯謀曰：晉六將軍，中行文子最弱」，許注云：「六將軍，韓、趙、魏、范、中行、智伯也。」

⑥⑥此處舊錯入「攻戰之速」四字，今移於上文。

⑥⑦「爪」，道藏本、陸本、唐本、茅本、堂策檻本誤「分」。

⑥⑧各本「比」作「皆」，又脱「其」字。今依王校補正。王云：「皆」當爲「比」。天志篇「比列其舟車之卒」，是其證。下篇「皆列」同。○案：寶曆本下篇正作「比列」，可爲王説之證。陸本、茅本、堂策檻本、四庫本「列」誤「别」。

⑥⑨「足」，堂策檻本、四庫本作「衆」。

⑦⓪孫云：「兹」字疑衍。「中行氏」即荀氏，「范氏」即士氏。左傳定十三年晉遂荀寅、士吉射，乃知伯瑶祖文子蹀事。此及魯問篇並通舉，不復析别。淮南子人閒訓亦謂張武爲智伯謀，伐范、中行，

滅之。○案：孫考未審。左哀五年傳：「晉圍柏人，荀寅、士吉射奔齊。」是范、中行之滅，在晉定公二十二年，史記晉世家同，智伯身與其事。戰國策趙策：「知伯帥趙韓魏而伐范、中行氏，滅之。」亦其證也。「兹」即「范」之誤而衍者。

(71) 魯問篇曰「昔者智伯伐范氏與中行氏，兼三晉之地」，史記晉世家曰「知伯遂有范、中行氏地」，淮南子齊俗訓曰「智伯有三晉而欲不澹」，皆此事也。

(72) 孫云：事在魯悼公十五年。

(73) 孫云：戰國策趙策、淮南子人閒訓並以此爲張孟談說韓魏之君語。穀梁僖二年傳「虞宮之奇曰：語曰『脣亡則齒寒』」，左僖五年傳「語」作「諺」。

(74) 「吾」，潛本、緜眇閣本、堂策檻本、陳本、四庫本、畢本作「我」，道藏本、陸本、唐本、沈本、茅本、寶曆本作「吾」，今從作「吾」。畢云：「我」，舊作「吾」，一本如此。

(75) 孫云：「務」疑當讀爲「鶩」。東魏嵩陽寺碑「朝野傾務」，「務」、「鶩」字通。淮南子主術訓云「魚得水而鶩」，高注云：「鶩，疾也。」○案：說文曰：「務，趣也。」又曰：「趣，疾也。」詩大雅「左右趣之」，毛傳云：「趣，趨也。」淮南子覽冥訓「而詹何之鶩魚於大淵之中」，注云：「言其善釣，令魚馳鶩來趨釣餌。」此「務」亦馳鶩之義。

(76) 王云：「陸將何及乎」不類詩詞，「乎」字蓋淺人所加。蘇云：此蓋逸詩。

(77) 畢云：「戮」，「勠」字假音。

⑱蘇云：「辟」同「闢」。

⑲畢云：事俱見韓非子。

⑳蘇云：書酒誥篇云：「古人有言曰：人無於水監，當於民監。」太公金匱陰謀有武王鏡銘，曰：「以鏡自照見形容，以人自照見吉凶。」二書所云與此合，蓋古語也。　孫云：國語吴語云：「申胥曰：王盍亦鑑於人，無鑑於水。」　○案：藝文類聚卷八及宋本御覽五十八引「古者有語」並作「古語」，「吉與凶」並作「吉凶」，蓋經删節。

㉑畢云：蓋，同盍。

非攻下第十九

子墨子言曰：今天下之所譽善者①，其説將何哉②？爲其上中天之利，而中中鬼之利，而下中人之利，故譽之與③？意亡非爲其上中天之利，而中中鬼之利，而下中人之利，故譽之與④？雖使下之愚人⑤，必曰：「將爲其上中天之利，而中中鬼之利，而下中人之利，故譽之⑥。」今天下之所同義者⑦，聖王之法也。今天下之諸侯將猶多皆免攻伐并兼⑧，則是有譽義之名⑨，而不察其實也。此譬猶盲者之與人同命白黑之名，而不能分其物也，則豈謂有別哉？是故古之知者之爲天下度也，必順慮其義而後爲之行⑩。是以動則不疑，速通成⑪，得其所欲，而順天鬼百姓之利，則知者之道也⑫。是故古之仁人有天下者，必反大國之説⑬，一天下之和⑭，總四海之内⑮，焉率天下之百姓⑯，以農臣事上帝山川鬼神⑰。利人多，功故又大⑱，是以天賞之，鬼富之⑲，人譽之，使貴爲天子，富有天下，名參乎天地，至今不廢。此則知者之道也，先王之所以有天下者也。

今王公大人、天下之諸侯則不然，將必皆差論其爪牙之士⑳，比列其舟車之卒伍㉑，於此爲堅甲利兵㉒，以往攻伐無罪之國。入其國家邊境，芟刈其禾稼，斬其樹木，墮其城郭㉓，以湮其溝池㉔，攘殺其牲牷㉕，燔潰其祖廟㉖，勁殺其萬民㉗，覆其老弱㉘，遷其重器㉙。卒進而柱乎鬭㉚，曰：「死命爲上，多殺次之，身傷者爲下。又況失列北橈乎哉㉛，罪死無赦㉜！」以譂其衆㉝。夫無兼國覆軍㉞，賊虐萬民，以亂聖人之緒㉟。意將以爲利天乎？夫取天之人，以攻天之邑，此刺殺天民，剥振神之位，傾覆社稷，攘殺其犧牲㊱，則此上不中天之利矣。意將以爲利鬼乎？夫殺之神㊲，滅鬼神之主，廢滅先王，賊虐萬民，百姓離散，則此中不中鬼之利矣。意將以爲利人乎？夫殺之人，爲利人也博矣㊳。又計其費，此爲害生之本㊴，竭天下百姓之財用不可勝數也，則此下不中人之利矣。

今夫師者之相爲不利者也，曰將不勇，士不分㊵，兵不利㊶，教不習，師不衆，卒不和㊷，威不圉㊸，害之不久㊹，争之不疾，孫之不强㊺，植心不堅，與國諸侯疑㊻。與國諸侯疑，則敵生慮而意贏矣㊼。偏具此物㊽，而致從事焉，則是國家失卒㊾，而百姓易務也。今不嘗觀其説好攻伐之國㊿，若使中興師(51)，君子庶人也必且數千(52)，徒倍十萬(53)，然後足以師而動矣。久者數歲，速者數月。是上不暇聽治，士不暇治其官府，農夫不暇稼穡，婦人不暇紡績織紝(54)，則是國家失卒(55)，而百姓易務也。然而又與其車馬之罷弊也，幔幕帷蓋(56)，三軍之用，甲兵之備，五分而得其一，則猶爲序疏矣(57)。然而又與其散亡道路，道路遼遠，粮食不繼傺，食飲之時(58)，厮役以此飢寒凍餒疾病而轉死溝壑中者，不可勝計也(59)。此其爲不利於人也，天下之害厚矣。而王公大人樂而行之，則此樂賊滅天下之萬民也，豈不悖哉！今天下好戰之國齊晉楚越，若使此四國者得意於天下，此皆十倍其國之衆，而未能食其地也(60)，是人不足而地有餘也。今又以争地之故而反相賊也，然則是虧不足而重有餘也(61)。

今遝夫好攻伐之君(62)，又飾其説以非子墨子曰：以攻伐之爲不義，非利物與(63)？昔者禹征有苗，湯伐桀，武王伐紂，此皆立爲聖王，是何故也？子墨子曰：子未察吾言之類，未明其故者也(64)。彼非所謂攻，謂誅也(65)。昔者有三苗大亂(66)，天命殛之(67)，日妖宵出(68)，雨血三朝(69)，龍生於廟，犬哭乎市(70)，夏冰，地坼及泉(71)，五穀變化，民乃大振(72)。高陽乃命玄宮(73)，禹親把天之瑞令(74)，以征有苗。四電誘祇(75)，有神人面鳥身(76)，若瑾以侍，搤矢有苗之祥[77]，苗師大亂，后乃遂幾[78]。禹既已克有三苗[79]，焉磨爲山川，別物上下[80]，鄉制大極[81]，而神民不違，天下乃靜，則此禹之所以征有苗也。逮至乎夏王桀[82]，天有誥命[83]，日月不時，寒暑雜至[84]，五穀焦死[85]，鬼呼國[86]，鶴鳴十夕餘[87]。天乃命湯於鑣宮[88]，用受夏之大命：「夏德大亂，予既卒其命於天矣[89]，往而誅之，必使汝堪之[90]。」湯焉敢奉率其衆[91]，是以鄉有夏之境，帝乃使陰暴毀有夏之城[92]。少少[93]，有神來告曰：「夏德大亂[94]，往攻之，予必使汝大堪之。予既受命於天，天命融隆火于夏之城閒西北之隅[95]。」湯奉桀衆以克有夏[96]，屬諸侯於薄[97]，薦章天命[98]，通于四方，而天下諸侯莫敢不賓服，則此湯之所以誅桀也。逮至乎商王紂[99]，天不序其德[100]，祀用失時[101]，兼夜中十日[102]，雨土于薄[103]，九鼎遷止，婦妖宵出[104]，有鬼宵吟[105]，有女爲男[106]，天雨肉[107]，棘生乎國道[108]，王兄自縱也[109]。赤烏銜珪[110]，降周之岐社[111]，曰：「天命周文王伐殷有國[112]。」泰顛來賓[113]，河出緑圖[114]，地出乘黃[115]。武王踐功[116]，夢見三神曰[117]：「予既沈漬殷紂于酒德矣[118]，往攻之[119]，予必使汝大堪之[120]。」武王乃攻狂夫[121]，反商作周[122]，天賜武王黃鳥之旗[123]。王既已克殷，成帝之來[124]，分主諸神，祀紂先王[125]，通維四夷[126]，而天下莫不賓[127]，焉襲湯之緒[128]，此即武王之所以誅紂也[129]。若以此三聖王者觀之，則非所謂攻也[130]，所謂誅也。

則夫好攻伐之君，又飾其説以非子墨子曰：子以攻伐爲不義，非利物與？昔者楚熊麗始封此雎山之閒[131]，越王繄虧[132]出自有遽[133]，始邦於越[134]，唐叔與吕尚邦齊、晉[135]。此皆地方數百里，今以并國之故，四分天下而有之[136]。是故何也[137]？子墨子曰：子未察吾言之類，未明其故者也。古者天子之始封諸侯也，萬有餘[138]。今以并國之故[139]，萬國有餘皆滅[140]，而四國獨立。此譬猶醫之藥萬有餘人，而四人愈也，則不可謂良醫矣。

則夫好攻伐之君又飾其説曰：我非以金玉子女壤地爲不足也，我欲以義名立於天下，以德來諸侯也[141]。子墨子曰：今若有能以義名立於天下、以德來諸侯者[142]，天下之服可立而待也。夫天下處攻伐久矣，譬若傳子之爲馬然[143]。今若有能信効先利天下諸侯者[144]，大國之不義也，則同憂之；大國之攻小國也，則同救之[145]；小國城郭之不全也，必使修之[146]；布粟乏絶則委之[147]；幣帛不足，則共之[148]。以此効大國，則小國之君説[149]。人勞我逸，則我甲兵强。寬以惠，緩易急，民必移[150]。易攻伐以治我國，攻必倍[151]。量我師舉之費，以諍諸侯之斃[152]，則必可得而享利焉[153]。督以正[154]，義其名，必務寬吾衆，信吾師，以此授諸侯之師[155]，則天下無敵矣，其爲下不可勝數也[156]。此天下之利，而王公大人不知而用，則此可謂不知利天下之巨務矣[157]。

是故子墨子曰：今且天下之王公大人士君子[158]，中情將欲求興天下之利，除天下之害，當若繁爲攻伐，此實天下之巨害也。今欲爲仁義，求爲上士，尚欲中聖王之道[159]，下欲中國家百姓之利，故當若非攻之爲説，而將不可不察者此也⑯⑩。

①王景羲云：「譽善」，當依下文作「譽義」。

②各本無「哉」字，王云：「天志篇曰：天下之所以亂者，其説將何哉。」今依增。

③「與」，諸本作「譽」，寶曆本作「與」，今從之。王引之、蘇時學説同。

④王引之云：「意」與「抑」同，「亡」與「無」同，皆語詞也。非命篇曰：「不識昔也三代之聖善人與？意亡昔三代之暴不肖人與？」蘇云：「意」與「抑」義同。「亡」字疑衍，或有誤。○案：「意亡」，抑也，轉語詞。「非爲其」之「其」，堂策檻本、四庫本脱。

⑤畢本移作「下愚之人」。

⑥「譽之」，緜眇閣本、陳本、繹史本並作「譽也」。

⑦畢云：「義」舊作「養」，一本如此。○案：「義」，諸本作「養」，堂策檻本、四庫本作「義」。

⑧俞云：「免」字衍文。天志篇云「今天下之諸侯將猶皆侵凌攻伐兼并」，無「免」字，可證。○案：以節葬下篇「今天下之士君子，將猶多皆疑惑厚葬久喪之爲中是非利害也」文例校之，「免」字似非衍文。「免」，「勉」之省文。晏子春秋諫上篇「今君不免成城之求，而惟傾城之務」，「免」讀爲「勉」，義與此同。李本「免」上有「不」字，義亦可通。益可證「免」字非衍文也。

⑨寶曆本「義」作「善」。

⑩ 王樹枏云：「順」當爲「慎」。古「順」字作「頂」，形近而譌。

⑪ 孫云：「速通成」當作「遠邇咸」，屬下讀。○案：孫改未塙。尚同中篇曰「助之思慮者衆，則其謀度速得矣。助之動作者衆，即其舉事速成矣」，尚同下篇曰「與人謀事，先人得之。與人舉事，先人成之」，荀子儒效篇曰「人有師有法而知，則速通。云能，則速成」，文意均與此相類。

⑫ 畢云：「知」同「智」。

⑬ 攻伐他國，廣闢土地，此大國之說也，故仁人反之。

⑭ 「和」，緜眇閣本、陳本、繹史本作「利」。

⑮ 句。

⑯ 戴云：「焉」猶乃也。

⑰ 洪云：左氏襄十三年傳「小人農力以事其上」，管子大匡篇「耕者用力不農，有罪無赦」，廣雅釋詁：「農，勉也。」

⑱ 戴云：「故」即「功」之衍文。蓋「功」一本作「攻」，因誤爲「故」，而寫者合之耳。○案：「又」疑「大」之誤而衍者。經上篇曰：「功，利民也。」利民即利人。「利人多，功故大」，文緊相承。若作「功又大」，則利人與功爲二事，義似較遜。

⑲ 畢云：「鬼」，舊作「愚」，以意改。○案：寶曆本作「鬼」，不誤。

⑳ 緜眇閣本、陳本、繹史本無「皆」字。道藏本、陸本、唐本、茅本、李本、緜眇閣本、陳本「爪」作「分」，

誤。

㉑「比」，諸本作「皆」，寶曆本作「比」，今從之。

㉒翻陸本「堅」作「賢」。

㉓畢云：「墮」，一本作「墜」。秋山校同。　孫云：說文自部云：「敗城自〔一〕曰隓。」篆文作「𡐦」。「墮」即「𡐦」之變體。左傳僖三十二年杜注云：「墮，毁也。」　○案：「墮」，翻陸本作「墮」，寶曆本作「隳」，均「墮」之俗變。陸本、茅本、李本、緜眇閣本、堂策檻本、陳本、繹史本、四庫本作「墜」。

㉔畢云：湮塞之字當爲「垔」。

㉕孫云：周禮牧人「掌牧六牲而阜蕃其物，以供祭祀之牲牷」，鄭注云：「六牲謂牛馬羊豕犬雞。牷，體完具。」鄭衆云：「牷，純色。」

㉖王引之云：「燔」與「潰」義不相屬。「潘潰」當爲「潘燎」。隸書「尞」字或作「𡗝」，與「貴」字相似，故字之從「尞」者或誤從「貴」。史記仲尼弟子傳索隱引家語有「申繚」，今本家語七十二弟子篇作「申續」，趙策「魏殺呂遼」，下文又作「呂遺」，皆其類也。「燎」誤爲「燎」，又誤爲「潰」耳。此篇云「攘殺其牲牷，燔燎其祖廟」，天志篇云「焚燒其祖廟，攘殺其犧牲」，文異而義同也。

〔一〕「自」原誤「墮」，據墨子閒詁原引改，與說文合。

㉗舊本「剄」誤「勁」。寶曆本「殺」作「役」。畢云：「剄」字从刀。孫云：左傳定四年杜注云：「剄，取其首。」史記陳涉世家索隱引三蒼郭璞注云：「剄，刺也。」下文云「刺殺天民」，與此同義。

㉘孫云：逸周書周祝篇孔注云：「覆，滅也。」

㉙孟子梁惠王篇「毁其宗廟，遷其重器」，趙注云：「寶重之器。」

㉚「柱」，寶曆本作「桂」。秋山云：「桂」，一作「柱」。戴云：「柱」乃「極」字之誤。極，亟字之借。「乎」字衍。吳云：蒼頡篇：「柱，枝也。」

㉛「失列」，各本作「先列」，今依王校改。王云：「先列」當是「失列」之誤，謂失其行列也。「橈」，畢本作「撓」，舊本並作「橈」，今從舊本。呂氏春秋忠廉篇曰「將衆則必不撓北矣」，「北橈」即「撓北」也。孫云：國語吳語韋注云：「軍敗奔走曰北。」左成二年傳「師徒橈敗」，杜注云：「橈，曲也。」

㉜「赦」，諸本作「殺」，寶曆本作「赦」，今從之。王校同。

㉝「譂」，寶曆本作「殫」。秋山云：「殫」，一本作「譂」。畢云：說文、玉篇無「譂」字，古字言、心相近，即「憚」字。孫云：國語周語韋注云：「憚，懼也。」

㉞孫云：漢書貨殖傳注：「孟康云：無，發聲助也。」

㉟孫云：廣雅釋詁云：「緒，業也。」

㊱王云：「剥」與「振」義不相屬。「振」當爲「㧢」。説文：「剥，裂也。」廣雅：「振，裂也。」是「剥」、「振」皆裂也，故曰「剥振神位」。今本作「剥振神之位」，「之」字衍。「攘殺其犧牲」，「其」字衍。

○案：陳本作「剥振神位」，無「之」字。廣韻：「振，裂也，動也。」「振」字似不誤。

㊲「殺之神」，陸本、茅本、寶曆本、李本、緜眇閣本、陳本、繹史本作「利之神」，道藏本、唐本、堂策檻本、四庫本作「殺之神」，今從之。畢本據下文改爲「殺之人」。戴云：畢本「殺」下脱「天」字。

秋山云：「利之神」疑有脱誤。

㊳戴云：「殺」下脱「天」字。俞云：「博」疑當作「薄」。言殺人以利人，其利亦薄也。若作「博」字，則不可通。孫云：俞校是也。此疑當作「夫殺人之爲利人也，薄矣」。○案：俞、孫説近是。「博」，「薄」之聲借。

㊴「害」，各本作「周」，今依王校改。王云：「周」字義不可通，「周」當作「害」。財者，生之本也。用兵而費財，故曰「害生之本」。隸書「害」字或作「害」，與「周」相似而誤。

㊵畢云：「分」同「忿」。孫云：「分」疑「奮」聲近假借字。

㊶「兵」即上文「堅甲利兵」之「兵」。

㊷「卒」，畢本作「率」，舊本並作「卒」，今據正。諸本「和」上有「利」字，緜眇閣本無，今據删。秋山云：「利和」之「利」疑衍。俞校同。

㊸孫云：「圉」與「彊圉」義同。逸周書謚法篇云：「威德剛武曰圉。」

㊹ 吳云：「害」者，「遏」之借字。　孫云：「害」當作「圉」，形近而誤。

㊺ 孫云：「孫」疑當作「係」。蓋謂係纍民人。

㊻ 「與國」，黨與之國也。

㊼ 「嬴」，畢本作「嬴」，舊本並作「嬴」，今據正。史記蘇秦傳索隱云：「嬴，猶勝。」

㊽ 畢云：「偏」當爲「徧」。　王云：古多以「偏」爲「徧」，不煩改字。非儒篇「遠施用偏」，檀弓「二名不偏諱」，大戴記勸學篇「偏與之而無私」，漢三公山碑「偏雨四海」，皆以「偏」爲「徧」。

㊾ 「率」，諸本作「卒」，緜眇閣本作「率」，今從之。孟子盡心篇「變其彀率」，注云：「率，法也。」漢書高帝紀集注云：「率，計也。」　畢云：「卒」，一本作「足」。

㊿ 寶曆本「嘗」作「當」。　秋山云：「當」，一作「嘗」。

51 曹云：「中」，言不大也。　○案：「中」猶誠也。荀子成相篇「欲對衷，言不從」，楊注：「衷，誠也。」「衷」即「中」字。

52 孫云：「君子」下有脱字，疑當云「君子數百」。

53 「倍」猶負也，謂負擔給役之人。下文「厮役」即承此而言。戰國策韓策曰：「料大王之卒悉之不過三十萬，而厮徒負養在其中矣。」

54 畢云：説文云：「紡，網絲也。」「績，緝也。」「織，作布帛之總名也。」「紝，機縷也。𦃃，或字。」

55 「率」，諸本作「卒」，繹史本作「足」，緜眇閣本作「率」，今從之。義見上文。

56 孫云：說文巾部云：「幔，幕也。」廣雅釋器云：「幔，帳也。」「幕」、「帷」詳中篇。

57 孫云：「序疏」疑當爲「厚餘」，皆形之誤。厚餘，言多餘也。孫子作戰篇：「國之貧於師者，力屈財殫，中原内虛於家。百姓之費，十去其七。公家之費，破車罷馬，甲冑、矢弓、戟盾、矛櫓、丘牛、大車，十去其六。」此說與彼略同。

58 「粮」，中篇作「糧」。畢云：「粮」，俗。王云：「傺」字與上下文義不相屬，未詳。「之時」當爲「不時」。「食飲不時」與「粮食不繼」對文。俞云：「傺」即「際」字。張遷碑「臈正之傺」是也。昭四年左傳「爾未際」，孟子萬章篇「敢問交際何心也」，杜預、趙岐注並曰：「際，接也。」疑墨子原文本作「粮食不傺」，不傺即不接也。與中篇所云「粮食輟絶而不繼」文異義同。後人不達「傺」字之義，據中篇改爲「不繼」，而寫者兩存之，遂作「不繼傺」耳。

59 「厮」，各本作「厠」，今依王校改。王云：「厠役」當爲「厮役」之誤。宣十二年公羊傳「厮役扈養，死者數百人」，是其證。

60 「食」謂墾耕。禮記檀弓「我死，則擇不食之地而葬我焉」，鄭注云：「不食，謂不墾耕。」

61 「重」，畢本譌「動」，舊本並作「重」，今據正。

62 「逮」，諸本作「還」，寶曆本作「逮」，今從之。洪云：「還」當爲「遝」字之譌。遝、逮古字通用。

63 「伐」，舊本作「罰」。畢云：「以攻伐之」，據後文當云「子以攻伐」。

64 孫云：大取篇云：「辭以故生，以理長，以類行。」

(65) 孫云：依下文，「謂」上亦當有「所」字。說文言部云：「誅，討也。」謂討有罪與攻伐無罪之國異。

(66) 王云：「有」字即「者」字之誤而衍者，今據開元占經、太平御覽引刪。○案：以下文「禹既已克有三苗」校之，則「有」字非衍文。類書所引或有刪節。下文又曰「有夏」，此「有」字與彼同。

(67) 王樹枏云：開元占經一百一引「殛」作「埶」。○案：宋本、蜀本御覽五百三十一引作「殛」，與本書同。

(68) 「宵」，道藏本、陸本、唐本、茅本、緜眇閣本作「賓」，誤。日以宵出，故謂之「妖」。孫云：通鑑外紀引隨巢子、汲冢紀年云：「三苗將亡，日夜出，晝日不出。」疑「妖」是衍文。

(69) 孫云：開元占經三引太公金匱云：「有苗時，天雨血，沾衣。」

(70) 各本脱「於」字，又「犬」作「大」，今依王校補正。王云：「龍生廟」當作「龍生於廟」，方合上下句法。太平御覽禮儀部十引此正作「龍生於廟」。「大哭乎市」文義不明。「大」當爲「犬」，「犬哭乎市」與「龍生於廟」對文。開元占經犬占引墨子曰「三苗大亂，犬哭于市」，太平御覽獸部引隨巢子曰「昔三苗大亂，龍生於廟，犬哭于市」，皆其證。秋山云：「大」疑「犬」誤。

(71) 畢云：太平御覽引此云：「三苗欲滅，時地震坼，泉湧。」○案：蜀本御覽八百八十引如畢說，無「坼」字。

(72) 畢云：同「震」。

(73) 畢云：「舜」，高陽第六世孫，故云。王云：此當作「高陽乃命禹於玄宮」，下文禹征有苗，正承此文而言。又下文「天乃命湯於鑣宮」，與此文同一例。今本脱「禹於」二字，則文義不明。孫云：藝文類聚符命部引隨巢子云「天命禹夏於玄宮，有大神人面鳥身」云云，則非高陽所命也。此文疑有脱誤。今本竹書紀年：「帝舜三十五年，帝命夏后征有苗，有苗氏來朝。」

⑭ 畢云：「把」，文選注引作「抱」。說文云：「瑞，以玉爲信也。」孫云：「令」，文選東京賦李注引作「命」。說文手部云：「把，握也。」

⑮ 孫云：疑當爲「雷電誖振」。「雷」壞字爲「田」，又誤爲「四」。「誖」「誘」、「祇」「振」形並相近。「誖」「勃」、「振」「震」字通。書無逸云「治民祇懼」，史記魯世家「祇」作「震」，是其證也。

⑯ 孫云：即明鬼下篇秦穆公所見之句芒也。

⑰ 秋山云：「若瑾」以下十字，疑有脱誤。孫云：「若瑾」疑「奉珪」之誤。「若」鐘鼎古文作「」，「奉」篆文作「」，二形相似。「珪」、「瑾」亦形之誤。

⑱ 「后」，畢本作「後」，舊本並作「后」，今從舊本。孫云：說文幺部云：「幾，微也。」言三苗之後世遂衰微也。

⑲ 句。

⑳ 王云：「焉」猶於是也、乃也。下文「湯焉敢奉率其衆」、武王「焉襲湯之緒」，義並與此同。「磿」字各本作「磨」，今依王校改。王云：「磨」字義不可通。「磨」當爲「磿」，「磿」與「歷」通。歷之言離也。大戴記五帝德篇曰「歷離日月星辰」，是歷與離同義。淮南精神篇曰「別爲陰陽，離

爲八極」，然則磿爲山川亦謂離爲山川也。離與磿皆分别之義，故曰「磿爲山川，别物上下」。世人多見「磨」，少見「磿」，故書傳中「磿」字多譌作「磨」。顔氏家訓勉學篇曰「太山羊肅讀世本『容成造磿』，以『磿』爲碓磨之『磨』。」則以「磿」爲「磨」，自古已然矣。

⑧1 「鄉」，諸本作「卿」，翻陸本作「鄉」，今從之。孫云：「『卿制大極』疑當爲『鄉制四極』，「鄉」即「饗」之省。」○案：「大」字不誤。易林家人曰「生有聖德，上配大極」，又見歸妹與兑。文選晉紀總論「至於世祖，遂享皇極」，李注云：「皇極，大中也。」吕濟注云：「享，當也。皇極，天子位也。言武帝受禪，遂當大中之位。」案「鄉」、「享」字通。此言「鄉制大極」，彼言「享皇極」，文異而義同。

⑧2 「逮」，諸本作「還」，茅本、寶曆本、李本、緜眇閣本作「逮」，今從之。王、洪校「還」作「遝」，「遝」與「逮」同。逮，及也。「王」，道藏本、陸本、唐本、茅本、李本作「至」。

⑧3 「誥」，諸本作「軲」，四庫本作「誥」，今從之。説文曰：「誥，告也。」畢云：「『軲』當是『誥』字。」孫云：「『軲』疑當爲『酷』，謂嚴命也。一切經音義云：『酷，古文俈、嚳、焅三形。』」

⑧4 孫云：易釋文引孟喜云：「雜，亂也。」謂寒暑錯亂，而至失其恒節。

⑧5 孫云：史記龜策傳説桀紂云：「天數枯旱，國多妖祥，螟蟲歲生，五穀不成。」

⑧6 王云：「呼」下當有「於」字，方合上下句法。孫云：御覽八十二引帝王世紀亦云「鬼呼於國」。劉師培云：開元占經一百十三引作「鬼呼於國」，復引作「鬼叫於國」，「呼」、「叫」異文，

「國」上並有「於」字，王校是也。

⑧⑦「鶴」，諸本作「靍」，畢本作「鸖」，寶曆本作「鶴」，今從之。　盧云：「鸖」字未詳，若作「靍」，與「鶴」同。　孫云：「鶴」字，唐姚元景造象記作「靍」，楚金禪師碑作「鸖」，並俗書譌變。　通鑑外紀夏紀云「鶴鳴於國十日十夕不止」，即本此文。　通志夏紀「鶴」作「鸛」，疑誤。

⑧⑧畢云：舊脱「天」字，據文選注增。「鑣」，藝文類聚引作「驪」，文選注作「鑣」。　劉師培云：類聚見卷十，文選見褚淵碑文注。　今考初學記二十四「湯有鑣宫」，注云：「見墨子，湯所受命之宫。」御覽三百五引墨子云：「湯在鑣宫，夢神。　謂之曰：夏桀無道，汝克戡之。」玉海百五十五引此文亦作「天命湯於鑣宫」。　是古本作「鑣」不作「驪」，與今本同。　○案：宋本、蜀本御覽引「鑣」作「鏕」。「鑣」與「鏕」、「驪」並形近易譌。

⑧⑨此八字疑當在下文「有神來告曰夏德大亂」之下，説詳彼注。

⑨⓪秋山云：「堪」、「戡」同。　畢云：文選注、藝文類聚引作「戡」，此「戕」字之假音。　説文云：「戕，殺也。」爾雅云：「堪，勝也。」　孫云：「夏德大亂」以下四句，文義與下文重複，疑校書者附記異同，遂與正文淆混。　文選辯命論、褚淵碑文注兩引亦無此數語。　畢所校乃下文之異文也。

⑨①「焉」字義見上文。

⑨②吳云：「陰暴」，神名。

⑨③「少少」，言不久之時也。　春秋繁露暖燠孰多篇「清凓之日少少耳」，義與此同。

94 上文「予既卒其命於天矣」八字，疑爲此下脱文。此文爲神告，故言「卒其命於天」。上文爲天命，則不當又言「卒其命於天矣。」此文神曰「夏德大亂，予既卒其命於天矣」，下文三神曰「予既沈漬殷紂於酒德矣」，文例正同。諸「予」字並指神言。

95 畢云：「隆」疑作「降」。言命祝融降火。　王云：「降」與「隆」通，不煩改字，詳尚賢中篇。　孫云：國語周語内史過説夏亡，「回禄信於聆隧」，韋注云：「回禄，火神。聆隧，地名。」左昭十八年傳鄭災，「禳火於玄冥、回禄」，孔疏云：「楚之先吴回爲祝融，或云回禄即吴回也。」是「融」即「回禄」，此與周語所云即一事也。備城門篇云「城四面四隅」。

96 各本無「夏」字，今依戴説增。

97 畢云：此作「薄」，是也。管子地數云「湯有七十里之薄」，周書殷祝解云「湯放桀而復薄」，荀子議兵云「古者湯以薄，武王以滈」，呂氏春秋云「湯嘗約於郼薄」，皆作「薄」。地理志云：「河南偃師尸鄉，殷湯所都。」是今河南偃師也。史記集解云：「皇甫謐曰：梁國穀孰爲南亳，即湯都也。」括地志云：「宋州穀孰縣西南三十五〔一〕里南亳故城，即南亳，湯都也。宋州北五十里大蒙城爲景亳，湯所盟地，因景山爲名。河南偃師爲西亳，帝嚳及湯所都，盤庚亦從都之。」又案：「薄」，惟孟子作「亳」，非正字也。亳，京兆杜陵亭名，見説文。別有亳王，號湯，在今陝西三原縣，地各不同。

〔一〕「五」，畢刻本原引脱，本書沿誤。墨子閒詁引有「五」字，今據補，與史記殷本紀正義所引合。

孫云：禮記經解鄭注云：「屬猶合也。」

98 孫云：爾雅釋詁云：「薦，進也。」儀禮士冠禮鄭注云：「章，明也。」 畢云：文選注引作「商王紂時」，太平御覽作「紂之時」。

99 「逮」，諸本作「還」，寶曆本作「逮」，今從之。 王云：「還」當爲「遝」，與「逮」通。

100 王云：「序」，順也。言天不順紂之德。非樂篇引湯之官刑曰「上帝不順」，是也。爾雅云：「順，敍也。」「敍」與「序」同。法言問神篇曰「事得其序之謂訓」，「訓」與「順」同。周語曰「周旋序順」，「序」亦「順」也。逸周書序曰：「文王告武王以序德之行。」 俞云：「序」乃「享」字之誤。莊子則陽篇「隨序之相理」，釋文曰「序，一本作享」，是其例也。「天不享其德」，文義甚明。字誤作「序」，不可通矣。 孫云：俞說是也。尚賢中篇云「則天鄉其德」，「鄉」亦與「享」通。

101 孫云：史記龜策傳説桀紂云「逆亂四時，先〔一〕百鬼嘗」，蓋言祭祀不以時舉也。

102 「中」字疑衍。宋本、蜀本御覽三十七引作「商王紂不德，兼夜十日，雨土於亳」，又八十三引作「紂之時，十日雨土于亳」，正無「中」字。「兼夜十日」者，言十日夜出，不僅一夜也。

103 畢云：太平御覽引作「亳」，假音字。 孫云：李淳風乙巳占亦引墨子曰「商紂不德，十日雨土於亳」，今本紀年「帝辛五年，雨土于亳」。 ○案：舊本「土」作「王」，誤。

〔一〕「先」，墨子閒詁原引誤「失」，本書沿誤，據史記龜策傳改。

⑩④「宵」，道藏本、陸本、唐本、茅本、緜眇閣本、堂策檻本作「省」，寶曆本作「霄」。

⑩⑤「宵」，陸本作「宵」，寶曆本及宋本、蜀本御覽八十三引並作「霄」。　孫云：文選蘇子卿古詩李注引蒼頡篇云：「吟，歎也。」

⑩⑥王樹枏云：太平御覽皇王部引作「有男爲女」。　○案：「宋本、蜀本御覽引作「有男女爲」，蓋「男」字錯於「女爲」之上，翻刻本御覽又以意乙爲「有男爲女」耳。

⑩⑦宋本、蜀本御覽八百七十七引作「殷紂滅年，天雨肉，其年爲周武王所滅」。

⑩⑧孫云：「國道」，謂國中九經九緯之涂也。

⑩⑨王云：「兄」與「況」同。況，益也。言紂益自放縱也。小雅常棣篇「況也永嘆」，毛傳曰：「況，茲也。」茲與滋同。滋，益也。晉語「衆況厚之」，韋注曰：「況，益也。」無逸「則皇自敬德」，漢石經「皇」作「兄〔一〕」，王肅本作「況」，云：「況滋〔二〕益用敬德。」大雅桑柔篇「倉兄填兮」、召旻篇「職兄斯弘」，毛傳並曰：「兄，茲也。」　顧説同。

⑪⓪畢云：「烏」，太平御覽引作「雀」。「珪」，初學記引作「書」。　孫云：太平御覽時序部引尚書中候云：「周文王爲西伯，季秋之月甲子，赤雀銜丹書入豐，止于昌户。王乃拜，稽首受取，曰：

〔一〕「兄」原誤「況」，據王念孫讀書雜志原引改，與熹平石經原文合。

〔二〕「況滋」原誤倒作「滋況」，據讀書雜志乙正，與尚書無逸孔疏所引合。

姬昌蒼帝子，亡殷者紂也。」宋書符瑞志同。史記周本紀正義〔一〕引尚書帝命驗云「季秋之月甲子，赤爵銜丹書入于酆，止于昌户。其書云：敬勝怠者吉」云云，與大戴記武王踐阼篇丹書文同，與此異。以上諸書並作「銜書」，與初學記同。吕氏春秋應同篇云「文王之時，赤烏銜丹書，集之周社」，亦與此書降岐社事同。疑皆一事，而傳聞緣飾不免詭異耳。○案：「烏」，陸本、茅本、寶曆本、李本、緜眇閣本、堂策檻本作「鳥」。藝文類聚十二引作「赤烏銜珪」，又九十八及九十九兩引並作「烏」。明鈔本北堂書鈔卷二，有「赤烏御珪、赤烏御書」八字，不注所出，又一百二十引作「赤烏啣書」，又引作「赤烏啣書」。初學記二十二引作「赤烏銜書」。宋本、蜀本御覽八十四引作「赤雀銜珪」，八百六引作「赤烏銜圭」，九百二十引作「赤烏銜珪」。曰「烏」、曰「鳥」、曰「雀」，或「珪」、或「圭」，或「書」，字各不同。不知孰爲正字。論衡初稟篇曰「文王得赤雀，武王得白魚、赤烏」，是「赤雀」、「赤烏」本爲二事。援引之者或混爲一談，故多歧互與？

⑪ 孫云：今本紀年：「帝辛三十二年，有赤烏集於周社。」○案：蜀本御覽八百六及九百二十引「岐」並作「歧」。宋本御覽仍作「岐」，與本書同。

⑫ 畢云：太平御覽云「命曰：周文王伐殷」，事類賦云「命代殷也」。○案：宋本、蜀本御覽八十四引作「曰：命周文王伐於殷」，又八百六作「曰：天命周文王伐殷」，又九百二十作「曰：命周

〔一〕「正義」上，墨子閒詁原誤衍「集解」兩字，本書沿誤，據史記删。

文王伐殷」，均與畢引御覽異。藝文類聚九十九引作「曰：命周文王代殷」。

(113) 泰顛，見尚賢上篇。

(114) 孫云：北堂書鈔地部引隨巢子云：「姬氏之興，河出緑圖。」淮南子俶真訓云：「至德之世，洛出丹書，河出緑圖。」易緯乾鑿度云：「昌以西伯受命，改正朔，布王號於天下，受籙應河圖。」緑、籙通。○案：「緑」，道藏本、陸本、唐本、茅本、李本、堂策檻本作「緣」，誤。類聚九十八引作「録」，九十九引作「籙」。「緑」、「録」、「籙」並字通。御覽九百二十引無「緑」字。

(115) 孫云：周書王會篇云：「白民乘黃。乘黃者，似狐，其背有兩角。」山海經海外西經同。○案：管子小匡篇曰：「昔人之受命者，龍龜假，河出圖，雒出書，地出乘黃。」宋本御覽八百九十六引符瑞圖曰：「王者，車馬有節則見騰黃。騰黃者，神馬也。其色黃，一名乘黃，亦曰飛黃，或曰吉黃，或曰翠黃，一名紫黃。其狀如狐，背上有兩角。」

(116) 孫云：「踐功」疑「踐阼」之誤。○案：「踐功」似不誤，言武王踵述文王之事功。

(117) 畢云：舊脱此字，據文選注、藝文類聚增。○案：文選辯命論李注及藝文類聚卷十引並無「夢」字。

(118) 秋山云：「漬」，一作「瀆」。畢云：「漬」，藝文類聚引作「瀆」。孫云：書微子「我用沈酗于酒」，孔疏云：「人以酒亂，若沈於水，故以耽酒爲沈也。」史記宋世家：「紂沈湎于酒。」詩小雅釋文云：「漬，淹也。」一切經音義引通俗文云：「水浸曰漬。」

⑪⑨ 類聚引「往」上有「汝」字。

⑫⓪ 畢云：「堪」，藝文類聚、文選注引作「戡」。

⑫① 孫云：「攻狂夫」疑當作「往攻之」。　王景羲云：孫説非。「狂夫」如孟子之「獨夫」、箕子之「狡童」。　○案：王説近是。北齊書許遵傳「吾筮此狂夫，何時得死」，「狂夫」指齊文宣帝，文與此相類。説苑指武篇：「周公對武王曰：臣聞之，攻禮者爲賊，攻義者爲殘。失其民，制爲匹夫。王攻其失民者也，何攻天子乎？」是周公亦以紂爲匹夫矣。

⑫② 「作」，諸本作「之」，緜眇閣本作「作」，今從之。寶曆本作「及商之周」。

⑫③ 畢云：「賜」，太平御覽引作「錫」。北堂書鈔引隨巢子云「天賜武王黄鳥之旗」，抱朴子云「武王時興，天給之旗」。　○案：明鈔本北堂書鈔卷二有此句，未注所出，又一百二十凡兩引，並與本書同。畢注謂引隨巢子，則爲陳禹謨改刊本書鈔所誤。類聚九十八及九十九引「賜」並作「錫」。初學記二十二引與本書同。宋本、蜀本御覽八十四及九百二十引「賜」作「錫」，又三百五引仍作「賜」。

⑫④ 緜眇閣本「成」作「乘」。　畢云：「來」當爲「賚」。　孫云：周書商誓篇云「武王曰：予惟甲子克致天之大罰，□帝之來，革紂之□，予亦無敢違天命」，與此文意略同。

⑫⑤ 淮南子主術訓、道應訓並曰「武王伐紂，朝成湯之廟」，又泰族訓曰「武王入據殷國，朝成湯之廟」。

⑫⑥ 孫云：「維」當作「于」。上文説湯云「通于四方」。

句。

⑫⑧ 孫云：詩魯頌閟宫云「纘禹之緒」，毛傳云：「緒，業也。」

⑫⑨ 王樹枏云：「此即」當爲「即此」誤倒。「即」與「則」同。上文「則此禹之所以征有苗也」、「則此湯之所以誅桀也」，「則此」即「即此」，句法當一律。

⑬⓪ 堂策檻本、四庫本無「也」字。

⑬① 「封」，諸本作「討」，寶曆本作「封」，今從之。畢云：「討」字當爲「封」。史記楚世家云：「鬻熊子事文王，蚤卒。其子曰熊麗。」「睢」即江漢沮漳之沮。孫云：史記楚世家：「熊繹當周成王之時，舉文武勤勞之後嗣，而封熊繹於楚蠻。」是始封楚者爲熊麗之孫繹，與此書不同。梁玉繩云：「麗」是繹祖，「睢」爲楚望，然則繹之前已建國楚地，成王蓋因而封之，非成王封繹始有國耳。○案：潛夫論志氏姓篇曰：「芈姓之裔熊嚴，成王封之於楚，是謂粥熊。又號粥子。」是又以熊嚴爲楚始封之君，與本書及史記均不同。

⑬② 盧云：即無餘也。「緊」舊作「繄」，非，以意改。畢本從之。孫云：「無餘」見越絶書外傳記地篇，吴越春秋越王無余外傳字作「余」，同。依盧校「緊虧」即「無餘」，但無餘遠在夏世，而史記越世家則謂句踐始爲越王。史記正義引輿地志云：「周敬王時，有越侯夫譚，子曰允常，拓土始大，稱王。」案允常爲句踐父。○案：漢書古今人表亦云「越王允常」，並與史記不同。此越王或當是允常，亦未能决定也。「越王緊虧」即「越王翳」，詳後。

133 孫云：史記越世家云：「其先禹之苗裔，而夏后帝少康之庶子也。封於會稽，以奉守禹之祀。」吳越春秋云：「少康恐禹迹宗廟祭祀之絶，乃封其庶子於越，號曰無餘。」水經漸江水注云：「夏后少康封少子杼以奉禹祠，爲越。」則與帝杼同名，疑誤。水經注又云：「秦望山南有嶕峴，峴里有大城，越王無餘之舊都也。故吳越春秋句踐語范蠡曰：先君無餘，國在南山之陽。」則酈氏亦兼據趙説矣。但此云「出自有遽」，古籍無徵。國語鄭語云「芈姓夔越」，與史記不同。吳語韋注云：「越王句踐，祝融之後、允常之子，芈姓也。」又引世本亦云：「越，芈姓也。」漢書地理志顏注引臣瓚亦據世本明越非禹後。史記楚世家云：「熊渠立其長子康爲句亶王，中子紅爲鄂王，少子執疵爲越章王。」孔廣森云：「越即越章也。」若然，此「出自有遽」或當云「出自熊渠」。○案：鄭語「芈姓夔越」之「越」，是否「越王句踐」之「越」，尚是疑問。據史記，熊渠封子事當周夷王時，其時楚之勢力恐不能出於今之兩湖，何能封其子於懸隔千里之會稽？「越章王」「越」字，系本作「就」，大戴記作「戚」。是「越」字亦不能塙定，更無從傅會及於句踐之越矣。竊以爲「越王緊虧」即「越王翳」，「有遽」即「無餘」。緊、翳字同，遽、餘、余、杼皆一聲之轉。虧、有、無皆聲之助。楚、齊、晉久爲強國，史事較爲當時人所知，故僅舉始封之君。於越則先舉今王，次溯及始封之君。文意雖四國平列，敘事則詳略微別也。

134 有遽始邦於越。

135 唐叔虞封於唐，後改稱晉。

136 蘇云：墨子當春秋後，其時越方強盛，而晉尚未亡，故以荆、越、齊、晉爲四大國。不數秦者，時秦方衰亂故也。此可徵墨子在孔子後，而未及戰國也。凡書中涉戰國時事者，皆其徒爲之爾。

137 李本作「是何故也」。

138 畢云：呂氏春秋用民篇云：「當禹之時，天下萬國，至於湯而三千餘國。」戴云：「餘」下當補「國」字。 王樹枏云：依下文「萬」下當補「國」字。 ○案：左哀七年傳曰：「禹合諸侯於塗山，執玉帛者萬國，今其存者無數十焉。」

139 「故」，堂策檻本、四庫本作「國」。

140 戴云：「萬國有餘」當作「萬有餘國」。 ○案：兼愛中篇曰「百人有餘」，貴義篇曰「必千人有餘」，句法與此同。

141 「來」，畢本作「求」。 畢云：「求」，一本作「來」，下同。 秋山云：「求」，一作「來」。○案：「來」，道藏本、陸本、唐本、茅本、寶曆本、李本作「求」，沈本、緜眇閣本、堂策檻本、四庫本作「來」。「來」字義長，且與下文一律，今從之。義如論語季氏篇「遠人不服，則脩文德以來之」之「來」。「求」字義亦可通，國語晉語曰「何以求諸侯」。

142 「來」，畢本作「求」，舊本並作「來」，今從舊本。

143 畢云：「傳子」，言傳舍之人。 王云：畢說非也。「傳」當爲「僮」，字之誤也。僮，今「童」字也。說文：「僮，未冠也。」耕柱篇曰：「大國之攻小國，譬猶童子之爲馬也。童子之爲馬，足用而勞。今大國之攻小國也，攻者農夫不得耕，婦人不得織，以守爲事。攻人者亦農夫不得耕，婦人不得織，以攻爲事。故大國之攻小國也，譬猶童子之爲馬也。」是其證。蘇校同。吳云：「傳」爲「孺」之誤。孫云：「傳」或當爲「孺」，「孺」俗作「孺」，與「傳」形近。孺子、僮〔一〕子義同。○案：王、蘇說較長。「傳」，諸本作「傳」，爲「傳」之俗體。寶曆本作「傳」，堂策檻本、顧校李本、四庫本作「傳」。

⑭ 後漢書竇融傳曰「帝以融信效著明」。

⑮ 「救之」，陸本、茅本、緜眇閣本作「之救」，誤倒。

⑯ 「全」，完也。

⑰ 「乏絶」，各本作「之絶」，今依王校改。王云：「之絶」二字不詞，當是「乏絶」之誤。月令曰「賜貧窮，振乏絶」，是也。「委」讀委輸之委。孫云：王說是也。周禮小行人云：「若國凶荒，則令賙委之。」

⑱ 畢云：「共」同「供」。

⑲ 孫云：「効」讀爲「交」。「小國」，疑當爲「大國」。張純一云：當作「以此効大國，則大國之君說。以此効小國，則小國之君說」。○案：本文似無脱誤。戰國策秦策「韓魏之強，足以校

〔一〕「僮」原作「童」，據墨子閒詁改。

於秦矣」，高注云：「校猶亢也。」此「効」字義與彼「校」字同。「以此効大國」，言以此抗禦大國也。上文「大國之攻小國也，則同救之」云云，正所謂「以此効大國」也。小國得救，故悦。墨家非攻伐，主救守，故其言如此。

⑮ 孫云：呂氏春秋義賞篇云「賞重則民移之」，高注云：「移，猶歸也。」　曹云：「移」當作「利」。

⑯ 孫云：攻當爲功之借字。

⑰ 「諍」，王校改「争」。　王云：舊本「争」作「諍」，涉下文諸字從「言」而誤，今改。　蘇云：「諍」，義與征同。　孫云：說文犬部云：「獘，頓仆也。」或作「斃」，从死。　○案：「諍」、「争」字通。戰國策秦策「有兩虎諍人而鬬者」，注云「諍，一作争。」史記陳軫傳作「争牛」。荀子勸學篇「有争氣者，勿與辯也」，韓詩外傳卷四作「有諍氣者」。荀子君道篇「不與之争能，而致善用其功」，韓詩外傳卷四作「不與諍能」。

⑱ 「享」，各本作「序」。　王引之云：「序利」當爲「厚利」，隸書相似而誤。　俞云：「序」亦「享」字之誤。　○案：俞說是也，今依改。戰國策趙策「知伯曰：兵着晉陽三年矣，旦暮當拔之，而饗其利」，「饗」、「享」字通。

⑲ 「正」，堂策檻本、四庫本作「止」。　孫云：說文目部云：「督，察也。」爾雅釋詁云：「督，正也。」郭注云：「督謂御正。」

⑳ 「授」，救也。朱駿聲云：「『授』之變體作『賙』。詩鴻雁箋『欲令賙餼之』，釋文：『賙，救也。』」孫

謂「授」爲「援」之誤字，援亦救助之義。

156 願爲之下者衆。

157 畢云：「巨」舊作「臣」，以意改。○案：寶曆本、緜眇閣本、堂策檻本、顧校李本、四庫本並作「巨」。

158 王引之云：「今且」，今夫也。○案：「今且」猶今者。

159 秋山云：「尚」、「上」同。

160 畢云：舊脱下「不」字，以意增。王云：「不可不察者此也」，本作「不可不察此者也」。「此」字指非攻之説而言，言欲爲仁義，則不可不察此非攻之説也。今本「此者」二字倒轉，則與上文「今欲」二字義不相屬矣。節葬篇「故當若節喪之爲政而不可不察者此也」，「者此」亦「此者」之誤。尚賢篇「故尚賢之爲説而不可不察此者也」，明鬼篇「故當鬼神之有與無之別，以爲將不可以不明察此者也」，「此者」二字皆不誤。○案：緜眇閣本有下「不」字。

墨子校注卷之六

節用上第二十

聖人爲政一國，一國可倍也①；大之爲政天下，天下可倍也。其倍之，非外取地也，因其國家，去其無用②，足以倍之。聖王爲政，其發令興事、使民用財也③，無不加用而爲者④。是故用財不費，民德不勞⑤，其興利多矣⑥。

其爲衣裘何以爲⑦？冬以圉寒，夏以圉暑⑧。凡爲衣裳之道⑨，冬加溫、夏加清者，芊䱉⑩；不加者，去之⑪。其爲宫室何以爲？冬以圉風寒，夏以圉暑雨。凡爲宫室⑫，加固者，芊䱉；不加者，去之。其爲甲盾五兵何以爲⑬？以圉寇亂盜賊，若有寇亂盜賊，有甲盾五兵者勝，無者不勝⑭，是故聖人作爲甲盾五兵。凡爲甲盾五兵，加輕以利堅而難折者，芊䱉⑮；不加者，去之。其爲舟車何以爲？車以行陵陸，舟以行川谷，以通四方之利。凡爲舟車之道，加輕以利者，芊䱉；不加者，去之。凡其爲此物也，無不加用而爲者⑯，是故用財不費，民德不勞，其興利多矣⑰。有去大人之好聚珠玉鳥獸犬馬，以益衣裳宮室甲盾五兵舟車之數⑱，於數倍乎？若則不難倍⑲。故孰爲難倍？唯人爲難倍。

然人有可倍也。昔者聖王爲法曰⑳：「丈夫年二十，毋敢不處家㉑，女子年十五㉒，毋敢不事人㉓。」此聖王之法也㉔。聖王既没，於民次也㉕。其欲蚤處家者，有所二十年處家㉖，其欲晚處家者，有所四十年處家。以其蚤與其晚相踐㉗，後聖王之法十年。若純三年而字，子生可以二三年矣㉘。此不惟使民蚤處家而可以倍與㉙？且不然已㉚。

今天下爲政者，其所以寡人之道多。其使民勞，其籍斂厚㉛，民財不足，凍餓死者不可勝數也。且大人惟毋興師以攻伐鄰國㉜，久者終年，速者數月，男女久不相見，此所以寡人之道也。與居處不安、飲食不時、作疾病死者，有與侵就僾橐㉝、攻城野戰死者，不可勝數。此不今爲政者所以寡人之道數術而起與㉞？聖人爲政特無此㉟，此不聖人爲政其所以衆人之道亦數術而起與㊱？故子墨子曰：去無用之務，行聖王之道㊲，天下之大利也。

① 畢云：言利可倍。

② 「用」字諸本無，潛本、緜眇閣本、陳本並有，今據補。「無用」爲古人常語。七患篇曰「民力盡於無用」，辭過篇曰「單財勞力，畢歸之於無用也」，節葬下篇曰「其爲無用若此矣」，非命中、下篇並曰

「繁爲無用，暴逆百姓」，戰國策秦策曰「罷無能，廢無用」，管子五輔篇曰「強本事，去無用，然後民可使富」，又侈靡篇曰「賤有實，敬無用」，又七臣七主篇曰「工技力於無用」，韓子五蠹篇曰「明主賞其功，必禁無用」，又顯學篇曰「故明主舉實事，去無用」，商子農戰篇曰「去無用，止浮學」，韓詩外傳卷二〔一〕曰「理好惡則不貪無用」，又卷八曰「工不造無用」，説苑反質篇曰「長無用，好末淫，非聖人之所急也」，莊子書中「無用」尤爲習見，不枚舉。王校此句作「去其無用之費」，未塙。

③「使」，諸本作「便」，寶曆本作「使」，今從之。王説同。「用」，堂策檻本、四庫本作「因」。

④潛本、緜眇閣本、陳本無「不」字。

⑤「民」，茅本、寶曆本、李本作「用」。孫云：「德」與「得」通，下同。

⑥韓子難二篇曰：「舟車機械之利，用力少，致功大，則入多。」

⑦句。顧、孫、吴均讀「何」字斷句，誤。

⑧孫云：「圉」、「禦」字通。

⑨「裳」，潛本、緜眇閣本作「裘」。

⑩句。

⑪「芊」，吴鈔本、潛本、寶曆本、緜眇閣本作「芋」。「䱹」，吴鈔本作「鉏」，「䱹」、「鉏」皆從且得聲。

〔一〕「卷二」原誤「卷一」，據韓詩外傳卷二改。

畢云：「芊組」二字凡四見，疑一「鮮」字之誤。鮮，少也。言少不加於溫清者去之。蘇云：「芊組」或作「鮮有」二字。洪云：「芊組」當是「則止」二字之譌。俞云：「芊組」疑當作「鮮且」。且讀爲䱹。鮮且者，鮮䱹也。俞正燮云：「羊」乃「善」脱，「組」乃「但」誤。孫云：俞（樾）說近是。又疑當爲「華組」。○案：舊說並非。「芊」即「羊」字，羊借爲尚。儀禮士虞禮「薦此常事」，鄭注云：「古文常爲祥。」史記袁盎傳「今公常從數騎」，徐廣曰：「常，一作詳。」漢書食貨志「穀價翔貴」，晉灼曰：「翔音常。」羊之與尚，猶祥、詳、翔之與常也。備高臨篇之「羊黔」，雜守篇之「羊坽」，並尚臨、上臨之聲借。漢書楊王孫傳「生易尚，死易葬也」，「尚」即養之聲借，生養與死葬對文。顔注「尚」訓崇，失之。淮南子齊俗訓「短褐不掩形，而煬竈口」，許注云：「煬讀高尚之尚。」煬與羊同音，可爲羊、尚古音相近之旁證。「組」借爲「諸」，禮記内則「桃諸梅諸」，王肅注云：「諸，菹也。」謂桃菹梅菹。組之與諸，猶菹之與諸也。他如筯之與箸，狙之與豬，組之與緒，皆且、者聲近通假之例。諸，之也。「冬加溫、夏加清者尚諸」，與「不加者去之」一正一反，相對爲文。其句法與貴義篇「凡言凡動，利於天鬼百姓者爲之。凡言凡動，害於天鬼百姓者舍之」、「言足以遷行者常之，不足以遷行者勿常」相類。「諸」訓爲之，古書習見，墨子書中亦不乏其例。節葬下篇：「凡大國之所以不攻小國者，積委多，城郭修，上下調和，是故大國不耆攻者。無積委，城郭不修，上下不調和，是故大國耆攻之。」彼「者」、「之」互用，即諸、之互用也。又經說下篇：「堯善治，自今在諸古也。自古在之今，則堯不能治也。」亦諸、之互用也。又或訓

「羊」爲善，上屬爲句，「䍧」借爲諸，屬下讀，亦可備一義，惟不若「羊䍧」與「去之」對文之愜適。

⑫「凡爲宮室」，諸本作「有盜賊」三字，濳本、緜眇閣本作「凡爲宮室」四字，與上下文例一律，今從之。

⑬「其」，茅本、寶曆本、李本作「則」。　孫云：周禮司兵云「掌五兵五盾」，又「軍事，建車之五兵」，鄭衆注云：「五兵者，戈、殳、戟、酋矛、夷矛。」鄭康成云：「步卒之五兵，則無夷矛而有弓矢。」司馬法定爵篇云：「弓矢圍，殳矛守，戈戟助，凡五兵當長以衛短，短以救長。」案「五兵」古說多差異，惟鄭君與司馬法合，當爲定論。此「甲盾、五兵」並舉，而衛宏漢舊儀說五兵有甲鎧，周禮肆師賈疏引五經異義公羊說、穀梁莊二十五年范甯注、曾子問孔疏引禮記隱義、楊雄太玄經玄數說五兵並有盾，皆非也。

⑭畢云：「者」舊作「有」，以意改。

⑮「加」，堂策檻本、四庫本誤「皆」。

⑯「不」字各本脱，今依俞說增。　俞云：上文云「無不加用而爲者」，此脱「不」字。

⑰「矣」字諸本無，沈本、明萬曆百子類函本並有，今據補。　戴說同。

⑱貴義篇曰「吾取飾車食馬之費與繡衣之財以畜士」，文意與此略同。　孫云：「有」讀爲「又」。

⑲「倍」字諸本無，吴鈔本有，文義較完，今據補。　戴云：「若」猶此也。「則不難」下有脱文。

⑳舊本無「者」字。

㉑ 道藏本、吴鈔本、陸本、唐本、濳本、茅本、緜眇閣本作「不敢毋處家」。左桓十八年傳曰：「女有家，男有室。」　孫云：周禮大司徒鄭注云：「有夫有婦然後爲家。」

㉒ 吴鈔本作「二十」。

㉓ 孫云：周禮媒氏「令男三十而娶，女二十而嫁」，賈疏引王肅聖證論云：「前賢有言，丈夫二十不敢不有室，女子十五不敢不有其家。」王肅語本於此。　○案：漢書惠帝紀曰：「女子年十五以上至三十不嫁，五算。」論衡齊世篇曰：「帝王治世，百代同道；人民嫁娶，同時共禮。雖言男三十而娶，女二十而嫁，法制張設，未必奉行。何以效之？以今不奉行也。」是周禮嫁娶年齡不唯不行於齊越，亦不行於漢代也。

㉔ 孫云：韓非子外儲説右篇「齊桓公下令於民曰：丈夫二十而室，婦人十五而嫁」，亦見説苑貴德篇。墨子此説與彼同。國語越語亦云：「女子十七不嫁，其父母有罪。丈夫二十不娶，其父母有罪。」齊越之令，或亦本聖王之法與？　案：越語事亦見吴越春秋句踐伐吴外傳。

㉕ 「於」，畢本作「于」，舊本並作「於」，今從舊本。　孫云：「次」讀爲「恣」，言恣民之所欲。

㉖ 王云：文十三年公羊傳注云：「所猶時也。」

㉗ 「踐」有齊義。詩伐柯「籩豆有踐」，毛傳云：「踐，行列皃。」王引之云：「蓋行列整齊之皃也。魯宓不齊字子賤，「賤」即「踐」也。「踐」亦與「翦」通。爾雅釋言曰：『翦，齊也。』説文作『前』，『前，齊斷也。』」「相踐」即相齊，猶言相平均。早者二十年處家，晚者四十年處家，早晚相齊，則爲三十

年，較之聖王法定年齡正後十年，故下文曰「後聖王之法十年也」。

㉘「年」，潛本、緜眇閣本作「計」。　蘇云：「字」猶養也。下「年」字疑當作「人」。蓋聖王之法二十而處家，今後十年，彼早處家者當有二三子也。　戴云：虞氏注易屯卦云：「字，妊娠也。」下「年」字乃「人」字之誤。　孫云：攷工記玉人注云：「純猶皆也。」説文子部云：「字，乳也。」

案：「年」字蘇、戴説近是。「年」奴顛切，「人」如鄰切，以古音讀之，二字聲、韻並同。「人」，武后字作「𤯔」，「年」俗作「秊」，形亦甚近。

㉙「不惟」，陸本、茅本、寶曆本、李本、堂策檻本、四庫本作「惟不」。　吳鈔本「惟」作「唯」。

㉚「然」讀爲難易之「難」，説詳非攻中篇「而徒得此然也」注。　此言依聖王之法，使嫁娶及時，則人亦可倍，且不難也。　文義甚明。　孫云「『且不』下疑脱『惟此爲』三字」，未塙。

㉛王引之云：「籍歛」，稅歛也。　大雅韓奕篇「實畝實籍」，箋曰：「籍，稅也。」正義引宣十五年公羊傳曰「什一而籍」。

㉜吳鈔本「惟毋」作「唯無」。　道藏本、吳鈔本、陸本、唐本、茅本、李本「輿」作「與」。

㉝畢云：「僾」即「援」字異文。　孫云：「有」讀爲「又」。「侵就」未詳。「橐」，以舉火攻城之具，見備穴篇。　韓非子八説篇云「干城距衝不若堙穴伏橐」，疑此「僾」亦當爲「伏」之譌。　○案：「僾」，李本作「援」。　詩皇矣「以爾鉤援」，毛傳云：「所以鉤引上城者。」是「援」亦攻城之具。　説文曰：「侵，漸進也。」「就，即也。」「侵就僾橐」，猶言進即援橐也。

㉞「不今」，諸本作「不令」，潛本、緜眇閣本作「非今」，今據訂作「不今」。此「今爲政者」與上文「今天下爲政者」相應。畢云：「令」當爲「今」。戴云：「不」猶非也。

㉟「特」，寶曆本作「將」。

㊱「此不」，「此」字各本脱，今依孫、曹校增。潛本、緜眇閣本並脱「此不」二字。

㊲「務行」二字諸本無，潛本、緜眇閣本有，今從之。若依諸本，「之聖王之道」五字作一句讀，上「之」字訓「此」，義亦可通。

節用中第二十一①

子墨子言曰：古者明王聖人所以王天下、正諸侯者，彼其愛民謹忠，利民謹厚②，忠信相連，又示之以利，是以終身不饜③，殁世而不卷④。古者明王聖人其所以王天下、正諸侯者，此也。

是故古者聖王制爲節用之法曰：「凡天下羣百工，輪、車、鞼、匏、陶、冶、梓、匠⑤，使各從事其所能。」曰：「凡足以奉給民用諸，加費不加民利則止⑥。」

古者聖王制爲飲食之法曰：「足以充虚繼氣，强股肱，使耳目聰明，則止⑦。」不極五味之調、芬香之和⑧，不致遠國珍怪異物⑨。何以知其然？古者堯治天下，南撫交阯⑩，北降幽都⑪，東西至日所出入⑫，莫不賓服，逮至其厚愛⑬。黍稷不二，羹胾不重⑭，飯於土塯⑮，啜於土形⑯，斗以酌⑰。俛仰周旋威儀之禮⑱，聖王弗爲⑲。

古者聖王制爲衣服之法曰：「冬服紺緅之衣輕且暖⑳，夏服絺綌之衣㉑輕且清，則止諸。」加費不加於民利者，聖王弗爲。

古者聖王㉒爲猛禽狡獸暴人害民㉓，於是教民以兵行。日帶劍，爲刺則入，擊則斷，旁擊而不折㉔，此劍之利也。甲爲衣則輕且利，動則兵且從㉕，此甲之利也。車爲服重致遠，乘之則安，引之則利，安以不傷人，利以速至，此車之利也。古者聖王爲大川廣谷之不可濟，於是制爲舟楫㉖，足以將之則上㉗。雖上者三公諸侯至㉘，舟楫不易，津人不飾㉙，此舟之利也。

古者聖王制爲節葬之法曰：「衣三領，足以朽肉㉚；棺三寸，足以朽骸㉛。堀穴深不通於泉㉜，流不發洩，則止㉝。死者既葬，生者毋久喪用哀。」

古者人之始生未有宮室之時，因陵丘堀穴而處焉㉞。聖王慮之，以爲堀穴曰㉟，冬可以辟風寒㊱。逮夏㊲，下潤濕，上熏烝㊳，恐傷民之氣，於是作爲宮室而利㊴。然則爲宮室之法將奈何哉？子墨子言曰：其旁可以圉風寒，上可以圉雪霜雨露，其中蠲潔，可以祭祀㊵，宮墻足以爲男女之别，則止諸。加費不加民利者，聖王弗爲㊶。

① 本篇文氣不貫，文義亦多不銜接，蓋後人采掇成篇，非墨子原書也。

② 吴云：「謹」、「堇」同字。管子五行篇「修槩水土以待乎天堇」，注：「堇，誠也。」

③ 吴鈔本「饜」作「厭」。

④ 「殁」，吴鈔本作「没」。「世」，各本作「二十」二字，盧云『「二十」二字疑當爲「世」』，今從之。蘇云：「卷」當爲「倦」。 孫云：説文力部云：「券，勞也。」攷工記輈人鄭注云：「券，今倦字也。」「卷」即「券」之假字。

⑤ 畢云：「鞼」，説文云：「韋繡也。」「匏」當爲「鞄」，説文云：「柔革工也。讀若朴。」 王云：「鞼」即攷工記「函鮑韗韋裘」之「韗」，非謂韋繡也。「輪」、「車」、「梓」、「匠」爲攻木之工，「陶」爲摶埴之工，「冶」爲攻金之工，然則「鞼匏」即韗鮑，爲攻皮之工也。凡文、吻、問與脂、旨、至古音多互相轉，故「韗」字或作「鞼」。「鞄」之爲「匏」，亦借字耳，故攷工記又借作「鮑」。 孫云：王説近是。説文革部云：「韗，攻皮治鼓工也，或从韋作韗。」非儒篇有「鮑函車匠」，「鮑」亦「鞄」之借。

⑥ 舊本並同。以上篇校之，「諸」上疑脱「尚」字。「尚諸」，尚之也，與「則止」對文。此謂加費不加民利則止，則不加費而加民利者，或加費少而加民利多者，其當爲可知，非樂上篇所謂「利人乎即爲，不利人乎即止」者也。 畢本據後文校改作「凡足以奉給民用則止，諸加費不加于民利者，聖王

弗爲」。　畢云：史記李斯列傳李斯曰「凡古聖王飲食有節，車器有數，宮室有度。出令造事，加費而無益於民利者禁」，即用此義。

⑦ 各本「耳目」上無「使」字，北堂書鈔一百四十二及宋本、蜀本御覽八百四十九引「耳目」上並有「使」字，「聰明」下並無「則止」二字，今據補「使」字。　畢云：太平御覽引有「使」字。

⑧ 畢云：「芬」字同「岎」。　○案：宋本、蜀本御覽引無「香」字。

⑨ 「怪」，各本作「恢」，今據畢引一本及御覽改。　畢云：「恢」，一本作「怪」，太平御覽引同。說文云：「恢，大也。」亦通。　秋山云：「恢」疑「怪」。　孫云：作「怪」是也。公羊昭三十一年傳「有珍怪之食」，何注云：「珍怪猶奇異也。」荀子正論篇云：「食飲則重大牢而備珍怪。」淮南子精神訓云「珍怪奇異，人之所美也，而堯糲粢之飯，藜藿之羹。」

⑩ 「阯」，吳鈔本作「趾」。　孫云：「阯」，「趾」之假字。大戴記少閒篇、韓非子十過篇、淮南子脩務訓並作「趾」，高注云：「交趾，南方之國。」荀子楊注引尸子及賈子新書並作「阯」。案「交阯」即今越南國。

⑪ 王云：「降」當爲「際」，爾雅：「際，接，捷也。」郭注曰：「捷謂相接續也。」際、降形似易譌。周易集解豐象傳「天降祥也」，王弼本「降祥」作「際翔」。　孫云：王校是也。莊子在宥篇云「堯流共工於幽都」，釋文引李頤云：「即幽州也，尚書作幽州，北裔也。」

⑫ 畢云：謂暘谷、昧谷。　孫云：荀子王霸篇楊注引尸子云：「堯南撫交阯，北懷幽都，東西至

日之所出入。」韓非子十過篇云：「昔者堯有天下，其地南至交阯，北至幽都，東西至日月之所出入者，莫不賓服。」又大戴禮記少閒篇、淮南子脩務訓、賈誼新書脩政語上亦與此文大同小異。

○案：說苑反質篇文亦略同。

⑬「逮」，道藏本、吴鈔本、陸本、唐本、茅本、堂策檻本、四庫本作「建」，誤。「厚愛」疑當作「享受」，形近而譌。

⑭孫云：詩魯頌閟宮「毛炰胾羹」，毛傳云：「胾，肉也。羹，大羹，鉶羹也。」

⑮「飯」，各本作「飲」。　王云：「塯」乃飯器，非飲器，「飲」乃「飯」字之誤。　○案：王說是。宋本、蜀本御覽七百五十九兩引，一作「飯土簋」，一作「飯土軌」，字並作「飯」，今據正。　畢云：「塯」當爲「溜」。太平御覽引此云「飯土軌」。史記李斯列傳二世責問李斯曰「吾有所聞於韓子也，曰：堯飯土甌，啜土鉶」，徐廣曰：「甌，一作溜。」說文無「塯」字，玉篇云：「力又切，瓦飯器也。」　孫云：史記秦始皇本紀云「飯土簋」，索隱本「簋」作「塯」，云：「如字，一音鏤。一作簋。」又敍傳云「食土簋」，集解：「徐廣云：一作塯。」與此字並同。韓非子十過篇云「堯飯於土簋，飲於土鉶」，即李斯傳所本。

⑯「形」，堂策檻本、四庫本作「硎」。宋本、蜀本御覽七百五十九引作「啜土鉶」，注云：「羹器，以土爲之，瓦器也。」　畢云：太平御覽引作「鉶」。鄭君注周禮云：「鉶，羹器也。」後漢書趙典傳注

引此云：「堯舜堂高三尺，土階三等，茅茨不翦，采椽不斲，飯〔一〕土簋，歠土鉶，糲粱之飯，藜藿之羹，夏日葛衣，冬日鹿裘，是約己也。」文選注亦以爲此文。案出韓非子。顧云：秦本紀正作「土形」，太史公自序作「刑」。孫云：史記李斯傳作「鉶」，韓非子十過篇同。韓詩外傳三又作「型」。形、刑、型並鉶之假字。土鉶，瓦器也。説文口部云：「啜，嘗也。」

⑰王云：「斗」上脱一字，此與下文義不相屬，「酌」下必多脱文，不可考。孫云：詩大雅行葦云「酌以大斗」。説文木部云：「枓，勺也。」勺部云：「勺，挹取也。」此「斗」、「酌」即「枓」、「勺」之假借字。謂以枓挹酒漿也。

⑱畢云：説文云：「頫，低頭也。或从人免。」

⑲孫云：此句上，以上下文例校之，當亦有「諸加費不加於民利者」九字。○案：即依孫説補九字，與上文氣仍不接。

⑳堂策檻本「紺」作「絹」。宋本、蜀本御覽七十七引「暖」作「煖」。畢云：説文云：「紺，帛深青，揚赤色。」玉篇：「紺，古憾切。」案「緅」非古字，當爲「纔」。攷工記云「五入爲緅」，鄭君注云：「今禮俗文作爵，言如爵頭色。」説文「纔」云「帛雀頭色」，與鄭注「緅」義合。説文無「緅」字，是知當爲「纔」。

〔一〕「飯」原誤「飲」，據後漢書趙典傳注改。

㉑宋本、蜀本御覽引「衣」作「服」。

㉒「王」，畢本作「人」，舊本並作「王」，今從舊本。

㉓孫云：廣雅釋詁云：「狡，健也。」呂氏春秋恃君篇「服狡蟲」，高注云：「狡蟲，蟲之狡害者。」此「狡獸」與彼「狡蟲」義同。

㉔「折」，緜眇閣本作「析」。道藏本、陸本、唐本、茅本、堂策檻本、四庫本作「拆」。

㉕孫云：「兵」疑「弁」之形誤。弁者，變之假字。考工記鄭注云：「變，隨人身便利。」○案：「兵」疑「正」之形譌。正，適合也。經說上篇「兵立反」，經說下篇「在兵人長」，「兵」字並當爲「正」，例與此同。

㉖「制」，諸本作「利」，寶曆本作「制」，今從之。王校同。

㉗「上」，舊本作「止」。孫云：廣雅釋詁云：「將，行也。」

㉘畢云：「上」舊作「止」，以意改。○案：寶曆本、堂策檻本、四庫本並作「上」。秋山云：「上」，一作「王」。

㉙孫云：說文水部云：「津，水渡也。」「津人」蓋掌渡之吏士。左傳昭二十四年「王子朝用成周之寶珪於河，甲戌，津人得諸河上」，列子黃帝篇云「津人操舟若神」。

㉚孫云：荀子正論篇楊注云：「三領，三稱也。」

㉛孫云：荀子正論篇云：「世俗之爲說者曰：太古薄葬，棺厚三寸，衣衾三領，葬田不妨田，故不掘

也。」蓋戰國時相傳有是語，不獨墨家言也。 ○案：孫引正論篇文楊倞注云「是時墨子之徒說薄葬以惑當世，故以此譏之」，與孫說異。 以其時考之，楊注近得其實。

畢云：說文云：「堀，兔窟也。」此「竁」字假音。 孫云：畢說非也。說文土部別有「堀」字，訓「突也」，引詩曰「蜉蝣堀閱」，段玉裁注本校改「堀」篆作「堀」，而刪「堀，兔窟也」一條，最爲精審。此「堀穴」則借爲「窟」字。 戰國策楚策云「堀穴窮巷」，漢書鄒陽傳「則士有伏死堀穴巖藪之中耳」，顏注云：「堀與窟同。」 ○案：「堀」，吴鈔本作「掘」，下同。 意林引墨子曰：「節葬之法，三領之衣足以朽肉，三寸之棺足以朽骸，深則通於泉。」疑本此文，或爲節葬上、中篇佚文。

畢云：「流」疑當爲「氣」，據下篇有云「氣無發洩於上」。

「堀」，茅本、緜眇閣本作「掘」。

王景羲云：「曰」即「者」字之爛文。

畢云：「辟」同「避」。 言堀穴但可以避冬日風寒而已。

畢云：「逮」舊作「建」，以意改。 ○案：沈本、寶曆本並作「逮」，緜眇閣作「建」，俗字。

「熏」，道藏本、吴鈔本、陸本、唐本、沈本、茅本、緜眇閣本作「重」，寶曆本作「垂」，「垂」、「熏」古字通。

「於」，畢本作「于」，舊本並作「於」，今從舊本。 戴云：下有脱文。

「蠲」亦絜也，見尚同中篇。

孫云：下疑有脱文。

節用下第二十二闕

節葬上第二十三闕

節葬中第二十四闕

節葬下第二十五①

子墨子言曰：仁者之爲天下度也，辟之無以異乎孝子之爲親度也②。今孝子之爲親度也，將柰何哉？曰：親貧則從事乎富之，人民寡則從事乎衆之，衆亂則從事乎治之。當其於此也，亦有力不足、財不贍③、智不智④然後已矣，無敢舍餘力，隱謀遺利，而不爲親爲之者矣⑤。若三務者⑥，孝子之爲親度也，既若此矣。雖仁者之爲天下度⑦，亦猶此也。曰：天下貧則從事乎富之，人民寡則從事乎衆之，衆而亂則從事乎治之。當其於此，亦有力不足、財不贍、智不智然後已矣，無敢舍餘力，隱謀遺利，而不爲天下爲之者矣。若三務者，此仁者之爲天下度⑧，既若此矣。

今逮至昔者三代聖王既没⑨，天下失義。後世之君子，或以厚葬久喪以爲仁也、義也、孝子之事也。或以厚葬久喪以爲非仁義、非孝子之事也。曰：二子者，言則相非，行即相反⑩，皆曰：「吾上祖述堯舜禹湯文武之道者也。」而言即相非，行即相反⑪，於此乎後世之君子皆疑惑乎二子者言也。若苟疑惑乎之二子者言，然則姑嘗傅而爲政乎國家萬民而觀之⑫，計厚葬久喪，奚當此三利者哉⑬？意若使法其言，用其謀，厚葬久喪實可以富貧、衆寡、定危、治亂乎？此仁也，義也，孝子之事也⑭，爲人謀者不可不勸也。仁者將求興之⑮，天下誰伯⑯，而使民譽之，終勿廢也。意亦使法其言，用其謀，厚葬久喪實不可以富貧、衆寡、定危、治亂乎？此非仁非義，非孝子之事也，爲人謀者不可不沮也。仁者將求除之，天下誰賈⑰，而使民非之，終身勿爲⑱。是故興天下之利⑲，除天下之害，今國家百姓之不治也⑳，自古及今未嘗之有也㉑。

何以知其然也？今天下之士君子，將猶多皆疑惑厚葬久喪之爲中是非利害也㉒。故子墨子言曰：然則姑嘗稽之。今雖毋法執厚葬久喪者言㉓，以爲事乎國家。此存乎王公大人有喪者，曰棺椁必重㉔，葬埋必厚，衣衾必多㉕，文繡必繁㉖，丘隴必巨㉗。存乎匹夫賤人死者㉘，殆竭家室㉙。存乎諸侯死者㉚，虚庫府㉛，然後金玉珠璣比乎身㉜，綸組節約，車馬藏乎壙㉝，又必多爲屋幕㉞、鼎鼓、几梴、壺濫㉟、戈劍、羽旄、齒革，寢而埋之㊱。滿意若殉從㊲，曰：天子殺殉㊳，衆者數百，寡者數十。將軍大夫殺殉㊴，衆者數十，寡者數人。處喪之法將柰何哉？曰：哭泣不秩聲㊵，翁縗絰㊶，垂涕，處倚廬，寢苫枕凷㊷。又相率强不食而爲飢㊸，薄衣而爲寒㊹，使面目陷陽㊺，顏色黧黑㊻，耳目不聰明，手足不勁强，不可用也。又曰：上士之操喪也，必扶而能起，杖而能行㊼，以此共三年。若法若言，行若道㊽，使王公大夫行此㊾，則必不能蚤朝晏退㊿，治五官六府(51)，辟草木(52)，實倉廩。使農夫行此，則必不能蚤出夜入(53)，耕稼樹藝(54)。使百工行此，則必不能修舟車，爲器皿矣。使婦人行此(55)，則必不能夙興夜寐(56)，紡績織紝(57)。細計厚葬爲多埋賦之財者也(58)，計久喪爲久禁從事者也。財以成者(59)，扶而埋之(60)。後得生者，而久禁之(61)。以此求富，此譬猶禁耕而求穫也(62)，富之說無可得焉。是故求以富國家(63)，而既已不可矣。

欲以衆人民，意者可邪？其說又不可矣(64)。今惟無以厚葬久喪者爲政(65)，君死喪之三年，父母死喪之三年(66)，妻與後子死者(67)，五皆喪之三年(68)，然後伯父、叔父、兄弟、孽子其(69)，族人五月(70)，姑姊、甥舅皆有月數(71)，則毁瘠必有制矣。使面目陷陽，顏色黧黑，耳目不聰明，手足不勁强，不可用也。又曰：上士操喪也，必扶而能起，杖而能行，以此共三年。若法若言，行若道，苟其飢約又若此矣。是故百姓冬不仞寒，夏不仞暑(72)，作疾病死者不可勝計也。此其爲敗男女之交多矣，以此求衆，譬猶使人負劒而求其壽也⑬，衆之説無可得焉。是故求以衆人民，而既以不可矣⑭。

欲以治刑政，意者可乎⑮？其説又不可矣。今惟無以厚葬久喪者爲政⑯，國家必貧，人民必寡，刑政必亂。若法若言，行若〔一〕道，使爲上者行此，則不能聽治；使爲下者行此，則不能從事。上不聽治，刑政必亂下不從事⑰，衣食之財必不足。若苟不足，爲人弟者求其兄而不得，不弟弟必將怨其兄矣；爲人子者求其親而不得，不孝子必是怨其親矣⑱；爲人臣者求之君而不得，不忠臣必且亂其上矣。是以僻淫邪行之民⑲，出則無衣也，入則無食也，内續奚吾⑳，並爲淫暴，而不可勝禁也。是故盗賊衆而治者寡。夫衆盗賊而寡治者㉑，以此求治，譬猶使人三睘而毋負己也㉒，治之説無可得焉。是故求以治刑政，而既已不可矣。

欲以禁止大國之攻小國也，意者可邪？其説又不可矣。是故昔者聖王既没，天下失義，諸侯力征㉓。南有楚越之王，而北有齊晉之君，此皆砥礪其卒伍㉔，以攻伐并兼爲政於天下。是故凡大國之所以不攻小國者，積委多㉕，城郭修㉖，上下調和，是故大國不耆攻

〔一〕「行若」原誤倒作「若行」，據畢刻本乙。

者[87]。無積委，城郭不修[88]，上下不調和，是故大國耆攻之[89]。今惟毋以厚葬久喪者爲政[90]，國家必貧，人民必寡，刑政必亂。若苟貧，是無以爲積委也，若苟寡，是修城郭溝渠者寡也[91]。若苟亂，是出戰不克，入守不固。此求禁止大國之攻小國也[92]，而既已不可矣。

欲以干上帝鬼神之福，意者可邪？其說又不可矣。今惟無以厚葬久喪者爲政[93]，國家必貧，人民必寡，刑政必亂。若苟貧，是粢盛酒醴不淨潔也；若苟寡，是事上帝鬼神者寡也；若苟亂，是祭祀不時度也。今又禁止事上帝鬼神，爲政若此，上帝鬼神始得從上撫之曰：「我有是人也，與無是人也，孰愈？」曰：「我有是人也，與無是人也，無擇也。」則惟上帝鬼神[94]降之罪厲之禍罰而棄之[95]，則豈不亦乃其所哉[96]。

故古聖王[97]制爲葬埋之法曰[98]：「棺三寸，足以朽體[99]；衣衾三領，足以覆惡[100]。以及其葬也[101]，下毋及泉，上毋通臭，壟若參耕之畝[102]，則止矣。」死者既以葬矣，生者必無久喪[103]，而疾而從事，人爲其所能，以交相利也。此聖王之法也。

今執厚葬久喪者之言曰：厚葬久喪雖使不可以富貧、衆寡、定危、治亂，然此聖王之道也[104]。子墨子曰：不然。昔者堯北教乎八狄[105]，道死，葬蛩山之陰[106]。衣衾三領，穀木之棺[107]，葛以緘之[108]，既氾而後哭[109]，滿埳無封[110]。已葬，而牛馬乘之。舜西教乎七戎[111]，道死，葬南己之市[112]。衣衾三領，穀木之棺[113]，葛以緘之。已葬，而市人乘之[114]。禹東教乎九夷[115]，道死，葬會稽之山⑯。衣衾三領⑰，桐棺三寸⑱，葛以緘之⑲，絞之不合，道之不埳⑳。土地之深㉑，下毋及泉，上毋通臭㉒。既葬，收餘壤其上㉓，壟若參耕之畝㉔，則止矣㉕。若以此若三聖王者觀之，則厚葬久喪果非聖王之道。故三王者㉖，皆貴爲天子㉗，富有天下，豈憂財用之不足哉？以爲如此葬埋之法㉘。

今王公大人之爲葬埋，則異於此。必大棺、中棺㉙，革闠三操㉚，璧玉即具㉛，戈劍鼎鼓壺濫㉜、文繡素練、大鞅萬領㉝、輿馬女樂皆具，曰必捶垛差通㉞，壟雖兄山陵㉟。此爲輟民之事，靡民之財，不可勝計也。其爲毋用若此矣㊱。是故子墨子曰：鄉者㊲吾本言曰㊳，意亦使法其言㊴，用其謀㊵，計厚葬久喪，請可以富貧、衆寡、定危、治亂乎㊶？則仁也，義也，孝子之事也。爲人謀者，不可不勸也。意亦使法其言，用其謀，若人厚葬久喪，實不可以富貧、衆寡、定危、治亂乎？則非仁也，非義也，非孝子之事也。爲人謀者，不可不沮也。是故求以富國家，甚得貧焉；欲以衆人民，甚得寡焉；欲以治刑政，甚得亂焉。求以禁止大國之攻小國也，而既已不可矣；欲以干上帝鬼神之福，又得禍焉。上稽之堯舜禹湯文武之道，而政逆之㊷；下稽之桀紂幽厲之事，猶合節也。若以此觀，則厚葬久喪，其非聖王之道也㊸。

今執厚葬久喪者言曰：厚葬久喪果非聖王之道，夫胡說中國之君子爲而不已、操而不擇哉⑭？子墨子曰：此所謂便其習而義其俗者也⑮。昔者越之東有輆沭之國者⑯，其長子生，則解而食之，謂之宜弟⑰。其大父死，負其大母而棄之⑱，曰：「鬼妻不可與居處。」此上以爲政，下以爲俗，爲而不已，操而不擇。則此豈實仁義之道哉？此所謂便其習而義其俗者也。楚之南有炎人國者⑲，其親戚死⑳，朽其肉而棄之㉑，然後埋其骨，乃成爲孝子。秦之西有儀渠之國者㉒，其親戚死，聚柴薪而焚之，燻上，謂之登遐㉓，然後成爲孝子㉔。此上以爲政，下以爲俗㉕，爲而不已，操而不擇。則此豈實仁義之道哉？此所謂便其習而義其俗者也。若以此若三國者觀之，則亦猶薄矣：若以中國之君子觀之㉖，則亦猶厚矣㉗。如彼則大厚，如此則大薄，然則葬埋之有節矣。故衣食者，人之生利也，然且猶尚有節；葬埋者，人之死利也㉘，夫何獨無節於此乎。子墨子制爲葬埋之法曰：棺三寸，足以朽骨；衣三領，足以朽肉㉙。掘地之深㉚，下無菹漏㉛，氣無發洩於上，壟足以期其所㉜，則止矣。哭往哭來，反從事乎衣食之財，佴乎祭祀㉝，以致孝於親㉞。故曰：子墨子之法，不失死生之利者，此也。故子墨子言曰：今天下之士君子，中請將欲爲仁義㉟，求爲上士，上欲中聖王之道，下欲中國家百姓之利，故當若節喪之爲政，而不可不察者此也㊱。

① 畢云：說文云：「葬，藏也。从死在茻中，一其中，所以薦之。易曰：古之葬者，厚衣之以薪。」又

云：「節，竹約也。」經典借爲約之義。

② 畢云：「辟」同「譬」。

③ 「贍」，吴鈔本作「瞻」。

④ 畢云：一本作「知」。　孫云：下「智」字與「知」通，下同。　○案：濳本、緜眇閣本、陳本作「智不知」，下同。

⑤ 孫云：「隱謀」，謂隱匿其智謀，猶尚同上篇云「隱匿良道，不以相教」也。荀子王制篇云：「無隱謀，無遺善，而百事無過，非君子莫能。」

⑥ 畢云：舊脱此字，據後文增。

⑦ 畢云：舊脱「爲」字，一本有。　○案：諸本脱「爲」字，堂策檻本、四庫本有「爲」字，脱「之」字。濳本、寶曆本並有「之爲」二字。

⑧ 「度」下，畢本據上文增「也」字。

⑨ 盧云：「今逮至昔者」連下爲文，亦見下篇。

⑩ 「即」，吴鈔本、李本、緜眇閣本作「則」，字通。

⑪ 緜眇閣本「即」作「則」。

⑫ 「傅」，舊本作「傳」，形譌。「傅」讀爲詩長發「敷政優優」之「敷」。敷，布也。備城門篇「比傅薪土」，「傅」讀爲「敷」，與此例同。非命上篇「廢以爲刑政，觀其中國家百姓人民之利」，非命下篇

「發而爲政乎國家萬民而觀之」，「傅」與「廢」、「發」文異而義同。

⑬ 「哉」，各本作「我」，曹校作「哉」，是也，今從之。下文「意亦使法其言」凡三見，「意」上均無「我」字。

⑭ 畢云：舊脱此字，據前後文增。

⑮ 「之」字舊脱，據下文增。

⑯ 「誰」當爲「雖」。「伯」，諸本作「霸」，吴鈔本作「伯」。「霸」、「伯」字通，皆「怕」之借字。説文曰：「怕，無爲也。」

⑰ 「誰賈」當爲「雖貴」，形近而譌。

⑱ 自「意亦使」以下，照道藏本原文録如次：「意亦使法其言，用其謀，厚葬久喪實可以富貧、衆寡、定危、治亂乎？此非仁非義，非孝子之事也，爲人謀者不可不勸也，仁者將興之，天下誰賈，而使民譽之，終勿廢也。意亦使法其言，用其謀，厚葬久喪實不可以富貧、衆寡、定危、理亂乎？此非仁非義，非孝子之事也，爲人謀者不可不沮也，仁者將求除之，天下相廢而使人非之，終身勿爲」，凡一百二十九字。前六十四字爲本書原文，因原文有譌脱，唐人校書附記異文六十五字。觀其「治」作「理」、「民」作「人」，皆避唐諱，與上下文不類，可爲唐人附記之塙證。傳寫者不察，遂並存之耳。今綜合校訂如正文，兩節一正一反。言仁者興利除害，務期實現：事誠利矣，世俗雖懷疑，如初期之火車，仁者將求興之，使民爲之；事誠害矣，世俗雖好尚，如束胸與纏足，仁者將求

除之，使民勿爲。

⑲「是」，諸本作「且」，寶曆本作「是」，今從之。王校同。

⑳「今」，畢本作「令」，舊本並作「今」，今從舊本。

㉑天志上篇曰「未得之明知也」，公孟篇曰「未得之聞也」，孟子滕文公篇曰「未能或之先也」，管子樞言篇曰「自古及今未嘗之有也」，吕氏春秋不苟篇曰「莫肎之爲」，又分職篇曰「天下莫敢之危」，語法並與此相類。緜眇閣本作「未嘗有之也」，則爲習見常語。

㉒孫云：穆天子傳郭璞注云：「中猶合也。」

㉓「雖」，寶曆本作「唯」，字通。「毋」，語詞。

㉔畢云：「椁」舊作「槨」，以意改。　孫云：檀弓云「天子之棺四重，柏椁以端長六尺」，鄭注云：「諸公三重，諸侯再重，大夫一重，士不重。」荀子禮論篇云：「天子棺椁十重，諸侯五重，大夫三重，士再重。」楊注云：「禮記云『天子之棺四重』，今云『十重』，蓋以棺椁與抗木合爲十重也。諸侯以下與禮記多少不同，未詳也。」案莊子天下篇述喪禮作「天子棺椁七重」，餘與荀子同。

㉕孫云：喪大記云：小斂，君錦衾，大夫縞衾，士緇衾皆一，衣十有九稱。大斂，君陳衣百稱，大夫五十稱，士三十稱。

㉖「文」，緜眇閣本作「衣」。　孫云：「文繡」謂棺飾，若帷荒之屬。

㉗孫云：說文土部云：「壠，丘壠也。」禮記曲禮鄭注云：「丘，壟也。」「壟，冢也。」「隴」，「壟」之假

字。淮南子説林訓云：「或謂冢，或謂隴，名異實同也。」呂氏春秋安死篇云：「世俗之爲丘壟也，其高大若山，其樹之若林。」

㉘「匹」，各本作「正」，今依王校並據牧野謙所引一本改。　王云：「正」當爲「匹」，白虎通義曰「庶人稱匹夫」。上文「王公大人」爲一類，此文「匹夫賤人」爲一類。隸書「匹」字或作「疋」，與「正」相似而譌。禮器「匹士大牢而祭謂之攘」，釋文：「匹，本或作正。」緇衣「唯君子能好其正」，注：「正當作匹。」

㉙「殆」，幾也，必也。

㉚各本無「存」字，今依畢説增。寶曆本「家室」上有闕文一格，疑當在「乎」字上。道藏本「存乎」二字作一「焉」字，「焉」訓於，屬下讀，義亦可通。畢謂「乎」當云「存乎」，與上文一律。

㉛「庫」，諸本作「車」，四庫本作「庫」，今從之。秋山儀、俞樾校同。

㉜「比」，畢本作「北」，舊本並作「比」，今據正。俞云：漢書王尊傳師古注曰：「比，周也。」「比乎身」猶言周乎身。

㉝孫云：淮南子齊俗訓云「古者非不能竭國麋民，虛府殫財，含珠鱗施，綸組節束，追送死也」，許注云：「綸，絮也。束，縛也。」案「節約」與淮南書「節束」義同。

㉞吳鈔本作「幄幙」。禮記喪服大記「畢塗屋」，鄭注云：「屋，殯上覆如屋者也。」小爾雅廣服曰：「履帳謂之幄。」　孫云：「屋」，非攻中篇作「幄」，「幄」俗字，古止作「屋」。詩大雅抑鄭箋云：

「屋，小帳也。」「幙」，俗「幕」字。

㉟「鼓」疑爲「㲈」之誤字。金文「㲈」通「簋」字。「几」，道藏本作「紘」。左桓二年傳曰「衡紞紘綖」，紘挺疑即紘綖。「挻」，茅本、寶曆本、李本、緜眇閣本、繹史本作「挺」，挺即挻之誤字。畢本作「梴」。　畢云：「梴」同「筵」。呂氏春秋節喪有云「鍾鼎壺濫」。　盧文弨云：「壺濫」蓋器名。呂覽愼勢篇云：「功名著乎盤盂，銘篆著乎壺鑑。」　梁履繩云：周禮「春始治鑑」，集韻：「鑑，或從水。」

㊱下文作「扶而埋之」。　孫云：呂氏春秋節喪篇云：「國彌大，家彌富，葬彌厚。含珠鱗施，夫玩好貨寶，鍾鼎壺濫，轝馬衣被戈劍，不可勝其數，諸養生之具無不從者。」

㊲「滿意」猶言極其意之所至，戰國策齊策：「君滿意殺之乎？」「殉」，諸本作「送」，道藏本作「殉」，今從之。本句冒起下節。

㊳畢云：古只爲「徇」。　孫云：「天子」下疑當有「諸侯」二字。

㊴「將軍大夫」即卿大夫，詳尚同中篇。

㊵畢云：言聲無次弟。　孫云：爾雅釋詁云：「秩，常也。」儀禮士喪記云「哭晝夜無時」，禮記雜記云：「中路嬰兒失其母焉，何常聲之有？」

㊶畢云：「翁」義未詳。說文云：「縗服長六寸，博四寸，直心。」鄭君注儀禮云：「麻在首、在要，皆曰絰。」說文云：「絰，喪首戴也。」　洪云：畢讀作「翁縗絰」句，案「翁」字屬「聲」爲句，「聲翁」

當是「聲嗌」之譌。說文：「嗌，咽也。」籀文作「[illegible]」，與「翁」字形相近。○案：畢讀較長。「不秩聲」猶言無常聲。「翁」即「衰」字之誤而衍者，「衰」古文作「[illegible]」，與「翁」形近。「縗経」字古多以「衰」爲之，墨子原文蓋本作「衰経」，誤爲「翁経」，校者附記「縗」字，傳寫者並存之，因而致衍。

㊷孫云：禮喪服傳及士喪記云「居倚廬，寢苫枕塊」，鄭注云：「倚木爲廬，在中門外，東方北戶。苫，編稾。塊，堛也。」釋文：「塊，本又作凷。」案「凷」本字，「塊」或體。

㊸孫云：禮閒傳云：「斬衰三日不食，齊衰二日不食，大功三不食，小功緦麻再不食。」

㊹「薄」，茅本闕文，寶曆本、李本、緜眇閣本、堂策檻本、繹史本、四庫本作「不」。

㊺畢云：當爲「陬」，陬之訓阪隅，言面瘦棱棱也。 盧云：玉篇有「[illegible]」字，先外切，云「瘦病也」，則當爲「[illegible]」。

㊻畢云：「黧」，古只作「黎」，詳兼愛中篇。

㊼孫云喪服四制云：「百官備，百物具，不言而事行者，扶而起。言而後事行者，杖而起」，鄭注云：「扶而起，謂天子諸侯也。 杖而起，謂大夫士也。」

㊽王引之云：「若」猶此也。

㊾「夫」，諸本作「人」，道藏本、吳鈔本、陸本、唐本、茅本、李本、堂策檻本並作「夫」，今從之。

㊿各本無「晏退」二字，今依俞說增。 吳說同。 俞云：「蚤朝」下脫「晏退」二字，若無「晏退」二

字，文義未完。尚賢中篇、非樂上篇、非命下篇並有「蚤朝晏退」之文。

⑤1 「治」字原脫，今依孫說增。吳說同。　孫云：「『五官』者，殷周侯國之制也。史記周本紀云「古公作五官有司」，大戴禮記千乘篇云「千乘之國，列其五官」，曾子問「諸侯適天子，乃命國家五官而後行」，鄭注云：「五官，五大夫典事者。」管子大匡篇云「乃令五官行事」，商子君臣篇云「地廣民衆，故分五官而守之」，戰國策齊策云「五官之計，不可不日聽也」。曲禮「天子之五官，曰司徒、司馬、司空、司士、司寇，典司五衆。天子之六府，曰司土、司水、司木、司草、司器、司貨，典司六職」，鄭注云：「此亦殷時制也。府，主藏六物之稅者。」　○案：急就篇顏注云：「古言五官者，總舉衆職以配五行，無所不苞，若今言百官也。」

⑤2 越絕書計倪內經曰：「農傷則草木不辟。」　畢云：「辟」同「闢」。「草」即「艸」字假音。

⑤3 畢云：「夜」，一本作「晚」。

⑤4 孫云：說文丮部云：「埶，穜也。」「藝」即「埶」之俗。

⑤5 吳鈔本「婦」作「媍」。

⑤6 寶曆本「寐」作「寢」。

⑤7 畢云：「紝」、「⿱任糸」、「絍」字同。

⑤8 俞云：「細」字無義，蓋即上句「絍」字之誤而衍者。「絍」本作「紝」，因誤爲「細」矣。　蘇云：「之」字衍。

59 畢云：「以」同「已」。

60 王引之云：「扶」當爲「挾」。　俞云：「扶」乃「抉」之誤。　○案：戰國策秦策「其威内扶」，注云：「扶猶持也。」文選東京賦薛注云：「持，扶也。」

61 孫云：謂死者之親屬得生而禁其從事。

62 「穫」，寶曆本、緜眇閣本作「獲」。

63 「國」字各本脱，下文曰「是故求以富國家」，今據補。「富國家」、「衆人民」，語法相儷。　畢云：舊「求以」二字倒，據後文改。

64 緜眇閣本「説」作「設」，誤。

65 吴鈔本「惟」作「唯」，「喪」下無「者」字。　畢本「無」作「田」，非是。　秋山云：「惟無」、「惟毋」同。

66 孫云：説苑修文篇「齊宣王謂田過曰：吾聞儒者喪親三年，喪君三年」，則戰國時非儒者蓋不盡持三年服也。　○案：孟子滕文公篇載：三年之喪，「吾宗國魯先君莫之行，吾先君亦莫之行也」，亦可證三年之喪非通制也。

67 畢云：「後子」，嗣子適也。　孔廣森云：「後子」者爲父後之子，即長子也。　戰國策謂齊〔一〕太

〔一〕「齊」字疑誤，據齊策當作「梁」。

子申爲「後子」，荀子謂丹朱爲堯「後子」，其義並同。

⑱ 畢云：左傳曰「王一歲有三年之喪二」，周禮如此。　孫云：喪服經：「父爲長子斬衰三年，夫爲妻齊衰期。」畢據左昭十五年傳證此文，是也。彼叔向語，指景王有穆后、太子壽之喪，而云有三年之喪二，是妻亦有三年之義。　王云：「者五」當爲「五者」，謂君、父母、妻與後子也。　俞云：上文「君死」、「父母死」即已別而言之，此不當總數爲五。「五」疑「二」字之誤。　○案：「五」疑「又」之譌。「五」與其古文「㐅」均與「又」相似。

⑲ 畢云：「其」同「期」。　孫云：公孟篇正作「期」，非儒篇作「其」，與此同。說文子部云：「孽，庶子也。」「孽子」即衆子，對前「後子」爲冢嫡也。

⑳ 王云：「族人」當爲「戚族人」，謂族人之近者也，非儒篇正作「戚族人五月」。見儀禮喪服。今本脫「戚」字，則義不可通。公孟篇「戚族人五月」，今本亦脫「戚」字。

㉑ 王云：「月數」當爲「數月」。公孟篇正作「姑姊舅甥皆有數月之喪」。　孫云：喪服：爲姑姊在室，期。適人，大功九月。甥、舅相爲緦麻三月。　○案：荀子禮論篇曰「無衰麻之服，無親疏月數之等」，與此「月數」義同。

㉒ 畢云：「仞」、「忍」字假音。

⑦③ 孫云：「負」、「伏」通。左傳襄三年「魏絳〔一〕將伏劍」，孔疏云：「謂仰劍刃，身伏其上而取死也。」

⑦④ 畢云：「以」同「已」。

⑦⑤ 「乎」，上下文並作「邪」。

⑦⑥ 「惟」，吳鈔本作「唯」。

⑦⑦ 畢云：「下」下舊有「行」字，衍文。○案：繹史本無「行」字。

⑦⑧ 吳云：「是」當爲「且」。孫說同。

⑦⑨ 吳鈔本「僻淫」作「淫辟」，「民」作「人」。

⑧⓪ 呂氏春秋明理篇「夫亂世之民，長短頡啎，百疾」，高注云：「頡猶大。啎，逆也。」此「奚吾」猶「頡啎」，一聲之轉。說文曰：「奚，大腹也。」「奚」與「大」意亦相近。「續」者，「黷」之借字。說文曰：「黷，握持垢也。」

⑧① 「夫」，各本作「先」，今依王校改。

⑧② 緜眇閣本「三」作「之」。寶曆本「睘」作「衆」。繹史本「三睘」作「之衆」。秋山云：「衆」，一作「睘」。

王引之云：「睘」與「還」同，還讀周還、折還之還，謂轉折也。使人三轉其身於己前，則或轉而向己，或轉而背己，皆勢所必然。如此而欲使其毋背己，不可得也。故曰「以此求治，譬

〔一〕「絳」原誤「降」，據墨子閒詁原引改，與左傳合。

猶使人三畏而毋負己也」，亦言求治之必不可得也。「負」亦背也。　孫云：莊子說劍篇說趙文王「宰人上食，王三環之」，釋文云：「環，繞也。」「畏」、「環」義同。

83 孫云：國語吳語云「以力征一二兄弟之國」，大戴禮記用兵篇云「諸侯力政，不朝於天子」，盧注云：「言以威力侵爭。」案「征」、「正」、「政」通，天志上篇作「力政」，下篇及明鬼下篇並作「力正」。　○案：列子說符篇曰「當今諸侯力爭，所務兵食而已」，字又作「爭」。

84 畢云：「礪」當爲「厲」。

85 周禮宰夫鄭注云：「委積謂牢米薪芻。」又小司徒鄭注云：「少曰委，多曰積。」

86 「修」，吳鈔本、緜眇閣本、堂策檻本、陳本作「脩」。

87 「者」，畢本改「之」。　畢云：「之」舊作「者」，據後文改。　孫云：漢書景帝紀顏注云：「耆讀曰嗜。」　○案：「者」，「諸」之省文。諸，之也。

88 「修」，緜眇閣本、堂策檻本、陳本作「脩」。

89 畢云：「耆」舊作「者」，據上文改。

90 「惟毋」，吳鈔本作「唯無」，李本、陳本作「憔無」。

91 各本無「修」字，秋山云「『城』上脱『修』」，王、蘇說同，今依增。

92 「此求」二字，上文並作「是故求以」四字。

93 「惟」，吳鈔本作「唯」。

94 吴鈔本「惟」作「唯」。　王云：「惟」與「雖」同。

95 王云：「之禍罰」，「之」猶與也。謂罪厲與禍罰也。「之」字古或訓爲與。

96 「乃」，畢本改「反」。　畢云：舊作「乃」，以意改。　王云：畢改非也。「乃其所」猶言固其宜。言以不事上帝鬼神而獲禍，固其宜也。襄二十一年左傳曰「若上之所爲，而民亦爲之，乃其所也」，是其證。

97 畢云：後漢書注引作「古者聖人」。　孫云：北堂書鈔禮儀部十三引亦同。　○案：初學記十四，蜀本、補宋鈔本御覽五百五十五，引並作「古者聖人」。

98 畢云：「曰」，初學記引作「桐」，餘書亦多作「曰」。

99 孫云：「棺」上當有「桐」字。左傳哀二年云：「桐棺三寸，不設屬辟，下卿之罰也。」釋文云：「棺用難朽之木，桐木易壞，不堪爲棺，故以爲罰。」墨子尚儉，有桐棺三寸。」荀子禮論篇說刑餘罪人之喪，「棺厚三寸，衣衾三領」，呂氏春秋高義篇云，楚子囊死，「爲之桐棺三寸」，是皆示罰之法。墨子制爲恒典，則太儉矣。　檀弓云「夫子制於中都四寸之棺〔一〕，五寸之椁」，鄭注云：「爲民作制。」荀子楊注引墨子曰「桐棺三寸，葛以爲緘」，蓋兼用下文。　孟子公孫丑篇云「古者棺椁無度，中古棺七寸，椁稱之，自天子達於庶人」，並與此異。　○案：後漢書趙咨傳注、明鈔本北堂書

〔一〕「棺」原誤「椁」，據墨子閒詁原引改，與禮記檀弓合。

鈔、蜀本補宋鈔本御覽引並無「桐」字。古書中記墨子及於桐棺者，疑皆涉下文「桐棺三寸」之語。此爲一般葬埋之法，故僅舉棺之厚薄，其材質之爲桐爲榖爲杉爲柏，各因方土之便。管子揆度篇曰：「若有子弟師役而死者，父母爲獨，上必葬之，衣衾三領，木必三寸。」據此，則墨子所引葬埋之法，正適合於當時一般平民也。

⑩⓪ 畢云：死者爲人惡之，故云「覆惡」。

101 「以」字曹校刪。

102 孫云：「參耕之畝」，謂三耦耕之畝也。考工記匠人：「爲溝洫，耜廣五寸，二耜爲耦，一耦之伐，廣尺深尺，謂之甽。」說文耒部云「耕廣五寸爲伐，二伐爲耦」，與考工說同。若然，一耦之甽其廣一尺，則三耦之甽其廣三尺也。

103 「久喪」，各本作「久哭」，今依王說改。王云：「久哭」當爲「久喪」。「喪」字從哭，亡聲。墨子原文蓋本作「喪」，見玉篇、廣韻，而傳寫脱去亡字耳。節用篇曰「死者既葬，生者毋久喪用哀」，是其證。「久喪」二字見於本篇及它篇者多矣，若作「久哭」，則語不該備。

104 畢云：「之」舊作「也以」二字，據後文改。

105 畢云：北堂書鈔引作「北狄」。孫云：爾雅釋地有「八狄」。詩小雅蓼蕭孔疏引李巡本爾雅云「五狄在北方」。禮記王制孔疏引李巡云：「五狄：一曰月支，二曰穢貊，三曰匈奴，四曰單于，五曰白屋。」周禮職方氏又云「六狄」。○案：明鈔本北堂書鈔九十二引作「北狄」，九十四又引作「八狄」。初學記、蜀本補宋鈔本御覽引並作「八狄」。

⑯ 畢云：「蛩」，初學記引作「鞏」，一本亦作「鞏」。北堂書鈔、後漢書注、太平御覽俱引作「邛」。呂氏春秋安死云「堯葬於穀林」，高誘曰：「堯葬成陽，此云穀林，成陽山下有穀林〔一〕。」　孫云：後漢書趙咨傳注作「堯葬邛之山」。水經瓠子河注引帝王世紀云：「墨子：堯北教八狄，道死，葬鞏山之陰。」　○案：「蛩」，潛本作「鞏」。明鈔本北堂書鈔九十二引作「道死叩之山」，「叩」爲「邛」之譌。蜀本、補宋鈔本御覽引作「道死邛邛之山」。

⑰ 畢云：「穀」字从木。　孫云：説文木部云：「穀，楮也。」毛詩小雅鶴鳴傳云：「穀，惡木也。」禮，天子棺用梓柂，此用穀，尚儉。

⑱ 孫云：釋名釋喪制云：「棺束曰緘。緘，函也，古者棺不釘也。」喪大記鄭注云：「齊人謂棺束曰緘繩。」案禮，棺束用皮，此用葛，亦尚儉也。漢書楊王孫傳云：「昔帝堯之葬也，窾木爲匵，葛藟爲緘，其穿下不亂泉，上不泄殠。」

⑲ 畢云：「泖」當爲「犯」，「窆」字之假音也。

⑳ 畢云：古無「埳」字，當爲「坎」。北堂書鈔、後漢書注、太平御覽俱引作「坎」。玉篇云：「埳，苦感切，亦與坎同。」「封」，後漢書注引作「窆」，「封」、「窆」聲相近。　俞云：窆者，葬下棺也，而云

〔一〕以上三「穀林」，畢沅刻本及本書均誤作「殺林」，據呂氏春秋改。

無窆，理不可通。「封」仍當讀如本字。禮記王制篇「不封不樹」，鄭注曰：「封謂聚土爲墳。」「無封」，言不爲墳也。檀弓曰「古也墓而不墳」。

⑪ 畢云：北堂書鈔、太平御覽引俱作「犬戎」。　孫云：爾雅釋地有「七戎」。詩蓼蕭孔疏引李本爾雅云「六戎在西方」。周禮職方氏又云「五戎」。　○案：後漢書王符傳注引此、蜀本與補宋鈔本御覽五百五十五引尸子並作「七戎」，與本書同。

⑫ 畢云：後漢書注引作「舜葬紀市」，又一引作「葬南巴之中」。太平御覽亦作「紀」。呂氏春秋安死云「舜葬於紀市，不變其肆」，高誘曰：「傳曰『舜葬蒼梧九疑之山』，此云『於紀市』，九疑山下亦有紀邑。」按「南己」實當作「南巴」，形相近，字之譌也。高誘以爲紀邑，非。九疑，古巴地。史記正義云「周地志云：南渡老子水，登巴嶺山，南回記大江。此南是古巴國，因以名山」，是已。王云：「南己」，後漢書王符傳注引作「南巴」，「巴」即「已」之誤。畢以作「巴」者爲是，且云「九疑古巴地」。案北堂書鈔及初學記禮部下引墨子並作「南己」，後漢書趙咨傳注及太平御覽並引作「南紀」，呂氏春秋安死篇「舜葬於紀市」，即所謂「南紀之市」，則「己」非誤字也。若是「巴」字，則不得與「紀」通矣。墨子稱舜所葬地，本不與諸書同，不必牽合舜葬九疑之文也。至謂九疑爲古巴地，以牽合南巴，則顯與上文「西教乎七戎」不合，此無庸辯也。　孫云：劉賡稽瑞引墨子曰「舜葬於蒼梧之野，象爲之耕」，與此不同，疑誤以他書之文改此書。　○案：王說「南己」是也。唯引書小誤，如初學記禮部下引墨子無「舜葬南己」之文，趙咨傳注引作「紀市」，不作「南

紀」。緜眇閣本「南己之市」作「南山之市」，明鈔本北堂書鈔九十二引作「南市山之市」。古「己」通「紀」。

113 畢云：後漢書注引「穀」作「款」，非。　○案：蜀本、補宋鈔本御覽五百五十五引尸子舜葬亦作「款木之棺」。

114 孫云：淮南子齊俗訓云：「昔舜葬蒼梧，市不變其肆。」

115 畢云：太平御覽引作「教于越」者，以意改也。　王云：鈔本北堂書鈔及初學記引此並作「於越」，非作御覽者以意改也。今本作「九夷」者，後人因上文「七戎」、「八狄」而改之。不知此説堯舜禹所至之地，初非以「七戎」、「八狄」、「九夷」爲次序也。據下文云「葬會稽之山」，會稽正在越地，則當以作「於越」者爲是。　孫云：「九夷」詳非攻中篇。　○案：明鈔本書鈔及蜀本、補宋鈔本御覽引並作「禹東教於越」。

116 孫云：稽瑞引墨子云「禹葬會稽，鳥爲之耘」，疑此佚文。史記夏本紀云：「或言禹會諸侯江南計功而崩，因葬焉，命曰會稽。會稽者，會計也。」集解引皇覽曰：「禹冢在山陰縣會稽山上。會稽山本名苗山，在縣南，去縣七里。」　○案：稽瑞引墨子文皆不可恃，未必爲墨子佚文。

117 畢云：史記集解引「衾」作「裘」，非。　孫云：周禮職方氏賈疏引亦作「裘」，與夏本紀集解同。七患篇云「死又厚爲棺椁，多爲衣裘」，則葬有用裘者。　○案：畢説是也，作「裘」者誤字。

118 畢云：後漢書注引尸子云：「禹之喪法，死於陵者葬於陵，死於澤者葬於澤，桐棺三寸，制喪三日。」　孫云：越絶書記地外傳、吴越春秋越王無余外傳並云「禹葬會稽，葦椁桐棺」。

⑲ 畢云：太平御覽引「緘」作「繃」，注云「補庚切」，則此「緘」字俗改。　段玉裁云：「繃」，今墨子節葬篇此句三見，皆作「緘」，古蒸、侵二部音轉最近也。　孫云：「緘」當爲「繃」。説文系部云「繃，束也」，引墨子曰「禹葬會稽，桐棺三寸，葛以繃之」，即此文。藝文類聚十一、御覽三十七引帝王世紀亦云「禹葬會稽，葛以繃之」。　○案：御覽三十七引帝王世紀無「葛以繃之」之文，孫檢偶誤。

⑳ 「道」，畢本作「通」，舊本並作「道」，今從舊本。

(121) 王云：「土地」二字文義不明，「土地」當爲「堀地」，寫者脱其右半耳。下文曰「掘地之深，下無菹漏，氣無發洩於上」，節用篇曰「堀穴深不通於泉」，皆其證。

(122) 孫云：後漢書趙咨傳注引作「皆下不及泉，上無遺臭」，書鈔「無」作「不」，餘並與李引同。○案：吴鈔本「毋」並作「無」。宋本、蜀本御覽八十二引「毋」並作「不」，又五百五十五作「皆下不及泉，上無通臭」。初學記作「下不及泉，上無通臭」。孔本書鈔作「下不及泉，上毋通臭」，明鈔本書鈔作「皆下不及泉，上不道臭」。

(123) 孫云：説文土部云：「壤，柔土也。」

(124) 畢云：「壟」，前漢書注作「隴」。　孫云：藝文類聚十一、御覽三十七引帝王世紀文略同，蓋即本此書。

⑫⑤ 畢云：「則」舊作「取」，據前漢書注改。○案：寶曆本作「則」。

⑫⑥ 潛本「三」下有「聖」字。

⑫⑦ 「爲」，陸本、茅本、寶曆本、李本誤「於」。

⑫⑧ 畢云：太平御覽引作「以爲葬埋之法也」。王云：北堂書鈔、初學記亦如是，於義爲長。

⑫⑨ 孫云：禮記喪大記云：「君大棺八寸，屬六寸，椑四寸；上大夫大棺八寸，屬六寸；下大夫大棺六寸，屬四寸；士〔二〕棺六寸。」鄭注云：「大棺，棺之在表者也。檀弓曰：『天子之棺四重，水兕革棺被之，其厚三寸，杝棺一，梓棺二，四者皆周。』此以内說而出也。」案此「云大棺、中棺」，即大棺與屬。下云「革闠三操」，疑即所謂水兕革棺被之也。

⑬⓪ 畢云：「闠」同「鞼」，「操」同「繅」，假音字。孫云：「繅」義亦難通，疑當爲「雜」。雜，帀也。雜、操形近而誤。○案：儀禮聘禮「繅三采六等，朱白蒼」，鄭注云：「雜采曰繅。以韋衣木板，飾以三色再就，所以薦玉，重慎也。古文繅或作藻，今文作璪。」此蓋畢說所本。「革闠三操」，言革棺之文采繁雜也。

⑬① 王云：「即」當爲「既」。

⑬② 並詳前。

〔二〕「士」原誤「土」，據墨子閒詁原引改，與禮記喪大記合。

⑬③ 秋山云：「大」，一作「六」。

⑬④ 吴鈔本「必」作「戈」，形譌。讀者校「戈」爲衍字，非是。　孫云：「捶涂」當爲「捶除」。內則鄭注云：「捶，擣之也。」說文手部云：「擣，一曰築也。」則「捶」有堅築之義。「涂」、「除」聲義亦通，謂除道也。「差通」疑當作「羡道」。周禮冢人鄭注云：「隧，羡道也。」九章算術商功篇云「今有羡除」，劉注云：「羡除，隧道也。其所穿地，上平下邪。」史記衛世家「共伯入釐侯羡，自殺」，索隱云：「羡，墓道也。」疑此當讀「必捶涂羡道」爲句，即九章所謂「羡除」也。　○案：孫說「羡道」近是。「涂」借爲「除」，當作動字用，非羡除也。除，修治也。「捶除羡道」，猶言築修羡道也。

⑬⑤ 「雖」當爲「脽」，或爲「碓」，形聲俱近。水經汾水注引應劭云：「脽，丘類也。」史記河渠書集解引晉灼云：「碓，古堆字。」本字作自，說文曰：「自，小阜也。」「兄」，諸本作「凡」，道藏本作「凡」，字形在「兄」、「凡」之閒，今訂作「兄」。辭過篇「凡此五者」、尚賢下篇「凡我國能射御之士」，正德本「凡」並譌「兄」，可與此互例。「兄」讀爲比況之況。吕氏春秋禁塞篇曰「爲京丘若山陵」，又安死篇曰「世之爲丘壟也，其高大若山」，即此所謂「壟脽況山陵」也。上文曰「丘隴必巨」，文意亦同。

⑬⑥ 「毋」，堂策檻本、四庫本作「無」。

⑬⑦ 畢云：「鄉」，「𨞬」省文。

⑬⑧ 「吾本」，陸本、茅本、寶曆本、李本、緜眇閣本、堂策檻本、四庫本作「本吾」。

⑬⑨ 畢云：舊脱「法」字，一本有。　○案：潛本、寶曆本並有「法」字。

⑭⓪ 句。

⑭① 畢本「請」作「誠」。 畢云：舊作「請」，一本如此。 王云：古者「誠」與「請」通，不煩改字。

○案：「請」，潛本、緜眇閣本作「誠」。

⑭② 「堯舜」，茅本、寶曆本作「舜堯」。

⑭③ 「其」，寶曆本作「果」，吴鈔本作「果其」二字。 孫云：「政」、「正」通。

⑭④ 畢云：「胡説」猶言何説。「擇」同「釋」。 孫云：淮南子説山訓高注云：「釋，舍也。」

○案：「擇」，寶曆本、李本作「釋」，下並同。

⑭⑤ 吴鈔本「習」作「事」，下同。 孫云：「義」讀爲「宜」。

⑭⑥ 「輸」，畢本改「輆」。 畢云：「輆」舊作「輸」，不成字，據太平廣記引作「輆」，音善愛反，今改。

盧云：列子湯問篇作「輒才」，新論作「軫沐」。 顧云：世德堂列子作「木」，影宋本作「沐」。 孫云：意林引列子及道藏本劉子風俗篇並作「輒沐」，博物志五引作「駭沐」，宋本列子作「輙沐」，注云：「又『休』。」道藏本殷敬順釋文及盧重玄注本並作「輒休」，殷云：「輒，説文作耴，諸涉切，耳垂也。休，美也。蓋儋耳之類是也。諸家本作輙沐者誤耳。」案：諸文舛互，此無文義可校。集韻十九代云：「輆沐，國名，在越東。」是北宋本實作「輆沐」，依殷説則「輆」當作「輒」。後魯問篇以食子爲啖人國俗，與此復不同。 ○案：「輸」，諸本同，寶曆本作「輸」。「沐」，諸本同，陸本、茅本、寶曆本、李本、緜眇閣本作「沭」。今訂從「輸沐」，存墨子古本之舊。

「䡆」字蓋從軌，必聲，爲墨子書中之奇字。他書襲此，各以意改，遂致歧互耳。

⑭⑦ 盧云：「解」，魯問作「鮮」，與列子同。杜預注左傳云：「人不以壽死曰鮮。」　顧云：此列子釋文之謬說。　孫云：殷敬順列子釋文引杜說而釋之云「謂少也」，即盧說所本。盧校列子則謂鮮、析一聲之轉，引「析支」亦作「鮮支」爲證，説較此爲長。蓋「解」、「鮮」、「析」義並同。新論作「其長子生，則解肉而食其母」。　○案：魯問篇亦當作「解」，顧説是也，詳彼注。

⑭⑧ 孫云：博物志引作「父死則負其母而棄之」，新論作「其人父死，即負其母而棄之」。

⑭⑨ 盧云：列子作「炎」，殷敬順釋文讀去聲。　孫云：魯問篇作「啖人」，新論同。博物志引作「炎」。道藏本列子釋文作「啖人」，云「談去聲，本作炎」。後漢書南蠻傳亦作「噉人國」，疑當從「啖」爲是，詳魯問篇。　○案：「炎」，李本、堂策檻本、顧校李本、四庫本作「啖」。

⑮⓪ 古人稱父母爲「親戚」，詳兼愛下篇。

⑮① 畢云：列子「朽」作「死」，同。太平廣記引作「剡」。　孫云：御覽七百九十引博物志亦作「剡」。列子釋文云：「死，本作咼，音寡，剔肉也。又音朽。」殷作「冎」，蓋「咼」之譌。説文冎部云：「冎，剔人肉置其骨也。」新論作「拆」，尤誤。

⑮② 畢云：「渠」舊作「秉」，據列子及太平廣記改。史記正義：「括地志云：寧、原、慶三州，秦北地郡。戰國及春秋時爲義渠戎國之地。」今甘肅慶陽府也，在陜西之西。　孫云：「渠」，吴鈔本作「秉」，不成字。博物志引作「義渠」，新論同。宋本列子「渠」下注云：「又『康』。」「康」與「秉」並

「渠」之形誤。周書王會篇云「義渠以茲白」，孔晁注云：「義渠，西戎國。」　俞云：史記秦本紀「厲共公三十三年伐義渠，虜其王」，即此國也。

⑬ 畢云：「燻」即「熏」字俗寫。太平廣記引作「熏其煙上，謂之登煙霞」。　孫云：列子亦作「燻則煙上，謂之登遐」。新論作「煙上燻天，謂之昇霞」。博物志作「動之即煙上，謂之登遐」。呂氏春秋義賞篇云：「氐羌之民，其虜也不憂其係累，而憂其死不焚也。」荀子大略篇說同。義渠在秦西，亦氐羌之屬。登遐者，禮記曲禮云「天子崩，告喪曰天王登假」，鄭注云：「登，上也。假，已也。上已者，若僊去云耳。」釋文云：「假音遐。」漢書郊祀志云「世有僊人，登遐倒景」，顏注云：「遐亦遠也。」案依廣記所引及新論，似皆以「遐」爲「霞」之假字，非古義也。

⑭ 吴鈔本「成爲」作「謂之」。

⑮ 畢云：太平廣記引有云「而未足爲非也。」　○案：「而未足爲非也」六字，或爲廣記引書加字頓住之法，非墨子原文有此句也。列子及博物志亦有加句。

⑯ 各本脱「以」字，王據上文增，今從之。

⑰ 王云：爾雅：「猶，已也。」言亦已薄、亦已厚也。

⑱ 吴鈔本無「者」字。

⑲ 孫云：韓非子顯學篇云：「墨者之葬也，冬日冬服，夏日夏服，桐棺三寸，服喪三月。」

⑳ 寶曆本「掘」作「堀」。

(161) 孫云：「菹」與「沮」通。廣雅釋詁云：「沮，溼也。」○案：「沮」、「漏」均滲溼之義。文選魏都賦曰「隰壤瀸漏而沮洳」。

(162) 寶曆本「期」作「朝」。秋山云：「朝」，一作期。畢云：「期」言期會。

(163) 孫云：「佴」者，次比之義，言不疏曠也。

(164) 吴鈔本「於」作「乎」。緜眇閣本、繹史本「親」作「新」。

(165) 「請」，舊本作「謂」，畢本以意改「誠」，今依王、顧校作「請」。王云：「謂」即「請」之譌，請與誠通。畢徑改爲「誠」，未達假借之旨。顧説同。

(166) 「不察」之「不」，茅本、寶曆本、李本、緜眇閣本並脱。秋山云：「可」下脱「不」。王云：「者此」當作「此者」，詳非攻下篇。

墨子校注卷之七

天志上第二十六①

子墨子言曰：今天下之士君子，知小而不知大。何以知之？以其處家者知之。若處家得罪於家長②，猶有鄰家所避逃之③。然且親戚兄弟所知識④共相儆戒⑤，皆曰：「不可不戒矣，不可不慎矣，惡有處家而得罪於家長而可爲也⑥！」非獨處家者爲然，雖處國亦然。處國得罪於國君，猶有鄰國所避逃之⑦。然且親戚兄弟所知識⑧共相儆戒，皆曰：「不可不戒矣，不可不慎矣，誰亦有處國得罪於國君而可爲也！」此有所避逃之者也，相儆戒猶若此其厚。况無所避逃之者⑨，相儆戒豈不愈厚然後可哉？且語言有之曰：「焉而晏日⑩，焉而得罪⑪，將惡避逃之⑫？」曰：無所避逃之。夫天不可爲林谷幽閒無人⑬，明必見之。然而天下之士君子之於天也⑭，忽然不知以相儆戒，此我所以知天下士君子知小而不知大也。

然則天亦何欲何惡？天欲義而惡不義。然則率天下之百姓以從事於義，則我乃爲天之所欲也。我爲天之所欲⑮，天亦爲我所欲。然則我何欲何惡⑯？我欲福祿而惡禍祟。然則率天下之百姓以從事於不義，則我乃爲天之所不欲也。我爲天之所不欲，天亦爲我所不欲，則是我率天下之百姓以從事於禍祟中也⑰。

然則何以知天之欲義而惡不義⑱？曰：天下有義則生，無義則死；有義則富，無義則貧；有義則治，無義則亂。然則天欲其生而惡其死，欲其富而惡其貧，欲其治而惡其亂，此我所以知天欲義而惡不義也⑲。

曰：且夫義者，政也⑳。無從下之政上，必從上之政下。是故庶人竭力從事，未得次己而爲政㉑，有士政之；士竭力從事，未得次己而爲政，有將軍大夫政之㉒；將軍大夫竭力從事，未得次己而爲政，有三公諸侯政之；三公諸侯竭力聽治，未得次己而爲政，有天子政之；天子未得次己而爲政，有天政之。天子爲政於三公、諸侯、士、庶人㉓，天下之士君子固明知之㉔；天之爲政於天子，天下百姓未得之明知也㉕。故昔三代聖王㉖禹湯文武，欲以天之爲政於天子明說天下之百姓，故莫不犓牛羊，豢犬彘，潔爲粢盛酒醴㉗，以祭祀上帝鬼神，而求祈福於天㉘。我未嘗聞天下之所求祈福於天子者也㉙，我所以知天之爲政於天子者也㉚。

故天子者，天下之窮貴也，天下之窮富也㉛。故欲富且貴者㉜，當天意而不可不順。順天意者，兼相愛、交相利，必得賞；反天意者，別相惡、交相賊，必得罰㉝。然則是誰順天意而得賞者？誰反天意而得罰者㉞？子墨子言曰：昔三代聖王禹湯文武，此順天意而得賞者也㉟；昔三代之暴王㊱桀紂幽厲，此反天意而得罰者也。然則禹湯文武其得賞何以也？子墨子言曰：其事上尊天，中事鬼神，下愛人。故天意曰：「此之我所愛，兼而愛之；我所利，兼而利之。愛人者此爲博焉，利人者此爲厚焉。」故使貴爲天子，富有天下，業萬世子孫㊲。傳稱其善，方施天下㊳，至今稱之，謂之聖王。然則桀紂幽厲得其罰㊴何以也？子墨子言曰：其事上詬天，中誣鬼㊵，下賊人㊶。故天意曰：「此之我所愛，別而惡之；我所利，交而賊之。惡人者此爲之博也㊷，賊人者此爲之厚也㊸。」故使不得終其壽，不殁其世㊹，至今毁之，謂之暴王。

然則何以知天之愛天下之百姓？以其兼而明之。何以知其兼而明之？以其兼而有之。何以知其兼而有之？以其兼而食焉。何以知其兼而食焉？曰：四海之内，粒食之民㊺，莫不犓牛羊、豢犬彘，潔爲粢盛酒醴，以祭祀於上帝鬼神。天有邑人㊻，何用弗愛也？且吾言殺一不辜者，必有一不祥。殺不辜者誰也？則人也。予之不祥者誰也？則天也。若以天爲不愛天下之百姓，則何故以人與人相殺，而天予之不祥㊼？此我所以知天之愛天下之百姓也㊽。

順天意者，義政也。反天意者，力政也㊾。然義政將柰何哉㊿？子墨子言曰：處大國不攻小國，處大家不篡小家，强者不劫弱，貴者不傲賤，多詐者不欺愚51。此必上利於天，中利於鬼，下利於人。三利無所不利，故舉天下美名加之，謂之「聖王」。力政者則與此異，言非此，行反此，猶倖馳也52。處大國攻小國，處大家篡小家，强者劫弱，貴者傲賤，多詐者欺愚53。此上不利於天，中不利於鬼，下不利於人。三不利無所利，故舉天下惡名加之，謂之「暴王」。

子墨子言曰：我有天志，譬若輪人之有規，匠人之有矩。輪匠執其規矩，以度天下之方圜，曰：中者是也，不中者非也。今天下之士君子之書不可勝載，言語不可盡計54，上説諸侯，下説列士，其於仁義則大相遠也55。何以知之？曰：我得天下之明法以度之。

① 畢云：玉篇云：「志，意也。」説文「無」志字。鄭君注周禮云：「志，古文識。」則「識」與「志」同。又篇中多或作「之」，疑古文「志」亦只作「之」也。○案：詩大雅皇矣篇：「皇矣上帝，臨下有赫。監觀四方，求民之莫。」即謂天有意志之一例也。

② 堂策檻本、四庫本「處家」下有「而」字。

③「逃」，陸本、茅本作「迯」，俗字。　畢云：廣雅云：「所，凥也。」玉篇云：「處所。」

④孫云：「親戚」即父母也。下篇云「父以戒子，兄以戒弟」。

⑤畢云：「共」舊作「其」，一本如此，下同。　○案：四庫本作「共」，下同。

⑥上「而」字，堂策檻本、四庫本無，與下文合。

⑦「逃」，陸本、茅本作「迯」。

⑧「兄弟」，道藏本、吴鈔本、陸本、唐本、潛本、茅本、緜眇閣本、堂策檻本、四庫本作「弟兄」。

⑨「逃」，陸本、茅本作「迯」。

⑩句。

⑪句。

⑫「日」舊作「曰」，今依畢校改。「避」，翻陸本作「辟」。　俞云：「且語有之曰」，蓋述古語也。「言」字即「語」字之誤而衍者，下「曰」字當從畢改作「日」。「焉而」字疊出，文義難通，疑上「焉而」字亦爲衍文。墨子本作「且語有之曰：晏日焉而得罪，將惡避逃之？」「晏」者，清也，明也。說文日部：「晏，天清也。」小爾雅廣言：「晏，明也。」文選羽獵賦「于是天清日晏」，淮南子繆稱篇「暉日知晏，陰蝔知雨」，並其證也。此謂人苟於昏暮得罪，猶有可以避逃之處。若晏日則人所共覩，無所逃避矣。　○案：俞說文意是也，其校字則非。「而」並當爲「天」，「天」篆文作「兲」，或作「而」，唐岱岳觀碑作「而」。「而」篆文作「𦓐」，楷書作「而」。形並相近。今唐本上「而」字作「而」，

猶仿佛「天」字形范。天志下篇「從而賊之」，諸本「而」誤「天」，可爲本書「天」、「而」互譌之例。論衡超奇篇曰「天晏，列宿煥炳；陰雨，日月蔽匿」，又宣漢篇曰「光武皇帝升封，天晏然無雲，太平之應也」，又佚文篇曰「天晏暘者星辰曉爛」，即此「天晏」之義。「焉」，於也。「惡」，於何也。「焉天得罪」，猶得罪於天也。言於天晏之日，得罪於天，將於何避逃之？極言其無所避逃之也。

⑬「閒」，各本作「門」。畢云：「門」當爲「澗」。顧云：明鬼篇作「澗」。王云：「門」當爲「閒」，「閒」讀若「閑」。言天監甚明，雖林谷幽閒無人之處，天必見之也。賈子耳痺篇曰：「故天之誅伐，不可爲廣虛幽閒攸遠無人，雖重襲石中而居，其必知之乎。」淮南覽冥篇曰：「上天之誅也，雖在壙虛幽閒、遼遠隱匿、重襲石室、界障險阻，其無所逃之，亦明矣。」義皆本於墨子，則「幽門」爲「幽閒」之誤明矣。明鬼篇「雖有深谿博林幽澗毋人之所」，「幽澗」亦「幽閒」之誤。孫云：「閒」讀爲間隙之「閒」。荀子王制篇云「無幽閒隱僻之國，莫不趨使而安樂之」，楊注云：「幽，深也。閒，隔也。」　○案：「門」，王校改「閒」是也，今從之。荀子王霸篇曰「則雖幽閒隱辟」，楊注云：「閒讀爲閑。」則又與王說同。莊子庚桑楚篇曰「爲不善乎幽閒之中者，鬼得而誅之」，春秋繁露立元神篇曰「自然之罰至，裹襲石室，分障險阻，猶不能逃之也」，文意亦與此同。

⑭王云：「舊本脱『士』字及『之於』二字，今據上下文補『士』字，又以意補『之於』二字。」今從之。

⑮吴鈔本「我」下有「乃」字。

⑯諸本無「我」字，潛本、緜眇閣本、陳本、繹史本並有，今據補。　畢云：一本「則」下有「我」字。

⑰ 自「率天下」至「則是」凡三十八字，各本脱，今據上文校增。此蓋因「率天下之百姓以從事於」十字上下兩見，故相涉而脱耳。王校作「若我不爲天之所欲，而爲天之所不欲，然則我率天下之百姓以從事於禍祟中也」。案王校據中篇，但中篇上文有「人爲天之所不欲，天亦且爲人之所不欲」句，故下文「從事乎禍祟之中」句有來歷。此依王校，則上無其文，遽言禍祟，語無所本。且上言「若」、下言「然」，則文氣亦不貫注，今不從。

⑱ 舊本無「以」字。

⑲ 畢云：「我」舊作「義」，以意改。○案：潛本、寶曆本、緜眇閣本、堂策檻本、顧校李本、陳本、繹史本、四庫本正作「我」。「義」、「我」古音亦同。

⑳ 王云：「政」與「正」同，下篇皆作「正」。孫云：意林引下篇「正」皆作「政」，二字互通。「義者正也」，言義者所以正治人也。

㉑ 畢云：「次」，「恣」字省文，下同。一本作「恣」，俗改。王引之云：畢説非也。「次」猶即也。次、即聲相近，而字亦相通。下文諸「次」字並同。孫云：意林引下篇「次」並作「恣」，則畢説亦通。節用上篇云「聖王既没，於民次也」，「恣」亦作「次」，可證。○案：「次」，潛本、緜眇閣本、陳本、繹史本並作「恣」，可爲畢説之證。

㉒ 孫云：「將軍大夫」即卿大夫也。詳尚同中篇。

㉓ 吳云：「諸侯」下脱「將軍大夫」四字。

㉔「之」字各本脱，今依俞、孫、曹校增。

㉕猶言未得明知之也。說詳節葬下篇「未嘗之有也」注。

㉖「王」，道藏本誤「正」。

㉗畢云：「爲粢」二字舊脱，據後文增。秋山校同。○案：四庫本有「粢」字，仍脱「爲」字。

㉘「祈福」疑當爲「祉福」，字之誤也。下「祈福」同。中篇曰「欲以此求福禄於天」，此言祉福，猶彼言福禄也。

㉙秋山云：「下」字衍。顧云：據中、下二篇，「下」字衍。蘇校同。戴云：案中篇云「吾未知天之祈福於天子也」，則此文衍「下」字及「所求」二字及「者」字。○案：疑衍「下」、「所」二字。

㉚句首，藤校增「此」字。

㉛抱朴子暢玄篇曰「窮富極貴」。戴云：「窮」，極也。此二字轉相訓。

㉜「欲」，畢本作「於」，舊本並作「欲」，今據正。宋本御覽七十七引亦作「欲」。

㉝「賊」，陸本、茅本、寶曆本、堂策檻本作「賤」，誤。

㉞「天」，道藏本誤「夫」。

㉟「者」字諸本無，繹史本有。畢云「『賞』下當有『者』字」，今據增。

㊱「之」字，緜眇閣本闕，繹史本無。

㊲孫云：「業」，謂子孫纂業也。左昭元年傳「臺駘能業其官」，杜注釋爲「纂業」。

㊳畢云：「方」猶旁。孫云：說文上部云：「旁，溥也。」方施言施溥偏於天下也。

㊴吴云：當云「其得罰」。孫校同。

㊵「誣」，畢本作「訴」，舊本並作「誣」，今據正。畢云：據上當有「神」字。

㊶「賊」，諸本作「賤」。上文「交相賤」，秋山云：「賤，一作賊，下同。」今從一本作「賊」。王校同。

㊷「博」，陸本、茅本、堂策檻本、四庫本作「惡」。

㊸「賊」，吴鈔本、畢本作「賤」，諸本並作「賊」，今從諸本。

㊹吴鈔本「殁」作「没」。

㊺尚賢下篇曰：「粒食之民，莫不勸譽」。孫云：大戴禮記少閒篇曰：「粒食之民，昭然明視。」

㊻畢云：「邑」舊作「色」，非，以意改。

㊼「予」，道藏本、吴鈔本、陸本、唐本、沈本、茅本、堂策檻本誤「子」。

㊽吴鈔本「此我」下有「之」字。

㊾「力政」，下篇作「力正」，字通，詳節葬下篇。文選謝瞻張子房詩李注引與此同。

㊿畢云：舊脱「政」字，一本有。○案：潛本、緜眇閣本、繹史本並有「政」字。

51孫云：中篇及兼愛中篇、下篇文並略同，皆無「多」字，此疑衍。

52畢云：「倖」，一本作「俏」。○案：潛本、緜眇閣本、繹史本作「俏」，「俏」字是。惟以「倖」之字形校之，疑原書作「倍」。倍、背、偝聲義並同。耕柱篇「夫倍義而鄉祿者」、「倍祿而鄉義者」，「倍」字義與此同。呂氏春秋別類篇曰「驥驁綠耳背日而西走」，淮南子泰族訓曰「騏驥倍日而馳」，又主術訓曰「背風而馳易以遠」，說苑說叢篇曰「倍風而馳易以遠」，潛夫論交際篇曰「分背奔馳，窮東極西」，倍馳即背馳也。

㊸「多詐」下諸本無「者」字，寶曆本有，今據補。

㊹緜眇閣本、繹史本「計」作「記」。

㊺畢云：「相」舊作「其」，一本如此。○案：潛本、緜眇閣本、繹史本作「相」。

天志中第二十七

子墨子言曰：今天下之君子之欲爲仁義者①，則不可不察義之所從出。既曰不可以不察義之所從出，然則義何從出？子墨子曰：義不從愚且賤者出，必自貴且知者出。何以知義之不從愚且賤者出，而必自貴且知者出也？曰：義者，善政也。何以知義之善政也？曰：天下有義則治，無義則亂，是以知義之善政也②。夫愚且賤者，不得爲政乎貴且知者；貴且知者③，然後得爲政乎愚且賤者。此吾所以知義之不從愚且賤者出，而必自貴且知者出也。然則孰爲貴？孰爲知？曰：天爲貴，天爲知，而已矣。然則義果自天出矣。

今天下之人曰：當若天子之貴諸侯，諸侯之貴大夫，傐明知之④。然吾未知天之貴且知於天子也。子墨子曰：吾所以知天之貴且知於天子者，有矣。曰：天子爲善，天能賞之；天子爲暴，天能罰之。天子有疾病禍祟，必齋戒沐浴⑤，潔爲酒醴粢盛，以祭祀天鬼，則天能除去之。然吾未知天之祈福於天子也，此吾所以知天之貴且知於天子也。且吾所以知天之貴且知於天子者，不止此而已矣⑥，又以先王之書馴天明不解之道也知之⑦。曰：「明哲維天⑧，臨君下土⑨。」則此語天之貴且知於天子⑩。不知亦有貴知夫天者乎⑪？曰：天爲貴，天爲知，而已矣。然則義果自天出矣。是故子墨子曰：今天下之君子，中實將欲尊道利民⑫，本察仁義之本，天之意不可不慎也⑬。

既以天之意以爲不可不慎已，然則天之將何欲何憎⑭？子墨子曰：天之意，不欲大國之攻小國也，大家之亂小家也。强之劫弱，衆之暴寡⑮，詐之謀愚，貴之傲賤，此天之所不欲也。不止此而已⑯，欲人之有力相營⑰，有道相教，有財相分也。又欲上之强聽治也，下之强從事也。上强聽治，則國家治矣；下强從事，則財用足矣。若國家治，財用足⑱，則上有以絜爲酒醴粢盛，以祭祀天鬼⑲；外有以爲環璧珠玉，以聘撓四鄰⑳，諸侯之冤不興矣㉑，邊境甲兵不作矣；內有以食飢息勞㉒，持養其萬民㉓，則君臣上下惠忠，父子弟兄慈孝㉔。故惟毋明乎順天之意㉕，奉而光施之天下㉖，則刑政治，萬民和，國家富，財用足，百姓皆得煖衣飽食，便寍無憂㉗。是故子墨子曰：今天下之君子，中實將欲遵道利民，本察仁義之本，天之意不可不慎也㉘。

且夫天子之有天下也㉙，辟之無以異乎國君諸侯之有四境之内也㉚。今國君諸侯之有四境之内也，夫豈欲其臣國萬民之相爲不利哉㉛？今若處大國則攻小國，處大家則亂小家，欲以此求賞譽，終不可得，誅罰必至矣。夫天之有天下也，將無已異此㉜。今若處大國則攻小國㉝，處大都則伐小都㉞，欲以此求福禄於天，福禄終不得㉟，而禍祟必至矣。然有所不爲天之所欲，而爲天之所不欲㊱，則夫天亦且不爲人之所欲，而爲人之所不欲矣。人之所不欲者何也㊲？曰：病疾禍祟也㊳。若己不爲天之所欲，而爲天之所不欲，是率天下之萬民以從事乎禍祟之中也。故古者聖王明知天鬼之所福㊴，而辟天鬼之所憎，以求興天下之利，而除天下之害。是以天之爲寒熱也節，四時調，陰陽雨露也時，五穀孰㊵，六畜遂，疾菑戾疫凶饑則不至㊶。是故子墨子曰：今天下之君子，中實將欲遵道利民㊷，本察仁義之本，天意不可不慎也。

且夫天下蓋有不仁不祥者，曰：當若子之不事父，弟之不事兄，臣之不事君也。故天下之君子與謂之不祥者㊸。今夫天兼天下而愛之，撽遂萬物以利之㊹，若豪之末㊺，末非天之所爲也㊻，而民得而利之，則可謂否矣㊼。然獨無報夫天㊽，而不知其爲不仁不祥也㊾。此吾所謂君子明細而不明大也。

且吾所以知天之愛民之厚者，有矣。曰：以磿爲日月星辰㊿，以昭道之(51)；制爲四時春秋冬夏，以紀綱之；雷降雪霜雨露(52)，以長遂五穀麻絲，使民得而財利之；列爲山川谿谷，播賦百事(53)；爲王公侯伯(54)，以臨司民之善否(55)，使之賞賢而罰暴(56)；賊金木鳥獸(57)，從事乎五穀麻絲(58)，以爲民衣食之財(59)。自古及今，未嘗不有此也。今有人於此，驩若愛其子(60)，竭力單務以利之(61)。其子長，而無報乎求父(62)。故天下之君子與謂之不仁不祥(63)。今夫天兼天下而愛之，撽遂萬物以利之(64)，若豪之末，末非天之所爲(65)，而民得而利之，則可謂否矣(66)。然獨無報夫天，而不知其爲不仁不祥也。此吾所謂君子明細而不明大也(67)。

且吾所以知天愛民之厚者，不止此而已矣(68)。曰：殺不辜者，天予不祥(69)。不辜者誰也(70)？曰：人也。予之不祥者誰也？曰：天也。若天不愛民之厚，夫胡説人殺不辜而天予之不祥哉(71)？此吾所以知天之愛民之厚也(72)。且吾所以知天之愛民之厚者(73)，不止此而已矣。曰：愛人利人，順天之意，得天之賞者，有矣。憎人賊人(74)，反天之意，得天之罰者，亦有矣(75)。

夫愛人利人，順天之意，得天之賞者，誰也？曰：若昔三代聖王堯舜禹湯文武者是也[76]。堯舜禹湯文武焉所從事?曰:從事兼,不從事别。兼者,處大國不攻小國,處大家不亂小家[77],强不劫弱,衆不暴寡,詐不謀愚,貴不傲賤。觀其事,上利乎天,中利乎鬼,下利乎人。三利無所不利,是謂天德。聚斂天下之美名而加之焉,曰:此仁也,義也,愛人利人,順天之意,得天之賞者也。不止此而已,書於竹帛[78],鏤之金石,琢之槃盂[79],傳遺後世子孫。曰:將何以爲?將以識夫愛人利人,順天之意,得天之賞者也。皇矣道之曰:「帝謂文王,予懷明德,不大聲以色,不長夏以革,不識不知,順帝之則[80]。」帝善其順法則也,故舉殷以賞之,使貴爲天子,富有天下,名譽至今不息。故夫愛人利人,順天之意,得天之賞者,既可得而知已[81]。

夫憎人賊人,反天之意,得天之罰者,誰也[82]?曰:若昔者三代暴王桀紂幽厲者是也。桀紂幽厲焉所從事?曰:從事别,不從事兼。别者,處大國則攻小國,處大家則亂小家,强劫弱,衆暴寡,詐謀愚,貴傲賤。觀其事,上不利乎天,中不利乎鬼,下不利乎人。三不利無所利,是謂天賊。聚斂天下之醜名而加之焉[83],曰:此非仁也,非義也,憎人賊人,反天之意,得天之罰者也。不止此而已,又書其事於竹帛,鏤之金石,琢之槃盂,傳遺後世子孫。曰:將何以爲?將以識夫憎人賊人,反天之意,得天之罰者也。大明之道之[84]曰:「紂越厥夷居[85],不肎事上帝,棄厥先神祇不祀[86]。乃曰:吾有命,無廖僔務[87]。天下[88]天亦縱棄紂而不葆⑧⑨。」察天所以縱棄紂而不葆者⑨⓪，反天之意也。故夫憎人賊人⑨①，反天之意，得天之罰者，既可得而知也⑨②。

是故子墨子之有天之⑨③，辟之無以異乎輪人之有規⑨④，匠人之有矩也。今夫輪人操其規，將以量度天下之圜與不圜也⑨⑤，曰：「中吾規者謂之圜，不中吾規者謂之不圜。」是以圜與不圜，皆可得而知也。此其故何？則圜法明也。匠人亦操其矩，將以量度天下之方與不方也，曰：「中吾矩者謂之方，不中吾矩者謂之不方。」是以方與不方，皆可得而知之。此其故何？則方法明也。故子墨子之有天之意也⑨⑥，上將以度天下之王公大人之爲刑政也⑨⑦，下將以量天下之萬民爲文學、出言談也。觀其行，順天之意，謂之善意行；反天之意，謂之不善意行⑨⑧。觀其言談，順天之意⑨⑨，謂之善言談；反天之意，謂之不善言談。觀其刑政，順天之意，謂之善刑政；反天之意，謂之不善刑政。故置此以爲法，立此以爲儀，將以量度天下之王公大人卿大夫之仁與不仁，譬之猶分黑白也。

是故子墨子曰：今天下之王公大人士君子，中實將欲遵道利民，本察仁義之本，天之意不可不順也。順天之意者，義之法也。

① 吴鈔本「君子」下無「之」字。

②王校兩「之」字下並補「爲」字。　王云：舊本脱兩「爲」字。下篇曰：「何以知義之爲正也？天下有義則治，無義則亂，我以此知義之爲正也。」今據補。　俞云：三「善」字皆「言」字之誤，隸書「善」字或作「善」，見張遷碑、靈臺碑、孫叔敖碑，與「言」字相似，故「言」誤爲「善」。「義者，言政也。何以知義之言政也？曰：天下有義則治，無義則亂，是以知義之言政也」，語意甚明。下篇並無「善」字，可知此文「善」字之誤。「義之言政」，猶下篇「義之爲正」也。

③四字諸本脱。　秋山云：「一本『然』上有『貴且知者』四字。」今據補。　畢校同。

④畢云：「傐」當爲「碻」，言確然可知。　孫云：兩「貴」字下皆當有「於」字。

⑤「齋」，翻陸本、寶曆本作「齊」。

⑥自「也且」至「天子」十四字，各本脱，今依曹校增。　下文「此吾所以知天之愛民之厚也，且吾所以知天之愛民之厚者，不止此而已矣」，句法與此同。

⑦寶曆本「馴」作「訓」。　秋山云：「訓」，一作「馴」。「解」、「懈」同。　畢云：「馴」與「訓」同，言訓釋天之明道。

⑧畢云：舊作「大」，以意改。　秋山校同。　○案：緜眇閣本、四庫本作「天」。「天」、「大」古字通。

⑨「土」，各本作「出」，今依秋山及王校改。　秋山云：「出」疑「土」誤。　王引之云：「出」當爲「土」。「明哲維天，臨君下土」，猶詩言「明明上天，照臨下土」耳。隸書「出」字或作「土」，形與

⑩「士」相似，故「士」譌爲「出」。
⑪吴鈔本「於」作「于」。
⑫吴鈔本「夫」作「于」。
⑬「尊」，寶曆本、堂策檻本、四庫本作「遵」。 秋山云：「遵」，一本作「尊」。
⑭孫云：「慎」與「順」同，上下文屢云「順天意」，下同。
⑮畢云：「之」下當有「意」字。
⑯各本作「強之暴寡」，脱四字，今據兼愛下篇及牧野謙校增。下文「強不劫弱，衆不暴寡」、「強劫弱，衆暴寡」，皆「強」與「弱」、「衆」與「寡」相對爲義。若作「強之暴寡」，則文義不協矣。
⑰諸本作「上此而已」四字，寶曆本作「不止此而已」五字，今據補正。四庫本作「止此而已」，與畢校同。王校增「不」字，與寶曆本合。
⑱楚辭天問王注云：「營，爲也。」
⑲道藏本、吴鈔本、陸本、唐本、沈本、茅本、緜眇閣本、堂策檻本脱「財」字。
⑳「絜」，諸本作「潔」，吴鈔本作「絜」，今從之。「上有以」，各本作「内有以」，今據尚賢中篇及非命上篇文例校改。尚賢中篇曰「上有以絜爲酒醴粢盛，以祭祀天鬼，外有以爲皮幣，與四鄰諸侯交接，内有以食飢息勞，將養其萬民」，非命上篇曰「上無以供粢盛酒醴，祭祀上帝鬼神，外無以應待諸侯之賓客，降綏天下賢可之士，内無以食飢衣寒，將養老弱」，並與此文結構相同。

⑳ 畢云：「撓」與「交」同音。○案：「撓」，堂策檻本、四庫本作「交」。吴鈔本「鄰」作「隣」。

㉑ 蘇云：「冤」讀如「怨」。　孫云：一切經音義云：「古文冤、惌二形，今作怨，同。」

㉒ 「飢」，沈本、堂策檻本、四庫本作「饑」。

㉓ 王云：荀子榮辱篇楊注云：「持養，保養也。」詳非命下篇。

㉔ 「弟兄」，茅本、寶曆本、緜眇閣本作「兄弟」。

㉕ 吴鈔本「惟」作「唯」。　寶曆本「順」作「慎」。

㉖ 孫云：「光」與「廣」通。

㉗ 「寍」，諸本作「寧」，吴鈔本作「寍」，今從之。說文曰：「寍，安也。」「寍」正字，「寧」借字。　孫云：廣雅釋詁云：「便，安也。」

㉘ 孫云：「慎」亦讀爲「順」。

㉙ 戴云：「子」字衍。

㉚ 吴鈔本「辟」作「譬」。　畢云：「辟」同「譬」。

㉛ 俞云：「臣國」當爲「國臣」，正對「國君」而言。君曰國君，故臣曰國臣也。

㉜ 畢云：「已」同「以」。

㉝ 畢云：舊脱「則」字，據下文增。

㉞ 吴鈔本無「則」字。

㉟依上文例「不」下當有「可」字。

㊱寶曆本「然有」作「然者」。　王樹枏云：「然有所」，「所」字衍。

㊲「之」，道藏本、陸本、唐本、茅本、寶曆本、緜眇閣本誤「不」。

㊳畢云：舊脱「禍」字，據下文增。

㊴「福」當爲「欲」，字之誤也。上文曰「然則天之將何欲何憎」，「欲」與「憎」相對爲義，若作「福」，則義不對矣。尚同中篇曰「故古者聖王明天鬼之所欲而避天鬼之所憎」，字正作「欲」，可證。

㊵「孰」，舊本作「熟」，俗字。

㊶孫云：「戾」、「厲」字通，詳尚同中篇。

㊷畢云：舊脱「道」字，一本有。　○案：堂策檻本、四庫本有「道」字。

㊸緜眇閣本「祥」作「詳」。　王云：「故」猶則也。　畢云：「與」同「舉」。

㊹吴鈔本「物」作「民」，下同。「檄」，緜眇閣本如此，諸本作「撽」。檄、撽皆激之借字。呂氏春秋恃君篇高注云：「激，發也。」「遂」者，長也，生也，育也。檄遂萬物以利之，猶言發育萬物以利之也。

㊺「豪」，吴鈔本、緜眇閣本作「毫」，下同。　畢云：「豪」本作「豪」，「毫」字正文。經典或從毛，非。

㊻「末」字各本脱。蘇云：「『非』上當有『莫』字，下同。」俞云：「『非』上脱『無』字，下文同。」今依蘇、俞意增「末」字，今本涉上文而脱耳。末，無也。「爲」，畢本作「謂」，舊本並作「爲」，今據正。

㊼ 蘇云：「否」疑當作「厚」。　俞云：「否」乃「后」字之誤，后讀爲厚。禮記檀弓篇「后木」，正義曰：「世本云『厚』，此云『后』，其字異耳。」是「后」、「厚」古通用。說文「厚」，古文作「垕」，本從后聲，故聲近而義通也。此言天愛民之厚也。下文「且吾所以知天之愛民之厚者有矣」，又曰「此吾以知天之愛民之厚也」，並可爲證。

㊽ 寶曆本「獨」作「得」。　秋山云：一本「得」作「獨」。

㊾ 緜眇閣本「祥」作「詳」。

㊿ 「以」字畢本脱，舊本並有，今據補。「曆」字諸本作「磨」，寶曆本作「曆」，今從之。　顧云：顏氏家訓：「世本『容成造曆』，以『曆』爲『碓磨』之『磨』。」　王云：「磨」當爲「磿」，磿爲日月星辰，猶大戴記五帝德篇言「歷離日月星辰也。」　○案：「曆」、「歷」、「磿」聲同字通。

(51) 孫云：説文日部云：「昭，明也。」

(52) 緜眇閣本「雷」作「布」。　王云：「雷」蓋「霣」字之誤。霣與隕同。左氏春秋經莊七年「星隕如雨」，公羊「隕」作「霣」。爾雅：「隕、降，落也。」　尹桐陽云：説文「齊人謂靁爲霣」，與隕用通。

(53) 畢云：「播」，布。　○案：「百事」猶百物也。

(54) 「侯伯」，畢本作「諸伯」，舊本並作「侯伯」，今據正。　孫云：道藏本作「諸侯」。　○案：孫校誤。顧校道藏本亦作「侯伯」，非作「諸侯」也。

(55) 此七字各本在「爲王公侯伯」句上，文義不順，今以意移。「爲王公侯伯，以臨司民之善否，使之賞賢而罰暴」，與上文「雷降雪霜雨露，以長遂五穀麻絲，使民得而財利之」，文例正相類。　畢云：司讀如伺，俗从人。

(56) 畢云：「賢」，舊作「焉」，一本如此。　○案：舊本並作「賢」，畢校誤。

(57) 秋山云：戕賊之「賊」。　孟子告子篇「戕賊杞柳以爲桮棬」，此并金木鳥獸言之。　孫云：「賊」當爲「賦」，形近而誤。言賦斂金木鳥獸而用之也。

(58) 吳鈔本作「絲麻」。

(59) 緜眇閣本「財」作「利」。　穆天子傳「天子命虞人掠林除藪，以爲百姓材」，郭注云：「以供人之材用。」「材」、「財」字通。

(60) 孫云：一切經音義引三蒼云：「驩，古歡字。」

(61) 詩天保箋：「單，盡也。」　蘇云：「單」同「殫」。

(62) 「乎」，各本作「子」，今依蘇校改。「求」古音讀如「其」，此蓋以求爲其。　秋山云：「子」、「求父」衍。　蘇云：「報子求父」當云「報乎父」。　王景羲云：當作「報于其父」。「其」，墨子作「亣」，與「求」形略似。「求」、「其」聲亦近。

(63) 畢云：「與」同「舉」。

(64) 吳鈔本「以」作「而」。

(65) 「末」字各本不重，今以意增，說詳上。　畢云：據上文當有「也」字。

⑯ 依俞說「否」當作「后」，詳上。

⑰ 吴鈔本無「君子」二字。

⑱ 「已」，諸本作「足」，寶曆本作「已」，今從之。自上文「故天下之君子與謂之不仁不祥」至此，道藏本凡九十五字，緜眇閣本闕，附注云：「元缺九十三字。」

⑲ 緜眇閣本「予」作「與」。

⑳ 孫云：「不」上亦當有「殺」字。

㉑ 「夫」，諸本作「天」，寶曆本作「夫」，今從之。王校同。

㉒ 「所」字諸本脱，今據下句語法及吴鈔本增。「此吾所以」與「且吾所以」緊相呼應。吴鈔本此作「此吾之所以」，下作「且吾之所以」，「所」字不脱，「所」上並多「之」字。

㉓ 吴鈔本作「且吾之所以知天愛民之厚者」。

㉔ 畢云：二字舊脱，據下文增。○案：寶曆本有「賊人」二字。秋山云：一本無「賊人」二字。

㉕ 「得天之罰者」，寶曆本作「得罰者」。

㉖ 吴鈔本無「者」字。

㉗ 「處大家」，「處」字舊本無。

㉘ 畢云：後漢書注引「書於」作「書其事」，據下文亦然。戴云：當依下文補脱文三字。今作

「書於竹帛」者，後人據兼愛下篇删之。

⑲「槃」，吴鈔本、緜眇閣本作「盤」，下同。　畢云：後漢書注引「槃」作「盤」。

⑳毛詩大雅皇矣篇文與此同。下篇「懷」下有「而」字，疑墨子引詩原文如彼。此無「而」字，疑後人據詩删之。

㉑諸本作「既可得留而已」，寶曆本作「既可得知而已」，今從寶曆本，並據下文及下篇「既可得而知也」句法，校乙「知而」二字。　王云：「既可得留而已」當作「既可得而智已」，智即知也。

㉒吴鈔本「賊」作「疾」。

㉓「聚」，寶曆本作「衆」。

㉔「大明」，諸本並同。四庫本剜改作「大誓」，畢本作「大誓」。　莊述祖云：墨書引大誓有去發，有大明。「去發」當爲「太子發」，爲大誓上篇。「大明」即詩所謂「會朝清明」也，詩、書皆曰「大明」，明武王之再受命，爲中篇。　孫云：此文非命上、中兩篇並作「大誓」，「明」塙爲譌字。蓋「誓」省爲「折」，「明」即隸古「折」字之譌。　顔師古匡謬正俗引書湯誓「誓」字作「㫁」。　山井鼎七經孟子考文載古文甘誓「誓」字作「𣂔」。蓋皆「𣃔」、「折」二字傳寫譌舛，與「明」形略相類。　莊説不足據。

㉕江聲云：「夷居」，倨嫚也。説文尸部云：「居，蹲也。」

㉖「祗」，諸本譌「祇」，今從道藏本。

87 畢云：此句非命上作「無廖排漏〔一〕」，非命中作「毋僇其務」。據孔書泰誓云「罔懲其侮」，則知「無」、「罔」音義同，「廖」、「僇」皆「懲」字之譌，「僔」則「其」字之譌，「務」音同「侮」。雖孔書僞作，作者取墨書時猶見善本，故足據也。　孫星衍云：當作「無僇其務」，言不勠力其事。或孔書「侮」字反是「務」假音，未可知也。　江聲從「毋僇其務」，云：「僇」讀爲勠力之「勠」。言己有命，不畏鬼神，毋爲勠力於鬼神之務。　明鬼篇云「古者聖王必以鬼神爲其務」，又云「今執無鬼者曰：『鬼神者固無有。』則此反聖王之務」。　此非命、天志引書之意，與明鬼篇大指略同。○案：「無廖僔務」，非命上篇作「無廖排扁」，非命中篇作「毋僇其務」。「無」、「毋」字通。「廖」、「僇」同聲，均「勠」之借字。「排」、「僔」均「彼」之借字，彼與其義近。「務」、「扁」聲轉。古文以聲爲主，三句文異義同，非有誤字也。

88 畢云：二字疑衍，即下「天亦」二字重文。

89 畢云：孔書泰誓云：「紂乃夷居，弗事上帝神祇，遺厥先宗廟弗祀，乃曰：吾有民有命，罔懲其侮。」

90 「所」字各本無，吴云：「『以』上脱『所』字。」今依增。

91 吴鈔本「賊」作「疾」。

〔一〕「無廖排漏」，畢刻本作「無僇匪扁」，本書沿誤，據畢刻非命上篇改。

⑨²「得」，諸本作「謂」，吳鈔本、寶曆本並作「得」，今從之。王校同。

⑨³畢云：一本作「志」，疑俗改。　○案：寶曆本、堂策檻本、四庫本作「志」。

⑨⁴「辟之」，諸本作「辟人」，寶曆本作「辟之」，今從之。

⑨⁵吳鈔本「量度」作「度量」，下同。

⑨⁶吳云：王懷祖以「天之」下「意」字爲後人所加，下篇「天之志」，「志」字亦後人所加，「天之」即「天志」。案篇中有言「天之」者，以「之」爲「志」。有言「天之意」者，以「意」爲「志」。所云「順天之意」、「反天之意」，皆即篇名之「天志」也。以爲後人所加者，非是。下篇「天之志」亦非後人所加，蓋「之」字或借爲「志」，或爲語詞也。

⑨⁷「大人」下「之」字畢本脱，舊本並有，今據補。

⑨⁸「不善意行」之「行」，諸本誤「非」，寶曆本作「行」，今據正。吳云：「意行」者，志行也。王懷祖删二「意」字，未是。

⑨⁹舊本無「之」字。

天志下第二十八

子墨子言曰：天下之所以亂者，其説將何哉？則是天下士君子皆明於小而不明於大也①。何以知其明於小不明於大也？以其不明於天之意也。何以知其不明於天之意也？以處人之家者知之。今人處若家得罪，將猶有異家所以避逃之者②。然且父以戒子，兄以戒弟，曰：「戒之愼之，處人之家不戒不愼之，而有處人之國者乎③？」今人處若國得罪，將猶有異國所以避逃之者矣④。然且父以戒子，兄以戒弟，曰：「戒之愼之，處人之國者，不可不戒愼也。」今人皆處天下而事天，得罪於天，將無所以避逃之者矣。然而莫知以相極戒也⑤，吾以此知大物則不知者也。是故子墨子言曰：戒之愼之，必爲天之所欲，而去天之所惡。

曰：天之所欲者何也？所惡者何也？天欲義而惡其不義者也。何以知其然也？曰：義者，正也⑥。何以知義之爲正也？天下有義則治，無義則亂，我以此知義之爲正也。然而正者，無自下正上者，必自上正下。是故庶人不得次己而爲正⑦，有士正之；士不得次己而爲正，有大夫正之；大夫不得次己而爲正，有諸侯正之；諸侯不得次己而爲止，有三公正之；三公不得次己而爲正〔一〕，有天子正之；天子不得次己而爲政⑧，有天正之。今天下之士君子，皆明於天子之正天下也，而不明於天之正天子也⑨。是故古者聖人明以此說人曰：天子有善，天能賞之；天子有過，天能罰之。天子賞罰不當，聽獄不中，天下疾病禍福⑩，霜露不時。天子必且犓豢其牛羊犬彘，絜爲粢盛酒醴⑪，以禱祠祈福於天。我未嘗聞天之禱祠祈福於天子也⑫，吾以此知天之重且貴於天子也⑬。是故義者不自愚且賤者出，必自貴且知者出。曰：誰爲貴？誰爲知？曰：天爲貴，天爲知⑭。然則義果自天出也。今天下之士君子之欲爲義者，則不可不順天之意矣。

曰：順天之意何若⑮？曰：兼愛天下之人。何以知其兼愛天下之人也⑯？以兼而食之也。何以知其兼而食之也？自古及今，無有遠靈孤夷之國⑰，皆犓豢其牛羊犬彘，絜爲粢盛酒醴，以敬祭祀上帝山川鬼神，以此知兼而食之也。苟兼而食焉，必兼而愛之。譬之若楚越之君⑱，今是楚王食於楚之四境之內⑲，故愛楚之人；越王食於越之四境之內⑳，故愛越之人。今天兼天下而食焉，我以此知其兼愛天下之人也。

且天之愛百姓也，不盡物而止矣㉑。今天下之國，粒食之民，國殺一不辜，必有一不

〔一〕以上十四字原脱，據畢刻本補。

祥㉒。曰：誰殺不辜？曰：人也。孰予之不祥㉓？曰：天也。若天之中實不愛此民也，何故而人有殺不辜而天予之不祥哉？且天之愛百姓厚矣，天之愛百姓別矣㉔，既可得而知也。何以知天之愛百姓也？吾以賢者之必賞善罰暴也㉕。何以知賢者之必賞善罰暴也？吾以昔者三代之聖王知之㉖。故昔也三代之聖王堯舜禹湯文武之兼愛天下也㉗，從而利之，移其百姓之意焉，率以敬上帝山川鬼神。天以爲從其所愛而愛之，從其所利而利之，於是加其賞焉，使之處上位，立爲天子以法也㉘，名之曰聖人。以此知其賞善之證㉙。是故昔也三代之暴王桀紂幽厲之兼惡天下也，從而賊之㉚，移其百姓之意焉，率以詬侮上帝山川鬼神。天㉛以爲不從其所愛而惡之，不從其所利而賊之，於是加其罰焉，使之父子離散㉜，國家滅亡，抎失社稷㉝，憂以及其身。是以天下之庶民屬而毀之，業萬世子孫繼嗣，毀之賁不之廢也㉞，名之曰失王㉟。以此知其罰暴之證。今天下之士君子欲爲義者，則不可不順天之意矣。

曰：順天之意者，兼也；反天之意者，別也。兼之爲道也，義正；別之爲道也，力正㊱。曰：義正者，何若？曰：大不攻小也㊲，强不侮弱也，衆不賊寡也，詐不欺愚也，貴不傲賤也，富不驕貧也，壯不奪老也。是以天下之庶國，莫以水火毒藥兵刃以相害也㊳。若事上利天，中利鬼，下利人。三利而無所不利，是謂天德。故凡從事此者，聖知也，仁義也，忠惠也，慈孝也，是故聚斂天下之善名而加之。是其故何也？則順天之意也。曰：力正者何若？曰：大則攻小也，强則侮弱也，衆則賊寡也，詐則欺愚也，貴則傲賤也，富則驕貧也，壯則奪老也。是以天下之庶國，方以水火毒藥兵刃以相賊害也。若事上不利天，中不利鬼，下不利人。三不利而無所利，是謂天賊㊴。故凡從事此者，寇亂也，盜賊也，不仁不義，不忠不惠，不慈不孝，是故聚斂天下之惡名而加之。是其故何也？則反天之意也。

故子墨子置立天之，以爲儀法㊵，若輪人之有規，匠人之有矩也。今輪人以規，匠人以矩，以此知方圜之别矣㊶。是故子墨子置立天之，以爲儀法㊷，吾以此知天下之士君子之去義之遠也㊸。何以知天下之士君子之去義遠也㊹？今之世㊺，大國之君寬者然曰㊻：「吾處大國，而不攻小國，吾何以爲大哉！」是以差論其蚤牙之士㊼，比列其舟車之卒㊽，以攻伐無罪之國㊾。入其溝境㊿，刈其禾稼，斬其樹木，殘其城郭[51]以御其溝池[52]，焚燒其祖廟，攘殺其犧牷[53]。民之格者[54]則勁拔之[55]，不格者[56]則係操而歸[57]。丈夫以爲僕圉胥靡[58]，婦人以爲舂酋[59]。則夫好攻伐之君，不知此爲不仁義，以告四鄰諸侯曰：「吾攻國、覆軍、殺將若干人矣。」其鄰國之君亦不知此爲不仁義也，有具其皮幣[60]，發其総處[61]，使人饗賀焉[62]。則夫好攻伐之君有重不知此爲不仁不義也，有書之竹帛，藏之府庫。爲人後子者[63]，必且欲順其先君之行，曰：「何不當發吾庫，視吾先君之法義[64]？」必不曰文武之爲正[65]。爲正者若此矣，曰：「吾攻國、覆軍、殺將若干人矣[66]。」則夫好攻伐之君不知此爲不仁不義也，其鄰國之君不知此爲不仁不義也，是以攻伐世世而不已者。此吾所謂大物則不知也。

所謂小物則知之者，何若？今有人於此，入人之場園[67]，取人之桃李瓜薑者[68]，上得且罰之，衆聞則非之，是何也？曰：不與其勞，獲其實，已非其有所取之故[69]。而況有踰於人之牆垣，格人之子女者乎[70]？與角人之府庫[71]，竊人之金玉蚤絫者乎[72]？與踰人之欄牢[73]，竊人之牛馬者乎？而況有殺一不辜人乎？今王公大人之爲政〔一〕也[74]，自殺一不辜人者，踰人之牆垣、格人之子女者[75]，與角人之府庫、竊人之金玉蚤絫者[76]，與踰人之欄牢、竊人之牛馬者[77]，與入人之場園、竊人之桃李瓜薑者[78]，今王公大人之加罰此也，雖古之堯舜禹湯文武之爲政，亦無以異此矣。今天下之諸侯，將猶皆侵凌攻伐兼并[79]，此爲殺一不辜人者數千萬矣；此爲踰人之牆垣、格人之子女者[80]，與角人府庫、竊人金玉蚤絫者，數千萬矣；踰人之欄牢、竊人之牛馬者，與入人之場園[81]、竊人之桃李瓜薑者，數千萬矣，而自曰義也[82]。故子墨子言曰：是蕡義者[83]，則豈有以異是蕡黑白甘苦之辯者哉？今有人於此，少而示之黑謂之黑，多示之黑謂白，必曰：「吾目亂，不知黑白之別。」今有人於此，能少嘗之

〔一〕「政」原作「正」，據畢刻本改。

甘[84]謂甘，多嘗謂苦[85]，必曰：「吾口亂，不知其甘苦之味[86]。」今王公大人之政也[87]，或殺人，其國家禁之，此蚤越有能多殺其鄰國之人[88]，因以爲大義[89]，此豈有異蕡白墨甘苦之别者哉[90]？

故子墨子置天之，以爲儀法[91]。非獨子墨子以天之志爲法也[92]，於先王之書大夏之道之然[93]：「帝謂文王，予懷而明德[94]，毋大聲以色，毋長夏以革[95]，不識不知，順帝之則。」此誥文王之以天志爲法也[96]，而順帝之則也。且今天下之士君子，中實將欲爲仁義，求爲上士，上欲中聖王之道，下欲中國家百姓之利者，當天之志而不可不察也。天之志者，義之經也[97]。

① 「也」字各本脱，今依曹校增。

② 「避逃」，縣眇閣本作「逃避」。　畢云：據上文當有「矣」字。「所」，處所。

③ 孫云：「有」疑當爲「可」。

④ 「避逃」，縣眇閣本作「逃避」。「逃」，陸本、茅本、寶曆本作「迯」。

⑤ 王引之云：「極戒」當爲「儆戒」，字之誤也。　俞云：「極戒」即「儆戒」也。「極」通作「亟」，荀子賦篇「出入甚極」，又曰「反覆甚極」，楊倞注並曰「極讀爲亟」，是也。廣雅釋詁：「亟，敬也。」亟

爲敬，故亦爲儆矣。亟又與苟通，見爾雅釋詁篇釋文。而敬字即從苟，是可知其義之通。説文心部：「㥛，疾也。從心，亟聲。一曰謹重貌。」謹重之義，亦與儆相近。○案：俞説是也。親士篇「交苟」即「交儆」，亦可爲證。

⑥上篇「正」並作「政」。

⑦意林引「次」並作「恣」，「正」並作「政」，古字通。

⑧上下文皆作「正」。

⑨各本作「而不明於天正也」，今依王校增三字。

⑩王云「禍福」當爲「禍祟」，見中篇。「下」者，降也。

⑪「絜」，諸本作「潔」，吴鈔本作「絜」，今從之，下同。

⑫「祠」字諸本脱，寶曆本有，今據補。畢云：「禱」下當有「祠」字。

⑬吴鈔本「此」作「是」，「重且貴」作「貴且重」。孫云：以此下文及中篇校之，「重且貴」當作「貴且知」。

⑭以上十四字，各本作「曰誰爲知天爲知」七字，今依俞、曹校增。俞云：此上脱「誰爲貴天爲貴」六字。中篇曰「然則孰爲貴，孰爲知？曰：天爲貴，天爲知，而已矣」，是其證。曹校作「曰：誰爲貴，誰爲知？曰：天爲貴，天爲知」。

⑮「順」字涉上文而衍，下文「兼愛天下之人」、「兼而食之」，均指「天」而言，非指「順天之意」而言也。

中篇曰「既以天之意以爲不可不順已，然則天之將何欲何憎」，語意與此相類。蓋上句言天意不可不順，下句問天意何若，則下句「天意」之前不當有「順」字明矣。

⑯各本無「其」字，今依下文「何以知其兼而食之也」語法增。　吴云：「知」下脱「天之」二字。

⑰孫云：「靈」疑「虚」之誤。北魏孝文帝祭比干文「虚」作「虗」，南唐本業寺記作「霊」，東魏武定二年邑主造象頌「靈」作「霊」，二形並相似。耕柱篇「評靈」亦「評虚」之誤，與此正同。

⑱吴鈔本「譬」作「辟」。

⑲王引之云：「今是」與「今夫」義同。

⑳以上十五字，諸本脱，畢本有「故愛楚之人越王食於越」十字，秋山校補「故愛楚之人越王食於越之四境之内」十五字，今從之。戴校同。

㉑王云：「物」當爲「此」，此字指上文而言。中篇曰「不止此而已矣」，又曰「不止此而已」，皆其證。

㉒以上十字，諸本作「國殺一不祥」五字，寶曆本作「國殺一不辜」五字，「國」字之外，加一□表示當删。王校作「殺一不辜者必有一不祥」十字，吴校作「殺一不辜必有一不祥」九字，曹校作「或殺一不辜必有一不祥」十字，云：「或字原譌國。吴闓生云：『國』當是『或』字之誤，下云『或殺人』，是其證。」　○案：「國」字曹與吴闓生説近是，「國」之古字本作「或」也。

㉓「祥」，諸本誤「辜」，寶曆本作「祥」，今據正。

㉔王引之云：「別」讀爲「偏」，言天偏愛百姓也。古或以別爲偏。樂記「其治辯者其禮具」，鄭注：

「辯，徧也。」史記樂書「辯」作「辨」，集解「一作別」，其證也。

㉕「賢」當爲「天」，聲之誤也。下文「以此知其賞善之證」、「以此知其罰暴之證」，即緊承此文。「其賞善」言天之賞善也，「其罰暴」言天之罰暴也。下「賢」字同。明鬼篇曰「鬼神之能賞賢而罰暴也」，句法文意皆與此同。所異者，彼言鬼神，此言天耳。或校改「善罰暴也」四字作「暴者之必罰也」六字，義亦可通。唯增改太多，且與下文「其賞善」、「其罰暴」亦不相應。　秋山云：「暴也」下脱「知之」二字。

㉖「三代之聖王」，吴鈔本作「之三代聖王」。

㉗畢本「兼愛」下有「之」字，舊本並無，今據删。

㉘戴云：「以法」疑當作「以爲儀法」，脱二字耳。「以爲儀法〔一〕」見下文。「也」當爲「世」之誤。「世名之曰聖人」句。　孫云：以下文校之，此處脱文甚多。「以法也」三字乃相殘字之僅存者，戴說未塙。

㉙畢云：舊脱「知」字，據下文增。　○案：寶曆本、四庫本有「知」字。

㉚「而」，寶曆本、畢本如此，諸本作「天」，誤。

㉛畢云：一本有此三字。　○案：舊本並有此三字。「天」屬下句。

〔一〕「儀法」二字原脱，據墨子閒詁補。

㉜緜眇閣本「子」作「母」。

㉝畢云：說文云：「抎，有所失也。」

㉞王云：「賁」當爲「者」。隸書「者」字或作「耆」，與「賁」相似而誤。「不之廢」，衍「之」字，「廢」者止也。　○案：「賁」，簡策也。漢金城太守殷君碑：「𩏒韣竹賁，誕循前業。」

㉟蘇云：「失」字誤，上篇皆「暴王」。　○案：管子任法篇「聖君」與「失君」對舉，猶此以「聖王」、「失王」對舉也。

㊱「力正」，上篇作「力政」，義詳節葬下篇「諸侯力征」注。

㊲「攻小」，陸本、茅本、堂策檻本並作「小攻」。

㊳下文「害」上有「賊」字。

㊴「天」，各本作「之」，今依俞校改。　俞云：「之」當作「天」。「是謂天賊」與「是謂天德」對文。中篇正作「天賊」。

㊵畢云：「之」，一本作「志」，疑俗改。考古「志」字只作「之」，說文無「志」字。　○案：寶曆本、堂策檻本、四庫本「之」作「志」，下同。

㊶王云：舊本脫「知」字。中篇曰「圜與不圜，方與不方，皆可得而知」，今據補。

㊷畢云：「之」讀爲「志」。

㊸「義」下「之」字，畢本脫，舊本並有，今據補。

㊹吴鈔本「義」下有「之」字。

㊺「今之世」，諸本作「今知氏」，曹箋作「今之世」，今從之。「知氏」與「之世」，俗音相溷而誤。「今之世」古人常語，大取篇「一若今之世」，備城門篇「今之世常所以攻者」。四庫本作「今知夫」，當以意改。

㊻孫云：「疑當作『寬然曰』，『者』乃衍文。『寬』當爲『囂』之借字，聲義並與『讙』同。説文㗊部云：『囂，呼也。讀若讙。』寬、囂同从莧聲，古通用。」○案：孫謂「者」乃衍文，是也。「寬然」者，驕泰侈肆之意。國語吴語曰「以廣侈吴王之心，將必寬然有伯諸侯之心焉」，「寬然」義與此同。韋注云「寬，緩也」，失之。

㊼「其」字本脱，今據下句語法校補。非攻中、下二篇並有「其」字。「蚤」，吴鈔本、四庫本作「爪」，非攻中、下二篇亦作「爪」。

㊽俞云：依非攻下篇，「卒」下脱「伍」字。

㊾「伐」，諸本作「罰」，四庫本作「伐」，今從之。

㊿王云：「溝境」二字不詞，當依非攻篇作「邊境」。○案：「溝境」字不誤。周禮大司徒曰「制其畿疆而溝封之」，又掌固曰「凡國都之竟有溝樹之固」。賈子新書春秋篇曰：「燕君送桓公入齊地百六十六里，桓公乃剖燕君所至而與之，遂溝以爲境而後去。」史記齊世家記事略同。是其義也。

⑤1 孫云：史記樊酈滕灌傳集解引張晏云：「殘，有所毀也。」

⑤2 王引之云：「御」當爲「抑」，隸書二形相似而誤。抑之言堙也。史記河渠書「禹抑鴻水」，索隱曰：「抑，漢書溝洫志作堙。堙、抑，皆塞之也。」非攻篇作「湮其溝池」，「湮」亦堙也。○案：「御」者，壅遏之義。淮南子脩務訓曰「莫能壅御」，又要略曰「所以竅窕穿鑿百事之壅遏」，又主術訓曰「水流而〔一〕土遏之」。

⑤3 「牷」，吴鈔本、寶曆本、緜眇閣本作「牲」。

⑤4 「格」，翻陸本作「挌」。「挌」者，挌鬥正字。作「格」者，借字。

⑤5 畢云：「剄」舊作「勁」，從力，非。「剄拔」即「剄刜」，「拔」音同「刜」。 孫云：「剄拔」疑「剄殺」之誤，非攻下篇云「剄殺其萬民」。「殺」與「拔」篆文相近而誤。

⑤6 「格」，翻陸本、寶曆本作「挌」。

⑤7 畢云：「係」，一本作「繫」。 王引之云：「操」當爲「纍」，即孟子所謂「係累其子弟」也。「纍」誤爲「喿」，後人因改爲「操」耳。○案：堂策檻本、四庫本「係」作「繫」。

⑤8 「丈」，諸本作「大」，寶曆本作「丈」，今從之。顧、王引之、宋翔鳳校並同。「圉」，諸本譌「園」，寶曆本、四庫本作「圉」，與畢本意改合。 孫云：周禮夏官鄭注云：「養馬曰圉。」莊子庚桑楚篇釋

〔一〕「而」字原引誤重，據淮南子主術訓删。

文引司馬彪云：「胥靡，刑徒人也。」荀子儒效篇楊注云：「胥靡，刑徒人也。胥，相。靡，繫也。謂鑠相聯相繫，漢書所謂『鋃鐺』者也。顔師古曰：聯繫使相隨而服役之，猶今囚徒以鑠連枷也。」

⑲ 吳鈔本「婦」作「媍」，「酋」作「囚」。畢云：周禮云：「其男子入于皋隸，女子入于舂槀」。又說文云：「酋，繹酒也。禮有『大酋』，掌酒官也。」未詳婦人爲酋之義。「酋」與「舀」聲形相近，說文云：「抒臼也。」亦舂槀義與？　王云：說文：「酋，繹酒也。從酉，水半見於上。禮有『大酋』，掌酒官也。」據此則酒官謂之酋者，以其掌酒也。然則女奴之掌酒者，亦得謂之酋矣。周官酒人「女酒三十人，奚三百人」，鄭注曰：「女酒，女奴曉酒者。古者從坐男女没入縣官爲奴。其少才知，以爲奚。」是其證。惠士奇禮說曰：「酒人之奚多至三百，則古之酒皆女子爲之，即墨子所謂『婦人以爲舂酋』也」。　宋翔鳳云：吕氏春秋精通篇曰：「臣之父不幸而殺人，不得生，臣之母得生，而爲公家爲酒。」則此言「舂酋」者，或爲舂或爲酒也。　孫云：畢說是也。周官舂人有女舂抌二人，鄭注云：「女舂抌，女奴能舂與抌者。抌，抒臼也。」說文「舀」或作「抌」，此以「舂酋」連文，則「酋」即「抌」之假字可知。

⑳ 孫云：「有」與「又」通，下同。

㉑ 「総」，諸本作「緫」，吳鈔本作「総」，今從之。　畢云：未詳。說文、玉篇無「緫」字。　孫云：「緫處」當作「徒遽」，形近而誤。　○案：「総」即「總」之俗，字亦作「緫」。「處」當爲「遽」，

形聲俱近。遽者，傳車。緫者，車飾。故曰緫遽。周禮巾車車飾有朱緫、繢緫、鷖緫、組緫。漢書韓延壽傳「延壽治飾兵車，駕四馬，傅緫」，晉灼曰：「傅，著也。緫，以緹繒飾鑣鍺也。」

62 孫云：「饗」當讀爲聘享之「享」。周禮玉人鄭注云：「享，獻也。」

63 孫云：「後子」即嗣子，詳節葬下篇。

64 「義」，各本作「美」，今依王校改。王云：「法美」二字義不相屬，「美」當爲「義」，字之誤也。法義即法儀也，前有法儀篇。「庫」上脱「府」字。「當」讀爲「嘗」。嘗，試也。言試發吾府庫，視吾先君之法儀也。

65 句。

66 「爲正」二字，畢本不重，舊本並重，今據補。四庫本亦删去「爲正」二字，致全行僅十九字，較普通每行作二十一字者少二字，可證其所依據之底本仍重「爲正」二字也。上「爲正」二字屬上爲句，下「爲正」二字屬下讀。「爲正者」指今之爲政者。

67 「場園」，茅本、緜眇閣本作「場圜」。宋本、蜀本御覽九百七十八引作「場園」。孫云：毛詩豳風七月傳云：「春夏爲圃，秋冬爲場。」鄭箋云：「場圃同地，自物生之時耕治之以種菜茹，至物盡成熟築堅以爲場。」

68 「薑」，緜眇閣本作「姜」，下同。

69 孫云：疑當云「以非其所有取之故」。已」、「以」同，「所有」二字誤倒，遂不可通。○案：翻陸本作「不與其勞獲其實也，已非有所取之故」，猶言不與其勞獲其實，已無有所以取之理由也。

⑩「垣」下，諸本有「抯」字，吴鈔本、翻陸本有「担」字，寶曆本無，今據刪。俞校同。翻陸本「格」作「挌」。俞云「抯」字無義，當爲衍文，蓋即「垣」字之誤而複者。「格人之子女」與下「竊人之金玉蚤絫」、「竊人之牛馬」一律，曰「格」曰「竊」，皆以一字爲文也。下文「踰人之墻垣，抯〔一〕格人之子女者」，亦衍「抯」字。又下文「此爲踰人之墻垣，格人之子女者」，正無「抯」字，可證上兩處之衍矣。畢反謂其脱「抯」字，非也。「格人之子女」，謂拘執人之子女。後漢書鍾離意傳注曰「格，拘執也」，是其義。

⑪俞云「角」乃「穴」誤，隸書兩形相似。

⑫王引之云：「蚤絫」當爲「布喿」，隸書「布」、「蚤」形似而譌。荀子儒效篇「必蚤正以待之也」，新序雜事「蚤」作「布」。喿蓋繰之借字。布繰即布帛。說文：「繰，帛如紺色。或曰深繒。讀若喿。」繰、喿同音，故字亦相通。凡書傳中從喿、從參之字多相亂。故非樂篇「綑布繰」今本作「布縿」，而檀弓之「繰幕魯也」，今本亦作「縿幕」，其他從喿之字，亦多變而從參。隸書「參」字作「叅」，與「絫」相似，因譌爲「絫」矣。

⑬孫云：「欄」，吴鈔本作「闌」，下同。義詳非攻上篇。説文牛部云：「牢，閑養牛馬圈也。」○

〔一〕「抯」字原脱，據墨子閒詁引補，與墨子原文合。

案：「牢」，茅本、寶曆本、緜眇閣本、陳本作「害」。

⑭ 畢云：「人」舊作「天」，以意改。　○案：「人」，諸本作「夫」，寶曆本、堂策檻本、顧校李本、四庫本作「人」。

⑮ 「垣」下諸本有「抯」字，翻陸本有「担」字，吴鈔本有「拒」字，寶曆本無，今據删。

⑯ 「者」下諸本有「乎」字，四庫本無，與畢刻合。

⑰ 畢云：舊脱「之」字，據上文增。

⑱ 王引之云：舊脱「者與入人之場園竊人之」十字，當據上下文補。

⑲ 緜眇閣本「皆」作「加」。

⑳ 「墻垣」，吴鈔本作「垣墻」。

㉑ 緜眇閣本「園」作「圜」。

㉒ 吴云：「自」當爲「且」。　○案：「自」字不誤。宋本、蜀本御覽九百七十八引亦作「自」。

㉓ 「蕡」，道藏本、陸本、茅本、寶曆本作「蕢」。畢以意改「蕡」爲「責」，下同。「義」，各本作「我」，今依顧校改。　顧云：「蕡」讀若「治絲而棼」之「棼」。「我」當爲「義」。　吴云：畢改非也。「蕡」爲「紛」之借字，紛，亂也。左傳昭五年「蚡泉」，穀梁作「賁泉」，公羊作「濆泉」。左傳「苗賁皇」，晉語作「苗棼皇」，説苑作「岔」。楚辭「地方九則何以墳之」，借「墳」爲「分」。此「蕡義」、「蕡黑白甘苦之辯」，言亂義、亂黑白甘苦之辯也。　孫説同。

㉞ 畢云：「能少」當爲「少而」，據上文如此。能、而音同故也。王引之云：「能」猶而也。能與而古聲相近，故義亦相通。戴説同。

㉟ 王引之經傳釋詞「多嘗」下增「之甘」二字。

㊱ 曹校删「其」字。

㊲ 戴云：「政」上當有「爲」字。曹校同。

㊳ 「蚤越」疑當作「齊越」。齊或作「亝」，見齊巂敬碑，與「蚤」形近而誤。或殺人，其國家禁之。好戰之國如齊越有能多殺其鄰國之人，因以爲大義也。

㊴ 「大」，諸本作「文」，寶曆本作「大」，今從之。王校同。孫云：當作「因以爲之義」，「爲」與「謂」通，「文」即「之」之譌。言因以稱之曰義也。

㊵ 孫云：「别」、「辯」聲近字通。

㊶ 寶曆本「之」作「志」。

㊷ 王云：「志」字後人所加，「之」即「志」字也。○案：以上句語法校之，此句疑本作「非獨子墨子以天之爲儀法也」，今本衍一「志」字，脱一「儀」字耳。

㊸ 俞云：「大夏」即「大雅」也。「雅」、「夏」古字通。荀子榮辱篇曰「越人安越，楚人安楚，君子安雅」，儒效篇曰「居楚而楚，居越而越，居夏而夏」，是「夏」與「雅」通也。下文所引「帝謂文王」六句，正大雅皇矣篇文。

94 「而」字畢本無，舊本並有，今據補。

95 詩大雅皇矣篇無「而」字，二「毋」字作「不」。

96 「誥」〔一〕，吴鈔本作「告」，四庫本作「乃」。　畢云：「誥」字據上文當爲「語」。　孫云：「也」字疑衍。　○案：「法也」疑當爲「法義」。「義」俗艸書或省作「乂」，與艸書「也」字形近而誤。上文曰「視吾先君之法義」，本書有法儀篇，可爲「法義」連文之證。上文「子墨子置立天之以爲儀法」凡三見，「儀法」猶法義也。

97 王校删兩「志」字，詳前。

〔一〕「誥」原誤「詁」，據正文改。

墨子校注卷之八

明鬼上第二十九闕

明鬼中第三十闕

明鬼下第三十一①

子墨子言曰：逮自昔三代聖王既没，天下失義，諸侯力正②，是以存夫爲人君臣上下者之不惠忠也，父子弟兄之不慈孝弟長貞良也③，正長之不强於聽治，賤人之不强於從事也。民之爲淫暴寇亂盗賊④，以兵刃毒藥水火，退無罪人乎道路率徑⑤，奪人車馬衣裘以自利者，並作由此始⑥，是以天下亂。此其故何以然也？則皆以疑惑鬼神之有與無之别，不明乎鬼神之能賞賢而罰暴也。今若使天下之人偕若信鬼神之能賞賢而罰暴也⑦，則夫天下豈亂哉！

今執無鬼者曰：「鬼神者，固無有。」旦暮以爲教誨乎天下之⑧，疑天下之衆，使天下之衆皆疑惑乎鬼神有無之別⑨，是以天下亂。是故子墨子曰：今天下之王公大人士君子，實將欲求興天下之利，除天下之害，故當鬼神之有與無之別，以爲將不可不明察此者也⑩。既以鬼神有無之別，以爲不可不察已⑪，然則吾爲明察此，其說將柰何而可？子墨子曰：是與天下之所以察知有與無之道者，必以衆之耳目之實知有與亡爲儀者也⑫。請惑聞之見之⑬，則必以爲有；莫聞莫見⑭，則必以爲無。若是何不嘗入一鄉一里而問之，自古以及今，生民以來者，亦有嘗見鬼神之物，聞鬼神之聲⑮，則鬼神何謂無乎？若莫聞莫見，則鬼神可謂有乎⑯？

今執無鬼者言曰：夫天下之爲聞見鬼神之物者⑰，不可勝計也。亦孰爲聞見鬼神有無之物哉⑱？子墨子言曰：若以衆之所同見，與衆之所同聞，則若昔者杜伯是也。周宣王殺其臣杜伯而不辜⑲，杜伯曰：「吾君殺我而不辜，若以死者爲無知，則止矣；若死而有知，不出三年，必使吾君知之。」其三年⑳，周宣王合諸侯而田於圃田，車數百乘㉑，從數千，人滿野㉒。日中，杜伯乘白馬素車，朱衣冠，執朱弓，挾朱矢，追周宣王，射之車上㉓，中心折脊，殪車中㉔，伏弢而死㉕。當是之時，周人從者莫不見，遠者莫不聞，著在周之春秋㉖。爲君者以教其臣，爲父者以儆其子㉗，曰：「戒之愼之，凡殺不辜者，其得不祥，鬼神之誅㉘，若此之憯遬也㉙！」以若書之説觀之，則鬼神之有，豈可疑哉？

非惟若書之説爲然也㉚，昔者鄭穆公㉛當晝日中處乎廟㉜，有神入門而左，鳥身㉝，素服三絶㉞，面狀正方㉟。鄭穆公見之，乃恐懼，奔㊱。神曰：「無奔㊲，帝享女明德㊳，使予錫女壽十年有九㊴，使若國家蕃昌，子孫茂，毋失。」鄭穆公再拜稽首，曰：「敢問神名㊵。」曰：「予爲句芒㊶。」若以鄭穆公之所身見爲儀，則鬼神之有，豈可疑哉？

非惟若書之説爲然也，昔者燕簡公㊷殺其臣莊子儀而不辜㊸，莊子儀曰：「吾君王殺我而不辜㊹，死人毋知亦已㊺，死人有知，不出三年，必使吾君知之。」期年㊻，燕將馳祖㊼，燕之有祖，當齊之社稷㊽，宋之有桑林㊾，楚之有雲夢也㊿，此男女之所屬而觀也(51)。日中，燕簡公方將馳於祖塗，莊子儀荷朱杖而擊之，殪之車上(52)。當是時，燕人從者莫不見，遠者莫不聞，著在燕之春秋。諸侯傳而語之曰(53)：「凡殺不辜者，其得不祥，鬼神之誅，若此其憯遬也！」以若書之説觀之，則鬼神之有，豈可疑哉？

非惟若書之説爲然也(54)，昔者宋文君鮑之時(55)，有臣曰祏觀辜(56)固嘗從事於厲(57)，袾子杖楫出，與言曰(58)：「觀辜，是何珪璧之不滿度量(59)，酒醴粢盛之不浄潔也，犧牲之不全肥(60)，春秋冬夏選失時(61)，豈女爲之與？意鮑爲之與(62)？」觀辜曰：「鮑幼弱，在荷繦之中(63)，鮑何與識焉[64]？官臣觀辜特爲之[65]。」袾子舉楫而稾之[66]，殪之壇上[67]。當是時[68]，宋人從者莫不見，遠者莫不聞[69]，著在宋之春秋。諸侯傳而語之曰：「諸不敬慎祭祀者，鬼神之誅，至若此其憯遬也[70]！」以若書之說觀之，鬼神之有，豈可疑哉？

非惟若書之說爲然也[71]，昔者齊莊君之臣[72]有所謂王里國[73]、中里徼者[74]。此二子者，訟三年而獄不斷[75]。齊君由謙殺之，恐不辜；猶謙釋之[76]，恐失有罪。乃使二人共一羊[77]，盟齊之神社[78]，二子許諾[79]。於是泏洫[80]，摽羊而漉其血[81]，讀王里國之辭既已終矣[82]，讀中里徼之辭未半也[83]，羊起而觸之[84]，折其脚[85]，祧神之而稾之[86]，殪之盟所。當是時，齊人從者莫不見，遠者莫不聞[87]，著在齊之春秋。諸侯傳而語之曰：「諸盟矢不以其請者[88]，鬼神之誅，至若此其憯遬也！」以若書之說觀之，鬼神之有，豈可疑哉？是故子墨子言曰：雖有深谿、博林、幽澗毋人之所[89]，施行不可以不董[90]，見有鬼神視之[91]。

今執無鬼者曰：夫衆人耳目之請[92]，豈足以斷疑哉？柰何其欲爲高士君子於天下[93]，而有復信衆之耳目之請哉[94]？子墨子曰[95]：若以衆之耳目之請，以爲不足信也，不以斷疑。不識若昔者三代聖王堯舜禹湯文武者，足以爲法乎？故於此乎自中人以上皆曰：「若昔者三代聖王，足以爲法矣。」若苟昔者三代聖王足以爲法，然則姑嘗上觀聖王之事。昔者武王之攻殷誅紂也，使諸侯分其祭[96]，曰：「使親者受内祀[97]，疏者受外祀[98]。」故武王必以鬼神爲有，是故攻殷誅紂⑲，使諸侯分其祭。若鬼神無有，則武王何祭分哉⑩？非惟武王之事爲然也⑩，故聖王，其賞也必於祖⑩，其僇也必於社。賞於祖者何也？告分之均也；僇於社者何也？告聽之中也⑩。

非惟若書之說爲然也，且惟昔者虞夏商周三代之聖王，其始建國營都⑩，曰必擇國之正壇，置以爲宗廟⑩；必擇木之脩茂者⑩，立以爲菆位⑩；必擇國之父兄慈孝貞良者，以爲祝宗⑩；必擇六畜之腯肥倅毛⑩，以爲犧牲；珪璧琮璜⑩，稱財爲度⑩；必擇五穀之芳黃，以爲酒醴粢盛，故酒醴粢盛，與歲上下也⑩。故古聖王治天下也，故必先鬼神而後人者，此也⑬。故曰：官府選効必先⑭，祭器祭服畢藏於府，祝宗有司畢立於朝，犧牲不與昔聚羣⑮。故古者聖王之爲政若此。

古者聖王必以鬼神爲其務，其務鬼神厚矣⑯。又恐後世子孫不能知也，故書之竹帛，傳遺後世子孫⑰。咸恐其腐蠹絶滅⑱，後世子孫不得而記，故琢之盤盂，鏤之金石，以重之。有恐後世子孫⑲不能敬䔳以取羊⑳，故先王之書，聖人㉑，一尺之帛，一篇之書，語數鬼神之有也，重有重之㉒。此其故何？則聖王務之。今執無鬼者曰：「鬼神者，固無有。」則此反聖王之務，反聖王之務，則非所以爲君子之道也。

今執無鬼者之言曰：先王之書，慎無一尺之帛，一篇之書，語數鬼神之有，重有重之[123]。亦何書有之哉[124]？子墨子曰：周書大雅有之[125]，大雅曰[126]：「文王在上，於昭于天[127]。周雖舊邦，其命維新[128]。有周不顯，帝命不時[129]。文王陟降，在帝左右[130]。穆穆文王，令問不已[131]。」若鬼神無有，則文王既死，彼豈能在帝之左右哉？此吾所以知周書之鬼也。

且周書獨鬼，而商書不鬼，則未足以爲法也。然則姑嘗上觀乎商書[132]，曰：「嗚呼！古者有夏，方未有禍之時，百獸貞蟲[133]，允及飛鳥[134]，莫不比方[135]。矧隹人面[136]，胡敢異心？山川鬼神，亦莫敢不寧[137]。若能共允[138]，隹天下之合[139]，下土之葆[140]。」察山川鬼神之所以莫敢不寧者，以佐謀禹也[141]。此吾所以知商書之鬼也[142]。

且商書獨鬼，而夏書不鬼[143]，則未足以爲法也。然則姑嘗上觀乎夏書[144]，禹誓曰[145]：「大戰于甘[146]，王乃命左右六人，下聽誓于中軍[147]，曰：有扈氏[148]威侮五行，怠棄三正[149]，天用勦絶其命[150]。有曰[151]：日中，今予與有扈氏爭一日之命，且爾卿大夫庶人，予非爾田野葆士之欲也[152]，予共行天之罰也[153]。左不共于左，右不共于右[154]，若不共命[155]。御非爾馬之政，若不共命[156]。是以賞于祖，而僇于社[157]。」賞于祖者何也？言分命之均也；僇于社者何也[158]？言聽獄之事也[159]。故古聖王必以鬼神爲賞賢而罰暴，是故賞必於祖，而僇必於社。此吾所以知夏書之鬼也。故尚書夏書[160]，其次商周之書，語數鬼神之有也，重有重之[161]。此其故何也？則聖王務之。以若書之説觀之，則鬼神之有，豈可疑哉？於古曰[162]：吉日丁卯[163]，周代祝社方[164]，歲于社考[165]，以延年壽。若無鬼神，彼豈有所延年壽哉？

是故子墨子曰：嘗若鬼神之能賞賢如罰暴也[166]，蓋本施之國家，施之萬民，實所以治國家、利萬民之道也[167]。若以爲不然[168]，是以吏治官府之不絜廉[169]，男女之爲無別者，鬼神見之。民之爲淫暴寇亂盜賊，以兵刃毒藥水火退無罪人乎道路[170]，奪人車馬衣裘以自利者，有鬼神見之[171]。是以吏治官府不敢不絜廉，見善不敢不賞，見暴不敢不罪[172]。民之爲淫暴寇亂盜賊，以兵刃、毒藥、水火退無罪人乎道路，奪車馬、衣裘以自利者[173]，由此止，是以莫放[174]。幽閒，擬乎鬼神之明[175]；顯明有一人，畏上誅罰，是以天下治[176]。

故鬼神之明，不可爲幽閒、廣澤、山林、深谷[177]，鬼神之明必知之。鬼神之罰，不可爲富貴衆強[178]、勇力強武、堅甲利兵，鬼神之罰必勝之。若以爲不然，昔者夏王桀貴爲天子，富有天下，上詬天侮鬼，下殃傲天下之萬民[179]，祥上帝伐元山帝行[180]，故於此乎天乃使湯至明罰焉[181]。湯以車九兩[182]，鳥陳鴈行[183]，湯乘大贊[184]，犯遂下衆人之蝺遂[185]，王乎禽推哆、大戲[186]。故昔夏王桀貴爲天子，富有天下，有勇力之人[187]推哆、大戲[188]，生列兕虎[189]，指畫殺人。人民之衆兆億[190]，侯盈厥澤陵[191]。然不能以此圉鬼神之誅[192]。此吾所謂鬼神之罰，不可爲富貴衆強、勇力強武、堅甲利兵者，此也。

且不惟此爲然。昔者殷王紂貴爲天子，富有天下，上詬天侮鬼[193]，下殃傲天下之萬民，播棄黎老[194]，誅賊孩子[195]，楚毒無罪[196]，刳剔孕婦[197]。庶舊鰥寡，號咷無告也[198]。故於此乎天乃使武王至明罰焉。武王以擇車百兩[199]，虎賁之卒四百人[200]，先庶國節窺戎[201]，與殷人戰乎牧之野。王乎禽費中[202]、惡來[203]，衆畔百走[204]。武王逐奔入宮[205]，萬年梓株，折紂而繫之赤環，載之白旗[206]，以爲天下諸侯僇。故昔者殷王紂貴爲天子，富有天下，有勇力之人費中、惡來，生捕兕虎，指寡殺人[207]。人民之衆兆億，侯盈厥澤陵。然不能以此圉鬼神之誅。此吾所謂鬼神之罰，不可爲富貴衆强、勇力强武、堅甲利兵者，此也[208]。且禽艾之道之曰[209]：「得璣無小[210]，滅宗無大。」則此言鬼神之所賞，無小必賞之；鬼神之所罰[211]，無大必罰之。

今執無鬼者曰：意不忠親之利，而害爲孝子乎[212]？子墨子曰：古之今之爲鬼[213]，非他也，有天鬼[214]，亦有山水鬼神者，亦有人死而爲鬼者。今有子先其父死，弟先其兄死者矣。意雖使然[215]，然而天下之陳物[216]，曰先生者先死。若是，則先死者非父則母，非兄而姒也[217]。今絜爲酒醴粢盛[218]，以敬慎祭祀。若使鬼神請有[219]，是得其父母姒兄而飲食之也，豈非厚利哉？若使鬼神請亡[220]，是乃費其所爲酒醴粢盛之財耳。自夫費之[221]，非特注之汙壑而棄之也[222]，內者宗族，外者鄉里，皆得如具飲食之[223]。雖使鬼神請亡，此猶可以合驩聚衆[224]，取親於鄉里。今執無鬼者言曰：「鬼神者，固請無有，是以不共其酒醴粢盛犧牲之財。吾非乃今愛其酒醴粢盛犧牲之財乎[225]，其所得者巨將何哉[226]？」此上逆聖王之書，內逆民人孝子之行。而爲上士於天下[227]，此非所以爲上士道[228]。是故子墨子曰：今吾爲祭祀也，非直注之汙壑而棄之也[229]，上以交鬼之福[230]，下以合驩聚衆，取親乎鄉里。若神有[231]，則是得吾父母姒兄而食之也[232]，則此豈非天下利事也哉！

是故子墨子曰：今天下之王公大人士君子，中實將欲求興天下之利，除天下之害，當若鬼神之有也[233]，將不可不尊明也[234]，聖王之道也。

① 孫云：淮南子氾論訓作「右鬼」，高注云：「右，猶尊也。」漢書藝文志亦同，顏注引此作「明鬼神」，疑衍「神」字。「明」謂明鬼神之實有也。

② 「力正」，義詳節葬下篇「諸侯力征」注。　畢云：「正」同「征」。　孫云：周禮禁暴氏「禁庶民之亂暴力正者」，鄭注云：「力正，以力強得正也。」

③ 「弟兄」，緜眇閣本作「兄弟」。

④ 畢云：舊脱「亂」字，據下文增。　○案：寶曆本有「亂」字。

⑤ 王樹枏云：呂覽仲夏「退嗜慾」注云：「退，止也。」「退」從艮，故義亦訓止。謂止阻無罪人于道路率徑之中也。「率」當爲「術」，聲之誤。後漢書馮衍傳注云：「術，路也。」「道路率徑」四字一義。　孫云：「率徑」當讀爲「術徑」，率聲與朮聲古音相近。廣雅釋詁云：「率，述也。」白虎通義五

行篇云：「律之言率，所以率氣令生也。」周禮典同鄭注云：「律，述氣者也。」「述氣」即「率氣」，是其證。説文行部云：「術，邑中道也。」　○案：「退」疑當讀爲「追」。禮記檀弓「文子其中追然如不勝衣」，釋文：「追，本作退。」戰國策楚策「楚太子曰：臣有傅，請追而問傅」，「追」一作「退」，慎子亦作「退」，是其例。追，逐也。言以兵刃毒藥水火追逐無罪人于道路術徑。

⑥ 吴鈔本「由」作「以」。

⑦ 「罰暴」，畢本作「暴罰」，舊本並作「罰暴」，今據乙。　畢云：「借」，本書尚賢中作「藉」，此俗改。　王云：上言「若使」，則下不得又言「借若」。余謂「若」字涉上文而衍，「借」乃「偕」字之誤。偕與皆通。　吴云：「借若」，王以爲「偕」字之誤，非也。古人自有複語耳。上文「並作由此始」，亦複語也。　○案：史記張釋之傳「有如萬分之一，假令愚民取長陵一抔土」，亦「有如」與「假令」複用。

⑧ 「之」下，畢以意增「人」字。　王云：畢補非也。「之」字涉下句而衍。

⑨ 吴鈔本無「惑」字。陸本、茅本、緜眇閣本、堂策檻本「無」作「然」，誤。

⑩ 下「不」字，各本作「以」。　蘇云：下「以」字當作「不」。　俞云：此本作「故當鬼神之有與無之别，不可以不察者也」。　王樹枏云：當作「將不可不明察此者也」，「以爲」二字衍，下「以」字乃「不」字之誤。非攻篇「故當若非攻之爲説，而將不可不察此者也」，節葬篇「故當若節喪之爲政，而不可不察此者也」，尚賢篇「故尚賢之爲説，而不可不察此者也」，句法與此皆一例。

○案：蘇、王校下「以」字作「不」，是也，今依改。

⑪ 上下文「察」上有「明」字。

⑫ 吳鈔本「亡」作「無」。　孫云：「亡」，古「無」字。篇中諸有「無」字，疑古本並作「亡」。

⑬ 王云：「請」同「誠」，「惑」同「或」。

⑭ 王云：舊脱「則必」以下九字，今據下文及非命篇補。

⑮ 上「之」字陸本、茅本、緜眇閣本、堂策檻本並錯於「聞鬼」之下。

⑯ 「何」、「可」錯出，義皆可通。

⑰ 四庫本「下」作「地」。

⑱ 吳鈔本「鬼神」下有「之」字。道藏本、唐本「鬼神」作「神鬼」。

⑲ 「子墨子言曰」舊本無「言」字。　畢云：史記索隱引作「不以罪」。　○案：漢書郊祀志顏注及宋本、蜀本御覽八百八十三引並作「不以罪」。

⑳ 畢云：太平御覽引作「後三年」。　俞云：「其」下脱「後」字，本作「其後三年」。太平御覽引此文正作「後三年」，但删「其」字耳。　孫云：宋尤袤本文選劉孝標重答〔一〕劉秣陵書注引「其」作「期」，餘並與今本同。　宋明道本國語周語韋注引周春秋、史記周本紀正義引周春秋並作「後三

〔一〕「答」原作「荅」，據文選改。

年」。據史記，宣王四十六年崩，則殺杜伯當在四十四年。通鑑外紀載殺杜伯於四十六年，非也。今本竹書紀年云「宣王四十三年，王殺大夫杜伯，其子隰叔出奔晉」，則不數所殺年，亦通。

㉑ ○案：搜神記作「經三年餘」，顏之推冤魂志作「後三年」。

上「田」字，諸本作「用」，吴鈔本作「舍」，四庫本作「田」，與畢本同。畢云：韋昭注國語、文選注、史記索隱引俱無「圃」下「田」字，顏師古注漢書有。俞云：「田於圃田」者，「圃田」地名。詩車攻篇「東有甫草，駕言行狩」，鄭箋以「鄭有甫田」説之，爾雅釋地作「鄭有圃田」，即其地也。畢讀「圃」字絶句，非是。　孫云：周語云「杜伯射王於鄗」，韋注云：「鄗，鄗京也。」周禮職方氏鄭注云：「圃田在中牟。」以周地理言之，鄗在西都，圃田在東都，相去殊遠。又韋引周春秋「宣王會諸侯田於圃」，明道本「圃」作「囿」。史記封禪書索隱、周本紀正義所引並與韋同。論衡死僞篇云「周宣王將田于圃」。則漢、唐舊讀並於「圃」字斷句，皆不以「圃」爲圃田。荀子王霸篇楊注引隨巢子云「杜伯射宣王於畝田」，畝與牧聲轉字通，疑即鄗京遠郊之牧田，亦與圃田異。但隨巢子以「圃田」爲「畝田」，似可爲俞讀左證。近胡承珙亦謂此即圃田，而謂國語「鄗」即敖鄗，㡿韋以爲鄗京之誤，其説亦可通。　○案：宋本、蜀本御覽八十五引作「宣王田於圃田，從人滿野」，又三百七十一作「王田於圃田，車徒滿野」，又八百八十三作「宣王田於圃，見杜伯」。漢書郊祀志顏注所引與御覽八百八十三全文相同，惟「圃」下多一「田」字。據顏注則御覽「圃」下當脱「田」字。法苑珠林怨苦篇引作「田於甫田，從人滿野」，又賞罰篇引顏之推冤魂志作「遊於圃田，從人滿野」，皆可爲俞讀左證。孫引論衡死僞篇文「圃」字，宋本論衡作「囿」，與明道本國語韋注合。史記魏世家「秦七攻魏，五入囿中」，索隱云：「囿即圃田。圃田，鄭藪。」據此則古書中或言「囿」，或言「圃田」，其地一也。

㉒畢云：太平御覽引作「車徒滿野」，節文。　俞云：「從」乃「徒」字之誤，御覽引作「車徒滿野」，是其證。　孫云：俞校近是。但此當以「徒數千」爲句，「人」屬下「滿野」爲句。　○案：以法苑珠林、文選注及御覽八十五所引校之，則「從」字不誤。

㉓「射之」，各本作「射入」。畢云「文選注引作『射之』」，孫云「『之』字是也」，今依改。

㉔孫云：後漢書光武紀李注云：「殪，仆也。」

㉕畢云：「弢」，太平御覽三百七十一引作「韔」，八百八十三引作「伏弓衣」，義同。國語周語韋注曰：「杜，國。伯，爵。陶唐氏之後。」　孫云：「弢」，史記索隱、文選注引並作「弢」，與今本同。論衡死僞篇作「韔」。　説文弓部云：「弢，弓衣也。」　○案：宋本、蜀本御覽八十五引「弢」作「㢸」。

㉖孫云：國語晉語「羊舌肸習於春秋」，韋注云：「春秋，紀人事之善惡而目以天時，謂之春秋，周史之法也。時孔子未作春秋。」又楚語「教之春秋，以感勸其心」。公羊莊七年傳云「不脩春秋曰：雨星，不及地尺而復」，何注云：「謂史記也。古者謂史記爲春秋。」管子法法篇「故春秋之記」，尹注云：「春秋，即周公之凡例而諸侯之國史也。」史通六家篇、隋書李德林傳並引墨子云「吾見百

國春秋」，蓋即此。史通又云：「汲冢瑣語記太丁時事，目爲夏殷春秋。又有晉春秋，記獻公十七年事。」

㉗「識」，陸本、茅本、寶曆本、李本、緜眇閣本、堂策檻本、陳本、四庫本作「警」。畢云：說文云：「警，戒也」。「識」，異文。

㉘「誅」，諸本作「謀」，茅本作「詳」，緜眇閣本、陳本作「祥」，寶曆本、李本作「誅」，今從作「誅」。畢本亦據後文改誅。

㉙舊本無「也」字。「之」，下文並作「其」，字通。　畢云：說文曰：「遫，籀文。」案「速」之籀文。　孫云：「憯」、「速」義同。玉篇手部云：「撍，側林切，急疾也。」憯與撍通。易豫「朋盍簪」，釋文云：「簪，鄭云：『速也。』京〔一〕作『撍』。」淮南子本經訓高注云：「憯猶利也。」並與此義相近。

㉚舊本無「也」字。

㉛畢云：郭璞注山海經引此作「秦穆公」，又太平御覽、太平廣記引「穆」作「繆」。　孫云：郭引作「秦」，是也。玉燭寶典引墨子曰「昔秦穆公有明德，上帝使句芒賜之壽十九年也」，即約此文。論衡福虛篇云：「儒家之徒董無心，墨家之役纏子，相見講道。纏子稱墨家佑鬼神是，引秦穆公有明德，上帝賜之十九年。」又無形篇云：「傳言秦繆公有明德，上帝賜之十九年。」北齊書樊遜傳

〔一〕「京」，墨子閒詁原引作「李」，本書沿誤，據易釋文改。

遂對問禍福報應，亦云：「秦穆有道，句芒錫祥。」以諸書證之，則不當作「鄭」明矣。下文凡「鄭」字，並當作「秦」。

㉜ 吴鈔本「當」作「嘗」，字通。

㉝ 畢云：海外東經云「東方句芒，鳥身人面」。太平廣記引作「人面鳥身」。戴云：脱「人面」二字。○案：太平廣記二百九十一、楚辭遠遊洪興祖補注引並作「有神人面鳥身」，無「入門而左」四字。宋本、蜀本御覽八百七十二引與本書同，又八百八十二引作「有神入門，身鳥素服」。

㉞ 孫云：「三絶」無義，當作「玄純」。素衣玄純，蓋即深衣采純，明與凶服異也。

㉟ 秋山云：「正方」，一作「方正」。畢云：太平廣記引作「而狀方正」。戴云：「面」乃「而」字之誤。孫云：山海經郭注引作「方面」，則「面」字非誤。劉師培云：占經一百十三及楚辭遠遊補注並引作「面狀正方」。○案：御覽八百七十二引與本書同。明嘉靖談刻本太平廣記作「面狀方正」，畢據誤本，戴氏承之，疏甚。

㊱ 「奔」，諸本作「犇」，吴鈔本作「奔」，今從之。犇、奔字同。

㊲ 畢本作「神曰無懼」。畢云：舊脱此四字，據太平廣記增。太平御覽引作一「曰」字，一本作「神曰」二字。王樹枬云：開元占經一百十三引作「繆公乃懼，神曰無奔」。○案：寶曆本、李本、堂策檻本、四庫本並有「神曰」二字，御覽八百七十二引作「繆公乃懼，神曰無奔」。今據寶曆本等增「神曰」二字，據占經及御覽增「無奔」二字。國語晉語曰「公懼而走，神曰無走」，句法

與此同。

㊳ 吳鈔本「女」作「汝」。宋本、蜀本御覽兩引並作「汝」。御覽八百八十二引「享」作「饗」，字通。

㊴ 「予」，道藏本、唐本、茅本作「子」，誤。吳鈔本「錫」作「享」。

㊵ 「名」字舊本並脱，畢本補「明」字。畢云：舊脱此字，太平御覽引云「敢問神明爲何」，太平廣記引云「公問神明」，案「明」同「名」也。王云：鈔本御覽神鬼部二正作「敢問神名」，刻本「名」作「明」，誤也。「明」古讀若芒，不得與「名」通。孫云：楚辭遠遊洪興祖補注引亦作「名」。王樹枬云：開元占經引作「公問神名，神曰句芒」。○案：宋本、蜀本御覽八百八十二引作「敢問神名」，今據補「名」字。

㊶ 占經及御覽八百七十二引「曰」上並有「神」字。孫云：「句芒」，地示，五祀之木神。月令「春，其神句芒」，是也。

㊷ 畢云：案史記，「簡公」，平公子。周敬王十六年，公元年也。孫云：論衡書虛篇説此事作「趙簡子」，死僞篇作「趙簡公」，並誤。惟訂鬼篇作「燕簡公」，與此同。

㊸ 顧云：論衡訂鬼、書虛、死僞作「莊子義」。

㊹ 孫云：簡公時燕尚未稱王，此「王」字疑後人所加。

㊺ 「毋」，吳鈔本、李本、堂策檻本、四庫本作「無」。「亦」，緜眇閣、陳本作「則」。

㊻ 秋山云：「期」，一作「明」。

㊼ 畢云：祖道。　王云：畢說非也。法苑珠林君臣篇作「燕之有祖澤，猶宋之有桑林，國之大祀也」，據此則「祖」是澤名，故又以雲夢比之。下文「燕簡公方將馳於祖塗」，亦謂祖澤之塗也。

孫云：王說近是。顏之推還冤記又作「燕之沮澤，當國之大祀」。

㊽ 王引之云：「當」猶如也。（又「齊之」下校增「有」字。）　○案：此句疑本作「當齊之有社」，「社」字獨立成義，非以「社稷」連文也。左莊二十三年經〔一〕「公如齊觀社」，杜注云：「齊因祭社蒐軍實，故公往觀之。」孔疏云：「魯語說此事云『夫齊棄太公之法而觀民於社』，孔晁云：『聚民於社，觀戎器也。』左襄二十四年傳稱楚子使薳啓疆如齊，齊社，蒐軍實，使客觀之。」「社」下皆無「稷」字，可證。

㊾ 孫云：淮南子脩務訓云「湯旱，以身禱於桑山之林」，高注云：「桑山之林能爲雲雨，故禱之。」呂氏春秋慎大篇云：「武王勝殷，立成湯之後於宋，以奉桑林。」高注云：「桑山之林，湯所禱也，故使奉之〔二〕。」　○案：桑林爲宋歷史上勝地，故爲望祀聚衆之所。

㊿ 孫云：爾雅釋地云：「楚有雲夢。」周禮職方氏：「荆州，其澤藪曰雲瞢。」

51 孫云：周禮州長鄭注云：「屬猶合也，聚也。」

〔一〕「經」字原脱，今補。案引文見莊公二十三年經文。
〔二〕「故使奉之」，墨子閒詁原引作「故所奉也」，本書沿誤，據慎大篇高誘注改。

52 孫云：史記十二諸侯年表燕簡公在位十二年，卒當周敬王二十七年，魯哀公二年。則殺莊子儀事當在簡公十一年也。但依左傳昭三年，北燕伯款即簡公。史表則以爲惠公，其元年當周景王元年，在位九年卒，歷悼、共、平三世而後至簡公，與左傳殊不合，未知孰是。論衡死僞篇云：「簡公將入於桓門，莊子義起於道左，執彤杖而捶之，斃於車下。」與此小異，疑兼采它書。

53 舊本「語」作「言」。

54 吴鈔本「惟」作「唯」。

55 吴鈔本「君」作「公」。　孫云：論衡祀義篇云「宋公鮑之身有疾」。

56 顧云：論衡訂鬼作「宋夜姑」。　孫云：字書無「祏」，論衡祀義篇云「祝曰夜姑」，則「祏」當即「祝」之譌。祝即周禮大、小祝也。「觀辜」疑亦「夜姑」之譌。

57 吴閬生云：「固」乃「辜」之異文而誤合之。論衡祀義篇作「掌將事於厲者」。　盧云：「厲」，公厲、泰厲之屬也。宋歐陽士秀以「厲」爲神祠，以管子請桓公立五厲祀堯之五吏爲證，後世統謂之廟。

58 「祩」，舊本作「株」。「楫」，諸本作「揖」。秋山云：「揖，一作楫。」今從一本作「楫」。下同。畢云：「祩」，「祝」字異文。「祩子」即祝史也。玉篇云：「祩，之俞切，呪詛也。又音注。」言神馮於祝子而言也。　孫云：「祩」疑「禂」之異文。說文示部云：「禂，禱牲馬祭也。」周禮甸祝「禂牲禂馬」，鄭注云：「禂讀如伏誅之誅。今『侏大』字也。」畢以「祩」爲「祝」異文，說無所據。上「觀辜」已是祝，則「祩子」不當復爲祝。竊疑當是巫，巫能接神，故厲神降於其身。謂之「祩子」，猶楚辭謂巫爲靈子也。蘇校謂「揖」當作「楫」，近是。論衡祀義篇作「厲鬼杖檝而與之言」，又云「舉檝而掊之」，「檝」即「楫」之俗。

59 「珪」，舊本作「陸」，誤。論衡祀義篇曰「何而珪璧之不中度量也」。

60 畢云：「全」謂純色，與「牷」同。

61 「春秋冬夏」，陸本、茅本、寶曆本、李本、緜眇閣本、堂策檻本、陳本、四庫本作「春夏秋冬」。孫云：蓋言祭厲失其常時。「選」當讀爲饌具之「饌」。

62 王引之云：「意」與「抑」同。

63 畢云：「荷」與「何」同。漢書注：「李奇云：繈，絡也。以繒布爲之，絡負小兒。」師古曰：「即今之小兒繃也。居丈反。」　孫云：「繈」，吴鈔本作「襁」。「襁」正字，「繈」借字。說文衣部云：「襁，負兒衣也。」呂氏春秋明禮篇云「道多褓繈」，高注云：「褓，小兒被也。繈，褸格上繩也。」孫奭孟子音義引博物志云：「襁褓，織縷爲之，廣八寸，長一尺二寸，以負小兒於背上。」史記魯世家云：「成王少，在強葆之中。」　○案：「荷繈」，畢說可通。又疑當爲「葆繈」，「荷」、「葆」形近而誤。論衡祀義篇作「鮑身尚幼，在襁褓」，文雖小異，「襁褓」字尚不誤，可據以訂正。「葆繈」猶「襁褓」也。「鮑幼弱，在葆繈之中」，與「成王少，在強葆之中」語法正類。

64 盧云：此云「在荷繈之中」，則非春秋時宋文公也。　孫云：此蓋墨子傳聞之誤。

⑥⑤ 孫云：左襄十八年傳中行獻子禱于河，偁「官臣偃」，杜注云：「守官之臣。」

⑥⑥ 「槀」，吳鈔本、緜眇閣本作「藁」，四庫本作「槀」。　秋山云：「槀」，一作「豪」。　畢云：「槀」同「敲」。　孫云：「槀」疑當讀爲「毃」，同聲假借字。左定二年傳云「奪之杖以敲之」，釋文云：「敲，說文作『毃』，云『擊頭也』，字林同，又一曰『擊聲也』，口交反。又口卓反，訓從敲，云『橫擿也』。」案今本說文攴部「擿」作「撾」。　○案：「槀」、「藁」、「槀」、「豪」並「毃」、「敲」之聲借。玉篇曰：「毃，擊頭也。或作敲。」又曰：「敲，擊也。」「楫」者，呂氏春秋明理篇曰「有若山之楫」，高注云：「楫，林木也。」本書魯問篇曰：「其子強梁不材，故其父笞之。其鄰家之父舉木而擊之。」此「舉楫而槀之」，猶彼言「舉木而擊之」也。論衡祀義篇作「厲鬼舉楫而掊之」，文小異而義同。

⑥⑦ 論衡作「斃於壇下」。

⑥⑧ 畢云：舊脫此字，一本有。　○案：寶曆本、李本、堂策檻本、四庫本並有「時」字。

⑥⑨ 畢本「遠者」下注云：舊脫此字，一本有。　○案：「遠」下，舊本並有「者」字。

⑦⓪ 「也」字諸本無，寶曆本有，與畢本同。

⑦① 吳鈔本「惟」作「唯」。

⑦② 畢云：「君」，事類賦引作「公」。舊脫「臣」字，據太平御覽、事類賦增。　○案：蜀本、補宋鈔本御覽九百二引「君」作「公」。

73 畢云：太平御覽、事類賦引作「王國卑」，下同，疑此非。

74 畢云：太平御覽、事類賦引作「擻」，下同。○案：蜀本、補宋鈔本御覽引「徼」作「撽」，下同。

75 孫云：公羊宣元年何注云：「古者疑獄，三年而後斷。」

76 「猶」，緜眇閣本、陳本作「由」。畢云：「由」與「猶」同，故兩作。王云：「由」、「猶」皆欲也。「謙」與「兼」同。言欲兼殺之、兼釋之也。大雅文王有聲篇「匪棘其欲」，禮器作「匪革其猶」。周官小行人「其悖逆暴亂作慝，猶犯令者」，大戴記朝事篇「猶」作「欲」。是「猶」即「欲」也。「猶」、「由」古字亦通。蘇說同。

77 「二」，諸本作「之」。緜眇閣本、陳本作「二」，今從之。畢云：太平御覽、事類賦引「之」作「二」。

78 畢云：事類賦無「神」字。孫云：周禮司盟云「有獄訟者則使之盟詛，凡盟詛各以其地域之衆庶共其牲而致焉」，鄭注云：「使其邑閭出牲而來盟。」此所云與禮合。○案：蜀本、補宋鈔本御覽引亦無「神」字。

79 畢云：太平御覽、事類賦引作「二子相從」。

80 吴云：「泏」者「掘」之借字。管子小稱篇「滿者泏之〔一〕」，尹知章注：「泏，虚也。」廣雅「泏」、「欿」

〔一〕「之」字原引誤脱，據管子小稱篇補。

並訓阬。是「泏洫」即掘欲。左昭十三年傳所謂「坎用牲加書」也。　曹説同。

81 畢云：太平御覽、事類賦引已上八字作「以羊血灑社」，則「漉」當爲「灑」字之誤。「⿰扌惡」，字書無此字。　王引之云：「⿰扌惡」即剄字也。廣雅曰：「剄、刑、刻，剄也。」吴語「自剄於客前」，賈逵曰：「剄，剄也。」作「⿰扌惡」者，或字耳。　洪説同。

82 畢云：四字事類賦作「已盡」二字。　○案：蜀本、補宋鈔本御覽亦作「已盡」二字。

83 蜀本、補宋鈔本御覽引「中里徼」作「終里檄」。

84 太平御覽、事類賦引「羊」上有「祭」字。　畢云：事類賦引作「觸中里檄」。

85 折中里徼之腳。

86 上「之」字，緜眇閣本闕文，陳本無。「祧神」猶上文之「祩子」，社神馮於巫之身，謂之「祧神」也。上「之」字，往也，言祧神往而槀之也。

87 畢云：太平御覽引云「齊人以爲有神驗」，事類賦引云「齊人以爲有神」，疑以意改。

88 「諸盟矢」，各本作「請品先」。　畢云：「品」當爲「盟」，下「請」當爲「情」。　王引之云：畢謂「品」當作「盟」，是也。上「請」字當爲「諸」，下「請」字即「情」字也。墨子書通以「請」爲「情」，不煩改字。　俞云：「先」疑「矢」字之誤。「矢」、「誓」古通用。「盟矢」即「盟誓」也。「矢」、「先」隸書相似而誤。　○案：畢、王、俞説是也，今依改。

89 王云：「深谿博林幽澗毋人」，即天志上篇所謂「林谷幽閒無人」也。「幽澗」亦「幽閒」之誤。「幽閒毋人」正指「深谿〔一〕博林」言之，若作「幽澗」，則與「深谿」相複。

⑨⓪ 顧云：爾雅：「董，正也。」　秋山云：「董」疑「堇」。　蘇云：「董」疑「謹」字之譌。　俞云：「董」疑「堇」字之誤。　堇借爲謹，言不可以不謹也。

⑨① 「見」猶顯也。

⑨② 「請」、「情」通用，下同。

⑨③ 「士」字各本脱。　孫云：「高」疑當作「尚」。下又脱「士」字。尚士即上士也。下文云「則非所以爲君子之道也」，又云「此非所以爲上士之道也」，即遥冢此文。　○案：孫校增「士」字是也，今依增。「高」字不誤，「高士」即「上士」，兼愛下篇「高士」凡數見。

⑨④ 孫云：「有」讀爲「又」。「衆之」，疑當依上文作「衆人」，下同。

⑨⑤ 畢云：舊脱「墨子」二字，以意增。

⑨⑥ 孫云：非攻下篇云「王既已克殷，成帝之來，分主諸神，祀紂先王」，是也。

⑨⑦ 孫云：「受内祀」，謂同姓之國，得立祖王廟也。郊特牲孔疏引五經異義云「古春秋左氏説，天子之子以上德爲諸侯者，得祖所自出。魯以周公之故，立文王廟。左傳宋祖帝乙，鄭祖厲王，猶上祖也。」

〔一〕「谿」原作「豁」，據王念孫讀書雜志改。

98 孫云：此謂異姓之國，祭三川四望之屬。祭統説周賜魯重祭，云：「外祭則郊社是也，内祭則大嘗禘是也。」彼大祀非凡諸侯所得祀，蓋不在所受之列。

99 「誅」，畢本作「伐」，舊本並作「誅」，今據正。

100 吴鈔本「祭」作「祀」。

101 「惟」，道藏本、吴鈔本、陸本、唐本、茅本、李本、堂策檻本、四庫本作「爲」。

102 孫云：「故」當爲「古」，下文「古聖王」、「古者聖王」文屢見，可證。

103 江聲云：「分之均」，謂頒賞平均。「聽之中」，謂斷辠允當也。

104 句。

105 「曰」，諸本作「日」，緜眇閣本、陳本作「國」，寶曆本作「曰」，今從之。孫云：考工記匠人：「營國方九里，左祖右社，面〔一〕朝後市。」吕氏春秋慎勢篇云：「古之王者擇天下之中而立國，擇國之中而立宫，擇宫之中而立廟。」劉逢禄云：「壇」場，祭壇場也。「置」，措也。

106 「脩」，吴鈔本、茅本、堂策檻本、陳本、四庫本作「修」。

107 劉逢禄云：「蒩位」，社也。王云：「蒩」與「叢」同。「位」當爲「社」，字之誤也。急就篇「祠祀社稷叢臘奉」，「叢」一本作「蒩」。顔師古曰「叢謂草木岑蔚之所，因立神祠」，即此所謂「擇木之脩

〔一〕「面」，墨子閒詁原引誤「前」，本書沿誤，據周禮考功記匠人改。

茂者立以爲菆社」也。秦策「恒思有神叢」，高注曰：「神祠叢樹也。」莊子人間世篇曰「見櫟社樹，其大蔽牛」，吕氏春秋懷寵篇曰「問其叢社大祠」，太玄聚次四曰「牽羊示于叢社」，皆其證也。「置以爲宗廟」承上「賞於祖」而言，「立以爲菆社」承上「僇於社」而言，則「位」爲「社」字之誤明矣。史記陳涉世家「又閒令吴廣之次近所旁叢祠中」，索隱引此作「叢位」，則所見本「社」字已誤作「位」，而「菆」字作「叢」則不誤也。又耕柱篇「而祝於禁社」，「禁社」乃「藂社」之誤，藂亦與叢同。洪云：史記陳涉世家索隱引墨子作「叢位」，「菆」即「叢」字。「叢位」謂叢社之位。孫云：王説是也。六韜略地篇云「冢樹社叢勿伐」，「社叢」即「叢社」也。○案：「位」似非誤字。論衡明雩篇曰「社報生萬物之功，故立社爲位，主心事之」，又曰「修壇設位，敬恭祈求，效事社之義」。

⑱ 劉逢禄云：「祝」，太祝。「宗」，宗伯也。

⑲ 「腯」上，諸本有「勝」字，緜眇閣本「勝」字闕文，陳本無，今從之。劉校同。畢云：「粹」字假音，作「倅」異文也。孫云：淮南子齊俗訓云「犧牛粹毛，宜於廟牲」，此畢所本。

⑩ 畢云：「琮」舊作「璜」，一本如此。○案：諸本作「璜璜」，緜眇閣本、陳本、四庫本作「璜琮」，唐本作「宗璜」，吴鈔本、潛本作「琮璜」，與畢本合。

⑪ 「度」，緜眇閣本、陳本作「宗」，誤。

⑫ 「醴」，白雲觀道藏本、雙檻樓道藏本並作「體」，誤。日本宮内省道藏本作「醴」，不誤。孫云：逸周書糴匡篇云「成年穀足，賓祭以盛，年饑舉祭以薄，大荒有禱無祭，祭以薄資」，即「與歲

上下」之法。

(113) 「故」字，寶曆本加一外□，緜眇閣本闕文，陳本無。　王樹枏云：「故」字涉上下文而衍。孫云：「故」讀爲「固」。

(114) 王樹枏云：「必先」下疑脱「鬼神」二字。　孫云：「選」讀爲「僎」。說文人部云：「僎，具也。」廣雅釋詁云：「效，具也。」「効」，俗「效」字。

(115) 「牲」，陸本、茅本、寶曆本、李本、緜眇閣本、堂策檻本、陳本、四庫本作「牷」。　孫云：此言祭牲當特繫，不與常時所畜群聚。周禮充人云「掌繫祭祀之牲牷。祀五帝，則繫于牢，芻之三月。享先王，亦如之。凡散祭祀之牲，繫于國門，使養之」，是也。

(116) 「其務」二字各本不重，曹箋重，今從之。　王云：「爲」下當有「有」字。

(117) 畢云：文選注引作「以其所獲，書於竹帛，傳遺後世子孫」，又一引作「以其所行」，此無四字。○案：文選楊德祖答臨淄侯牋李注引作「以其所獲」，曹子建求自試表引作「以其功」，陸士衡長歌行引作「以其所行」。曰獲、曰功、曰行，均似約舉魯問篇文。畢引以校訂此文，未審。

(118) 王引之云：「咸」字文義不順，當是「或」字之誤。言或恐竹帛之腐蠹絶滅，故又琢之盤盂、鏤之金石也。

(119) 吴鈔本「有」作「又」，字通。

(120) 潛本「羊」作「災」，誤。　畢云：言敬威以取祥也。　孫云：說文云：「君讀若威。」又云：

「羊，祥也。」秦、漢金石多以「羊」爲「祥」。

(121) 王云：此下脱二字，或當云「聖人之言」。

(122) 吴鈔本「有」作「又」。　王云：「有」與「又」同。　秋山説同。

(123) 畢云：「重有重」下舊有「亦何書」三字，衍文。　王云：「慎無」二字義不可通，「慎無」當爲「聖人」。上文曰「故先王之書，聖人，一尺之帛、一篇之書」，是其證。　○案：王校未允，此爲執無鬼者之言，上文爲墨家之言，二者相反。「慎無」猶誠無也。

(124) 「有之」，畢本作「之有」，舊本並作「有之」，今據乙。

(125) 吴鈔本無「大雅」二字。　孫云：古者詩、書多互偁。

(126) 堂策檻本、四庫本無「大雅」二字。

(127) 孫云：大雅文王篇文。毛傳云：「在上，在民上也。於，歎辭。昭，見也。」鄭箋云：「文王初爲西伯，有功於民，其德著見於天，故天命之以爲王，使君天下也。崩，謚曰文。」

(128) 孫云：毛傳云：「乃新在文王也。」鄭箋云：「大王聿來，胥宇而國於周，王迹起矣，而未有天命，至文王而受命。言新者，美之也。」

(129) 孫云：毛傳云：「有周，周也。不顯，顯也。顯，光也。不時，時也。時，是也。」鄭箋云：「周之德不光明乎，光明矣。天命之不是乎，又是矣。」

(130) 孫云：毛傳云：「言文王升接天，下接人也。」鄭箋云：「在，察也。文王能觀知天意，順其所爲，從而行之。」案依墨子説，謂文王既死，神在帝之左右，則與毛、鄭義異。

131 「問」，吴鈔本、寶曆本作「聞」。詩「穆穆」作「亹亹」，「問」作「聞」。孫云：毛傳云〔一〕：「亹亹，勉也。」鄭箋云：「勉勉乎不倦，文王之勤用明德也。其善聲聞日見，稱歌無止時也。」

132 「上」，諸本作「止」，四庫本剜改作「上」，與畢本合。

133 茅本、緜眇閣本作「虽」。　孫云：淮南子地形訓云「萬物貞蟲，各有以生」，原道訓云「蚑蟯貞蟲」，又説山訓云「貞蟲之動以毒螫」，注云：「貞蟲，細腰蜂，蜾蠃之屬。無牝牡之合曰貞。」案「貞」當爲「征」之假字，乃動物之通稱，高説未晐。　○案：「貞蟲」即征蟲，亦即蚰蟲，聲之轉也。説文：「蚰，蟲之總名也。讀若昆。」經傳多以「昆」爲之，聲轉亦作「貞」、「征」、「正」。莊子在宥篇「蝸及止蟲」，釋文：「本亦作昆蟲，崔本作『正蟲』。」可證。非樂上篇「貞蟲」義與此同。

134 王引之云：「允」猶以也。以與用同義，故「允」可訓爲用，亦可訓爲以。説文曰：「允，从儿，㠯聲。」㠯、用、允一聲之轉耳。

135 孫云：莊子田子方篇云「萬物莫不比方」，案「比方」猶言順道也。

136 畢云：「隹」，古「惟」字。舊誤作「住」。　江聲説同。　王引之云：古「惟」字但作「隹」。古鍾鼎文「惟」字作「隹」，石鼓文亦然。又夏竦古文四聲韻載道德經「惟」字作「隹」。墨子多古字，

〔一〕「毛傳云」三字原誤脱，據墨子閒詁補。

後人不識，故傳寫多誤。「矧惟」者，語詞。康誥曰「矧惟不孝不友」，又曰「矧惟外庶子、訓人」，酒誥曰「矧惟爾事，服休服采。矧惟若疇圻父，薄違農父，若保宏父」，皆其證也。鹽鐵論未通篇曰「矧惟人面，含仁保德，靡不得其所」，繇役篇曰「普天之下，惟人面之倫，莫不引領而歸其義」，後漢書章帝紀曰「訖惟人面，靡不率俾」，和帝紀曰「戒惟人面，無思不服」，並與墨子同意。顧說同。　孫云：「人面」，言有面目而爲人，非百獸貞蟲飛鳥之比也。國語越語：「范蠡曰：余雖靦然而人面哉，余猶禽獸也。」

137 吴鈔本「寧」作「寍」，下同。說文：「寍，安也。」「寧」，借字。　蘇云：二語見商書伊訓，餘略同。

138 江聲云：「共」讀爲「恭」。恭，恪也。「允」，誠也。

139 畢云：「隹」舊作「住」，亦誤。　江、王說同。

140 孫云：「葆」、「保」字通。詩大雅崧高「南土是保」，鄭箋云：「保，守也，安也。」漢書天文志顔注引宋均云：「葆，守也。」

141 越絶書請糴內傳曰：「君王動大事，群臣竭力以佐謀。」

142 「商書」，道藏本、吴鈔本、唐本、畢本作「商周」，陸本、茅本、寶曆本、李本、緜眇閣本、堂策檻本、陳本、四庫本作「周商」。王、蘇據上文改作「商書」，今從之。

143 「商書」，諸本作「禹書」，寶曆本、李本、四庫本作「商書」，今從之。王、蘇校同。

(144)「上」，諸本誤「止」，四庫本剜改作「上」，與畢本合。

(145) 畢云：此孔書甘誓文，文微有不同。書序云「啟與有扈戰于甘之野，作甘誓」，與此不同。而莊子人閒世云「禹攻有扈」，呂氏春秋召類云「禹攻曹魏、屈鶩、有扈，以行其教」，皆與此合。孫云：呂氏春秋先己篇云「夏后柏啟與有扈戰於甘澤而不勝」，是呂氏春秋有兩說。或禹、啓皆有伐扈之事，故古書或以甘誓爲禹誓與？說苑政理篇云「昔禹與有扈氏戰，三陳而不服，禹於是修教三年，而有扈氏請服」，說亦與此合。○案：孫引呂氏春秋先己篇文，舊本作「夏后相」，御覽八十二引作「夏后伯」，并有「即啟也」三字，似注文。古書中「伯」、「禹」字習見，「夏后伯」似應指夏禹。編御覽者蓋因舊注而以之列入帝啟事中。

(146) 畢云：其地在今陝西鄠縣。 孫云：尚書釋文引馬融云：「甘，有扈南郊地也。甘，水名，今在鄠縣西。」

(147) 孫云：孔書云「乃召六卿」，詩棫樸正義引鄭康成云：「六卿者，六軍之將。」僞孔傳云：「天子六軍，其將皆命卿。」 孫星衍云：鄭注周禮大司馬云「天子六軍，三三而居一偏」，賈誼新書云「紂將與武王戰，紂陳其卒左臆右臆」，是天子親征，王爲中軍，六卿左右之也。

(148) 孫云：史記正義云：「地理志：『鄠縣，古扈國，有户亭。』訓纂云：『户、扈、鄠三字，一也，古今字不同耳。』」尚書釋文云：「有扈，國名，與夏同姓。馬云：似姓之國，爲無道者。」案即今陝西鄠縣。

⑭⑨「五行」即洪範之五行。　孫云：尚書釋文引馬融云：「建子、建丑、建寅，三正也。」史記夏本紀集解引鄭康成云：「五行，四時盛德所行之政也。威侮，暴逆之。三正，天地人之正道。」王引之謂「書及此『威』字，並當爲『烕』之誤，烕者，蔑之假借字」，亦通。

⑮⑩畢云：「勦〔一〕」字同「剿」。　孫云：「勦」當从刀，舊本从力，誤。唐石經尚書亦譌「勦」。說文刀部云：「剿，絶也。」引書作「剿」。水部「瀌」字注引作「勦」。

⑮⑪孫云：「有」讀爲「又」。

⑮⑫孔書無此三十二字。　孫星衍云：墨子所見古文書與今本異，或脱簡，或孔子所删也。「葆」同「保」。鄭〔二〕注月令云：「小城曰保。」俗作「堡」。言不貪其土地人民。　秋山云：「士」，恐「土」。　俞云：「士」疑「玉」字之誤。「葆玉」即寶玉也。史記周本紀「展九鼎葆玉」，徐廣曰「葆，一作寶」，即其例也。　○案：非攻下篇「好攻伐之君飾其説曰：我非以金玉子女壤地爲不足也，我欲以義名立於天下，以德來諸侯也」，文意與此相類。「田野」即「壤地」，「葆」即「金玉」，「士」即「子女」也。

⑮⑬孫云：「共」，吴鈔本作「恭」。　孔書云「今予惟恭行天之罰」，孔傳云：「恭，奉也。」史記夏本紀

〔一〕「勦」原作「剿」，據畢刻本改。
〔二〕「鄭」原誤「郭」，據孫星衍尚書今古文注疏改。

「恭」亦作「共」，與此同。呂氏春秋先己篇高注引書作「龔」。孫星衍云：「恭」當作「龏」〔一〕。說文：「龏，慤也。」言謹行天罰。

⑭ 孫云：史記集解引鄭康成云：「左，車左。右，車右。」「共」，孔書並作「攻」。又首句下多「汝不恭命」四字。孔傳云：「左，車左。左方主射。攻，治也。治其職。右，車右。勇力之士執戈矛以退敵。」

⑮ 孫云：孔書作「汝不恭命」。考工記鄭注云：「若，猶汝也。」段玉裁云：墨子作「共」，其義蓋亦訓供奉，如柴誓「無敢不共」也。

⑯ 「爾」，諸本如此，道藏本、吴鈔本、陸本、唐本、茅本作「𠑑」。孫云：孔書作「御非其馬之正，汝不恭命」，傳云：「御以正馬爲政。三者有失，皆不奉我命。」史記夏本紀「正」亦作「政」。

⑰ 兩「于」字諸本作「於」。茅本、寶曆本、堂策檻本、四庫本上作「于」，下作「於」。吴鈔本、李本上下並作「于」，今從之。下二句同。「僇」，茅本、寶曆本、緜眇閣本作「廖」。

⑱ 孫云：孔書作「用命賞于祖，弗用命戮于社」。「戮」、「僇」字通，史記夏本紀亦作「僇」。孔傳云：「天子親征，必載遷廟之祖主行。有功則賞祖主前，示不專。又載社主，謂之社。事不用命、奔北

〔一〕「龏」，墨子閒詁原引作「龔」，本書沿誤，據孫星衍尚書今古文注疏改。

者，則戮之於社主前。社主陰，陰主殺。親祖〔二〕嚴社之義。」

(159) 秋山云：上文「事」作「中」。　王云：「事」者，「中」之壞字也。中者，平也，與「均」字對文。上文曰「僇于社者何也，言聽之中也」，是其證。　孫云：「事」疑當爲「衷」，篆文二字形近。中、衷通。

(160) 王云：「尚書夏書」文不成義。「尚」與「上」同，「書」當爲「者」。言上者則夏書，其次則商、周之書也。此涉上下文「書」字而誤。

(161) 孫云：「有」亦讀爲「又」。

(162) 「於」，李本、堂策檻本、四庫本作「于」。　孫云：疑有脱字。

(163) 孫云：周以子卯爲忌日，疑此「卯」當爲「丣」，二字形近而誤。漢書翼奉傳云「東方之情，怒也。怒行陰賊，亥卯主之，是以王者惡子卯也。西方之情，喜也。喜行寬大，巳酉主之，是以王者吉午酉也」，是吉丣之義。　○案：據周銅器銘文，「丁卯」應是吉日。「卯」字不誤。

(164) 「祝」，寶曆本作「視」。　秋山云：「視」，一作「祝」。　孫云：「方」謂秋祭四方地示后土、句芒等也。詩小雅甫田云「以社以方」，毛傳云：「方，迎四方氣於郊也。」鄭箋云：「秋祭社與四方，爲五穀成熟報其功也。」此「周代祝社方」疑當爲「用代祀社方」，「周」「用」、「祝」「祀」並形近而誤。

〔二〕「祖」原誤「主」，據墨子閒詁原引改，與尚書甘誓孔傳合。

(165)「社」下，畢本有「者」字，舊本並無，今據删。孫據畢本云：「社者」當爲「祖若」。歲於祖若考，言薦歲事於祖及考也。少牢饋食禮云：「用薦歲事于皇祖伯某」。○案：孫校「社」爲「祖」，近是。漢書郊祀志「江海，百川之大者也，其令祠官以禮爲歲事」，顔注曰：「言每歲常祠之。」

(166)吴鈔本「如」作「而」。畢云：「如」與「而」音義同。孫云：「嘗若」當作「當若」。此書文例多如是，詳尚同中篇。

(167)吴鈔本「治」、「利」二字互易。

(168)王云：此五字隔斷上下文義，蓋涉下文「若以爲不然」而衍。

(169)「絜」，諸本作「潔」，吴鈔本作「絜」，今從之，下並同。

(170)「退」讀爲「追」，詳前。

(171)畢云：「見」舊作「現」，非。秋山云：「現」疑「視」。○案：吴鈔本作「見」，翻陸本作「視」。以上文「見有鬼神視之」句校之，則作「視」亦通。

(172)自上文「民之爲淫暴」至此，凡六十一字，四庫本脱。

(173)秋山云：「奪」下脱「人」字。○案：上文「奪」下有「人」字。

(174)「放」，恣肆也。韓子八經篇「任吏責臣，主母不放」，王先愼注曰：「主母有所畏憚，不敢放肆。」此「莫放」，亦言莫敢放肆也。

(175)句。

⑯「擬」，茅本、寶曆本、緜眇閣本、陳本作「疑」。「擬」、「疑」皆「懝」之借字。説文曰：「懝，惶也。」字亦作「⿺鬼疑」，廣雅釋詁曰：「⿺鬼疑，懼也，恐也。」「一人」，指爲民上司誅罰者。言幽閒則懼鬼神之明，顯明則畏上之誅，是以人不敢爲惡，而天下治。易觀卦曰「聖人以神道設教，而天下服矣」，莊子庚桑楚篇曰「爲不善乎顯明之中者，人得而誅之。爲不善乎幽閒之中者，鬼得而誅之」，淮南子氾論訓曰「爲愚者之不知其害，乃借鬼神之威以聲其教」，文義並與此相類。自「是以莫放」至「畏上誅罰」二十一字，戴校爲衍文，孫氏從之，非是。

⑰畢云：「閒」當爲「澗」。　孫云：「閒」字不誤，詳上文及天志上篇。

⑱「爲」字諸本脱，四庫本、畢本作「恃」。　畢云：舊脱此字，一本有。　秋山云：「可」下脱「爲」。　王云：「不可」下一字乃「爲」字，非「恃」字也。下文曰「此吾所謂鬼神之罰，不可爲富貴衆強、勇力強武、堅甲利兵者，此也」，文凡兩見，是其明證矣。上文曰「鬼神之明不可爲幽閒廣澤山林深谷，鬼神之明必知之」，與此文同一例。「不可爲富貴衆強」云云，猶孔子言仁不可爲衆也。其一本作「不可恃」，「恃」字乃後人以意補之，與上下文不合。　案：王校是也，今依補「爲」字。

⑲王云：「殃傲」二字義不相屬，是「殃殺」之誤。下文「殷王紂殃傲天下之萬民」，同。　○案：宋本、蜀本御覽八十三引下文「殷王紂」一節，亦作「殃傲」。

⑳「伐」，吳鈔本、寶曆本作「代」。　秋山云：「代」，一作「伐」。　畢云：此句未詳。

⒅1 畢云：「至」同「致」。

⒅2 孫云：周禮夏官敘官云「二十五人爲兩」，九兩於數太少，殆非也。此「九兩」疑當作「九十兩」。呂氏春秋云「良車七十乘」，數略相近。　○案：淮南主術訓謂「湯革車三百乘，困桀鳴條」，與此亦不同。

⒅3 「陳」舊本作「陣」，俗字。　孫云：六韜鳥雲澤兵篇有鳥雲之陳，云：「所謂鳥雲者，鳥散而雲合，變化無窮者也。」

⒅4 「賛」，畢本作「贊」，舊本並作「賛」，今從舊本。　畢云：疑「輦」字。　俞云：畢說非也。「湯乘大贊」，即書序所謂「升自陑」者，枚傳云「湯升道從陑，出其不意」，是也。呂氏春秋簡選篇亦云「登自鳴條」。蓋湯之伐桀，必由間道從高而下，故書序言「升」，呂氏春秋言「登」，墨子言「乘」。「乘」即升也、登也。詩七月篇毛傳曰：「乘，升也。」襄二十三年左傳杜注曰：「乘，登也。」升陑、登鳴條皆以地言，則「乘大贊」亦必以地言，但不能知其所在耳。

⒅5 畢云：疑有誤字。　孫云：當作「犯逐夏衆，入之郊遂」，「逐」、「遂」形誤，「夏」下、郊「蝺」聲誤。　○案：史記淮陰侯傳「乃敢引兵遂下」，正義云：「引兵入井陘狹道，出趙。」此「遂下」疑亦當連讀。

⒅6 畢云：「乎禽」當爲「手禽」。或云：「乎」同「呼」。呂氏春秋簡選云：「殷湯以良車七十乘，必死六千人，以戊子戰於郕，遂禽移、大犧。」高誘云：「桀多力，能推大犧，因以爲號，而禽克之。」案

「移」即推移。此書所染云「夏桀染於干辛、推哆」，古今人表作「雅侈」。此下又云「推哆、大戲，生列兕虎，指畫殺人」，則「推哆、大戲」是人名無疑。哆、移、侈、戲、犧，皆音相近也。高誘注呂氏春秋誤。　孫云：淮南子主術訓云「桀之力能推移大犧」，高蓋本彼而誤。○案：淮南子主術訓曰「桀之力制觡伸鉤，索鐵歙金，椎移大犧，水殺黿鼉，陸捕熊羆」，孫改「椎」爲「推」，又增「能」字，以曲庇高説，非是。

(187) 畢云：舊脱「力」字、「人」字，據太平御覽增。　秋山云：按下文「勇」下脱「力」，「之」下脱「人」。

(188) 孫云：晏子春秋内篇諫上云：「推侈、大戲，足走千里，手裂兕虎」。

(189) 「生列」，各本作「主別」，今依王校改。　畢云：「主別」，太平御覽引作「生捕」。　王云：「主別兕虎」本作「生列兕虎」。列即今裂字也。説文「列，分解也」，「裂，繒餘也」，義各不同。今分列字皆作裂，而列但爲行列字矣。鈔本太平御覽皇王部七引墨子作「生裂兕虎」，故知今本「主別」爲「生列」之譌。刻本作「生捕」者，淺人以意改之耳。　劉師培云：路史夏紀注正引作「生裂兕虎」。　○案：宋本、蜀本御覽八十三引作「生裂兕虎」，又三百八十六引紂事作「生捕兕虎」，疑爲畢校誤引。

(190) 句。

(191) 孫云：詩周頌下武毛傳云：「侯，維也。」

⑲② 圉、禦字通。公輸篇「子墨子之守圉有餘」，太平御覽引作「禦」。

⑲③ 畢云：太平御覽引「詬」作「訶」，「鬼」下有「神」字。

⑲④ 孫云：僞古文書泰誓云「播棄犂老」，孔傳云：「鮐背之耇稱犂老〔一〕，布棄不禮敬。」山井鼎七經孟子考文引古本書「犂」作「黎」，與此同。孔疏云：「孫炎曰：『耇面凍梨色，似浮垢也。』然則老人面色似梨，故稱梨老。」方言云：「梨，老也。燕代之北鄙曰梨。」國語吴語云「今王播棄黎老」，韋注云：「鮐背之耇稱黎老。」 王引之云：「黎老」者，耆老也。古字「黎」與「耆」通〔二〕。尚書「西伯勘黎」，釋文「大傳黎作耆」，是其例也。 ○案：「播」、「棄」義近，吴語韋注：「播，放也。」

⑲⑤ 吴鈔本「誅」作「殺」。 孫云：説文口部云：「咳，小兒笑也。」古文作「孩」。此謂紂誅殺小兒也。 ○案：國語吴語：「今王播棄黎老，而孩童焉比謀。」此言「孩子」，猶彼言「孩童」也。蓋少者之通稱，與「黎老」對文，不必泥作「小兒」解。

⑲⑥ 王云：「楚毒」本作「焚炙」。此因「焚」誤爲「楚」，則「楚炙」二字義不可通，後人不得其解，遂以意改爲「楚毒」耳。 焚炙即所謂炮格之刑也。 焚炙、刳剔皆實有其可指之刑，若改作「楚毒」，則不知爲何刑矣。 北堂書鈔政術部十五出「焚炙無罪」四字，注曰「墨子云殷紂」，則墨子之本作「焚炙無

〔一〕「老」字墨子閒詁原引脱，本書沿誤，據尚書泰誓中孔傳補。

〔二〕「通」，墨子閒詁原引作「近」，本書沿誤，據王引之經義述聞三十一通説上改。

罪」甚明。僞古文泰誓「焚炙忠良，刳剔孕婦」，即用墨子而小變其文。

⑲⑺ 孫云：僞古文書泰誓同。孔傳云：「懷子之婦，刳剔視之。」孔疏云：「刳剔，謂割剥也。說文云：『刳，刲也。』今人去肉至骨謂之剔去，是則亦刲之義也。皇甫謐帝王世紀云：『紂剖比干妻，以視其胎。』即引此爲刳剔孕婦也。」

⑲⑻ 孫云：太玄經范注云：「號咷，憂聲也。」

⑲⑼ 孫云：「擇車」，猶呂氏春秋云「簡車」、「選車」。說文手部云：「擇，柬選也。」

⑳⑽ 「賁」，翻陸本作「蕡」。孫云：逸周書克殷篇云「周車三百五十乘，陳於牧野，王既誓，以虎賁戎車馳商師」，孔注云：「戎車三百五十乘，則士卒三萬六〔一〕千五百人，有虎賁三千五百人也。」書敍云「武王戎車三百兩，虎賁三百人，與受戰于牧野」，孟子盡心篇云「武王之伐殷也，革車三百兩，虎賁三千人」，史記周本紀云「遂率戎車三百乘，虎賁三千人，甲士四萬五千人」，風俗通義三王篇引尚書「武王戎車三百兩，虎賁八百人，禽紂于牧之野」，呂氏春秋簡選篇云「武王虎賁三千人，簡車三百乘，以要甲子之事於牧野，而紂爲禽」，貴因篇作「選車三百，虎賁三千」。案諸書所言數並差異，未知孰是。

⑳① 「戎」，茅木、寶曆本、緜眇閣本作「戍」。畢云：未詳。洪云：史記周本紀「乃告司馬司

〔一〕「六」，墨子閒詁原引作「一」，本書沿誤，據逸周書克殷孔晁注改。

徒司空諸節」，集解：「馬融曰：諸受符節有司也。」「庶節」即諸節，「窺戎」即觀兵，此當本於尚書泰誓篇。　○案：「先」疑爲「矢」之形誤。矢即誓也。武王伐紂，誓以戎衆。

202 畢云：「中」讀如「仲」。　孫云：史記殷本紀「紂用費中爲政」，正義云：「中音仲。費，姓。仲，名也。」　○案：蜀本御覽三百七十引作「費仲」。

203 見所染篇。

204 「畔」，吴鈔本作「叛」。　王引之云：「百走」〔一〕蓋「皆走」之誤。　蘇云：「百」字誤，當作「而」。　○案：「百」疑「背」或「北」之譌，三字俗音相溷，百、背形亦近。孔書武成篇「前徒倒戈攻于後以北」，傳曰：「紂衆服周仁政，無有戰心，前徒倒戈，自攻于後以北走。」文意與此同。漢書高帝紀「項羽追北」，注引韋昭云：「北，古背字也。背去而走也。」

205 「逐」，翻陸本、茅本、寶曆本、緜眇閣本作「遂」。　畢云：「逐」，太平御覽引作「遂」。

206 畢云：太平御覽引作「折紂而出」，「環」作「轘」，是言繫之朱輪。　孫云：荀子解蔽篇云「紂縣於赤旆」，正論篇云「縣之赤旆」，並與此異。逸周書克殷篇云：「商辛奔内，登于鹿臺之上，屏遮而自燔于火。武王入適王所，擊之以輕吕，斬之以黄鉞，折縣諸太白。」孔注云：「折，絶其首。」　○案：宋本、蜀本御覽八十三引作「武王遂奔入王宫，誓紂而出，繫之赤鐶，載之白旗」，無「萬

〔一〕「百走」二字原脱，據讀書雜志補。

年梓株」四字。蓋此四字宋初已譌誤難讀，故爲引書者删去。「萬年梓株」疑當爲「商王辛株」，「商」與「萬」、「王」與「年」並形近。上文「且商書獨鬼」，諸本「商」譌「禹」，與此「商」譌「萬」例亦略似。「辛」字涉下文「株」字而誤加木旁。國語周語曰「商王帝辛，大惡於民」，逸周書曰「商辛奔内」，即此所謂「商王辛」也。或言商王辛，或言殷王紂，書中自有互文耳。「株」者，「殊」之借字。説文：「殊，死也。」據逸周書、史記及帝王世紀，皆謂紂自焚死，則此「商王辛株」當指紂自焚死事。蓋武王追入紂宫時，紂已死也。「環」者，揚雄羽獵賦「虹蜺爲繯」，韋昭注云：「繯，旗上繫也。」「繯」、「環」、「鐶」字並通。「繫之赤環」，與荀子「縣於赤斾」、「縣之赤旂」意亦相近。

⑳⑦ 畢云：「寡」、「畫」字假音。太平御覽引「中」作「仲」，「寡」作「畫」。○案：「生捕兕虎」，各本作「崇侯虎」三字，蜀本御覽三百七十引亦作「崇侯虎」。今據宋本、蜀本御覽三百八十六引作「紂有勇力之人，生捕兕虎，指畫殺人」補正。上文止出費中、惡來，無崇侯虎，此不當有，一也。文王伐崇，克之，至武王伐紂，不當復及崇侯虎，二也。「生捕兕虎」，所以形容勇力之人，上文説推哆、大戲，亦言「生列兕虎」，此當一律，三也。此蓋漫漶脱誤，校書者不達，改爲「崇侯虎」耳。晏子春秋諫上篇：「殷之衰也，有費仲、惡來足走千里，手裂兕虎。」

⑳⑧ 「勇力」，舊本作「力勇」。

⑳⑨ 翟灝云：逸周書世俘解有「禽艾侯」之語，當即此「禽艾」。蘇云：禽艾蓋逸書篇名。呂氏春秋報

⑳ 「璣」，緜眇閣本作「磯」。畢云：此即「鐖」祥字。

更篇云「此書之所謂『德幾無小』者也」，「得璣」與「德幾」古字通用。　孫云：蘇說是也。說苑復恩篇云「此書之所謂『德無小』者也」，疑即本此。今書僞古文伊訓亦云「惟德罔小」。

211 「之」，諸本作「以」，灊本作「之」，與畢本同。

212 緜眇閣本「不」誤「必」。「忠」、「中」字通。

213 灊本「古」下無「之」字。　孫云：上「之」字衍文。

214 孫云：疑當有「神」字。周禮大宗伯「天神地示人鬼」，此則天神地示總曰「鬼神」，散文得通也。

215 「使」，畢本作「死」。　畢云：一本作「使」。　○案：緜眇閣本、堂策檻本、四庫本作「死」，道藏本、吴鈔本、陸本、唐本、灊本、茅本、寶曆本、李本並作「使」，今從作「使」。

216 謂故事陳言。

217 「姒」，吴鈔本作「㚼」，下同。　王引之云：「而」猶則也。　孫云：爾雅釋親云：「女子同出，謂先生爲姒，後生爲娣。長婦謂稚婦爲娣婦，娣婦謂長婦爲姒婦。」

218 「絜」，吴鈔本同，諸本作「潔」。

219 「請」，畢本作「誠」。　畢云：舊作「請」，一本如此，下依改。　○案：灊本作「誠」，諸本並作「請」，今從之。「請」即「誠」也，下並同。

220 孫云：「亡」、「無」通。

221 猶言原夫費之。

㉒² 畢本無「非」字。　畢云：一本作「非直注之」。「特」與「直」音近，故「特」亦作「犆」。　蘇云：「特」字上當有「非」字。　俞云：一本作「非直注之」，是也。「直」、「特」固得通用，而「非」字則必當有。　○案：潛本作「非直注之」，今據補「非」字。

㉓ 秋山云：「如」、「而」同。　孫云：此謂祭祀與兄弟賓客爲獻酬。又詩小雅湛露孔疏引尚書大傳云「燕私者，祭已而與族人飲」，亦是也。國語楚語云：「日月會于龍豣，家於是乎嘗祀，百姓夫婦擇其令辰，以昭祀其先祖。於是乎合其州鄉朋友婚姻，比爾兄弟親戚。」是祭祀并燕州鄉朋友等，即所云「宗族」、「鄉里」也。

㉔ 吴鈔本「驩」作「歡」，下同。

㉕ 「吾非乃今」，吴鈔本作「吾今乃非」。「牲」，陸本、堂策檻本、四庫本作「牷」。

㉖ 「巨」，諸本作「臣」。　秋山云：「臣」，一作「巨」。「巨」疑「㠯」。　畢云：一本無「臣」字。○案：一本作「巨」，是也，今從之。「巨」者，發聲之詞，字亦作「詎」。字林曰：「詎，未知詞也。」潛本無「臣」字，疑以意删。

㉗ 「而」下曹校增「欲」字。

㉘ 王云：上文曰「則非所以爲君子之道也」，與此文同一例，當據補「之」字、「也」字。

㉙ 堂策檻本「直」作「真」。

㉚ 蘇云：「鬼」下當有「神」字。　○案：「交」訓爲要。

㉛ 畢云：「若神」當云「若鬼神」。孫云：以上文校之，疑當云「若鬼神誠有」。

㉜ 「姒兄」，諸本作「弟兄」，茅本、寶曆本、李本、緜眇閣本作「兄弟」。俞云：「弟兄」當作「兄姒」，義見上文。〇案：上文作「姒兄」，今據改。

㉝ 緜眇閣本「當」作「常」。

㉞ 孫云：「尊明」，謂尊事而明著之以示人也。即明鬼之義。

非樂上第三十二

子墨子言曰，仁人之事者①，必務求興天下之利，除天下之害。將以爲法乎天下，利人乎即爲，不利人乎即止。且夫仁者之爲天下度也，非爲其目之所美，耳之所樂，口之所甘，身體之所安，以此虧奪民衣食之財，仁者弗爲也。是故子墨子之所以非樂者，非以大鍾、鳴鼓、琴瑟、竽笙之聲以爲不樂也②，非以刻鏤華文章之色以爲不美也③，非以犓豢、煎炙之味以爲不甘也④，非以高臺、厚榭、邃野之居以爲不安也⑤。雖身知其安也，口知其甘也，目知其美也，耳知其樂也，然上考之不中聖王之事⑥，下度之不中萬民之利。是故子墨子曰：爲樂非也⑦。

今王公大人雖無造爲樂器⑧，以爲事乎國家，非直掊潦水、折壞垣而爲之也⑨，將必厚措斂乎萬民⑩，以爲大鍾、鳴鼓、琴瑟、竽笙之聲。然則當用樂器⑪，譬之若聖王之爲舟車也⑫，即我弗敢非也。古者聖王亦嘗厚措斂乎萬民，以爲舟車，既已成矣⑬，曰：「吾將惡許用之⑭？」曰：「舟用之水，車用之陸，君子息其足焉，小人休其肩背焉⑮。」故萬民出財，齎而予之⑯，不敢以爲慼恨者，何也？以其反中民之利也⑰。然則樂器反中民之利亦若此，即我弗敢非也⑱。

民有三患：飢者不得食，寒者不得衣，勞者不得息，三者民之巨患也。然即當爲之撞巨鍾，擊鳴鼓⑲，彈琴瑟，吹竽笙⑳，而揚干戚㉑，民衣食之財將安可得乎㉒？即我以爲未必然也。意舍此㉓，今有大國即攻小國，有大家即伐小家，强劫弱，衆暴寡，詐欺愚，貴傲賤，寇亂盜賊並興，不可禁止也。然即當爲之撞巨鍾，擊鳴鼓，彈琴瑟，吹竽笙，而揚干戚，天下之亂也，將安可得而治與？即我以爲未必然也㉔。是故子墨子曰：姑嘗厚措斂乎萬民㉕，以爲大鍾、鳴鼓、琴瑟、竽笙之聲，以求興天下之利，除天下之害，而無補也。是故子墨子曰：爲樂非也。

今王公大人惟毋處高臺厚榭之上而視之㉖，鍾猶是延鼎也㉗，弗撞擊，將何樂得焉哉？其說將必撞擊之。惟勿撞擊㉘，將必不使老與遲者㉙，老與遲者耳目不聰明㉚，股肱不畢强㉛，聲不和調㉜，明不轉朴㉝。將必使當年㉞，因其耳目之聰明㉟，股肱之畢强，聲之和調，明之轉朴㊱。使丈夫爲之㊲，廢丈夫耕稼樹藝之時㊳；使婦人爲之，廢婦人紡績織紝之事㊴。今王公大人惟毋爲樂㊵，虧奪民衣食之財以拊樂，如此多也㊶。是故子墨子曰：爲樂非也。

今大鍾、鳴鼓、琴瑟、竽笙之聲既已具矣㊷，大人鏽然奏而獨聽之㊸，將何樂得焉哉㊹？其説將必與人㊺。不㊻與君子聽之，廢君子聽治㊼；與賤人聽之，廢賤人之從事。今王公大人惟毋爲樂，虧奪民之衣食之財以拊樂，如此多也。是故子墨子曰：爲樂非也。

昔者齊康公㊽興樂萬㊾，萬人不可衣短褐㊿，不可食糠糟(51)。曰：「食飲不美(52)，面目顔色不足視也；衣服不美，身體從容不足觀也(53)。」是以食必粱肉，衣必文繡。此掌不從事乎衣食之財(54)，而掌食乎人者也。是故子墨子曰：今王公大人惟無爲樂(55)，虧奪民衣食之財以拊樂，如此多也。是故子墨子曰：爲樂非也。

今人固與禽獸、麋鹿、蜚鳥、貞蟲異者也。今之禽獸、麋鹿、蜚鳥、貞蟲(56)，因其羽毛以爲衣裘，因其蹄蚤以爲絝屨(57)，因其水草以爲飲食。故唯使雄不耕稼樹藝(58)，雌亦不紡績織紝，衣食之財固已具矣。今人與此異者也，賴其力者生，不賴其力者不生(59)。君子不强聽治，即刑政亂；賤人不强從事，即財用不足。今天下之士君子以吾言不然，然即姑嘗數天下分事，而觀樂之害(60)。王公大人蚤朝晏退，聽獄治政(61)，此其分事也。士君子竭股肱之力，亶其思慮之智[62]，內治官府，外收斂關市、山林、澤梁之利，以實倉廩府庫，此其分事也。農夫蚤出暮入[63]，耕稼樹藝[64]，多聚叔粟[65]，此其分事也。婦人夙興夜寐[66]，紡績織紝，多治麻絲葛緒，綑布縿[67]，此其分事也。今惟毋在乎王公大人説樂而聽之，即必不能蚤朝晏退，聽獄治政，是故國家亂而社稷危矣。今惟毋在乎士君子説樂而聽之[68]，即必不能竭股肱之力，亶其思慮之智，內治官府，外收斂關市、山林、澤梁之利，以實倉廩府庫[69]，是故倉廩府庫不實。今惟毋在乎農夫説樂而聽之[70]，即必不能蚤出暮入[71]，耕稼樹藝，多聚叔粟，是故叔粟不足[72]。今惟毋在乎婦人説樂而聽之，即必不能夙興夜寐[73]，紡績織紝[74]，多治麻絲葛緒，綑布縿[75]，是故布縿不興。曰：孰爲大人之聽治而廢國家之從事，曰樂也[76]。是故子墨子曰：爲樂非也。

何以知其然也？曰：先王之書湯之官刑有之[77]，曰：「其恒舞于宮[78]，是謂巫風[79]。其刑，君子出絲二衛[80]，小人否[81]，似二伯黃徑[82]。」乃言曰[83]：「嗚呼[84]！舞佯佯[85]，黃言孔章[86]，上帝弗常[87]，九有以亡[88]。上帝不順[89]，降之百殃[90]，其家必壞喪[91]。」察九有之所以亡者，徒從飾樂也。於武觀曰[92]：「啟乃淫溢康樂[93]，野于飲食[94]，將將銘，莧磬以力[95]，湛濁于酒，渝食于野[96]，萬舞翼翼[97]，章聞于天[98]，天用弗式[99]。」故上者天鬼弗戒[100]，下者萬民弗利。

是故子墨子曰：今天下士君子，請將欲求興天下之利[101]，除天下之害，當在樂之爲物，將不可不禁而止也[102]。

① 諸本作「仁之事者」四字。　俞云：當作「仁人之所以爲事者」，見兼愛中篇。　孫云：當云「仁者之事」。　○案：潛本作「仁者之事」，可爲孫説之證。兼愛下篇曰「仁人之事者，必務求興天下之利，除天下之害」，此文與彼全同，僅「仁」下少一「人」字耳，今據補「人」字。　曹校同。

② 「鍾」，沈本、緜眇閣本作「鐘」。說文：「鐘，樂鐘也，秋分之音。」經傳多以「鍾」爲之。

③ 畢云：一本無「華」字。　曹云：「華」下脱「采」字。　○案：「華」下疑脱「飾」字，六韜曰「爲雕文刻鏤，技巧華飾，以傷農事」。潛本删去「華」字，非是。

④ 吴鈔本「犓」作「⿱芻牛」。

⑤ 王引之云：「野」即「宇」字也，古讀「野」如宇，故與「宇」通。周禮職方氏「其澤藪曰大野」，釋文：「野，劉音與。」與、宇古同音。楚辭招魂「高堂邃宇」，王注曰：「邃，深也。宇，屋也。」鹽鐵論取下篇曰「高堂邃宇，廣厦洞房」，易林恒之剥曰「深堂邃宇，君安其所」，皆其證。若郊野之「野」，則不得言「邃」，且上與「高臺厚榭」不倫，下與「之居」二字不相屬矣。　○案：王説是也。賈子匈奴篇亦曰「高堂邃宇」。

⑥ 「考」字茅本刊壞，形在「考」、「者」之間，李本作「者」，寶曆本、緜眇閣本、陳本、繹史本作「度」。

⑦ 文選七命李注引尸子曰：「繞梁之鳴，許史鼓之，非不樂也，墨子以爲傷義，故不聽也。」

⑧ 潛本「雖」作「惟」。　王云：「雖」與「唯」同。「無」，語詞也。說見尚賢中篇。

⑨ 「折壞垣」，畢本作「拆壞垣」。　畢云：「垣」舊作「坦」，以意改。　俞云：畢改「坦」爲「垣」，是也。「壞」疑「壞」字之誤。「掊」者，說文手部云：「杷也。今鹽官入水取鹽爲掊。」「拆」者，說文广部云：「庍，郤屋也。」一切經音義引說文作「卸屋也」，隸變作「斥」，俗又加手耳。行潦之水而掊取之，毀壞之垣而拆卸之，不足爲損益，若王公大人造爲樂器，豈直如此哉？故曰「非直掊潦水、拆壞垣而爲之也」。　孫云：「折」當讀爲「擿」，說詳耕柱篇「折金於山川」注。○案：「掊」，茅本、寶曆本、李本、緜眇閣本、陳本、繹史本作「棓」，聲同字通。史記孝武紀「掊視得鼎」，「掊」字義與此同。「壞垣」，諸本作「壞坦」，翻陸本作「壞坦」，陳本、繹史本作「壞垣」，寶曆本作「壞垣」，今從之。「折」字或從畢、俞訂爲拆卸之「拆」，或從孫讀爲擿發之「擿」，義均可通。「掊潦水、折壞垣」，言其易爲，且無所費。造爲樂器，非直掊潦水折壞垣而爲之也，必將厚籍斂乎萬民而後能爲之者也。

⑩ 王云：「措」字以昔爲聲，「措斂」與「籍斂」同。籍斂，稅斂也。

⑪ 以上六字，各本誤入下文「民有三患」之上，今依曹校移於此。

⑫ 吴鈔本「譬」作「辟」。

⑬ 「已」，畢本作「以」，舊本並作「已」，今從舊本。

⑭ 王引之云：言吾將何所用之也。文選謝朓在郡卧病詩李注曰：「許猶所也。」「許」、「所」聲近而

義同。説文：「所，伐木聲也。詩曰：伐木所所。」今詩作「許許」。洪説同。

⑮ 吴鈔本「休」作「息」。言舟車既成，君子小人咸受其利。

⑯ 吴鈔本「予」作「與」。説文曰：「齎，持遺也。」廣雅釋詁曰：「齎，持也，送也。」儀禮聘禮鄭注云：「齎猶付也。」義均可通。

⑰ 賈子脩政語上篇：「大禹曰：『功成而不利於民，我弗能勸也。』故鬟河而導之九牧，鑿江而導之九路，澄五湖而定東海，民勞矣。而弗苦者，功成而利於民也。」

⑱ 此閒各本有「然則當用樂器」六字，今移於上文。

⑲ 荀子富國篇曰：「爲人主上者，必將撞大鐘，擊鳴鼓，吹笙竽，彈琴瑟，以塞其耳。」淮南子氾論訓曰：「撞大鐘，擊鳴鼓，奏咸池，揚干戚。」禮記學記「善待問者如撞鐘」，鄭注云：「撞，擊也。」

王引之云：「即」與「則」同。孫云：「當」、「嘗」字通。嘗，試也。詳天志下篇。下同。

⑳ 畢云：文選注引作「吹笙竽」。

㉑ 孫云：小爾雅廣言云：「揚，舉也。」

㉒ 王引之經傳釋詞「得」下補「而具」二字，云：「安」猶於是也。言衣食之財，將於是可得而具也。

孫云：荀子勸學篇楊注云：「安，語助。」

㉓ 王云：此下有脱文，不可考。俞云：此三字乃承上文而作轉語也。「意」通作「抑」。論語學而篇「抑與之與」，漢石經「抑」作「意」，是其證也。「抑舍此」者，言姑舍此弗論，而更論它事也。

上文言樂之無益於飢者、寒者、勞者，下文言樂之無益於大國攻小國、大家伐小家，而以此三字作轉語。王謂此下有脱文，非也。吴云：「意舍此」，猶孟子言「姑舍是」。○案：俞、吴説是也。

㉔「以爲」二字各本脱，俞據上文補。

㉕「萬」，陸本、茅本、緜眇閣本作「莫」，誤。

㉖吴鈔本「惟」作「唯」。

㉗四庫本「鍾」作「毋」，誤。孫云：「延鼎」，蓋謂偃覆之鼎。玉藻鄭注云：「延，冕上覆也。」是「延」有覆義。鍾上弇下侈，與鼎相反，虚縣弗擊，則與鼎偃覆相類。

㉘「惟勿」，上下文亦作「惟毋」、「惟無」，並字通。

㉙王云：「遲」讀爲「稺」。「遲」字本有稺音，遲、稺又同訓爲晚，廣雅：「遲、稺，晚也。」故「稺」通作「遲」。

㉚「不」，緜眇閣本作「必」，誤。

㉛畢云：「畢」，疾也。詳兼愛中、下兩篇。

㉜寶曆本「聲」作「擊」。

㉝「明」疑當讀爲「鳴」，古字通用，見文選陸士衡樂府李注。「朴」者，廣雅釋詁曰「猝也」，王念孫疏證云：「方言『㦖朴，猝也』，郭璞注云：『謂急速也。』案今俗語狀聲響之急速者曰㦖朴，是其義

也。」此文「朴」字，當用王釋聲響急速之義。明之轉朴，言歌聲之轉變與急速也。聲和調，明轉朴，皆就聲言。繁休伯與魏文帝牋曰：「都尉薛訪車子，年十四，能喉囀引聲，與笳同音。潛氣內轉，哀音外激。曲折沈浮，尋變入節。」即所謂明之轉朴也。

㉞王云：「當年」，壯年也，或曰丁年。「當」有盛壯之義。晏子外篇曰「兼壽不能殫其教，當年不能究其禮」，呂氏春秋愛類篇曰「士有當年而不耕者，女有當年而不績者」，淮南子齊俗篇曰「丈夫丁壯而不耕，婦人當年而不織」，管子揆度篇曰「老者譙之，當壯者遣之邊戍」，「當壯」即「丁壯」也，「丁」、「當」一聲之轉。

㉟「聰明」，緜眇閣本作「不聰」，誤。

㊱「明」，諸本作「眉」。畢云：「眉」，一本作「明」。案「明」、「眉」字通。穆天子傳云「眉曰西王母之山」，即名也。詩「猗嗟名兮」，爾雅曰「目上爲名」，亦即眉也。○案：「眉」，堂策檻本、四庫本作「明」，與上文一律，今從之。「明」字六朝人或書作「眀」，見三級浮圖頌，故轉譌爲「眉」也。

㊲「丈」，吴鈔本、陸本、茅本、緜眇閣本誤「大」，下同。

㊳「丈」，道藏本、唐本作「大」。「蓺」，諸本作「蓺」，吴鈔本作「蓺」，今從之。下並同。「蓺」，說文作「埶」，埶，穜也。

㊴太平御覽八百二十二引刪去「績」、「紝」二字，又八百二十六引刪去「廢」下「婦人」二字。「紝」字

宋本御覽同，蜀本御覽作「維」，誤。

⑩ 吳鈔本「惟」作「唯」。

⑪ 「也」，茅本、寶曆本、李本、緜眇閣本、陳本、繹史本作「矣」。孟子梁惠王篇曰「彼奪其民時，使不得耕耨」。孫云：廣雅釋詁云：「拊，擊也。」書舜典「予擊石拊石」，僞孔傳云：「拊亦擊也。」

⑫ 「竽笙」，堂策檻本、四庫本作「笙竽」。

⑬ 「鏞」，四庫本剜改作「肅」。畢云：「大人」上據上文當有「王公」二字。「鏞」字說文、玉篇俱無。王樹枬云：「鏞」當爲「肅」。○案：「鏞」爲「肅」之繁體字。

⑭ 「得」上吳鈔本有「獨」字。

⑮ 「與人」，諸本作「與賤人」，吳鈔本作「與人」，今從之。孟子梁惠王篇「獨樂樂，與人樂樂，孰樂？曰：不若與人」，此「與人」義與彼同。言大人無獨聽得樂之理，其說將必與人聽之也。文義甚明。

⑯ 「不」字衍文。「與人不」三字，吳鈔本如此，諸本作「與賤人不」四字，潛本作「與賤人與君子聽之」八字，畢本作「與賤人不與君子」七字。畢云：「舊脫『與君子』三字，一本有。」畢蓋據潛本校增者也。王云：「此本作『必將與賤人與君子』，今本作『不與君子』，『不』字乃後人不曉文義而妄加之。」王據畢本校删者也。孫云：「當作『不與賤人必與君子』。」孫又據畢本校乙者也。細讀本文，不唯畢本不可據，即潛本亦不可據。潛本文雖可通，而層次實紊。蓋此文先論獨聽及與人

聽，次乃於與人之中析爲與君子及與賤人。猶孟子梁惠王篇先論獨樂及與人樂，次乃於與人之中析爲與少及與衆，層次固秩然不紊也。今潛本以獨聽及與賤人聽、與君子聽並舉，層次頗嫌溷殽。比較讀之，長短立見。且以道藏本、陸本等可恃古本校之，吳鈔本三字中僅少一「賤」字，潛本八字中少一「不」字，多加五字，在校勘慣例上，與其從潛本而遠於古本，實不如從吳鈔本而近於古本。若王念孫得見吳鈔本據以校訂，決不至將文義愜適之「與人」二字校補作「與賤人與君子」六字。此黄丕烈所以有「能讀書者亦貴有藏書」之言也。故詳論之，以見今本誤據遞增之迹。

㊼「君子」下曹校增「之」字。

㊽畢云：案史記康公名貸，宣公子，當周安王時。孫云：齊康公與田和同時，墨子容及見其事。但康公衰弱，屬於田氏，卒爲所遷廢，恐未必能興樂如此之盛。竊疑其爲「景公」之誤，惜無可校諭也。○案：亡國之君喜音，其例至多，此當不誤。宋本、蜀本御覽五百六十五引亦作「齊康公」。

㊾俞云：「興」猶喜也。「興樂萬」者，喜樂萬也。「樂」即本篇「非樂」之「樂」。「萬」謂萬舞也。蘇云：此亦見太平御覽，「興樂萬萬人」作「有樂工萬人」。愚謂正文當以「興樂萬」爲句，而「萬人」當屬下爲句。蓋「萬」不可以數言，當爲萬舞之「萬」。「萬人」猶舞人也。「興樂萬」猶興樂舞也。孫云：蘇説是也。周禮鄉大夫、舞師並云「興舞」，鄭注云「興猶作也」，即此「興樂萬」之義。○案：「興樂萬萬人」五字，潛本作「興樂萬人」四字，宋本、蜀本御覽五百六十五引作

「有樂萬人」四字，蘇引御覽「樂」下有「工」字，蓋屬誤本。

⑤⓪ 孫云：「短褐」即「裋褐」之借字。說文衣部云：「裋，豎使布長襦。」「褐，粗衣。」方言云：「襜褕，其短者謂之裋褕。」又云：「複襦，江、湘之閒謂之𧝓。」「𧝓」即「裋」之俗。墨子書此及魯問、公輸三篇字並作「短」。韓非子說林上篇、賈子新書過秦下篇、戰國策宋策、史記孟嘗君傳、文選班彪王命論並同。史記秦始皇〔一〕本紀「夫寒者利裋褐」，徐廣云：「一作短，小襦也。」索隱云：「謂〔二〕褐布豎裁，爲勞役之衣，短而且狹，故謂之短褐，亦曰豎褐。」列子力命篇云「衣則裋褐」，殷敬順釋文云：「裋音豎。許慎注淮南子云：『楚人謂袍爲裋。』又有作『短褐』者，誤。」荀子大略篇云「衣則豎褐不完」，楊注云：「豎褐，僮豎之褐，亦短褐也。」案「短」、「豎」並「裋」之同聲假借字，唐人說或讀「短」如字，或以「短」爲字誤，或釋「豎」爲僮豎，皆非也。○案：班彪王命論韋昭注「短褐」云：「短爲裋，裋，襦也。毛布曰褐。」漢書貨殖傳顏師古注云：「裋，布長襦也。褐，編枲衣也。」

⑤① 「穅糟」，緜眇閣本作「糟穅」。畢云：「穅」字从禾，俗寫誤从米。蘇云：御覽作「糟穅」。○案：蘇據御覽八百四十九校也。宋本、蜀本御覽八百五十四引作「穅糟」，與本書同。

〔一〕「始皇」二字，墨子閒詁原引脱，本書沿誤，據史記補。引文見秦始皇本紀論引賈誼語。
〔二〕墨子閒詁原引「謂」上衍「蓋」字，本書沿誤。按索隱原文無「蓋」字，茲據删。

㊾52「食飲」，緜眇閣本作「飲食」。　蘇云：御覽「食飲」作「飲酒」。　○案：宋本御覽八百四十九引作「飲酒」，蜀本御覽引作「飲食」。

53 諸本作「身體從容醜羸不足觀也」。　畢云：一本作「身體容貌不足觀也」，太平御覽引作「身體從容不足觀也」。　王云：「醜羸」二字，後人所加也。楚辭九章注、廣雅釋訓曰：「從容，舉動也。」古謂舉動爲從容。「身體從容不足觀」，謂衣服不美，則身體之一舉一動皆無足觀也。後人乃加入「醜羸」二字，夫衣服不美，何致羸其身體？且「身體從容不足觀」與「面目顏色不足視」對文，加「醜羸」二字則與上文不對矣。鈔本北堂書鈔衣冠部三引此作「身體從容不足觀」，無「醜羸」二字。太平御覽服章部十、飲食部七所引並同。　○案：王校是也。宋本、蜀本御覽亦無「醜羸」二字，今據刪。潛本作「身體容貌不足觀見」。北史李諧傳曰「長裾廣袖，從容甚美」。

54 秋山云：「掌」，一作「嘗」。　畢云：「掌」，一本作「常」。　孫云：「掌」、「常」字通，下同。

55「無」，畢本作「毋」，舊本並作「無」，今從舊本。「樂」字諸本脱，潛本有，今據補，王校同。

56 宋翔鳳云：「貞」通「征」。此言「蜚鳥征蟲」，即三朝記所謂「蜚征」也。　孫云：宋説是也。「蜚」與「飛」通。莊子在宥篇云「災及草木，禍及止蟲」，釋文引崔譔本作「正蟲」，亦即「貞蟲」也。「征」正字，「貞」、「正」並聲近假借字。　○案：「貞蟲」即征蟲，亦即昆蟲，詳明鬼下篇。自「異者也」以下十三字，茅本、寶曆本、李本、緜眇閣本脱。

57 畢云：「蹄」即「蹢」省文，「蚤」即「爪」假音，「絝」即「絝」正文。說文云：「絝，脛衣也。」　○

58 案：「絝」，吴鈔本作「袴」，即「絝」之或體。「屨」，堂策檻本、四庫本作「履」。「稼」下茅本、寶曆本、李本、緜眇閣本、繹史本有「穡」字，衍文。「唯」、「雖」字通。　蘇云：「唯」當作「雖」。

59 畢云：「生」舊並作「主」，以意改。　孫云：史記高帝紀「以臣無賴」，集解：「晉灼云：賴，利也。」　○案：「生」，繹史本、四庫本並作「生」，與畢改合。管子八觀篇曰：「民非穀不食，穀非地不生，地非民不動。民非作力，毋以致財。天下之所生，生於用力，用力之所生，生於勞身。」

60 蘇云：「即」與「則」通用。

61 孫云：文選任彦昇天監三年策秀才文李注引「退」作「罷」，「聽」作「斷」。

62 蘇云：非命篇「亶」作「殫」。　孫云：「亶」、「殫」聲近字通。太玄經范望注云：「亶，盡也。」

63 吴鈔本「暮」作「莫」，下同。「莫」即「暮」之正字。

64 「耕稼」，陸本、茅本、寶曆本、李本、緜眇閣本、堂策檻本、四庫本作「稼耕」。

65 「叔」，各本作「升」，今依王校改。下同。　王云：「升」當爲「叔」，叔與菽同。尚賢篇云「蚤出莫入，耕稼樹藝，聚菽粟」，是其證也。草書「叔」、「升」二形相似。晏子諫篇「合升𣂁之微，以滿倉廩」，説苑正諫篇「升𣂁」作「菽粟」。齊策「先生王斗」，文選任昉齊竟陵文宣王行狀注引作「王叔」，漢書古今人表作「王升」。後漢書周章字次叔，「叔」或作「升」。文選左思魏都賦注引張升反論，陳琳答東阿王牋注作「張叔及論」，昭七年左傳正義作「張叔皮論」，皆以字形相似而誤。非命篇「多聚升粟」，誤與此同。

⑯「寐」，吴鈔本、陸本、茅本、寶曆本、縣眇閣本作「寐」。下同。

⑰畢云：「綑」舊作「細」。盧云：「當爲『綑』，與『捆』同。」非命下正作「捆」。「縿」，鄭君注禮記云：「縑也。縿讀如綃。」　王云：「縿」當爲「繰」。凡書傳中從喿之字，多變而從參，故「繰」誤爲「縿」。集韻：「綑，織也。」「綑布繰」猶言綑布帛。説文：「繰，帛如紺色。或曰深繒。從糸，喿聲，讀若喿。」玉篇：「子老切。」廣雅曰：「繰謂之縑。」檀弓「布幕，衛也。繰幕，魯也」，鄭注曰：「繰，縑也。繰讀如綃。」今本檀弓亦譌作「縿」。又説文：「縿，旌旗之游也。從糸，參聲。」玉篇：「所銜切。」兩字判然不同。　○案：「綑」，辭過篇作「捆」，詳彼注。

⑱「惟毋」，吴鈔本作「唯無」。

⑲茅本「廩」作「稟」，下同。

⑳吴鈔本「惟」作「唯」。下同。

㉑秋山云：「出」，一作「興」。

㉒各本脱「是故叔粟」四字，王據上下文補。

㉓「必不」，諸本作「不必」，縣眇閣本、繹史本作「必不」，今從之。　畢云：舊脱「能」字，以意增。

㉔吴鈔本作「織紝紡績」。

㉕「綑」，舊本誤「細」，畢依盧校改。

(76) 俞云：「而廢」二字當在「大人」之上。「國家」二字當作「賤人」，後人不達文義而誤改也。此本云「孰爲而廢大人之聽治、賤人之從事？曰樂也」，言大人聽樂則廢聽治，賤人聽樂則廢從事也。上文曰「與君子聽之，廢君子聽治；與賤人聽之，廢賤人之從事」，是其證也。

(77) 孫云：左傳昭六年「叔向曰：商有亂政，而作湯刑」，竹書紀年「祖甲二十四年，重作湯刑」，呂氏春秋孝行覽云「商書曰：刑三百，罪莫重於不孝」，高注云：「商湯所制法也。」

(78) 「恒」，諸本作「桓」，寶曆本、繹史本作「恒」，四庫本剜改「恒」，與畢本同。「舞」，吴鈔本、緜眇閣本作「武」。孫云：「舞」、「武」字通。伊訓僞孔傳云：「常舞則荒淫。」畢云：「其」，孔書云「敢有」。

(79) 畢云：文見孔書伊訓，「是」作「時」。

(80) 畢云：「衛」、「緯」字假音。説文云：「緯，織横絲也。」○案：廣雅釋詁曰：「緯，束也。」「出絲二緯」，猶言出絲二束。

(81) 孫云：似言小人則無刑。此官刑，故嚴於君子而寬於小人。又疑「否」當爲「咅」，即「倍」之省，猶書呂刑云「其罰惟倍」，言小人之罰倍於君子也。

(82) 孫云：此文有脱誤。僞古文伊訓采此而獨遺「其刑」以下數句，蓋魏晉時傳本已不可讀，故置不取。非命下篇節引下文作大誓，疑此下文自是周書，與湯刑本不相冢，因有脱誤，遂淆混莫辨也。○案：「似」通「以」。「徑」通「經」，絲也。「二伯黄徑」疑當訓爲「二帛黄絲」或「二百黄絲」。

㊃ 孫云：後數句非命下篇別爲大誓文，疑當作「大誓曰」。

㊄ 「呼」，畢本作「乎」，舊本並作「呼」，今從舊本。

㊅ 吴鈔本作「洋洋」。　畢云：「舞」當爲「橆」，橆與謨音同。孔書作「聖謨洋洋」，元遺山續古今考亦引作「洋洋」。　顧云：此正是「舞」字，故用之以非樂。二十五篇書何足據耶？　孫云：顧說是也。此猶詩魯頌閟宫云「萬舞洋洋」，毛傳云：「洋洋，衆多也。」

㊆ 秋山云：「黄」疑「簧」誤。　畢云：「黄」，孔書作「嘉」，是。　王引之云：畢說非也。「舞佯佯，黄言孔章，上帝弗常，九有以亡」，即下文之「萬舞翼翼，章聞于天，天用弗式」也。此承上文，言耽於樂者必亡其國，故下文云「察九有之所以亡者，徒從飾樂也」。東晉人改其文曰「聖謨洋洋，嘉言孔彰，惟上帝不常」，則與墨子非樂之意了不相涉，而畢反據之以改原文，傎矣。
○案：「黄」，「簧」之省文。文選長笛賦李注云：「大笙謂之簧。」「言」者，爾雅釋樂曰：「大簫謂之言。」「簧」、「言」皆樂器名。「黄言孔章」，言笙簫之聲甚章聞也。

㊇ 王引之云：「常」讀大雅抑篇曰「肆皇天弗尚」之「尚」，謂天弗右也。爾雅釋詁：「尚，右也。」「尚」古通作「常」。晚出古文尚書咸有一德篇襲墨子而改之曰「厥德非常，九有以亡」，蓋未知「常」爲「尚」之借字也。

㊈ 孫云：毛詩商頌玄鳥「奄有九有」，傳云：「九有，九州也。」文選册魏公九錫文李注引韓詩作「九域」，「有」、「域」一聲之轉。

⑧⑨ 畢云：孔書無此八字。

⑨⓪ 畢云：「百」舊作「日」，非。「殀」、「祥」字異文，郭璞注山海經音祥。玉篇云：「殀，徐羊切，女鬼也」。　孫云：孔書作「惟上帝不常，作善降之百祥，作不善降之百殃」。〇案：吴鈔本作「日殃」，「殃」與「殀」形、聲俱近。

⑨① 「壞」舊本作「懷」。　孫云：「懷」、「壞」字通。　畢云：孔書云「墜厥宗」。已上文亦見伊訓。

⑨② 畢云：汲郡古文云：「帝啟十一〔一〕年，放王季子武觀於西河。十五年，武觀以西河叛，彭伯壽帥師征西河，武觀來歸。」注：「武觀，五觀也。」楚語「士娓曰：啟有五觀」，韋昭云：「五觀，啟子，太康昆弟也。春秋傳曰：夏有觀、扈。」　惠棟云：此逸書敍武觀之事，即書敍之「五子」也。周書嘗麥曰：「其在夏之五子，忘伯禹之命，假國無正，用胥興作亂，遂凶厥國。皇天哀禹，賜以彭壽，思正夏略。」「五子」者，武觀也。「彭壽」者，彭伯也。五子之歌，墨子述其遺文，周書載其逸事，與內、外傳所稱無殊。且孔氏逸書本有是篇，漢儒習聞其事，故韋昭注國語、王符撰潛夫論皆依以爲說。

⑨③ 惠棟云：「啟乃」當作「啟子」。「溢」與「泆」同。　江聲說同。江又云：「啟子」，五觀也。啟是

〔一〕「二」字畢引原脱，據今本竹書紀年補。

賢王，何至淫溢？據楚語士亹比五觀于朱、均、管、蔡，則五觀是淫亂之人。故知此文當爲「啟子」，「乃」字誤也。　孫云：此即指啟晚年失德之事，「乃」非「子」之誤也。竹書紀年及山海經皆盛言啟作樂。楚辭離騷亦云：「啟九辯與九歌兮〔二〕，夏康娛以自縱。不顧難以圖後兮，五子用失乎家巷。」並古書言啟「淫溢康樂」之事。「淫溢康樂」，即離騷所謂「康娛自縱」也。王逸楚辭注云「夏康，啟子太康也」，亦失之。

94 俞云：「野于飲食」，即下文所謂「渝食于野」也。與左傳「室於怒，市於色」文法正同。

95 畢云：句未詳。「莧」疑「筦」字之誤，形聲相近。　俞云：「將將銘莧磬以力」疑有脫文，蓋亦八字作二句也。「力」字與「食」字爲韻。　王紹蘭云：「莧」、「筦」音近通用，非誤也。○案：「銘」字曹校爲「金石」二字之誤合者，近是。隋書音樂志曰「鏘鏘金石，列列匏絲」，「將將」即「鏘鏘」也。「將將金石」言樂之盛，「筦磬以力」言致力於樂也。

96 惠棟云：「湛」與「耽」同。「耽」，淫。「濁」，亂也。　江聲云：「湛濁」，沈湎也，言飲酒無度。「渝」讀當爲「輸」，轉輸饋食于野，言游田無度也。　孫星衍云：「湛」與「媅」通，「渝」與「輸」通。　○案：「濁」疑「沔」之形譌，「湛沔于酒」，沈湎于酒也。非命中篇「内沈於酒樂」，下篇「沈」作「湛」。「渝」者，「歈」之借字。楚辭招魂「吳歈蔡謳」，王逸注云：「歈、謳，皆歌也。」廣雅釋

〔二〕「兮」字墨子閒詁原引脫，本書沿誤，據離騷補。

樂曰：「歈，歌也。」禮記檀弓「爲之不以樂食」，歈食猶樂食也。

㊼ 孫云：詩商頌那云「萬舞有奕」，毛傳云：「奕奕然閑也。」「奕」、「翼」字通。小雅采薇傳亦云：「翼翼，閑也。」　○案：詩商頌那「孔舞有奕」，鄭箋云：「其干舞又閑習。」孔疏云：「言其用樂之得宜也。」孫援以釋此，義雖可通，然於上下文意不倫。疑此翼翼當從廣雅釋訓「翼翼，盛也」之訓，庶與上下文意相合。

㊽ 「天」，諸本作「大」，寶曆本、緜眇閣本、繹史本、四庫本作「天」，今從之。畢沅、惠棟、江聲校同。

㊾ 孫星衍云：萬舞之盛，顯聞于天，天弗用之。　畢云：「翼」、「式」爲韻。海外西經云「大樂之野，夏后啟于此儛九代」，大荒西經云「夏后開上三嬪于天，得九辨與九歌以下」，據此，則指啟盤于游田。

⑩ 孫云：「戒」當爲「式」，此即蒙上引書「天用弗式」之文。

⑩ 「請」，畢本作「誠」。　畢云：舊作「請」，一本如此。　○案：諸本作「請」，潛本作「誠」。「請」、「誠」字通。

⑩ 寶曆本「也」作「已」。

墨子校注卷之九

非樂中第三十三闕

非樂下第三十四闕

非命上第三十五①

子墨子言曰：古者王公大人爲政國家者，皆欲國家之富，人民之衆，刑政之治。然而不得富而得貧，不得衆而得寡，不得治而得亂，則是本失其所欲，得其所惡，是故何也？子墨子言曰：執有命者以襍於民閒者衆。執有命者之言曰：「命富則富，命貧則貧；命衆則衆，命寡則寡；命治則治，命亂則亂；命壽則壽，命夭則夭。命②，雖强勁，何益哉？」上以說王公大人，下以駔百姓之從事③。故執有命者不仁，故當執有命者之言，不可不明辨④。

然則明辨此之説，將奈何哉？子墨子言曰：言必立儀⑤，言而毋儀，譬猶運鈞之上而立朝夕者也⑥，是非利害之辨，不可得而明知也。故言必有三表⑦。何謂三表？子墨子言曰：有本之者⑧，有原之者⑨，有用之者。於何本之？上本之於古者聖王之事。於何原之？下原察百姓耳目之實。於何用之？廢以爲刑政⑩，觀其中國家百姓人民之利。此所謂言有三表也。

然而今天下之士君子或以命爲有，蓋嘗尚觀於聖王之事⑪。古者桀之所亂，湯受而治之；紂之所亂，武王受而治之。此世未易，民未渝⑫，在於桀紂則天下亂⑬，在於湯武則天下治，豈可謂有命哉？

然而今天下之士君子或以命爲有，蓋嘗尚觀於先王之書⑭。先王之書，所以出國家⑮、布施百姓者，憲也⑯。先王之憲，亦嘗有曰「福不可請，而禍不可諱⑰，敬無益，暴無傷」者乎？所以聽獄制罪者，刑也。先王之刑，亦嘗有曰「福不可請，禍不可諱，敬無益，暴無傷」者乎？所以整設師旅、進退師徒者，誓也⑱。先王之誓，亦嘗有曰「福不可請⑲，禍不可諱，敬無益，暴無傷」者乎？是故子墨子言曰：吾當未盡數⑳，天下之良書不可盡計數，大方論數㉑，而五者是也㉒。今雖毋求執有命者之言，不必得㉓，不亦可錯乎㉔？

今用執有命者之言，是覆天下之義，覆天下之義者，是立命者也，百姓之誶也㉕。説百姓之誶者，是滅天下之人也。然則所爲欲義人在上者㉖，何也？曰：義人在上，天下必治，上帝山川鬼神必有幹主㉗，萬民被其大利。何以知之？子墨子曰：古者湯封於亳㉘，絶長繼短㉙，方地百里，與其百姓兼相愛、交相利，移則分㉚，率其百姓，以上尊天事鬼。是以天鬼富之㉛，諸侯與之，百姓親之，賢士歸之，未殁其世㉜，而王天下，政諸侯㉝。昔者文王封於岐周㉞，絶長繼短，方地百里㉟，與其百姓兼相愛、交相利，則㊱。是以近者安其政，遠者歸其德。聞文王者，皆起而趨之。罷不肖股肱不利者㊲，處而願之，曰：「奈何乎使文王之地及我吾㊳，則吾利豈不亦猶文王之民也哉㊴。」是以天鬼富之，諸侯與之，百姓親之，賢士歸之，未殁其世，而王天下，政諸侯㊵。鄉者言曰㊶：義人在上，天下必治，上帝山川鬼神必有幹主㊷，萬民被其大利。吾用此知之。

是故古之聖王發憲出令，設以爲賞罰以勸賢㊸。是以入則孝慈於親戚㊹，出則弟長於鄉里，坐處有度，出入有節，男女有辨㊺。是故使治官府則不盗竊，守城則不崩叛㊻，君有難則死，出亡則送。此上之所賞，而百姓之所譽也。執有命者之言曰：「上之所賞，命固且賞，非賢故賞也；上之所罰，命固且罰，不暴固罰也㊼。」是故入則不慈孝於親戚，出則不弟長於鄉里㊽，坐處不度，出入無節，男女無辨。是故治官府則盗竊，守城則崩叛，君有難則不死，出亡則不送。此上之所罰，百姓之所非毁也。執有命者言曰：「上之所罰，命固且罰，不暴故罰也；上之所賞，命固且賞，非賢故賞也㊾。」以此爲君則不義，爲臣則不忠，爲父則不慈，爲子則不孝，爲兄則不良，爲弟則不弟㊿。而强執此者(51)，此特凶言之所自生，而暴人之道也(52)。

然則何以知命之爲暴人之道？昔上世之窮民，貪於飲食，惰於從事，是以衣食之財不足(53)，而飢寒凍餒之憂至。不知曰：「我罷不肖，從事不疾。」必曰：「我命固且貧。」昔上世暴王(54)，不忍其耳目之淫、心涂之辟(55)，不順其親戚，遂以亡失國家，傾覆社稷。不知曰：「我罷不肖，爲政不善。」必曰：「吾命固失之。」於仲虺之告(56)曰：「我聞于夏人，矯天命，布命于下(57)，帝伐之惡(58)，龔喪厥師(59)。」此言湯之所以非桀之執有命也。於大誓曰：「紂夷處(60)，不肎事上帝鬼神(61)，禍厥先神禔不祀(62)。乃曰：『吾民有命(63)，無廖排扁(64)。』天亦縱之棄而弗葆(65)。」此言武王所以非紂執有命也(66)。

今用執有命者之言，則上不聽治，下不從事。上不聽治，則刑政亂；下不從事，則財用不足。上無以供粢盛酒醴(67)，祭祀上帝鬼神；外無以應待諸侯之賓客，降綏天下賢可之士(68)；內無以食飢衣寒，將養老弱(69)。故命上不利於天，中不利於鬼，下不利於人。而强執此者，此特凶言之所自生(70)，而暴人之道也。

是故子墨子言曰：今天下之士君子，忠實欲天下之富而惡其貧(71)，欲天下之治而惡其亂，執有命者之言不可不非，此天下之大害也。

① 墨子主力行，故非命。

② 言凡事有命。

③ 此有脱文，疑當作「上以說王公大人，廢大人之聽治。下以説天下百姓，駔百姓之從事」。蓋上下句脱文不同，尚可據以互校也。下文曰「今用執有命者之言，則上不聽治，下不從事」，文意與此相類。天志上篇曰「上説諸侯，下説列士」，非命中篇曰「上有以規諫其君長，下有以教順其百姓」，非命下篇曰「上以事天鬼，天鬼不使。下以持養百姓，百姓不利」，魯問篇曰「上説王公大人，次説匹夫徒步之士」，句法與此相類。畢云：駔，「阻」字假音。張純一云：此當作「上以説王公大人之聽治，下以駔百姓之從事」。「説」通「税」。史記李斯傳「吾未知所税駕」，索隱：「税駕猶解駕，言休息也。」

④ 「當」，緜眇閣本作「常」。「辨」，諸本作「辯」，吴鈔本、畢本作「辨」，下並同。

⑤ 諸本「必」上無「言」字，吴鈔本有。吴鈔本又脱「言曰」二字。案「言曰言」三字當並有，今據補。「儀」即法儀篇之「儀」。孫云：管子禁藏篇云「法者，天下之儀也」，尹注云：「儀，謂表也。」

⑥ 畢云：「運」，中篇作「員」，音相近。廣雅曰：「運，轉也。」高誘注淮南子云：「鈞，陶人作瓦器法，

下轉旋〔一〕者。」史記集解云：「駰案：漢書音義曰：陶家名模下圓轉者爲鈞。」索隱云：「韋昭曰：鈞木長七尺，有弦，所以調爲器具也。」言運鈞轉動無定，必不可以立表以測景。孫云：管子七法篇云「不明於則，而欲出號令，猶立朝夕於運均之上」，尹注云：「均，陶者之輪也。立朝夕，所以正東西也。今均既運，則東西不可準也。」案「運」、「員」音近古通。國語越語「廣運百里」，山海經西山經作「廣員百里」。

⑦「表」，中篇及下篇並作「法」，義近。孫云：「表」、「儀」義同。左文六年傳云「引之表儀」。

⑧孫云：「本」謂考其本始。下篇作「有考之者」。

⑨孫云：廣雅釋詁云：「謜，度也。」「原」、「謜」字通。劉歆列女傳頌小序云「原度天道」，此「原之」亦謂察度其事故也。

⑩「廢」，堂策檻本、四庫本作「發」，與中、下兩篇同。王云：「發」、「廢」古字通。

⑪「蓋」上各本有「益」字，今依王校刪。王云：「或以命爲有」絶句，下文云「豈可謂有命哉」。「益」即「葢」字之譌。「葢」字俗書作「盖」，形與「益」相近，故「葢」譌作「益」。史記楚世家「還葢長城以爲防」，徐廣曰：「葢，一作益。」今云「益葢」者，一本作「益」，一本作「葢」，而後人誤合之耳。「葢」與「盍」同。盍，何不也。檀弓曰「子葢言子之志於公乎」，孟子梁惠王篇「葢亦反其本矣」。

〔一〕「旋」，畢刻原引誤「鈞」，本書沿誤，據淮南子原道訓高誘注改。

「嘗」，試也。「尚」與「上」同。言今天下之士君子，或以命爲有，則何不試上觀於聖王之事乎？下文曰「今天下之士君子或以命爲有，益嘗尚觀於先王之書」，「益」亦「盍」字之譌。

⑫ 孫云：「爾雅釋言云：『渝，變也。』」

⑬ 畢云：舊脱「在」字，據下文增。

⑭ 「盍」，各本譌「益」，王據上文改。

⑮ 畢云：舊脱「以」字，據下文增。　○案：「出」疑爲「正」之誤。

⑯ 畢云：舊脱「者」字，據下文增。　孫云：爾雅釋詁云：「憲，法也。」周禮秋官有「布憲」，管子立政篇云「布憲於國」，國語周語云「布憲施舍於百姓」。

⑰ 孫云：「諱」當讀爲「違」，同聲假借字。禮記緇衣「太甲曰：天作孽，可違也」，鄭注云：「違猶辟也。」下同。　○案：鶡冠子近迭篇曰「天高而難知，有福不可請，有禍不可避」，疑襲此文。

⑱ 緜眇閣本「也」作「之」，誤。　聞一多云：「整設」即「整飭」。

⑲ 「請」，茅本、李本、緜眇閣本作「設」，誤。

⑳ 「當」，緜眇閣本作「嘗」。「當」、「嘗」皆「尚」之借字。「盡」，諸本作「盐」，堂策檻本、四庫本、畢本作「鹽」，寶曆本作「盡」，今從之。　秋山云：「盡」，一作「盐」。　畢云：「鹽」，「盡」字之譌。

㉑ 孫云：「大方」即大較也。　○案：呂氏春秋任地篇曰「凡耕之大方」。

㉒ 畢云：「五」當爲「三」，即上「先王之憲」、「之刑」、「之誓」是。　王樹枬云：「而」、「如」古通用。

㉓「雖毋」猶唯毋。

㉔孫云：書微子之命敍云「殷既錯天命」，釋文引馬融云：「錯，廢也。」

㉕俞云：「誶」讀爲「悴」。說文心部：「悴，憂也。」　吴云：「誶」者，「顇」之借字。爾雅：「顇，病也。」

㉖「義」下「人」字各本脱，今依孫校增。王樹枏校同。

㉗畢云：「幹」當爲「榦」，此「管」字假音。　孫云：漢隸「榦」、「榦」皆作「幹」，經典多通用。此「幹」字似當讀如字。說文木部云：「榦，本也。」榦者本榦，對枝言之也，榦主猶言宗主。

㉘畢云：當爲「薄」。說文云：「亳，京兆杜陵亭也。从高省，乇聲。」史記集解云：「徐廣曰：京兆杜縣有亳亭。」索隱云：「秦寧公與亳王戰，亳王奔戎〔一〕，遂滅湯社。皇甫謐云：周桓王時，自有亳王號湯，非殷也。」此亳在陝西長安縣南。若殷湯所封，是河南偃師之薄。書傳及本書亦多作「薄」，惟孟子作「亳」，蓋假音字，後人依改亂之，顧炎武不考史記，反以此譏許君地里之謬，是以不狂爲狂也。

㉙孫云：禮記王制云「凡四海之内，絶長補短，方三千里」，孟子滕文公篇云「今滕絶長補短，將五十里也」，戰國策秦策云「今秦地形，斷長續短，方數千里」，又楚策云「今楚雖小，絶長續短，猶以數

〔一〕「戎」字畢引原脱，據史記封禪書索隱補。

千里」。此云「絶長繼短」，猶國策云「斷長續短」也。

㉚ 畢云：言財多則分也。「移」或「多」字。　劉載賡云：「移」字不可通，必是「秎」之形誤。俞曲園兒笘録云：「『利』之重文作『秎』，必是从二『刀』。」非儒篇「今君封之，以利齊俗」，晏子及史記皆作「移齊俗」，與此篇誤「秎」作「移」，適得其反。

㉛ 秋山云：「富」，一作「福」。

㉜ 吴鈔本「殁」作「没」，下同。

㉝ 孫云：「政」、「正」通。正猶長也。

㉞ 畢云：「岐」，岐山。「周」，周原。　孫云：孟子離婁篇云「文王生於岐周」，趙注云：「岐山下周之舊邑。」

㉟ 「方地」，畢本作「地方」，舊本並作「方地」，今據乙。

㊱ 王云：「是以」上不當有「則」字，蓋即「利」字之誤而衍者。　俞云：「則」上脱「移」字，下脱「分」字。上文曰「與其〔一〕百姓兼相愛、交相利，移則分」，是其證也。　○案：俞説近是。依上文劉校，「則」上當脱「利」字，下脱「分」字。

㊲ 孫云：荀子成相篇云「君子賢而能容罷」，楊注云：「罷，弱不任事者。」國語齊語云「罷士無伍」，

〔一〕「其」字原脱，據墨子閒詁引文補，與墨子合。

韋注云：「無行曰罷。」管子小匡篇尹注云：「罷謂乏於德義者。」

㊳ 句。

㊴ 蘇云：「我」字衍文。或去上「吾」字，亦可。　俞云：「則」上「吾」字、「豈」上「利」字並衍文。○案：「我吾」之「吾」爲「圄」之省文。公孟篇「厚攻則厚吾」，孫注云「吾當爲圄之省」，是其例。詩大雅桑柔「孔棘我圉」，又召旻「我居圉卒荒」，毛傳並云：「圉，垂也。」左隱十一年傳「亦聊以固吾圉也」，杜注云：「圉，邊垂也。」段玉裁云：「説文：『圄，守之也。』邊垂者可守之地，疑『圄』字引申之義，各書假『圉』爲之耳。」據段説「圄」即邊圉正字。「豈不」上「利」字，俞校爲衍文，是也，蓋即上文「利則分」之「利」字錯出於此者。「奈何乎使文王之地及我圄，則吾豈不亦猶文王之民也哉」，猶書曰「徯我后，后來其蘇」也。

㊵ 「政」，畢本作「征」，舊本並作「政」，今後舊本。　蘇校同。

㊶ 「鄉」，道藏本、吴鈔本、陸本、唐本、茅本、緜眇閣本、堂策檻本作「卿」，誤。　畢云：鄉，同嚮。

㊷ 「主」，吴鈔本、翻陸本、茅本、緜眇閣本作「王」。

㊸ 畢云：中篇作「勸沮」，是。　王云：「勸賢」下當有「沮暴」二字。

㊹ 孫云：「親戚」即父母也，詳兼愛下篇。

㊺ 孫云：「辨」、「別」同。尚賢中篇云「男女無別」。

㊻ 孫云：「崩」當爲「倍」之假字。尚賢中篇云「守城則倍畔」，猶此下文云「守城則崩叛」也。「倍」與

「崩」一聲之轉，古字通用。說文人部「倗，讀若倍位」，邑部「鄘，讀若陪」，即「崩」、「倍」相通之例。

㊼ 王引之云：「不」與「非」同義，故互用。　俞云：「上之所罰，命固且罰，不暴故罰也」十三字當爲衍文，說詳下。　○案：「且」古通「宜」。

㊽ 「弟」，陸本、茅本、李本、緜眇閣本、堂策檻本、四庫本作「治」。

㊾ 俞云：「上之所賞，命固且賞，非賢故賞也」十三字當爲衍文。　蓋上文說賞事，故述執有命者之言曰「上之所賞，命固且賞，非賢故賞也」。　此文是說罰事，故述執有命者之言曰「上之所罰，命固且罰，不暴故罰也」。　今上文衍「上之所罰云云」，此文衍「上之所賞云云」，皆於文義未合。　即此文之「罰」、「賞」倒置，而其傳寫誤衍之跡居然可見矣。　○案：俞校是也。

㊿ 孫云：「良」當爲「長」。　逸周書謚法篇云「教誨不倦曰長」，即其義也。　此以「兄長」對「弟弟」，亦即冢上云「出則弟長於鄉里」爲文。

(51) 「而」，茅本、寶曆本、李本、緜眇閣本作「爲」。

(52) 畢云：「也」，舊作「者」，據下文改。　王云：呂氏春秋忠廉篇注曰：「特猶直也。」言此直是凶人之言、暴人之道也。　下文同。　○案：「也」，諸本作「者」，道藏本、吳鈔本、陸本、唐本、茅本、緜眇閣本作「昔」，寶曆本作「也」，與畢本合。　「特」，諸本作「持」，寶曆本、李本作「特」，今從之。

(53) 畢云：舊脱「食」字，據上文增。　○案：寶曆本、李本有「食」字。

54「昔」，舊本作「苦」，畢本作「若」，王據上文改「昔」，今從之。

55畢云：「塗」猶術。　王引之云：畢説非也。「心塗」本作「心志」，「耳目之淫、心志之辟」並見中篇。下篇作「心意」，亦「心志」之譌。　○案：畢説是也。漢書禮樂志「然後心術形焉」，師古曰：「術，道徑也。心術，心之所由也。」「塗」亦訓道徑，故「心塗」猶「心術」。「塗」與「志」形聲俱遠，若本是「志」，無緣誤而爲「塗」。

56孫云：書敍云：「湯歸自夏，至于大坰，仲虺作誥。」禮記緇衣「尹吉曰」，鄭注云：「吉當爲告。告，古文誥。字之誤也。」

57畢云：孔書作「夏王有罪，矯誣上天，以布命于下」。

58畢云：非命中作「式是惡」，「式」、「伐」形相近，「之」、「是」音相近也。　秋山云：「伐」當作「式」。

59畢云：孔書作「帝用不臧，式商受命，用爽厥師」。「龔用」、「喪爽音同。　江聲云：「師，衆也。言桀執有命，天用是憎惡之，用喪其衆。　孫星衍云：「用」爲「龔」，聲相近。

60中篇作「紂夷之居」。天志中篇作「紂越厥夷居」。

61畢云：孔書作「乃夷居，弗事上帝神祇」。　案中篇及天志中篇並無「鬼神」二字。

62畢云：孔書作「遺厥先宗廟弗祀」。禔同示。　孫云：天志中篇「禍」作「棄」，「禔」作「祇」。説文示部云：「禔，安也。易曰：禔既平。」今易坎九五作「祇既平」，釋文云：「祇，京作禔。」是祇、禔聲近古通用之證。　○案：中篇「禍」作「棄」。

⑥③孫云：天志中篇無「民」字。孔書「民」上有「有」字。　○案：「民」字疑衍，當據天志中篇訂正。此與中篇俱有「民」字者，或後人據孔書增之也。

⑥④畢本作「無廖排漏」，寶曆本作「無僇無扁」，李本作「無僇排扁」，道藏本、吳鈔本、陸本、唐本、茅本、緜眇閣本、堂策檻本、四庫本作「無廖排扁」，今從之。中篇作「毋僇其務」，天志中篇作「無廖僔務」，並字異義同，說詳彼注。　秋山云：下「無」，一作「排」。　畢云：孔書作「乃曰吾有民有命，罔懲其侮」。

⑥⑤吳鈔本「葆」作「保」。　畢云：孔書無此文。　王云：「縱之棄」當作「縱棄之」。縱棄猶放棄也。中篇作「天不亦棄縱而不葆」，天志篇作「天亦縱棄紂而不葆」，皆其證。

⑥⑥畢云：「紂」下，據上文當有「之」字。

⑥⑦「供」，道藏本、吳鈔本、陸本、唐本、茅本、寶曆本、李本、堂策檻本、四庫本作「共」。

⑥⑧孫云：爾雅釋詁云：「綏，安也。」　○案：「降綏天下賢可之士」，各本在「外無以」之上，今校移於此。尚賢中篇曰「上有以絜爲酒醴粢盛，以祭祀天鬼，外有以爲皮幣，與四鄰諸侯交接，內有以食飢息勞，持養其萬民，外有以懷天下之賢人」，與此文意相同。以彼例此，知「降綏天下賢可之士」屬於「外」。蓋諸侯之賓天下之賢，皆有待於外也。　王於「降綏」之上增「下無以」三字。檢尚賢中篇、天志中篇皆有與此相類似之文，僅言及「上」、「內」、「外」，無言及「下」者，未敢輒增。

⑲ 俞云：「將養」當爲「持養」。○案：「將」，養也。「將養」、「持養」，義皆可通。

⑳ 「特」，諸本作「持」，寶曆本、李本作「特」，今從之。王校同。

㉑ 畢云：「忠」，下篇作「中」。

非命中第三十六

子墨子言曰：凡出言談、由文學之爲道也①，則不可而不先立義法②。若言而無義，譬猶立朝夕於員鈞之上也③，則雖有巧工，必不能得正焉。然今天下之情僞，未可得而識也，故使言有三法。三法者何也？有本之者，有原之者，有用之者。於其本之也，考之天鬼之志，聖王之事。於其原之也，徵以先王之書。用之奈何？發而爲刑政④。此言之三法也。今天下之士君子⑤，或以命爲亡⑥。我所以知命之有與亡者，以衆人耳目之情知有與亡。有聞之，有見之，謂之有；莫之聞，莫之見，謂之亡。然胡不嘗考之百姓之情⑦？自古以及今，生民以來者⑧，亦嘗有見命之物、聞命之聲者乎⑨？則未嘗有也。若以百姓爲愚不肖，耳目之情不足因而爲法。然則胡不嘗考之諸侯之傳言流語乎⑩？自古以及今，生民以來者，亦嘗有聞命之聲、見命之體者乎？則未嘗有也。然胡不嘗攷之聖王之事？古之聖王，舉孝子而勸之事親，尊賢良而勸之爲善，發憲布令以教誨，明賞罰以勸沮⑪。若此，則亂者可使治，而危者可使安矣。若以爲不然，昔者桀之所亂，湯治之；紂之所亂，武王治之。此世不渝而民不改，上變政而民易教⑫。其在湯武則治，其在桀紂則亂。安危治亂⑬在上之發政也，則豈可謂有命哉⑭？夫曰有命云者，亦不然矣。

今夫有命者言曰⑮：我非作之後世也，自昔三代有若言以傳流矣。今故先生對之⑯？曰：夫有命者⑰，不志昔也三代之聖善人與⑱？意亡昔三代之暴不肖人也⑲？何以知之⑳？初之列士桀大夫㉑，慎言知行，此上有以規諫其君長，下有以教順其百姓㉒，故上得其君長之賞，下得其百姓之譽。列士桀大夫聲聞不廢，傳流至今㉓，而天下皆曰其力也，一㉔見命焉㉕。

是故昔者三代之暴王，不繆其耳目之淫㉖，不慎其心志之辟㉗，外之敺騁田獵畢弋㉘，内沈於酒樂㉙，而㉚不顧其國家百姓之政。繁爲無用，暴逆百姓，使下不親其上。是故國爲虚厲㉛，身在刑僇之中。必不能曰㉜：「我罷不肖㉝，我爲刑政不善㉞。」必曰：「我命故且亡㉟。」雖昔也三代之窮民㊱，亦由此也㊲。内之不能善事其親戚㊳，外之不能善事其君長㊴，惡恭儉而好簡易，貪飲食而惰從事，衣食之財不足，使身至有飢寒凍餒之憂㊵。必不能曰㊶：「我罷不肖，我從事不疾。」必曰：「我命固且窮。」雖昔也三代之僞民，亦猶此也。

繁飾有命，以教衆愚樸之人矣㊷。聖王之患此也，故書之竹帛，琢之盤盂，鏤之金石㊸。於先王之書仲虺之告曰：「我聞有夏人矯天命，布命于下，帝式是惡，用闕師㊹。」此語夏王桀之執有命也，湯與仲虺共非之。先王之書太誓之言然㊺，曰：「紂夷之居，而不肎事上帝，棄闕其先神而不祀也㊻。曰：『我民有命㊼，毋僇其務㊽。』天不亦棄縱而不葆㊾。」此言紂之執有命也，武王以太誓非之㊿。有於三代、不國有之(51)，曰：「女毋崇天之有命也。」命三、不國亦言命之無也(52)。於召公之執令於然(53)，且(54)：「敬哉！無天命，惟予二人(55)，而無造言(56)，不自降天之，哉得之(57)。」在於商夏之詩書，曰(58)：「命者，暴王作之。」且今天下之士君子，將欲辯是非利害之故(59)，當天有命者(60)，不可不疾非也(61)。執有命者，此天下之厚害也，是故子墨子非之也(62)。

① 孫云：「由」、「爲」義相近，下篇云「今天下之君子之爲文學出言談也」。

② 緜眇閣本無「而」字、「法」字。上篇、下篇「義」並作「儀」，「儀」下俱無「法」字。「不可而」猶言不可以。畢云：「義」同「儀」。

③ 吴鈔本「譬」作「辟」。緜眇閣本「員」譌「負」。孫云：「員」，上篇作「運」，聲義相近。

④ 「政」字各本無，今依畢校增。畢云：據上篇有「政」字。

⑤ 盧云：此下當有「或以命爲有」五字。

⑥ 「亡」疑「有」之誤，上篇曰「今天下之士君子或以命爲有」。

⑦ 畢云：舊脱「不」字，據下文增。　秋山説同。

⑧ 上「以」字，緜眇閣本無。　兼愛下篇曰「自古之及今生民而來」，明鬼下篇曰「自古以及今生民以來者」，管子霸言篇曰「自古以至今」，句法並與此同。

⑨ 「嘗」下「有」字各本脱，今依秋山校增。　孫、曹校同。

⑩ 吴鈔本「流」作「沠」。　玉篇曰：「沠，古文流字。」

⑪ 各本無「明」字，卷子本治要同。　長短經運命篇引作「發憲令以教誨，明賞罰以沮勸」，今據補「明」字。　吴鈔本「勸」作「賞」，誤。

⑫ 孫云：「政」，治要、　長短經並作「正」。

⑬ 孫云：「安危」上，長短經有「則」字。

⑭ 孫云：長短經無「則」字。

⑮ 「夫」當爲「丮」，字之誤也。　隸書「丮」字與「夫」形近。　説文丮部曰：「丮，持也。」「埶，捕罪人也。」「丮」爲執持正字，「埶」爲後起字，今經典通以「埶」爲之，「埶」行而「丮」廢矣。「丮有命者」即執有命者也。　下文曰「夫有命者」之「夫」字，及「當天有命者」之「天」字，皆爲「丮」字之誤。　下篇「今夫有命者」，「夫」亦「丮」字之誤。　潛本、緜眇閣本、陳本並作「埶」。

⑯「生」，吳鈔本、堂策檻本，顧校李本、四庫本作「王」。「故」、「胡」字通。「先生」，人稱墨子也。「對」爲「懟」之省文，廣雅釋詁曰：「懟，恨也。」　畢云：未詳。「生」當爲「王」。　孫云：當作「今胡先生非之」。

⑰「夫」當爲「丮」，說詳上文。

⑱畢云：下篇作「不識昔也」，「志」即「識」字。「與」讀如「歟」。

⑲孫云：「意」與「抑」同。「意亡」，語詞，詳非攻下篇。

⑳畢云：言有命之說，不識出之昔者聖善人乎，意亡此言出之暴不肖人乎，彼固亡知之妄言。○案：此言執有命者不識昔之聖善人歟，抑亡昔之暴不肖人也，何以知其爲暴不肖人？第一句疑問，第二句肯定，第三句故作問語，起下文。與下篇「不識昔也三代」以下數句以兩「與」字爲疑問詞，兩「也」字爲斷定詞者，繁簡有別。「何以知之」與上篇「何以知命之爲暴人之道」文意相類。此用代詞「之」字作賓詞，故語較簡耳。畢釋爲「彼固亡知之妄言」，失之遠矣。

㉑王樹枏云：「初之」猶古之。　孫云：說苑臣術篇云「列士者所以參大夫也」。「桀」與「傑」字通。說文人部云：「傑，執也，材過萬人也。」　○案：此「列士」與「傑大夫」並舉，疑當讀爲「烈士」，與天志上篇「列士」與「諸侯」對文者微別。

㉒諸本此下有「故上有以規諫其君長，下有以教順其百姓」十七字，寶曆本於此十七字加一括弧，蓋表示衍文之意。秋山云：「『故上』以下十七字疑衍。」盧校同。吳鈔本正無此十七字，今據刪。

㉓「傳流」，畢本作「流傳」，舊本並作「傳流」，今從舊本。

㉔自此以下，各本錯簡。畢本輕加增改，王、孫依據校移，因而致誤。此文古本可貴處，在「內沈於酒樂而罷不肖」之「而」字。「而」字道藏本、吳鈔本、陸本、唐本、茅本、寶曆本、緜眇閣本並同，堂策檻本、顧校李本、四庫本作「我」。畢氏據明萬曆以後本改古本之「而」爲「我」，已屬錯誤，王、孫「而」、「我」並存，亦爲蛇足。又「必不能曰我罷不肖」句，原文俱在，因簡帛錯亂，致「必不能曰我」五字與「罷不肖」三字分離。諸家見「罷不肖」三字文義未足，遞增「不肯曰我」四字以彌縫之，雖甚費苦心，而卒無是處。王樹枏刪去「必不能曰我見命焉是故」十字，尤非。今謹遵道藏本，一字不改，校移如次。

㉕「一見」之間，舊有自「不顧」至「曰我」四十字，爲下文錯入此間者，今校移彼處。「一見命焉」四字當爲「不曰亓命焉」五字。「一」爲「不」之壞字，「見」爲「曰亓」二字之誤合者。亓爲古「其」字，墨子書多如此。吳鈔本脫「見」字，但下文「驅騁其田獵畢弋」句衍一「其」字，疑即此處「其」字錯衍於彼處者。「不曰其命焉」與「皆曰其力也」相反爲義。此句王移作「必不能曰我見命焉」，若據古本，則「必不能曰我」五字既移於此，則下文「罷不肖」三字將無所屬。今姑置下文不顧，就此句論，亦不可通。蓋此爲天下人稱列士桀大夫者，當曰「其」，不當曰「我」也。俞氏見文不可通，謂「必不能曰」下有闕文，不知其不通之故不在本書之闕，而在王移之誤也。

㉖畢云：「言不糾其繆。」孫云：「『繆』即『糾』之假字。」

㉗「辟」，治要作「僻」。　畢云：「僻」同。

㉘「敺」，吴鈔本作「驅」，寶曆本作「毆」，卷子本治要作「敺」，其上闌外有批云：「驅，古作敺。」「騁」，畢本譌「聘」，舊本並作「騁」，今據正。「驅騁」下，吴鈔本衍「其」字。「畢弋」，寶曆本及卷子本治要並作「畢戈」。　畢云：説文云：「古文驅从攴。」　孫云：孟子盡心篇云「驅騁田獵」，國語齊語云「田狩畢弋」，韋注云：「畢，掩雉兔之網也。」「弋」，「隿」之借字，説文云：「隿，繳射飛鳥也。」　○案：管子小匡篇曰「湛樂飲酒，田獵畢弋，不聽國政」，莊子則陽篇曰「飲酒湛樂，不聽國家之政，田獵畢弋，不應諸侯之際」。

㉙「沈」，下篇作「湛」。

㉚「而」，諸本並同。堂策檻本、顧校李本、四庫本作「我」，蓋以意改。畢本改從「我」字，非是，説詳上文。

㉛畢云：陸德明莊子音義云：「李云：居宅無人曰虚，亡而無後曰厲。」　孫云：「厲」，公孟、魯問二篇並作「戾」，字通。

㉜自「不顧其國家」以下至此凡四十字，各本錯入上文「其力也一」之下，今移置於此。「我」字屬下讀。

㉝下文曰「必不能曰我罷不肖」，與此文正同，承接自然，何須意爲增省。

㉞卷子本治要「刑」作「形」，校者旁注「刑」字。

㉟ 孫云：「故」，下文作「固」，同。

㊱ 孫云：治要「窮」作「僞」，與下同。　○案：治要引作「雖昔也三代之僞民亦猶此也，繁飾有命以教衆愚」，是引下文，非引此文也，孫校未審。

㊲ 「由」，堂策檻本、四庫本作「猶」。　蘇云：「由」與「猶」同。

㊳ 畢云：「事」，一本作「視」。　孫云：「親戚」謂父母，詳兼愛下篇。

㊴ 諸本「之」字脱，吴鈔本有，今據補。

㊵ 「飢」，諸本作「饑」，吴鈔本、茅本、寶曆本作「飢」，今從之。

㊶ 畢云：「必」舊作「心」，以意改。　○案：寶曆本、堂策檻本、顧校李本、四庫本正作「必」。

㊷ 卷子本治要引至「愚」字止。「之人」二字，諸本作「人久」，陸本、茅本、緜眇閣本作「久人」，寶曆本作「之人」，文義較長，今從之。

㊸ 以上八字，原作「琢之金石」四字。　檢本書尚賢下、兼愛下、天志中、明鬼下、非命下、貴義、魯問諸篇，皆有與此類似之文，於金石則曰「鏤」，於盤盂則曰「琢」，此文當與彼同例，今本涉兩「之」字脱去四字耳。今據諸篇文例，補「盤盂鏤之」四字。下篇作「書之竹帛，鏤之金石，琢之盤盂，傳遺後世子孫」，文義較完。

㊹ 畢云：「闕」當是「喪厥」二字，下篇作「用爽厥師」。　孫星衍云：「厥」爲「闕」，形相近。
○案：吴鈔本「闕」作「缺」，字通。「闕」者，示有缺文之意，畢説近是。上篇作「龔喪厥師」。

㊺「太」，寶曆本作「大」，緜眇閣本作「泰」。

㊻上篇作「禍厥先神禔不祀」，天志中篇作「棄厥先神祇不祀」。孫云：「闕」亦當讀爲「厥」。與上「闕師」同。此當云「棄闕先神示而不祀也」，「示」誤作「亓」，改爲「其」，復誤移箸「先神」上，不知「闕」即「厥」字，不當更云「其」也。

㊼「民」字疑後人妄加，當據天志中篇訂正，説詳上篇。

㊽此句又見上篇，與天志中篇並字異義同。説詳彼注。畢云：言毋勠力其事也，上二篇俱當從此。孔書作「罔懲其侮」，義異。或云僞泰誓不足據，不如此文。

㊾「不亦」，畢本作「亦不」，舊本並作「不亦」，今從舊本。「葆」，吴鈔本作「保」。畢云：文與上篇小異。王云：孟子滕文公篇注曰：「不亦者，亦也。」畢本「不亦」作「亦不」，非。

㊿「太」，吴鈔本、寶曆本作「大」。

(51)蘇云：所引蓋古逸書，「不」字疑誤。孫云：上「有」字當讀爲「又」。「不」疑當作「百」，「三代、百國」或皆古史記之名。隋書李德林傳引墨子云：「吾見百國春秋。」

(52)王樹枏云：「三」下當脱一「代」字。孫説同。孫又云：「命」疑當爲「令」。

(53)執令，蓋古書篇名。「於然」，曹校改「亦然」。孫云：此有脱誤，疑當作「於召公之非執有命亦然」，「召公」蓋即召公奭，亦周書逸篇之文。「令」與「命」字通。「於」，「亦」字誤。上篇云「此言湯之所以非桀之執有命也」，又云「此言武王所以非紂執有命也」，是其證。

㊴畢云：當爲「曰」。

㊵予讀爲與。「二人」疑「仁人」之爛文。

㊶孫云：周禮大司徒有「造言」之刑，鄭注云：「造言，訛言惑衆。」

㊷疑當作「不自天降之，我得之」。　孫云：當作「不自天降，自我得之」。

㊸寶曆本「詩」作「時」。

㊹吴鈔本「辯」作「辨」。

㊺「天有命」，翻陸本、茅本　寶曆本、緜眇閣本、堂策檻本、四庫本作「有天命」。　畢云：「天」當爲「夫」。　○案：「天」當爲「丮」，説詳上文。下文「執有命者」，即承此「丮有命者」而言。

㊻王云：吕氏春秋尊師篇注云：「疾，力也。」

㊼「之」字各本脱，今依孫校增。　孫云：「非」下當有「之」字。

非命下第三十七

子墨子言曰：凡出言談，則不可而不先立儀而言①。若不先立儀而言，譬之猶運鈞之上而立朝夕焉也，我以爲雖有朝夕之辯②，必將終未可得而從定也。是故言有三法。何謂三法？曰：有考之者，有原之者③，有用之者。惡乎考之④？考先聖大王之事。惡乎原之？察衆之耳目之請⑤。惡乎用之？發而爲政乎國家萬民而觀之⑥。此謂三法也。

故昔者三代聖王禹湯文武方爲政乎天下之時，曰：「必務舉孝子而勸之事親，尊賢良之人而教之爲善。」是故出政施教，賞善罰暴。且以爲若此，則天下之亂也⑦，將屬可得而治也⑧；社稷之危也⑨，將屬可得而定也。若以爲不然，昔桀之所亂，湯治之；紂之所亂，武王治之。當此之時，世不渝而民不易⑩，上變政而民改俗。存乎桀紂而天下亂，存乎湯武而天下治。天下之治也，湯武之力也；天下之亂也，桀紂之罪也。若以此觀之，夫安危治亂存乎上之爲政也，則夫豈可謂有命哉？故昔者禹湯文武方爲政乎天下之時，曰：「必使飢者得食，寒者得衣，勞者得息，亂者得治。」遂得光譽令問於天下⑪，夫豈可以爲命哉⑫？故以爲其力也⑬。今賢良之人⑭，尊賢而好功道術⑮，故上得其王公大人之賞，下得其萬民之譽，遂得光譽令問於天下，亦豈以爲其命哉？又以爲力也⑯。然今執有命者⑰，不識昔也三代之聖善人與？意亡昔三代之暴不肖人與⑱？若以説觀之⑲，則必非昔三代聖善人也，必暴不肖人也。

然今以命爲有者，昔三代暴王桀紂幽厲，貴爲天子，富有天下。於此乎不而矯其耳目之欲⑳，而從其心意之辟㉑，外之歐騁田獵畢弋㉒，内湛於酒樂㉓，而不顧其國家百姓之政。

繁爲無用，暴逆百姓，遂失其宗廟㉔。其言不曰：「吾罷不肖，吾聽治不强。」必曰：「吾命固將失之。」雖昔也三代罷不肖之民，亦猶此也。不能善事親戚君長，甚惡恭儉而好簡易，貪飲食而惰從事，衣食之財不足，是以身有陷乎飢寒凍餒之憂㉕。其言不曰：「吾罷不肖，吾從事不强。」必曰：「吾命固將窮㉖。」昔三代僞民，亦猶此也。

昔者暴王作之，窮人術之㉗，此皆疑衆遲樸㉘，先聖王之患之也，固在前矣。是以書之竹帛，鏤之金石，琢之盤盂，傳遺後世子孫㉙。曰：何書焉存㉚？禹之總德有之㉛，曰：「允不著惟天㉜，民不而葆㉝。既防凶心㉞，天加之咎㉟。不慎厥德，天命焉葆？」仲虺之告曰：「我聞有夏人矯天命于下㊱，帝式是增㊲，用爽厥師㊳。」彼用無爲有，故謂矯㊴。若有而謂有，夫豈謂矯哉㊵？昔者桀執有命而行，湯爲仲虺之告以非之。太誓之言也㊶，於去發㊷曰：「惡乎君子㊸，天有顯德，其行甚章㊹。爲鑑不遠㊺，在彼殷王㊻。謂人有命，謂敬不可行，謂祭無益㊼，謂暴無傷㊽。上帝不常，九有以亡㊾；上帝不順，祝降其喪㊿。惟我有周，受之大帝㉛。」昔者紂執有命而行㉜，武王爲太誓去發以非之。曰：子胡不尚考之乎商周虞夏之記，從卜簡之篇以尚皆無之㉝將何若者也？

是故子墨子曰：今天下之君子之爲文學、出言談也㉞，非將勤勞其喉舌㉟，而利其脣呡也㊱，中實將欲爲其國家邑里萬民刑政者也㊲。今也王公大人之所以蚤朝晏退㊳，聽獄治政，終朝均分而不敢怠倦者，何也[59]？曰：彼以爲强必治，不强必亂，强必寧，不强必危，故不敢怠倦。今也卿大夫之所以竭股肱之力[60]，殫其思慮之知[61]，内治官府，外斂關市、山林、澤梁之利，以實官府，而不敢怠倦者，何也？曰：彼以爲强必貴，不强必賤，强必榮，不强必辱，故不敢怠倦。今也農夫之所以蚤出暮入[62]，强乎耕稼樹蓺[63]，多聚叔粟[64]，而不敢怠倦者，何也？曰：彼以爲强必富，不强必貧，强必飽，不强必飢，故不敢怠倦。今也婦人之所以夙興夜寐[65]，强乎紡績織紝，多治麻絲葛緒[66]，捆布縿[67]，而不敢怠倦者，何也？曰：彼以爲强必富，不强必貧，强必煖，不强必寒，故不敢怠倦。今雖毋在乎王公大人[68]，蕢若信有命而致行之[69]，則必怠乎聽獄治政矣，卿大夫必怠乎治官府矣，農夫必怠乎耕稼樹藝矣，婦人必怠乎紡績織紝矣。王公大人怠乎聽獄治政[70]，卿大夫怠乎治官府，則我以爲天下必亂矣。農夫怠乎耕稼樹蓺[71]，婦人怠乎紡績織紝，則我以爲天下衣食之財將必不足矣。若以爲政乎天下，上以事天鬼，天鬼不使[72]；下以持養百姓[73]，百姓不利，必離散不可得用也。是以入守則不固，出誅則不勝。故雖昔者三代暴王桀紂幽厲之所以失抎其國家[74]，傾覆其社稷者，此也。

是故子墨子言曰：今天下之士君子，中實將欲求興天下之利，除天下之害，當若執有命者之言，不可不强非也[75]，曰：命者，暴王所作，窮人所術[76]，非仁者之言也[77]。今之爲仁義者，將不可不察而强非者此也。

① 諸本作「則必可而不先立儀而言」。 畢云：一本作「則必先立義而言」。 蘇云：「必」爲「不」誤，上「而」字衍。 俞云：「則必可」當作「則不可」，中篇曰「則不可而不先立義法」，是其證也。「不可而」者，不可以也。 ○案：潛本、緜眇閣本、陳本作「則必先立儀而言」，茅本、寶曆本作「則此可而不先立儀而言」，秋山云：「『此』當作『不』。」與蘇、俞校合，今從之。

② 「辯」，吳鈔本、四庫本作「辨」。

③ 畢云：舊脱「有」字，一本如此。 ○案：潛本、緜眇閣本 陳本「有」字不脱。

④ 「惡」讀爲「烏」。

⑤ 「請」、「情」字通。上篇作「實」，「實」亦情也。

⑥ 「家」，各本作「察」，字之誤也。節葬下篇曰「姑嘗傅而爲政乎國家萬民而觀之」，與此文同，今據以訂正。上篇言「國家百姓人民」，猶此言「國家萬民」也。

⑦ 吳鈔本無「也」字。

⑧ 孫云：國語魯語韋注云：「屬，適也。」

⑨ 吳鈔本無「也」字。

⑩ 畢云：文選石闕銘注引此「治」作「理」、「世」作「時」、「民」作「人」，皆唐人避諱改。

⑪「問」，寶曆本、堂策檻本、四庫本作「聞」。卷子本治要原作「問」，改作「聞」，銅活字本、天明本治要遂相承作「聞」，下同。「問」、「聞」字通，亦見尚同下篇。

⑫孫云：據下文，「命」上當有「其」字。

⑬孫云：「故」、「固」通。

⑭卷子本治要「今」作「命」。

⑮畢云：一本無「功」字。　吳云：「功」、「攻」同字，治也。　○案：潛本、緜眇閣本、陳本無「功」字。卷子本治要「功」作「蓄」。

⑯孫云：「力」上亦當有「其」字。

⑰「執」，道藏本、吳鈔本、陸本、唐本、茅本、堂策檻本、四庫本作「天」，寶曆本、畢本作「夫」，潛本、緜眇閣本、陳本作「執」，今從之。作「天」、作「夫」並「丮」之誤字，「丮有命者」即執有命者，說詳中篇。

⑱「意」、「抑」同。「亡」，語詞。

⑲小取篇曰「以說出故」。「之」，茅本、寶曆本作「以」。　秋山云：「以」疑「之」。

⑳「而」字潛本、緜眇閣本、陳本無。文選長笛賦李注引蒼頡曰：「矯，正也。」　畢云：「而」讀如「能」，一本無「而」字，非。　陳壽祺說同。

㉑「心意」，中篇作「心志」，義同。

㉒「弋」，翻陸本、寶曆本誤「戈」。

㉓畢云：中篇「湛」作「沈」。

㉔孫云：「遂」與「隊」通。法儀篇云「遂失其國家」。　○案：以上篇「遂以亡失國家、傾覆社稷」文例校之，此「遂」字當與彼同。「遂」猶因也，與法儀篇「使遂失其國家」句「遂失」二字平列者有別。

㉕「有」字陸本、茅本、寶曆本、堂策檻本、四庫本無。

㉖「必」，諸本作「又」，寶曆本、堂策檻本、四庫本作「必」，今從之。戴校同。

㉗畢云：舊脱「人」字，一本有。「術」同「述」。　○案：潛本、緜眇閣本、陳本並有「人」字。

㉘畢云：言沮樸實之人。　王引之云：「遲」字義不可通，「遲」當爲「遇」，字之誤也。遇與愚同。言此有命之説，或作之，或述之，皆足以疑衆愚樸。「樸」謂質樸之人也。中篇作「教衆愚樸」，是其證。畢説非。　孫云：「遲」疑當爲「穉」。穉，驕也。「遲樸」即驕穉愿樸之意。　○案：孫説未允。執有命以教人，與驕之之意相去甚遠。「遲」字如漢書杜周傳「周少言重遲」之「遲」，顔注云：「遲謂性非敏速也。」性非敏速〔一〕，與中篇「愚」字義正相近。

㉙吴鈔本「遺」作「示」。　孫云：此文亦見兼愛下、天志中、貴義、魯問諸篇，並作「遺」，則吴本非

〔一〕「速」原誤「遠」，據上文顔注改。

是。 ○案：尚賢下、明鬼下亦有之，字並作「遺」。

㉚王云：「焉」猶於也。 孫云：此倒句，猶云存於何書。

㉛「禹」，茅本、寶曆本作「息」。 蘇云：「總德」，蓋逸書篇名。

㉜吳鈔本「惟」作「唯」。「允」，信也。「不著」，著也。言信乎天之顯著也。詩周頌曰「敬之敬之，天維顯思，命不易哉」，與本節文意略同。

㉝畢云：「而」同「能」，「葆」同「保」。

㉞「防」讀如尚賢下篇「百姓皆放心解體」之「放」。

㉟不能保民，既放凶心，于是天加之咎。

㊱孫云：「天命」下，當依上、中二篇補「布命」二字。 王樹枏說同。

㊲畢云：當作「惡」或「憎」字。 江聲云：「式」，用也。「增」讀當爲「憎」。說文：「憎，惡也。」或作「帝式是惡」，或作「帝伐之惡」，「伐之」字誤，當從「式是」。 孟子盡心下篇云：「士憎茲多口」，趙岐注解「憎」爲增多之「增」，則「增」、「憎」字通。 顧云：「增」即「憎」字。 明道本晉語「懼子之應且增也」，今本作「憎」。 易林渙之蠱「獨宿增夜」，道藏本韓非子說難「論其所增」。

○案：「增」，潛本、寶曆本、緜眇閣本作「憎」。

㊳「爽」，上篇作「喪」。 惠棟云：周語「單襄公曰：晉侯爽二」，韋昭曰：「爽當爲喪，字之誤也。」

㊴ 孫云：公羊僖三十三年何注云：「詐稱曰矯。」

㊵ 「謂」，畢本作「爲」，舊本並作「謂」，今從舊本。

㊶ 寶曆本「太」作「大」。下同。

㊷ 孫星衍云：或「太子發」三字之誤。　莊述祖云：「去發」當爲「太子發」。武王受文王之事，故自稱太子，述文王伐功，告諸侯，且言紂未可伐，爲太誓上篇。　俞云：古人作書，或合二字爲一，如石鼓文「小魚」作「⿱小魚」，散氏銅盤銘「小子」作「⿱小子」，是也。此文「大子」字或合書作「⿱大子」，其下缺壞，則似「厺」字，因誤爲「去」耳。　詩思文篇正義引太誓曰「惟四月，太子發上祭於畢，下至於孟津之上」，又云「太子發升舟，中流白魚入於王舟，王跪取，出涘以燎[二]之」，注曰：「得白魚之瑞，即變稱王，應天命定號也。」疑古大誓三篇，其上篇以「太子發上祭於畢」發端，至中、下兩篇則作於得魚瑞之後，無不稱王矣。　故學者相承稱大誓上篇爲太子發，以别於中、下兩篇，亦猶古詩以篇首字命名之例也。

㊸ 「惡乎」，今作「嗚呼」。「惡」，莊校改「於」。

㊹ 「其」，茅本、寶曆本作「則」。　莊云：「有」當爲「右」，助也。言天之助明德，其行事甚章著。　蘇云：書泰誓曰：「嗚呼，我西土君子，天有顯德，厥類惟彰。」

〔二〕「燎」，本書誤「潦」，據墨子閒詁引改，與詩周頌思文正義原引合。

㊺吴鈔本「鑑」作「監」。　莊云：「鑑」當爲「監」。

㊻蘇云：「殷」宜作「夏」。泰誓曰「厥鑑惟不遠，在彼夏王」。　孫云：僞古文不足據，蘇説非也。
詩大雅蕩云「殷鑑不遠，在夏后之世」，鄭箋云：「此言殷之明鏡不遠也。近在夏后之世，謂湯誅
桀也。後武王誅紂，今之王者何以不用爲戒。」此書與彼詩文異而意則同。　○案：荀子解蔽
篇曰「文王監於殷紂」。

㊼「祭」，茅本、寶曆本作「全」。

㊽蘇云：此四句今書泰誓在「厥鑑惟不遠」之上，上二句作「謂己有天命，謂敬不足行」。下同。

㊾「常」，茅本、寶曆本作「帝」。　蘇云：二語今泰誓無之，上句見伊訓，下句見咸有一德。
○案：非樂上篇曰「上帝弗常，九有以亡」，「弗」、「不」字通，義詳彼注。

㊿莊云：「祝」，斷也。言天將斷棄其身。　蘇云：今泰誓「不」作「弗」，「其」作「時」。　孫
云：非樂上篇引湯官刑亦有此四語，末句作「降之百殃」。

51畢云：文略見孔書泰誓。　蘇云：今泰誓下句作「誕受多方」。莊校改「帝」爲「商」，云：言天
改殷之命，而周受之。　陳喬樅校同，云：「商」字作「帝」，非是。此節皆有韻之文，作「商」則與上
文叶。

52「者」字畢本無，舊本並有，今據補。

53「卜」，畢本作「十」，諸本作「卜」，今從之。　諸書「卜」字或作「十」，與「十」相混，唯「卜」字垂畫較

長，橫畫左畔較短，是其異也。陸本、茅本、堂策檻本、四庫本作「卜」，形甚明瞭。道藏本似原作「卜」，後加長其左畔作「十」者。「卜簡之篇」，蓋古代卜筮之書，如易、連山、歸藏之類。　秋山云：「尚」、「上」同。　蘇、俞說同。　孫云：「皆無之」，謂皆以命爲無也。

54 吴鈔本「天下」下無「之」字。

55 「喉」，諸本作「惟」，潛本、緜眇閣本作「頬」，寶曆本作「喉」，今從之。　畢云：「惟」，一本作「頬」[一]。　王云：「惟」與「頬」形聲俱不相近，若本是「頬」字，無緣誤而爲「惟」。一本作「頬」者，後人以意改之耳。「惟舌」當爲「喉舌」，「喉」誤爲「唯」，因誤爲「惟」耳。潛夫論斷訟篇「慎己喉舌，以示下民」，今本「喉」作「唯」，其誤正與此同。凡從「侯」、從「隹」之字，隸書往往譌溷。

56 畢云：「呡」，「脗」字省文。說文云：「吻，口邊也。」又有「脗」字，云：「或从月从昏。」此省「日」耳。

57 「爲」字畢本脫，舊本並有，今據補。

58 「蚤」，諸本作「早」，吴鈔本作「蚤」，與本書文例合，今從之。

59 諸本「敢」下有「息」字，潛本、緜眇閣本無，今據刪。　秋山云：「息」恐衍。　畢云：一本無「息」字，是。

〔一〕「頬」下原衍「者」字，據畢刻本刪。

⑥0 「卿」，茅本、寶曆本作「以」。

⑥1 吴鈔本「知」作「智」。

⑥2 吴鈔本「暮」作「莫」。

⑥3 「埶」，諸本作「藝」，吴鈔本作「埶」，今從之。

⑥4 「叔」，各本作「升」，今依王校改。

⑥5 畢云：舊脱「以」字，據上文增。○案：吴鈔本「以」字不脱，沈本並脱「所以」二字。「寐」，吴鈔本、陸本、灊本、茅本、寶曆本、緜眇閣本作「寐」。

⑥6 「絲」，諸本作「統」，茅本作「統」，寶曆本作「絲」，今從之。王云：「統」當爲「絲」，非樂篇作「多治麻絲葛緒」，是其證。墨子書言「麻絲」者多矣，未有作「麻統」者。蘇校同。畢云：「緒」，「紵」字假音。孫云：「緒」畢讀如「紵」，是也。説文糸部〔一〕云：「緒，絲耑也。」「紵，檾屬。細者爲絟，布白而細曰紵。」重文「絝」，云「紵或从緒省」。此與説文或體聲同。

⑥7 畢云：説文云：「稛，絭束也。」此俗寫。王云：「縿」當作「繰」，詳非樂上篇。○案：「捆」，道藏本、吴鈔本、陸本、唐本、茅本、堂策檻本作「捆」。此文本書屢見。辭過篇諸本作「梱」、「捆」、「槶」、「摑」四形，非樂上篇作「綑」，此作「捆」、作「捆」。「摑」正字，「捆」或體，其餘均「摑」、

〔一〕「部」下原衍「緒」字，據墨子閒詁删。

㊳「捆」形聲之譌變，詳辭過篇。

㊴「雖」，潛本、緜眇閣本作「惟」。

㊵寶曆本「蕢」作「貴」。俞云：「蕢」字乃「藉」字之誤。藉若，猶言假如也，本書屢見。

㊶「人」，道藏本、唐本、沈本、潛本、緜眇閣本誤「大」。

㊷「埶」，諸本作「藝」，吴鈔本作「埶」，今從之。

㊸王云：爾雅：「使，從也。」「天鬼不從」，猶上文言「上帝不順」耳。小雅雨無正篇「云不可使，得罪于天子」，鄭箋訓「使」爲「從」。管子小匡篇「魯請爲關内之侯而桓公不使」、「邢請爲關内之侯而桓公不使」，「不使」謂不從也。

㊹「持」，各本作「待」，今依王校改。王云：「待」字義不可通，「待養」當爲「持養」，字之誤也。周官服不氏「以旌居乏而待獲」，注：「待當爲持。」天志篇曰「食飢息勞，持養其萬民」，荀子勸學篇曰「除其害者以持養之」，榮辱篇曰「以相群居，以相持養」，楊倞注：「持養，保養也。」蘇校同。

㊺「失」，各本作「共」，今依王校改。畢云：「抎」，失。王云：「共」字義不可通，當是「失」字之誤。隸書「失」字或作「宊」，與「共」相似。説文：「抎，有所失也。」尚賢篇云「失損其國家，傾覆其社稷」，抎、損古字通。天志篇云「國家滅亡，抎失社稷」，齊策云「守齊國唯恐失抎之」，皆其證。

⑺各本作「當若有命者言也」七字。王云：此本作「當若有命者之言不可不強非也」。淮南脩務訓注曰：「強，力也。」言有命之言，士君子不可不力非之也。中篇作「不可不疾非」，疾亦力也。下文曰「將不可不察而強非者此也」，是其證。○案：王校是也，今依補，更據上文及上、中兩篇於「有命者」之上補「執」字。

⑻「術」，同「述」，見上。

⑼「仁」，畢本作「人」，舊本並作「仁」，今據正。

非儒上第三十八闕

非儒下第三十九①

儒者曰：「親親有術，尊賢有等②。」言親疏尊卑之異也。其禮曰：「喪父母三年，妻、後子三年③，伯父、叔父、弟兄、庶子其④，戚族人五月⑤。」若以親疏爲歲月之數，則親者多而疏者少矣，是妻、後子與父同也⑥。若以尊卑爲歲月數，則是尊其妻子與父母同，而親伯父、宗兄而卑子也⑦。逆孰大焉⑧？其親死，列尸弗斂⑨，登屋，窺井，挑鼠穴，探滌器，而求其人焉⑩。以爲實在，則戇愚甚矣⑪。如其亡也，必求焉，僞亦大矣⑫。取妻身迎⑬，祗褍爲僕⑭，秉轡授綏⑮，如仰嚴親⑯。昏禮威儀，如承祭祀。顛覆上下，悖逆父母⑰，下則妻子⑱，妻子上侵⑲。事親若此，可謂孝乎？儒者迎妻⑳：妻之奉祭祀㉑，子將守宗廟，故重之㉒。應之曰：此誣言也。其宗兄守其先宗廟數十年，死，喪之其㉓，兄弟之妻奉其先之祭祀，弗服㉔。則喪妻子三年，必非以守奉祭祀也㉕。夫憂妻子，以大負絫㉖，有曰㉗：「所以重親也。」爲欲厚所至私㉘，輕所至重㉙，豈非大姦也哉？

有强執有命以說議曰㉚：「壽夭貧富，安危治亂，固有天命，不可損益㉛。窮達賞罰，幸否有極㉜，人之知力㉝，不能爲焉。」羣吏信之，則怠於分職；庶人信之，則怠於從事。不治則亂㉞，農事緩則貧，貧且亂政之本㉟。而儒者以爲道教，是賊天下之人者也㊱。

且夫繁飾禮樂以淫人㊲，久喪僞哀以謾親㊳，立命緩貧而高浩居㊴，倍本棄事而安怠徹㊵。貪於飲食㊶，惰於作務㊷，陷於飢寒，危於凍餒，無以違之㊸。是苦人氣㊹，鼸鼠藏㊺，而羝羊視㊻，賁彘起㊼。君子笑之，怒曰：「散人，焉知良儒㊽！」夫夏乞麥禾㊾，五穀既收，大喪是隨㊿，子姓皆從(51)，得厭飲食，畢治數喪，足以至矣(52)。因人之家以爲翠(53)，恃人之野以爲尊(54)，富人有喪，乃大說喜，曰：「此衣食之端也(55)。」

儒者曰：君子必古服言，然後仁(56)。應之曰：所謂古之服言者，皆嘗新矣(57)，而古人服之、言之[58]，則非君子也[59]。然則必法非君子之服，言非君子之言，而後仁乎[60]？

又曰：君子循而不作[61]。應之曰：古者羿作弓[62]，伃作甲[63]，奚仲作車[64]，巧垂作舟[65]。然則今之鮑、函、車、匠皆君子也[66]，而羿、伃、奚仲、巧垂皆小人邪？且其所循[67]，人必或作之[68]，然則其所循皆小人道也[69]。

又曰[70]：君子勝不逐奔[71]，揜函弗射[72]，强則助之胥車[73]。應之曰：若皆仁人也，則無説而相與[74]。仁人以其取舍是非之理相告，無故從有故也，弗知從有知也，無辭必服，見善必遷，何故相與[75]？若兩暴交爭[76]，其勝者欲不逐奔，揜函弗射，施則助之胥車[77]，雖盡能猶且不得爲君子也。意暴殘之國也，聖將爲世除害[78]，興師誅罰，勝將因用儒術令士卒曰[79]：「毋逐奔，揜函勿射，施則助之胥車[80]。」暴亂之人也得活，天下害不除[81]，是爲羣殘父母而深賊世也[82]，不義莫大焉。

又曰：君子若鍾[83]，擊之則鳴，弗擊不鳴[84]。應之曰：夫仁人事上竭忠，事親得孝，務善則美，有過則諫[85]，此爲人臣之道也。今擊之則鳴，弗擊不鳴，隱知豫力[86]，恬漠待問而後對[87]，雖有君親之大利，弗問不言[88]。若將有大寇亂，盜賊將作，若機辟將發也[89]，他人不知，己獨知之，雖其君親皆在，不問不言，是夫大亂之賊也。以是爲人臣不忠，爲子不孝，事兄不弟[90]，交遇人不貞良[91]。夫執後不言之朝[92]，物見利使，己雖恐後言[93]，君若言而未有利焉，則高拱下視㉔，會噎爲深㉕，曰：「惟其末之學也㉖。」用誰急㉗，遺行遠矣㉘。

夫一道術學業，仁義也。皆大以治人㉙，小以任〔一〕官，遠用徧施⑩，近以脩身⑪，不義不處，非理不行，務興天下之利，曲直周旋，利則止⑫，此君子之道也。以所聞孔丘之行⑬，則本與此相反謬也⑭。齊景公問晏子曰：「孔子爲人何如？」晏子不對，公又復問，不對⑮。景公曰：「以孔丘語寡人者衆矣，俱以爲賢人也⑯。今寡人問之，而子不對，何也？」晏子對曰：「嬰不肖，不足以知賢人。雖然，嬰聞所謂賢人者，入人之國，必務合其君臣之親，而弭其上下之怨。孔丘之荆⑰，知白公之謀，而奉之以石乞⑱，君身幾滅，而白公僇⑲。嬰聞賢人得上不虛，得下不危，言聽於君必利人，教行下必於上⑳，是以言明而易知也，行易而易從也㉑，行義可明乎民，謀慮可通乎君臣。今孔丘深慮同謀以奉賊㉒，勞思盡知以行邪，勸下亂上，教臣殺君㉓，非賢人之行也。入人之國，而與人之賊，非義之類也。知人不忠，趣之爲亂㉔，非仁義之也㉕。逃人而後謀，避人而后言㉖，行義不可明於民㉗，謀慮不可通於君臣，嬰不知孔丘之有異於白公也，是以不對。」景公曰：「嗚呼㉘！貺寡人者衆矣㉙，非夫子，則吾終身不知孔丘之與白公同也。」

〔一〕「任」原誤「治」，據畢刻本改，與墨子舊本原文合。

孔丘之齊，見景公[120]。景公說，欲封之以尼谿[121]，以告晏子。晏子曰：「不可。夫儒，浩居而自順者也[122]，不可以教下；好樂而淫人[123]，不可使親治；立命而怠事，不可使守職；宗喪循哀[124]，不可使慈民[125]；機服勉容[126]，不可使導衆。孔丘盛容脩飾以蠱世[127]，弦歌鼓舞以聚徒，繁登降之禮以示儀，務趨翔之節以觀衆[128]，博學不可使議世[129]，勞思不可以補民[130]，絫壽不能盡其學，當年不能行其禮[131]，積財不能贍其樂[132]，繁飾邪術以營世君[133]，盛爲聲樂以淫遇民[134]，其道不可以期世[135]，其學不可以導衆[136]。今君封之，以利齊俗[137]，非所以導國先衆。」公曰[138]：「善[139]。」於是厚其禮[140]，留其封，敬見而不問其道[141]。孔丘乃志怒於景公與晏子[142]，乃樹鴟夷子皮於田常之門[143]，告南郭惠子以所欲爲[144]，歸於魯。有頃，閒齊將伐魯[145]，告子貢曰：「賜乎！舉大事於今之時矣。」乃遣子貢之齊，因南郭惠子以見田常，勸之伐吳，以教高、國、鮑、晏，使毋得害田常之亂，勸越伐吳。三年之內，齊吳破國之難[146]，伏尸以言術數[147]，孔丘之誅也[148]。

孔丘爲魯司寇[149]，舍公家而於季孫[150]，季孫相魯君而走[151]，季氏與邑人爭門關[152]，決植[153]。

孔丘窮於蔡陳之閒[154]，藜羹不糂[155]，十日[156]，子路爲享豚[157]，孔丘不問肉之所由來而食。褫人衣[158]以酤酒[159]，孔丘不問酒之所由來而飲。哀公迎孔丘[160]，席不端弗坐[161]，割不正弗食[162]。子路進，請曰：「何其與陳蔡反也[163]？」孔丘曰：「來，吾語女[164]。曩與女爲苟生[165]，今與女爲苟義[166]。」夫飢約則不辭妄取以活身[167]，贏飽則僞行以自飾[168]，汙邪詐僞[169]，孰大於此？

孔丘與其門弟子閒坐，曰：「夫舜見瞽叟就然[170]，此時天下圾乎[171]！周公旦非其人也邪[172]？何爲舍亓家室而託寓也[173]？」孔丘所行，心術所至也。其徒屬弟子皆效孔丘[174]，子貢、季路輔孔悝亂乎衛[175]，陽虎亂乎齊[176]，佛肸以中牟叛[177]，桼雕刑殘[178]，莫大焉[179]。夫爲弟子，後生其師[180]，必脩其言[181]，法其行，力不足、知弗及而後已。今孔丘之行如此，儒士則可以疑矣。

① 畢云：「孔叢子詰墨篇多引此詞，此述墨氏之學者設師言以折儒也。故親士諸篇無「子墨子言曰」者，翟自著也；此無「子墨子言曰」者，門人小子臆說之詞，并不敢以誣翟也。例雖同而異事，後人以此病翟，非也。說文云：「儒，柔也，術士之稱。」」○案：儒、墨道不同，交相非毀，誠無足怪，於諸子書中可考見之。此篇所舉，或涉瑣細，又無「子墨子言曰」，與尚賢等有上、中、下三篇者亦不同，明非盡本墨子。自「以所聞孔丘之行」以下，與上文就事立論者顯然有別，不類一篇文字，疑經後人補綴竄亂，非墨書之舊也。

②王引之云：此即中庸所謂「親親之殺，尊賢之等」，今云「親親有術」者，「殺」與「術」聲近而字通也。說文「殺」字「从殳，杀聲」，而無「杀」字。五經文字曰：「杀，古殺字。」今案「杀」字蓋从乂，术聲。說文：「乂，芟艸也。從丿乀相交。」或从刀作「刈」。廣雅：「刈，殺也。」哀元年左傳「艾殺其民」，「艾」與「乂」、「刈」同。是「乂」即「殺」也。故「杀」字从乂，而以术爲聲。「乂」字篆文作「㐅」，今在「术」字之上，故變曲爲直而作「乂」，其實一字也。說文無「乂」部，故「杀」字無所附而不收。「杀」與「術」並從术聲，故聲相近。轉去聲則「殺」音色介反，「術」音遂，聲亦相近。故墨子書以「術」爲「殺」。　孫云：孔穎達禮記正義云：「五服之節，降殺不同，是親親之衰殺。公卿大夫，其爵各異，是尊賢之等。」

③「妻」，舊本並作「其」，畢本「其」下增「妻」字。　畢云：舊脱「妻」字，據下文增。　王云：「其」字涉下文而衍。節葬篇「父母死，喪之三年」下無「其」字，是其證。　○案：王說是也，今依刪「其」字。「其」即「妻」字之誤，形聲相近。

④畢云：「其」與「期」同。　孫云：公孟篇正作「期」。

⑤孫云：以上述喪服，並詳節葬篇。

⑥王樹枏云：「父」下脱「母」字。

⑦王念孫云：「親」當爲「視」之誤。　王引之云：「而卑子也」當作「卑而庶子也」，「而」讀爲「如」，言卑其伯父宗兄如庶子也。　俞云：王氏念孫謂「親伯父宗兄」，「親」當爲「視」，其說是

也。王氏引之謂「而」讀爲「如」，亦當從之。惟謂當作「卑如庶子」，則以意增益，未爲可據。今按「視伯父宗兄如卑子者」，「卑子」即庶子，乃取卑小之義。僖二十二年左傳「公卑郲」，杜注曰：「卑，小也。」　孫云：「宗兄」見曾子問，言適長爲宗子者，故下文云「其宗兄守其先宗廟數十年」。

⑧吴鈔本「逆孰」倒。

⑨「尸」，舊本譌「户」。「斂」字各本脱，今依王校補。　王云：此本作「列尸弗斂」，今本脱「斂」字耳。死三日而後斂，則前二日猶未斂也，故曰「列尸弗斂」。「列」者，陳也。鈔本北堂書鈔地部二引此正作「列尸弗斂」。　○案：明鈔本書鈔引作「列户弗險」，孔本書鈔作「列尸弗殮」。「殮」爲「斂」之俗，「險」即「殮」誤。

⑩孫云：此非喪禮之復也。士喪經云「復者，升自前東榮中屋，北面招以衣，曰：皋某復」，是「登屋」也。說文水部云：「滌，洒也。」「滌器」，洒濯之器，若槃、匜之屬。「窺井」以下，並喪禮所無。　○案：「挑」，寶曆本作「桃」，明鈔本書鈔、孔本書鈔作「逃」。說文：「挑，撓也。」段注云：「挑者，謂撥動之。」「登屋、窺井、挑鼠穴、探滌器」，四者蓋當時儒者代人治喪用以招魂之儀節也。

⑪孔本書鈔「實」作「誠」，無「戇」字。　明鈔本書鈔作「以誠在焉，愚甚矣」。　畢云：說文云：「戇，愚也。」「愚，戇也。」

⑫王引之云：「如」當爲「知」。言既知其亡而必求之，則僞而已矣。　蘇說同。　○案：「如」字不誤。此言親死而登屋窺井以求之，以爲實在，則愚，如以爲無，則僞，二者必居其一。明鈔本

書鈔、孔本書鈔引並作「如」，則唐時傳本亦作「如」也。

⑬ 吳云：「身迎」即親迎。

⑭ 畢云：說文云：「祇，敬也。」「褍，衣正幅。」則「褍」亦正意，與「端」同。　王云：畢說非也。「祇褍爲僕」，「祇」當爲「袨」，隸書相似而誤。袨褍即玄端也。周官司服「其齊服有玄端素端」，鄭注曰：「端者，取其正也。」　○案：徧檢古本無作「祇」者，玄端亦非親迎之服，王說似求之太深。「褍」疑「顓」之聲借。說文曰：「顓，頭顓顓謹貌。」「祇褍爲僕」，猶言敬謹爲僕也。

⑮ 孫云：士昏禮云「壻御婦車，授綏」，鄭注云：「壻御者，親而下之。綏，所以引升車者。僕人必授人綏。」此上云「爲僕」，即指親御之事。

⑯ 俞云：「仰」當作「御」，隸書形似而誤。　○案：「仰」者，「迎」之借字。俞校改「御」，御亦訓迎。

⑰ 「悖」，陸本、茅本作「惇」。

⑱ 王樹枏云：本書「則」、「即」二字通用。「下則妻子」者，下即妻子也。即，就也。

⑲ 句。

⑳ 畢云：「儒」舊作「傳」，據下文改。當云「儒者曰」。　○案：吳鈔本無「妻」字。「迎」疑當爲「曰」，涉上文「迎」字而誤。

㉑ 「妻之奉祭祀」，猶妻者奉祭祀也。經說下篇「若瘧病之之於瘧也」，亦以「之」爲「者」。

㉒孫云：禮記哀公問：「孔子曰：妻也者，親之主也，敢不敬與？子也者，親之後也，敢不敬與？」

㉓畢云：同「期」。

㉔「服」，各本作「散」，今依盧校改。

㉕孫云：「守」下，據上文當有「宗廟」二字。

㉖孫云：「憂妻子」謂憂厚於妻子，猶下文云「厚所至私」也。國策趙策云「夫人優愛孺子」。說文夊部云：「憂，和之行也。」引詩曰「布政憂憂」，今詩商頌長發作「優」。案古無「優」字，優厚字止作「憂」。今別作「優」，而以「憂」爲惪愁字。墨子書多古字，此亦其一也。「以」與「已」同。言偏厚妻子已爲大負絫，乃又飾辭文過，託之奉祭祀、守宗廟，故下云「又日所以重親也」。

㉗孫云：「有」當讀爲「又」。

㉘畢云：舊作「和」，以意改。

㉙李本「至」作「生」，誤。

㉚孫云：上「有」字亦讀爲「又」。

㉛孫云：莊子至樂篇：「孔子曰：命有所成而形有所適也，夫不可損益。」

㉜孫云：廣雅釋詁云：「極，中也。」逸周書命訓篇云：「天生民而成大命，命司德，正之以〔一〕禍福，

〔一〕「以」字，墨子閒詁原引脫，本書沿誤，據逸周書命訓篇補。

立明王以順之。曰：大命有常，小命日成。成則敬，有常則廣。廣以敬命，則度至于極。」此古説有命之遺言也。○案：孫説未允。命訓篇下文云「司義而賜之福禄，司不義而降之禍」，是周書文意爲主禍福由人説者，與此所謂「人之知力不能爲焉」正相反也。

㉝ 吴鈔本、繹史本「知」作「智」。

㉞ 「不治」上，王校增「吏」字。

㉟ 王云：此句有脱文。孫云：疑當作「倍政之本」，下文云「倍本棄事而安怠傲〔一〕」。○案：「倍本棄事」指儒者不力田、不事生産而言，與「政之本」似乎有别。「政之本」上疑脱「失」字，尚賢下篇「王公大人本失尚賢爲政之本也」。

㊱ 「賊」，諸本作「賤」，翻陸本、緜眇閣本　陳本、繹史本作「賊」，今從之。王、蘇校同。

㊲ 「樂」字畢本脱，舊本並有，今據補。

㊳ 畢云：説文云：「謾，欺也。」

㊴ 畢云：同「傲倨」。説文云：「居，蹲也。」曹云：「浩」爲「洪」訛。「洪」與「佚」同。佚居謂不勤身以從事也。儒者以佚居爲高，如易云「不事王侯，高尚其事」，雖貧困而不爲生業，周末齊魯之儒「褒衣姁步」，後世若晉人之清談養望、宋儒半日静坐之類是。○案：「浩居」讀爲「敖

〔一〕「傲」原誤「徹」，據墨子閒詁改。按：孫從畢刻本，字作「傲」，見注㊵。

居」，即逸居之意。漢書食貨志「邑無敖民。」師古云：「敖，謂逸遊也。」淮南子說山訓曰「爲儒而踞里閭，爲墨而朝吹竽，是非所行而行所非」，注云：「儒尚禮義，踞里閭，非也。」可見儒者固不傲倨，墨家當不至以傲倨非儒，猶之儒家不以好樂非墨也。

㊵ 孟子公孫丑篇引詩「徹彼桑土」，趙注云：「徹，取也。」廣雅釋詁曰：「撤，取也。」均此「徹」字之義。下文「夏乞麥禾」、「因人之家以爲翠，恃人之野以爲尊」，皆可爲「怠徹」注脚。天志下篇所謂「不與其勞獲其實」，過其寄生生活也。「徹」，畢本以意改「傲」，今仍從舊本。

㊶ 「食」，畢本誤「酒」，舊本並作「食」，今據正。

㊷ 孫云：荀子非十二子篇云：「偷儒憚事，無廉恥而耆飲食，必曰君子固不用力，是子游氏之賤儒也。」此所非與彼相類。

㊸ 孫云：禮記緇衣鄭注云：「違猶辟也。」

㊹ 「苦」，畢本作「若」，舊本並作「苦」，今據正。　孫云：「人氣」疑當作「乞人」。「氣」與「乞」通，古「乞」作「气」，即雲气字。下文云「夏乞麥禾」，是其證。　○案：孫乙非是。此及以下三句平列，皆以上二字爲主詞，末一字爲動詞。廣雅釋詁曰：「苦，窮也。」「苦人乞」，蓋謂儒者游食乞貸，猶窮苦人乞食矣。

㊺ 「鼸」，舊本作「鶼」。　秋山云：「鶼」，一作「歉」。　畢云：爾雅有「鼸鼠」，陸德明音義云：「孫炎云：『鼸者，頰裏也。』郭云：『以頰内藏食也。』字林云：『即鼢鼠也。』」說文云：「鼸，𪕊

也。」玉篇云：「鼸，胡簟切，田鼠也。」「鼸」舊作「䶢」，誤。孫云：夏小正云：「正月，田鼠出。」田鼠者，嗛鼠也。」「嗛」、「鼸」字通。謂儒者得食則藏之，若鼸鼠裏藏食物矣。

㊻ 畢云：爾雅云「羊：牡，羒。」注：「羝」，廣雅云：「二歲曰羝。」說文云：「羝，牡羊也。」陸德明音義云：「字林云：牂羊也。」然則「羝」、「羒」、「牂」皆牡羊。

㊼ 畢云：易大畜云「豶豕之牙」，崔憬曰：「說文：『豶，劇豕。』今俗猶呼劇豬是也。」　○案：說文作「羠豕」，崔以意改之。羠與犗義同。劇者，犗假音。玉篇云：「豶，扶云切，犗也。」文心雕龍奏啟篇「墨翟非儒，目以羊彘」，或即指此。

㊽ 畢云：「散人」猶冗人。　孫云：莊子人閒世篇「匠石夢櫟社曰：而幾死之散人」。此述儒者詬君子之語。　○案：莊子人閒世篇以無用之木爲「散木」，其「散人」義亦當一例。荀子勸學篇亦以不隆禮者爲「散儒」，「散」字皆示貶抑輕蔑之意，故儒者詬笑己者則曰「散人」，自稱則曰「良儒」。

㊾ 孫云：疑脫「春乞」云云。「夫」似即「春」字上半缺剝僅存者。

㊿ 孫云：言秋冬無可乞，則爲人治喪以得食也。

51 孫云：喪大記云「卿大夫父兄子姓立于東方」，鄭注云：「子姓，謂衆子孫也。姓之言生也。」

52 吳闓生云：「至」疑當作「生」。

53 「以爲翠」，各本作「翠以爲」，今依孫校移。　畢云：廣雅：「臎，肥也。」此古字。　王引之云：「翠」當讀爲「賥」。廣韻云：「賥，貨也。」韓子説疑篇「破家殘賥」是也。

⑭ 畢云：言禾麥在野。

⑮ 孫云：此與荀子儒效篇所謂「得委積足以揜其口，則揚揚如也」者相類。

⑯ 各本作「君子必服古言然後仁」。王云：「當依公孟篇作『必古言服然後仁』。」俞云：「此本作『君子必古服古言然後仁』，此與公孟篇互脱一『古』字。」今兼依王、俞説，移爲「古服言」。孝經曰「非先王之法服不敢服，非先王之法言不敢道」。

⑰ 「服言」二字各本無，今參王引之説校增。今之所謂古，即古之所謂新也。

⑱ 「言之」二字各本無，王引之校增「言之」二字於「服之」之上，今依增「言之」二字，而置於「服之」之下。

⑲ 「非」字各本脱，今依王引之校增。

⑳ 「法」字王引之校改「服」。

㉑ 顧云：廣雅釋言：「循，述也。」論語曰「君子述而不作」。

㉒ 畢云：「羿」，「羿」省文。説文云：「羿，古諸侯也。一曰：射師。」孫云：呂氏春秋勿躬篇云「夷羿作弓」。

㉓ 畢云：「伃」即杼，少康子。盧云：世本作「輿」。孫云：史記夏本紀「帝少康崩，子帝予立」，索隱云：「予音宁。系本云『季杼作甲』者也。」又書費誓正義引世本亦作「杼」。盧據玉海所

引，未塙。

⑭ 孫云：呂氏春秋君守篇同，高注云：「奚仲，黃帝之後，任姓也。傳曰：爲夏車正，封於薛。」說文車部云：「車，夏后時奚仲所造。」山海經海內經云「奚仲生吉光，吉光是始以木爲車」，郭注云：「世本云『奚仲作車』，此言吉光，明其父子共創作意，是以〔一〕互稱之。」續漢書輿服志劉注引古史考云：「黃帝作車，引重致遠，其後少昊時駕牛，禹時奚仲駕馬。」依譙周說，奚仲駕馬，車非其所作。司馬彪、劉昭並從之，於義爲長。

⑮ 畢云：北堂書鈔引作「倕」，太平御覽作「錘」，事類賦引作「工倕」。太平御覽引有云「禹造粉」，疑在此。俞云：「巧垂」當作「功垂」。功垂即工垂也。莊子胠篋篇「攦工錘之指」，釋文曰：「錘音垂，堯時巧者也。」堯典「咨！垂，女共工」，是稱工垂者，工其官，垂其名。孫云：山海經海內經云「義均是〔二〕始爲巧倕」，楚辭九章亦云「巧倕」，又見七諫，俞說未塙。○案：北堂書鈔一百三十引，鈔本作「巧倕」，陳本作「工垂」。初學記二十五引作「巧倕」，蜀本御覽七百六十八引作「工倕」，廣韻十八尤「舟」字注引作「工倕」。「垂」、「倕」字通，作「工」、作「巧」，古書中兩有之。藝文類聚七十一引作「棄作舟」，與此異。

〔一〕「是以」，墨子閒詁原引誤倒，本書沿誤，據山海經海內經郭璞注乙。
〔二〕「是」字原脫，據墨子閒詁原引補，與山海經海內經合。

㊻畢云：考工記有「鞄、鮑」，鄭君注云：「鮑讀爲鮑魚之鮑，書或作鞄，蒼頡篇有『鞄甍』。」陸德明音義云：「劉音僕。」說文云：「鞄，柔革工也。从革，包聲，讀若朴。周禮曰『柔皮之工鮑氏』，鞄即鮑也。」

㊼寶曆本「其」作「夫」。

㊽孫云：言所述之事，其始必有作之之人也。

㊾其所循，人必或作之。若作者皆小人，則其所循者皆小人道也。是儒家循而不作之理論，已自相矛盾。吴鈔本「也」作「耶」。

㊿畢云：「又」舊作「人」，以意改。○案：寶曆本、繹史本作「又」。

(71)明鬼下篇曰「武王逐奔入宮」。孫云：穀梁隱五年傳云「伐不踰時，戰不逐奔」，司馬法仁本篇云「古者逐奔不過百步〔一〕」，又天子之義篇云「古者逐奔不遠」，墨子所述儒者之言與穀梁同。

(72)吴鈔本「揜」作「掩」。孫云：禮記表記鄭注云：「揜猶困迫也。」「函」疑「亟」之形誤。揜亟，謂敵困急則不忍射之也。曹云：「揜函」，謂奔者以甲自蔽也，畏射故揜函。牧野謙引諸葛蠡云：「揜函」謂揜藏其甲。尹桐陽、張純一說同。○案：軍敗止有棄甲，似無藏甲之理。疑「函」當訓含藏，與「揜」字平列。「揜函」者，藏匿隱蔽之意。韓子主道篇曰「函掩其跡，匿

〔一〕「步」，墨子閒詁原引作「里」，本書沿誤，據司馬法仁本改。

其端」，此言「搻函」，猶彼言「函掩」也。古人自有複語耳。

73 「强」，下文作「施」，堂策檻本、四庫本、畢本此亦作「施」，蓋即據下文校改。案「强」字是，下文作「施」，皆「强」之形譌。「强」借爲「僵」。凡敗軍有傷病僵仆者，均可謂之僵。胥與犀聲相近。史記匈奴傳「漢遺單于黃金胥紕一」，集解引徐廣曰「或作犀毗」，漢書作「犀毗」，是其例。漢書馮奉世傳注引晉灼云：「犀，堅也。」韓子姦劫弒臣篇「託於犀車良馬之上」，彼言「犀車良馬」，猶本書辭過篇所謂「堅車良馬」也。是「胥車」即「犀車」，亦即「堅車」矣。言敗軍有僵仆者，則以堅車助之，俾利於行。司馬法仁本篇所謂「哀憐傷病」，意與此相類。

74 句。

75 「與」字各本脱，今依王校增。王云：「何故相」下當有「與」字，而今本脱之，則義不可通。「相與」，謂相敵也。古謂相敵爲相與。襄二十五年左傳「一與一，誰能懼我」，哀九年傳「宋方吉，不可與也」，越語「彼來從我，固守勿與」，「與」字並與「敵」同義。言既爲仁人，則無辭必服，見善必遷，何故兩相敵也。上文曰「若皆仁人也，則無説而相與」，是其明證矣。

76 「兩」，道藏本、吴鈔本、陸本、唐本、茅本、緜眇閣本作「雨」，誤。

77 「施」，當依上文作「强」，説詳上。古鈔本於「弓」旁多作「方」，故「强」誤爲「施」。

78 孫云：「聖」下疑脱「人」字。

79 「儒」，諸本作「傳」，緜眇閣本、繹史本作「儒」，今從之。王校同。

⑳「施」當作「强」。

㉛王云：「也」字涉上下文而衍。

㉜「賊」，諸本作「賤」，寶曆本作「賊」，今從之。戴校同。

㉝畢云：「君」舊作「吾」，據上文改。

㉞孫云：此亦見公孟篇公孟子告墨子語。學記云：「善待問者如撞鐘，叩之以小者則小鳴，叩之以大者則大鳴。」　○案：荀子勸學篇曰「不問而告謂之傲，問一而告二謂之囋。傲，非也；囋，非也。君子如嚮矣」，文意類此。

㉟俞云：「得」字、「務」字傳寫互易。「事親務孝」，言事親者務爲孝也，與「事上竭忠」相對。「得善則美」，言有善則美之也，與「有過則諫」相對。

㊱俞云：「豫」猶儲也。　吴説同。　孫云：「豫」當爲「舍」之假字。「豫」从予聲，古音與「舍」同部。節葬下篇云「無敢舍餘力、隱謀遺利而不爲親爲之者矣」，「隱知」猶彼云「隱謀」，「豫力」即彼云「舍餘力」也。　○案：「豫」即書洪範「豫，恒燠若」之「豫」，鄭、王本「豫」作「舒」，鄭玄云：「舉遲也。」王肅云：「舒，惰也。」易雜卦「謙輕而豫怠也」，是「豫」者怠惰之義。「隱知豫力」，言隱匿其知，怠惰其力也。

㊲説文曰：「恬，安也。」「漠，一曰清也。」「嗼，啾嗼也。」莊子刻意篇「恬惔寂寞」。　孫云：淮南子詮言訓云「故中心常恬慔」，泰族訓云「静莫恬淡」，宋本「莫」作「漠」。「漠」、「慔」、「莫」字並通。

⑧⑧「不」，緜眇閣本、陳本、繹史本作「弗」。

⑧⑨孫云：莊子逍遥遊篇云「中於機辟，死於罔罟」，釋文引司馬彪云：「辟，罔也。」又山木篇云「然且不免於罔羅機辟之患」，鹽鐵論刑德篇云「罻羅張而縣其谷，辟陷設而當其蹊」，則「機辟」蓋掩取鳥獸之物。「辟」字又作「臂」，楚辭哀時命云「外迫脅於機臂兮，上牽聯於矰雉」，王注云：「機臂，弩身也。」王説與司馬義異，未知孰是。　○案：「機辟」蓋能自動獵禽之具，方與本文「發」字適合，則王説義長。今獵人安設弩箭射獸，皆有一定蹊徑，與鹽鐵論所述亦不悖。

⑨⓪句。

⑨①「交」字，孫校爲「友」之誤，屬上爲句，義亦可通。

⑨②孫云：「執後不言」，謂拘執居後，不肯先言之。「朝物」疑有脱誤。　案：「執」，持也，守也。「執後」猶道家言「取後」。「物」字屬下讀。

⑨③儀禮既夕禮「冢人物土」，鄭注云：「物猶相也。」相者，視察之義。離騷「相觀民之計極」，彼「相觀」，此「物見」，皆複語也。　蘇云：「使」當作「便」，「雖」當作「唯」。　俞云：「雖」、「唯」古字通。　蓋言利之所在，唯恐後言也。

⑨④孫云：説文手部云：「拱，斂手也。」

⑨⑤畢云：説文云：「噲，咽也。讀若快。」「噎，飯窒也。」「噲」與「噲」同，不言之意。

⑨⑥吴鈔本「惟」作「唯」。

⑰ 句。

⑱ 孫云：「誰」當作「雖」。蓋言事急則退避而遠行。荀子非十二子篇云：「正其衣冠，齊其顏色，嗛然而終日不言，是子夏氏之賤儒也。」此所非與彼相類。 ○案：賈子階級篇曰「見利則逝，見便則奪，主上有患，則吾苟免而已，立而觀之耳」，文意與此略同。

⑲ 「皆」，各本作「昔」，今依王校改。

⑳ 「偏」，道藏本、陸本、唐本、茅本、緜眇閣本、堂策檻本、繹史本、四庫本作「偏」，古字通用。「遠用偏施」，各本作「遠施用偏」，王云：「當作『遠施周偏』。」曹云：「當作『遠用偏施』。」今從曹校。「遠用偏施」猶遠以博施也，與下文「近以脩身」對文。

⑩① 「脩」，各本作「循」，今依王校改。

⑩② 俞云：「利則止」當作「不利則止」，傳寫脱「不」字耳。 ○案：「止」當作「上」，形近而譌。上即尚賢之尚。言曲直周旋，唯利則尚也。墨家務興天下之利，故尚利。國語楚語：「左史倚相曰：君子之行，欲其道也，故進退周旋，唯道是從」，句法與此略同。

⑩③ 「丘」字，畢本避孔子諱作「某」，舊本並作「丘」，今從舊本，下仿此。

⑩④ 吴鈔本「謬」作「繆」。

⑩⑤ 吴鈔本無「復」字。 王景羲云：當作「公又問，復不對」。

⑩⑥ 「爲」字各本脱，孫據孔叢子詰墨篇增，今從之。

107 孫云：史記孔子世家楚昭王迎孔子至楚，事在哀公六年。

108 孫云：「白公」，楚平王孫，名勝。其與石乞作亂事，見哀十六年左傳。此事不可信。列子說符篇、呂氏春秋精諭篇、淮南子道應訓並載白公與孔子問答，或因彼而誤傳與？

109 畢云：孔叢詰墨云：「白公亂在魯哀公十六年秋也，孔子已卒十旬。」　蘇云：白公之亂在景公卒後十二年，而晏子之卒更在景公之先，又安能預知後事，而先與景公言之？

110 呂氏春秋不侵篇「豫讓，國士也，而猶以人之於己也爲念」，高注云：「於猶厚也。」即此「於」字之義。下文「舍公家而於季孫」，義與此同。　俞云：此本作「教行於下必利上」。

111 「而」下「易」字各本脱，曹據上句補，今從之。大戴記子張問政篇「善政行易則民不怨」，「行易」言其行平易也。司馬長卿封禪文曰：「故軌迹夷易，易遵也。」鹽鐵論刑德篇：「故德明而易從，法約而易行。」　王云：當作「行明而易從」。下文曰「行義可明乎民」，又曰「行義不可明於民」，皆其證。

112 俞云：「同」乃「周」字之誤。「深慮、周謀」相對爲文，言其慮深沈，其謀周密也。

113 畢云：孔叢引「殺」作「弑」。

114 畢云：「趣」讀「促」。

115 畢云：脱字。　○案：疑當作「非仁之義也」，義訓爲宜。

116 「逃」，陸本、茅本、寶曆本、緜眇閣本作「迯」。「后」，吳鈔本、緜眇閣本，堂策檻本、陳本四庫本作

「後」。

(117) 吴鈔本「明」作「謀」。

(118) 「呼」，畢本作「乎」，舊本並作「呼」，今從舊本。

(119) 畢云：「貺」當爲「況」，此俗寫。　孫云：儀禮士昏禮記云「吾子有貺命」，鄭注云：「貺，賜也。」

(120) 孫云：史記孔子世家以此爲昭公二十五年魯亂，孔子適齊以後事。

(121) 史記孔子世家作「尼谿田」，晏子春秋外篇作「爾稽」，孫星衍云：「『尼』『爾』、『谿』『稽』聲皆相近。」　孫云：「尼谿」地無考。　吕氏春秋高義篇又作「景公致廩丘以爲養」。　○案：淮南子氾論訓「孔子辭廩丘」，高注云：「廩丘，齊邑，今屬濟陰。」疑爲一事而傳聞各異。

(122) 盧云：晏子外篇與此多同，「浩居」作「浩裾」。　畢云：史記作「倨傲自順」。　顧云：「居」，漢書酷吏郅都傳「丞相條侯，至貴居也」，讀作「倨」。　孫云：大戴禮記文王官人篇云「自順而不讓」，又云「有道而自順」，孔廣森云：「自順，謂順非也。」　○案：「浩居」，宋本孔叢子作「洪居」，曹箋亦改作「洪居」。

(123) 孫云：晏子作「好樂緩於民」。

(124) 史記、孔叢作「崇喪遂哀」。　孫云：「宗」、「崇」字通。　王云：「循」、「遂」一聲之轉。「遂哀」謂哀而不止也。三年問曰：「三年之喪，二十五月而畢，若駟之過隙。然而遂之，則是無窮也。」

⑫⑤ 晏子作「子民」。

⑫⑥ 盧云：晏子作「異于服，勉于容」。　曹云：「機」，異也。「勉容」，強爲容儀也。　○案：管子任法篇曰「無偉服，無奇行〔一〕」，「機」、「偉」音近，「機服」猶「偉服」。偉，奇也，異也。

⑫⑦ 吴鈔本「脩」作「修」。　孫云：晏子作「盛聲樂以侈世」。文選西京賦薛綜注云：「蠱，惑也。」

⑫⑧ 吴鈔本「趨」作「趍」。　畢本「觀」譌「勸」，舊本並作「觀」，今據正。晏子亦作「觀」。

⑫⑨ 「博」，各本作「儒」，今依王校改。　畢云：晏子「儒」作「博」，「議」作「儀」。　王云：作「博」者是，此言孔子博學而不可以爲法於世，非譏其儒學也。今本作「儒學」者，「博」誤爲「傳」，又誤爲「儒」耳。隸書傳、儒相似。「儀」、「議」古字通。

⑬⓪ 畢云：三字舊脱，盧據晏子增。

⑬① 孫云：「當年」，壯年也，詳非樂上篇。抱朴子外篇省煩引墨子作「累世不能盡其學，當年不能究其事」，與史記略同。

⑬② 「贍」，晏子作「瞻」，説文無「贍」字。

⑬③ 畢云：説文云：「瞀，惑也。」家語云「營惑諸侯」，高誘注淮南子曰：「營，惑也。」「營」同「瞀」。

⑬④ 寶曆本「遇」作「愚」，字通。晏子亦作「愚」。　畢云：當爲「愚民」。

〔一〕「行」原誤「容」，據管子任法改。

⑬⑤俞云：晏子「期」作「示」，此文「期」字亦「示」字之誤。古文「其」字作「亓」，見集韻，「示」誤爲「亓」，因誤爲「期」矣。

⑬⑥畢云：「衆」，孔叢作「家」，非。

⑬⑦晏子、史記「利」並作「移」。　畢云：作「移」是。

⑬⑧畢云：二字舊脱，據孔叢增。

⑬⑨吴鈔本並脱「善」字，晏子亦有「公曰善」三字。

⑭⓪畢云：「厚其」二字舊脱，盧據晏子增。

⑭①吴鈔本「問」誤「利」。

⑭②十一字作一句讀。「丘」字畢本脱，舊本並有，今據補。「志」讀如論語「默而識之」之「識」。畢本從盧校改「恚」。

⑭③「皮」，諸本作「及」，寶曆本作「皮」，與畢本合。　畢云：「鴟夷子皮」即范蠡也。韓非子云：「鴟夷子皮事田成子，成子去齊，走而之燕，鴟夷子皮負傳而從。」按史記貨殖傳云：「范蠡變名易姓，適齊，爲鴟夷子皮。」　蘇云：據史記，范蠡亡吴後，乃變〔一〕易姓名適齊，爲鴟夷子皮。然亡吴之歲，乃孔子卒後六年，景公卒後十七年，又安知蠡之適齊而樹之田氏之門乎？此與莊周所

〔一〕「變」原誤「言」，據蘇時學墨子刊誤卷一改。

言孔子見盗跖無異，真齊東野人之語也。　孫云：淮南子氾論訓云：「昔者齊簡公釋其國家之柄而專任大臣，故使陳成田常、鴟夷子皮得成其難。」説苑指武篇又云：「田成子常與宰我争，宰我夜伏卒，將以攻田成子。鴟夷子皮聞之，告田成子。」即此。「田常」即陳恒，見春秋哀十四年經。公羊「恒」作「常」。莊子盗跖篇云「田成子常殺君竊國而孔子受幣」，蓋戰國時有此誣妄之語。　○案：據史記，田常殺簡公在周敬王三十九年，魯哀公十四年。其時越未滅吴，范蠡尚在越。此鴟夷子皮助田常作亂，當别爲一人，非范蠡也。

⑭孫云：荀子法行篇有南郭惠子問於子貢，楊注云：「未詳其姓名。蓋居南郭，因以爲號。」案「南郭惠子」，尚書大傳略説作「東郭子思」，説苑雜言篇作「東郭子惠」。史記索隱引世本陳成子弟有惠子得，或即其人。

⑮爾雅釋言：「閒，俔也。」廣雅釋詁：「閒，覗也。」　畢云：言伺其閒。　蘇云：「閒」當作「聞」。

⑯秋山云：「教」，一作「殺」。　孫云：史記孔子弟子列傳載田常欲作亂於齊，憚高、國、鮑、晏，故移其兵欲以伐魯。孔子聞之，使子貢至齊，説田常伐吴。又説吴救魯伐齊，與齊人戰於艾陵，大敗齊師。越王聞之，襲破吴。越絶書陳成恒内傳所載尤詳，云「子貢一出，存魯、亂齊、破吴、強晉、霸越」，即其事。

⑰吴鈔本無「言」字。　秋山云：「數」，一作「教」。　孫云：依吴本，則「術」當讀爲「遂」。月

令「審端徑術」，鄭注云：「術，周禮作遂。」此當爲「隧」之假字，謂伏尸之多，以隧數計，猶言以澤量也。或云當作「以意術數」，「意」、「言」篆文相近，即「億」之省。「術」、「率」通，詳明鬼下篇。廣雅釋言云：「率、計，校也。」猶言以十萬計。

⑭⑧ 畢云：言孔子之責也。　蘇云：「誅」當作「謀」。

⑭⑨ 孫云：史記孔子世家云：「定公九年，由司空爲大司寇。」

⑮⓪ 「於」猶厚也，詳上文。　吳云：於，依也。畢據孔叢改「奉」，非是。

⑮① 孫云：經傳無此事。

⑮② 句。

⑮③ 畢云：列子云「孔子勁能招國門之關，而不肯以力聞」，呂氏春秋慎大篇云「孔子之勁，舉國門之關，而不肯以力聞」，此云「決植」，即其事也。說文云：「植，户植也。」似言季氏争關而出，孔子決門植以縱之。　孫云：「決植」上疑有脱文。左傳襄十年「縣門發，郰人紇抉之，以出門者」，孔疏：「服虔云：抉，撅也。謂以木撅抉縣門使舉，令下容人出也。」「決」疑「抉」之借字。淮南子道應訓「孔子勁杓國門之關」，又主術訓「孔子力招城關」。　○案：論衡效力篇曰「孔子能舉北門之關，不以力自章」。

⑮④ 畢云：孔叢「窮」作「戹」。　○案：「窮」，宋本、蜀本御覽八百六十三引作「厄」。「蔡陳」，類聚九十四引、書鈔百四十四又百四十五引、御覽凡四引、孔叢子引並作「陳蔡」。

155 畢云：藝文類聚引作「藜蒸不糂」，北堂書鈔作「不糝」，太平御覽作「糂」，一作「糝」。荀子云「七日不火食，藜羹不糂」，楊倞云：「糂與糝同，蘇覽反。」説文云：「糂，以米和羹也。一曰粒也。古文糂從參。」則「糝」、「糂」古今字。　○案：書鈔兩引並作「藜蒸不糝」，宋本、蜀本御覽四百八十六引作「藜羹不糝」，又八百五十九引作「藜蒸不糂」，蜀本、補宋鈔本御覽九百三引作「藜烝不糂」，烝即「蒸」之省文。廣韻四十八感「糂」字注引作「藜羹不糂」，又曰「或作糝」。莊子讓王篇、呂氏春秋愼人篇、韓詩外傳卷七、説苑雜言篇、風俗通義窮通篇並作「藜羹不糝」。呂氏春秋任數篇作「藜羹不斟」，「糂」、「斟」音同。孔叢子作「藜羹不粒」。

156 莊子天運篇、讓王篇、荀子宥坐篇並曰「七日不火食」。呂氏春秋、韓詩外傳、説苑、風俗通義、孔叢文皆小異，而作「七日」則同。此「十日」疑「七日」之形誤。

157 吴鈔本「享」作「亨」。　畢云：孔叢、太平御覽引「享」作「烹」，俗寫耳，「享」即「烹」字。王云：「爲」字後人所加。孔叢子詰墨篇、藝文類聚獸部中、太平御覽人事部百二十七、飲食部二十一、獸部十五引此皆作「子路烹豚」，無「爲」字。　吴云：「爲」去聲，王删此字，非是。○案：蜀本御覽九百三引，「豚」作「豕」。

158 「褫」，諸本作「號」，寶曆本作「褫」，今從之。　畢云：「號」，「褫」字之誤。孔叢作「剥」。孫云：説文衣部云：「褫，奪衣也。」非攻上篇云「扡其衣裘」，「扡」、「褫」字同。

159 吴鈔本「酤」作「沽」。　畢云：孔叢「酤」作「沽」，同。

160 孫云：孔子窮於陳蔡之閒，在哀公六年。十一年，季康子迎孔子自衛反魯，即其時也。

161 吴鈔本「弗」作「不」，下句仍作「弗」。孫云：論語鄉黨篇云「席不正不坐」。

162 孫云：文選王昭君詞李注引兩「弗」字並作「不」。論語鄉黨篇文同，皇侃疏云：「古人割肉必方正，若不方正割之，故不食也。」

163 畢云：文選注引「反」作「異」。

164 「語」，畢本作「與」，舊本並作「語」，今據正。「女」，吴鈔本作「汝」。畢云：當爲「語女」。

165 畢云：苟且。王云：畢説非也。「苟」讀爲「亟其乘屋」之「亟」。亟，急也。説文：「苟，自急敕也。從羊省，從勹口。勹口猶慎言也。」與「苟且」之「苟」從艸者不同。「曩與女爲苟生，今與女爲苟義」者，「曩」謂在陳蔡時也，「今」謂哀公賜食時也。「苟」，急也，言曩時則以生爲急，今時則以義爲急也。若以「苟」爲「苟且」之「苟」，則「苟義」二字義不可通矣。文選石崇王昭君詞注引此亦誤以爲「苟且」之「苟」。案「苟」字不見經典，惟爾雅「亟，速也」，釋文曰：「亟字又作苟，同居力反。」此釋文中僅見之字。釋文而外，則唯墨子書有之，亦古文之僅存者，良可貴也。俞云：「苟」字仍當爲「苟且」之「苟」。「苟生」者，苟可以得生而止也。「苟義」者，苟可以得義而止也。儀禮燕禮、聘記並有「賓爲苟敬」之文，此言「爲苟生」、「爲苟義」，正與「爲苟敬」一律。淮南子繆稱篇云：「小人之從事也，曰苟得；君子之從事也，曰苟義」，文義正與此相近。○案：王説義長，俞引淮南子文，亦可以王説釋之。

⑯⑥ 畢云：舊云「曩與女爲苟義」，脱五字，據文選注增。

⑯⑦ 畢本「辭」下有「忘」字，舊本並無，今據删。　畢云：「忘」字衍。

⑯⑧ 「嬴」，諸本作「羸」，吳鈔本作「贏」，緜眇閣本、陳本作「羸」。「嬴」、「贏」字通，今從作「嬴」。秋山校、王校並同。「則」字各本脱，今依王校增。　王云：「嬴」之言盈也。僖二十八年左傳「我曲楚直，其衆素飽」，杜注曰：「直，氣盈飽。」「盈飽」即「嬴飽」，正對上文「飢約」而言。今本「飽」下脱「則」字，「嬴飽」又譌作「羸飽」，則義不可通。

⑯⑨ 吳鈔本「汙邪」倒。

⑰⓪ 畢云：舊作「然就」，孫以意改。　孟子云「舜見瞽叟，其容有蹙」，韓非子忠孝曰「記曰：舜見瞽叟，其容造焉，孔子曰：當是時也，危哉，天下岌岌」，荀子亦同作「造」。案「就」、「蹙」、「造」三音皆相近。　孫云：禮記曲禮「足蹙」，釋文云：「蹙，本又作蹴。」大戴禮保傅篇「靈公造然失容」，賈子胎教篇作「戚然易容」，新序雜事篇作「靈公蹴然易容」。此書以「就」爲「蹙」、爲「造」，猶新序以「蹴」爲「戚」、爲「造」也。　孟子趙注云：「其容有蹙踖，不自安也。」又公孫丑篇「曾西蹵然」，注云：「蹵然，猶蹙踖也。」

⑰① 畢云：「圾」舊作「坡」，以意改。　孟子、韓非子作「岌岌」。　孫云：孟子萬章篇云「孔子曰：於斯時也，天下殆哉，岌岌乎」，趙注云：「孔子以爲君父爲臣。岌岌乎，不安貌也，故曰殆哉。」莊子天地篇曰「殆哉，圾乎天下」，郭注云：「圾，危也。」管子小問篇云「危哉，君之國岌乎」。義並同。

(172) 孫云：「非其人」疑當作「其非人」。「人」與「仁」字通。言周公不足爲仁，即指下「舍其家室」而言。三國志魏志裴松之注及長短經懼誡篇並引尸子云：「昔周公反政，孔子非之曰：周公其不聖乎？以天下讓，不爲兆民也。」「非仁」與「不聖」之論略同。蓋戰國時流傳有是語。又案詩小雅四月云「先祖匪人，胡寧忍予」，「人」亦即「仁」字，言先祖於我其不仁乎。彼「匪人」與此「非人」文意字例並同。鄭詩箋云：「我先祖非人乎？」則詁「人」如字，失其恉趣，此可以證其誤。

○案：此文似無錯字。莊子養生主篇：「老聃死，秦失弔之，曰：始也吾以爲其人也，而今非也。」彼「其人」字正與此同。

(173) 「舍亓」舊作「舍亦」，今依王校改。畢本從盧校作「亦舍」。王云：「亦」字義不可通，「亦」當爲「亓」，亓，古其字也。墨子書「其」字多作「亓」，說見公孟篇。耕柱篇曰「周公旦辭三公，東處於商奄」，蓋即此所謂舍其家室而託寓者。盧改「舍亦」爲「亦舍」，非是。孫云：以上並謂孔子誣舜與周公也。

(174) 孫云：「徒屬」猶言黨友，故後兼舉「陽虎」、「佛肸」言之。呂氏春秋有度篇云「孔、墨之弟子徒屬充滿天下」。

(175) 畢云：舊脱「亂」字，據孔叢云「以亂衛」增。孫云：莊子盜跖篇：「跖曰：子路欲殺衛君，而事不成，身菹於衛東門之上，是子教之不至也。」案子貢未聞與孔悝之難，亦謾語也。鹽鐵論殊路篇云：「子路仕衛，孔悝作亂，不能救君，出亡，身菹於衛。子貢、子皋遁逃，不能死其難。」然則時子貢或適在衛與？　秋山云：「子貢」當作「子羔」，音誤。孔子家語及史記、説苑皆作「羔」，是。　○案：秋山説近是。哀十五年左傳「孔子聞衛亂，曰：柴也其來，由也死矣」，正指此事，則「子貢」之當作「子羔」甚明。孫引鹽鐵論殊路篇，其「子貢、子皋遁逃」句，似總承上文宰我身死於齊、子路身菹於衛而言。蓋謂宰我死而子貢逃，子路死而子皋逃，同遇一難，或死或亡，所謂殊路是也。惟據左傳、史記，其時子貢在魯，仁衛、仕齊兩無徵耳。

⑰⑥ 畢云：孔叢作「魯」。　孫云：此當從孔叢作「魯」。左傳定九年陽虎奔齊，又奔晉，無亂齊之事。　○案：韓子外儲説左篇曰：「陽虎去齊走趙，簡主問曰：『吾聞子善樹人。』虎曰：『臣居齊，薦三人，一人得近王，一人爲縣令，一人爲候吏。及臣得罪，近王者不見臣，縣令者迎臣執縛，候吏者追臣至境上，不及而止。』」此或即亂齊事也。

⑰⑦ 孫云：論語陽貨篇云：「佛肸召，子欲往。子路曰：佛肸以中牟畔，子之往也，如之何？」集解：「孔安國云：晉大夫趙簡子之邑宰。」史記孔子世家：「佛肸爲中牟宰，趙簡子攻范、中行，伐中牟。佛肸畔，使人召孔子。」左傳哀五年：「夏，趙鞅伐衛，范氏之故也，遂圍中牟。」即其時也。「肸」蓋范、中行之黨，孔安國以爲趙氏邑宰，誤也。

⑰⑧ 「刑」，吴鈔本作「形」。「桼」，舊本作「求」，畢本作「桼」，蓋據孔叢改。「桼」、「漆」字通。　畢云：孔叢作「漆雕開形殘，詰曰非行己之致」。　孫云：孔子弟子列傳尚有漆雕哆、漆雕徒父二人，此所云或非開也。韓非子顯學篇云「孔子卒後，儒分爲八，有漆雕氏之儒」，又云「漆雕之

議，不色撓，不目逃，行曲則違於臧獲，行直則怒於諸侯」，此亦非漆雕開明甚。孔叢僞託，不足據也。　○案：孫謂孔叢不足據，是也。此「桼雕」疑即韓子所載之漆雕。「桼雕刑殘」，猶言桼雕刑殺殘暴也。韓子下文又曰「是宋榮之寬，將非漆雕之暴也」，正與此文意相類。

(179) 畢云：「莫」上當脱一字。

(180) 「後生其師」猶言後繼其師。公羊莊三十一年傳「一生一及」，何注云：「父死子繼曰生。」

(181) 吳鈔本「脩」作「修」。

墨子校注卷之十（上）

經上第四十①

經説上第四十二

一、故，所得而後成也②。

説故③：小故，有之不必然④，無之必不然，體也，若有端。大故，有之必然，無之必不然⑤，若見之成見也⑥。

二、體，分於兼也⑦。

説體：若二之一，尺之端也⑧。

三、知，材也⑨。

説知材。知也者，所以知也，而不必知⑩，若明⑪。

四、慮，求也⑫。

說慮：慮也者，以其知有求也，而不必得之，若睨⑬。

五、知，接也⑭。

說知：知也者，以其知遇物，而能貌之⑮，若見⑯。

六、恕，明也⑰。

說恕⑱：恕也者，以其知論物，而其知之也著，若明⑲。

七、仁，體愛也⑳。

說仁：愛民者，非爲用民也㉑，不若愛馬者㉒，若明㉓。

八、義，利也㉔。

說義：志以天下爲芬㉕，而能能利之㉖，不必用㉗。

九、禮，敬也。

說禮：貴者公，賤者名，而俱有敬僈焉㉘，等異論也㉙。

十、行，爲也。

說行：所爲不善名，行也㉚；所爲善名，巧也，若爲盜㉛。

一一、實，榮也㉜。

說實：其志氣之見也㉝，使人如己㉞，不若金聲玉服㉟。

一二、忠，以爲利而强低也㊱。

說忠：不利弱子亥足將入止容㊲。

一三、孝，利親也㊳。

說孝：以親爲芬㊴，而能能利親，不必得㊵。

一四、信，言合於意也。

說信：不以其言之當也，使人視城得金㊶。

一五、佴，自作也㊷。

說佴：與人、遇人，衆循㊸。

一六、誚，作嗛也㊹。

說誚：爲是爲是之台彼也，弗爲也㊺。

一七、廉，作非也㊻。

說廉：己惟爲之，知其也䛐也㊼。

一八、令，不爲所作也㊽。

說：所令，非身弗行㊾。

一九、任，士損己而益所爲也㊿。

說任：爲身之所惡，以成人之所急(51)。

二十、勇，志之所以敢也(52)。

說勇：以其敢於是也，命之，不以其不敢於彼也，害之(53)。

二一、力，刑之所以奮也(54)。

說力：重之謂下(55)，與重奮也(56)。

二二、生，刑與知處也(57)。

說生：楹之生，商不可必也(58)。

二三、卧，知無知也(59)。

說卧。

二四、夢，卧而以爲然也(60)。

說夢(61)。

二五、平，知無欲惡也(62)。

說平：淡然(63)。

二六、利，所得而喜也。

說利：得是而喜，則是利也。其害也64，非是也65。
二七、害，所得而惡也。
說害：得是而惡，則是害也。其利也66，非是也67。
二八、治，求得也。
說治：吾事治矣，人有治南北68。
二九、譽，明美也。
說：原文譽之必其行也其言之忻使人。
校正譽之，必其行也、其言也使人忻69。
三十、誹，明惡也。
說：原文督之誹必其行也其言之忻。
校正誹之，必其行也、其言也使人督70。
三一、舉，擬實也71。
說舉72：告以文名，舉彼實也73。
三二、言，出舉也。
說故74：言也者，諸口能之出民者也75。民若畫俿也76。言也謂言77，猶名致也78。

三三、且，且言然也[79]。

説且：自前曰且，自後曰已，方然亦且[80]。

三四、君，臣萌通約也[81]。

説：原文若石者也君以若名者也。

校正君：君也者，以若名者也[82]。

三五、功，利民也。

説：功不待時，若衣裘[83]。

三六、賞，上報下之功也[84]。

説：賞，上報下之功也[85]。

三七、罪，犯禁也。

説：罪不在禁，惟害無罪殆姑[86]。

三八、罰，上報下之罪也[87]。

説：罰，上報下之罪也。

三九、同，異而俱於之一也[88]。

説侗[89]：二人而俱見是楹也[90]，若事君[91]。

四十、久，彌異時也㊈。

說：久今古、今、且㊉。

四一、宇，彌異所也㊉。

說：宇，莫東、西、家、南、北㊉。

四二、窮，或有前不容尺也㊉。

說窮：或不容尺，有窮。莫不容尺，無窮也㊉。

四三、盡，莫不然也。

說：盡，但止動㊉。

四四、始，當時也。

說始：時或有久，或無久，始當無久㊉。

四五、化，徵易也⑩。

說化：若鼃爲鶉⑩。

四六、損，偏去也。⑩

說損。偏也者，兼之體也⑩。其體或去或存，謂其存者損⑩。

四七、大益⑩。

四八、儇：稹秪[106]。

說。儇，昫民也[107]。

四九、庫，易也[108]。

說庫：區穴若斯[109]，貌常[110]。

五十、動，或徙也[111]。

說動：偏、祭徙[112]，若户樞、免、瑟[113]。

五一、止，以久也。

說止：無久之不止，當牛非馬，若矢過楹[114]；有久之不止，當馬非馬，若人過梁[115]。

五二、必，不已也。

說。必，謂臺執者也[116]，若弟兄。一然者一不然者，必不必也[117]，是非，必也[118]。

五三、平，同高也[119]。

五四、同長，以缶相盡也[120]。

說同：捷與狂之同長也心[121]。

五五、中，同長也。

說中：自是往，相若也[122]。

五六、厚，有所大也。

說厚：惟無所大(123)。

五七、日中，𠩵南也(124)。

五八、直，參也(125)。

五九、圜，一中同長也。

說圜：規寫交也(126)。

六十、方，柱隅四讙也(127)。

說方：矩見交也(128)。

六一、倍，爲二也。

說倍：二尺與尺，但去一(129)。

六二、端，體之無序而最前者也(130)。

說端：是無同也(131)。

六三、有閒，中也(132)。

說：有閒，謂夾之者也(133)。

六四、閒，不及旁也。

說：閒，謂夾者也[134]。尺前於區穴而後於端，不夾於端與區内[135]。及，及非齊之及也[136]。

六五、纑，閒虚也[137]。

說纑：虚也者，兩木之閒，謂其無木者也[138]。

六六、盈，莫不有也[139]。

說盈：無盈，無厚。於尺無所往而不得得二[140]。

六七、堅白，不相外也。

說堅：異處不相盈，相非，是相外也[141]。

六八，攖，相得也[142]。

說攖：尺與尺，俱不盡；端與端，俱盡[143]；尺與端[144]，或盡或不盡。堅白之櫻，相盡；體攖，不相盡[145]。

六九、似，有以相攖，有不相攖也。

說似：兩目端，而后可[146]。

七十、次，無閒而不攖攖也[147]。

說次：無厚而厚，可[148]。

七一、法，所若而然也。

說法：意、規、員，三也，俱可以爲法(149)。

七二、佴，所然也(150)。

說佴：然也者，民若法也(151)。

七三、說，所以明也(152)。

七四、彼，不可兩(153)，不可也(154)。

說彼：凡牛(155)，樞非牛(156)，兩也，無以非也(157)。

七五、辯，争彼也(158)。辯勝，當也。

說辯：或謂之牛，或謂之非牛(159)，是争彼也。是不俱當。不俱當，必或不當〔一〕。不當，若犬(160)。

七六、爲，窮知而縣於欲也(161)。

說爲：欲䨲其指(162)，智不知其害，是智之罪也。若智之、愼之也(163)，無遺於其害也。而猶欲䨲之，則離之(164)。是猶食脯也，騷之利害，未知也(165)，欲而騷(166)，是不以所疑止所欲也。廧外之利害未可知也(167)，趨之而得刀，則弗趨也(168)，是以所疑止所欲也(169)。觀爲窮知而縣

〔一〕「必」上畢刻原有「不」字，孫依道藏本删，吴氏從之，但注中未説明。

於欲之理。雜脯而非恕也(170),雜指而非愚也(171),所爲與所不爲,與相疑也(172),非謀也(173)。

七七、已,成、亡(174)。

說已:爲衣,成也。治病,亡也(175)。

七八、使,謂、故(176)。

說使:令謂(177),謂也,不必成濕(178)。故也,必待所爲之成也(179)。

七九、名,達、類、私。

說名:物,達也(180);有實,必待文名也(181)命之。馬,類也(182);若實也者,必以是名也命之。臧,私也;是名也,止於是實也(183)。聲出口,俱有名,若姓字灑(184)。

八十、謂,移、舉、加(185)。

說謂:狗犬,命也。狗犬,舉也。叱狗,加也(186)。

八一、知,聞、說、親(187)。

說知:傳受之,聞也。方不㢓(188),說也。身觀焉(189),親也(190)。

八二、名,實、合、爲。

說:所以謂,名也。所謂,實也。名實耦,合也。志行,爲也(191)。

八三、聞,傳、親(192)。

說聞：或告之，傳也。身觀焉，親也⑲³。

八四、見，體、盡。

說見：時者，體也。二者，盡也⑲⁴。

八五、合，𤼷、宜、必。

說：合，正立反⑲⁵。中志、工⑲⁶，正也。臧之爲⑲⁷，宜也。非彼必不有，必也。聖者用，而勿必。必也者，可勿疑⑲⁸。

八六、欲𤼷權利，且惡𤼷權害⑲⁹。

說：仗者，兩而勿偏⑳⁰。

八七、爲，存、亡、易、蕩、治、化⑳¹。

說爲：早臺⑳²，存也。病，亡也⑳³。買鬻⑳⁴，易也。霄盡⑳⁵，蕩也。順長，治也。鼃買⑳⁶，化也⑳⁷。

八八、同，重、體、合、類⑳⁸。

說同：二名一實，重同也⑳⁹。不外於兼，體同也⑳¹⁰。俱處於室，合同也⑳¹¹。有以同，類同也⑳¹²。

八九、異，二、不體、不合、不類⑳¹³。

說異：二必異，二也[214]。不連屬，不體也[215]。不同所，不合也[216]。不有同，不類也[217]。

九十、同異交得，放有無[218]。

說同異交得[219]：於福家良恕[220]，有無也。比度，多少也[221]。免蚓還園，去就也[222]。鳥折用桐[223]，堅柔也。劍尤早[224]，死生也。處室子[225]、子母[226]，長少也。兩絶勝，白黑也[227]。行行[228]，中央、旁也[229]。論、行、學、實，是非也[230]。難宿[231]，成未也。兄弟，俱適也[232]。身處、志往，存亡也[233]。霍、爲[234]，姓故也[235]。買宜，貴賤也[236]。超城，員止也[237]。

九一、聞，耳之聰也[238]。

九二、循所聞而得其意，心之察也[239]。

九三、言，口之利也。

九四、執所言而意得見，心之辯也[240]。

九五、諾，不一利用[241]。

說諾[242]：相從，相去，先知，是，可，五色[243]，長短，前後，輕重[244]。

九六、服執說[245]巧轉，則求其故[246]。

說：援執服[247]，難成言[248]，務成之九，則求執之法[249]。

九七、法同，則觀其同。

說法：取同，觀巧傳[250]。

九八、法異，則觀其宜。

說法：取此擇彼[251]，問故觀宜。以人之有黑者有不黑者也，止愛黑人[252]，有愛於人有不愛於人。與以心愛人[253]，是孰宜[254]？

九九、止，因以別道[255]。

說止[256]：彼舉然者以爲此其然也，則舉不然者而問之[257]。

一百、𤴓，無非。

說：若聖人，有非而不非。正，互諾[258]。皆人於知有說[259]，過互諾，若員無直[260]，無說，用互諾若自然矣[261]。

讀此書旁行[262]。

經上篇旁行句讀

〔一〕故，所得而後成也。

〔二〕體，分於兼也。

〔五一〕止，以久也。

〔五二〕必，不已也。

〔三〕知，材也。
〔四〕慮，求也。
〔五〕知，接也。
〔六〕恕，明也。
〔七〕仁，體愛也。
〔八〕義，利也。
〔九〕禮，敬也。
〔一〇〕行，爲也。
〔一一〕實，榮也。
〔一二〕忠，以爲利而强低也。
〔一三〕孝，利親也。
〔一四〕信，言合於意也。
〔一五〕佴，自作也。
〔一六〕誯，作嗛也。
〔一七〕廉，作非也。

〔五三〕平，同高也。
〔五四〕同長，以缶相盡也。
〔五五〕中，同長也。
〔五六〕厚，有所大也。
〔五七〕日中，缶南也。
〔五八〕直，參也。
〔五九〕圜，一中同長也。
〔六〇〕方，柱隅四讙也。
〔六一〕倍，爲二也。
〔六二〕端，體之無序而最前者也。
〔六三〕有間，中也。
〔六四〕間，不及旁也。
〔六五〕纑，間虛也。
〔六六〕盈，莫不有也。
〔六七〕堅白，不相外也。

〔一八〕令，不爲所作也。

〔一九〕任，士損己而益所爲也。

〔二〇〕勇，志之所以敢也。

〔二一〕力，刑之所以奮也。

〔二二〕生，刑與知處也。

〔二三〕臥，知無知也。

〔二四〕夢，臥而以爲然也。

〔二五〕平，知無欲惡也。

〔二六〕利，所得而喜也。

〔二七〕害，所得而惡也。

〔二八〕治，求得也。

〔二九〕譽，明美也。

〔三〇〕誹，明惡也。

〔三一〕舉，擬實也。

〔六八〕攖，相得也。

〔六九〕似，有以相攖，有不相攖也。

〔七〇〕次，無間而不相攖也。

〔七一〕法，所若而然也。

〔七二〕佴，所然也。

〔七三〕説，所以明也。

〔七四〕彼，不可兩，不可也。

〔七五〕辯，争彼也。辯勝，當也。

〔七六〕爲，窮知而縣於欲也。

〔七七〕已，成、亡。

〔七八〕使，謂、故。

〔七九〕名，達、類、私。

〔八〇〕謂，移、舉、加。

〔八一〕知，聞、説、親。

〔八二〕名、實、合、爲。

〔三二〕言，出舉也。
〔三三〕且，且言然也。
〔三四〕君，臣萌通約也。
〔三五〕功，利民也。
〔三六〕賞，上報下之功也。
〔三七〕罪，犯禁也。
〔三八〕罰，上報下之罪也。
〔三九〕同，異而俱於之一也。
〔四〇〕久，彌異時也。
〔四一〕宇，彌異所也。
〔四二〕窮，或有前不容尺也。
〔四三〕盡，莫不然也。
〔四四〕始，當時也。
〔四五〕化，徵易也。
〔四六〕損，偏去也。

〔八三〕聞，傳、親。
〔八四〕見，體、盡。
〔八五〕合，正、宜、必。
〔八六〕欲正權利，且惡正權害。
〔八七〕爲，存、亡、易、蕩、治、化。
〔八八〕同，重、體、合、類。
〔八九〕異，二、不體、不合、不類。
〔九〇〕同異交得，放有無。
〔九一〕聞，耳之聰也。
〔九二〕循所聞而得其意，心之察也。
〔九三〕言，口之利也。
〔九四〕執所言而意得見，心之辯也。
〔九五〕諾，不一利用。
〔九六〕服執說巧轉，則求其故。

〔四七〕大益。

〔四八〕儇，稘秖。

〔四九〕庫，易也。

〔五〇〕動，或徙也。

〔九七〕法同，則觀其同。

〔九八〕法異，則觀其宜。

〔九九〕止，因以別道。

〔一〇〇〕乏，無非。

讀此書旁行。

① 墨經古鈔帛本當爲旁行，兩截分讀。今復其旁行之舊，先上截，次下截，並引說就經，用便參稽。關於此數篇時代問題，意見頗爲紛歧，說詳附録。

② 大取篇曰「夫辭以故生」，小取篇曰「以說出故」，吕氏春秋審己篇曰「凡物之然也，必有故」，「故」字義與此同。　畢云：說文云：「故，使爲之也。」

③ 標經目，餘仿此。

④ 「不必」，吳鈔本作「必不」。

⑤ 以上九字本作「有之必無然」，今依孫校增。

⑥ 「故」爲事物得之而後成之原因，原因常不單純。「小故」是一部分之因，故曰「體也，若有端」。若人見物，簡言之，（一）須有所見之物，（二）物與目在適當之位置，（三）助見之光，（四）可見之眼，

(五)能領會之心知。第一、二、三、四、五各項之一,均可謂之「小故」。偏有小故,不必成見。無一小故,必不成見。故曰「小故有之不必然,無之必不然」。「大故」是全部之因,是上文所舉第一、二、三、四、五各項之總和。有此大故必可成見,無此大故必不成見。故曰「大故有之必然,無之必不然」。

⑦畢云:孟子云「有聖人之一體」。

⑧「兼」謂全部,「體」謂全部中之一部分。舉象數以説明兼、體關係,則二爲一之兼,一爲二之體。尺爲端之兼,端爲尺之體。尺與端即幾何學上之線與點。

⑨「材」,茅本、寶曆本、緜眇閣本作「財」。

⑩「不」字本脱,今依胡適之校增。

⑪禮記檀弓「子夏喪其子而喪其明」,注云:「明,目精也。」本條「知」字指所以知之材質,故曰「知,材也」。有此材質,不必便有知識。若「明」爲人所以見之材質,不必便成見也。禮記大學曰「心不在焉,視而不見」,荀子王制篇曰「心不使焉,則白黑在前而目不見」,莊子天下篇曰「目不見」。

⑫孫云:説文云:「慮,謀思也。」

⑬楊葆彝云:莊子庚桑楚篇:「知者之所不知,猶睨也。」孫云:説文云:「睨,衺視也。」

○案:思慮者,以其既有知識,更求其所未知之知識也。人類識域之擴大,文化之進步,胥由於無量數人之深思遠慮。有思慮而得結果者,亦有思慮而終無所得者。研求電學者以千萬計,得良果者不過數十人。思慮者不必盡得，若睨視者之不必盡見也。

⑭呂氏春秋知接篇曰：「瞑者，目無由接也。無由接而言見，謊。……自以爲智，智必不接。今不接而自以爲智，悖。」楊云：莊子庚桑楚篇：「知者，接也。」孫云：淮南子原道訓云：「物至而神應，知之動也。知與物接，而好憎生焉。」

⑮「遇」，諸本作「過」，寶曆本作「遇」，今從之。吳鈔本「貌」作「皃」。

⑯人具所以知之感官（即第三條之「知材」），接遇可知之感覺與料〔一〕，即能發生印象，成爲感覺。若人見物，一經接遇，即能擬象之也。

⑰「𢜔」，畢本、四庫本作「恕」，明以前本並作「𢜔」，今從之。「𢜔」蓋墨家用以代表心知之專名。秋山云：「𢜔」，一作「知」。顧云：「𢜔」即「智」字。

⑱「𢜔」本作「恕」，顧云「當從經作『𢜔』」，是也，今依改。下同。

⑲春秋繁露仁義法篇曰：「夫目不視，弗見。心弗論，不得。雖有聖人之至道，弗論，不知其義也。」淮南子覽冥訓曰：「知不能論，辯不能解。」諸「論」字義與此同。感覺所得之印象，須經過心知綜合理會，始能著明知之。蓋接知僅能知直接感覺之一部分，須有心知，方能將知覺中之非感覺部分完全明瞭。人視石白而知其堅，即賴有心知作用，若日月之明，普照無遺也，故曰「若明」。

〔一〕「感覺與料」，原文如此，當作「感覺材料」。

⑳大取篇曰「仁而無利愛」，「體愛」與「利愛」相反。後漢書王良傳論曰：「夫利仁者，或借仁以從利。體義者，不期體以合義。季文子妾不衣帛，魯人以爲美談。公孫弘身服布被，汲黯譏其多詐。事實未殊而譽毁別議，何也？將體之與利之異乎？」「體」、「利」字義與此同。孫云：國語周語云「博愛於人爲仁」，説苑修文篇云「積愛爲仁」。

㉑兩「民」字本作「巳」，依孫校改。孫云：「巳」或當爲「民」。民，唐人避諱闕筆，與「巳」形近，因而致誤。

㉒「者」，諸本作「著」，寶曆本作「者」，今從之。

㉓孫云：「若明」疑衍。○案：大取篇曰「愛人非爲譽也」，易文言曰「體仁足以長人」，莊子則陽篇曰「聖人之愛人也，不知其愛人也，其愛人也終無已，性也」，荀子富國篇曰「愛而後用之，不如愛而不用者之功也」，韓子解老篇曰「仁者，謂其中心欣然愛人也，其喜人之有福而惡人之有禍也，生心之所不能已也，非求其報也」，賈子道術篇曰「心兼愛人謂之仁」，韓詩外傳曰「愛由情出謂之仁」，淮南子繆稱訓曰「慈父之愛子非爲報也，不可内解於心。聖人之養民非求用也，性不能已。有以爲則恩不接矣」，又人閒訓曰「聖王布德施惠，非求其報於百姓也」，其義均與體愛相類。本書尚賢中篇曰「此非中實愛我也，假藉而用我也」，管子法法篇曰「計上之所以愛民者，爲用之愛之也」，韓子備内篇曰「王良愛馬，越王句踐愛人，爲戰與馳」，此皆有所爲而愛，所謂利愛也。墨家愛人純由情出，毫無所爲，不若愛馬者之爲其馳也，故曰「不若愛馬者」。

㉔ 畢云：易曰「利者義之和」。　孫云：左昭十年傳云「義，利之本也」。　○案：國語周語曰「夫義，所以生利也」，又曰「言義必及利」，又晉語曰「義以生利」，又曰「夫義者，利之足也」，大戴記四代篇曰「義，利之本也」，莊子徐无鬼篇曰「愛利出乎仁義」，吕氏春秋無義篇曰「義者，萬利之本也」，又尊師篇曰「義之大者，莫大於利人」。

㉕「分」讀爲淮南子本經訓「各守其分」之「分」，注云：「分猶界也。」有境界範圍之義。

㉖ 孫云：漢書百官公卿表顔注云：「能，善也。」「能能利之」，言能善利之也。

㉗ 曹云：「用」者，見用於世也。「不必用」者，不必在上位，隨分而能利人。

㉘「俱」，茅本、寶曆本作「惧」，緜眇閣本作「懼」。「優」，緜眇閣本作「慢」。

㉙ 畢云：「優」，「慢」字異文。　張云：「公」，君也。「名」當作「民」，古字通用。「論」讀爲「倫」。

○案：「等」，齊同也。禮毋不敬，人所共履，貴賤之倫雖殊，齊之以禮則一，而俱有敬優焉。墨家蓋以禮爲上下共同遵守之秩序，與禮記曲禮所謂「禮不下庶人」者殊科也。

㉚ 荀子正名篇曰「正義而爲謂之行」。

㉛「善」猶好尚也。「巧」，詐僞也。所爲不好名，是身體力行者也。所爲好名，是貌飾詐僞者也。無其實而好其名，無異盗名，故曰「若爲盗」。説苑政理篇曰：「取人善以自爲己，是謂盗也。君子之盗，豈必當財幣乎！」

㉜ 國語晉語曰「華則榮矣，實之不知，請務實乎」，申鑒政體篇曰「守實者益榮」。

㉝四庫本「也」作「焉」。

㉞張云：見其外而知其内。

㉟務實之人，其志氣之見於外也，質實無華，使人衡量己者適如其分，不至過情，不若金聲玉服，英華外眩也。論衡驗符篇曰：「金聲玉色，人之奇也。」

㊱説文無「仾」字。「仾」疑「民」或「氓」之形譌。左氏桓六年傳曰「所謂道，忠於民而信於神也。上思利民，忠也」，賈子道術篇曰「愛利出中謂之忠」，義或類此。

㊲未詳。

㊳孫云：賈子道術篇云：「子愛利親謂之孝。」

㊴「芬」字義見第八條注。

㊵「孝」爲子對於親之德行，非泛施於一般人者，故曰「以親爲芬」。能善利親者，不必得親心也。莊子外物篇曰「孝未必愛，故孝己憂而曾參悲」，荀子大略篇曰「虞舜、孝己孝而親不愛」，國語晉語曰「爲人子者，懼不孝，不懼不得」，「得」字義與此同。

㊶言與意合，斯之謂「信」。「信」者，不僅在其言之當，尤在有事實證明。若告人城上有金，視之果得金。賈子道術篇曰「期果言當謂之信」，亦謂信不僅言當，又須期果也。漢書地理志有金城郡，應劭注曰：「初築城得金，故曰金城。」

㊷説文曰：「佴，佽也。」「佽，便利也。」詩杕杜「胡不佽焉」，傳曰：「佽，助也。」佴者，佽助他人，便利

他人，同時即得他人之便利與佽助，與自爲無異，故曰「佴，自作也」。

㊸「與人」，義如老子「既以與人己愈多」之「與人」。「遇」，謂以恩相接也。「惛」字字書不載，蓋「循」之異文。循，順也。「與人、遇人」者，衆人順從之。易曰「與人同者，物必歸焉」，淮南子兵略訓曰「舉事以爲人者，衆助之」。

㊹孫云：「誯」當爲「獧」之借字，字又作「狷」。論語云「狷者有所不爲也」，「狷」，孟子作「獧」，同。〇案：荀子仲尼篇「滿則慮嗛」，注云「嗛，不足也。」漢書郊祀志「今穀嗛未報」，注云：「嗛，少意也。」狷者有所不爲，故曰「誯作嗛」。

㊺「台」，堂策檻本、顧校李本、四庫本作「治」。畢云：「台」，一本作「治」。孫云：下「爲是」二字蓋誤衍。〇案：「台」讀爲「殆」，危殆也。狷者謹介守分，義不危殆他人。爲是而危殆彼也，不爲也。

㊻非猶彼也。

㊼「⿰思耳」，翻陸本作「⿰鬼耳」。堂策檻本、顧校李本、四庫本並作「知其思耳也」。畢云：一本作「知其思耳也」，是。〇案：「思」，疑當爲「悳」。六朝人書「德」字或作「悳」，與「思」形近。德、得字通。「其也」之「也」讀爲「他」。莊子讓王篇曰：「人犯其難，我享其利，非廉也。」反言之，則我犯其難，人享其利，可謂廉矣。韓子解老篇曰：「所謂廉者，必生死之命也，輕恬資財也。」是廉者輕恬貨利，犯難爲人。己惟爲之，己即無所得，他人必有食其果者，故曰「己惟爲之，知其他悳耳

也」。禮記禮運篇曰「貨惡其棄於地也，不必藏於己。力惡其不出於身也，不必爲己」，立義與此相似。

㊽畢云：言使人爲之，不自作。

㊾吴鈔本「弗」作「不」。言欲所令必行，非以身先之不可。論語曰「其身正，不令而行。其身不正，雖令不從」，禮記緇衣曰「下之事上也，不從其所令，從其所行」，又大學曰「其所令反其所好，而民不從」，管子法法篇曰「信而不行，則不以身先之也，故曰：禁勝於身則令行於民矣」，又曰「上不行則民不從」。

㊿畢云：「任」謂任俠。説文云：「甹，俠也。三輔謂輕財者爲甹。」「甹」與「任」同。

51莊子秋水篇曰「仁人之所憂，任士之所勞」，「任士」即指士之有任行者。大取篇曰「斷指與斷腕，利於天下相若，無擇也」，孟子曰「墨子兼愛，摩頂放踵利天下，爲之」，可爲本條事例。

52論語曰「勇者不懼」。孫云：賈子道術篇云「持節不恐謂之勇」。

53「害」，茅本、寶曆本、緜眇閣本作「古」。敢於爲是命之曰勇，不敢於爲彼亦不害其爲勇。摩頂放踵利天下，爲之，此敢之勇也。左氏成十一年傳「勇不作亂」，此不敢之勇也。孟子公孫丑篇「自反而不縮，雖褐寬博，吾不惴焉。自反而縮，雖千萬人，吾往矣」，亦謂勇有積極、消極兩面也。老子曰「勇於敢則殺，勇於不敢則活」，止主勇之消極一面，與儒、墨異趣。

54畢云：「刑」同「形」。○案：緜眇閣本「刑」作「行」。廣雅釋詁：「奮，動也。」凡物之所以動者，力也。故曰「力，形之所以奮也」。

例。

55 「謂」爲「請」之形譌。請即情也。節葬下篇「中請將欲爲仁義」，諸本「請」亦作「謂」，誤與此同。

56 舊本「奮」作「奮」。「與重」讀爲「舉重」。重之性下墜，舉重則使重體由下而上，即用力使動之一

57 畢云：「刑」同「形」。

58 「楹」，吳鈔本作「盈」。「之生」，「生」字寶曆本作「主」。畢云：「楹」當爲「形」。○案：「之」猶與也。說苑脩文篇曰：「商者，常也。」說文「必，分極也」，是「必」有分離義。形體與知覺合并則爲生，此就人與其他動物言也。若更就植物言，則有形無知而亦有生，故荀子王制篇曰「草木有生而無知」，是知與生猶可分離。形與生則不可分離，無形即無生也，故曰「形與生常不可必也」。莊子達生篇曰「有生必先无離形」，義與此近。

59 「卧」者，知材暫時休止其接知之謂。釋名曰：「眠，泯也，無知泯泯也。」

60 畢云：言夢中所知，以爲實然。孫云：說文云：「㝮，寐而有覺也。」「夢，不明也。」經典通假「夢」爲「㝮」。○案：莊子齊物論曰「莊周夢爲胡蝶，栩栩然胡蝶也」，即「卧而以爲然也」。

61 孫云：「卧」、「夢」義易明，故述而不說。

62 淮南子原道訓曰「無所好憎，平之至也」，又詮言訓曰「心常無欲，可謂恬矣」。

63 一切經音義引蒼頡篇曰：「惔，恬也。」字本作「倓」，說文曰：「倓，安也。」廣雅釋詁曰：「倓，静

也。」玉篇曰：「倓，靜也，恬也。」字或作「憺」，說文曰：「憺，安也。」莊子刻意篇曰：「平易則恬惔矣。」

64 曹箋作「他」。

65 利基於主觀之喜悅，同時以不妨害他人爲限，若妨害他人，己雖喜之，仍非利也。

66 曹箋作「他」。

67 害基於主觀之憎惡，同時尚須以能否福利他人爲準則，若能福利他人，己雖惡之，仍非害也。如斷指與斷腕，所惡也，卒爲之者，利天下也。

68 「有」，曹箋作「又」。孫云：「有」疑當讀爲「又」。〇案：吾事治矣，東西南北之人又自治東西南北之事。人爲其所能，人治其所事，則事治求得矣。僅舉「南北」者，省文也。

69 秋山云：「忻」，一作「折」。〇案：「忻」即史記周本紀「心忻然說」之「忻」，與訢、欣音義並近。譬之，必其人言行使人忻悅，否則非明美也。

70 「誹之」原倒，今以意乙。「督」字移於句末。更據前條補「使人」二字。「忻」字涉上文而衍。誹之，必其言行使人督責，否則非明惡也。

71 「舉」，稱謂也。「擬」，擬象也，如易繫辭「擬諸形容，象其物宜」之「擬」。

72 舊本「舉」作「譽」。

73 名之爲用，所以擬象所謂之實，被以文名，使可舉以相告。下文曰「所以謂，名也。所謂，實也」，小取篇曰「以名舉實」，荀子正名篇「名聞而實喻」，尹文子曰「名者，名形者也」，公孫龍子名實篇曰「夫名，實謂也」，義與此同。

⑭「故」當作「言」，蓋「言」譌「古」，又轉「故」耳。

⑮「民」、「名」字通，下同。出名爲口之本能，凡口能所出舉者，皆言也。下文曰「聲出口，俱有名」，論衡書解篇曰「出口爲言」。

⑯名所以擬實，畫虎亦擬實之一種方法。古代象形文字即簡單之圖畫。名之擬實較畫爲簡便，畫之擬實較名爲普及。如舉虎名以告語文不同之外國人，彼將不知所謂，舉畫虎以示之，未有不知其爲虎者也。　畢云：「俿」、「虎」之異文。

⑰「也」當作「之」。「謂」、「爲」字通。

⑱「猶」、「由」字通。「名」本作「石」，依孫校改。言非名無由見意，故曰「言之爲言，由名致也」。

⑲畢本以意删一「且」字。　胡云：疑當作「且，言且然也」。

⑳俞云：凡事，從事前言之，或臨事言之，皆可曰「且」。如「歲且更始」之「且」，事前之且也。如「匪且有且」之「且」，毛傳曰：「此也。」此方然之「且」也。惟從事後言之，則爲已然之事，不得言「且」，故曰「自後曰已」。

㉑畢云：「萌」疑同「氓」。　鈕樹玉云：「萌」即「氓」，上文已屢見。　張云：君所以約臣民。

㉒「通」，總也。「約」，約束也。「若」，順也。「名」、「民」字通。以勢位言，君者臣民總受其約束。以

措施言，君者以順民爲務者也。禮記大學曰：「民之所好，好之；民之所惡，惡之；此之謂民之父母。」

83 以上七字諸本重，吴鈔本不重，今從之。畢云：「重句疑衍。」任何時皆可利民，若夏葛而冬裘，應時爲備，無不可利之時也。春秋繁露如天之爲篇曰：「人之所治也，安取久留，當行之理〔一〕，而必待四時也？且天之欲利人，非直其欲利穀也。除穢不待時，況利人乎」，淮南子主術訓曰「春伐枯槁，夏取果蓏，秋畜疏食，冬伐薪蒸，以爲民資」，此功不待時之説也。節用上篇曰「其爲衣裘何以爲？冬以圉寒，夏以圉暑」，韓子五蠹篇曰「冬日麑裘，夏日葛衣」，周禮宫伯「以時頒其衣裘」，此衣裘應時爲利之説也。

84 尚賢上篇曰「以勞殿賞，量功而分禄」，荀子正論篇曰「賞慶刑罰皆報也，以類相從者也」，商子禁使篇曰「賞隨功」，韓子難一篇曰「賞不加於無功」。

85 以上六字，本在下文「殆姡」之下，今依經文校移於此。

86 秋山云：「姡」，一作「妬」。孫云：「殆」當爲「隸」之假字。説文云：「隸，及也。」「姡」與「辜」通。 ○案：「害」，患也。科罪以犯禁爲限，若科罪不在禁中，則患無罪者及於辜。左氏襄二十六年傳曰「刑濫則懼及善人」，管子法法篇曰「令未布而罰及之，則是上妄誅也」，又明法篇曰

〔一〕「理」原誤「禮」，據春秋繁露如天之爲篇改。

「不淫意於法之外」，韓子大體篇曰「不急法之外」，又五蠹篇曰「以其犯禁也罪之」，義均相類。

⑧7 商子禁使篇曰「罰隨罪」，韓子難一篇曰「罰不加於無罪」。

⑧8 孫云：「之一」猶言是一。

⑧9 孫云：「同」、「侗」字通。

⑨0 張云：一楹也，二人俱見，俱謂之楹，是同也。

⑨1 「事」，畢本誤「是」，舊本並作「事」，今據正。於殊異之事物中，卻有其相同之點。莊子德充符篇曰：「自其同者視之，萬物皆一也。」微子、箕子、比干、費仲、惡來，異也，其同事一君，同也。

⑨2 「久」，他書謂之「宙」，今謂之「時間」(Time)。「彌」，偏也，覆也，滿也。

⑨3 「久」字本錯爲第二字，據經校移。「久今」之「今」爲「含」之省文，說文曰：「含，从口，今聲。」含，包容也。漢書董仲舒傳「天者，群物之祖也，故徧覆包函，而無所殊」，顏師古注：「函與含同。」「且」即上文「自前曰且」之「且」。「且」，將也。論衡知實篇：「太宰問於子貢曰：『夫子聖者歟？何其多能也。』子貢曰：『故天縱之將聖，又多能也。』將者，且也。不言已聖，言且聖者，以爲孔子聖未就也。孔子曰：『五十而知天命，六十而耳順。』未五十、六十之時，未能知天命至耳順也，則謂之且矣。當子貢答太宰時，殆三十、四十之時也。」由此可知，「且」有將來之義。「古」、「今」、「且」三字平列，各代表時間之一段。「久今古、今、且」，異辭言之，即包含無窮之過去，一剎那之現在，與無窮之將來也。經言「彌異時」，說言「含古、今、且」，立辭雖殊，其義一也。

⑭ 「宇」本作「守」，依王校改。

⑮ 「宇」字本錯爲第二字，據經校移。「莫」，布也，溥也。或讀爲「幕」，覆也。孫云：「『家』猶中也。四方無定名，必以家所處爲中，故著『家』於方名之間。」○案：孫説是。莊子天下篇釋文引司馬注「天下無方，故所在爲中」，可爲孫説之證。或「家」爲「宮」之形譌。宮，中也。蓋以五方言，中指中央；以六合言，中該上下。故中字「从口、丨，下上通也」。宇彌漫東西上下南北，故曰「宇，彌異所也」。莊子庚桑楚篇曰「有實而無乎處者，宇也。有長而無本剽者，宙也」，尸子曰「天地四方曰宇，古往今來曰宙」，淮南子齊俗訓曰：「往古來今謂之宙，四方上下謂之宇」，義並相類。以上二條，注家均改「且」字，或删「家」字，言時間則無將來，言空間則無上下，於是整箇宇宙橫被割裂矣。

⑯ 緜眇閣本「尺」作「人」。「或」，古「域」字。

⑰ 「尺」所以指尺規榘事也。古者五度：分、寸、尺、丈、引。尺居中，下可包寸、分，上可包丈、引。尺之所度無不極也，如地球與月之距離約二十六萬哩，其域亦窮於二十六萬哩，再前進則不能容尺度矣，是地與月之距離終有窮也，故曰「域不容尺，有窮」。反之，若至大無外之宇，其域爲無限大，以尺度之，莫不容也，莫能窮也，故曰「莫不容尺，無窮也」。莊子則陽篇曰：「君以意在四方上下有窮乎？」君曰：『无窮。』」

⑱ 「盡」，吴鈔本作「静」。「但」，翻陸本、寶曆本作「伹」。凡立一義而無動搖之者，謂之盡。例如物

體熱則膨張，此不可謂之盡也，因有少數物質遇熱反收縮，如攝氏四度以下之水，熱則收縮，足以動搖熱則膨張之定律也。又如凡人皆有死，此可謂之盡也，因世無不死之人足以動搖此定律也。

(99) 秋山云：「説始」，一作「説姑」。○案：「始」之爲名，必有其所當值之時。時是連緜不絶、無本無標之長。爲應用上便利，可分割之。分割至於極微，是謂無久。所謂「始」者，即指其託始所當值極微之一刹那言，故曰「始當無久」。

(100) 呂氏春秋觀表篇曰「先知必審徵表」，又曰「古之善相馬者，寒風是相口，麻朝相頰……見馬之一徵也」。是「徵」者，有形狀可徵驗之意。荀子正名篇曰：「狀變而實無別而爲異者，謂之化。有化而無別，謂之一實。」此言「徵易」，猶荀子言「狀變」矣。

(101) 寶曆本「鼃」作「黽」。孫星衍云：淮南齊俗訓云：「夫蝦蟆爲鶉，生非其類，唯聖人知其化。」孫云：説文黽部云：「鼃〔一〕，蝦蟆屬。」淮南書即本此。○案：此條蓋論形狀之變化。

(102) 孫云：説文云：「損，減也。」

(103) 舊本「體」作「禮」。

(104) 「或存」、「或」字各本無，今依王校增。張云：一物兼二體，體一去一存，就其存者言，則損矣。

(105) 孫云：無説，未詳其義。此與前云「損，偏去也」、「損」、「益」義似正相對，疑謂凡體損之則小，益

〔一〕「鼃」字原脱，據墨子閒詁原引補。

之則大也。〇案：孫説近是。以上二條蓋論數量之變化。

⑩⑥「柢」，吴鈔本、翻陸本作「祗」。孫云：當爲「環俱柢」，皆聲之誤。「俱」，説作「昫」，音亦相近。「柢」，説作「民」，當作「氐」，即「柢」之省。爾雅釋言云：「柢，本也。」

⑩⑦寶曆本「昫」作「朐」。淮南子齊俗訓曰「拘罷拒折之容」，許注云：「拘罷，圜也。」漢書揚雄傳「帶鉤矩而佩衡兮」，應劭注云：「鉤，規也。」此「昫」字義與「鉤」、「拘」並同。環無端，無在而非柢，故經曰「環俱柢」。環形中規，故説曰「環昫氐」也。

⑩⑧「庫」當爲「厙」，即古「軍」字，見説文古籒補庀陽矛。「軍」，「運」之省文。説文「庫」字同。説文曰：「運，迻徙也。」廣雅釋詁曰：「運，轉也。」

⑩⑨句。

⑪⓪吴鈔本「貌」作「皃」。「穴」爲「宊」之壞字。宊即宇字，見漢孔耽神祠碑。下文第六十四條經説「區宇」亦譌爲「區穴」。「區宇」猶區域也。經説下篇曰「傴宇不可偏舉宇也」，班固西都賦曰「區宇若茲」。「庫」即易繫辭「日月運行」之「運」。遠如星球之運行，近如舟車之迻轉，區宇若斯也，狀貌如常也，而其位置已於不知不覺中迻易矣。列子天瑞篇曰：「運轉亡已，天地密移，疇覺之哉！」

⑪⑪「或」，古「域」字。「徙」本作「從」，依孫、曹校改，説同。

⑪⑫「偏」、「徧」字通。廣雅釋言曰：「祭，際也。」全部運動是謂徧徙，一部分運動是謂際徙。

⑪⑬「若」本作「者」，依曹校改。「兔」或譌「免」。域徙爲動，動分偏、際二種。户樞爲物之常動者，兔

爲獸之善走者，故取以爲偏徙之喻。鼓瑟者，鼓宫宫動，鼓角角動，常不動其全部之弦，故取以爲際徙之喻。　以上經文自第一條至此，凡五十條，當爲古鈔帛本經上篇上截文。

⑭「矢」本作「夫」，王引之云：「『夫』當作『矢』。鄉射禮記曰『射自楹閒』，故以『矢過楹』爲喻。」○案：王校是也，今依改。古人狀動之速，多以矢爲喻。如莊子天下篇曰「鏃矢之疾」，戰國策齊策、淮南子兵略訓並曰「疾如錐矢」，吕氏春秋貴卒篇曰「所謂貴鏃矢者，爲其應聲而至」，論衡説日篇曰「天行甚疾，無以爲驗，當與弩矢之流相類似乎」。

⑮「梁」謂橋梁，淮南子繆稱訓「若行獨梁」。「止」者，停止一定處所，經過相當時間之謂。止以久顯，故曰「止，以久也」。此就静態言之也。再就動態言，若矢過楹，眴焉即逝，固可謂之不止矣。即若人過梁，自此端達於彼端，須經過相當時閒，顯然步步停止者，亦可謂之不止也。再進一步言，即人物不動，區宇若斯，狀貌如常，亦可謂之不止也。莊子秋水篇曰「物之生也，若驟若馳，无動而不變，无時而不移」，列子天瑞篇注引孔子曰「夫萬物與化爲體，體隨化而遷，化不暫停，物豈守故。故向之形生，非今形生，俯仰之閒，已涉萬變」，是皆深明有久不止之説者。凡人與物，位於空、依於時，不能遺空、時而獨立。空、時變動不居，故人物亦變動不居。此種有久之不止，以止爲不止，表面似甚矛盾，常人難喻，若此一秒鐘之馬，非前一秒鐘之馬也。無久之不止，以不止爲不止，其理易見，盡人可曉，若牛非馬也。

⑯舊本「執」作「孰」。

⑰ 莊子列禦寇篇曰：「聖人以必不必，衆人以不必必之。」

⑱ 説文曰：「必，分極也。从八弋。」又曰：「極，棟也。」「弋，橜也。」是「必」之本義原指統一物之分裂，此「必」字義正如此。方言曰：「臺，匹也。東齊海岱之間曰臺，自關而西，秦晉之間，物力同者謂之臺敵。」「臺執」者，雙方各執一説，勢均力敵，互不相下也。若一母生二子，是謂弟兄，可爲統一物分裂而對立之恰好象徵。下文第九十條「兄弟〔一〕，俱適也」，莊子齊物論「故有儒、墨之是非」，成玄英注「翟、緩二人，親則兄弟，各執一教，更相是非」，義均相類。然與不然、必與不必，是與非，無往而非對立，即無往而非必也。在人類歷史思想進化之長途上，此種統一物内在含有矛盾而至於分裂之現象，是無有止境者，故曰「必，不已也」。韓子顯學篇「孔、墨之後，儒分爲八，墨離爲三」，不過是受此法則支配之一例。此與著名之黑格爾辯證法(Hegel's Dialectual Method)甚相類似，其式如下圖。即統一物「甲」由于内在含有矛盾，從而逐漸形成並分裂出「非甲」。「甲」同「非甲」經過對立、鬥争，又逐漸形成新的統一物「乙」。如此分裂、鬥争、統一，再分裂、再鬥争、再統一……以至于無窮。本條應與下文第八十五條及經下第十二條參看。

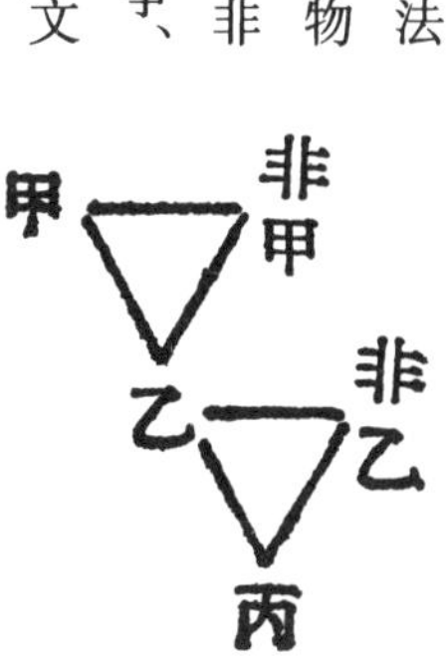

〔一〕「兄弟」原作「弟兄」，據下文第九十條乙。

⑪⑨ 無說。同高曰平，文義自明。

⑫⓪ 「𡈼」字本書屢見，畢謂「缶即正字」，但畢本他處皆作「𠙶」。偏檢畢本作「𠙶」之處，舊本或作「缶」（道藏本如此），或作「𡈼」（陸本、茅本多如此），今從作「𡈼」，餘仿此。　盧文弨云：「𤴓」，古文「正」，亦作「𠙶」。　畢云：「𠙶」即「正」字，唐大周石刻「投心𠙶覺」，如此。　○案：兩形相疊，互相密合，是謂相盡。所謂兩形同長者，以其相疊正相密合也。說義未詳。

⑫① 「捷」，吴鈔本、寶曆本作「揵」，陸本、茅本、緜眇閣本、堂策檻本、顧校李本、四庫本作「楗」。「心」疑「正」之形誤。　畢云：「捷」，一本作「楗」。

⑫② 「同長」即距離相等。以線言，自其中點往其兩端距離相若也。以面言，如正三角形、正四方形、平行四邊形等，自其中點往其各邊或其各角頂點距離相若也。以立體言，如四面體、立方體等，自其中點往其各面或其各角頂點距離相若也。下文第五十九條所謂「一中」，即立體中心及面中心之一種。

⑫③ 「惟」，有也。「厚」者，有所大之謂。此常態也。尚有似與常態相反而實有至理存者。如秋豪之小（莊子知北游篇「秋豪爲小」）、蘆苻之薄（淮南子俶真訓「蘆苻之厚」），皆非大也，然不害其爲厚。是「厚」之含義固有無所大者存也，故曰「厚，惟無所大」。「厚」相當於幾何學上之立體，幾何學謂具長、廣、高三者爲立體，本條未析言之。又幾何學上點、線、面之定義均屬假定，在事實上，無厚之面、無廣之線、僅有位置之點，均人類官能所未嘗接知者。若猶有以蘆苻之薄爲厚致疑

者，是即不知無厚之面僅存於想像界，不能得之於實物界者也。莊子養生主篇曰「而刀刃者無厚」，此特粗略比較言之，其實刀刃固非無厚者也。

(124) 無說。 張云：日中則景正表南。 孫云：中國處赤道北，故日中爲正南。

(125) 無說。 陳澧云：此即海島算經所謂「後表與前表參相直」也。 ○案：非命篇有「立朝夕」之文，可見墨家對於天文數學頗爲注意，以上二條蓋即關於天文數學者。 周禮大司徒曰：「以土圭之灋測土深，正日景以求地中。」又攷工記曰：「匠人建國，水地以縣。置槷以縣，眡以景。爲規，識日出之景與日入之景。晝參諸日中之景，夜考之極星，以正朝夕。」淮南子天文訓曰：「日冬至，八尺之修，日中而景丈三尺。日夏至，八尺之修，景徑尺五寸。」又曰：「正朝夕，先樹一表東方，操一表卻去前表十步，以參望日始出北廉。日直入，又樹一表於東方，因西方之表以參望日方入北廉，則定東方。兩表之中與西方之表，則東西之正也。」此即求地中、正朝夕之古法，可與此參讀。惟經文甚簡，說又不具，疑有脫文。

(126) 「交」，諸本作「支」，吳鈔本、茅本、寶曆本作「支」，下同。 緜眇閣本此作「友」，下作「支」。今依孫校改爲「交」。次條「交」字同。 孫云：「寫」謂圖畫其象。 周髀算經云「笠以寫天」，趙爽注云：「寫猶象也。」「支」疑當爲「交」之誤，後備城門篇「薪食足以支三月以上」，「支」，今本誤「交」。 ○案：析言之，渾圓曰圜，平圓曰圓。 渾言之則圜、圓通用。 本條定義，立體圜、平面圓均適用之。 圜僅有一中心，由中心至圜周之距離均等，以規寫畫而交之，即得圜。

(127) 吴鈔本「讙」作「驩」。廣雅釋詁三：「讙，聚也。」「讙」即「灌」之假字。張云：「讙」亦合也。

(128) 柱隅四方聚合，斯謂之「方」。兩矩被交，亦成方形，故曰「方，矩見交也」。周髀曰「合矩以爲方」，義正相類。

(129) 寶曆本「但」作「伹」。就任何數量而二之，斯爲「倍」。二尺與一尺，但相去一倍也。

(130) 畢云：「序」言次序。說文云：「耑，物初生之題也。」張云：「無序」謂無與爲次序。王引之云：「序」當爲「厚」，隸書相似而誤。陳澧云：「端」即西法所謂點也。孫云：依畢、張說，則「序」當爲「敍」之假字。

(131) 易繫辭「易之序也」，釋文引陸注云：「序，象也。」顏氏匡謬正俗云：「敍，比也。」義均可通。經言「無序」，說言「無同」，與經說下「無與非半」之「無與」、莊子則陽篇「斯而析之，精至於無倫」之「無倫」、又天下篇「至小無内」之「無内」，立辭並類。「端」是斯而析之，精至於無倫之體。以象言之，相當於幾何學之點。以萬有言，是宇宙間最元始之元子。惟其無序，是以最前，惟其最前，是以無同，要皆指出「端」之特有性。淮南子原道訓曰「所謂無形者，一之謂也。所謂一者，無匹合於天下者也，卓然獨立，塊然獨處」，可爲本條注脚。

(132) 說文曰：「閒，隙也。」「中」，「盅」之省文。說文曰：「盅，器虚也。老子曰『道盅而用之』。」經典多以「沖」爲之。淮南子原道訓曰「沖而徐盈」，注：「沖，虚也。」

(133) 「閒」，舊本作「聞」，下條經說「閒」字同。畢云：此與下「閒」舊作「聞」，俱以意改。

○案：「閒」爲物之空隙，就其夾之之物而言，是謂「有閒」。莊子養生主篇曰「彼節者有閒」。

134「夾者」，猶言所夾者，與前條「夾之者」相對。

135「區穴」、「區内」皆「區穼」之壞字，區穼即區宇，說見上文第四十九條。區宇與幾何學上之面積相當。

136本條注重被夾之閒或角不及於夾之之物，故曰「閒，不及旁也」。無序而最前之謂端或點，端運動而生尺或線，尺運動而生區宇或面積，故曰「尺前於區宇而後於端」。點與面積不能相夾成角，故曰「不夾於端與區宇」。又凡言夾者必有閒有旁，此云「不及旁」者，非謂不齊及旁，乃謂不涉及旁爲何物之意。如吾人研求一角，只明其弧度與距離等即得，不必問及夾之者之爲線、爲面、爲木、爲石也。

137王引之云：「纑」乃「櫨」之借字，三蒼云：「櫨，柱上方木也。」

138「朩」本作「木」，依章說改。　章太炎云：「纑」字不誤，「木」字則「朩」之誤耳。隸書轉變「朩」作「朩」，遂誤作「木」矣。「纑」者麻縷，「朩」者析麻，惟兩朩之閒有虛處，乃可擘析，故曰「纑，閒虛也」。舊以「纑」爲「櫨」之誤，夫棟梁楣柱，凌虛而駕，人所盡見，又何庸費辭耶？　○案：章說義長。淮南子道應訓「乃去其瞀而載之木」，王念孫校「木」作「朩」，例與此同。左昭十九年傳釋文：「纑，麻也。」廣韻曰：「朩，麻片。」莊子養生主篇曰「彼節者有閒」，蓋亦纑閒虛之類矣。

⑬⑨ 孫云：廣雅釋詁云：「盈，滿也。」

⑭⓪ 「得」字誤重，一本誤認「二」字爲「得」之重文，書作「得得」，一本作「得二」，校者並存之，故誤爲「得得二」耳。「盈」者，充實彌滿無乎不在，故曰「盈，莫不有也」。盈既無乎不在，然則無盈當於何處求之？曰：當於無厚求之。惟無厚者始可謂之無盈也。無厚者，至小無内之體，例如尺無所往而不得兩端，尺之端即所謂無厚，亦即所謂無盈也。

⑭① 説文曰：「非，違也。」又曰：「違，離也。」外者疏斥相離，盈者親合無閒。堅白俱在於石，拊得其堅，理會得白；視得其白，理會得堅。堅不外白，白不外堅，故曰「堅白不相外也」。此就經過心知之綜合作用言也。若僅就當前感覺言，則視得其白，不得其堅；拊得其堅，不得其白。堅無白，白無堅，堅白異處，不相盈而相離，是相外也。經與説各論知之一面，辭相反而義相成。參看經下第十五、第十六兩條。

⑭② 寶曆本「攖」作「纓」。莊子大宗師篇釋文引崔注云：「攖，有所繫著也。」孟子盡心篇「莫之敢攖」，注云：「攖，迫也。」「攖」有繫著接觸之義。

⑭③ 「與」本作「無」，依張校改。「俱」，諸本作「但」，寶曆本作「俱」，今從之。張校同。

⑭④ 「端」字本在下文「不相盡」下，依孫校移。

⑭⑤ 「盡」者，兩者相合，互相含受，渾融無閒之意。尺與尺相攖，其交處僅爲一點，不能互相含受，故不盡。端與端相攖，其交處仍爲端，兩者融合無閒，故盡。尺與端相攖，端融合於尺之中，尺不能

融合於端之中，故兩者或盡或不盡。堅白相攖於石，性、色相含，融合無閒，故爲相盡。兩物體相攖，各占空閒，不相含受，故不相盡。荀子富國篇曰「萬物同宇而異體」，「體」字義與此同。同長之兩尺疊合相盡，已見上文第五十四條，本條未論及之。

⑭⑥

「似」本作「仳」，依經文及畢、張校改。「目」，諸本作「有」，陸本不明，翻陸本、茅本、寶曆本、緜眇閣本作「自」，堂策檻本、顧校李本、四庫本作「目」，今從之。「后」，吴鈔本、緜眇閣本、堂策檻本、四庫本作「後」。

畢云：「有」，一本作「目」。　〇案：「似」即幾何學上之相似形。相似形有相攖、不相攖兩種。如圖ABC爲直角二等邊三角形，AO爲自頂點A至對邊BC之垂綫，於是得ABC與OAB與OAC三箇直角二等邊三角形。OAB三角形與OAC三角形可爲相似而又相攖之例，因兩形之各邊、角疊合時均可相接觸也。ABC三角形與OAB三角形或與OAC三角形並可爲相似而不相攖之例，因兩形之各邊、角不能盡相接觸也。其餘他形相似，可準此類推。目者，條目，今言條件。端，正也，直也。直有當義，正有適義。言兩形條件相當相適，而後可以相似也。如兩三角形二角相等，則兩三角形相似。所謂二角相等，即其條件相當相適也。故曰「兩目端而後可」。

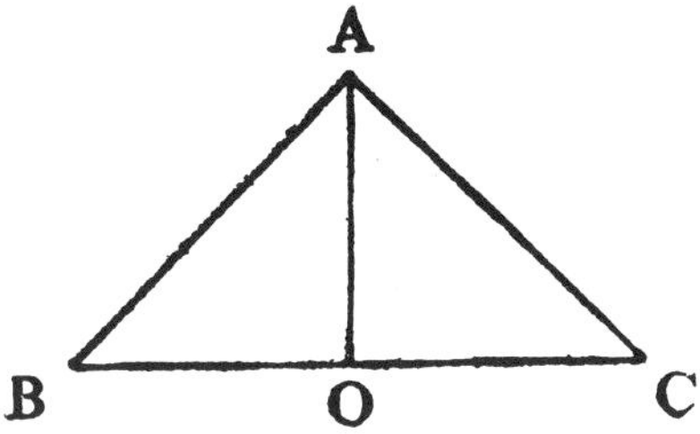

⑭⑦ 孫云：「攖攖」當作「相攖」。

⑭⑧ 下「厚」字，畢本誤「後」，舊本並作「厚」，今據正。相次無閒而不相攖者，其唯宇宙乎？宙彌異時，宇彌異所，是無窮無極之連緜，無乎不在之充實，其相次允爲無閒。雖然，萬象森列，固依宇而住也；百變紛紜，固因宙而顯也。事象盈虛消息於宇宙之中，咸相入而無礙，是宇宙者盈而若沖，又與塊然攖結之體異也，故曰「無閒而不相攖也」。宇宙者至小無內，故以「無厚」擬之；同時亦至大無外，故以「厚」擬之。厚與無厚通而爲一，形成此不可思議之宇宙，顯示其無閒而不相攖之相次，故說曰「無厚而厚可」。管子心術上篇曰「其大無外，其小無內，虛之與人也無閒」，又白心篇曰「灑乎天下滿，不見其塞」，莊子天下篇曰「至大無外謂之大一，至小無內謂之小一。無厚不可積也，其大千里」，淮南子說山訓曰「是故小不可以爲內者，大不可以爲外矣」，皆可與此印證。莊子與淮南書中與此類似之文屢見，今不具引。荀子脩身篇曰「有厚無厚之察，非不察也」，蓋即指此。

⑭⑨ 「員」、「圓」字通。說文曰：「灋，荆也。法，今文省。」又曰：「型〔一〕，鑄器之法也。」「鎔，冶器法也。」「模，灋也。」「笵，灋也。」可見「法」之本義爲模笵，依法從事即能產生如法之效果，故曰「法，所若而然也」。例如畫圓有三法，其一爲「一中同長」之概念，即所謂「意」，其二爲作圓之「規」，其

〔一〕「型」原作「荆」，據說文解字改。

三爲已成之圓形，仿依以從事，俱可以成圓，故曰「意、規、圓，三也，俱可以爲法」。

⑮⓪ 吴鈔本無「然」字。

⑮① 爾雅釋言：「佴，貳也。」郭注云：「佴次爲副貳。」周禮小宰「掌邦之六典八法八則之貳」，司農注云：「貳，副也。」「佴」猶今言副本，如鑄錢模型爲法，則所鑄之錢爲佴。法爲原因，佴爲效果，故曰「佴，所然也」。賢者在位，正身率物，使海内之民如埴在鈞，如金在鎔，家競爲義，人若於法，風行草偃，有類於佴也。

⑮② 「説」所以明事物之原因與理由也，小取篇曰「以説出故」。

⑮③ 句。

⑮④ 「彼」本作「攸」，張依經説改。梁云：「『彼』者何，指所研究之對象也。能研究之主體爲我，故所研究之對象對我而名彼也。

⑮⑤ 句。

⑮⑥ 句。

⑮⑦ 「凡」與「樞」，皆假定爲辯論之對象。辯論之對象不可兩，兩則不可定是非，故曰「彼不可兩，不可也」。例如凡，牛也；樞，非牛也。凡也、樞也，是兩也。猶甲言張三學者也，乙言李四非學者也，張三、李四對象兩歧，無以定其是非也。荀子正名篇曰：「辨説也者，不異實名以喻動静之道也。」荀謂異實不可以成辯，猶墨謂兩彼不可以定是非也。此外異名亦不可以成辯，例如鄭人謂

玉未理者「璞」，周人謂鼠未腊者「璞」，今周人曰「此璞也」，鄭人曰「此非璞也」，此亦不可以定是非，不能成辯也。

(158) 舊本「彼」作「攸」。

(159) 「或」字畢本脱，舊本並有，今據補。

(160) 「不當若犬」本作「不若當犬」，依胡校乙。「辯」也者，爭論一對象以求其是非也。今有一物焉，甲謂之牛，乙謂之非牛，是爭彼也。此辯論式，甲乙雙方是不俱當。不俱當，必或當或不當。若其物爲犬，則甲説不當，故曰「不當，若犬」。以上兩條，當與經下第三十五條參看。章行嚴名學他辨釋此條頗新穎，兹録於次。章云：「『他辨』二字出公孫龍子通變篇。『他』者，第三位之稱，意謂備第三物以明前兩物之誼，即邏輯之Middle Term也。此語通譯『媒詞』，愚以與吾名學有關，譯稱『他詞』。公孫龍之『他辨』，在墨經號爲『爭彼』。經上云：『辯，爭彼也。』『彼』與『他』同，『爭彼』也者，爭第三物之當否也。以爭彼爲辯，是之謂『他辨』(Logic of middle terms)。特辨者邏輯之通稱(邏輯可譯作『辨學』，較『名學』良)，辯者論爭之别義，字訓有差，立意則一。其説曰『辯：或謂之牛，或謂之非牛，是爭彼也』，謂一物而有是非兩説，是非無由自定，因舉他物立於第三位，以爲準則，謂如彼者方爲牛，否則非牛也，故曰『爭彼』。」

(161) 緜眇閣本「縣」作「懸」。畢云：「『縣』，『縣』字異文，讀如縣挂之類。」張云：「『縣』猶繫也。爲必由知，而爲之則繫於欲。

162 畢云：「『⿰養隹』即『難』異文。」張從之。曹校「⿰養隹」作「惟養」二字，謂古「惟」字作「隹」，因而誤合爲一字。王闓運刻本「⿰養隹」旁注「⿱難灬」，即今「燃」字，後又旁注「然」字。○案：畢說是。下文「⿰養隹脯」，寶曆本正作「難脯」。「難」即「⿱難灬」之省文。弘明集引顏延之文有「焚身然指」，⿱難灬指即然指。

163 寶曆本「是」作「足」。「之也」本作「文也」，依孫校改。

164 孫云：「離」俗作「罹」，被也。「離之」謂因欲而離患也。

165 「未」下畢本有「可」字，舊本並無，今據刪。騷之利害，言脯味之或利於人，或害於人也。畢云：「騷」，「臊」字假音，讀如山海經云「食之已騷」。

166 「而」猶其也。

167 畢云：「廧」字，「墻」俗寫。孫云：左傳襄二十六年「寺人惠墻伊戾」，釋文「墻」作「廧」。○案：戰國策趙策、管子地員篇並有「廧」字。

168 「刀」本作「力」，依孫校改。「刀」謂泉刀。

169 寶曆本「止」作「正」。

170 寶曆本「⿰養隹」作「難」。「𢜔」即「智」字，緜眇閣本作「𢜔」。「⿱難灬脯」猶言燔肉炙脯。

171 荀子王制篇「有子惡臥而焠掌」，淮南子說林訓「掇之則爛指」。

172 本作「所爲與不所與爲相疑也」，今參張意校移，「與相疑」讀爲「舉相疑」。

173 本條指示人類行爲不惟受知識之支配，亦受意欲之支配。意欲支配行爲之力，有時且比知識爲大。如欲難其指，智明知其害而猶欲難之。食脯，智未知臊之利害，欲而輒食之。廧外之利害未可知，趨之而得刀則弗趨也。是三者，或明知其害而竟犯之，或疑而猶行，或疑而遂止，可見支配人類行爲之二元性。難脯裹腹，事類智，而其行之所以成非智也。難指傷膚，事類愚，而其行之所以成非愚也。所爲與所不爲，舉決定於意欲恍惚疑似之間，非理智審計周謀以出之也。

⑰④ 秋山云：「亡」，一作「已」。

⑰⑤ 人生不可以已也。就事言，事勉可言已。自成功言，作一事而其事已成，如爲衣然，以成爲已也。自失敗言，作一事而其事已至水盡山窮，如治病然，以亡爲已也。舍是則無可已者也。論衡明雩篇曰「慈父之於子，孝子之於親，知病之不可治，然終不肯安坐待絶，猶卜筮求祟、召醫和藥者，惻痛殷懃，冀有驗也。既死氣絶，不可如何」，此治病以亡爲已之説也。文天祥、陸秀夫之抗元，史可法之抗清，鞠躬盡瘁，冀支危局，亦以亡爲已之義也。

⑰⑥ 「謂」，吴鈔本作「爲」，字通。 張云：「使」有二義。

⑰⑦ 「謂」讀如「爲」，下同。

⑰⑧ 緜眇閣本「謂」作「之」。 孫云：「濕」當作「漯」，即説文「儡」、「儽」之假字。説文云：「儡，相敗也。」又云：「儽，垂貌。一曰嬾解〔二〕。」老子「儽儽兮其不足，以無所歸」，釋文云：「儽，一本作

〔二〕墨子閒詁「解」下衍「乘，覆也」三字，本書沿誤。因與本條釋義無涉，今删。

偏，敗也，欺也。」「不必成偏」，言雖使爲之，而其事之成敗則未可知。

⑰⑨「使」有二，一爲帶試驗性質者，曰「爲」，如使人北極探險，其成績如何不可豫知。一爲有故事可循者，曰「故」，如使人造一輪船，可計日而成也。

⑱⓪孫云：荀子正名篇云「故萬物雖衆，有時而欲徧舉之，故謂之物。物也者，大共名也」，即此義。

⑱①「名」本作「多」，依孫校改。

⑱②緜眇閣本「馬」作「鳥」。

⑱③寶曆本「臧」作「咸」。莊子至樂篇曰「名止於實」。

⑱④「字」，諸本作「宇」，吴鈔本作「與」，道藏本作「字」，今從之，畢、張校同。「灑」，吴鈔本作「洒」。「名」，大別之爲達、類、私三者。「達」名範圍最廣，如物。莊子達生篇曰「凡有貌象聲色者，皆物也」。「類」名次之，如馬，凡若馬者皆可以馬名之也，小取篇曰：「白馬，馬也。驪馬，馬也。」「私」名最陜，止用於特定之實例，如臧爲一人之私名，他人不得通用之也。聲出人口，名即隨之，若姓字之相麗也。荀子正名篇「累而成文，名之麗也」，楊注引或曰：「麗與儷同，配偶也。」「麗」、「儷」、「灑」並同聲通用。

⑱⑤「移」當作「名」，本書「名」字或譌作「多」，又轉爲「移」耳。說作「命」，經作「名」，字通。寶曆本「移」作「私」。秋山云：「加」，一作「如」。

⑱⑥錫某動物以狗犬之名，命之也。舉狗犬以告人，舉之也。叱狗以惡聲，加之也。禮記曲禮曰「尊

客之前不吡狗」。

⑱⁷ 畢云：「聞」舊作「閒」，據經說上改。

⑱⁸ 寶曆本「廧」作「瘴」。「方」者，比類推論之意。孫云：集韻四十漾云：「障，或作廧。」

⑱⁹ 「身觀」，親身經驗之意。

⑲⁰ 本條論知識來源分三種：(一)凡人類感官直接感受者，曰親知。口之於味也，目之於色也，耳之於聲也，鼻之於臭也，皮膚之於觸也，皆是也。(二)凡隔於空、時，親、說俱窮，僅由傳受知之者，曰聞知。兼愛下篇曰「何以知先聖大王之親行之也？子墨子曰：吾非與之並世同時，親聞其聲、見其色也，以其所書於竹帛、鏤於金石、琢於槃盂傳遺後世子孫者知之」，此隔於時之聞知也。節葬下篇曰「子墨子曰：秦之西有儀渠之國者，其親戚死，聚柴薪而焚之」，此隔於空之聞知也。(三)說知由比類推論而得，介乎前二者之間。荀子解蔽篇曰「從山上望牛者若羊，而求羊者不下牽也。從山下望木者，十仞之木若箸，而求箸者不上折也」，此親知未審而說知知其非羊非箸也。經說下篇曰「見火謂之熱也」，淮南子說山訓曰「嘗一臠肉，知一鑊之味。懸羽與炭，而知燥溼之氣。以小明大，見一葉落〔一〕而知歲之將暮，睹瓶中之冰而知天下之寒。以近論遠」，又說林訓曰「見象牙乃知其大於牛，見虎尾乃知其大於狸，一節見而百節知也」，此親知未及而說知推論以得

〔一〕「葉落」原誤倒，據淮南子說山訓乙。

其全者也。孟子曰「周公相武王，驅虎豹犀象而遠之」，呂氏春秋古樂篇曰「商人服象，爲虐于東夷，周公遂以師逐之，至於江南」。春秋時，僅吴楚南國有見象之記載（左氏定四年傳），韓非子解老篇謂「人希見生象」，至於今日，象在黄河長江流域杳無蹤跡，人遂不免疑孟子、呂氏春秋所記非實者。今化石學家竟在西北利亞發現象骨，其地在黄河以北，則孟、呂記載已可徵信。此聞知有疑而賴説知以證實之者也。三者在人類求知上均甚重要。章太炎國故論衡原名篇釋「聞」、「説」、「親」甚爲博洽，可參閲之。

梁任公云：人類最幼稚之知識多得自親知，其最精密之知識亦多得自親知。人類最博深之知識多得自聞知，其最謬誤之知識亦多得自聞知。而説知則在兩者之間焉。中國秦漢以後，學者最尊聞知，次則説知，而親知幾在所蔑焉，此學之所以日窳下也。墨家則於此三者無畸輕畸重也。

⑲1 一切事物之稱謂，「名」也。被稱謂之事物，「實」也。大取篇曰「名，實名」，小取篇曰「以名舉實」，管子心術上篇曰「物固有形，形固有名」，尹文子曰「名者，名形者也。形者，應名者也」，荀子正名篇曰「名聞而實喻，名之足以指實」，公孫龍子名實篇曰「夫名，實謂也」，義正相類。名實相耦爲合，不耦則不合，管子心術上篇曰「名不得過實，實不得延名」，亦言名實之當耦也。故鹿不可以爲馬，烏不得以爲鵲。動機表現於行動曰「爲」，僅有動機而未表現於行動者，非爲也，如盲者欲視是。雖有行動而無明瞭意識之動機者，亦非爲也，如夢中囈語是。

⑲2 舊本「傳」作「博」。

聞有二。公羊隱元年傳曰「所聞異辭，所傳聞異辭」，蓋隔於空、時，不能親聞，惟賴於傳聞也。

194 寶曆本「二」作「一」。孫云：「時」疑當爲「特」。「特」者，奇也。「二」者，耦也。特者止見其一體，二者盡見其衆體，「特」、「二」文正相對。○案：孫説是。戰國策趙策「今有人操隋侯之珠，時宿於野」，即特宿於野也。淮南子説山訓曰：「視方尺於牛，不知其大於羊。總視其體，乃知其大相去之遠。」視方尺，體見也。總視其體，盡見也。

195 「合」本作「古」，楊依經校改。「正」，本作「兵」，形譌。經説下篇「在正人長」，今本「正」亦譌「兵」，誤與此同。

196 孫云：「工」疑「功」之省。大取篇曰「志功爲辯」。

197 寶曆本「臧」作「咸」。

198 凡一學術思想之興盛時代，其本身即孕有矛盾，正反對立，故曰「合，正立反」。依進行之過程，可畫分爲三期。一爲合之「正」時期，即全盛時期。在此期中，思想既合於其時人之意志，復適於其時代之事功，故曰「中志、功，正也」。「中」義如左氏定元年傳「未嘗不中吾志也」之「中」，注云：「中，合也。」二爲合之「宜」時期，即守成時期。此時期中，在思想上已不能創造光大，惟率由舊章，尚能保持社會之信仰與秩序，不至隕越，故曰「臧之爲，宜也」。「臧」義如左氏宣十二年傳「執事順成爲臧」之「臧」。三爲合之「必」時期，即分裂時期。學術思想自第二期以來，已漸停滯僵化、教條化，不能適應日進無休之新環境。至第三期，思想與現實愈離愈遠，已不能再保持其原狀，於是舊思想支配下之新社會遂發生種種問題，引起反對思想，而分裂於是形成矣，故曰「非彼必不有，必也」。「彼」即指不滿意於此思想而發生之反對思想而言，「必」即上文「必，不已也」之「必」。於是時也，常有聖哲之士應時而興，綜合衆說，重建適合於現實社會需要之新學說，社會上多數人翕然宗之，分裂之現象於焉告終，故曰「聖者用，而勿必」。時代更進，又輪迴於合之正、宜、必三相中，無或差忒，故曰「必也者，可勿疑」。本條應與上文第五十二條、經下第十二條參看。

⑲⁹ 大取篇曰：「正欲惡者，人右以其請得焉。」　孫云：「且」字疑衍。大取篇曰：「於所體之中而權輕重之謂權。權非爲是也，亦非爲非也。權，正也。」

⑳⁰ 「仗」疑「正」之聲誤。　孫云：「仗」當爲「權」，艸書形近而譌。言兩權利害，無所偏主。

201 張云：「爲」有六。

202 「早」借爲「草」。周禮大司徒「其植物宜早物」，早即「草」之借字。廣雅釋言曰：「草，造也。」

203 上文曰「治病，亡也」，此疑脱「治」字。

204 俞云：說文：「賣，衙也。讀若育。」經典通以「鬻」爲之。

205 畢云：「霄」與「消」同。

206 「鼃買」即「鼃黽」。左襄三十一年傳「莒子買朱鉏」，經作「密州」。詩谷風「黽勉同心」，韓詩作「密勿同心」。「買」、「密」、「黽」一聲之轉。廣韻「澠水」即汨水，汨从冥省聲。非攻中篇「冥隘」即鄳陀。「買」、「冥」、「鄳」亦一聲之轉。説文曰：「黽，鼃黽也。」上文曰「化，若鼃爲鶉」。

⑳⑦ 造臺而有臺存，其結果屬積極一面。病而至於死亡，其結果屬消極一面。交相買賣爲易，消滅淨盡爲蕩，順遂長養爲治，鼃買變化爲化。此六者或由人力，或屬天然，皆可謂之爲也。

⑳⑧ 張云：「同」有四。

⑳⑨ 淮南子説林訓曰「或謂冢，或謂隴；或謂笠，或謂簦」，此二名一實。

⑳ 若手與足不外全身之一體。上文曰「體，分於兼也」。

㉑① 若鯨與蝦俱處於水中。

㉑② 若牛與鼠大小狀貌皆不倫，然同屬哺乳動物。

㉑③ 「體」上「不」字各本脱，今依畢校補。孫謂吴鈔本不脱，誤。

㉑④ 凡二物必異，以其爲二也。

㉑⑤ 若人與木石。

㉑⑥ 若虎與魚。

㉑⑦ 若風與牛。由以上二條，可見同異常因觀察點不同而不同。莊子天下篇曰：「大同而與小同異，此之謂小同異。萬物畢同畢異，此之謂大同異。」

㉑⑧ 同異交得之法，放效有無之例類推之。説曰：「於福家良恕，有無也。」

㉑⑨ 同異交得爲論理學歸納法中最重要之方法，本條特加以討論。惜文字錯譌，多難索解，惟每例結

語皆以對文成義，執此尋繹，可見其概。

⑳ 未詳。

㉑ 比較度量，多少可見。經說下篇曰「若以尺度所不知長」。

㉒ 「兔虭」本作「免虭」，形微譌。「虭」即「蛁」之省文。太玄飾「蛁鳴喁喁」，注云：「蛁，蟬也。」方言曰：「蛥蚗，楚謂之蟪蛄，自關而東謂之虭蟧。」莊子逍遥游釋文引司馬注云：「蟪蛄，寒蟬也。」「兔虭還園」者，言兔虭外出，還依其故所。外出，去也。還依，就也。淮南子說林訓曰「兔走歸窟，寒螿得木，各哀其所生」，注云：「寒螿，蟬屬也。」義或類此。

㉓ 未詳。

㉔ 吳鈔本「早」作「蚤」。孫云：當作「劒戈甲」，言劒戈以殺人，求其死；甲以衛人，求其生。故下云「死生也」。

㉕ 孫云：莊子逍遥遊釋文云：「處子，在室女也。」

㉖ 「子」字寶曆本無，緜眇閣本作「一」。史記淮南王傳曰「遺其子〔一〕母從居」。處室子爲少，子母爲長。

㉗ 白黑分明，兩色並見，莫能相勝，故曰「兩絶勝」。越絶書記寶劒篇曰「夫寶劒五色並見，莫能相

〔一〕「子」字原誤重，據史記淮南衡山列傳删。

勝」。

㉘「行行」二字本在下文「論行」下，今校移於此。下「行」字，行列也，次第也。「行行」謂行之行列次第也。

㉙禮記曲禮曰：「行，前朱雀而後玄武，左青龍而右白虎，招摇在上，急繕其怒。」左氏宣十二年傳曰：「軍行，右轅，左追蓐，前茅慮無，中權，後勁。」可見古者軍行序列有中央與四旁也，故曰「行行，中央、旁也」。

㉚「論行」下本有「行行」二字，今移於上文。孫云：言人之論説、行爲、學問、名實，四者各有是非之異。

㉛未詳。

㉜孫云：「適」讀爲「敵」。言相合俱、相耦敵。此與上文「若弟兄一然者，一不然者」義略同。

㉝孫云：身處爲存，志往爲亡。

㉞經説下篇「霍」字凡數見，張皆校作「隺」，而未及此。字本作「鶴」，俗省作「隺」，或體作「鸖」，本書又省爲「霍」矣。説文曰：「爲，母猴也。」

㉟張云：「姓」疑當爲「性」。○案：張説是。「性」與「故」對文，孟子曰「天下之言性也，則故而已矣」，義與此同。雲中鶴、林間猴，性也。舞鶴、戲猴，人馴之使然也，故也。

㊱價之宜否，係於貴賤。

㉓⑦「超城」上本有「諾」字，爲次條標目，今移於下文。「員」借爲「運」，非命上、下篇「運鈞」，中篇作「員鈞」，可證。超越城爲運，已超越城則止也。

㉓⑧荀子性惡篇曰「可聽之聽不離耳」。

㉓⑨畢云：「之」舊作「也」，據下文改。○案：「察」，知也，明也。循聞得意，須有心神以君之。此公孫龍「臧三耳」之說所由立也。

㉔⓪「辯」，明也，慧也。莊子天道篇曰「語之所貴者，意也」，又外物篇曰「言者所以在意」。

㉔①寶曆本「諾」作「諸」。

㉔②「諾」字本在上文「超城」上，今移置於此。

㉔③「五色」，恐懼之義。呂氏春秋知分篇曰「黃龍負舟，舟中之人五色無主」。

㉔④諾之爲用不一，其辭氣各別。「相從」者，彼謂而我從之。「相去」者，所論相去懸遠，無關宏恉，不妨姑應之。「先知」者，已先知之，因而順應之。「是」者，事理之是者是之。「可」者，雖未盡是，而事屬可以者可之。「五色」者，若齊桓見劫於曹沫，秦王見劫於唐雎，皆有所恐懼而後諾之也。此外諾之辭氣尚有「長短」、「前後」、「輕重」等等。

㉔⑤音利。

㉔⑥「說」，堂策檻本、四庫本作「說」。畢云：「『音利』二字舊注，未詳其義。」孫云：「『音利』當作『言利』，二字本是正文，誤作小注。」○案：孫謂當作「言利」，是也。謂爲正文，則非。陸

本、茅本、寶曆本、緜眇閣本、堂策檻本、四庫本並無「音利」二字。「執」、「讋」之省文。說文曰：「讋，讋讘也。」又曰：「讘，多言也。」集韻曰：「讋，多言也。」又曰：「詀，多言也。一曰巧言。」說文曰：「說，言相說司也。」集韻引埤蒼曰：「詀說，言不正。」讋說猶詀說，讋、詀一聲之轉。舊注「言利」，於義正合。蓋連語則言讋說，單舉則言讋、言說，故經出「讋說」，而說則有「讋」無「說」也。「讋說巧轉」，謂利口者巧言離本耳。

247 說文曰：「援，引也。」

248 左襄二十七年傳「成言於晉」，杜注云：「成盟載之言，兩相然可。」

249 「九」、「糾」同音通用。糾，正也。「法」與經文「故」字義近。言引導利口者服從，其言難成，務思所以成之糾正之道，則莫若求其彊辯之法。如利口者以方爲圓，糾正之者可舉中規者始謂之圓以喻之。蓋規爲圓之法，亦即圓之故，今方不能中規，則利口者之彊辯將無所施展矣。

250 選擇而取之之謂「取」。「傳」，轉也。同法者必同類，取同者觀其同可也。雖然，有巧傳存焉。所謂「巧傳」者，事物之似是而非，引人入誤者也。禪讓者必擬堯舜，誅伐者必比湯武，此事之巧傳也。美玉與珷玞，蛇牀與蘪蕪，此物之巧傳也。愿者類仁而非仁，戇者類勇而非勇，此德行之巧傳也。狗似玃，玃似母猴，母猴似人，人之與狗則遠矣，此比類之巧傳也。此皆似同非同，迷亂人意，取同者須觀察及之，庶免陷於謬誤。

251 孫云：「擇」讀爲「釋」。釋、捨古通，見節葬下篇。言取此法，則捨彼法也。

252「愛」字本脫，依下文「心愛人」語法增。

253「與以」二字本在「有愛於人」上，今校移。

254 此示人於法異之中決定取捨、問故觀宜之法。例如有兩種學說，其一以止愛黑人立教，則愛將不及於不黑之人而愛有所偏，因人固有黑者有不黑者也。其一以愛人立教，黑人與不黑人皆兼而愛之。二者孰宜，不待辯而明。世之私於少數人而忘國家民族人類者，是止愛黑人之說也。

255「以」、「已」字通。禮記鄉飲酒義「貴賤之義別矣」，鄭注云：「別猶明也。」

256「止」本作「心」，依張校改。

257 經言辯論停止之因，說言停止辯論之術。辯論之所以停止者，因其所辯論之道理已明也，故曰「止，因以別道」。荀子正名篇曰「辭足以見極則舍之矣」，中論覈辯篇曰「夫辯者求服人心也，非屈人口也，故其論也，遇人之是則止矣」，意並與此近。停止辯論之術，莫若舉出與彼所根據之事理同類而相反之例以反問之。如有主張君臣之義無所逃於天地之閒者，則可舉出歐美諸民主國以反詰之，其辯論自止矣。

258「互」本作「五」，依胡校改，下同。

259「皆人」猶言凡人。

260「員」、「圓」字通。吴鈔本作「負」，誤。

261 事理誠正矣，若聖人然，即有非之者，亦將終於不非也。凡人於其所知，常有一種辯說，須達到互相應諸之境，若圓周無直，然後辯説終結，雙方定於一正，若自然矣。　以上經文自第五十一條至此，凡五十條，當爲古鈔帛本經上篇下截文。

㉖② 畢云：言此篇當旁行讀之。　孫云：此五字爲後人校書者附記篇末，傳寫者誤羼入正文「缶無非」三字之上。

墨子校注卷之十(下)

經下第四十一

經說下第四十三

一、止，類以行之①，説在同。

説止：彼以此其然也，説是其然也；我以此其不然也，疑是其然也②。

二、推類之難，説在之大小③。

説：謂四足獸，與牛馬④，與物，盡與大小也。此然是必然，則俱爲麋⑤。

三、物盡同名⑥，二與鬭，愛，食與招，白與視⑦，麗與暴⑧，夫與履⑨。

説同名：俱鬭，不俱二⑩，二與鬭也⑪。包⑫、肝、肺、子，愛也⑬。橘、茅⑭，食與招也⑮。白馬名白，視馬不名視⑯，白與視也。爲麗不必麗不必⑰，麗與暴也。爲非以人是，不爲非⑱。若爲夫以勇，不爲夫⑲。爲屨以買⑳，不爲屨㉑，夫與屨也。

四、一偏棄之㉒，謂而因是也㉓，説在因㉔。

説一：一與一亡㉕，不與一在偏去未㉖。有文實也，而後謂之；無文實也，則無謂也。不若敷與美㉗。謂是，則是固美也；謂也㉘，則是非美；無謂，則報也㉙。

五、不可偏去而二，説在見與俱、一與二、廣與脩㉚。

説：見不見離，一二不相盈，廣脩、堅白㉛。

六、不能而不害，説在害。

説不㉜：舉重不與箴㉝，非力之任也。爲握者之觭倍㉞，非智之任也。若耳目㉟。

七、異類不吡㊱，説在量。

説異：木與夜孰長？智與粟孰多㊲？爵、親、行㊳、賈㊴，四者孰貴㊵？麋與霍孰高㊶？麋與霍孰霍㊷？蚓㊸與瑟㊹孰瑟㊺？

八、偏去莫加少㊻，説在故。

説偏：俱一無變㊼。

九、假必誖，説在不然㊽。

説：假必非也，而後假。狗假霍也㊾，猶氏霍也㊿。

十、物之所以然，與所以知之，與所以使人知之，不必同，説在病。

説物：或傷之，然也。見之，智也[51]。告之[52]，使智也[53]。

一一、疑，説在逢、循、遇、過。

説疑：逢[54]，爲務則士[55]，爲牛廬者夏寒[56]，逢也。舉之則輕，廢之則重[57]，非有力也。沛從削[58]，非巧也。若石羽[59]，楯也[60]。鬬者之敝也，以飲酒，若以日中[61]，是不可智也[62]，愚也[63]。智與[64]？以已爲然也與[65]？愚也[66]。

一二、合與一[67]，或復否[68]，説在拒[69]。

一三、歐物一體也[70]，説在俱一、惟是[71]。

説俱：俱一，若牛馬四足。惟是，當牛馬，數牛數馬則牛馬二，數牛馬則牛馬一[72]。若數指，指五而五一[73]。

一四、宇或徙[74]，説在長宇久[75]。

説長：宇徙而有處宇[76]。宇南北在旦[77]，有在莫[78]，宇徙久[79]。

一五、不堅白，説在無久與宇。

説：無堅得白[80]。

一六、堅白，説在因。

說：必相盈也[81]。

一七、在諸其所然未者然[82]，說在於是。

說在：堯善治，自今在諸古也。自古在之今，則堯不能治也[83]。

一八、景不徙[84]，說在改爲。

說景：光至景亡，若在，盡古息[85]。

一九、景二，說在重。

說：景二[86]，光夾[87]。一[88]，光一[89]。光者景也[90]。

二十、景到[91]，在午有端[92]與景長[93]，說在端。

說景：光之人煦若射[94]，下者之人也高[95]，高者之人也下。足蔽下光[96]，故成景於上[97]；首蔽上光，故成景於下。在遠近有端與於光，故景庫，內也[98]。

二一、景迎日[99]，說在摶[100]。

說景：日之光反燭人，則景在日與人之閒[101]。

二二、景之小大，說在杝缶遠近[102]。

說景：木杝景短大[103]，木正景長小[104]，大小於木。則景大於木[105]，非獨小也，遠近[106]。

二三、臨鑑而立，景到[107]，多而若少，說在寡區[108]。

說臨：正鑒景寡，貌能、白黑⑩、遠近、杝正⑪異於光⑪。鑒景當俱⑫，就去亦當俱⑬，俱用北⑭。鑒者之臭⑮，於鑒無所不鑒。景之臭無數，而必過正。景過正，故招⑯。故同處其體俱然⑰。

二四、鑑位景二⑱，一小而易⑲，一大而𤯔，說在中之外內。

說鑒：分鑒⑳：中之內㉑，鑒者近中則所鑒大㉒，景亦大，遠中則所鑒小，景亦小，而必正。起於中，緣正而長其直也㉓。中之外㉔，鑒者近中則所鑒大，景亦大，遠中則所鑒小，景亦小，而必易。合於中，緣正而長其直也㉕。

二五、鑑團景一㉖，𠇍而必𤯔㉗，說在得。

說鑒：鑒者近則所鑒大，景亦大，亓遠㉘，所鑒小，景亦小，而必正㉙。

二六、貞而不撓㉚，說在勝。

說貞㉛：衡木如重焉而不撓㉜，極勝重也㉝。右校交繩㉞，無加焉而撓㉟，極不勝重也㊱。衡加重於其一旁㊲，必捶㊳。權重相若也，相衡則本短標長㊴，兩加焉，重相若，則標必下，標得權也㊵。

二七、契與收板㊶，說在薄。

說：挈有力也㊷，引無力也㊸，不正㊹。所挈之正於施也㊺，繩制挈之也㊻。若以錐刺之⑭，挈長重者下，短輕者上。上者愈得，下者愈亡⑱。繩直權重相若，則正矣⑲。收⑮，上者愈喪，下者愈得。上者權重盡，則遂挈⑮。

二八、倚者不可正，説在剃⑮。

説：兩輪高，兩輪爲輲，車梯也⑮。重其前，弦其前⑭，載弦其前⑮，載弦其軲⑯，而縣重於其前。是梯⑰挈且挈則行⑱。凡重，上弗挈，下弗收，旁弗劫⑲，則下直⑯。扡⑯，或害之也⑯。沶⑯梯者，不得沶直也⑯。今也廢石於平地⑯，重不下⑯，無跨也⑯。若夫繩之引軲也⑯，是猶自舟中引横也⑯，倚、倍、拒、堅⑰。邪倚焉則不正⑰，誰迸石⑰、絫石⑰，耳⑰夾⑰帶⑰者⑰法也⑱。

二九、推之必往⑲，説在廢材⑳。

説：方石去地尺⑱，關石於其下⑱，縣絲於其上⑱，使適至方石⑱，不下⑱，柱也⑱。膠絲去石，挈也⑱。絲絶，引也⑱。未變而石易⑱，收也⑲。

三十、買無貴⑲，説在仮其賈⑲。

説買：刀糴相爲賈⑲。刀輕則糴不貴⑲，刀重則糴不易⑲。王刀無變⑲，糴有變，歲變糴則歲變刀，若鬻子⑲。

三一、賈宜則讐⑲，説在盡。

說買：盡也者，盡去其所以不讎也[199]。其所以不讎去，則讎。𤴓買也宜不宜[200]，𤴓欲不欲，若敗邦鬻室嫁子[201]。

三二、無說而懼[202]，說在弗必[203]。

說無：子在軍，不必其死生；聞戰，亦不必其死生[204]。前也不懼，今也懼[205]。

三三、或，過名也[206]，說在實。

說或：知是之非此也[207]，有知是之不在此也[208]，然而謂此。南北過，而以已爲然。始也謂此南方，故今也謂此南方[209]。

三四、知知之否之足用也[210]，誖[211]，說在無以也[212]。

說智：論之，非智無以也[213]。

三五、謂辯無勝，必不當，說在辯[214]。

說謂：所謂[215]非同也，則異也。同則或謂之狗，其或謂之犬也[216]。異則或謂之牛牛，或謂之馬也。俱無勝，是不辯也。辯也者，或謂之是，或謂之非，當者勝也[217]。

三六、無不讓也，不可，說在始。

說：無讓者，酒未讓[218]，始也，不可讓也[219]。

三七、於一有知焉，有不知焉，說在存。

說於：石一也，堅白二也，而在石。故有智焉，有不智焉，可[220]。

三八、有指於二，而不可逃[221]，說在以二絫[222]。

說有指。子智是[223]，有智是吾所无舉[224]，重。則子智是，而不智吾所无舉也[225]，是一。謂有智焉，有不智焉也[226]。若智之，則當指之智告我[227]，則我智之[228]。兼指之以二也，衡指之，參直之也[229]。若曰必獨指吾所舉，毋舉吾所不舉[230]，則者固不能獨指[231]，所欲指不傳[232]。意若未校[233]，且其所智是也，所不智是也，則是智是之不智也，惡得爲一[234]？謂而有智焉，有不智焉[235]。

三九、所知而弗能指，說在春也、逃臣[236]、狗犬、貴者[237]。

說所：春也，其埶固不可指也[238]。逃臣，不智〔一〕其處[239]。狗犬，不智其名也[240]。遺者，巧弗能网也[241]。

四十、知狗而自謂不知犬[242]，過也，說在重。

說智：智狗不智犬[243]，重則過[244]，不重則不過[245]。

四一、通意後對[246]，說在不知其誰謂也。

〔一〕「智」原作「知」，據畢沅刻本改，與墨子原文合。

說通：問者曰：「子智孰乎㉔？」應之曰：「孰，何謂也？」彼曰：「孰，施㉔。」則智之。若不問孰何謂，徑應以弗智，則過。且應必應問之時㉔，若應長㉕，應有深淺大小，不中㉕。在兵人長㉕。

四二、所存與存者㉕，於存㉕與孰存，駟異㉕。說㉕。

說所：室堂，所存也㉕；其子，存者也㉕。據在者而問室堂㉕，惡可存也㉖？主室堂而問存者，孰存也？是一主存者以問所存，一主所存以問存者㉖。

四三、五行毋常勝㉖，說在宜。

說五：合水土火，火離然㉖。火鑠金，火多也；金靡炭㉖，金多也。合之府木㉖，木離木㉖。若識麋與魚之數㉖，惟所利㉖。

四四、無欲惡之爲益損也㉖，說在宜。

說無：欲惡傷生損壽㉗。說以少㉗，連是㉗，誰愛也？嘗多粟，或者欲不有，能傷也。若酒之於人也，且恕人利人㉗，愛也，則唯恕弗治也㉗。

四五、損而不害，說在餘㉗。

說損：飽者去餘，適足不害，能害飽。若傷麋之無脾也㉗。且有損而后益，智者㉗，若瘧病之之於瘧也㉗。

四六、知而不以五路㉗⑨，説在久㉘⓪。

說智：以目見，而目以火見，而火不見，惟以五路智。久不當以目見，若以㉘①。

四七、火必熱㉘②，説在頓㉘③。

說火：見火謂火熱也，非以火之熱我有㉘④，若視日㉘⑤。

四八、知其所以不知，説在以名取。

説智㉘⑥：雜所智與所不智而問之，則必曰：「是所智也，是所不智也。」取去俱能之，是兩智之也㉘⑦。

四九、無不必待有，説在所謂。

説無：若無焉，則有之而后無㉘⑧。無天陷，則無之而無㉘⑨。

五十、擢慮不疑㉙⓪，説在有無。

説：擢疑無謂也。臧也今死，而春也得之又死也，可㉙①。

五一、且然不可正，而不害用工㉙②，説在宜。

説且㉙③：且猶是也㉙④，且必然㉙⑤，且已必已㉙⑥，且用工而後已者㉙⑦，必用工而後已㉙⑧。

五二、均之絶不㉙⑨。説在所均。

説均：髮均，縣輕而髮絶㉚⓪，不均也㉚①。均㉚②，其絶也莫絶㉚③。

五三、堯之義也，生於今[304]而處於古，而異時，說在所義。

說堯霍[305]：或以名視人[306]，或以實視人。舉友富商也[307]，是以名視人也[308]；指是臛也[309]，是以實視人也。堯之義也，是聲也於今，所義之實處於古。若殆於城門與[310]，於臧也[311]。

五四、狗，犬也[312]，而殺狗非殺犬也，可[313]，說在重[314]。

說狗：狗，犬也，而殺狗謂之殺犬，可[315]，若兩䐖[316]。

五五、使殷美說在使[317]。

說使：令使也我使我我不使亦使我殿戈亦使殿不美亦使殿[318]。

五六、荆之大其沈，淺也[319]，說在具。

說荆：沈，荆之具也[320]，則沈淺非荆淺也，若易五之一[321]。

五七、以楹爲摶[322]，於以爲無知也，說在意[323]。

說：以楹之摶也，見之[324]，其於意也，不易先智[325]，意相也[326]。若楹輕於秋[327]，其於意也洋然[328]。

五八、推之意未可知，說在可用、過仵[329]。

說錐[330]：段、椎俱事於履[331]，可用也。成繪屨過椎[332]，與成椎過繪屨同，過仵也[333]。

五九、一少於二，而多於五，說在建位㉞。

說一：五有一焉，一有五焉，十二焉㉟。

六十、非半弗新㊱，則不動，說在端㊲。

說非：新半㊳，進前取也。前則中無爲半，猶端也。前後取，則端中也。新必半，毋與㊴、非半㊵，不可新也㊶。

六一、可無也，有之而不可去，說在嘗然。

說：可無也，已給則當給㊷，不可無也。久有窮、無窮㊸。

六二、𤰞而不可擔㊹，說在摶㊺。

說正：凡㊻無所處而不中縣㊼，摶也㊽。

六三、宇進無近，說在敷㊾。

說：傴宇不可偏舉宇也㊿，進行者先敷近，後敷遠(351)。

六四、行脩以久(352)，說在先後。

說行：者行者，必先近而後遠(353)。遠近(354)，脩也(355)；先後，久也。民行脩，必以久也(356)。

六五、一法者之相與也盡類(357)，若方之相台也(358)，說在方。

說：一方盡類(359)，俱有法而異(360)，或木或石，不害其方之相台也(361)。盡類(362)，猶方也(363)，物俱然[364]。

六六、狂舉不可以知異[365]，說在有。

說狂：牛與馬惟異[366]，以牛有齒、馬有尾，說牛之非馬也，不可。是俱有[367]，不偏有、偏無有[368]。曰：「牛與馬不類[369]，用牛有角[370]，馬無角。」是類不同也。若舉牛有齒[371]，馬有尾[372]，以是爲類之不同也，是狂舉也[373]。猶牛有齒[374]、馬有尾，或不非牛而非牛也可，則或非牛或牛[375]而牛也可[376]。

六七、不可牛馬之非牛，與可之同，說在兼。

說：故曰「牛馬非牛也」，未可[377]。「牛馬牛也」，未可[378]。則或可或不可，而曰「牛馬牛也未可」，亦不可[379]。且牛不二，馬不二，而牛馬二[380]。則牛不非牛，馬不非馬，而牛馬非牛、非馬，無難[381]。

六八、彼彼此此[382]，與彼此同，說在異。

說彼：正名者[383]：彼彼此此可[384]，彼彼止於彼，此此止於此[385]。彼此不可，彼且此也[386]。彼此亦可，彼此止於彼此[387]，若是而彼此也，則彼亦且此此也[388]。

六九、唱和同患[389]，說在功。

說：唱無過，無所周[390]，若粺[391]。和無過，使也，不得已。唱而不和，是不學也；智少而不學，必寡。和而不唱，是不教也；智而不教，適息[392]。使人奪人衣，罪或輕或重；使人予人酒，功或厚或薄[393]。

七十、聞所不知若所知，則兩知之，說在告。

說：聞在外者，室中所不知也[394]；或曰「在室者之色若是其色」，是所不智若所智也。猶白若黑也，誰勝[395]？是若其色也，若白者必白；今也智其色之若白也[396]，故智其白也。夫名以所明正所不智[397]，不以所不智疑所明，若以尺度所不智長。外，親智也；室中，說智也[398]。

七一、以言爲盡誖，誖。說在其言[399]。

說以：誖，不可也。之人之言可[400]，是不誖，則是有可也。之人之言不可[401]，以當[402]，必不審[403]。

七二、唯吾謂，非名也，則不可[404]，說在仮[405]。

說惟[406]：謂是霍，可[407]。而猶之非夫霍也[408]，謂彼是是也，不可，謂者毋惟乎其謂[409]。彼猶惟乎其謂[410]，則吾謂行[411]；彼若不惟其謂，則不行也[412]。

七三、無窮不害兼[413]，說在盈否。

說無：南者有窮則可盡[414]，無窮則不可盡。有窮無窮未可智[415]，則可盡不可盡未可智[416]。人之盈之否未可智[417]，人之可盡不可盡亦未可智[418]。而必人之可盡愛也，誖[419]。「人若不盈无窮[420]，則人有窮也，盡有窮無難。盈無窮，則無窮盡也[421]，盡有窮無難[422]。」

七四、不知其數而知其盡也，說在問者[423]。

說不：不智其數[424]，惡智愛民之盡之也[425]？或者遺乎其問也[426]。盡問人，則盡愛其所問。若不智其數，而智愛之盡之也無難[427]。

七五、不知其所處，不害愛之，說在喪子者[428]。

七六、仁義之爲内外也[429]，孛[430]，說在仵顔[431]。

說仁：仁，愛也。義，利也。愛利，此也。所愛、所利，彼也。愛利不相爲内外[432]，所愛利亦不相爲外内[433]。其爲仁内也、義外也[434]，舉愛與所利也，是狂舉也。若左目出[435]，右目入[436]。

七七、學之益也，說在誹者。

說學：也以爲不知學之無益也[437]，故告之也。是使智學之無益也，是教也。以嘗爲無益也，教，誖[438]。

七八、誹之可否，不以衆寡，說在可非。

說誹439：論誹之可不可：以理之可誹，雖多誹，其誹是也；其理不可非440，雖少誹，非也。今也謂多誹者不可，是猶以長論短441。

七九、非誹者諄442，說在弗非。

說不443：誹非444，己之誹也不非445，誹非可非也446。不可非也，是不非誹也447。

八十、物甚不甚448，說在若是。

說：物甚長甚短，莫長於是，莫短於是。是之是也，非是也者，莫甚於是449。

八一、取下以求上也，說在澤。

說取：高下以善不善爲度，不若山澤。處下善於處上，下所謂上也450。

八二、不是與是同451，說在不州452。

說不：是是453，則是且是焉。今是之於是454，而不是於是455，故是不之456。是不之457，則是而不之焉458。今是不之於是，而之於是459，故之與不之同說也460。

經下篇旁行句讀

〔一〕止，類以行之，說在同。

〔四二〕所存與存者，於存與孰存，駟異。說。

（二）推類之難，說在之大小。

（三）物盡同名：二與鬭，愛，食與招，白與視，麗與暴，夫與履。

（四）一偏棄之，謂而因是也，說在因。

（五）不可偏去而二，說在見與俱、一與二、廣與脩。

（六）不能而不害，說在害。

（七）異類不吡，說在量。

（八）偏去莫加少，說在故。

（九）假必誖，說在不然。

（一〇）物之所以然，與所以知之，與所以使人知之，不必同，說在病。

（一一）疑，說在逢、循、遇、過。

（一二）合與一，或復否，說在拒。

（四三）五行毋常勝，說在宜。

（四四）無欲惡之爲益損也，說在宜。

（四五）損而不害，說在餘。

（四六）知而不以五路，說在久。

（四七）火必熱，說在頓。

（四八）知其所以不知，說在以名取。

（四九）無不必待有，說在所謂。

（五〇）擢慮不疑，說在有無。

（五一）且然不可正，而不害用工，說在宜。

（五二）均之絶不，說在所均。

（五三）堯之義也，生於今而處於古，而異時，說在所義。

〔一三〕歐物一體也，說在俱一、惟是。

〔一四〕宇或徙，說在長宇久。

〔一五〕不堅白，說在無久與宇。

〔一六〕堅白，說在因。

〔一七〕在諸其所然未者然，說在於是。

〔一八〕景不徙，說在改爲。

〔一九〕景二，說在重。

〔二〇〕景到，在午有端與景長，說在端。

〔二一〕景迎日，說在摶。

〔二二〕景之小大，說在杝缶遠近。

〔二三〕臨鑑而立，景到，多而若少，說在寡區。

〔二四〕鑑位景二，一小而易，一大而缶，說在中之外內。

〔二五〕鑑團景一，夭而必缶，說在得。

〔二六〕貞而不撓，說在勝。

〔五四〕狗，犬也，而殺狗非殺犬也，可，說在重。

〔五五〕使殷美說在使。

〔五六〕荆之大其沈，淺也，說在具。

〔五七〕以楹爲摶，於以爲無知也，說在意。

〔五八〕推之意未可知，說在可用、過仵。

〔五九〕一少於二，而多於五，說在建位。

〔六〇〕非半弗𣃔，則不動，說在端。

〔六一〕可無也，有之而不可去，說在嘗然。

〔六二〕缶而不可擔，說在摶。

〔六三〕宇進無近，說在敷。

〔六四〕行脩以久，說在先後。

〔六五〕一法者之相與也，盡類，若方之相台也，說在方。

〔六六〕狂舉不可以知異，說在有。

〔六七〕不可牛馬之非牛，與可之同，說在兼。

〔二七〕契與收板，說在薄。
〔二八〕倚者不可正，說在剃。
〔二九〕推之必往，說在廢材。
〔三〇〕買無貴，說在仮其賈。
〔三一〕賈宜則讐，說在盡。
〔三二〕無說而懼，說在弗必。
〔三三〕或，過名也，說在實。
〔三四〕知知之否之足用也，誖，說在無以也。
〔三五〕謂辯無勝，必不當，說在辯。
〔三六〕無不讓也，不可，說在始。
〔三七〕於一有知焉〔一〕，有不知焉，說在存。
〔三八〕有指於二，而不可逃，說在以二絫。
〔三九〕所知而弗能指，說在春也、逃臣、狗犬、

〔六八〕彼彼此此，與彼此同，說在異。
〔六九〕唱和同患，說在功。
〔七〇〕聞所不知若所知，則兩知之，說在告。
〔七一〕以言爲盡誖，誖，說在其言。
〔七二〕唯吾謂，非名也，則不可，說在仮。
〔七三〕無窮不害兼，說在盈否。
〔七四〕不知其數而知其盡也，說在問者。
〔七五〕不知其所處，不害愛之，說在喪子者。
〔七六〕仁義之爲內外也，孛，說在仵顏。
〔七七〕學之益也，說在誹者。
〔七八〕誹之可否，不以衆寡，說在可非。
〔七九〕非誹者，誖，說在弗非。
〔八〇〕物甚不甚，說在若是。

〔一〕「焉」，原誤「也」，據本書經下篇第三十七條正文改。

貴者。

〔四〇〕知狗而自謂不知犬，過也，説在重。

〔四一〕通意後對，説在不知其誰謂也。

〔八一〕取下以求上也，説在澤。

〔八二〕不是與是同，説在不州。

① 「之」本作「人」，今依孫校改。　楊云：大〔二〕取篇：「夫辭，以類行者也。」

② 本條示通觀同異、止息爭辯之法。凡欲止息爭辯，莫善於舉出與他人所根據之理由同類而否定之例，以反詰之，通觀事例之異同，則真理自明而辯自止矣。參看經上篇第九十九條。

③ 「之」上疑脱「類」字。　孫云：「之」上疑脱「名」字。

④ 「牛馬」，諸本作「生鳥」，堂策檻本、四庫本作「立鳥」，今依孫校改。

⑤ 「麋」，畢本作「糜」，舊本並作「麋」，今從舊本。「麋」之言迷也，碎也，爛也；又迷誤也。推類第一要件，須確定類之範圍。如謂四足獸與牛馬與物，類之大小各别，若不先審辯類之大小，而遽曰「此然，是必然」（例如牛馬食草，則四足獸亦食草），則相與俱麋而已，推類云乎哉！荀子正名篇曰：「推類而不悖。」呂氏春秋别類篇曰：「物多類然而不然。」漆

〔二〕「大」原誤「小」，據西南師大漢語言文獻研究所校改。

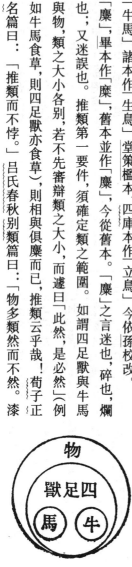

淖、水淖，合兩淖則爲蹇，溼之則爲乾。金柔、錫柔，合兩柔則爲剛，燔之則爲淖。或溼而乾，或燔而淖，類固不必可推知也。小方，大方之類也；小馬，大馬之類也；小智，非大智之類也。」淮南子說山訓曰：「物固有似然而似不然者，故決指而身死，或斷臂而顧活，類不可必推。」史記匈奴傳索隱注云：「物，無也。」「無盡同名」，猶言不盡同名。蓋數名在某觀察點之下有同處，其餘則不同也。

⑥

⑦ 吳鈔本「視」作「二」。

⑧ 「暴」字本脱，依顧說增。

⑨ 說作「履」，義同。

⑩ 「鬬争」字本作「鬥」，象兩人手有所執相對形。「二」字从耦一，亦有並立耦敵之意。左閔二年傳「外寵二政」，是也。然人皆曰俱鬬，不曰俱二。

⑪ 「二」本作「三」，依顧校改。

⑫ 「包」，「炮」之省文。說文曰：「炮，毛炙肉也。」

⑬ 張云：四者俱人所愛，而所以愛者異。

⑭ 吳鈔本「茅」作「茆」，字通。

⑮ 舊本「招」作「抬」。秋山云：「抬」，一作「招」。張云：茅亦可食，而巫以茅招神，不與橘同食。周禮司巫云「旁招以茅」。

⑯兩「名」字本作「多」，形近而誤。馬之白者名之曰「白馬」，馬之善視者不名之曰「視馬」。

⑰疑當作「爲麗必暴，爲暴不必麗」。「麗」，「曬」之省文。說文曰：「曬，暴也。」言暴露於日光之中使乾也。又曰：「㬥，晞也。」「晞，乾也。」曬者必乾燥，乾燥者不必由於曬也，故曰「爲曬必暴，爲暴不必曬」。

⑱淮南子齊俗訓曰：「至是之是無非，至非之非無是。」今爲非而有人是之，是未必爲非也，故曰「爲非以人是，不爲非」。

⑲「以」字本脱，依孫校增。「夫」者，男子之通稱。今以「勇」稱「夫」，則與通稱之「夫」有別矣。揚子法言曰：「雕蟲篆刻，壯夫不爲也。」

⑳吴鈔本無「爲」字，「買」，疑當爲「蕢」，形近而誤。

㉑「不」本作「衣」，依孫校改。周禮草人司農注云：「蕢，麻也。」「屨」爲履之通名。古者夏葛屨，冬皮屨，以爲常。今爲屨以麻，則與統攝一切之「屨」有別矣。故曰「爲屨以蕢，不爲屨」。

㉒吴鈔本「棄」作「弃」。

㉓「而」疑當爲「夫」，篆文形近而譌。夫，彼也，與「是」對文。「因」本作「固」，依孫校改。

㉔緜眇閣本「因」作「固」。周書作雒篇注云：「因，連接也。」吕氏春秋盡數篇注云：「因，依也。」

㉕兩「一」字本作「二」，依梁校改。「與」讀爲「舉謂」之「舉」，下同。

㉖句。

㉗「敷」借爲「皮臚」之「臚」，字亦作「膚」。爾雅釋言：「臚，敍也。」「臚」即「敷」之借字，可以互證。

㉘「也」讀爲「他」。

㉙「報」疑當爲「執」。若一石具堅白二性，常相盈合。在發言者不妨謂彼堅（或白），而偏去是白（或堅）。在聞言者聞彼堅（或白），未有不連想是白（或堅）。故曰「謂彼因是」。舉堅不舉白，或舉白不舉堅，故曰「一舉一亡」。不舉堅而堅在，不舉白而白在，舉謂雖偏去其一，實際則整箇堅白石自若，與未去等，故曰「不舉一在偏去未」。有諸性相盈之實，而後能「謂彼因是」，無其實則無謂也。蓋堅白石之相盈，非若膚與美也。謂是人（如膚如凝脂之莊姜），則其膚固美也；謂他人（如皮膚若漆之鍾離春），則其膚非美。膚與美非常相盈合者，故欲表示膚美之全義時，必膚美兼舉，始能使人得其意。若謂膚不謂美，則人僅知膚而不知其美；若謂美不謂膚，則人僅知美而不知其屬於膚。此無他，膚與美不常相盈合，勢不能「謂彼因是」也。尹文子曰：「名稱者，不可不察也。語曰『好牛』，好則物之通稱，牛則物之定形，以通稱隨定形，不可窮極者也。設復言『好馬』，則復連於馬矣，則好所通無方也。設復言『好人』，則彼屬於人矣。則好非人，人非好也，則好牛、好馬、好人之名自離矣。」彼好牛之喻，與此條膚美正同。好與牛、美與膚，其名可離，故偏去則不知所□〔一〕，與堅白石異也。

〔一〕「所」下脱印一字，當是「謂」字。

㉚「脩」本作「循」，依俞校改。經說同。

㉛前條所謂「一偏棄之」者，不過爲稱謂簡便計耳。在實際上，諸性相盈之實，是整箇之物，不可偏去而二。如石一也，堅白二也，堅爲石之質，白爲石之色。拊得其堅，不得其白，則白離於堅石矣；視得其白，不得其堅，則堅離於白石矣。有見者有不見者，有知者有不知者，是石之廣脩之形、堅之性、白之色皆不相盈而離藏其一矣。經說乃就純粹當前感覺現象分別言之也，若以心知之綜合物質之實際攷之，則天下固未有若是獨立存在之堅之白也。視得石白，即可理會得堅，而堅與白俱；拊得石堅，即可理會得白，而白與堅俱。見與不見，知與不知，相與盈合，由心知綜合成一整箇堅白石。故經曰「不可偏去而二」。公孫龍子堅白篇曰「見與不見離。一一不相盈，故離。離也者，藏也」，可爲經說注脚。

㉜「不」字本錯於「舉」字下，依梁校乙。

㉝寶曆本「舉」作「與」。說文箴」、「鍼」二字微別，疑本爲一字，古初以竹爲之，故字從竹，後以金爲之，故又從金，俗又作「針」。畢云：疑當云「不舉箴」。孫云：「箴」即「鍼」之假字，一切經音義引字詁云：「鍼，又針、箴二形。」今作「針」。說文金部云：「鍼，所以縫也。」

㉞「頫」當爲「顛」之形譌。顛倍即顛踣。秋山云：「頫」，一作「顱」。

㉟能舉重者或不能舉箴，箴之舉否無與於力，舉箴非力之任也。爲握持者之顛踣無與於智，握持非智之任也。若耳不能視，目不能聽，雖不能，無害也。公孫龍子堅白論曰：「目不能堅，手不能

白，其異任也。」論衡命祿篇曰「猶手之持重也，手舉一鈞，以一鈞則平，舉之過一鈞，則躓仆矣」，可爲握持者顛踣之例，躓仆猶顛踣也。

㊱ 呲即「比」之異文。吴鈔本作「呲」。

㊲ 伍非百云：木之長非夜之長，空量與時量異類也。智之多非粟之多，心量與物量異類也。

㊳ 德行。

㊴ 賈直。

㊵ 「爵」、「親」、「行」、「賈」，四者各有其貴。禮記祭義曰：「有虞氏貴德而尚齒，夏后氏貴爵而尚齒，殷人貴富而尚齒，周人貴親而尚齒。」

㊶ 吴鈔本「霍」作「藿」。寶曆本「高」作「商」。「霍」即「鶴」字，說見經說上第九十條。下「霍」字同。

㊷ 「執霍」，「霍」字讀如孟子梁惠王篇「白鳥鶴鶴」之「鶴」，詩靈臺作「翯」。說文又有「皠」字，或誤作「皬」，白也。義皆可通。麋獸鶴鳥各有其高度，各有其白色，不可相比。強而比之，有類於告子以白羽之白猶白雪之白，白雪之白猶白玉之白，必爲正名者所笑矣。

㊸ 「虭」從刀，從刃者誤。「虭」，蟬也。說見經說上第九十條。蟬善鳴，至秋聲尤悲切。

㊹ 瑟聲悲。

㊺ 「執瑟」，「瑟」字訓蕭瑟。言蟬聲與瑟聲各有其蕭瑟。

㊻ 「加少」二字，或以「增減」二字釋之，非是。「加」爲「少」之疏狀字，非平列字也。孟子梁惠王篇

「鄰國之民不加少，寡人之民不加多」，莊子知北遊篇曰「益之而不加益，損之而不加損」，「加」字義與此並同。

㊼ 上文第四條經説「不舉一在偏去未」，可爲本條注釋。蓋舉謂雖去堅白之一偏，其整箇堅白石之概念如故也，故曰「俱一無變」。

㊽ 孫云：説文人部云：「假，非真也。」又言部云：「誟，亂也。或作悖。」與「非」義同。小取篇曰「假者，今不然也」。

㊾ 「霍」即「鶴」字，説見經説上第九十條。下同。

㊿ 孫云：古名禽獸草木亦通謂之「氏」，大戴禮記勸學篇云「蘭氏之根」、「懷氏之苞」是也。聞一多云：「氏」、「是」通。○案：「假」者，假定虛擬之謂。假定狗爲鶴，猶如氏鶴也，狗固非鶴也。蓋宇宙間事理往往不能直接説明而有賴於假定，其用至廣。

51 張云：「智」讀爲「知」。

52 「告」，諸本作「吉」，寶曆本作「告」，今從之。王引之、張校同。

53 「使智」，「智」字寶曆本作「知」。或傷之，是病之所以然也。見而知其病之由於受傷，是知也。舉病因以告人，是使人知之也。此三者可以相同，但不必相同。如淮南子説林訓曰「蔭不祥之木爲雷電所撲」，論衡雷虛篇曰「世俗謂雷犯殺人罰陰過」，今科學證明雷電殺人與人之善惡、木之吉凶毫無關係，此即物之所然與所以知之不必同也。莊子天道篇曰：「輪扁對桓公曰：斲輪得之於手而應於心，口不能言，有數存焉於其閒。臣不能以喻臣之子，臣之子亦不能受之於臣。」此即所以知之與所以使人知之不必同也。惟科學日進，人類識域日廣，物之所以然亦將逐漸明瞭，此則可推知者也。

(54) 畢云：舊作「蓬」，下同，以意改。○案：緜眇閣本作「逢」。

(55) 「務」讀爲「鍪」。荀子哀公篇「有務而拘領者」，淮南子氾論訓「務」作「鍪」，注云：「鍪，頭著兜鍪帽。」說文曰：「兜，兜鍪，首鎧也。」省言之，則止曰鍪。「士」，甲士也。　秋山云：「士」，一作「上」。

(56) 孫云：此「牛廬」蓋以養牛若馬之庌，庌取其夏寒。

(57) 孫云：公羊宣八年傳何注云：「廢，置也。」　梁云：例如車。

(58) 張云：「沛」當作「林」。　孫云：說文云：「林，削木札樸也。」隸變作「柿」。

(59) 「若」，茅本、寶曆本、緜眇閣本作「石」。　孫云：莊子天下篇云「若羽之旋，若磨石之隧」，此或與彼同，蓋亦循從自然之義。

(60) 「楯」讀爲「循」，寶曆本作「揗」。

(61) 「日」舊作「曰」。　秋山云：「若」，一作「名」。　孫云：「日中」謂市也。

(62) 「智」、「知」通。

(63) 「愚」讀如「遇」。

⑭句。

⑮句。

⑯孫云：依經當作「過」也。○案：「疑」有四：一曰逢。猶之人也，著兜鍪則甲士。夏本熱也，爲牛廬則夏寒。視所遭逢如何。二曰循。若車舉而推之則輕，廢而置之反重，此順輪之勢無與於人力。木札從削，此順木之理，無與於人巧。若磨石與羽之回旋，不過順循其自然之勢也。三曰遇。鬥者之敝也，以飲酒昏其神智歟？以市人囂雜激其感情歟？是不可知也，遇也。四曰過。歷史上已過之陳跡，其有真知灼見歟？抑人云亦云，以已然爲然歟？是須疑之而後信者也。

⑰非儒下篇曰「若皆仁人也，則無説而相與」，王注云：「相與，謂相敵也。」莊子養生主篇曰「天之生是使獨也，人之貌有與也」，慎子德立篇曰「害在有與，不在獨也」，諸「與」字義與此同。

⑱寶曆本「復」作「後」。

⑲「與」者匹敵對立之意，合對敵之兩思想爲一，故曰「合與一」。既合之，思想自身又孕育矛盾，生出否定思想而互相對立，故曰「或復否」。此種内在之矛盾性互相抗拒，往復演化於正反合之中，在人類進化長途上隱爲一定律而莫能或違，此與黑格爾之辯證法適相類似。易繫辭曰「易窮則變，變則通，通則久」，莊子則陽篇曰「合異以爲同，散同以爲異」，吕氏春秋大樂篇曰「離則復合，合則復離」，所指或不盡同，其明離合演化之理則一也。參看經上第五十二條、第八十五條。

(70)「歐」爲「區」之借字。説文曰：「區，踦區，臧隱也。從品在匚中。品，衆也。」論語曰「譬諸草木，區以別矣」，朱駿聲云：「區猶品也。」「區物」猶言品物、衆物。關尹子宇篇曰「夫處明者不見暗中一物，而處暗者能見明中區事」，「區事」猶「區物」也。

(71)「惟」，獨也。「惟是」即物之自相，猶言惟此無二也。

(72) 下文曰「牛馬非牛非馬」。俞云：「數牛數馬則牛馬二」，謂分牛馬而數之也。「數牛馬則牛馬一」，謂合牛馬而數之也。

(73) 墨家蓋主宇宙一元論者，故曰「區物一體也」。就自相言則區物也，就共相言固一體也。異而俱於是一，此求同之法也，故共相生焉。同而各有其「惟是」，此求異之法也，故自相見焉。牛、馬，異也；同爲四足獸，則一也。自其異者視之，則牛馬二。自其同者視之，則牛馬一。若人手五指各異，其爲人之指則一也。莊子德充符篇曰：「自其異者視之，肝膽楚越也。自其同者視之，萬物皆一也。」道家言類此者多，不具引。

(74) 畢云：舊作「從」，以意改。孫云：説文戈部云：「或，邦也。或从土作域。」此即「邦域」正字，亦此書古字之一也。

(75) 廣雅釋詁云：「長，挾也。」「長宇久」，蓋類於莊子齊物論之「挾宇宙」，成疏云：「挾，懷藏也。」即宇藏久，久藏宇，宇宙融合爲一之意。

(76)「而」讀爲「如」。

(77)「旦」本作「且」，依王校改。

(78)王引之云：「有」讀爲「又」。

(79)時間與空間相待而然，無時之空與無空之時均屬不可思議。空時關係，淺言之有似活動電影，無刻不變。南京之午時非倫敦之午時，前一秒之南京非此一秒之南京。在常人觀察，以爲此一秒之南京亦猶前一秒之南京也，故曰「宇徙如有處宇」。究其實，在旦之南北已非在暮之南北，宇已隨時間之變化而潛徙默移矣。莊子秋水篇曰「物之生也，若驟若馳，無動而不變，無時而不移」，又天下篇曰「日方中方睨」，新論惜時篇曰「夫停燈於缸，先焰非後焰。藏山於澤，今形非昨形。何者？火則時時滅，山亦時時移矣。天迴日轉，其謝如矢」，皆本「宇徙」之義立言也。自此以下至第二十五條，各本經文皆有錯亂，茲引經就說，校移之如次。

(80)人類知覺不惟有當前感官所得之感覺，且常含有從前之經驗成分在內。如吾人視一四足直立之正方桌，視覺所得者，決非方面而四足直立等長者。此理不惟哲學家知之，即圖畫家、照像家亦無不知之。然吾人不謂之菱形桌、梯形桌、其他形桌，而猶謂之方桌者，即賴有心知作用，將從前各感官經驗所得加以綜合，而成一整箇方桌之觀念也。明乎此，則不堅白與堅白之問題可不煩言而解。蓋僅就感官當前所得，不加心知之綜合作用（即本條所謂「無久與宇」，蓋心知綜合即根據經驗之時間綜合與空間綜合），則拊僅得堅，視僅得白，二者不相連合，故曰「不堅白」。公孫龍子堅白篇曰「無堅得白，其舉也二；無白得堅，其舉也二。視不得其所堅，而得其所白者，無堅也；拊不得其所白，而得其所堅者，無白也」，可爲本條注脚。

㉛ 「因」、「盈」義近，說見上文第四條與第五條。前條言堅白之離，本條言堅白之合。拊石得堅，理會得白；視石得白，理會得堅，而構成一整箇堅白石之觀念。經上篇「堅白不相外也」，義與此同。輓近學者對於堅白問題，多以爲公孫龍子主離堅白，墨經主堅白相盈，兩者判然，不可溷殽。其實堅白之相離與相盈，各說明知覺成立過程之一段，如鳥之有兩翼，不可偏廢。一爲純粹當前感覺現象，一則除當前感覺外，再由心知作用加上已有經驗，而構成一物之整箇知識。二者兼論，其理愈明。莊子天下篇釋文云「若堅白無不合無不離也」，是堅白有離合兩面，注疏家固早知之。墨經對於兩者皆加說明，似相反而實相成也。

㉜ 疑當作「未然者」。　張云：「在」，察也。

㉝ 古今異情，其所以治亂者異道。故堯善治堯之世，而不能治今之世，非堯不善，時不可也。禮義法度者，應時而變者也。治無定法，期當時耳。韓子五蠹篇曰「今有美堯舜禹湯文武之道於當今之世者，必爲新聖笑矣。是以聖人不期循古，不法常可，論世之事，因爲之備」，意與本條相類。

㉞ 「徙」本作「從」，依王校改。　王引之云：「從」當爲「徙」。徙，移也。列子仲尼篇「景不移者，說在改也」，張湛注云：「景改而更生，非向之景。」引墨子曰「景不移，說在改爲也」，是其證。

㉟ 俞云：「盡古」猶終古也。考工記「則於馬終古登阤也」，莊子大宗師篇「終古不忒」，是「終古」爲古人恒言。釋名釋喪制曰：「終，盡也。」故終古亦曰盡古也。　○案：人見飛鳥之影，以爲徙

移不居，其實止是若干不動之影連續改變。影過而不見影者，因光至而影無耳。設用法使影定在，則將終古止息於原處也，莊子天下篇曰「飛鳥之景未嘗動也」。希臘古哲學家芝諾（Zeno）有飛箭休息說，意與此相類。

(86)「景二」連讀。

(87)說文曰：「夾，持也。从大俠二人。」儀禮既夕禮注云：「在左右曰夾。」「夾」有二義、重義，故凡物之相並、相重者，多取夾義，如頰、鋏、裌、挾、莢、陜等皆是。

(88)句。

(89)句。

(90)者，「諸」之省文。諸，之也。本條説明影之多少與光之關係。景二由於光夾，景一由於光一。影由光生，故曰「光之影也。」

(91)即今「影倒」字。

(92)寶曆本「午」作「乎」。張云：「午」，交午也。劉嶽雲云：古者橫直交互謂之午，儀禮「度尺而午」，注云「一縱一橫曰午」，是也。其形爲「×」，×者，光線之交點。

(93)「長」爲「帳」之省文。景帳即受影之帳幔。

94 「人煦」當作「照人」，「照」、「煦」形近，又誤倒耳。

95 張云：「高」猶上也。

96 「蔽」，畢本作「敝」，舊本並作「蔽」，今從舊本。下同。

97 「上」，道藏本、吴鈔本、陸本、唐本、茅本、寶曆本、緜眇閣本作「止」。

98 「庫」，畢本意改「庳」，今從舊本。本條舉光照人爲例，說明倒影之理。試以今之攝影術比較。午端相當於鏡頭之針孔，景帳相當於受相底片，景庫相當於暗箱。光之交午處爲一點，故曰「在午有端」。倒影即成於影帳之上。午端與影帳爲成倒影之重要條件也。光線循直線進行，故曰「若射」。光線交午通過端點後，上下易位，故所得之影與實物易[一]位，足上首下而成倒影。無論人在遠近，均有午點集合由人身反射之光線，故曰「在遠近有端與於光」。光線皆收斂入於影庫之中以成影，故曰「影庫，内也」。說文曰：「内，入也。从冂从入，自外而入也。」自外收斂而入，近「内」

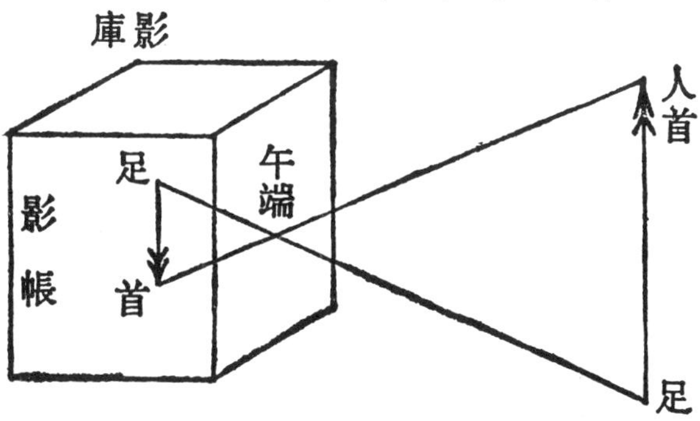

[一]「易」原誤「異」，據文意徑改。按：下句云「足上首下而成倒影」，即影與實物易位。

之本義，經傳多借「納」爲之。（如圖）

⑲ 舊本「日」作「曰」。

⑳ 茅本作「博」，道藏本、陸本、緜眇閣本作「愽」，吴鈔本、唐本、寶曆本、堂策檻本、四庫本作「博」，曹箋作「轉」。　孫云：「摶」疑當作「轉」。「迎日」即回光反燭之義。「轉」者，謂鑑受日之光，轉以射人成景。

⑴⑽ 日光直照成影，則人在日與影之閒。日光反照成影，則影在日與人之閒。其理易明。

⑴⑾ 「杝」本作「地」，依孫校改。「杝」借爲「迆」，俗字作「斜」。

⑴⑿ 「杝」，吴鈔本、畢本作「柂」，寶曆本作「柁」，餘本作「杝」，今從之。五字作一句讀，言表木之杝影由短而大。

⑴⒀ 言表木之正影由長而小。

⑴⒁ 「則」，「測」之省文。

⑴⒂ 大小與長短義同，因修辭互用耳。本條述古代天文數學植表測影之理。淮南子天文訓曰「日冬至，八尺之修，日中而景丈三尺。日夏至，八尺之表，景修尺五寸」，中國位於赤道以北，冬至日光比較最爲斜射，斜影亦至冬至而極八尺之表，日中而影丈三尺。自夏至冬，表影由短而大，故曰「木杝景短大」。夏至日光比較最爲正射，正影亦至夏至而極八尺之表，日中而影一尺五寸。自冬至夏，表影由長而小，故曰「木正景長小」。冬日所得比例，表小影大；夏日所得比例，表大影

小。所謂影大影小，皆對於表木而言，故曰「大小於木」。時有冬夏，地有北南，測影或大於表木，非獨小於表木也。（呂氏春秋有始篇曰「冬至日行遠道，夏至日行近道，乃參於上。白民之南，建木之下，日中無影」，似古人已知中國之南有影小至於零之地也。）根據影之大小，利用句股重差之法，可以測得日去地之遠近與星宿躔度之概數，故曰「測景大於木，非獨小也，遠近」。

⑩⑦ 畢云：即今「影倒」字正文。

⑩⑧ 多猶大也。「少」與「寡」猶小也。

⑩⑨ 吴鈔本「貌」作「皃」。「黑」，茅本、寶曆本作「墨」。張云：「能」，「態」字。

⑪⓪ 「杝」，畢本作「柂」，舊本並作「杝」，今從舊本。

⑪① 句。

⑪② 句。

⑪③ 「亦」，道藏本、陸本、唐本、畢本作「尒」，茅本、寶曆本、緜眇閣本作「企」，吴鈔本、堂策鑑本作「尔」，四庫本作「爾」，今依畢説改。

⑪④ 寶曆本「北」作「比」。「北」，分別也。

⑪⑤ 「臭」當作「皃」，形近而譌，下「臭」字同。皃即貌字。

⑪⑥ 「景過正故招」五字本錯入下文第二十五條説中，今校移於此。「招」聲借爲「到」，今字作「倒」。

⑪⑦ 本條與第二十條學理相同，惟彼無鑑，此有鑑耳。所論與今之攝影鏡箱頗似，或當時墨家已能利

用透明礦石作透光鏡歟？惜書缺有閒，無從質證矣。「臨鑑而立」，猶言當鑑而立。影倒之理已見第二十條。「多而若少」者，即影像較實物爲小之意，其理即在受影區域較之所攝區域爲小，故曰「說在寡區」。此鑑爲平面，故曰「正鑑」。影像較實物爲小，故曰「景寡」。實物之貌態、白黑、遠近、杝正反光各異，故曰「貌能、白黑、遠近、杝正異於光」。實物距鑑，近爲「就」，遠爲「去」。實物距鑑或近或遠，互相分離，一經鑑攝成影，則近遠皆於一平面表見之，而俱會於一處（如南京之莫愁湖與掃葉樓在影像上可以會於一處），雖俱會於一處，因各物反光不同，仍能互相分別，故曰「鑑景當俱，就去亦當俱，俱用北」。鑑者之狀貌於鑑無所不鑑，鑑者之狀貌無數，因之其所成影之狀貌亦無數。其光線皆必經過置於午端之正鑑，過正鑑後影即倒，故凡同在於正鑑所能收攝之處者，其形體狀貌俱成爲倒影而表顯之也。

(118)「景」，諸本作「量」，茅本、寶曆本、緜眇閣本作「重」，今依王引之校改。「二」字本在上文「臨鑑而立」之上，今校移于此。「鑑位景二」與「鑑團景一」語法相似。

(119)「易」言上下左右易位，猶上條之「影倒」。

(120)「分鑑」二字爲句，總冒下文，言分鑑爲中之內及中之外說明之也。

(121)句。

(122)「鑒」，茅本、寶曆本、緜眇閣本作「覽」。「大」上，吳鈔本有「者」字。秋山云：「所」，一作「可」。

⑫③ 依光學實驗，以上四「中」字應指焦點。

⑫④ 句。

⑫⑤ 「中緣正」三字，本脱「中」字，依王校增，「緣正」二字依上文增。以上四「中」字應指弧心。本條「鑑位」、次條「鑑團」，依其所釋，相當於光學凹鏡、凸鏡之理。凹、凸爲後起字，本字應作窊、胅。窊亦作洿、洼、窪。胅亦作穾、突。「位」字與窊、洿、洼、窪聲紐相近。「團」字與胅、穾、突聲紐亦相近。墨家蓋借「位」、「團」爲「窊」、「胅」矣。「所鑑」指實物之光反射於鑑所及之範圍，範圍之廣狹可以實物所成之圓心角度之(如圖之AOB角)，圓心角大者所鑑大，小者所鑑小。本條言凹鑑成象有二種，分鑑爲二部以説明之。(一)中之内，即焦點以内，如第一圖。鑑者近於焦點，則所鑑大，影亦大。鑑者遠於焦點，則所鑑小，影亦小。所得之影均較實物爲大，成正而虚之影，經所謂「一大而正，説在中之内」也。(二)中之外，即圓心以外，如第二圖。鑑者近於圓心，則所鑑大，影亦大。鑑者遠於圓心，則所鑑小，影亦小。所得之影均較實物爲小，成倒而實之影，經所謂「一小而易，説在中之外」也。又中之内一大而正之影，起於焦點(在近於焦點之處始生影)，緣正軸FX向鑑，陸續變更鑑者之位置，可值遇無數之影，成一長列在FX之延長綫上，故曰「起於中，緣正而長其直也」。中之外一小而易之影，□〔二〕圓心與鑑者相合，若自圓心起，緣正軸背鑑，

〔二〕「圓心」上原脱印一字，疑是「使」字，或是「令」字。

陸續變更鑑者之位置，可值遇無數之影，成一長列在ＯＦ線之間，故曰「合於中，緣正而長其直也」。今據光學實驗，鑑者在圓心與焦點之間尚可成一大而易之影，此未及論。

第一圖

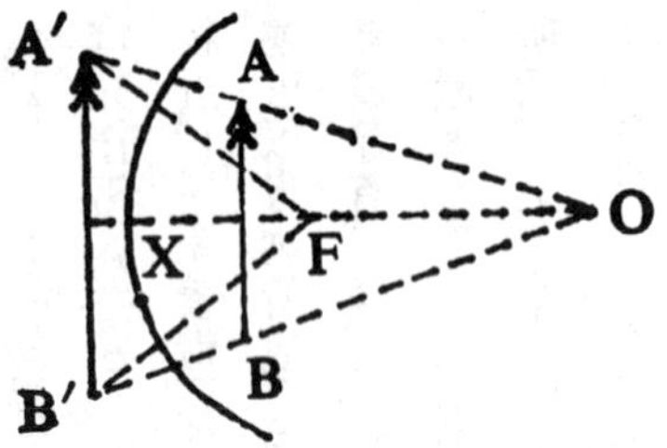

O　爲圓心
F　爲焦點
OX爲正軸
AB爲鑑者之實物
A′B′爲鑑所成之影

第二圖

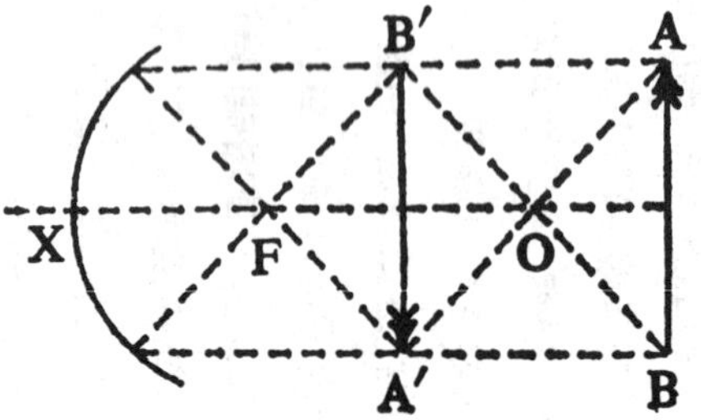

第三圖

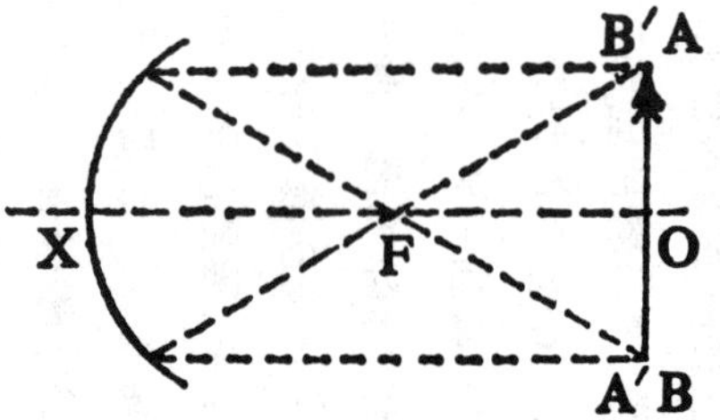

⑫6 自上文第二十三條「臨鑑而立」起，至「鑑團景一」止，凡上列經文三十六字，本錯於上文第十五條「不堅白」之上，今據說校移於此。「鑑團景一」與「夭而必正」合爲一條，文義正相銜接。

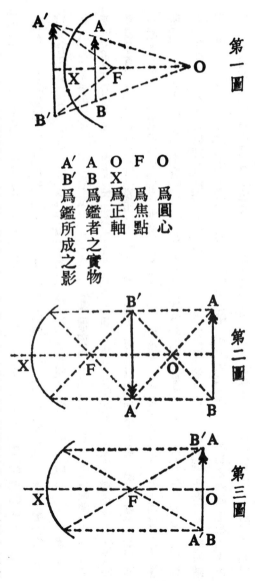

⑫7 「夭」本作「夭」，形微譌。「夭」猶小也。說文曰：「夭，屈也。」「屈，短也。」凡人與禽獸草木之幼少者均謂之夭，故夭有小義。又說文曰：「幺，小也。」聲義並與此「夭」□〔一〕近。

⑫8 「亓」本作「亦」，依王引之校改。「亓」，古「其」字。

⑫9 「鑑團」、「鑑者」與「所鑑」義均見前條。此下本有「景過正故招」五字，當在上文第二十三條經說「而必過正」之下，今移入上文。本條言凸鑑成影之理。凸鑑成〔二〕影止有一種，鑑者近於鑑，則所鑑大，影亦大；鑑者遠於鑑，則所鑑小，影亦小。所得之影必較鑑者之實物爲小，成正而虛之影。經所謂「夭而必正」者也。（如圖）

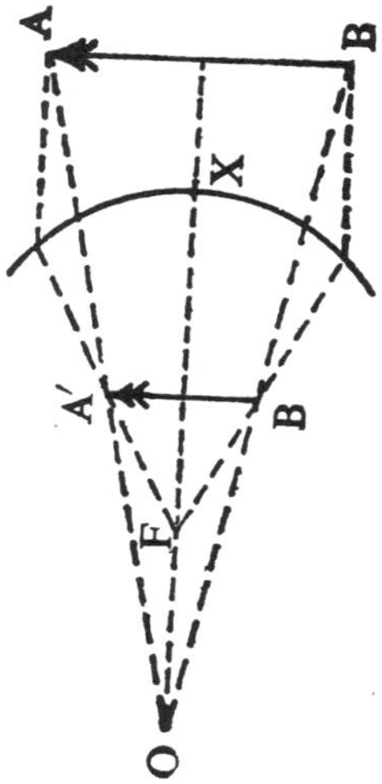

⑬0 「貞」、「撓」對文，抱朴子博喻篇：「剛柔有不易之質，貞撓有天然之性。」廣雅釋詁曰：「貞，正也。」

⑬1 「貞」本作「負」，依經校改。

⑬2 「如」，畢本以意改「加」，今從舊本。　孫云：言平而不偏撓。

⑬3 孫云：「極」即上文之「衡木」。　○案：以上第一節。

〔一〕「近」上原脱印一字，當是「相」字。
〔二〕「成」，原誤「城」，徑改。

⑬④「校」者，校量攪動之意。「交繩」謂繫權之繩。

⑬⑤陸本「撓」作「橈」。

⑬⑥以上第二節。

⑬⑦此「衡」字即平衡狀態之衡。

⑬⑧以上第三節。「捶」借爲「𠂹」，通以「垂」爲之。張云：「捶」，偏下也。

⑬⑨「相衡」之相，視察也。

⑭⓪以上第四節。本條以「衡木」說明槓杆之理，正而不偏撓，即衡木之平衡狀態也。淮南子說山訓曰「重鈞則衡不傾」，義與此同。如圖：W爲重，繫重之點爲重點A。E爲權，繫權之點爲力點B。其提挈處爲支點P。第一節之公式爲W×AP之距離＝E×BP之距離。此爲槓杆原理之基本公式，雙方重相如，故不傾撓。第二節，雙方之重量不變，僅交繩向右移動，即B點向右移動，則衡必向E方傾撓，其公式爲W×AP＜E×（BP＋向右移動之距離）〔一〕。第三節，AP與BP之距離不變，僅於W方或E方加重量，則加重之一方必垂下，其公式爲（W＋新加之重）×AP＞E×BP，或爲W×AP＜

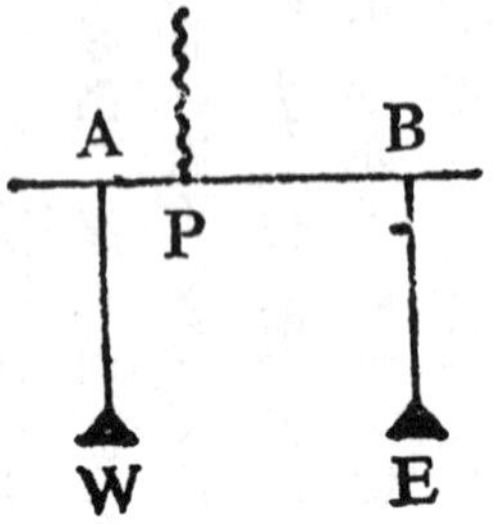

〔一〕「E×」原誤倒爲「×E」，徑乙。

（E＋新加之重）×BP。第四節，權方與重方平衡，假定本短標長，即AP小於BP，今於兩方各加以等量之重，則標方必下垂，因標方得權勢也。其公式爲（W＋新加之重）×AP＜（E＋新加之重）×BP。新論明權篇曰「今加一環於衡左，則右蹶，加之於右則左蹶」，即依本條第三節公式立言也。

⑭「收」本作「枝」，依張校改。茅本、寶曆本、緜眇閣本無「收板」二字。　孫云：「契」，說作「挈」，同聲假借字。說文手部云：「挈，縣持也。」「挈」與「提」義同。「板」疑當作「仮」，仮、反同。謂挈與收二力相反也。

⑭「挈」謂衡標上舉。　張云：挈謂自上挈之。

⑭「引」謂衡標下垂，義同於下文之「收」。　張云：「引」，自下引之。

⑭緜眇閣本「不」作「一」。　畢云：「正」舊作「心」，以意改。

⑭「所挈」，指衡言。「正」本作「止」，依孫校改。　孫云：「施」與「迤」、「䄬」並同，謂邪也。「正於施」，猶言正與邪也。

⑭「繩」即前條之「交繩」，下同。「制」謂抑制，「挈」謂挈舉。

⑭寶曆本「以」作「不」。

⑭「下」字諸本重，吴鈔本不重，今據删張校同。

⑭畢云：「正」舊作「心」，以意改。

⑮⓪ 孫云：「收」謂下引之。

⑮① 秋山云：「遂」，一作「遠」。　孫云：「遂」、「隊」通。　○案：本條承前條槓杆原理而申言之。衡標上舉爲重方有力之徵，衡標下垂爲重方無力之徵。或上舉或下垂，衡皆不得其正。衡之正與邪，其作用在交繩之抑制之或挈舉之。若以錐刺畫衡木之距離而縣挈之，則依槓杆基本原理，距長而重者下垂，距短而輕者上舉。上舉之方愈得勢，則下垂之方愈失勢。須交繩值遇權與物重相若之處，則衡歸於正矣。就下引之方言之，其理相同。上舉之方愈失勢，則下垂之方愈得勢。衡標上舉者一經權與物重抵銷淨盡，則上舉者復下墜，而歸於正矣。

⑮② 說作「梯」，字通。

⑮③ 畢云：雜記云「載以輲車」，鄭注云：「輲讀爲輇，或作輇。」說文云：「輇，蕃車下庳輪也。」又鄭注既夕記云：「許叔重說有輻曰輪，無輻曰輇。」　張云：輪高而輇卑。　孫云：四輪高卑不同，故車成梯形也。依下文，蓋假爲斜面升重之用。

⑮④ 釋名：「弦，月半之名也。」「弦其前」者，蓋梯之前部作半月形也。

⑮⑤ 孫云：或涉上下文而衍。

⑮⑥ 「軲」蓋梯中引繩著力之部，亦作半月形。

⑮⑦ 畢云：舊作「⿰土弟」，據上文改，下同。

⑮⑧ 「且挈則行」者，言不須多力即可行動也。

⑮⑨ 説文曰：「人欲去，以力脅止曰劫。」此即用其脅止之義。

⑯⓪ 張云：其著於下也必直。

⑯① 「拕」，寶曆本作「地」，吴鈔本、四庫本作「杝」〔一〕。「拕」、「杝」皆「迆」之借字，邪也，不正直也。

⑯② 張云：或害之，乃不直。

⑯③ 畢云：公羊傳桓十年有云「沵血」，陸德明音義云：「古『流』字。」

⑯④ 「沵」，諸本作「汘」，吴鈔本作「沵」，與畢改合。梯面邪，沵於其上者，不得直沵而下。畢云：舊作「汘」，據上改。

⑯⑤ 「石」本作「尺」，依孫校改。 張云：「廢」，置也。

⑯⑥ 「下」當作「上」。

⑯⑦ 「跨」借爲依徬之徬。

⑯⑧ 秋山云：「夫」，一作「矢」。

⑯⑨ 孫云：廣雅釋水：「艗謂之桄。」集韻十一唐云「桄，舟前木也。」一切經音義云「桄，古文横同」，是二字音近字通。

⑰⓪ 孫云：「堅」當作「掔」，與「牽」通。言相依倚，相倍負，相楷拒，相掔引。

〔一〕「杝」字原脱，據四庫本補。

⑰「邪」本作「䢺」，依孫校改。

⑰「誰」讀爲「推」，舉也。「𨈆石」疑同「駢石」，管子地員篇曰「其下駢石」。畢云：「𨈆」，「并」字異文。

⑰駢列之石，重絫之石，極言石之多、量之重。

⑰「耳」，「佴」之省文。佴，佽也。佽，助也。

⑰說文曰：「夾，持也。」

⑰「帶」，諸本作「帬」，秋山所引一本作「帶」，今從之。「帶」爲「摕」之省文，摕、拓字通。儀禮有司徹「乃摭于魚腊俎」，注云：「古文摭爲摕。」「摭」即「拓」之或體。列子說符篇「能拓國門之關」，注云：「拓，舉也。」是夾帶猶言持舉。秋山云：「帬」，一作「帶」。

⑰「者」，「諸」之省。諸，之也。

⑰「耳夾帶者法也」六字作一句讀。本條應用斜面學理作爲舉重之具。其名曰梯，梯之狀有四輪，兩高兩卑。重物即依傍梯之斜面邪倚而上，不須多力即可移動。凡懸空之重物，上下旁皆不受力時，則止受地心攝力，墜下正直，其不正直者，有他力妨害之也。梯之斜面即使重物不得流下直正者也（重物在斜面上，其重力分爲二，其方向一與斜面垂直，一與斜面平行，斜面省力之理在此）。今也置石於平地，其重不能上舉，即由無斜面依傍之故。若有斜面，則用繩引梯之軲，猶自舟中引橫，因其依倚、倍負、撍拒、掔引之作用，舉重甚易。邪倚不正之梯，即佴助人類持舉𨈆石、

象石之法也。
⑰⁹ 莊子天運篇曰「孰居無事，推而行是」，「推」字、「行」字義與此「推」字、「往」字同。
⑱⁰ 孫云：「廢」亦置也，謂置材於地。
⑱¹ 用方石一，離地一尺。
⑱² 「關」借爲「貫」，説苑説叢篇「履雖新，必關於足」，漢書儒林傳作「貫」，可證。言别以一石貫於方石之下。
⑱³ 張云：「絲」，繩也。
⑱⁴ 句。
⑱⁵ 句。
⑱⁶ 孫云：爾雅釋言云：「楮，柱也。」
⑱⁷ 以絲繫方石，而去其下之關石，是絲自上挈之也。
⑱⁸ 張云：從下引之即絶。
⑱⁹ 「石」本作「名」，依曹箋改。緜眇閣本「易」作「揚」。
⑲⁰ 推之必往者，言凡物爲力所推移，必行動也。其不行動者，又必有力以止之，説即舉石爲例，以明動止之象。始也方石不墜下，因有關石自下楮柱之也。繼而去關石而方石復不下，因有絲力自上懸挈之也。突然絲絶，是下有力引之也。絲絶後若無外力施之，則方石將終古虚懸於去地尺

之處，今外境未變，方石卒不能長此虛懸而隨即移易其位置者，是下有力收之也。何力引之，何力收之，墨家未明言，今知其爲地心攝力。

(191) 寶曆本「買」作「賣」。

(192) 畢云：「仮」、「反」字異文，下仿此。孫云：集韻二十阮：「反，或作仮。」

(193) 「糴」謂穀，荀子天論篇「糴貴民飢」。畢云：「刀」謂泉刀。

(194) 「輕」猶賤也。

(195) 「重」猶貴，「易」猶賤。

(196) 張云：王者所鑄，故曰「王刀」。

(197) 「鬻」，賣也。本條討論物之交換價值。就廣義言，一物之價，即此物與他物交換時換入他物之數量。如以斗穀易十刀，則可謂斗穀之價值爲十刀。反之，亦可謂一刀之價爲十分之一斗穀。刀可爲穀之價，穀亦可爲刀之價，故曰「刀糴相爲賈」。若刀之購買力有變，則不足以定穀之貴賤。設刀變賤，則十刀不能買斗穀，此因刀之輕，非糴之貴。後漢書朱暉傳「穀所以貴，由錢賤故也」，即其事例。設刀變貴，則十刀可買穀一斗以上，此因刀之重，非糴之賤。故曰「刀輕則糴不貴，刀重則糴不易」。若王刀之購買力無變，惟穀有變時，則歲豐時穀之刀價隨之減低，歲歉時穀之刀價隨之增高，故曰「王刀無變，糴有變，歲變糴，則歲變刀」。若賣子者，人身本無貴賤可言，亦視歲物之豐歉而價有高低也。

⑲⑧ 翻陸本「宜」作「直」。 畢云：「售」字古只作「讎」，後省。 前漢書高帝紀云「高祖每酤，留飲酒，讎數倍」，如淳曰：「讎，亦售也。」

⑲⑨ 「所」字本脱，依孫校增。

⑳⓪ 上「宜」字，寶曆本作「宣」。

⑳① 韓子外儲説左篇「中牟之人賣宅圃而隨文學」，又六反篇「天饑歲荒，嫁妻賣子」，本文宅室、妻室兩義并通。 孫云：國語越語云「身斬，妻子鬻」。 ○案：一物之讎與不讎，係於價之宜與不宜。 價之宜與不宜，又係於賣者主觀之欲與不欲，欲則讎，不欲則不讎。 若敗邦思去，急鬻其室、嫁其子，欲讎心切，不能待善價而沽，得價雖少，亦若宜矣。

⑳② 「無説」猶言無理由。

⑳③ 「必」本作「心」，依孫、曹校改。

⑳④ 「死」字本脱，依孫、曹校增。

⑳⑤ 子在軍與臨戰，死生之數皆未可必，前也不懼，今也懼，甚無謂也。 墨家講守備，尚勇敢，故其言如此。 魯問篇曰「魯人有因子墨子而學其子者，其子戰而死，其父讓子墨子。 子墨子曰：子欲學子之子，今學成矣，戰而死，而子慍。 是猶欲糶糴，讎則慍也，豈不費哉」，可爲本條事證。

⑳⑥ 孫云：「或」、「域」正字。

⑳⑦ 緜眇閣本「是」作「事」。

(208) 張云：「有」讀爲「又」。

(209) 上文曰「宇或徙」，莊子庚桑楚篇曰「有實而無乎處者，宇也」，又天下篇釋文引司馬彪曰「天下無方，故所在爲中」，淮南子齊俗訓曰「猶室宅之居也，東家謂之西家，西家謂之東家，雖皋陶爲之理，不能定其處」，是宇域者變動不居，各種人爲方位全非真有，不過將已過之名以爲實然。「始也謂此南方，故今也亦謂此南方。」

(210) 「否之足用」疑當作「不足用」。蓋一本「不足用」誤爲「否之用」，校書者又誤據他本補一「足」字耳。

(211) 「誖」本作「諄」，依張校改。

(212) 吴鈔本「以」作「已」。

(213) 當時蓋有持智不足用論者，故墨家闢之曰：知智之不足用也，是智也，非智無以論智之不足用也。今汝既知智之不足用，則汝智足用矣。故知智之不足用者，即陷於自相矛盾，是誖也。

(214) 「在辯」之「辯」，陸本、寶曆本作「辨」。

(215) 「所」，畢本誤「非」，舊本並作「所」，今據正。

(216) 「犬」，影印唐本、寶曆本誤「大」。

(217) 「當」下畢本有「也」字，舊本並無，今據删。所謂之實，非同則異。同則甲謂之「狗」，乙謂之「犬」，二名同實，無以較勝，是不辯也。異則甲謂角而耦蹏者爲「牛」，乙則謂之「馬」；甲謂鬣而奇蹏者爲「馬」，乙則謂之「牛」。假若其所辯者爲牛，則甲所謂者爲角而耦蹏者也，乙所謂者爲鬣而奇蹏者也。所謂異實，兩不相及，無以較勝，亦不辯也。辯〔一〕也者，執一爲鵠，或謂之是，或謂之非是，是不俱當。不俱當，必或當或不當。當者勝，不當者負。辯有勝負謂辯，無勝者，必不當矣。鄧析操兩可之説，莊子齊物有「俱是俱非」之論，是類持辯無勝説者。荀子解蔽〔二〕篇曰「今百家異説，必或是或非」，論衡物勢篇曰「訟必有曲直，論必有是非，非而曲者爲負，是而直者爲勝」，是類持辯有勝之説者。

(218) 「未讓」之「讓」借爲「釀」。説文曰：「釀，醞也。作酒曰釀。」

(219) 事貴有讓，亦有不必讓者，如事之創始，即不必讓之，一也。就近取譬，如酒，若人皆讓則酒亦無由釀造，蓋發明造酒之人決不可讓也。知乎此，則無不讓也之不可，明矣。此與論語「述而不作」、老子「不敢爲天下先」樹義相反，與論語「當仁不讓於師」意近。

(220) 堅白兩性俱在石中，以視言知白不知堅，以拊言知堅不知白，然無害於堅白石之具觀，故曰「於一有知焉，有不知焉，可」。

(221) 「逃」，陸本、茅本、寶曆本作「迯」，俗字。孫云：謂指一得二，無所逃也。

〔一〕「辯」原作「辨」，據上下字例及正文改。
〔二〕「解蔽」原誤「王制」，據西南師大漢語言文獻研究所校改。

㉒② 「彖」讀爲「纍」，繫也。堅白連繫，故曰「二彖」。　張云：「彖」當爲「參」。

㉒③ 「智」、「知」通用。

㉒④ 「无」本作「先」，依孫校改，下同。　張云：「有」讀曰「又」。

㉒⑤ 「所」，茅本爛作「听」，寶曆本承作「听」，緜眇閣本作「聽」〔一〕，誤。

㉒⑥ 以上第一節。

㉒⑦ 「當」讀爲「嘗」。

㉒⑧ 張云：若果知之，則當指子之所知告我，則我知子之所知矣。

㉒⑨ 孫云：「參」同「三」。

㉓⓪ 「毋舉」之「舉」讀爲「與及」之「與」，俗作「預」。「毋舉吾」下，吴鈔本有「之」字。

㉓① 説文曰：「者，別事詞也。」俗作「這」。

㉓② 「指」本作「相」，依孫校改。「傳」讀爲「摶」。摶，壹也，單獨也，通以「專」爲之。以上第二節。

㉓③ 「校」，寶曆本作「挍」，緜眇閣本作「投」。「校」，比較綜合之意。

㉓④ 「惡」，何也。

㉓⑤ 以上第三節。茲分釋之：（一）吾舉石之白以告子，在心理上，子接知是石之白，又推知是石之

〔一〕「聽」原誤「听」，據緜眇閣本改。

堅，堅白同在於石，重也。則子僅知吾所舉之白，不知吾所不舉之堅，是子之於石，接知其一偏屬性，不接知其他偏屬性，而可以推知其全屬性也。（二）子既知堅白石，則試指子之所知以告我，則我知之。或兼指，或衡指，在實際上所值遇者常爲整箇堅白石。若曰必獨指吾所舉之白，毋與及吾所不舉之堅，則者固不能獨指，因所欲指之白（在堅亦然）不能單獨存在也。（三）堅白所以相盈，在乎心意比較綜合，若未比較綜合，則拊堅無白，視白無堅，所知與所不知雖同在石，各不相屬，則是知石猶未周知也，何能相盈爲一整箇堅白石？謂子知其一偏屬性，不知其他偏屬性，而可以推知其全屬性也。

㉓⑥ 「逃」，陸本、茅本、寶曆本作「迯」，俗字。

㉓⑦ 「貴」，說作「遺」，同聲通用。張云：「貴」當爲「遺」。

㉓⑧ 「埶」本作「執」，依張校改。「埶」與「勢」同。

㉓⑨ 孫云：不知其所匿之處。

㉔⓪ 孫云：若韓盧、宋鵲。

㉔① 「网」本作「兩」，依孫校改。孫云：言人偶有遺物，雖使至巧罔羅索取之，不能必得也。

○案：本條言所知而弗能指者，例如春也其來不蛻，其往無跡，此時之弗能指也。逃臣不知其處，此地之弗能指也。狗犬不知其名，此名之弗能指也。遺物不能罔取，此實之弗能指也。

㉔② 緜眇閣本「不」作「弗」。

㉔③「智狗」，「智」字吴鈔本作「者」。「不」字本脱，依經文校補。
㉔④「重」字本在「智犬」之上，今移於此。
㉔⑤本條説明立辭是否適當，須先察所用之名。如自謂「知狗不知犬」一辭，其過與不過，須視狗、犬二名含義若何。若狗即犬，即所謂重，則知狗不知犬，過也。若狗異於犬，如爾雅「犬未成豪，狗」，是狗爲犬中之一部，即所謂不重，則「知狗不知犬」一辭不過。
㉔⑥張云：「先通彼意，後乃對之。」
㉔⑦「孰」本作「馯」，不成字，當爲「孰」之形譌，隸變作「孰」。經作「誰」，説作「孰」，義正相應。下「孰」字並同。
㉔⑧「施」蓋當時人之私名，如經説上篇第七十九條之「臧」字，或指施惠言歟？
㉔⑨「應問」之「應」訓應之本義，説文曰：「應，當也。」禮記學記曰「當其可之謂時」，管子七法篇注云：「時者，名有所當也。」
㉕⓪句。
㉕①「長應」二字，茅本、寶曆本、緜眇閣本無。「大」，舊本作「天」。「小不」二字本作一「常」字，依曹箋改。
㉕②「兵」疑爲「正」之形譌。經説上篇第八十五條「兵」字與節用中篇「兵」字皆「正」之譌，可以爲例。正，適合也。「長」，吴鈔本作「常」。本條言對者必先明問者心意所問爲何，然後對之。如問者曰

「子知孰乎」，「孰」者廣泛之代詞，意之所在，難於懸揣。應者必曰「汝所謂孰者何謂也」，問者又曰「孰者，施也」，應者方知其意所在，而對有所當。若不問明孰者何謂，徑應以弗知，則過。凡對問者必當問者之意，若應人之問長應以深淺大小，此答非所問，必不合矣。要在適合人問之長，斯爲善對者耳。　以上經文自第一條至此凡四十一條，當爲古鈔帛本經下篇上截文。

㉕③ 「存者」，「存」字本脫，依張校補。

㉕④ 「於」，何也。說作「惡」，字通。

㉕⑤ 「駟」讀爲「四」，言四者各異。

㉕⑥ 依本篇文例，「說」下當有「在」字，「在」下又有脫文。

㉕⑦ 孫云：此謂其所。

㉕⑧ 孫云：此謂其人。

㉕⑨ 「在」者，即存在。

㉖⓪ 「可」猶所也。見禮記中庸鄭注。

㉖① 言「所存」、「存者」、「於存」、「孰存」四者各異。所存屬地，存者屬人，據人問地而曰在於何所，據地問人而曰存者爲誰。

㉖② 張云：「毋」，無也。

㉖③ 「離」，失去也。

264 「靡」，披靡也，消散也。

265 「木」，畢本作「水」，舊本並作「木」，今從舊本。金可以劈木令分破，火可以然木令消散，故曰「合之腐木」。　畢云：「府」疑同「腐」。

266 吕氏春秋論威篇「今以木擊木則拌」，注云：「拌，析也。」

267 「數」猶理也。

268 尚書洪範「鯀陻洪水，汩陳其五行」，荀子非十二子篇亦謂子思、孟軻「按往舊造説，謂之五行」，可見五行之説在中國來源甚古。白虎通義「五行所以相害者，天地之性衆勝寡，故水勝火也；精勝堅，故火勝金；剛勝柔，故金勝木；專勝散，故木勝土；實勝虛，故土勝水也」，此即五行常勝之説〔一〕。證以貴義篇墨子與日者問答之語，則五行生克説墨子時頗爲流行，故墨經立説非之曰：五行無常勝，惟在用之宜耳。合水土火三者，則火不能然，此僅可明水土之性不能然，非水土勝火也。若用之得宜，則勝者亦將失其所以勝。韓子備内篇：「今夫水之勝火亦明矣，然而釜鬵閒之水，煎沸竭盡其上，而火得熾盛焚其下，水失其所以勝者矣。」論衡命義篇：「水盛勝火，火盛勝水，遇其主而用也。」是水勝火之説未必然也。火多爍金，成爲流體，火固勝金也。燃一炭火，多金壓之，則炭火亦披靡消散，金亦勝火也。是火勝金未必然也。如謂金可以劈木令之分破，火可

〔一〕「説」原誤「脱」，徑改。

以然木令之消散，爲金與火勝木之證，則以木擊木亦可令之離析，豈可謂木勝木歟？是金勝木、火勝木之説未必然也。五行者，蓋若麋遊於山，魚躍於淵，各適其性，各有其宜，無相勝可言也。孫子虚實篇「五行無常勝」之義與此同。

269「益損」，緜眇閣本作「損益」。

270抱朴子極言篇曰：「凡言傷者，亦不便覺也，謂久則壽損耳。」

271「説」，喜也。吴鈔本作「設」。

272「連」，及也。「是」疑「足」之誤字。孫云：「連」當作「適」。

273「恕」，吴鈔本、寶曆本作「恕」。「恕」、「知」字通。方言曰：「知，愈也。南楚病愈者或謂之知。」廣雅釋詁曰：「知，瘉也。」酒所以治病，故曰「知人」。秋山云：「恕」，一作「恕」。

274「唯」，諸本作「惟」，吴鈔本作「唯」，今從之。「唯」「雖」、「恕」「智」並字通。凡物益之而欲、損之而惡者，是就常情言之。物達足量以後，如空氣水火等，則益之不欲，損之不惡，無往不宜也。欲惡不當，常致傷生損壽。凡人悦一物，恒以少爲其條件之一，及足，夫誰愛之？粟爲人生不可缺者，多餘亦能爲害，故或者欲不有之也。又若酒能瘉人病，有利於人，或愛飲無度，雖智者亦將及於亂，所謂酒極則亂，毒智者莫甚於酒也。

275莊子盗跖篇曰「有餘爲害者，物莫不然」，故有餘者雖損之而不害也。

276孫云：「脾」讀爲「髀」。少牢饋食禮云「腊用麋」，又云「髀不升」，鄭注云：「近竅，賤也。」古文髀皆作脾。」此與古文禮正同。言麋以共祭而髀不登於祭俎，故傷麋雖無髀，無害於爲臘以共祭。亦「損而不害」之意。

㉗㉗ 緜眇閣本「后」作「後」。「智」、「知」字通。

㉗㉘ 兩「瘧」字，諸本並作「痯」，翻陸本、寶曆本作「瘧」，今從之。　畢云：「痯」即「瘧」省文。說文云：「瘧，熱寒休作。」今經典省几，此省乇，一也。乇即爪字。　孫云：言人患瘧者，以病損爲益也。　章太炎云：上「之」字訓者。　○案：凡物有餘，雖損而不害。如人之於食，適足不害，能害在飽。管子內業篇曰「食莫若無飽」，呂氏春秋盡數篇曰「凡食之道，無飢無飽，是之謂五藏之葆」，潛夫論忠貴篇曰「嬰兒常病傷飽也」，抱朴子極言篇曰「養生之方，食不過飽」。

㉗㉙ 「五路」猶五官。新論防慾篇曰「五關者，情慾之路」。

㉘⓪ 「久」者，經過相當時間，積有經驗之意。

㉘① 「若以」之下應有「目見」二字，今冢上文省去。人類未有經驗以前，惟以五官知物。如見花必以目，目又必待光線然後成見，光不能見，惟以目見。既有經驗，則花之形狀、色澤記憶宛然，雖不直以目見，與以目見相若，他官準此類推，故曰「知而不以五路」。莊子養生主篇曰「方今之時，臣以神遇而不以目視，官知止而神欲行」，可爲「知而不以五路」之例。

㉘② 「火」字本脱，今依說增。

㉘③ 「頓」讀爲「⿱⺮屯」，或作「囤」，經典多以「屯」爲之。屯，聚積也。即有經驗記憶之意。

⑭284 詩葛藟「亦莫我有」，鄭箋云：「有，識有也。」猶言知有、記有。

⑮285 「日」本作「曰」，依曹箋改。見火即謂火熱，不必待火灼及而後知其熱，蓋我先有火熱之記憶也。若視日即知日熱，固不待身曬日光之中而後知日熱也。淮南子氾論訓曰「未嘗灼而不敢握火者，見其有所燒也」，意與此近。

⑯286 孫云：「智」並與「知」通。

⑰287 凡人於事物能名之，又能取之，斯謂知之。能名之而不能取之，猶若未知也。未知者，雜所知與所不知而問之，必不能分別取去也。蓋墨家以爲真知識不謹言之，尤在行之。貴義篇：「子墨子曰：今瞽曰『鉅者白也，黔者黑也』，雖明目者無以易之。兼白黑使瞽取焉，不能知也。故我曰瞽不知白黑者，非以其名也，以其取也。今天下之君子之名仁也，雖禹湯無以易之。兼仁與不仁而使天下之君子取焉，不能知也。故我曰天下之君子不知仁者，非以其名也，亦以其取也。」淮南子主術訓亦有瞽師有以言白黑無以知白黑之喻，義皆相類。

⑱288 「后」，吴鈔本、陸本、茅本、寶曆本、緜眇閣本、堂策檻本、四庫本作「後」。

⑲289 說文曰：「焉，焉鳥，黄色，出於江淮。象形。凡字，朋者，羽蟲之屬〔一〕；烏者，日中之禽；舄者，

〔一〕「屬」原誤「長」，據說文改。

知太〔一〕歲之所在；燕者，請子之候，作巢避戊己。所貴者，故皆象形，焉亦是也。」禽經曰：「黃鳳謂之焉。」蓋古有其鳥，作墨經時已滅絶，説文謂其出於江淮，蓋追述之辭，故曰「若無焉，則有之而後無」。古有「天陷」之傳説，淮南子覽冥訓：「往古之時，四極廢，九州裂，天不兼覆，地不周載。」素問曰「天不足西北」，説文曰「天屈西北爲无」，皆其説也。天，虚宇耳，故無陷理。墨家不信天陷之傳説，故曰「無天陷，則無之而無」。所謂無之而無，則無固不必待有矣。

290 説文曰：「擢，引也。」　胡云：「擢」與小取篇之「援」同義，「援」即援例之意。此類推論有無易見，故不用疑。

291 「之又」本作「文文」，依胡校改。如臧患虎列拉致死，春得虎列拉又死，即可推知虎列拉是死人之病，無庸疑慮。韓子孤憤篇曰「與死人同病者，不可生也」，淮南子説林訓曰「與死者同病，難爲良醫」。惟此種援例，因事例不多，亦易錯誤。如淮南子説山訓曰「故決指而身死，或斷臂而顧活，類不可必推」，又説林訓曰「人食礜石而死，蠶食之而不飢；魚食巴菽而死，鼠食之而肥。類不可必推」。墨家在經上第九十五以下各條、經下第一第二第三第七各條以及小取篇皆有防止推類謬誤之法，可參看。

292 孫云：「工」與「功」古字通。「用工」猶言從事也。「且然」者，將然而未然，不能質定，故不可正。

〔一〕「太」原誤「犬」，據説文改。

而因時乘勢，正可從事，故不害用工。

(293)「且」字諸本在「且猶是也」之下，今校移於此。吳鈔本無此「且」字。

(294)句。

(295)句。

(296)句。

(297)「者」，「諸」之省文。諸，乎也。

(298)「而」字本脱，今依王引之校增。本條見墨家自強不息精神，試舉例以釋之：如史可法之於明朝，或謂之曰：「明將亡也（汎説），明將必亡（較塙定），明之亡已爲必定之命運矣（更較塙定），先生將從事挽救之而後已乎？」史可法答曰：「必從事挽救之，鞠躬盡瘁而後已。」

(299)「不」，吳鈔本作「否」，字通。

(300)秋山云：一本無「均髮」二字，「輕」下有「今」。○案：「輕」下，畢本據列子湯問篇補「重」字。
「而」下，寶曆本有「已」字。

(301)列子「不」上有「髮」字。

(302)列子「均」下有「也」字。

(303)「均」者，各髮均齊受力之謂；其不能均齊受力者，謂之不均。設有髮二束，同用等質等數之髮組成之，同懸等重之物，乃其中之一束所懸之物其量尚輕，未及其能任之重，而髮忽絶，必其束之髮受力不均者也」，其受力均者，非逾越其所能堪之最大限度之重，不至於絶。此理不惟造鋼絲繩之工廠知之，即編纜與絞繩之手工人亦知之。能讀古書者或昧物理，致解者寡也。

304 王樹枏云：「生」，依説當爲「聲」。

305 此「霍」與下文「臛」並讀爲「鶴」。

306 孫云：「視」與「示」通。

307 「友」疑當爲「堯」，二字聲轉甚近，草書形亦相近。富之言備也，盛也，言其德之備、名之盛也。「商」爲「帝」之形譌，非命下篇「受之大帝」，「帝」當作「商」，可互爲例。

308 「視」，陸本、茅本、寶曆本、緜眇閣本作「是」。

309 「是」，陸本、茅本、寶曆本、緜眇閣本、堂策檻本、四庫本作「視」。

310 「若」，汝也。「與」讀爲「歟」。

311 「於」，於何也。「若殆」以下九字，疑爲下文第七十五條之經説。

312 孫云：爾雅釋畜云：「犬未成豪，狗。」

313 孫云：莊子天下篇辯者曰「狗非犬」，即此義。成玄英莊子疏引此作「然狗非犬也」，非原文。

314 孫云：經説上云：「二名一實，重同也。」

315 「而殺狗」三字，孫依經校增。

316 經與説論式相反，蓋非雙方並論，無以見同異之全也。經從其自相言，如圖甲，故曰「狗，犬也。

而殺狗非殺犬也」。其論式如小取篇「盜人，人也。殺盜人，非殺人也」。說從其共相言，如圖乙，故曰「狗，犬也。殺狗，殺犬也」。其論式如小取篇「白馬，馬也。乘白馬，乘馬也」。「若兩腵」者，「腵」借爲「槐」，爾雅曰：「守宮槐，葉晝聶宵炕。」此即指守宮槐，言其葉晝聶合、夜炕張，一物兩相，以況狗因觀察點不同而有兩相也。

圖甲　示自相

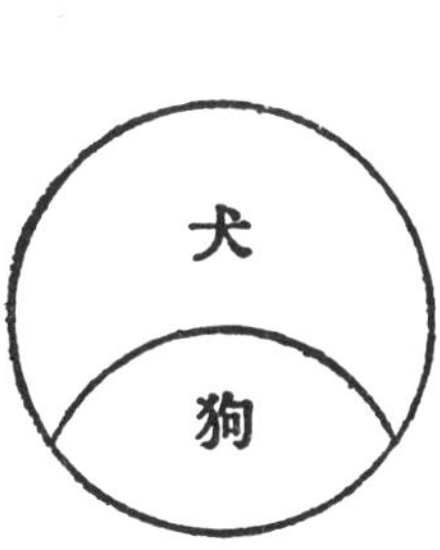

圖乙　示共相

317 未詳。

318 未詳。

319 「沈」爲古國名，其地後屬於楚。管子八觀篇曰：「國域大而田野淺狹者，其野不足以養其民。」　孫云：呂氏春秋先己篇「吾地不淺」，高注云：「淺，褊也。」

320 「具」，道藏本、吳鈔本、唐本、畢本作「貝」，陸本、茅本、寶曆本、緜眇閣本、堂策檻本、四庫本作「具」，今從之。

321 荀子正名篇曰：「以兩易一，人莫之爲，明其數也。」　孫云：「之」猶與也。〇案：沈具於荆之中，故荆大沈小，若易五與一，其不相等甚明，此與莊子天下篇「郢有天下」之文樹意各異。淮南子說山訓曰：「升之不能大於石也，升在石之中。夜之不能修於歲也，夜在歲之中。」

㉜2「楹」本作「檻」，孫、曹校改。「摶」，諸本作「博」，道藏本、陸本、緜眇閣本作「慱」，茅本作「慱」。說文曰：「摶，圜也。」

323 孫云：「意」即意度也。

324「摶」，道藏本、吴鈔本、陸本、緜眇閣本作「摶」，即「摶」之俗體。茅本、畢本作「摶」，餘本誤「搏」。

325「智」讀爲「知」。

326「相」借爲「象」。韓子解老篇曰：「諸人之所以意想者，皆謂之象也。」

327「輕」借爲「徑」。徑，直也。「秋」，「楸」之省文。説文曰「楸，梓也」。本草綱目曰「楸莖幹直聳可愛」。

328「洋」讀爲「詳」，盡也，悉也。以楹爲圜，由於意度。意度者，謂之無知可也。楹之圜也，一見知之，僅恃意度想象，其圜與否不易先知也。若更以楹爲直於楸，其於意度也爲盡人悉知之事。蓋楸雖直木，其不逮施以繩墨斲削之楹之直，此不待論。墨家注重實驗，排斥意度，故其言如此。韓子解老篇曰：「先物行、先理動之謂前識。前識者，無緣而妄意度也。何以論之？詹何坐，弟子侍。有牛鳴於門外，弟子曰：『是黑牛也，而白在其題。』詹何曰：『然，是黑牛而白在其角。』使人視之，果黑牛而以布裹其角。嘗試釋詹子之察，而使五尺之愚童子視之，亦知其黑牛而以布裹其角也。故以詹子之察，苦心傷神，而後與五尺之愚童子同功，是以曰『愚之首』也。」彼以意度爲愚，此以意度爲無知，文意相類。

㉙ 畢云：「仵」即「午」字異文。　孫云：「仵」，「啎」之異文。說文午部云：「午〔一〕，啎也。」「啎，逆也。」廣雅釋言云：「午，仵也。」

㉚ 「錐」讀爲「推」，本在「段椎」下，今校移於此。

㉛ 吴鈔本「段」作「斵」，「事」作「視」。韓子外儲說右下篇「椎鍛者所以平不夷也」，「椎鍛」字與此「椎段〔二〕」同。　孫云：說文云：「段〔三〕，椎物也。」又云：「椎，所以擊也。齊謂之終葵。」

㉜ 說文曰：「繪，會五采繡也。」

㉝ 「仵」，畢本作「件」，舊本並作「件」，今依張校改。本條言推論之可與過未可知，須視所推之事例如何。若段與椎相須爲用，廢一不可，故因今日段之用事於履，推度今日椎之亦必用事於履，此種推論可用也。或因成繪履經過椎，推度成椎亦必經過繪履，此種推論即屬過仵。蓋成繪履過椎，成椎則不過繪履也。其推論謬誤，即由於不明上文第三條「麗與暴」之例。

㉞ 「位」本作「住」，依曹箋改。

㉟ 一少於二，與五有一焉，皆以絶對值言，其理易明。一「多於五」者，中國建位以十，數始於一，終於九，至十則建一以表示之。此名爲一，計位則爲十，有五者二焉，故曰「一有五焉，十二焉」。

〔一〕「午」下原衍「者」字，據墨子閒詁原引删，與說文合。
〔二〕「段」原誤「鍛」，據正文作「段椎」，茲改爲「段」。
〔三〕「段」原誤「鍛」，據墨子閒詁原引改，與說文合。

㊱ 「斳」，諸本作「斳」，寶曆本經作「蒯」，說作「斳」。　畢云：玉篇云：「斳，破也。」　楊云：斳同「櫡」。　孫云：楊說是也。集韻十八藥云：「櫡，說文斫謂之櫡，或从斤作斳。」此「斳」即「斳」之變體。舊本作「斳」，譌。斳、斫同詁。

337 「端」，見經上篇第六十二條。

338 「斳」，諸本作「斳」，吴鈔本、寶曆本作「斳」。下並同。

339 吴鈔本「毋」作「無」。「毋與」，即經上篇第六十二條之「無序」與說之「無同」。

340 「無與、非半」，俱指「端」言。

341 莊子天下篇「一尺之棰，日取其半，萬世不竭」，蓋就數言之，本條蓋就象言之。任何一物，進前析取不已，則中將無爲半，即餘所謂之端，塊然常存，蓋往復析取，最後僅餘中之一點也。分析必須有半，「無與」或「非半」不可析也。禮記中庸曰「語小，天下莫能破焉」，莊子則陽篇曰「斯而析之，精至於无倫」，又天下篇曰「至小無内，謂之小一」，義與此相類。

342 「當」讀爲「常」。　張云：「給」，具也。

343 時間止是無窮無極之連縣，故曰「無窮」。但爲應用便利計，謂之爲一刹哪、一日、一年、一世紀、一光年耳，就人爲假定之分割而言，則爲「有窮」。莊子秋水篇曰「時无止，終始無故」，又庚桑楚篇曰「有長而無乎本剽」，皆就无窮之久言也。人類生息於無窮之久中，假想能及之物，無者甚多，任舉一例，如堅韌逾於鋼鐵而比重輕於空氣之物質，製造家所求之不得者也，故曰「可無也」。

但已經具有，則其質常存，不能消滅之使無。　梁云：此與科學物質不滅之理及佛典業力相續、藏識常在之理，皆相發明。

344 「擔」借爲「儋」。　説文曰：「儋，安也。」淮南子俶真訓注云：「儋，定也。」

345 「摶」，諸本作「摶」，吴鈔本作「博」，翻陸本作「摶」，與畢本同。　説文曰：「摶，圜也。」

346 「凡」〔一〕，道藏本、吴鈔本、唐本、畢本作「九」，堂策檻本、顧校李本、四庫本作「凡」，今從之。　陸本、茅本、寶曆本、緜眇閣本作「几」，即「凡」之壞字。　説文曰：「凡，圜也，傾仄而轉者。从反仄。」俗字作「丸」。　畢云：「九」，一本作「凡」。

347 「縣」即法儀篇「正以縣」之「縣」。　經曰「正」，説曰「中縣」，其義一也。

348 「摶」，諸本作「摶」，翻陸本、茅本作「摶」，與畢本同。　渾圓之謂丸，無所處而不中縣即所謂「正」，其體易轉不能安定。　尹文子大道篇曰「因圓者之自轉，使不得止」，淮南子原道訓曰「員者常轉」，論衡狀留篇曰「圓物投之於地，東西南北無之不可，策杖叩動，纔微輒行」，皆謂圓物易轉不定也。

349 孫云：説文云：「敷，㪊也。」又云：「尃，布也。」敷即「敷」之俗，義則與尃近，蓋分布履步之謂。

350 「宇也」之「宇」本作「字」，依孫校改。　孫云：「傴」「區」、「偏」「徧」並聲同字通。

351 「宇」爲無窮無極至大無外之空間，無論人從何方進行，皆無所謂近。　舟車所至，人力所通，不過

〔一〕按：「凡」爲「丸」之别體，非今「平凡」之「凡」，下同。

一部分之宇，是曰「區宇」。區宇固不可偏舉全宇也。惟就進行者所在而言，可謂之「先敷近、後敷遠」耳。莊子天下篇釋文引司馬彪云：「天下無方，故所在爲中；循環無端，故所行爲始。」

(352)「脩」本作「循」，依張校改。

(353)上「者」字，「諸」之省文。諸，凡也。大取篇曰「諸聖人所先爲人」。　曹云：上「者」字衍文。

(354)「近」上本有「脩」字，依俞校刪。

(355)吴鈔本「脩」並作「修」，下同。

(356)陸本、茅本、寶曆本「脩」作「修」。凡人進行，必先近而後及遠。欲達到遠大距離，或成就遠大事業，尤必須有長久之時間也。

(357)「類」字本脱，依孫校增。

(358)「台」本作「召」，據説改。「台」讀爲「似」，詳説注。

(359)「盡類」本作「貌盡」，依王校乙改。

(360)大方、小方俱有法而異。　孫云：明同方之中仍有異也。

(361)「台」，王引之校改「合」，未允。「台」字不誤。「台」，古文以爲「㠯」字，見説文古籀補引齊侯鎛。晚周金文「以」字多作「台」。「㠯」即「佀」之省文，隸變作「似」。「台」、「似」皆从㠯聲，故得通用。後漢書班固傳注云：「台讀曰嗣。」「似」、「嗣」古今音並同。説文曰：「似，象也。」廣雅釋詁曰：「似，類也。」攷經上篇第六十九條，似有「相攖」與「不相攖」二種。其不相攖者可云「相似」或「相類」，不可云「相攖」或「相合」也。如四隅邊相等爲方之法，依此法所作之方形無數，可云盡相類，不可云盡相合也。一中同長爲圓之法，依此法所作之圓形無數，可云盡相類，不可云盡相合也。改字即有義可通，亦不如謹守原文文義較長。經作「召」者，爲「台」之形譌。上文第三條「食與招」，「招」字説作「抬」，正可爲例。

㊁「類」，諸本作「貌」，吴鈔本作「皃」，今依王校改。

㊂孫云：「猶」與「由」通。

㊃同法者必相類似，若方之相與類似也，其形之大小，其質之或木或石，不害其方之相似也。謂之「盡類」者，以其方也。他物之相類者俱準此。荀子不苟篇曰「五寸之矩，盡天下之方也」，吕氏春秋別類篇曰「小方，大方之類也」，蓋本此書。

㊄緜眇閣本「狂」作「枉」。舉之不當者曰「狂舉」。

㊅「狂牛」本作「牛狂」，依張、曹校乙。「惟」、「雖」字通。

㊆張云：牛亦有尾，馬亦有齒。

㊇下「偏」字茅本、緜眇閣本作「徧」。「偏」與「俱」相對爲文。荀子君道篇曰「偏立而亂，俱立而治」。

㊈「牛」本作「之」，篆文形近而譌。盧云：「之」上當有「牛」字。

㊉「有」字本脱，依王、張校增。王引之云：「用」者，以也。

371「齒」本作「角」，依梁校改。

㊲372 「有尾」本作「無角」，依梁校改。

373 孫云：公孫龍子亦有「正舉」、「狂舉」之文，以意求之，蓋以舉之當者爲「正」，不當者爲「狂」。此書經、説通例，凡是者曰「正」、曰「當」，非者曰「狂」、曰「亂」、曰「誖」，義與公孫龍書略同。

374 「猶」、「由」字通。

375 「或牛」二字，孫、曹校刪。

376 凡辨二物之差異，不宜舉出雙方俱有之屬性，須舉出一偏有、一偏無有之屬性。如齒如尾，牛馬俱有，不可以爲牛馬之差異。如角，則牛偏有角，馬偏無角，正舉出牛與馬差異之點，可以知牛馬之異矣。若舉牛有齒，則馬亦有齒，是不非牛之牛可類於非牛之馬矣。若舉馬有尾，則牛亦有尾，是非牛之馬可類於牛矣。牛馬溷殽，差異莫辨，是狂舉也。

377 「故」疑「不」字之誤。　張云：曰牛馬，豈得非牛？

378 張云：曰牛馬，豈得謂牛？

379 張云：有可者，今但言未可，是亦不可。三皆不辯其兼，故不可。

380 孫云：前云「數牛數馬則牛馬二，數牛馬則牛馬一」。

381 張云：兼牛馬則非牛非馬，是則無可難矣。　○案：牛馬非牛也未可，牛馬牛也未可，兩者同屬未可，故經曰「不可牛馬之非牛，與可牛馬之非牛，同也」。試別牛馬而二之，則牛馬之中固有牛，不可竟謂之非牛也，是謂牛馬非牛者未可也。牛馬之中亦有非牛之馬，不可竟謂之牛也，是謂牛馬牛也者亦未可也。言牛馬非牛者，可於牛馬之馬而不可於牛馬之牛；言牛馬牛也者，可於牛馬之牛而不可於牛馬之馬。是任何一辭之中皆有可有不可，而曰「牛馬牛也未可」者，亦不可也。若兼牛馬爲一視，牛馬爲一複名，則牛雖不非牛，而牛馬則非牛；馬雖不非馬，而牛馬則非馬；而牛馬之非牛非馬不難明矣。本條經文與下文第八十二條經文辭式相同。荀子正名篇曰「有牛馬，非馬也，此惑於用名以亂實者也」，蓋即指此。

382 本作「循此循此」，曹、梁校作「彼彼此此」，今從之。蓋昔人鈔書，於「彼彼此此」或「彼此彼此」皆可省書爲「彼＝此＝」，故易互錯，「彼」字又形譌爲「循」耳。

383 此三字總冒下三節。

384 「彼彼此此」本作「彼此彼此」，錯與經同。

385 下「止」字，茅本、寶曆本、緜眇閣本作「正」。以上第一節。

386 以上第二節。

387 下「彼」字，寶曆本脱。

388 「此」字吳鈔本不重，「此此」疑當作「止此」。以上第三節。本條言正名者期於當實，彼名止於彼實，此名止於此實，名各當其實，故曰可。其實此也而謂之彼，則彼之名誤加於此之實，即所謂「彼且此也」，彼此名實不耦，故曰不可。在名約未定、習俗未成之時，彼此亦可。如以鶴之名代表四足獸之能守夜者之實（今謂之犬），鶴之名止於是實，若是之彼此關係既成，則凡謂鶴者亦且止於四足獸之能守夜者矣。在約定俗成之後，彼彼此此可；在約未定、俗未成之時，彼此亦可。因時之異，皆有其可，故經曰「彼彼此此與彼此同，說在異」。公孫龍子名實篇論正名與此略同，文繁不引。

389 秋山云：「患」，一作「惠」。　孫云：言唱而不和，和而不唱，其患同。

390 孫云：「周」當爲「用」之誤。

391 孫云：「粺」當爲「稗」。此喻無所用，若荑稗。

392 「適」，當也，宜也。

393 「功」字本錯在上文「適息」之上，依王樹枏校移。本條言唱者本無過，因所唱之學術不周於用，若荑稗然，有之不如其無也。和者如有不善，教之使然，非彼之過，不得已也。人類文化之演進，全恃唱和，或曰教學。智少而不學，智必寡；有智而不教，智當息。中國學術多後不如前，蔽在智而不教，尚同篇所謂「隱匿良道不以相教」是也。墨經所論及之學術，秦漢以後竟成絕學，其蔽在唱而不和。老子「絕學無憂」，莊子養生主篇「吾生也有涯，而知也無涯，以有涯隨無涯，殆已」，荀子儒效篇「不知無害爲君子，知之無損爲小人」，皆可爲智少而不學者之藉口。教者唱之，學者和之，學說而善，如使人予人酒，教者使之，其功較厚，學者被使，其功較薄；學說不善，如使人奪人衣，教者教唆主使，罪較重，學者被動實施，罪較輕也。

394 「室中」二字本脫，據下文意校增。

395 白黑分明，兩不相勝，無庸疑慮。經說上篇曰「兩絶勝，白黑也」。孫云：「若」猶與也。

396 「今也」，「也」字茅本、寶曆本、緜眇閣本無。

397 吴鈔本「名」作「明」，緜眇閣本「名」、「明」互易。

398 「室」，陸本、茅本、寶曆本、緜眇閣本、堂策檻本作「窒」。「親知」、「説知」義見經上篇。親知室外之色白，因人告語又説知室中之色白，是聞所不知若所知也。名之作用，在以所明正所不知，不以所不知疑所明。若以所明之尺，度所不知之長，不以所不知之長致疑於所明之尺也。

399 「在其」二字畢本倒，舊本並不到，今據乙。

400 「之人」本作「出入」，依孫校改。

401 上「之」字，寶曆本無。

402 句。

403 誖，不可也；可，不誖也。今有人曰：「凡言盡誖。」詰之曰：「汝言誖否？若不誖，則是言不盡誖也。若誖，即凡言盡誖之。言誖，以之爲當，必不審諦矣。」此與因明學「九過」中之〔一〕「自語相違」恰相類似。

404 「唯」，諸本作「惟」，吴鈔本作「唯」，今從之。孫云：説文云：「唯，諾也。」又云：「諾，譍也。」

〔一〕「之」字原誤重，徑删。

「唯吾謂」，言吾謂而彼應之。若非其正名，則吾謂而彼將不唯，故不可也。

405 「仮」，「反」之異文。

406 「惟」，經作「唯」，字通。下「惟」字並同。

407 「霍」即「鶴」省文，見經說上第九十條。

408 說文曰：「猶，玃屬。一曰：隴西謂犬子爲猶。」爾雅釋獸釋文引尸子：「猶，五尺大犬也。」

409 呂氏春秋審分覽曰：「求牛則名馬，求馬則名牛，所求必不得矣。」

410 「猶」，若也。下文作「若」。

411 「行」上本有「不」字，依孫校刪。

412 名之生由於約定俗成，衆人公認，故名之行否須視社會上對於此名之反應。如謂二足而白羽者爲鶴，可也。而四足而毛者之猶，非鶴也。今強謂猶爲鶴，則不可，因衆人無唯諾猶爲鶴者也。衆人若唯諾吾所謂之名，則吾謂行。若不唯諾吾所謂之名，則吾謂不行。若謂牛爲馬，謂馬爲牛，必不能見諾於衆人也。

413 「無」，茅本、寶曆本、緜眇閣本作「在」。荀子禮論篇曰「無窮者，廣之極也。」　張云：人雖無窮，不害兼愛。

414 盧云：「南」當讀如「難」。　孫云：此「南」即指南方。莊子天下篇「惠施曰：南方無窮而有窮」，蓋名家有持此義者。　○案：莊子天下篇釋文引司馬云：「四方無窮也，獨言南方，舉一隅也。」

(415) 緜眇閣本脱「無窮」二字。　孫云：「智」與「知」同，下並同。

(416) 「不可盡」三字各本重，依畢校删。「可智」，吴鈔本作「有智」。

(417) 「智」下本有「而必」二字，依曹、梁校删。

(418) 寶曆本脱「亦」字。

(419) 以上難者之辭，以下墨家答辭。

(420) 「无」本作「先」，依孫、曹校改。

(421) 孫云：謂人若盈無窮，則無窮既可盈，即界有盡也。

(422) 「有」，茅本、寶曆本、緜眇閣本作「其」。　難者曰：「四方有窮乎？無窮乎？所居之人盈乎？否乎？人之可盡乎？不可盡乎？舉未可知。而必人之可盡愛也，是誖也。」墨家答曰：「人若不盈無窮，則人有窮也，盡愛有窮不難。人若盈無窮，則無窮既爲人所盡，則猶有窮矣，盡愛有窮不難。」故地即無窮，仍不害兼愛之説也。

(423) 「問」本作「明」，依孫校改。

(424) 下「不」字本作「=」，是「不」字重文符號。　曹箋作「不」，是也，今從之。

(425) 緜眇閣本「民」作「巳」。　吴鈔本重「盡」字。「惡」，何也。「民」，人也。「盡之」，「之」字本作「文」，依孫校改，下同。

(426) 「問」，畢本誤「門」，舊本並作「問」，今據正。

(427) 或難墨家曰：「不知人數，何知愛人之盡之邪？」墨家答曰：「或者遺忘其所問之辭也。問『愛人』之『人』字，已統攝人類全體。墨家愛人，人之所在即愛之。所在凡屬人類，皆在愛力統攝之中，故不知其數，而知愛之盡之也不難。」

(428) 孫云：吳鈔本「者」作「有」，非。　張云：不知天下民之所處，而愛可及之。「喪」，失也。失子者，不知子之所在，不害愛子。　○案：吳鈔本亦作「者」，孫校偶誤。「喪子」，莊子天道篇、天運篇謂之「亡子」，徐无鬼篇謂之「唐子」，均指亡失之子而言。前兩條言愛力所攝不限於地域之廣陜、人數之多寡。此更進一層言之，即對象已不知所在，亦不害愛之也。如親之於亡失之子，不知其所處，其愛之一也。上文第五十三條經説之末有「若殆於城門與，於臧也」九字，疑爲本條經説錯簡。古無汽電等交通工具，城門附近即爲較擁擠較危險區域，故求亡子者想象言曰：「汝危殆於城門歟？究藏匿於何處也。」愛之深，思之切，故作此揣測之辭也。

(429) 「内外」，諸本作「外内」，吳鈔本作「内外」，今從之。

(430) 「孛」本作「内」，形近而譌。「孛」，「誖」之省文。　張云：此與告子之徒辯義外也。

(431) 「顔」疑當作「顧」。玉篇曰「午，分布也，交也。」高唐賦「陬互横啎」，春秋元命苞「陰陽散忤」，注云：「忤，錯也。」「忤」與「午」、「啎」、「忤」並字通。忤顧，即經説「左目出，右目入」之意。

(432) 張云：俱内。

433 吴鈔本作「内外」。　張云：俱外。

434 孫云：「爲」、「謂」字通。

435 「若」，吴鈔本作「𡱒」。「出」字畢本脱，舊本並有，今據補。

436 「出」，外也。「入」，内也。能愛能利屬於主觀，此也，内也；所愛所利屬於客觀，彼也，外也。今謂「仁内」、「義外」者，是舉主觀之能愛與客觀之所利并爲一談，若謂人左目視外，右目視内，是狂舉也。管子戒篇曰「仁從中出，義由外作」，孟子公孫丑篇告子有「仁内義外」之説。王樹枏云：此墨子駁當時爲仁内義外之説者。翟氏灝不達此旨，其箸四書考異謂告子「仁内義外」之説受自墨子，是誣墨也。

437 句首「也」字，曹箋作「他」，即指「誹者」。

438 誹者以爲甲不知學之無益也，故告之曰「學無益也」，是使甲知學之無益也，是亦教誨也。若以學爲無益，是教人以學無益者，先誖矣。故從誹者方面亦可反證學之益也。淮南子脩務訓曰「世俗廢衰而非學者多」，又曰「夫學亦人之砥錫也，而謂學無益者，所以論之過」，是亦闢學無益説者。老子曰「絶學無憂」，即誹學也。

439 「誹」字本在「論」字下，依曹校乙。

440 王引之云：「非」爲「誹」之譌。

441 誹之可否，係於理之是非，不係於誹之多寡。理可誹，雖多誹無傷；於是理不可誹，雖少誹不免於非。今謂多誹者不可，是猶以長論短，以鶴脛笑鳧脛也。

442 「誖」本作「諄」，依張、吳校改。

443 孫云：「不」，依經當作「非」。

444 句。

445 句。

446 上「非」字訓不。

447 甲非乙爲誹，己非甲亦爲誹，今以誹爲非，是己之誹亦非也，故曰「非誹者誖」。使甲之誹乙爲非，則己之誹甲之誹乙也不非，是誹不可盡非也。誹不可盡非也，是宜不非誹也。墨家以誹固有當於理者，不可一概非之。

448 上「甚」字本作「箕」，依俞校改。「不甚」，吳鈔本作「不順」。

449 名所以耦實，不以亂俗。尺度誠陳，不可欺以長短。今以一物，時而以爲甚長，時而以爲甚短，曰「莫長於是，莫短於是」，如是種言論之所謂是，則殽亂天下之是者，莫是種言論若也。

450 「謂」，諸本作「請」，茅本、寶曆本、緜眇閣本、堂策檻本、四庫本作「謂」，今從之。本條墨家勉人爲善，修其天爵，不慕世俗之虛榮，身在下位，志希聖賢，是取下以求上也。高下以善不善爲度，勉爲善則高，不爲善則下，不若山澤有天然之高下，不可移易也。孔丘、墨翟布衣之士也，而王公不能與之争名，是處下善於處上，下所謂上也。賈子大政篇曰：「位有卑而義無卑，故位下而義高者，雖卑，貴也；位高而義下者，雖貴，必窮。」

451 「不」本作「是」，今依說校改。

452 「州」讀為小取篇「此一周而一不周者也」之「周」，風俗通義曰：「州，周也。」

453 句。

454 「之」本作「文」，依孫說改，下「之」字並同。「之」，是也。故「之」、「是」互用。

455 「不是」，「是」字本錯入下文「故之與」下，今審校文義移此。

456 句。

457 句。

458 句。

459 下「於」字畢本誤「與」，舊本並作「於」，今據正。

460 「與」下本有「是」字，為上文錯入者，今移入上文。本條為便於說明計，試以白馬為例釋之，如圖：白馬（是），馬也；非白馬（不是），馬也。非白馬與白馬同為馬，是「不是」與「是」同也。其要在白馬與非白馬俱為馬之一部分，所謂「不周」是也。設言北京為中華人民共和國首都，此兩名範圍大小全同，決不能有不是與是同之現象也。如言馬白（是是），則

馬且白矣（則是且是焉）。今〔一〕馬有白者（今是之於是），而亦有非白者（而不是於是），故亦可言馬非白（故是不之）。馬非白（是不之），則馬非白矣（則是而不之焉）。今〔二〕馬有非白者（今是不之於是），而亦有白者（而之於是），故白馬與非白馬可以同説也（故之與不之同説也）。以上經文自第四十二條至此，凡四十一條，當爲古鈔帛本經下篇下截文。

〔一〕〔二〕「今」字原並誤作「令」，據正文改。

新編諸子集成

墨子校注

下

吴毓江 撰
孫啓治 點校

中華書局

墨子校注卷之十一

大取第四十四①

天之愛人也，薄於聖人之愛人也②；其利人也，厚於聖人之利人也。大人之愛小人也，薄於小人之愛大人也③；其利小人也，厚於小人之利大人也④。以臧爲其親也而愛之⑤，非愛其親也；以臧爲其親也而利之⑥，非利其親也。以樂爲利其子，而爲其子欲之⑦，愛其子也；以樂爲利其子，而爲其子求之⑧，非利其子也⑨。

於所體之中而權輕重，之謂權⑩。權非爲是也，亦非爲非也⑪，權正也⑫。斷指以存擊⑬，利之中取大，害之中取小也。害之中取小，子非取害也⑭，取利也。其所取者，人之所執也⑮。遇盜人，而斷指以免身，利也；其遇盜人，害也⑯。斷指與斷腕⑰，利於天下相若，無擇也。死生利若⑱，一無擇也⑲。殺一人以存天下，非殺一人以利天下也⑳；殺己以存天下，是殺己以利天下㉑。

於事爲之中而權輕重，之謂求。求爲之非也㉒。害之中取小，求爲義，非爲義也㉓。爲暴人語天之爲是也㉔？而性爲暴人㉕，歌天之爲非也㉖。諸陳執既有所爲，而我爲之㉗，陳執執之所爲，因吾所爲也㉘。若陳執未有所爲，而我爲之陳執㉙，陳執因吾所爲也。暴人爲我㉚，爲天之以人㉛，非爲是也。而性猶在㉜，不可正而正之㉝。

利之中取大，非不得已也；害之中取小，不得已也。所未有而取焉，是利之中取大也；於所既有而棄焉，是害之中取小也㉞。

義可厚，厚之；義可薄，薄之，之謂倫列㉟。德行、君上、老長、親戚，此皆所厚也㊱。爲長厚，不爲幼薄㊲。親厚，厚㊳；親薄，薄㊴。親至薄㊵，不至義㊶。厚親不稱行㊷，而類行㊸。

爲天下厚禹，非爲禹也㊹；爲天下厚愛禹，乃爲禹之愛人也㊺。厚禹之爲加於天下㊻，而厚禹不加於天下。若惡盜之爲加於天下，而惡盜不加於天下㊼。

愛人不外己，己在所愛之中。己在所愛，愛加於己。倫列之愛己，愛人也㊽。

聖人惡疾病㊾，不惡危難㊿，正體不動(51)。

欲人之利也，非惡人之愛也(52)。

聖人不爲其室臧之，故在於臧(53)。

聖人不得爲子之事(54)。聖人之法，死亡親(55)，爲天下也。厚親，分也；以死亡之，體渴興利(56)。

有厚薄而毋倫列之興利，爲己(57)。

語經(58)，語經也非白馬焉執駒焉説求之舞説非也漁大之舞大(59)非也(60)。

三物必具，然後足以生(61)。

臧之愛己，非爲愛己之人也(62)。厚人不外己(63)，愛無厚薄(64)。

舉己，非賢也(65)。

義，利；不義，害(66)。

志、功爲辯(67)。

有有於秦馬(68)，有有於馬也，智來者之馬也(69)。

凡學愛人(70)，愛衆衆世，與愛寡世相若(71)，兼愛之有相若，愛尚世與愛後世，一若今之世(72)。

天下之利驩(73)。

聖人有愛而無利，俔日之言也(74)，乃客之言也(75)。天下無人(76)，子墨子之言也(77)。

不得已而欲之(78)，非欲之也(79)。非殺臧也，專殺盜，非殺盜也(80)。

小圜之圜，與大圜之圜同(81)。不至尺之不至也(82)，與不至千里之不至(83)，其不至同(84)。

異者，遠近之謂也[85]。是璜也[86]，是玉也[87]。

意楹，非意木也，意是楹之木也。意指之人也，非意人也。意獲也[88]，乃意禽也[89]。志、功不可以相從也[90]。

利人也，爲其人也[91]。利富人[92]，非爲其人也[93]。有爲也，以富人富人也[94]。

治人，有爲鬼焉[95]。

爲賞譽利一人，非爲賞譽利人也。亓不至[96]，無貴於人[97]。

智親之一利[98]，未爲孝也。亓不至[99]，於智不爲己之利於親也[100]。

智是之世之有盜也[101]，盡愛是世。智是室之有盜也，不盡是室也。智其一人之盜也，不盡是二人。雖其一人之盜，苟不智其所在，盡惡其朋也[102]？

諸聖人所先[103]，爲人[104]。

名[105]，實名[106]。實不必名[107]。苟是石也白[108]，敗是石也，盡與白同[109]。是石也唯大，不與大同[110]。是有便謂焉也[111]。以形貌命者[112]，必智是之某也[113]，焉智某也[114]。不可以形貌命者，唯不智是之某也[115]，智某可也。諸以居運命者[116]，苟入於其中者，皆是也[117]；去之，因非也。諸以居運命者，若鄉里齊荊者，皆是。諸以形貌命者，若山丘室廟者，皆是也。

智與意異[118]。重同[119]，具同[120]，連同[121]，同類之同[122]，同名之同[123]，丘同[124]，鮒同[125]，是之同⑫⑥，然之同，同根之同⑫⑦。有非之異，有不然之異。有其異也，爲其同也⑫⑧，爲其同也異⑫⑨。

一曰乃是而然⑬⓪，二曰乃是而不然⑬①，三曰遷⑬②，四曰强⑬③。

子⑬④：深其深，淺其淺，益其益，尊其尊⑬⑤。

次察由⑬⑥，比因⑬⑦，至優指⑬⑧。

復次察聲端名⑬⑨，因請復⑭⓪。

正欲惡者⑭①，人右以其請得焉⑭②。諸所遭執而欲惡生者，人不必以其請得焉⑭③。聖人之拊瀆也⑭④。

仁而無利愛⑭⑤，利愛生於慮⑭⑥。昔者之慮也，非今日之慮也；昔者之愛人也，非今之愛人也⑭⑦。愛獲之愛人也，生於慮獲之利，非慮臧之利也。而愛臧之愛人也，乃愛獲之愛人也⑭⑧。

去其愛而天下利，弗能去也⑭⑨？

昔之知墻，非今日之知墻也⑮⓪。

貴爲天子，其利人不厚於匹夫⑮①，非加也⑮②。

二子事親，或遇孰，或遇凶⑮③，其親也相若，非彼其行益也⑮④，外執無能厚吾利者⑮⑤。

藉臧也死，而天下害⑮⑥，吾持養臧也萬倍⑮⑦，吾愛臧也不加厚⑮⑧。

長人之異短人之同[159]，其貌同者也[160]，故同[161]。指之人也，與首之人也異[162]，人之體非一貌者也，故異。將劍與挺劍異，劍以形貌命者也，其形不一，故異[163]。楊木之木，與桃木之木也同[164]。諸非以舉量數命者，敗之，盡是也[165]。故一人指，非一人也；是一人之指，乃是一人也[166]。方之一面，非方也[167]；方木之面，方木也[168]。人之鬼，非人也[169]；兄之鬼，兄也[170]。

夫辭[171]以故生，以理長，以類行者也[172]。立辭而不明於其所生，忘也[173]。今人非道無所行[174]，唯有强股肱，而不明於道[175]，其困也，可立而待也。夫辭以類行者也，立辭而不明於其類，則必困矣[176]。

故浸淫之辭[177]，其類在於鼓栗[178]。

聖人也，爲天下也[179]，其類在於追迷[180]。

或壽或卒，其利天下也相若[181]，其類在譽石。

一日而百萬生，愛不加厚，其類在惡害。

愛二世有厚薄，而愛二世相若[182]，其類在蛇文。

愛之相若，擇而殺其一人[183]，其類在阬下之鼠[184]。

小仁與大仁，行厚相若[185]，其類在申凡[186]。

興利除害也[187]，其類在漏雍[188]。

厚親不稱行，而類行[189]，其類在江上井[190]。

不爲己之可學也[191]，其類在獵走。

愛人非爲譽也[192]，其類在逆旅。

愛人之親，若愛其親[193]，其類在官苟。

兼愛相若，一愛相若[194]，其類在死也[195]。

① 畢云：篇中言「利之中取大」，即「大取」之義也。　曹云：墨子經上、經下、經說上、經說下、大取、小取凡六篇，篇第相屬，語意相類，皆所謂「辯經」也。大取則其所辯者較大，墨家指歸所在也。　譚灼菴云：「大取」者，大指也。「取」讀爲「趣」。趣，指趣也。　○案：篇中言「利之中取大」，故即以「大取」題篇。

② 「薄」讀爲「博」，下同。非攻下篇「夫殺人之爲利人也博矣」，「博」俞校作「薄」，可互爲例。天志上篇曰「愛人者此爲博焉，利人者此爲厚焉」，又中篇曰「此吾所以知天之愛民之厚也」，又下篇曰「且天之愛百姓厚矣，天之愛百姓別矣」，可見墨家以天愛人至博，利人至厚，莫與比倫。

③ 「愛」下「小」字、「大」字，王樹枏校删。

④「小人也」，「也」字吴鈔本無。「利」下「小」字、「大」字，王樹枏校删。「大人」、「小人」以德行言，如大禹、墨子澤被生民，教垂後世，其愛利之博厚固非小人之所能比儗。墨家以愛利立教，故首揭出愛人利人之最高標準。本書法儀篇曰：「天之行廣而無私，其施厚而不德，其明久而不衰，故聖王法之。」賈子脩政語上篇曰：「德莫高於博愛人，而政莫高於博利人。」

⑤「臧」與下文「樂」均假設之人名。

⑥吴鈔本「爲」下有「利」字。

⑦「欲」猶愛也。

⑧「求」，責也。

⑨此節墨家設例以破儒家親親之執言。人囿於私，以臧爲其親也而後愛利之，其注意點全在臧之爲其親，其愛利之量不宏，其愛利之願亦未必能達，故善愛利其親者不獨親其親，僅知愛利其親者，非愛利其親者也。又如樂利其子，愛樂適所以愛其子，責樂適所以責其子，蓋樂之幸與不幸，其影響將及於其子也，故善愛利其子者不獨子其子。在社會上，人類關係之密切，不啻樂與其子也。善愛利其親與其子者，當於愛利人類中求之。

⑩「體」，行也。吴鈔本作「於所體輕重之中而權其輕重，之謂權」。

⑪「亦」本作「非」，依孫校改。

⑫人於行爲之中，莫不權其輕重是非而後行之。權所以明是非，是非在物，權無事焉，權執正而已

矣，不爲是亦不爲非也。荀子正名篇曰：「人無動而可以不與權俱，權不正，則禍託於欲，而人以爲福，福託於惡，而人以爲禍，此亦人所以惑於禍福也。」申子大體篇曰「衡設平無爲，而輕重自得」，韓子飾邪篇曰「衡執正而無事，輕重從而載焉」，本書經上篇曰「欲正權利，惡正權害」。

⑬「擥」，諸本作「騷」，四庫本作「擥」，意林引作「脛」。傅山云：「騷」疑「腕」之訛。秋山云：「騷」疑「腕」。畢云：擥，「捥」字正文，舊作「騷」，誤。説文云：「擥，手擥也。楊雄曰：『擥，握也。』从手，取聲。」鄭注士喪禮云：「手後節中也。古文擥作捥。」

⑭「子」，諸本作「也」，茅本、寶曆本、緜眇閣本、陳本、傅山本並作「子」，今從之。

⑮言害之中取小，人心同然。

⑯國語晉語曰「擇福莫若重，擇禍莫若輕，福無所用輕，禍無所用重」，荀子彊國篇曰「拔戟加乎首，則十指不辭斷」，尸子曰「聖人權福則取重，權禍則取輕」，韓子八説篇曰「事成而有害，權其害而功多，則爲之」，淮南子繆稱訓曰「人之情，於害之中争取小焉，於利之中争取大焉」，又説山訓曰：「亡羊而得牛，則莫不利失也。斷指而免頭，則莫不利爲也。故人之情，於利之中則争取大焉，於害之中則争取小焉。」

⑰畢云：「捥」、「腕」皆「擥」字之俗。

⑱句。

⑲此示墨家犧牲精神之偉大。苟利天下，斷指可，斷腕亦可，生可，死亦可，舉無擇也。孟子曰「墨

子兼愛，摩頂放踵利天下爲之」，蓋即隱據此文。莊子齊物論曰「死生無變於己，而況利害之端乎」，呂氏春秋知分篇曰「達乎死生之分，則利害存亡弗能惑矣」，淮南子俶真訓曰「生不足以使之，利何足以動之。死不足以禁之，害何足以恐之」，蓋大無畏之犧牲精神，莫不從了徹生死中來也。

⑳ 寶曆本無「以」字。

㉑ 墨家之義，損己愛人。殺己以存天下，可也；殺一人以存天下，不可也。蓋殺己以存衆人，是殺己以利衆人；殺一人以存衆人，於所存者雖便，於被殺者則爲暴矣。非攻下篇「夫殺人之爲利人也薄矣」，義正類此。故墨家於己則摩頂放踵利天下，爲之；於人則殺一不辜而存天下，不爲也。下文「去其愛而天下利，弗能去也」十一字，疑當在此。

㉒ 「之」、「是」字通。

㉓ 求者於事爲之中權衡其輕重，以求得其或是或非，或爲義或非爲義也。事誠是矣義矣，雖害猶利，如損己而益所爲是也。否則雖利猶害，如損人利己是也。故於害中取小，亦必求其義之所在也。

㉔ 「也」讀如「邪」。

㉕ 「而」讀爲「如」。

㉖ 白虎通義禮樂曰：「夫歌者，口言之也。」

㉗「陳執」，猶言習染。

㉘「執」字誤重。

㉙「未」，茅本、寶曆本、緜眇閣本作「既」。

㉚句。

㉛「以」，與也。

㉜「猶在」二字本錯於下文「子墨子之言也」下，今校移於此。

㉝此節爲墨家論性精要文字。言暴人之所以爲暴人，由於後天習染，非天性然也。爲暴人者謂天之爲是邪？如性爲暴人，始可謂天之爲非善也。夷考其實，人生行爲莫不受其環境習染之影響。環境習染常能鑄笵吾之行爲，而爲其前因。若習染尚無某種顯箸之前因，由吾之行爲累積感化，蔚爲風氣，則由行生習，吾之行爲即形成一種新習染，此種新習染又鑄笵後人之行爲。或社會鑄笵箇人，或箇人影響社會，如此因果承續，業行交酬，會萃於習染洪流中而演化不已。可知暴人爲我，固環境習染鑄笵成之，因天之與人非爲是暴戾之質也。而性猶在，如明鏡染塵，一經拂拭，不難立還光潔，暴習似不可正，而卒能正之，此人類之所以貴乎自強不息，而教學之所以不可以已也。此外墨家論性，尚有墨子歎染絲一事，見本書所染篇、呂氏春秋當染篇，其他古書亦多引其事。徵諸此節，理可相發。墨子蓋主人性無善無惡，非善非惡，如純白素絲，染於蒼則蒼，染於黃則黃。所異者，絲已蒼黃，不能復還其素，人性雖已陷溺，尚可由本身之頓悟、師友之啓迪、機

緣之暗示、環境之刺激而復還其初，所謂「而性猶在，不可正而正之」，放下屠刀，即可成佛是也。

㉞利所未有，可自由去取，利期其大，故取其大。害所既有，如毒蛇螫手，不能任意舍棄，僅能於既有之中設法補救，無已，則斷被螫之手（於所既有而棄焉），以全生命。害期其小，斷手之害較喪生爲小也。

㉟「倫」，緜眇閣本、傅山本、寶曆本作「儉」。「之」字本脫，依孫校增。「倫列」猶今言平等。孫云：「倫」，等也。「列」，等比也。秋山云：「列」，一作「則」。

㊱莊子天道篇曰：「宗廟尚親，朝廷尚尊，鄉黨尚齒，行事尚賢。」

㊲墨家之主張如此。

㊳孫云：厚其近親。

㊴孫云：薄其遠親。

㊵「至」猶當也，下同。

㊶句。

㊷荀子禮論篇注云：「稱，謂各當其宜。」

㊸「類」本作「顧」，孫依下文校改。傅山云：「顧行」後作「類行」，義似長。○案：墨家厚薄以義爲鵠，平等之中有厚薄，而厚薄仍不失爲平等。下文「藉臧也死而天下害，吾持養臧也萬倍，吾愛臧也不加厚」，可爲有厚薄而不失平等之例。「德行、君上、老長、親戚，此皆所厚也」，墨

之道貴乎充此厚以及於人人，故曰：爲長固厚矣，爲幼亦不當薄，否則親厚者厚之，親薄者薄之，厚薄以親疏爲鵠，則不免有論親當薄者論義則不當薄，是親與義有時不能並存，協於親者不免害於義矣。凡厚親者之行厚薄也，不問其義不義、稱不稱，但問其親不親、類不類。墨家貴義，與此厚親者殊科也。

㊹「非」字本脱，今以意增。

㊺「愛人」，諸本作「人愛」，緜眇閣本、陳本、傅山本作「愛人」，今從之。

㊻「爲」字本脱，孫依下文校增。

㊼禹愛天下之人，故爲天下之人厚禹，非爲禹也。厚禹者，以其德行加於天下。至對禹之爲人，固與天下人相若也。若惡盜者，以其惡行加於天下，至對盜之爲人，固與天下人相若也。蓋平等者其人格，而對之有厚薄者，其行爲殊也。

㊽此破除人我對立之謬見，而渾融於人類之中。己亦人也，故愛人不外己。平等之愛己，舍愛人莫由也。

㊾畢云：言自重其身。

㊿畢云：言爲人則不避艱險。

51「正體」指感官言，不動指心言。康健爲事業之母，耳目不聰明，手足不勁强，不可用也，故惡疾病。摩頂放踵利天下爲之，故不惡危難。其神凝，死生無變於己，故正體不動。國語鄭語曰「正七體以役心」，孟子曰「我四十不動心」，管子戒篇曰「心不動，使四肢耳目，而萬物情」，又内業篇曰「心意定而天下聽，四體既正，血氣既静，一心摶意，耳目不淫，雖遠若近」。

52 「愛」，諸本作「害」，茅本、寶曆本、緜眇閣本、傅山本作「愛」，今從之。聖人之心日夜不忘於欲利人，且所謂利乃「兼相愛、交相利」之利，非孟子所謂「上下交征利」、「不奪不饜」之利，故曰「欲人之利也，非惡人之愛也」。若孟子所云「不奪不饜」之利，是欲人之利也，惡人之愛也，非墨家所謂之利也。

53 畢云：言藏富在下。○案：「在」猶善也。聖人藏富於民，不藏於室，故善於藏。論語曰「百姓足，君孰與不足；百姓不足，君孰與足」，管子山至數篇曰「民富君無與貧，民貧君無與富。府無藏財，貲藏於民」，又曰「王者藏於民，殘國亡家藏於篋」，又權修篇曰「府不積貨，藏於民也」，老子曰「聖人不積，既以爲人己愈有，既以與人己愈多」，吕氏春秋慎大篇曰「周明堂外户不閉，示天下不藏也。唯不藏也，可以守至藏」，皆與此樹義相類。

54 孫云：言聖人事親，愛無窮而事必有所盡。

55 孫云：「亡」、「忘」通，下同。

56 公羊隱三年傳何注云：「渴喻急也。」秋山云：「渴」，一作「得」，又作「謁」。○案：聖人心切救世，如禹過家門而不入，墨子無黔突，孔子無煖席，或有不得爲子之事者矣。聖人之法，親死如忘之，不久喪，爲天下也。蓋分應厚親，以死忘之者，俾身得急從事其所能，以興天下之利也。

57 「毋」，陸本、茅本、寶曆本、緜眇閣本、堂策檻本、傅山本、四庫本作「無」。厚己薄人，親親有術，而無平等精神之興利，是爲己也。

58 王闓運刻本墨子自「語經」以下至篇末別爲一篇，即以「語經」名篇。割裂古書，不可爲訓。

59 上「大」字，寶曆本作「火」。

60 自「語經」以下二十六字，文有錯譌，其義未詳。

61 未詳。 孫云：此當接後「以故生，以理長，以類行也者」句。

62 下「愛」字茅本、寶曆本、緜眇閣本、傅山本作「害」。 孫云：言臧自愛其身，非爲愛己之爲人也。

63 「人」字本脫，依孫校增。

64 僅知愛己者，其結果往往害己。 故臧之愛己，非爲愛己之人也。 墨家兼愛，愛無厚薄，厚人類而己在其中矣，是真能愛己者也。 善愛己者，須於愛人求之。

65 國語周語「君子不自稱也」，韋注云：「稱，舉也。」彼言「自稱」，猶此言「舉己」也。 孫云「舉當爲譽」，義亦可通。

66 經上篇曰「義，利也」，天志篇曰「天下有義則治，無義則亂」。

67 「志」，畢本作「之」，舊本並作「志」，今從舊本。 孟子滕文公篇「且子食志乎，食功乎」，「志」、「功」

字與此同。「志」爲心之動機，「功」爲事之結果，二者不必一致，下文曰「志功不可以相從也」。

(68) 上「有」字，「囿」之省文，下同。寶曆本「馬」作「焉」。

(69) 「來」，「騋」之省文。説文曰：「馬七尺爲騋。」已知騋馬馬也，即知秦馬馬也。墨家愛人，凡屬人即愛之，固不問其爲何種何所之人也。

(70) 此四字本在下文「非殺盜也」下，今依王引之校移此。

(71) 傅山本重「寡」字。兩「世」字，畢本並以意改「也」。

(72) 墨家以兼愛立教，愛之願力統攝人類全體，無衆寡，無廣陜，無古今，人之所在即愛之所在，彌六合三世而總於一愛。古今大聖哲人，愛域之博，願力之大，釋迦佛外，墨子而已。此下本有「人也鬼非人也兄之鬼兄也」十一字，今移入下文「方木也」之下。

(73) 經上篇曰：「利，所得而喜也。」孫云：「驩」猶悦也。天志中篇云「今有人於此，驩若愛其子」。

(74) 「日」，寶曆本作「口」，緜眇閣本、傅山本作「日」。説文曰：「俔，一曰閒見。」是「俔日」者，猶言門隙見日，喻所見不廣也。淮南子説山訓曰「受光於隙，照一隅」，由此觀之，所受者小，則所見者淺。論衡別通〔一〕篇曰「開户納日之光，日光不能照幽」，世説文學篇曰「南人學問，如牖中窺日」，

〔一〕「別通」原誤「別道」，據論衡改。

義均與此相類。　孫云：「倪日之言」，或疑當爲「儒者之言」。

(75) 寶曆本「客」作「容」。「客」者，外之之詞，指與墨家異趣者。「客之言」與下文「子墨子之言」相對爲文。

(76) 孫云：「無人」即兼愛之義，言人己兩忘，則視人如己矣。

(77) 下「子」字畢本脱，舊本並有，今據補。　墨家欲從心理上建設兼愛之基礎，故揭出無人我相之真諦，而曰「天下無人」。凡爲我者，生於人我之對立，無人我相，則差別心滅而兼愛心生矣。　孔子之「毋我」，老子之「無身」，莊子之「無己」，陳義相近矣，在實行上終不如墨家之貫徹也。

(78) 「不得已」上本有「猶在」二字，是上文「而性猶在」句錯文，今移入上文。

(79) 「非欲之」三字諸本重，陸本、茅本、寶曆本、緜眇閣本、堂策檻本、顧校李本、傅山本、繹史本、四庫本並不重，今從之。　畢云：一本不重「非欲之」三字。

(80) 備城門篇曰「城中無食則爲大殺」，管子輕重乙篇曰「吾欲殺正商賈之利，而益農夫之事」，又輕重丁篇曰「四郊之民貧，商賈之民富，寡人欲殺商賈之民，以益四郊之民」，「殺」字義與此同。　言人爲飢寒所迫，至於爲盜，非欲爲盜也，不得已而欲之也，不得已而欲之，非欲之也。　今不減殺多藏者，專減殺盜，非所以減殺盜也。　多藏爲造盜之因，不揣其本而齊其末，傎矣。　莊子則陽篇曰「貨財聚，然後覩所爭。　財不足則盜，盜竊之行，於誰責而可乎」，荀子大略篇曰「多積財而羞無有，此邪行之所以起，刑罰之所以多也」，晏子春秋雜上篇曰「藏餘不分則民盜」，可爲此節塙詁。

以下本有「凡學愛人」四字，今依王校移於上文「愛衆衆世」之上。

(81) 句。

(82) 「不」本作「方」，依孫校改。

(83) 「千里」二字本作「鍾」，依孫校改。下「不至」二字本作「至不」，今以意乙。孫云：「『千里』二字誤合爲『重』字，校者又益『金』爲『鍾』，遂不可通。續漢書五行志童謠，以『董』字爲『千里草』，與此可互證。

(84) 句。

(85) 「異」字本在「其不至同」之上，今移於此。

(86) 畢云：說文云：「璜，半璧也。」

(87) 此舉種類同而程度不同之例。程度不同，不害其類之同。小圜與大圜同類，其程度則有大小之異。尺之不至與千里之不至同類，其程度則有遠近之異。璜與玉同類，其程度則有半全之異。呂氏春秋別類篇曰「小方，大方之類也」，與此「小圜」、「大圜」例同。孟子梁惠王篇「以五十步笑百步則何如？曰：不可，直不百步耳，是亦走也」，與此「不至」例同。

(88) 孫云：說文犬部云：「獲，獵所獲也。」

(89) 此言心意或有所專注，或無所專注，不得一概論之。意楹，非意木也。意是楹之木，非意一般木也。意所指之人也，非意一般人也。如小取篇「獲事其親，非事人也」，即屬此例。獵者意在獲禽，無論何禽起於前，即從而獵之，其心意原無所專注也，故曰「意獲也，乃意禽也」。

⑩ 有其志不必有功，上文曰「志、功爲辯」。

⑪「爲」，堂策檻本、四庫本作「非」。　畢云：「爲」，一本作「非」。

⑫「利」字本脱，以意增。

⑬ 畢云：舊二字倒，一本如此。　○案：堂策檻本、四庫本作「人也」。

⑭「富人」二字誤重。墨家利人，因其爲人，即從而利之，餘無所爲。若富人而始利之，則其所以利之者非爲其爲人也，爲其爲富人也。此種妄生差別之利，非墨家所謂利也。

⑮ 孫云：言治人之事兼有事鬼，若祭祀之類。

⑯「亓」本作「亦」形譌。「亓」，古「其」字，本書多如此。穀梁宣二年傳曰：「於盾也見忠臣之至，於許世子止見孝子之至。」

⑰ 此揭出忠於一人一姓者，非行之至。爲賞譽利一人，非爲賞譽利人也。其所以非行之至者，以其無貴於人也。左氏襄二十五年傳：「晏子曰：臣君者豈爲其口實？社稷是養。故君爲社稷死則死之，爲社稷亡則亡之。若爲己死而爲己亡，非其私暱，誰敢任之？」此語視諸利一人者爲勝矣，然猶未達墨家利人之域也。

⑱ 畢云：「智」同「知」。

⑲「亓」本作「亦」。

(100)「於」讀若「無」。爾雅釋地「醫無閭」，楚辭遠遊作「微於閭」〔一〕，可證。或讀於爲「烏」，義亦可通。此揭出知親之一利，非孝之至，以其不知不爲己之利於親者尤大也。莊子天運篇曰：「以敬孝易，以愛孝難。以愛孝易，而忘親難。忘親易，使親忘我難。使親忘我易，兼忘天下難。兼忘天下易，使天下兼忘我難。」夫孝至於使天下忘我，斯孝之至矣。使天下忘我，猶此言「不爲己」也。

(101)孫云：上「之」字當衍。吳鈔本無下「之」字，蓋「世之」二字誤倒〔二〕，校者又於下增一「之」字，遂致複出。○案：茅本此行擠刊一字，似其底本較今本少一字。

(102)「朋」本作「弱」，依孫校改。「也」讀爲邪。此示人中雖有盜，不害墨家之兼愛。言是世雖有盜，不害盡愛之。以盜僅人類中之甚少部份也。是室有盜，不盡是室皆盜。一人爲盜，不盡二人皆盜。雖其一人是盜，苟不知其所在，豈忍盡惡其朋邪？公羊昭二十年傳曰「惡惡止其身」。

(103)「諸」，凡也。「先」猶尚也，貴也。管子牧民篇「道民之門，在上之所先」，戰國策齊策「誠欲以霸王爲志，則戰攻非所先」，「先」字義與此同。

(104)言凡聖人所貴者，爲人也。晏子春秋問上篇「墨子聞之曰：晏子知道，道在爲人而失爲己」，韓子詭使篇曰「先爲人而後自爲，類名號，言汎愛天下，謂之聖」，鶡冠子近迭篇曰「聖人之道何先？

〔一〕「微於閭」，楚辭各本均作「於微閭」，此處引文誤。

〔二〕「倒」原誤「例」，據墨子閒詁改。

曰：「先人」，義皆與此相類。「爲人」下本有「欲」字，當屬下文「正欲惡者」，今移於彼。

⑩⑤ 逗。

⑩⑥ 名者實之名也，經說上篇曰「所以謂，名也；所謂，實也」，管子心術上篇曰「形固有名」，尹文子曰「名者，名形者也」，荀子正名篇曰「名無固實，約之以命實，約定俗成謂之實名」，公孫龍子名實篇曰「名，實謂也」，中論考僞篇曰「名者，所以名實也」。

⑩⑦ 「名」字，緜眇閣本、傅山本無。

⑩⑧ 緜眇閣本、傅山本、繹史本「石」作〔一〕「實」。

⑩⑨ 「與」，茅本、寶曆本、緜眇閣本、傅山本作「其」。白石經敗碎，其白仍同。

⑪⓪ 「唯」、「雖」字通。「唯」，吳鈔本、緜眇閣本、傅山本作「惟」。

⑪① 言實不必一一名之，名一白石，即可用其名代表一切白石，雖有大小之不同，皆可謂之白石也。下文「諸非以舉量數命者，敗之盡是也」十三字，疑當在此下。

⑪② 「貌」，吳鈔本作「皃」，下同。

⑪③ 「某」，陸本、茅本、寶曆本、緜眇閣本、堂策檻本、四庫本作「謀」。

⑪④ 孫云：「焉」猶乃也。

〔一〕「作」原誤「在」，今改。

⑮ 緜眇閣本、傅山本「唯」作「惟」。「唯」、「雖」字通。

⑯ 畢云：「居運」，言居住或運徙。

⑰ 「入」本作「人」，依孫校改。　孫云：入是、去非，文正相對。

⑱ 「異」字畢本脱，舊本並有，今據補。　理智與意欲各異，經上第七十六條即「智」與「欲」對舉。

⑲ 孫云：經説上云：「二名一實，重同也。」

⑳ 孫云：「具」當爲「俱」，經説上云：「俱處於室，合同也。」

㉑ 經説上篇曰：「不連屬，不體也。」「連同」猶言體同。

㉒ 孫云：經説上云：「有以同，類同也。」

㉓ 如春秋與戰國時各有一公孫龍是。以上兩句八字，疑當在下文「同根之同」下。

㉔ 孫云：「丘」與「區」通，謂同區域而處。

㉕ 緜眇閣本「鮒」作「鰤」。　孫云：「鮒」、「附」通。史記魏世家「屈〔一〕侯鮒」，説苑臣術篇「鮒」作「附」。附，麗也。

㉖ 畢云：一本又有「同」字。　○案：四庫本又有「同」字。

㉗ 若枝葉同根，兄弟同親。

〔一〕「屈」原誤「居」，據墨子閒詁改，與史記合。

⑫⑧ 同異相待而生。

⑫⑨ 至同同所異，至異異所同。如甲乙相同，即可知甲乙相異，因甲與乙爲二，二必異也。莊子天下篇曰：「大同而與小同異，此之謂小同異。萬物畢同畢異，此之謂大同異。」

⑬⓪ 吴鈔本「然」作「是」。

⑬① 此與上文「乃是而然」，釋見小取篇。

⑬② 言辭式之轉换，今論理學謂之變位。

⑬③ 言辭式注意有强弱之不同，如小取篇「獲，人也。愛獲，愛人也」與「獲之親，人也。獲事其親，非事人也」，前辭注意人，後辭注意親，是其例也。

⑬④ 「子」爲墨家稱墨子之詞，古稱師曰「子」也。「子」字總冒以下三節。

⑬⑤ 俞云：「尊」當讀爲「剸」，説文：「剸，減也。」「剸」有減損之義，故與「益其益」對文成義。〇案：墨子道大能博，因材施教，擇務從事。深者深之，如上文言性等是。淺者淺之，如明鬼等是。可益者益之，如興天下之利是。應損者損之，如除天下之〔一〕害是。貴義篇「今若〔二〕過之心者數逆於精微，同歸之物既已知其要矣，是以不教以書也」，可爲墨子深其深、淺其淺事例之

〔一〕「下之」原誤倒，逕乙。
〔二〕「若」原誤「苦」，據貴義篇改。

一。

136 「次察」本爲「察次」，誤倒。「由」本作「山」，依曹校改。「察由」，與論語「觀其所由」之義相當。

137 「比」，校度也。「比因」與論語「視其所以」之義相當。

138 説文曰：「憂，和之行也。」廣雅曰：「憂憂，行也。」經典通以「優」爲之。「指」，指歸也。「優指」者，行爲之指歸也，與論語「察其所安」之義相當。此節言墨子觀察人之行爲。一爲行爲之方法，即所謂「由」；二爲行爲之動機，即所謂「因」；三爲行爲之結果，即所謂「優指」。自方法、動機以至於結果，三者並重。耕柱篇「葉公子高問政於仲尼曰：『善爲政者若之何？』仲尼對曰：『善爲政者，遠者近之，而舊者新之。』子墨子聞之曰：『葉公子高未得其問也，仲尼亦未得其所以對也。葉公子高豈不知善爲政者之遠者近之而舊者新之哉，問所以爲之若之何也』」，可爲墨子注重行爲方法之證。魯問篇「子墨子曰：吾願主君之合其志功而觀焉」，可爲墨子於行爲之動機與結果兩者並重之證。

139 「端」，正也。管子心術上篇「督言正名」，猶此言「察聲端名」也。莊子天道篇曰「聽而可聞者，名與聲也」。曹云：「復次」者，又其次也。察聲端名者，謂聽其言以正其名。名不正則言不順也。

140 「請」、「情」字通。左氏哀八年傳「魯有名而無情」，孟子離婁篇「故聲聞過情」，注云：「情，實也。」淮南子主術訓「天下多眩於名聲而寡察其實」，尸子分篇「正名去僞，事成若化，以實覆名，百事皆成」。「因請復」，猶言因實以覆名聲也。管子心術上篇曰「以形務名」，「名不得過實，實不得延名」，尹文子曰「名以檢形，形以定名。名以定事，事以檢名。察其所以然，則形名之與事物無所隱其理矣」，皆可與此相發明。

⑭「正」下舊有「夫辭」二字，爲下文「夫辭以故生」之錯字，今校移於彼。「欲」字本錯於上文「諸聖人所先爲人」之下，今校移於此。經上篇曰：「欲正權利，惡正權害。」

⑭「右」讀爲「有」。　秋山云：「右」，一作「石」。　孫云：「右」疑「有」之誤，有與或義同。「請」讀爲「情」，下同。

⑭此言觀察事物，不僅如上文繫於用以觀察之方法，尤繫於能觀察之本身。觀察事物，欲得其真實，須觀者本身正其欲惡。欲惡正者，常能得是非利害之情。凡於外物有所遭遇執箸而欲惡生者，則不必得是非利害之情，因心有所偏蔽也。上文所謂「權正」，禮記大學所謂「正心」，荀子解蔽篇曰「人心譬如槃水，正錯而勿動，則湛濁在下，而清明在上，則足以見鬚眉而察理矣。微風過之，湛濁動乎下，清明亂於上，則不可以得大形之正也。心亦如是矣，故導之以理，養之以清，物莫之傾，則足以定是非決嫌疑矣。小物引之，則其正外易，其心内傾，則不足以決庶理矣」，又曰「凡觀物有疑，中心不定，則外物不清，吾慮不清，則未可定然否也」，韓子解老篇曰「人無愚智，莫不有趨舍。恬淡平安，莫不知禍福之所由來。得於好惡，怵於淫物，而後變亂。所以然者，引於外物，亂於玩好也」，淮南子齊俗訓曰「凡將舉事，必先平意清神，神清意平，物乃可正。……聽失

於誹譽，目淫於采色，而欲得事正則難矣」，淮南子說山訓曰「拘囹圄者以日爲脩，當死市者以日爲短。日之脩短有度也，有所在而短，有所在而脩也，則中不平也」，義皆相類。

⑭④ 「拊」，畢本作「附」，舊本並作「拊」，今從舊本。　傅山云：「拊」與「撫」同。「⿰氵賈」字從賈從水，水，平也。稱物平施如物之貴賤之價也，不容私心輕重之。

⑭⑤ 吳鈔本「而」作「人」。「利愛」與「體愛」相反，詳經上篇「仁體愛也」注。

⑭⑥ 經說上篇曰：「慮也者，以其知有求也。」

⑭⑦ 上文「今」下有「日」字。

⑭⑧ 言仁人愛人生於心之所不能已，非有所利然後愛之也。有所利然後愛之，是謂「利愛」。利愛生於心有所求。昔有求於人則愛之，今日無求則不愛也；有利賴於獲則愛之，無利賴於臧則不愛也；如是則愛不能兼。仁人愛人，時無論今昔，人無分臧、獲，皆兼而愛之，不問其有利於己否也。

⑭⑨ 「也」讀爲「邪」。己所愛也，苟利天下則殺己以利天下，是去其所愛之身以利天下也。以上十一字，疑當在上文「是殺己以利天下」之下。

⑮⓪ 未詳。　蘇云：「墻」疑當作「臧」。

⑮① 「匹」本作「正」，依顧校改。

⑮② 「非加也」三字，本在下文「非彼其行益也」下，今校移於此。「加」猶上也，貴也。所貴乎爲天子

者，爲其身在上位，其利人可較匹夫爲厚也。今貴爲天子，其利人乃不厚於匹夫，則失其所以爲貴矣。莊子盜跖篇曰「勢爲天子，未必貴也；窮爲匹夫，未必賤也。貴賤之分，在行之美惡」，淮南子說山訓曰「惡之所在，雖高隆，世不能貴」。

153 「孰」，舊本作「熟」。畢云：言歲孰、歲凶。

154 此下本有「非加也」三字，今校移於前節。

155 上文「陳執」謂習染，此「外執」似謂環境。孫云：「執」疑「埶」之譌。○案：歲孰則養豐，歲凶則養儉，奉養雖有豐儉，其愛親之心相若也。蓋愛親根於心，養之豐儉系於外，養豐非行之益，養儉非行之損。竭其力致其愛，雖啜菽飲水，亦不失爲厚利親也。

156 「臧」，諸本作「藏」，吳鈔本、堂策檻本、四庫本作「臧」，今從之。

157 「持」，舊本作「特」。

158 藉設臧死而天下受其害，吾持養臧也，當萬倍於常人，此爲天下厚臧，非愛臧加厚也。利可視義爲厚薄，愛無厚薄也。

159 「之同」猶言是同。俞云：「長人之異短人之同」當作「長人之與短人也同」，下二句正釋長人短人所以同之故也。下文曰「指之人也與首之人也異，人之體非一貌者也，故異。將劍與挺劍異，劍以形貌命者也，其形不一，故異」，並與此文一律，可證。

160 吳鈔本「貌」作「皃」，下並同。

⑯¹ 人之長短雖異，其具人之形貌則同。吕氏春秋別類篇曰「小馬，大馬之類也」，例與此近。

⑯² 「首」，「道」之省文。號令篇「皆爲舍道内」，寶曆本「道」作「首」。周書芮良夫篇「良夫稽道」，群書治要作「稽首」，「稽首」亦即「稽道」。例與此同。「道之人」猶禮記檀弓篇、孟子告子篇「行道之人」，荀子儒效篇、性惡篇「涂之人」，意指之特定人與道途之普通人異，因其體貌不一，故異。

⑯³ 將劒與挺劒，其爲劒同，其形則異。

⑯⁴ 楊與桃雖異，其爲木則同。

⑯⁵ 以上十三字，疑當在上文「是有便謂焉也」下。如白石之命名與其量數無關，敗碎一大白石成無數小塊，各小塊仍盡是白石也。

⑯⁶ 「指」，即公孫龍子「物莫非指」之「指」。「人指」即人之屬性。言人之各種屬性，非即一人之本體也，故曰「一人指，非一人也」。然所知於一人者，亦以其各種屬性耳。舍各種屬性，將無可知之人，故曰「是一人之指，乃是一人也」。

⑯⁷ 方之一面，非方之全體也。

⑯⁸ 見方木之一面，即知其爲方木也。

⑯⁹ 「之」本作「也」，王樹枏依小取篇校改。

⑰⁰ 以上十一字，本在上文「一若今之世」下，今校移於此，小取篇文同。此節廣明同異之例。

⑰¹ 「夫辭」二字，本錯入上文「正欲惡者，人右以其請得焉」句中，今校移於此。

⑰「者也」本作「也者」，依孫、曹校乙。非攻下篇曰「子未察吾言之類，未明其故者也」，荀子子道篇曰「言以類使」。

⑰傅山本「生」作「上」。顧云：「忘」當爲「妄」。

⑰孫云：「道」與「理」同。此釋「以理長」之義，言不循道則辭不可行。

⑰緜眇閣本、傅山本「唯」作「惟」。「唯」與「雖」通。

⑰荀子正名篇曰：「辭也者，兼異實之名以論一意也。」如人窒息必死，窒息即爲死之故，是謂「辭以故生」。依生理學上可得窒息必死之理由，是謂「辭以理長」。再以人窒息必死，推知他種恃呼吸爲生之動物窒息亦必死，是謂「辭以類行」。

⑰說文曰：「淫，浸淫隨理也。」段注云：「浸淫者，以漸而入也。」釋名曰：「淫，浸也。浸淫旁入之言也。」

⑰「於」字畢本脱，舊本並有，今據補。「鼓栗」，未詳。蘇云：此下言「其類」者十有三，語意殊不可曉，疑皆有說以證明之，如韓非儲說所云者，而今已不可考矣。吴云：以下諸類，蓋皆有說，而今佚之。

⑰上文曰「諸聖人所先，爲人」，如孔聖車不停軌、墨子駕不俟旦，爲天下也。

⑱「於」畢本作「于」，舊本並作「於」，今從舊本。論衡對作篇曰「論者不追救，則迷亂不覺悟」，或即此「追迷」之義。

(181) 「相」本作「指」，依蘇、曹校改。緜眇閣本、傅山本「若」作「名」。利天下在立德、立功、立言，不在壽與不壽。苟有建樹，或壽或卒，其利天下相若也。

(182) 寶曆本無「薄」字。「二世」即上文之「衆衆世」與「寡世」。或「二」爲「三」之譌，三世指上文之「尚世」、「今世」、「後世」也。愛二世之事功或有厚薄，而愛二世之志相若也。

(183) 墨家兼愛，無一人不在所愛之中。有時終不免有所殺者，爲其有害於衆人也。小取篇曰「殺盜人，非殺人也」。

(184) 「阬」，畢本誤「院」，舊本並作「阬」，今據正。説文曰：「阬，閬也。」廣韻曰：「阬，門也。」門庭有鼠，爲害於人，殺之爲宜，或即其義。

(185) 「大仁」，「仁」字畢本誤「人」，舊本並作「仁」，今據正。小仁與大仁，自其行爲之結果言，有小大之分，自其行爲之動機言，行厚相若也。

(186) 寶曆本「申」作「由」。

(187) 興天下之利，除天下之害，爲墨家常語。

(188) 「漏雍」，吴鈔本作「厚壅」。

(189) 此亦見上文。言以其爲親也而厚之，不問其稱不稱，止問其類不類。於人類之中妄分親疏厚薄之施，協於親者或不免害於義矣。不如義可厚厚之、義可薄薄之之爲得也。

(190) 「井」，茅本、寶曆本、緜眇閣本、傅山本、繹史本作「非」。

⑲上文曰「凡學愛人」，又曰「諸聖人所先，爲人」，「愛人」、「爲人」，易辭言之，即「不爲己」。不爲己，可學而能也，非若挾泰山以越河濟之不可能也。

⑲經上篇：「仁，體愛也。」愛人者，發於同情心之所不能已，非所以要譽於鄉黨朋友也。

⑲墨家以天下無人，爲彼猶爲己立教，故愛人之親若愛其親。

⑲「一愛相若」四字本重，依孫校删。上文「愛衆衆世與愛寡世相若」義與此同，言兼愛衆人與愛一人相若，蓋一人爲人類之一體，數量雖有一衆之殊，其爲吾心愛力之所攝一也。

⑲「也」，堂策檻本、顧校李本、繹史本、四庫本作「虵」。畢云：「也」，一本作「虵」。

小取第四十五①

夫辯者②，將以明是非之分，審治亂之紀，明同異之處，察名實之理，處利害③，決嫌疑焉④。

摹略萬物之然⑤，論求羣言之比⑥。

以名舉實⑦，以辭抒意⑧，以說出故⑨。

以類取，以類予⑩。

有諸己不非諸人，無諸己不求諸人⑪。

或也者，不盡也⑫。

假者，今不然也⑬。

效者，爲之法也；所效者，所以爲之法也。故中效⑭，則是也；不中效，則非也。此效也⑮。

辟也者〔一〕⑯，舉也物而以明之也⑰。

侔也者，比辭而俱行也⑱。

援也者，曰：子然，我奚獨不可以然也⑲？

推也者，以其所不取之⑳，同於其所取者，予之也。是猶謂也者同也㉑，吾豈謂也者異也㉒。

夫物有以同而不率遂同㉓。辭之侔也㉔，有所至而正㉕。其然也，有所以然也㉖；其然也同㉗，其所以然不必同㉘。其取之也，有所以取之㉙；其取之也同，其所以取之不必同㉚。是故辟、侔、援、推之辭，行而異，轉而危㉛，遠而失，流而離本，則不可不審也，不可常用

〔一〕「也者」原誤倒作「者也」，據畢刻本乙。

也㉜。故言多方，殊類異故㉝，則不可偏觀也㉞。夫物或乃是而然，或是而不然，或不是而然㉟，或一周而一不周㊱，或一是而一㊲非也㊳，不可常用也。故言多方，殊類異故，則不可偏觀也㊴。

白馬，馬也；乘白馬，乘馬也。驪馬，馬也；乘驪馬，乘馬也。獲，人也；愛獲，愛人也。臧，人也；愛臧，愛人也㊵。此乃是而然者也㊶。

獲之親㊷，人也；獲事其親，非事人也。其弟，美人也；愛弟，非愛美人也。車，木也；乘車，非乘木也。船，木也㊸；乘船，非乘木也㊹。盜人，人也；多盜，非多人也；無盜，非無人也。奚以明之？惡多盜，非惡多人也；欲無盜，非欲無人也。世相與共是之。若若是，則雖盜人人也，愛盜非愛人也，不愛盜非不愛人也，殺盜人非殺人也㊺。無難矣㊻，此與彼同類。世有彼而不自非也，墨者有此而非之，無也故焉㊼，所謂內膠外閉與㊽？心毋空乎內㊾，膠而不解也㊿。此乃是而不然者也(51)。

且夫讀書，非書也；好讀書，好書也(52)。且鬬雞，非雞也；好鬬雞，好雞也。且入井，非入井也；止且入井，止入井也。且出門，非出門也；止且出門，止出門也(53)。若若是，且夭，非夭也；壽且夭，壽夭也(54)。執有命(55)，非命也；非執有命，非命也。無難矣，此與彼同類(56)。世有彼而不自非也，墨者有此而罪非之(57)，無也故焉(58)，所謂內膠外閉與？心毋空乎內，膠而不解也。此乃不是而然者也[59]。

　　愛人，待周愛人，而後爲愛人。不愛人，不待周不愛人，不失周愛[60]，因爲不愛人矣。乘馬，不待周乘馬；然後爲乘馬也[61]。有乘於馬，因爲乘馬矣。逮至不乘馬，待周不乘馬，而後爲不乘馬[62]。此一周而一不周者也[63]。

　　居於國，則爲居國；有一宅於國，而不爲有國。桃之實，桃也；棘之實，非棘也[64]。問人之病，問人也；惡人之病，非惡人也。人之鬼，非人也；兄之鬼，兄也。祭人之鬼[65]，非祭人也；祭兄之鬼，乃祭兄也[66]。

　　之馬之目盼[67]，則爲之馬盼[68]；之馬之目大，而不謂之馬大[69]。之牛之毛黃，則謂之牛黃。之牛之毛衆，而不謂之牛衆[70]。

　　一馬，馬也。二馬，馬也。馬四足者，一馬而四足也，非兩馬而四足也。一馬，馬也[71]。馬或白者[72]，二馬而或白也，非一馬而或白。此乃一是而一非者也[73]。

①曹云：墨子此篇，於文辭之是非同異，詳審而明辯之，乃辯經之流而名家之要指，與周易文言所謂「修辭立其誠」者，有相合無相悖也。唯是墨者貴行而不費言，此篇較之前篇，其得失之爭較小，故曰「小取」也。○案：此篇時代較大取爲晚，因「大取」而立名「小取」，二字無特殊意義

也。

②「辯」，陸本、茅本作「辨」。

③漢書谷永傳注云：「處，謂決斷也。」

④言辯之用有「明是非」等六項。韓詩外傳曰：「辯者别殊類使不相害，序異端使不相悖，輸公通意，揚其所謂，使人與知焉，不務相迷也。」史記平原君傳集解引别録鄒衍語，與韓詩外傳略同。中論覈辯篇曰「辯之爲言别也，爲其善分别事類而明處之也，非謂言辭切給而以陵蓋人也，使論者各盡得其願，而與之得解」，言辯之用意皆相近。

⑤漢書揚雄傳音義引字林曰：「摹，廣求也。」太玄法注：「摹，索取也。」廣雅釋詁曰：「略，求也。」

孫云：説文云：「摹，規也。」胡云：「摹略」有探討搜求之義。

⑥案此言辯所研討之對象。

⑦經説上篇曰：「所以謂，名也。所謂，實也。」又曰：「舉，告以文名，舉彼實也。」

⑧寶曆本「抒」作「杼」。荀子正名篇曰：「辭也者，兼異實之名以論一意也。」孫云：史記平原君傳集解引劉向别録「鄒衍曰：辯者，抒意通指，明其所謂」，漢書劉向傳「一抒愚意」，顏注云：「抒，謂引而泄之也。」

⑨經上篇曰：「説，所以明也。」又曰：「故，所得而後成也。」○案：此言辯之程序。

⑩胡云：有所選擇之謂「取」，有所是可之謂「予」。「取」即是舉例，「予」即是判斷。○案：此

言辯之兩基本原則。於箇體事物之中，擇取其相類者，舍棄其不類者，是之謂「以類取」。於相類事物之中，已知其一部分如此，因而判斷其他一部分亦如此，是之謂「以類予」。類之觀念在墨經中至爲重要，明是非、辯同異，其要不外乎明類。

⑪ 此言辯須自身無瑕可指。經下篇曰「以言爲盡誖，誖。說在其言」，即不明有諸己不非諸人之例也。此文亦見淮南子主術訓。以上爲第一節，總論辯。

⑫ 此言辯之或然法。「或」即一部分之意，故曰「不盡」。下文「夫物或乃是而然，或是而不然，或不是而然〔一〕，或一周而一不周，或一是而一非也」，諸「或」字義正如此。凡表示不盡之意，皆可用「或」，常語也。

⑬ 經下篇曰：「假必誖，說在不然。」畢云：假設是尚未行。○案：此言辯之假設法。蓋目下不然，而爲便於明是非、辯同異計，特虛擬一種假說，以資辯證。在科學中常有之，其用甚廣。即所謂科學定律，亦常因環境變遷，新事實新理想之發現，有被動搖之可能。魯問篇「子墨子曰：籍設而親在百里之外，則遇難焉，期以一日也，及之則生，不及則死」，「籍設」云云，即此所謂假也。

⑭ 畢云：「中」，去聲。

〔一〕「或不是而然」五字原引脱，據正文補。

⑮此言辯之仿效法。「效」字作動詞用，有仿效、效法之義。作名詞用，指效法所成之事物。效者爲「效」。所效爲「法」，亦謂之「故」。經上篇曰「法，所若而然也」，經下篇曰「一法者之相與也，盡類」，經上篇曰「故，所得而後成也」，即此「法」字、「故」字之義。「故」之爲是爲非，可以其中效與否驗之。中效者，效之而亦然也。如經說上篇「圜，規寫交也」，「規寫交」爲圓之法，亦即圓之故。視規寫交能否成爲圓形，即知故之是非。必待故中效，然後效法不至謬誤，此即所謂「效」也。今論理學之演繹法，與此相當。演繹法者，據一普遍原理，以判斷同類中之特殊事物亦必合於此原理，與此立一法而仿效之者盡類正同。

⑯畢云：「辟」同「譬」。說文云：「譬，諭也。」「諭」，古文「喻」字。

⑰王云：「也」與「他」同。墨子書通以「也」爲「他」。　孫云：潛夫論釋難篇云：「夫譬喻也者，生於直告之不明，故假物之然否以彰之。」　○案：此言辯之譬喻法。經說上、下兩篇常言「若」，即舉譬以明經義也。

⑱孫云：說文云：「侔，齊等也。」謂辭義齊等，比而同之。　○案：此言辯〔一〕之侔法。「侔」者以他辭比較此辭，「譬」者以他物說明此物，故二者有別。

〔一〕「辯」原誤「辭」，徑改。按：自上文「或也者云云」至下文「推也者云云」凡七條，吳氏謂「論辯之七法」（見下注㉒），此處「辭」字是排版之誤。

⑲孫云：説文云：「援，引也。」謂引彼以例此。　○案：此言辯之援例法。經下篇謂之爲「擢」，經曰：「擢慮不疑，説在有無。」説曰：「擢疑無謂也。臧也今死，而春也得之又死也，可。」此因臧得某病死，推知春得與臧病狀相同、程度相等之病又將死，即是援例。淮南子説山訓曰「見窾木浮而知爲舟，見飛蓬轉而知爲車，見鳥跡而知著書，以類取之」，此亦當屬援例。援例之用，即在由此一事物推知他一事物。上文「辟」、「侔」兩法，亦由箇體事物以明箇體事物，其區別在辟與侔僅用已知之他事物説明此事物，此事物在聽者雖爲未知，而在立辭之人則爲已知。故辟、侔兩法不能發見新知識。援例則由已知之事物推知未知之事物，能由此發見新知識。其與推不同處，僅在取例有多少而已。

⑳「之」讀如「者」。

㉑「也者」即「他者」，下同。

㉒此言辯之推法，今論理學所謂歸納法。歸納法者，擇取若干箇體事物，求得其共同之點，因之判斷其他與此同類之事物亦必有此共同之點，即所謂「以其所不取者，同於其所取者，予之也」。是「推」者以箇體事物始，以普偏原理終。此項原理在未發見其他未取事物與之殊異時，不能不承認之，故曰「是猶謂他者同也，吾豈謂他者異也」。雖與上文之「援」俱能發見新知識，惟援取例較少，偶不審慎即陷於謬誤，推則取例較多，真之可能性較大。科學之真理，常由推法來也。以上第二節，論辯之七法。

㉓「率」，皆也。「遂」，盡也。「率」、「遂」聲義俱近，古人複語耳。言物偶有相類之點，而不盡同也，故取譬不可不慎。

㉔「之侔」，陸本、茅本、寶曆本、堂策檻本、顧校李本、四庫本作「侔之」，緜眇閣本作「而仁」，繹史本作「而侔」。畢云：一本作「侔之」。

㉕言比辭俱行，其正塙有一定限度。

㉖以上八字吳鈔本無。

㉗「同」上三字諸本無，吳鈔本有，今據補。王引之校同。

㉘言援例者不可不慎。韓子說林篇曰：「田伯鼎好士而存其君，白公好士而亂荆，其好士則同，其所以爲則異。公孫友自刖而尊百里，豎刁自宫而諂桓公，其自刑則同，其所以自刑之爲則異。慧子曰：狂者東走，逐者亦東走，其東走則同，其所以東走之爲則異。」

㉙「所」字本脫，依王引之校增。

㉚呂氏春秋別類篇：「相劍者曰：『白所以爲堅也，黃所以爲牣也，黃白雜則堅且牣，良劍也。』難者曰：『白所以爲不牣也，黃所以爲不堅也，黃白雜則不堅且不牣也。又柔則錈，堅則折，劍折且錈，焉得爲利劍？』」此可爲「其取之也同，其所以取之不必同」之例。用推法者，須審慎去取之。

㉛「危」讀爲淮南子說林訓「尺寸雖齊必有詭」之「詭」，注云：「詭，不同也。」俞云：「危」讀爲「詭」，詭亦異也。

㉜「不可常用」，猶言不可濫用。

㉝大取篇曰：「夫辭以故生，以理長，以類行者也。」此「言」猶彼「辭」。「方」猶道也、理也。

㉞「不可偏觀」，謂不可觀其偏而遺其全。　孫云：「偏」與「徧」通，下同。　○案：以上第三節，論「辟」、「侔」、「援」、「推」諸法須審慎用之，否則陷於謬誤。

㉟以上五字本脱，依胡校增。下文「或一是而一」之下本衍「不是也」三字，蓋即此句之殘存錯譌者。

㊱「周」本並作「害」，王引之據下文改。

㊲此下本有「不是也」三字，依王引之校删。

㊳「非也」二字本在下文「不可偏觀也」下，依王引之校移於此。

㊴王引之云：「不可常用也」以下三句十九字，因上文而衍。　○案：以上第四節，言辭式殽雜，不可蔽於一曲，總起下文。

㊵畢云：方言云：「臧獲，奴婢賤稱也。」

㊶以上第五節，舉例以明「物或是而然」。白馬與驪馬皆馬類之一體，故乘白馬、乘驪馬皆爲乘馬。臧與獲皆人類之一體，故愛臧愛獲皆爲愛人。　胡云：謂之「是而然者」，前提與結語皆爲肯定辭也。

㊷「親」本作「視」，依王引之校改。

㊸「船」，吴鈔本、寶曆本作「舩」，下同。

㊹ 兩「乘」字諸本作「人」，堂策檻本、繹史本、四庫本並作「乘」，今從之。　畢云：當爲「乘船」。

㊺ 莊子天運篇曰「殺盜非殺人」。　孫云：荀子正名篇云：「殺盜非殺人也，此惑於用名以亂名者也。」

㊻ 「無難」下本有「盜無難」三字，依孫校删。

㊼ 「也故」本作「故也」，依王引之校乙，與下文一律。「也故」即「他故」。

㊽ 爾雅釋詁：「膠，固也。」謂内固執而外閉拒。

㊾ 「空」，虚也。

㊿ 莊子人間世篇曰：「將執而不化，外合而内不訾。」

51 「然」，諸本作「殺」，堂策檻本、顧校李本、繹史本、四庫本作「然」，今從之。　畢云：據上當爲「然」，一本作「然」。　胡云：此節須與上節參看。上節云「獲，人也。愛獲，愛人也」，今云「獲之親，人也。獲事其親，非事人也」，此兩例在形式上初無差别，然一爲「是而然」，而一爲「是而不然」者，則以立辭時注意之點不同，故辭式同而意别也。前例所注意者在於獲之爲人，後例所注意者不在獲之親之爲人，而在其爲獲之親。以獲爲人而愛之，故愛獲可謂爲愛人，言愛人類之一體也。獲之事其親，非以其爲人類之一而事之，乃以其爲其親而事之也，故不得謂爲事人也。　○案：以上第六節，舉例以明「物或是而不然」。

52 以上十三字，本作「且夫讀書非好書也」八字，今依胡校增。

㊸ 孫云：據上文，當亦有「世相與共是之」六字。

㊹ 以上十一字本作「且夭非夭也壽夭也」八字，今依上下語法校增。「壽」字如呂氏春秋求人篇「壽國有道」之「壽」，作動詞用。「壽且夭」，猶言使行將夭殤者壽。

㊺ 「執」字本脱，據下文增。

㊻ 「類」字本脱，畢、王據上文增。

㊼ 畢云：據上無「罪」字。蘇云：「罪」字衍，即「而非」兩字之訛。王引之亦校删「罪」字。

㊽ 畢本誤作「無故焉也」，舊本並作「無也故焉」，今據乙。

㊾ 「不」字本脱，依胡校增。以上第七節，舉例以明「物或不是而然」。在習慣語中間，有籠統掍殽，甚或轉相抵啎，迷亂人意，辯者不可不審也。胡云：此節先爲否定之辭，而後作肯定之結語，先非而後是，故當云「此乃不是而然者也」。今本「是」字之上脱「不」字耳。

㊿ 「失」爲「先」之形譌，非攻下篇「又况失列北橈乎哉」，今本「失」譌「先」，可互爲例。大取篇曰「諸聖人所先，爲人」，管子五輔篇曰「無用之物，守法者不先」，呂氏春秋權勳篇曰「故太上先勝」，新語懷慮篇曰「不先仁義而尚道德」，諸「先」字義與此同。或「失」爲「矢」之誤。詩江漢「矢其文德」，毛傳云：「矢，施也。」釋名曰：「矢，指也，言其有所指向迅疾也。」義皆可通。

(61) 「不」字本脱，依王校增。王引之云：「待」上當有「不」字。「不待周乘馬」，所謂「不周」也。下文「待周不乘馬」，所謂「周」也。以相反爲義。

⑥② 「爲」字本脱，依王引之校增。此下諸本重出「而後不乘馬」五字，吴鈔本不重，今從之，王校同。

⑥③ 以上第八節，舉例以明「物或一周而一不周」。墨家言愛，以人類全體爲對象，將人我、衆寡、古今等差別盡渾融於人類之中，而以愛之願力統攝之，故大取篇曰「愛衆衆世與愛寡世相若，兼愛之有相若，愛尚世與愛後世一若今之世」，經下篇曰「無窮不害兼」，又曰「不知其所處，不害愛之」。愛之之心若由人類出發，則愛衆人、愛一人、愛古人、愛今人皆可謂之「愛人」，即可謂之「周愛」。蓋志既在愛人，凡人類盡在所愛之中也。反之，若不以人類爲出發點，妄生差別之念於其間，於人類之中有所取去，有所愛憎，是即不先周愛。不先周愛者，雖愛有所施，如施於親戚、私暱等，其志僅以其爲親戚、私暱也而愛之，非其親戚、私暱，則爲愛所不及，與墨家所謂愛人大有別也，故曰「不先周愛，因爲不愛人矣」。愛人例以愛人爲周，不愛人爲不周；乘馬例以乘馬爲不周，不乘馬爲周。兩例各有一周一不周，故曰「此一周而一不周者也」。

⑥④ 孫云：棘之實，棗也，故云「非棘」。詩魏風「園有棘，其實之食」，毛傳云：「棘，棗也。」

⑥⑤ 「人」字本脱，依王引之校增。

⑥⑥ 此言習慣語之紛歧殽雜，不可以一例求也。

⑥⑦ 「眇」本作「盼」，依顧校改，下同。顧云：淮南説山訓作「眇」，此作「盼」，誤也。蘇云：「之馬」猶言是馬。

⑥⑧ 「爲」、「謂」字通。

⑲淮南子説山訓曰：「小馬大目不可謂大馬，大馬之目眇可謂之眇馬，物固有似然而似不然者。」

孫云：莊子天下篇釋文引司馬彪云「狗之目眇，謂之眇狗。狗之目大，不曰大狗。此乃一是一非」，即襲此文而易馬爲狗。

⑳此論物之屬性與名之關係。凡名一物，當舉此物關係重大與易於辨認之特點。目眇關係於馬之形能甚大，毛黃關係於牛之色相甚大，且皆易於辨認故可謂「之馬眇」，謂「之牛黃」。若夫目之大小，毛之衆寡，關係於馬牛者全輕，且皆不易辨別，故馬目大不可謂「之馬大」，牛毛衆不可謂「之牛衆」也。

㉑王引之云：此「一馬馬也」蓋衍文。　胡云：此非衍文，下當脱「二馬馬也」四字。　○案：原文可通。此以「一馬」之馬與「馬或白」之馬互舉，以見單複之捃摭。

㉒「白」，諸本作「自」，寶曆本、堂策檻本、顧校李本、繹史本、四庫本作「白」。　畢云：「白」舊作「自」，以意改。

㉓此論名物之單複。中國語言文字爲獨立語系，其語尾無變化。名詞之單複，名詞之本身不能表示之，須通觀上下文義乃能定之。如「一馬」之「馬」，「馬四足」之「馬」，與「二馬」之「馬」，「馬或白」之「馬」，其單複各殊，但在字形上豪無區别，使不合觀上下文，將不能定馬之單複，非若英法等反射語系，名詞單複可由其本身表示之也。以上第九節，舉例以明「物或一是而一非也」。

耕柱第四十六

子墨子怒耕柱子①，耕柱子曰：「我毋俞於人乎②？」子墨子曰：「我將上大行③，駕驥與羊④，我將誰敺⑤？」耕柱子曰：「將敺驥也。」子墨子曰：「何故敺驥也？」耕柱子曰：「驥足以責⑥。」子墨子曰⑦：「我亦以子爲足以責⑧。」

巫馬子謂子墨子曰⑨：「鬼神孰與聖人明智？」子墨子曰：「鬼神之明智於聖人，猶聰耳明目⑩之與聾瞽也⑪。昔者夏后開⑫使蜚廉折金於山川⑬，而陶鑄之於昆吾⑭，是使翁難卜於白若之龜⑮，曰⑯：『鼎成三足而方⑰，不炊而自烹⑱，不舉而自臧⑲，不遷而自行⑳，以祭於昆吾之虛㉑，上鄉㉒！』卜人言兆之由㉓曰：『饗矣㉔！逢逢白雲㉕，一南一北，一西一東㉖，九鼎既成，遷於三國㉗。』夏后氏失之，殷人受之。殷人失之，周人受之㉘。夏后、殷、周之相受也，數百歲矣。使聖人聚其良臣與其桀相而謀㉙，豈能智數百歲之後哉㉚？而鬼神智之。是故曰：鬼神之明智於聖人也，猶聰耳明目之與聾瞽也㉛。」

治徒娛、縣子碩問於子墨子曰㉜：「爲義孰爲大務？」子墨子曰：「譬若築墻然㉝，能築者築，能實壤者實壤，能欣者欣㉞，然後墻成也。爲義猶是也，能談辯者談辯，能說書者說書，能從事者從事，然後義事成也。」

巫馬子謂子墨子曰：「子兼愛天下，未云利也；我不愛天下，未云賊也㉟。功皆未至，子何獨自是而非我哉？」子墨子曰：「今有燎者於此㊱，一人奉水將灌之，一人摻火將益之㊲，功皆未至，子何貴於二人？」巫馬子曰：「我是彼奉水者之意㊳，而非夫摻火者之意。」子墨子曰㊴：「吾亦是吾意，而非子之意也㊵。」

子墨子游荆耕柱子於楚㊶，二三子過之，食之三升，客之不厚㊷。二三子復於子墨子曰㊸：「耕柱子處楚無益矣，二三子過之，食之三升，客之不厚。」子墨子曰：「未可智也㊹。」毋幾何，而遺十金於子墨子㊺，曰：「後生不敢死㊻，有十金於此，願夫子之用也。」子墨子曰：「果未可智也。」

巫馬子謂子墨子曰：「子之爲義也㊼，人不見而助，鬼不見而富㊽，而子爲之，有狂疾！」子墨子曰：「今使子有二臣於此㊾，其一人者見子從事，不見子則不從事。其一人者見子亦從事，不見子亦從事。子誰貴於此二人？」巫馬子曰：「我貴其見我亦從事，不見我亦從事者。」子墨子曰：「然則是子亦貴有狂疾者㊿。」

子夏之徒問於子墨子曰(51)：「君子有鬭乎？」子墨子曰：「君子無鬭。」子夏之徒曰：「狗豨猶有鬭(52)，惡有士而無鬭矣？」子墨子曰：「傷矣哉！言則稱於湯文，行則譬於狗豨，傷矣哉！」

巫馬子謂子墨子曰：「舍今之人而譽先王㊸，是譽槁骨也。譬若匠人然，智槁木也㊹，而不智生木。」子墨子曰：「天下之所以生者，以先王之道教也。今譽先王，是譽天下之所以生也。可譽而不譽，非仁也㊺。」

子墨子曰：「和氏之璧㊻，隋侯之珠㊼，三棘六異㊽，此諸侯之所謂良寶也。可以富國家，衆人民，治刑政，安社稷乎？曰：不可。所爲貴良寶者㊾，爲其可以利民也㊿，而和氏之璧，隋侯之珠，三棘六異，不可以利人，是非天下之良寶也。今用義爲政於國家，國家必富[61]，人民必衆，刑政必治，社稷必安。所爲貴良寶者，可以利民也，而義可以利人，故曰：義，天下之良寶也。」

葉公子高問政於仲尼[62]，曰：「善爲政者，若之何？」仲尼對曰：「善爲政者，遠者近之，而舊者新之[63]。」子墨子聞之，曰：「葉公子高未得其問也，仲尼亦未得其所以對也。葉公子高豈不知善爲政者之遠者近也[64]而舊者新是哉[65]？問所以爲之若之何也。不以人之所不智告人[66]，以所智告之[67]。故葉公子高未得其問也，仲尼亦未得其所以對也。」

子墨子謂魯陽文君[68]曰：「大國之攻小國，譬猶童子之爲馬也[69]。童子之爲馬，足用而勞[70]。今大國之攻小國也，攻者[71]農夫不得耕，婦人不得織，以守爲事；攻人者亦農夫不得耕，婦人不得織，以攻爲事。故大國之攻小國也，譬猶童子之爲馬也。」

子墨子曰：「言足以復行者，常之[72]；不足以舉行者，勿常[73]。不足以舉行而常之，是蕩口也[74]。」

子墨子使管黔敖[75]游高石子於衛[76]，衛君致祿甚厚，設之於卿[77]。高石子三朝必盡言，而言無行者。去而之齊[78]，見子墨子，曰：「衛君以夫子之故[79]，致祿甚厚，設我於卿。石三朝必盡言，而言無行，是以去之也。衛君無乃以石爲狂乎[80]？」子墨子曰：「去之苟道，受狂何傷？古者周公旦非關叔[81]，辭三公，東處於商蓋[82]，人皆謂之狂。後世稱其德，揚其名，至今不息。且翟聞之，爲義非避毀就譽[83]，去之苟道[84]，受狂何傷？」高石子曰：「石去之，焉敢不道也？昔者夫子有言曰：『天下無道，仁士不處厚焉。』今衛君無道，而貪其祿爵，則是我爲苟陷人長也[85]。」子墨子說，而召子禽子，曰[86]：「姑聽此乎[87]！夫倍義而鄉祿者[88]，我常聞之矣，倍祿而鄉義者，於高石子焉見之也[89]。」

子墨子曰：「世俗之君子，貧而謂之富則怒，無義而謂之有義則喜，豈不悖哉！」

公孟子曰：「先人有則，三而已矣[90]。」子墨子曰：「孰先人而曰有則三而已矣？子未智人之先有後生[91]。」

有反子墨子而反者[92]，「我豈有罪哉？吾反後[93]。」子墨子曰：「是猶三軍北[94]，失後之人求賞也[95]。」

公孟子曰：「君子不作，術而已[96]。」子墨子曰：「不然，人之其不君子者[97]，古之善者不誅[98]，今也善者不作[99]。其次不君子者，古之善者不遂[100]，己有善則作之[101]，欲善之自己出也。今誅而不作，是無所異於不好遂而作者矣。吾以爲古之善者則誅之，今之善者則作之，欲善之益多也[102]。」

巫馬子謂子墨子曰[103]：「我與子異[104]，我不能兼愛。我愛鄒人於越人，愛魯人於鄒人，愛我鄉人於魯人，愛我家人於鄉人，愛我親於我家人，愛我身於吾親，以爲近我也。擊我則疾，擊彼則不疾於我[105]，我何故疾者之不拂，而不疾者之拂[106]？故有我[107]，有殺彼以利我[108]，無殺我以利彼[109]。」子墨子曰：「子之義將匿邪？意將以告人乎？」巫馬子曰：「我何故匿我義[110]？吾將以告人。」子墨子曰：「然則一人說子[111]，一人欲殺子以利己；十人說子，十人欲殺子以利己；天下說子，天下欲殺子以利己。一人不說子，一人欲殺子，以子爲施不祥言者也；十人不說子，十人欲殺子，以子爲施不祥言者也；天下不說子，天下欲殺子，以子爲施不祥言者也。說子亦欲殺子，不說子亦欲殺子，是所謂經者口也，殺常之身者也[112]。」

子墨子[113]曰：「子之言惡利也[114]？若無所利而不言，是蕩口也[115]。」

子墨子謂魯陽文君曰：「今有一人於此[116]，羊牛犓豢[117]，雍人但割而和之[118]，食之不可勝食也[119]。見人之生餅[120]，則還然竊之[121]，曰：『舍余食[122]。』不知日月安不足乎[123]，其有竊疾乎？」魯陽文君曰：「有竊疾也。」子墨子曰：「楚四竟之田[124]，曠蕪而不可勝辟[125]，評虛數千[126]，不可勝入[127]。見宋鄭之閒邑[128]，則還然竊之，此與彼異乎？」魯陽文君曰：「是猶彼也，實有竊疾也。」

子墨子曰：「季孫紹與孟伯常治魯國之政[129]，不能相信，而祝於䕺社[130]，曰：『苟使我和[131]。』是猶弇其目[132]，而祝於䕺社也[133]，曰：『苟使我皆視[134]。』豈不繆哉！」

子墨子謂駱滑氂曰[135]：「我聞子好勇[136]。」駱滑氂曰：「然[137]，我聞其鄉有勇士焉，吾必從而殺之。」子墨子曰：「天下莫不欲與其所好，度其所惡[138]，今子聞其鄉有勇士焉，必從而殺之，是非好勇也，是惡勇也。」

①「柱」，藝文類聚、白帖、宋本蜀本御覽引並作「桂」。　孫云：「耕柱子」，墨子弟子。

② 畢云：古「愈」字只作「俞」，太平御覽引作「愈」。　○案：論語公冶長篇「女與回也孰愈」，皇疏云：「愈，勝也。」

③ 吳鈔本「大」作「太」。　畢云：高誘注呂氏春秋云：「大行在河內野王縣北。」山在今河南懷慶府城北，亦名羊腸坂。　蘇云：「大」讀如「太」。

④王云：羊不可與馬並駕，「羊」當爲「牛」。太平御覽地部五引此已誤作「羊」。藝文類聚地部及白帖五並引作「牛」。蘇云：「行」、「羊」爲韻。○案：「羊」字不必改。此假設之辭，若必徵實，則驥與牛亦不宜並駕，不獨羊與馬爲然也。戰國策魏策曰「王獨不見夫服牛驂驥乎？不可以行百步」，可爲牛、驥不宜並駕之證。

⑤「我」，畢本改「子」。畢云：「子」舊作「我」，據藝文類聚、太平御覽改。説文云：「毆，古文驅，从攴。」藝文類聚引作「驅」。○案：白帖、宋本蜀本御覽引亦作「驅」。「我」字似不必改，此假設己事發問也。兼愛下篇曰「吾惡先從事即得此」，亦假己發問之例。「我將誰毆」，與上文「我將上大行」之「我」字相應。類書改此「我」字作「子」，又將上文「我」字删去，則竟似耕柱子將上大行矣。

⑥蘇云：言任毆策也。畢云：藝文類聚引作「以驥足責」。王云：「驥足以責」本作「以驥足責」。言所以毆驥者，以驥之足責故也。類聚、白帖、御覽並作「以驥足責」。○案：白帖作「以貴驥」，王引偶誤。

⑦畢云：「子墨」二字舊脱，據太平御覽增。

⑧蘇云：亦責備賢者之義。王云：本作「我亦以子爲足責」，今本「足責」作「足以責」，亦誤。類聚、御覽無「以」字。○案：類聚無此句，王引偶誤。

⑨畢云：藝文類聚引「謂」作「問」。蘇云：「巫馬子」爲儒者也。疑即孔子弟子巫馬期，否則其

後。　○案：據史記仲尼弟子傳，巫馬施少孔子三十歲，其年長於墨子，當在四十歲上下，蘇兩説皆可通。

⑩畢云：藝文類聚引作「聰明耳目」。

⑪「聾瞽」，吴鈔本作「龍鼓」。　畢云：藝文類聚引「瞽」作「盲」。

⑫畢云：後漢書注引云「開冶」。　孫云：「冶」字不當有，崔駰傳注蓋誤衍。　蘇云：「開」即啓也，漢人避諱改之。　○案：初學記三十引作「夏后氏」。

⑬畢本「折」改「採」。　畢云：藝文類聚、後漢書注、太平御覽、玉海俱引「蜚」作「飛」。「採」，舊作「折」，據文選注改。山海經云「其中多金，或在山，或在水」，諸書引多無「川」字，非。　王云：畢改非也。「折金」者，擿金也。漢書趙廣漢傳「其發姦擿伏如神」，師古曰：「擿，謂動發之也。」管子地數篇曰：「上有丹沙者下有黄金，上有慈石者下有銅金，上有陵石者下有鉛錫赤銅，上有赭者下有鐵，君謹封而祭之，然則與折取之遠矣。」彼言「折取之」，此言「折金」，其義一也。説文曰：「硩，上擿山巖空青珊瑚墮之。从石，折聲。」「硩」與「折」亦聲近而義同。後漢書崔駰傳注、藝文類聚雜器物部、初學記鱗〔一〕介部、太平御覽珍寶部九、路史疏仡紀、廣川書跋、玉海器用部引此並作「折金」。文選注作「採金」者，後人不曉「折」字之義而妄改之，非李善原文也。

〔一〕「鱗」原誤「麟」，據王念孫讀書雜志改，與初學記合。

又云：山水中雖皆有金，然此自言使蜚廉折金於山，不兼川言之。後漢書注〔一〕、文選注、藝文類聚、初學記、太平御覽引此皆無「川」字，則「川」字乃後人以意加之也。　蘇云：此爲夏之蜚廉。　孫云：初學記、文選注引「蜚」並作「飛」。　○案：潛本「川」字闕文，蓋刊版後削除者。路史引有「川」字。

⑭吴鈔本無「之」字。　畢云：藝文類聚、後漢書注、文選注俱引作「以鑄鼎於昆吾」，文選注「吾」作「吴」。　王云：「陶鑄之於昆吾」本作「鑄鼎於昆吾」，此淺人不曉文義而改之也。金可言鑄，不可言陶。上言「折金」，故此言「鑄鼎」；此言「鑄鼎」，故下言「鼎成」。若以「陶鑄」並言，則與上下文皆不合矣。後漢書注、文選注、藝文類聚、初學記並作「鑄鼎」。太平御覽作「鑄之」，路史作「鑄陶」，玉海作「陶鑄之」，則羅長源所見本已有「陶」字，蓋唐宋閒人改之也。　孫云：吕氏春秋君守篇云「昆吾作陶」，高注云：「昆吾，顓頊之後，吴回之孫，陸終之子，己姓也。爲夏伯制作陶冶。」通典州郡篇云：「濮州濮陽縣即昆吾之墟，亦名帝丘。」案濮陽故城在今直隸大名府開州西南，即古昆吾國也。夏啓使蜚廉就其地而鑄鼎，故文選張協七命云「銘德於昆吴之鼎」。吾、吴字通。濮陽古亦名帝丘。吕氏春秋應言篇云「市丘之鼎」，宋本蔡邕集薦邊文禮書作「帝丘之鼎」，亦即指夏鼎言之。　○案：宋本、蜀本御覽八百一十引作「鑄昆吾」。路史引夏后開鑄

〔一〕「注」字原脱，據讀書雜志補。

鼎事曰「一云禹也。歸藏云『啓筮徙九鼎』，啓果徙之，是則徙也」，廣川書跋曰「昔禹使飛廉折金於山，以鑄鼎昆吾」，左宣三年傳「昔夏之方有德也，遠方圖物，貢金九牧，鑄鼎象物」，杜注云「禹之世」，漢書郊祀志曰「禹收九牧之金，鑄九鼎，象九州」，説文曰「昔禹收九牧之金，鑄鼎荆山之下」，疑爲一事，傳聞有禹、啓之異。

⑮ 諸本作「是使翁難卜於白苦之兔」，寶曆本「苦」作「若」。潛本、緜眇閣本、陳本作「是使翁難雉乙卜於白若之龜」，較〔二〕古本多「雉乙」二字。畢本作「是使翁難乙卜於目若之龜」。畢云：「舊脱「乙」字，又作「白苦之兔」，誤。藝文類聚引作「使翁難乙灼目若之龜」，玉海引作「使翁難雉乙卜於白若之龜」。當从「目若」者，周禮云「北龜曰若」，爾雅釋魚云「龜左睨不類，右睨不若」，賈公彦疏禮以爲「睥睨」，是「目若」之説也。「若」，順也。」王云：「畢引爾雅以爲「目若」之證，殊屬附會。今考初學記、路史、廣川書跋、玉海，並引作「白若之龜」，「白」字正與今本同，未敢輒改。」孫云：「白若」，道藏本作「目苦」。初學記引亦作「翁難乙灼白若之龜」。江淹集銅劒讚敘云「昔夏后氏使九牧貢金，鑄九鼎於荆山之下，於昆吾氏之墟，白若甘攙之地」，虞荔鼎録文略同。似皆本此書，亦作「白若」，而以爲地名，疑誤。但此書舊本譌脱難通，審校文義，當以玉海所引較長。「翁」當作「𦤎」，説文口部：「嗌，籀文作𦤎。」經典或假爲「益」字，漢書百官公卿表「𦤎作朕

〔二〕「較」，原作「校」，徑改。

虞」是也。「莽」與「翁」形近。「難」當爲「蘄」，蘄雉猶言斳雉，即謂殺雉也。「乙」當作「已」，已與以同。言啓使伯益殺雉以釁龜而卜也。○案：古本無脱文，僅「若」、「龜」字形譌爲「苦」與「龜」耳。若從寶曆本，則僅譌一「龜」字。畢校增「乙」字，孫更增「雉」字，並非是。「雉」字、「乙」字即「難」字、「卜」字之誤而衍者。「雉」字藝文類聚、初學記、路史、廣川書跋並無，可見唐宋時傳本固無「雉」字也。藝文類聚、初學記、路史、廣川書跋有「乙」字無「卜」字，諸古本墨子有「卜」字無「乙」字，不似玉海之「乙」、「卜」兼有也。類書不可盡據，夫人知之。援據玉海校改本書，尤當十分審慎，蓋其可恃程度尚在四大類書之下。王厚孫校勘玉海固明言「遺誤具在，觀者審焉」矣。又據困學紀聞卷二原注，王氏所見之墨子僅爲三卷十三篇本，其引此節雖不知其所出，要非直接據墨子本書，則可斷言。此文諸古本墨子皆無「雉乙」二字，至潛本始有之，蓋即據玉海校增，非底本如是也。其證如下：潛本刊刻頗佳，每行二十一字，獨於此行爲二十三字，且以八字之距離密刊「難雉乙卜於白若之龜曰」十字，可爲其底本原無「雉乙」二字之塙證。又潛本此葉所記字數爲四百一十五字，今削除「山川」之「川」字，空格仍在，尚有四百一十六字，其爲版刊後增加二字、削除一字，至爲顯然。此外「臧」上加「廾」，去「鄉」補「乙」，皆可爲版刊後牽就修改之證。至於緜眇閣本、陳本之有「雉乙」二字，則由轉據潛本而然。今仍遵古本作「是使翁難卜於白若之龜」。「翁難」爲命龜人名，或如孫説「翁」爲「益」之誤字，義均可通。惟益爲啓臣與否，在古史中尚是疑案耳。若「翁」爲「益」之誤，則「難」爲「𤏲」或「𤑂」之省文。𤑂、𤏲皆古文然字。𤏲，燒也，灼也。

藝文類聚引有「灼」字，疑即「難」字之旁注誤入正文者。古者卜必灼龜，難卜猶言灼卜。國語吳語「請貞於陽卜」，韋注云：「龜曰卜，以火發兆，故曰陽。」難卜與陽卜義亦相類。又藝文類聚引作「自若」，畢據後印剥蝕之本，謂類聚作「目若」者，誤也。道藏本墨子作「白苦」，孫謂道藏本作「目苦」者，誤也。

⑯ 畢本「曰」上有「龜」字。畢云：舊脱「龜」字，據玉海增。王云：「曰」者，翁難乙既卜而言其占也。畢依玉海於「曰」上加「龜」字，非也。「龜曰」二字義不可通。藝文類聚作「使翁難乙灼目若之龜成曰」，則「曰」上本無「龜」字明矣。○案：王謂玉海「曰」上「龜」字不當有，是也。類聚「龜」下「成」字亦非墨子原文。「曰」者，將卜命龜之詞，不得遽曰成也。王謂既卜而言其占，似爲此「成」字所誤。下文六句非占辭，乃命龜之辭，孫氏已訂正之矣。

⑰ 王云：「三足」本作「四足」，此後人習聞鼎三足之説，而不知鼎有四足者，遂以意改之也。藝文類聚、廣川書跋、玉海引此皆作「四足」。博古圖所載商周鼎四足者甚多，未必皆屬無稽。廣川書跋曰「祕閣二方鼎，四足承其下，形方如矩。漢人謂鼎三足以象三德，又謂禹之鼎三足，以有承也。韋昭以左氏説莒之二方鼎，乃謂其上則方，其下則圓。方其時古鼎存者盡廢，其在山澤邱隴者未出，故不得其形制」，引墨子「鼎成四足而方」，以爲古鼎四足之證。王引之云：左傳「莒之二方鼎」，服虔曰：「鼎三足者圓，四足者方。」則漢人説方鼎固有知其形制者。孫云：此書多古字，舊本蓋作「三足」，故譌爲「三」。銅劍讚亦譌作「三足」。

⑱ 畢云：此「亯」字俗寫，玉海引作「亨」。藝文類聚引作「不灼自成」。孫云：說文火部云：「炊，爨也。」銅劍讚及鼎録並云「不炊而自沸」。論衡儒增篇云「世俗傳言〔一〕，周鼎不爨自沸，不投物，物自出」，漢時俗語蓋出於此。○案：宋本御覽引與此同，蜀本御覽「而」字闕文。廣川書跋作「不灼自成」。

⑲ 畢云：玉海引作「藏」。孫云：稽瑞引墨子曰「神鼎不灼自熟，不爨自沸，不汲自滿，五味生焉」，疑即此異文。「炊」「灼」、「熟」「烹」、「舉」「爨」字形並相近。○案：「臧」，潛本、緜眇閣本、陳本作「藏」，類聚、路史、宋本蜀本御覽、廣川書跋引亦作「藏」。

⑳ 畢云：太平御覽引作「𢶒」。說文云：「拪，古文遷，从手、卥。」則「𢶒」實古「拪」字，後加爲「𢶒」耳。今書又作「遷」，皆傳寫者以少見改之。又藝文類聚引俱無「而」字。○案：宋本、蜀本御覽引仍作「遷」，與畢引御覽異。路史引作「不動自饗，不遷自行」，較本書多一句。

㉑ 「虛」，諸本作「墟」，吴鈔本作「虛」，路史引亦作「虛」，今從之。畢云：墟，「虛」字俗寫。孫云：此即漢書郊祀志說九鼎「嘗鬺亨上帝鬼神」也。

㉒ 畢云：疑同「尚饗」。○案：「鄉」字潛本、緜眇閣本、陳本無。潛本蓋不解「上鄉」之義，故於版刊後校補「乙」字時竟將「鄉」字削除，而以「上」字上屬爲句。緜眇閣本、陳本則又承潛本而脫

〔一〕「言」字，墨子閒詁原引脫，本書沿誤，據論衡儒增補。

者也。「上鄉」即「尚饗」，畢說是也。古人命龜蓍之辭，多以之結尾。儀禮少牢饋食禮曰「筮於廟門之外，主人朝服，史朝服，左執筮，東面受命於主人，主人曰：孝孫某，用薦歲事于皇祖伯某，尚饗」，鄭注云：「尚，庶幾。饗，歆也。」

㉓「卜人」，畢本作「乙又」，潛本、緜眇閣本、陳本亦作「乙又」，蓋即據類書校改者。畢云：舊脫「乙」字，「又」字作「人」，據藝文類聚、玉海改。藝文類聚「由」作「繇」，無「兆之」二字。玉海亦作「繇」。　孫云：「由」、「繇」通。左傳閔二年杜注云：「繇，卦兆之占辭。」　○案：「乙又」即「卜人」之形譌。乾道本韓子外儲說左篇「鄭縣人乙子」，一本作「卜子」，宋本御覽引亦作「卜子」，可爲「乙」、「卜」互誤之例。古本雖脫「卜」字，而「人」字實不誤，今訂作「卜人」。凡卜，命龜之人與書卦釋繇辭之人常不同也。後人不明古代卜筮之制，故於此文多不得其解。

㉔孫云：上文命龜云「上饗」，此兆從之，故云「饗矣」。

㉕「逢逢」，寶曆本、李本作「逢是」，秋山云：「逢是，一作『逢逢』。」宋本御覽作一「蓬」字，蜀本御覽、路史並作「蓬蓬」。　孫云：「逢」、「蓬」通。詩小雅采菽傳云：「蓬蓬，盛貌。」

㉖王云：藝文類聚同。太平御覽、路史、玉海並作「一東一西」。　王引之云：作〔二〕「一東一西」者是，「一東一西」當在「一南一北」之上。「雲」與「西」爲韻，「北」與國爲「韻」。　○案：王引

〔二〕「作」字原脫，據讀書雜志補。

之說移易太多，難從。此文「東」字當與下文「國」字爲韻。「國」本作「邦」，漢人避諱改之。管子牧民篇「毋曰不同國，遠者不從」，老子「修之於國，其德乃豐」，「國」字當與「從」、「豐」叶韻，例與此同。

㉗ 畢云：藝文類聚引作「而遷三國」。

㉘ 左宣三年傳曰：「桀有昏德，鼎遷于商，載祀六百。商紂暴虐，鼎遷于周。」

㉙ 「謀」，各本作「諫」，今依王校改。王引之云：「諫」字與上下文義不合，「諫」當爲「謀」，字之誤也。管子立政九敗解「諫臣死而諂臣尊」，今本「諫」作「謀」，與此文互誤。淮南主術篇：「耳能聽而執正進諫」，高注：「諫，或爲謀。」言雖聖人與良臣桀相共謀，必不能知數百歲之後也。蘇說同。

㉚ 畢云：「智」，一本作「知」，下同。藝文類聚引云「此知必千年，無聖之智豈能知哉」。○案：「智」，潛本、緜眇閣本、陳本作「知」，下同。

㉛ 吳鈔本「與聾瞽」作「於龍鼓」。緜眇閣本、陳本「與」作「於」。

㉜ 蘇云：檀弓有「縣子瑣」，疑即其人。孫云：二人蓋並墨子弟子。呂氏春秋尊師篇云「高何、縣子石，齊國之暴者也，指於鄉曲，學於子墨子」，即此「縣子碩」也。聞一多云：「治」、「司」通。「治徒」即「司徒」，複姓。

㉝ 吳鈔本「譬」作「辟」。

㉞畢云：說文云：「掀，舉出也。」與「欣」同。　王引之云：舉出之事與築墻無涉。「欣」當讀爲「睎」，說文曰：「睎，望也。」呂氏春秋不屈篇曰：「今之城者，或操大築乎城上，或負畚而赴乎城下，或操表掇以善睎望。」此云「能築者築」，即彼所云「操大築乎城上」也；「能實壤者實壤」，即彼所云「負畚而赴城下」也；「能欣者欣」，「欣」與「睎」同，即彼所云「操表掇以善睎望」也。「睎」字從希得聲，古音在脂部。「欣」字從斤得聲，古音在諄部。諄部之音多與脂部相通，故從斤之字亦與從希之字相通。說文曰：「昕，從日，斤聲，讀若希。」左傳曹公子欣時，漢書古今人表作「郗時」，是其證也。　○案：王說是。淮南子齊俗訓：「伊尹之興土功也，脩脛者使之跖钁，强脊者使之負土，眇者使之準。」「欣」與「準」古音同部，「欣」讀爲「準」，睎望之義。

㉟俞云：廣雅釋詁：「云，有也。」此兩「云」字均當訓有。

㊱畢云：說文云：「燎，放火也。」舊「於此」二字倒，一本如此。　○案：潛本、寶曆本、李本、緜眇閣本、堂策檻本、顧校李本、陳本、四庫本並作「於此」。

㊲畢云：「摻」即「操」字異文，唐人別有音，非也。

㊳「意」，畢本作「義」，舊本並作「意」，今據正。

㊴畢云：舊脱「墨子」二字，以意增。

㊵淮南子說山訓曰「今人放燒，或操火往益之，或接水往救之，兩者皆未有功，而怨德相去亦遠矣」，蓋本此書。

㊶畢云：「游」，謂游揚其名而使之仕。　王云：「耕柱子」上不當有「荆」字。「耕」、「荆」聲相近，則「荆」蓋「耕」字之誤而衍者。魯問篇曰「子墨子游公尚過於越」。　蘇云：篇首但言「耕柱子」，此多一「荆」字，疑衍文。　曹箋删「荆」字。

㊷孫云：「三升」蓋謂每食之數。襍守篇云「參食食參升小半，日再食」，説苑尊賢篇「田需謂宗衛曰：三升之稷不足於士」，閻若璩謂古量五當今一，則止今之大半升耳。莊子天下篇説宋銒、尹文曰「請欲固置五升之飯足矣，先生恐不得飽，弟子雖飢，不忘天下」，此復少於彼，明其更不飽矣。　○案：孫引説苑事，亦見韓詩外傳卷七，「田需」作「陳饒」，「宗衛」作「宋燕」。

㊸「三」字道藏本剥缺首畫，唐本作「二」，誤。

㊹畢云：「智」，一本作「知」，下同。　○案：「智」，潛本、緜眇閣本、陳本作「知」，下同。

㊺吴鈔本無「於」字。　畢云：「十金」當爲「千金」之誤。　俞云：戰國策齊策「乃使操十金」，注：「二十兩爲一金。」然則十金爲二百兩矣。墨氏崇儉，其徒以十金餽遺，不爲不豐。畢率意增益，厚誣古人，殊爲無謂。　○案：俞説是。公輸篇亦有墨子請獻十金之文。

㊻畢云：稱「不敢死」者，猶書疏稱死罪，常文。　孫云：「後生」即弟子之稱。　○案：「死」疑「私」之聲誤，本字當作「厶」。「不敢私」，猶言不敢據爲私有也。墨家以有財相分立教，故耕柱子之言如此，而墨子亦受之不辭也。不然，以辭五百里封邑之墨子，豈貪人餽遺者哉。

㊼王云：舊本脱「曰子」二字，今以意補。

㊽「助」，諸本作「耶」，茅本、李本作「耴」，寶曆本作「助」，今從之。孫、曹校同。四庫本作「貴」，「貴」字與「耶」形聲俱遠，蓋誤解「富」字，故意改「耶」作「貴」以耦之，而不知其非也。國語周語曰「皇天弗福，庶民弗助」，文意、字例與此正同。　王引之云：「富」讀爲「福」。「富」、「福」古字通。「而」，汝也。

㊾畢云：謂家臣。

㊿「者」，道藏本、吴鈔本、唐本、潛本、緜眇閣本、陳本、畢本作「也」，陸本、茅本、寶曆本、李本、堂策檻本、四庫本作「者」，今從作「者」。

51 孫云：史記孟子荀卿列傳索隱引别録云：「墨子書有「文子」。文子，子夏之弟子，問於墨子如此，則墨子者，在七十子後也。」案今本無「文子」，或在佚篇中。

52「豨」，舊本作「狶」，或字，下同。　孫云：説文豖部云：「豨，豕走豨豨也。」古有封豨、脩蛇之害。方言云：「豬，南楚謂之豨。」

53 畢云：「先」舊作「大」，一本如此，下同。　○案：「先王」，諸本作「大王」，潛本、緜眇閣本、陳本作「先王」，下並同。「大王」義亦可通。兼愛下篇曰「此自先聖大王者親行之」，非命下篇曰「考先聖大王之事」，禮記哀公問篇「大王之道也」，又孔子閒居篇「大王之德也」，義並與此「大王」同。

54「智」，潛本、緜眇閣本、陳本作「知」，下同。　畢云：「智」同「知」。

55 畢云：舊脱「非」字，一本有。　○案：潛本、緜眇閣本、陳本有「非」字。

㊱玉璞爲楚人和氏所獻，故名曰和氏之璧，事見韓非子和氏篇、新序雜事五及淮南子覽冥訓高注。

㊲畢云：文選注引「隋」作「隨」。　孫云：淮南子覽冥訓高注云：「隋侯，漢東之國，姬姓諸侯也。隋侯見大蛇傷斷，以藥傅之。後蛇於江中銜大珠以報之，因曰隋侯之珠。」○案：畢據文選李斯上秦始皇書校也。又海賦注引作「隋」。初學記二十七兩引及宋本、蜀本御覽八百零三引並作「夜光之珠」。

㊳宋翔鳳云：「棘」同「翮」，「異」同「翼」，亦謂九鼎也。爾雅釋器「附耳外謂之釴」，「翼」、「釴」字通。釋器又云「款足者謂之鬲」，即翮也。漢書郊祀志「鑄九鼎，其空足曰鬲，以象三德」，蘇林曰：「足中空不實者，名曰鬲也。」　孫云：史記楚世家云「居三代之傳器，吞三翮六翼，以高世主」，索隱云：「翮，亦作融。三翮六翼，亦謂九鼎。空足曰翮。六翼即〔一〕六耳，翼近耳旁。」

㊴「爲」，諸本並同，堂策檻本、四庫本、畢本作「謂」。

㊵「民」字各本脱，下文曰「所爲貴良寶者可以利民也」，今據補「民」字。或據下文「不可以利人」句補「人」字，亦可。

㊶以上四字各本脱，今據上文「富國家」文例校補。

㊷孫云：論語述而集解引孔安國云：「葉公名諸梁，楚大夫，食采於葉，僭稱公。」左定五年傳「葉公

〔一〕「即」字原脱，據墨子閒詁原引補，與索隱合。

諸梁」，杜注云：「司馬沈尹戌之子，葉公子高也。」莊子人閒世釋文云：「字子高。」

(63) 畢云：論語作「近者説，遠者來」。　孫云：韓非子難三篇亦云：「葉公子高問政於仲尼，仲尼曰：『政在悦近而來遠。』子貢問曰：『何也？』仲尼曰：『葉都大而國小，民有背心，故曰政在悦近而來遠。』」　〇案：宋本、蜀本御覽六百二十四引「新」作「親」，是也。作「新」者，借字。國語周語曰「禮新親舊」，「親舊」即此所謂「舊者親之」也。

(64) 畢云：「也」當爲「之」。

(65) 「新」讀爲「親」，説見上。潛本、緜眇閣本、陳本「是哉」並作「哉是」，疑以意乙。　畢云：一本無「是」字。　蘇云：「是」當作「之」。

(66) 畢云：「智」，一本作「知」。　〇案：「智」，潛本、緜眇閣本　陳本作「知」，下同。

(67) 畢云：舊「以所」二字倒，一本如此。　〇案：潛本、緜眇閣本、陳本作「以所」。

(68) 畢云：文選注云「賈逵國語注曰：魯陽文子，楚平王之孫、司馬子期之子魯陽公」，即此人。其地在魯山之陽。地理志云「南陽魯陽有魯山」，師古曰：「即淮南所云魯陽公，與韓戰日反三舍者也。」　蘇云：「魯陽文君」即「魯陽文子」也。　國語楚語曰「惠王以梁與魯陽文子，文子辭，與之魯陽」，是文子當楚惠王時，與墨子時世相值。　孫云：楚語韋注説與賈同。「文君」即左哀十九年傳之「公孫寬」，又十六年傳云「使寬爲司馬」。　淮南子覽冥訓高注云：「魯陽，楚之縣公，楚平王之孫，司馬子期之子，國語所稱魯陽文子也。」

⑲ 「也」字畢本無，舊本並有，今據補。　畢云：一本有「也」字。文選注云：「幽求子曰：年五歲間有鳩車之樂，七歲有竹馬之歡。」

⑳ 畢云：言自勞其足，謂竹馬也。○案：抱朴子應嘲篇曰「孺子之竹馬，不免於脚剥。」

㉑ 「攻者」，寶曆本作「守者」。

㉒ 「常」讀爲「尚」。李本無「之」字。

㉓ 畢云：舊脱「不」字，一本有。○案：潛本、寶曆本、李本、緜眇閣本、陳本並有「不」字。

㉔ 孫云：貴義篇亦有此章，而文小異。「蕩口」此篇亦兩見，蓋謂不可行而空言，是徒敝其口也。經說上〔二〕篇云「霄盡，蕩也」，即消磨敝盡之義。

㉕ 畢云：疑「敖」字。蘇云：「潡」與「游」字形相近，當誤衍。孫云：畢說是也。說文水部有「潡」字，从水，敖聲。此借爲敖。檀弓有齊人黔敖，此墨子弟子與彼名同。

㉖ 孫云：魯問篇有高孫子，吕氏春秋尊師篇有墨子弟子高何，未知即「高石子」否。

㉗ 畢云：舊作「鄉」，一本如此，下同。孫云：荀子臣道篇楊注云：「設，謂置於列位。」○案：寶曆本、李本、堂策檻本、四庫本作「卿」，下同。茅本此作「鄉」，下文作「卿」。

㉘ 秋山云：「而」，一作「之」。

〔二〕「經說上」，墨子閒詁原誤爲「經下」，本書沿誤，徑改。按：引文見經說上第八十七條。

⑲「衛」字畢本無，舊本並有，今據補。

⑳ 吳鈔本「無」作「毋」。

㉑ 畢云：「關」即「管」字假音，一本改作「管」，非是。左僖三十二年傳云「掌其北門之管」，即「關」也。○案：「關」，潛本、緜眇閣本、陳本作「管」。

㉒ 畢云：「商蓋」即商奄。尚書金縢云「周公居東二年」。江聲云：「商蓋」者，商奄也。韓非子說林「周公旦已勝殷，將攻商蓋」。王云：「商蓋」當爲「商奄」。「蓋」字古與「盇」通，盇、奄草書相似，故「奄」譌作「盇」，又譌作「蓋」。韓子說林篇「周公旦已勝殷，將攻商奄」，今本「奄」作「蓋」，誤與此同。昭二十七年左傳「吳公子掩餘」，史記吳世家、刺客傳並作「蓋餘」，亦其類也。孫云：王說是也。左昭九年傳云「蒲姑、商奄，吾東土也」，孔疏引服虔云：「商奄，魯也。」又定四年傳云「因商奄之民，命以伯禽，而封於少皞之虛」。說文邑部「奄」作「𨛫」，云：「周公所誅𨛫國，在魯。」商奄即奄，單言之曰奄，絫言之則曰商奄。此謂周公居東，蓋東征滅奄，即居其地，亦即魯也。○案：畢、江說是也。「蓋」、「奄」一聲之轉。說文曰：「⿸疒盇，跛病也。从疒，盇聲，讀若脅，又讀若掩。」史記大宛傳「奄蔡」，正義云：「奄蔡即闔蘇也。」漢書陳湯傳「又遺使責闔蘇」，師古曰：「胡廣云：『奄蔡一名闔蘇。』然則闔蘇即奄蔡也。」後漢書東夷傳「掩淲水」，即蓋斯水。皆其證也。

㉓ 畢云：舊二字倒，一本如此。○案：潛本、緜眇閣本、堂策檻本、顧校李本、陳本、四庫本並

作「爲義非避毀就譽，去之苟道」。

84 畢云：舊二字倒，一本如此。

85 「陷人長」，濳本、緜眇閣本、陳本作「處人厚」。　畢云：「陷」，一本作「處」。　孫云：「苟陷人長」疑當作「苟啗人食」。「啗」、「陷」聲同。「食」、「長」形近，故譌。說文口部云：「啗，食也。」曹校「陷」作「啗」，「長」作「粻」。○案：「陷」字孫、曹說是也。「長」爲「粻」之省文。禮記雜記注云：「粻，米糧也。」

86 孫云：即禽滑釐，見公輸篇。

87 「此」，茅本、寶曆本、李本作「子」。

88 蘇云：「倍」、「背」同。「鄉」、「向」同。　孫云：說文人部云：「倍，反也。」

89 「焉」，乃也。

90 「三」讀爲「參」。參，稽也。或「三」爲「生」之壞字，文義尤順。

91 「智」，濳本、緜眇閣本、陳本作「知」，字通。公羊莊三十二年傳「一生一及」，何注云：「父死子繼曰生。」是生有繼述之義。非儒下篇「夫爲弟子，後生其師」，「生」字義與此同。公孟子曰：「先人已有法則，今人參稽而已矣，不必自我作則。」墨子作述並重，故非之曰：「孰先人而曰已有法則，今人僅參稽而已矣？子未知人世法則須先有，而後有繼述之可言，莫有於先，後將何繼？」即非儒篇「且其所循，人必或作之」之意，正以破公孟子繼先法古、蔑視創造之謬說。

92 公孟篇曰「有游於子墨子之門者」，論語憲問篇曰「有荷蕢而過孔氏之門者」，孟子梁惠王篇曰「有牽牛而過堂下者」，句法與此同。孫云：荀子解蔽篇楊注云：「反，倍也。」下「反」當爲「返」之假字。廣雅釋詁云：「反，歸也。」「者」下當有「曰」字，蓋門人有倍墨子而歸者，其言如是。

93 孫云：言彼有先反者，吾雖反，尚在其後。

94 「北」，茅本、寶曆本、李本作「此」。

95 言三軍〔一〕敗北，失道後還之人不得求賞。

96 論語述而篇曰「述而不作」。畢云：「術」同「述」。孫云：此即非儒篇所云「君子循而不作」也。

97 蘇云：「其」當爲「甚」字之誤。下言「次不君子」，可證。○案：「其」通「綦」，極、甚也。

98 「訹」，各本作「誅」，今依俞校改，下並同。畢云：「誅」疑當爲「述」。「術」、「誅」、「遂」疑皆聲誤，下同。秋山云：「術」、「誅」、「遂」三字疑「述」。俞云：「誅」當爲「訹」，字之誤也。上文「君子不作，術而已」，此云「古之善者不訹」。「術」與「訹」並「述」之假字，其字並從朮聲，故得相假借也。若作「誅」，則與述聲絕遠矣。

〔一〕「軍」原誤「事」，徑改。

(99) 孫云：「也」即「之」字之譌。

(100) 畢云：疑當爲「述」。月令以「遂」爲「術」。

(101) 「則」，茅本、寶曆本、李本作「而」。

(102) 蘇云：此言述、作不可偏廢，皆務爲其善而已。述主乎因，故以古言，作主乎剏，故以今言。述而又作，則善益多矣。

(103) 孫云：「巫馬子」見前，蓋巫馬期之子姓。史記孔子弟子傳「巫馬施字子旗」，集解引鄭康成孔子弟子目録云「魯人」，故下云「愛魯人於鄒人」。家語弟子解作「陳人」，非也。

(104) 畢云：「子」舊作「之」，一本如此。○案：舊本並作「子」，無作「之」者。

(105) 孫云：「疾」猶痛也。

(106) 畢云：舊「不疾」二字倒，一本如此。○案：潛本、緜眇閣本、堂策檻本、陳本、四庫本並作「不疾」。「拂」，除去也。巫馬子之意，猶言己身受擊，感覺痛苦，故須除去其痛苦，若他人受擊，其痛苦不及於己，無須除去其痛苦。若墨家之損己益人，正巫馬子所謂「疾者之不拂，而不疾者之拂」也。韓非子難一篇「拔拂今日之死不及」，「拂」字義與此同。

(107) 句。

(108) 諸本無「利」字，寶曆本無「我」字，案「我」、「利」二字當並有，今據補。

(109) 「彼」字各本脱，今依上句語法增。俞、蘇校亦增「彼」字。

⑩ 畢云：一本作「意」，非。○案：「義」，潛本、緜眇閣本、陳本、繹史本作「意」。

⑪ 孫云：謂說其義而從之。

⑫ 吳鈔本「經」作「涇」，李本「常」作「當」，義並難通。「經」、「涇」疑借爲輕率之輕。「輕者口也」與國語周語「贏者陽也」句法相似。「之」，至也。猶言輕率之口，殺常至身者也。

⑬ 「子墨子」上有脱文。

⑭ 惡，何也。

⑮ 曹校删「不」字。孫云：「不言」疑當作「必言」。「蕩口」義見前。

⑯ 「一」字疑衍，此文本書屢見，皆無「一」字。宋本、蜀本御覽八百六十引作「有人於此」。

⑰ 「芻豢」，諸本作「犓豢」，寶曆本作「芻豢」，今從之。畢本作「犓豢」。畢云：「豢」，「豢」字俗寫。太平御覽引作「芻豢」。○案：宋本、蜀本御覽引作「牧羊芻豢」。

⑱ 「雍」，各本作「維」，今依畢、孫校改。畢云：「維人」當爲「饔人」之誤。「但割」即「袒割」。說文云：「但，裼也。从人，旦聲。」經典用「但」爲「弟」字之義，而忘其本。孫云：「雍」、「維」形近而誤。儀禮公食大夫禮、少牢饋食禮並有「雍人」。「雍」，「雝」之隸變，即「饔」之省。

⑲ 「不可」二字舊本無，畢據御覽校增。畢本無「食之」二字，蓋傳寫偶脱。

⑳ 「生」，畢據御覽改「作」。孫云：「生」字似不誤。說文食部云：「餅，麪餈也。」

㉑ 孫云：「還」，「睘」之借字。說文目部云：「睘，驚視也。」

⑫² 畢云：言捨以爲余食。　蘇云：言舍其芻豢牛羊之食而從事於竊也。　孫云：「舍」、「予」之假字。古賜予字或作「舍」，詳非攻中篇。「舍余食」猶言與我食也。

⑫³ 「知」，陸本、茅本、寶曆本、堂策檻本、四庫本作「智」。　畢云：或當云「明不足乎」。　戴云：「安」字語詞，無實義。　曹箋改「日月」爲「甘肥」。　○案：曹箋近是。孟子梁惠王篇曰「爲肥甘不足於口與」，韓子外儲説右篇曰「寡人甘肥周於堂」。

⑫⁴ 畢云：「四竟」二字舊作「三意」，據太平御覽改。　○案：四庫本作「四竟」。

⑫⁵ 畢云：太平御覽引云「楚四竟之田，蕪曠不可勝闢」。　魯陽楚縣，故云然也。　○案：潛本、緜眇閣本、陳本無「而」字。

⑫⁶ 「評」，寶曆本作「評」。「虛」，各本作「靈」。　孫云：「評靈」當爲「呼虛」。凡經典「評召」字多假「呼」爲之，二字互通。周禮大小鄭注、漢書高帝紀應劭注並云「謈呼」，文選蜀都賦李注引鄭康成易注云「坼呼」。說文土部云：「埒，[illegible]也。」「呼」即「埒」之假字。「埒」本訓[illegible]，引申爲埒隙。「呼虛」謂閒隙虛曠之地。非攻中篇云「今萬乘之國虛數於千，不勝而入，廣衍數於萬，不勝而辟」，與此文義正同。「虛」、「靈」俗書形近而誤，詳天志下篇。　○案：孫校「靈」爲「虛」，是也，今依改。「評」「虛」者，管子揆度篇曰「有城無人謂之守平虛」，「評虛」疑即「平虛」。「平」爲「乎」之形誤，非攻中篇所謂「虛城」者也。

⑫⁷ 「入」字各本脱，孫據非攻中篇補。

⑱ 孫云：「閒邑」言空邑，與王制「閒田」義同。

⑲ 蘇云：「季孫紹」與「孟伯常」不見於春秋，當爲季康子、孟武伯之後，與墨子同時者也。孫云：禮記檀弓「悼公之喪，季昭子問於孟敬子」，鄭注云：「昭子，康子之曾孫，名強。敬子，武伯之子，名捷。」此「季孫紹」、「孟伯常」，當即昭子、敬子之子若孫也。

⑳ 「藂」，各本作「禁」，今依王校改，下同，義詳明鬼下篇。王云：「禁社」乃「藂社」之誤。「藂」與「叢」同。爾雅「灌木，叢木」，釋文曰：「叢，本作藂。」漢書東方朔傳「藂珍怪」，師古曰：「藂，古叢字。」洪說同。

(131) 王引之云：「苟」猶尚也。

(132) 畢云：說文云：「弇，蓋也。」

(133) 「祝」，諸本誤「視」，陳本改刊作「祝」，與畢本同。俞云：「也」當作「曰」，其下句即祝詞也。

(134) 「曰」字各本脫，今依吳、曹校增。「視」，陳本改刊作「祝」，誤。

(135) 「龞」，吳鈔本、寶曆本作「鼈」。

(136) 「我」，畢本作「吾」，舊本並作「我」，今從舊本。

(137) 寶曆本「龞」作「鼈」。

(138) 「度」字古本並同，潛本、緜眇閣本、陳本作「奪」。易咸卦「二氣感應以相與」，釋文引鄭注云：「與猶親也。」「度」，「𢾸」之省文，經傳多以「杜」爲之，漢書薛宣傳「杜絶論議之端」。言天下莫不欲親與其所好，杜絶其所惡也。

王云：「與」當爲「興」，「度」當爲「廢」，皆字之誤也。「廢」、「度」草書相似，故「廢」譌作「度」。

聞一多云：「與」同「舉」。

墨子校注卷之十二

貴義第四十七

子墨子曰：萬事莫貴於義。今謂人曰：「予子冠履①，而斷子之手足，子爲之乎？」必不爲②。何故？則冠履不若手足之貴也。又曰：「予子天下，而殺子之身，子爲之乎？」必不爲。何故？則天下不若身之貴也。争一言以相殺，是貴義於其身也③。故曰：萬事莫貴於義也。

子墨子自魯之齊，即過故人④，謂子墨子曰⑤：「今天下莫爲義，子獨自苦而爲義⑥，子不若已。」子墨子曰：「今有人於此，有子十人，一人耕而九人處，則耕者不可以不益急矣。何故？則食者衆而耕者寡也⑦。今天下莫爲義，則子如勸我者也⑧，何故止我⑨？」

子墨子南游於楚，獻書惠王⑩，惠王以老辭⑪，使穆賀見子墨子，子墨子説穆賀，穆賀大説，謂子墨子曰：「子之言則成善矣⑫，而君王天下之大王也，毋乃曰『賤人之所爲』而不用乎⑬？」子墨子曰：「唯其可行。譬若藥然⑭，草之本⑮，天子食之以順其疾⑯，豈曰『一草之本』而不食哉⑰？今農夫入其稅於大人，大人爲酒醴粢盛⑱，以祭上帝鬼神，豈曰『賤人之所爲』而不享哉？故雖賤人也，上比之農，下比之藥，曾不若一草之本乎⑲？且主君亦嘗聞湯之說乎⑳？昔者湯將往見伊尹，令彭氏之子御，彭氏之子半道而問曰：『君將何之？』湯曰：『將往見伊尹。』彭氏之子曰：『伊尹，天下之賤人也㉑。君若欲見之㉒，亦令召問焉，彼受賜矣。』湯曰：『非女所知也㉓。今有藥於此㉔，食之則耳加聰、目加明，則吾必說而强食之。今夫伊尹之於我國也㉕，譬之良醫善藥也，而子不欲我見伊尹，是子不欲吾善也㉖。』因下彭氏之子，不使御。彼苟然，然後可也㉗。」

子墨子曰：凡言、凡動，利於天鬼百姓者爲之；凡言、凡動，害於天鬼百姓者舍之。凡言、凡動，合於三代聖王堯舜禹湯文武者爲之；凡言、凡動，合於三代暴王桀紂幽厲者舍之。

子墨子曰：言足以遷行者，常之㉘；不足以遷行者，勿常。不足以遷行而常之㉙，是蕩口也㉚。

子墨子曰：嘿則思㉛，言則誨，動則事，使三者代御㉜，必爲聖人。必去六辟㉝，必去喜、去怒、去樂、去悲、去愛，而用仁義㉞。手足口鼻耳㉟從事於義，必爲聖人㊱。

子墨子謂二三子曰：爲義而不能，必無排其道。譬若匠人之斲而不能，無排其繩㊲。

子墨子曰：世之君子，使之爲一彘之宰㊳，不能則辭之；使爲一國之相，不能而爲之。豈不悖哉㊴？

子墨子曰：今瞽曰「鉅者，白也㊵。黔者，黑也㊶」，雖明目者無以易之。兼白黑，使瞽取焉㊷，不能知也㊸。故我曰瞽不知白黑者㊹，非以其名也，以其取也。今天下之君子之名仁也，雖禹湯無以易之。兼仁與不仁，而使天下之君子取焉，不能知也。故我曰天下之君子不知仁者，非以其名也，亦以其取也㊺。

子墨子曰：今士之用身㊻，不若商人之用一布之慎也㊼。商人用一布布㊽，不敢繼苟而讎焉㊾，必擇良者。今士之用身則不然，意之所欲則爲之，厚者入刑罰，薄者被毁醜。則士之用身，不若商人之用一布之慎也。

子墨子曰：世之君子欲其義之成㊿，而助之脩其身(51)則慍，是猶欲其墻之成(52)，而人助之築則慍也。豈不悖哉？

子墨子曰：古之聖王欲傳其道於後世，是故書之竹帛，鏤之金石，傳遺後世子孫，欲後世子孫法之也。今聞先王之遺而不爲，是廢先王之傳也(53)。

子墨子南遊使衛[54]，關中載書甚多[55]。弦唐子見而怪之[56]，曰：「吾夫子教公尚過曰[57]：『揣曲直而已[58]。』今夫子載書甚多，何有也[59]？」子墨子曰：「昔者周公旦朝讀書百篇[60]，夕見漆十士[61]，故周公旦佐相天子，其脩至於今[62]。翟上無君上之事[63]，下無耕農之難，吾安敢廢此[64]？翟聞之，同歸之物，信有誤者[65]，然而民聽不鈞[66]，是以書多也。今若過之心者，數逆於精微[67]，同歸之物既已知其要矣，是以不教以書也。而子何怪焉[68]？」

子墨子謂公良桓子曰[69]：「衛小國也，處於齊晉之閒，猶貧家之處於富家之閒也。貧家而學富家之衣食多用，則速亡必矣。今簡子之家[70]，飾車數百乘，馬食菽粟者數百匹，婦人衣文繡者數百人。吾取飾車食馬之費與繡衣之財以畜士[71]，必千人有餘。若有患難，則使數百人處於前[72]，數百於後[73]，與婦人數百人處前後孰安？吾以爲不若畜士之安也[74]。」

子墨子仕人於衛[75]，所仕者至而反。子墨子曰：「何故反？」對曰：「與我言而不當[76]，曰『待女以千盆[77]』，授我五百盆[78]，故去之也。」子墨子曰：「授子過千盆，則子去之乎？」對曰：「不去。」子墨子曰：「然則非爲其不審也，爲其寡也。」

子墨子曰：「世俗之君子，視義士不若視負粟者[79]。今有人於此，負粟息於路側，欲起而不能，君子見之，無長少貴賤，必起之。何故也[80]？曰：義也。今爲義之君子[81]，奉承先王之道以語之，縱不說而行[82]，又從而非毀之。則是世俗之君子之視義士也[83]，不若視負粟者也[84]。

子墨子曰：「商人之四方，市賈倍徙[85]，雖有關梁之難、盜賊之危，必爲之。今士坐而言義，無關梁之難、盜賊之危，此爲倍徙不可勝計，然而不爲。則士之計利[86]，不若商人之察也。」

子墨子北之齊，遇日者[87]。日者曰：「帝以今日殺黑龍於北方[88]，而先生之色黑[89]，不可以北[90]。」子墨子不聽，遂北至淄水，不遂而反焉[91]。日者曰：「我謂先生不可以北。」子墨子曰：「南之人不得北，北之人不得南，其色有黑者[92]，有白者，何故皆不遂也？且帝以甲乙殺青龍於東方，以丙丁殺赤龍於南方，以庚辛殺白龍於西方，以壬癸殺黑龍於北方[93]，若用子之言，則是禁天下之行者也[94]，是圍心而虛天下也[95]，子之言不可用也[96]。」

子墨子曰[97]：「吾言足用矣。舍言革思者[98]，是猶舍穫而攈粟也[99]。以其言非吾言者[100]，是猶以卵投石也[101]，盡天下之卵，其石猶是也，不可毀也[102]。」

①　蜀本、補宋鈔本御覽三百七十引「予」作「與」。

②　呂氏春秋審爲篇曰：「今有人於此，斷首以易冠，殺身以易衣，世必惑之。」

③　「一言」，謂義也。「相」，選擇也。「殺」，死也。漢書伍被傳曰：「男子之所死者，一言耳。」呂氏春

秋上德篇「墨者鉅子孟勝曰：死之所以行墨者之義而繼其業者也」，即墨家爭一言以相殺之實例。若讀「相殺」爲互相殘殺，則失墨家非鬥之恉矣。淮南子泰族訓曰「使人左據天下之圖，而右刎喉，愚者不爲也，身貴於天下也。死君親之難，視死若歸，義重於身也」，蓋本此書。　畢云：太平御覽引作「義貴於身」。

④「之」字諸本無，寶曆本有，今據補。蜀本、補宋鈔本御覽四百二十一，宋本、蜀本御覽八百二十二引，並作「墨子之齊，遇故人」。畢本作「自魯即齊，過故人」。畢云：「即齊」二字舊倒，以意改。

⑤畢云：「謂子墨子」四字，太平御覽引作「故人」。

⑥寶曆本「苦」作「若」。

⑦「也」，茅本、寶曆本作「矣」。「何故則」上文凡三見。王云：「何故則」本作「何則」，後人誤以「則」字下屬爲句，故於「何」下加「故」字耳。何則與何也同義。太平御覽人事部十一、六十二、資產部二引此並作「何則」，無「故」字。孫云：「故」字似非衍文，御覽所引或有刪節，王校未碻。○案：孫說是也。天志中篇曰「此其故何？則圜法明也」，又曰「此其故何？則方法明也」，明鬼下篇曰「此其故何？則聖王務之」，「則」字下屬，與此句法略似。宋本、蜀本御覽資產部二引作一「何」字，節去「故則」二字，與王據御覽異。

⑧畢云：太平御覽引作「子宜勸」，又作「子宜勸我」。王云：此不解「如」字之義，而以意改之

也。「如」猶宜也，言子宜勸我爲義也。「如」字古或訓爲宜。

⑨畢云：太平御覽「故」作「以」。

⑩「獻書惠王」與下句「惠王以老辭」九字，道藏本、吴鈔本、唐本、潛本、緜眇閣本、陳本、畢本作「見楚獻惠王獻惠王以老辭」十一字，陸本、茅本、寶曆本、李本、堂策檻本、四庫本作「獻惠王獻惠王以老辭」九字。案陸本等無「見楚」二字者，比較近古。此文本作「獻書惠王，惠王以老辭」，古書鈔作「獻書惠〻王〻以老辭」。草書「書」字或作「书」，與重文符號相似，遂誤作「獻〻惠〻王〻以老辭」，分別正寫，則爲「獻惠王獻惠王以老辭」。此種鈔書簡寫之法，凡多閲古鈔本者類能知之。不明乎此，則本文譌變之迹頗難尋繹矣。今據陸本等删去「見楚」二字，訂作「獻書惠王，惠王以老辭」。畢云：檢史記，楚無獻惠王也。藝文類聚引作「惠王」，是。又案文選注引本書云「墨子獻書惠王，王受而讀之，曰：良書也」，恐是此閒脱文。蘇云：「獻惠王」即楚惠王也。蓋當時已有兩字之謚。孫云：此文脱佚甚多。余知古渚宮舊事二云：「墨子至郢，獻書惠王，王受而讀之，曰：『良書也。是寡人雖不得天下，而樂養賢人。請過進日百種以待，官舍人不足須天下之賢君。』墨子辭曰：『翟聞賢人進道不行，不受其賞。義不聽，不處其朝。今書未用，請遂行矣。』將辭王而歸，王使穆賀以老辭。魯陽文君言於王曰：『墨子北方賢聖人，君王不見，又不爲禮，毋乃失士！』乃使文君追墨子，以書社五里封之，不受而去。」此與文選注所引合，必是此篇佚文。但余氏不明著出墨子，文亦多删節譌舛，今未敢據增。余書「獻惠王」亦止作「惠王」，

疑故書本作「獻書惠王」，傳寫脱「書」存「獻」，校者又更易上下文以就之耳。

⑪「惠王」舊作「獻惠王」，今訂正，説詳上文。　蘇云：楚惠王以周敬王三十二年立，卒於考王九年，始癸丑，終己酉，凡五十七年。墨子之游蓋當其暮年，故以老辭。　孫云：渚宮舊事注云：「時惠王在位已五十年矣。」余説疑本墨子舊注。然則此事在周考王二年，魯悼公之二十九年也。

⑫畢本「成」改「誠」。　畢云：舊作「成」，據藝文類聚改，一本同。　王云：古或以「成」爲「誠」，不煩改字。　○案：潛本、緜眇閣本、堂策檻本、顧校李本、陳本、四庫本作「誠」。

⑬畢云：藝文類聚引作「用子」，又節。

⑭畢云：藝文類聚引「然」作「焉」。

⑮蘇云：「草之本」上當脱一字。　○案：「本」，吴鈔本作「木」，下同。

⑯説文曰：「順，理也。」　畢云：藝文類聚引「順」作「療」。

⑰畢云：藝文類聚引「食」作「用」。　○案：明嘉靖本類聚引作「食」，與本書同。

⑱畢云：「粢」當爲「齍」，説文云：「黍稷在器以祀者。」「盛」解同，俱从皿。亦見周禮也。前文皆同此義。

⑲「本」，茅本作「木」。

⑳孫云：「主君」，謂穆賀也。戰國策、史記載蘇秦説六國君，齊、楚、魏、韓、燕諸王皆稱秦爲「主

君」，索隱云：「禮，卿大夫稱主。今嘉蘇子合從諸侯，褒而美之，故稱曰主君。」案左傳昭二十九年齊高張唁魯昭公，稱「主君」，杜注云：「比公於大夫。」此小司馬所本。後魯問篇墨子稱魯君亦曰「主君」。戰國策秦策樂羊對魏文侯，魏策魯君對梁惠王，亦並稱「主君」，則戰國時「主君」之稱蓋通於上下，小司馬據春秋時制，謂唯大夫稱「主」，非也。

㉑ 孫云：尚賢中篇云「伊摯，有莘氏女之私臣，親爲庖人」，故曰「天下之賤人」。

㉒ 「君若」，畢本作「若君」，舊本並作「君若」，今從舊本。

㉓ 吴鈔本「女」作「汝」。

㉔ 「於」字諸本無，潛本、寶曆本、緜眇閣本、堂策檻本、陳本、四庫本並有，今據補。蘇校同。

㉕ 「夫」字堂策檻本、四庫本無。

㉖ 「吾」，潛本、緜眇閣本、陳本作「我」。

㉗ 盧云：此下疑有脱文。　曹云：言惠王誠能如湯然後可用。

㉘ 説文曰：「遷，登也。」「遷行」猶言使行爲向上。

㉙ 「不足」二字各本脱，王據上句增，與耕柱篇合，今從之。

㉚ 蘇云：耕柱篇亦有此文，上「遷」字作「復」，下二「遷」字作「舉」。

㉛ 畢云：「默」字俗寫从口。

㉜ 「三者」，各本作「者三」，今依俞校乙。　俞云：「使者三代御」當作「使三者代御」，三者即

「嘿」、「言」、「動」三事也。「御」，用也。荀子禮論篇「時舉而代御」，楊注曰：「御，進用也。」此云「代御」，義與彼同。言更迭用此三者，則必爲聖人也。

㉝「必去六辟」四字本在上節「嘿則思」之上，今審校文義，移置於此。 孫云：「辟」，「僻」之借字。 曹云：「辟」，偏也。「六辟」，六情也。不曰「六情」而曰「六辟」者，人性無偏，流於情則偏矣。

㉞俞云：「去愛」下當有「去惡」二字，傳寫脱之。喜怒、樂悲、愛惡共六者，皆宜去之，即上文所謂「去六辟」也。 ○案：墨家言正欲、矯欲，不言去欲。墨家以愛利立教，且即以愛釋仁，今言去愛而用仁義，與全書字例不合，豈後人附記，誤入正文與？抑他書之文錯入墨子與？呂氏春秋有度篇曰「惡欲喜怒哀樂，六者累德者也」，高注云：「此六者不節，所以爲德累者也。」

㉟孫云：疑脱一「目」字。 曹校同。

㊱此節不似墨子語。

㊲畢云：「排」猶背。 吴云：「排」者，「誹」之借字。

㊳「一㲋」上，王據群書治要增「一犬」二字。 王云：魯問篇亦云「竊一犬一㲋」。 孫云：「宰」即膳宰也，見儀禮燕禮、禮記文王世子、玉藻。 ○案：卷子本治要引「爲一㲋」三字作「一犬一㲋」四字。此「爲一㲋之宰」與下文「爲一國之相」對文。魯問篇「竊一犬一㲋」與彼下文「竊一國一都」對文。就文而論，本書似無脱字。治要少一「爲」字，多「一犬」二字，或即草書「爲」

字「为」誤分作二字而轉譌者，今仍從本書存參。

㊴ 卷子本治要「不」作「可」，誤。

㊵ 說文曰：「鉅，大剛也。」　章太炎云：「鉅」即今之金剛石，其色多白，故曰「鉅者，白也」。

㊶ 「黑」，陸本、茅本、寶曆本、李本、堂策檻本、四庫本作「墨」，下並同。道藏本、吳鈔本、唐本此作「墨」，下二「黑」字一作「黑」，一作「墨」。潛本、緜眇閣本、陳本作「黑」，下並同，與畢刻合。畢云：說文云：「黔，黎也。秦謂民爲黔首，謂黑色也。」

㊷ 「白黑」，緜眇閣本、陳本作「黑白」。

㊸ 孫云：淮南子主術訓云：「問瞽師曰：『白素何如？』曰：『縞然。』曰：『黑何若？』曰：『黮然。』援白黑而示之，則不處焉」，與此語意同。

㊹ 吳鈔本「知」作「能」。

㊺ 經下篇曰：「知其所以不知，說在以名取。」意與此略同。

㊻ 「士」，道藏本、吳鈔本、陸本、唐本、茅本作「事」。　秋山云：「士」，一作「事」。

㊼ 孫云：周禮泉府鄭注云：「布，泉也。其藏曰泉，其行曰布。」

㊽ 吳鈔本「布」字不重，是也。　上下文皆曰「商人之用一布」。

㊾ 「繼苟」雙聲連語，義即存乎其聲。「繼苟」，苟也。　彖言之曰繼苟。　畢云：「讐」即「售」之正文。

㊿吴鈔本「義」作「治」。

(51)「脩」，吴鈔本、潛本作「修」。

(52)卷子本治要「墻」作「廧」。經説上篇曰「廧外之利害未可知也」，字亦作「廧」。

(53)唐本「今」作「金」，誤。王云：「遺」字義不可通。「遺」當爲「道」，此涉上文「傳遺」而誤也。上文曰「古之聖王欲傳其道於後世」，故此文曰「今聞先王之道而不爲，是廢先王之傳也」。○案：漢書董仲舒傳曰「習於先聖之遺業」，又兒寬傳師古注曰：「聖統，聖人之遺業，謂禮文也。」

(54)吴鈔本「遊」作「游」。畢云：北堂書鈔作「使於衛」。○案：畢據書鈔九十七校也。書鈔一百一引作「南遊衛」。宋本、蜀本御覽六百十一引作「使衛」，又六百十九作「南使衛」。

(55)畢云：「關中」猶云扃中，「關」、「扃」音相近。孫云：畢説是也。文選張衡西京賦「旗不脱扃」，薛綜注云：「扃，關也。」左傳宣十二年孔疏引服虔云：「扃，横木校輪閒。」蓋古乘車箱、輢閒以木爲闌，中可庋物，謂之扃，亦謂之關。故墨子於關中載書矣。○案：抱朴子勖學篇曰「墨翟大賢，載文盈車。」

(56)明鈔本北堂書鈔一百一作「弦堂怪之」，宋本、蜀本御覽六百十一又六百十九引「弦」並作「強」。

孫云：廣韻〔一〕一先云：「弦，又姓。風俗通云：弦子後。左傳鄭有商人弦高。」

(57) 孫云：「公尚過」，呂氏春秋高義篇作「公上過」，高注云：「公上過，子墨子弟子也。」案王符潛夫論志氏姓篇「衛公族有公上氏」，廣韻一東云「衛大夫有公上玉」。「尚」、「上」字通。過疑亦〔二〕衛人。

(58) 孫云：說文手部云：「揣，量也。」

(59) 王樹枏云：「有」猶爲也。孟子「將爲君子焉，將爲野人焉」，趙注云：「爲，有也。」「爲」、「有」同聲，故通借。

(60) 畢本刪「書」字。　畢云：本多作「讀書百篇」，繹史同。藝文類聚引無「書」字。北堂書鈔凡三引，兩引無，一引有，無者是也。　○案：舊本並有「書」字。宋本、蜀本御覽凡三引，皆有「書」字。困學紀聞卷二引亦有「書」字。類聚、書鈔或有刪節，畢刪非是。

(61) 畢云：「漆」，「七」字假音，今俗作「柒」。藝文類聚引作「七」。　孫云：唐岱岳觀碑、五經文字石本「七」字並作「漆」。　楊嘉云：孔本書鈔九十八引「漆十士」作「士七十」。　○案：「漆」，潛本、緜眇閣本、陳本作「七」。明鈔本書鈔九十八引「漆十士」作「七十士」，與孔本異。宋

〔一〕「廣韻」原誤「廣雅」，據墨子閒詁原引改。
〔二〕「疑亦」原倒作「亦疑」，據墨子閒詁原文改。

本、蜀本御覽六百十一引作「七十士」，六百十六引作「七十五士」，六百十九引作「七十二士」。

㊷「脩」，吴鈔本、陸本、潛本、茅本、寶曆本、李本、繹史本作「修」。

㊸「君上」，寶曆本作「君王」。　秋山云：「王」，一作「上」。

㊹畢云：北堂書鈔引云「相天下猶如此，況吾無事，何敢廢乎」。

㊺孫云：易繫辭云「天下同歸而殊塗」，孔疏云：「言天下萬事，終則同歸於一。」蓋謂理雖同歸，而言不能無誤。

㊻「鈞」，吴鈔本、緜眇閣本、陳本、繹史本作「均」。　畢云：「鈞」，「均」字假音。

㊼孫云：周禮鄉師鄭注云：「逆猶鉤考也。」

㊽畢云：言苟得其精微，則無用以書爲教。

㊾蘇云：「公良桓子」，蓋衛大夫。　孫云：史記孔子弟子列傳有公良儒，陳人，則陳亦有此姓。

㊿孫云：廣雅釋言云：「簡，閱也。」

(71)俞云：「吾」當爲「若」，字之誤也。

(72)「數」字各本無，今依王校增。　王云：「百人」當爲「數百人」。上文曰「千人有餘」，故此分言之曰「數百人處於前，數百人處於後」。今作「百人」，則與上下文不合。

(73)畢云：「數百」下當脱「人處」二字。

(74)寶曆本「畜」作「蓄」。

(75) 畢云：舊脱「人」字，一本有。　孫云：荀子富國篇楊注引作「子墨子弟子仕於衛」，則疑「仕於衛」上脱「弟子」二字。　○案：寶曆本「仕」作「在」。潛本、緜眇閣本、陳本有「人」字，與畢本合。

(76) 畢云：後作「審」。　孫云：荀子注引亦作「當」，疑「審」字近是。

(77)「女」，吳鈔本、潛本、緜眇閣本、陳本作「汝」。「盆」，畢本改「益」。　畢云：舊作「盆」，誤。古無「鎰」字，只作「益」，或作「溢」。　王云：古「鎰」字皆作「溢」，無作「益」者。此言「千盆」、「五百盆」，皆謂粟，非謂金也。荀子富國篇「今是土之生五穀也，人善治之，則畝數盆」，楊倞注曰「蓋當時以盆爲量」，引攷工記曰「盆實二鬴」，又引墨子曰「待女以千盆，授我五百盆」，則「盆」非「益」之譌也。

(78) 緜眇閣本、陳本「我」下有「以」字。

(79) 下「視」字各本無，蜀本、補宋鈔本御覽四百二十一又八百四十引並有「視」字，今據補。

(80) 王云：「故」字亦後人所加，御覽人事部六十二引無「故」字。　○案：「故」字非衍文。非攻下篇亦有「是何故也」之語。

(81) 畢云：「之」舊作「也」，據太平御覽改。　○案：此「之」字舊作「也」。下文「負粟者也」，「也」字古本作「之」。兩字疑互錯，古本尚存其互錯之迹也。

(82) 吳鈔本「説」作「悦」。太平御覽四百二十一引亦作「悦」。

㊳ 茅本、寶曆本脱「之視義士」四字。

㊴ 畢云：一本脱此字。　○案：「也」，字潛本、緜眇閣本、陳本無，御覽兩引亦無，道藏本、吴鈔本、陸本、唐本、茅本、寶曆本作「之」，堂策檻本、顧校李本、四庫本作「也」，與畢本合。

㊵ 「倍」，諸本作「信」，寶曆本作「倍」，今從之，下同。　畢云：「信徙」當爲「倍徙」。　孫云：「徙」、「蓰」字通。

㊶ 畢云：「則」，舊作「財」，一本如此。　○案：潛本、緜眇閣本、陳本〔一〕作「則」。

㊷ 寶曆本「遇」作「過」。　秋山云：「過」，一作「遇」。　畢云：文選劉孝標辯命論注引「遇」作「過」。　孫云：高承事物紀原引亦作「過」。　史記日者傳集解云：「古人占候卜筮，通謂之日者。」

㊸ 畢云：事類賦引「殺」作「屠」。　○案：「黑」，寶曆本作「墨」。　宋本御覽九百二十九引作「墨」，蜀本御覽引作「黑」。

㊹ 「生」，畢本誤「王」，舊本並作「生」，今據正。

㊺ 畢云：「北」，事類賦作「往」。　孫云：淮南子要略曰「操舍開塞，各有龍忌」，許注云：「中國以鬼神之事曰忌，北胡、南越皆謂之請龍。」案此日者以五色之龍定吉凶，疑即所謂「龍忌」。

〔一〕「本」原誤「未」，徑改。

⑨① 畢云：舊脱「至淄水不遂」五字，據史記日者傳集解及事類賦增。史記集解云「墨子不遂而反焉」，又多二字。淄水出今山東益都縣西南顔神鎮東南三十五里原山，經臨淄縣東北，流至壽光縣，北入海。○案：容齋續筆引有「至淄水不遂」五字，無「焉」字。「焉」字李本無，道藏本、吴鈔本、陸本、唐本、茅本、堂策檻本、四庫本作「爲」。

⑨② 寶曆本「黑」作「墨」。

⑨③ 畢本此下增「以戊己殺黄龍於中方」。畢云：此句舊脱，據太平御覽增。王云：畢增非也。原文本無此句，今刻本御覽鱗介部一有之者，後人不知古義而妄加之也。古人謂東西南北爲四方者，以其在四旁也。若中央爲四方之中，則不得言「中方」，一謬也。行者之所向，有東有西有南有北，而中不與焉，二謬也。鈔本御覽及容齋續筆所引皆無此句。○案：王説是也。宋本、蜀本御覽引並無畢增之句，明萬曆活字本御覽已有之，蓋明人意增者也。

⑨④ 畢云：舊脱「天」字、「之」字，據太平御覽增。

⑨⑤ 蘇云：「圍心」，未詳。「圍」或當作「違」。吴玉搢云：「圍心」即違心，古「圍」、「違」字通。○案：蘇、吴説近是。心欲行而忌諱不敢行，是違心也。王符潛夫論卜列篇曰「且欲使人而避鬼，是即道路不可行而室廬不復居也」，文意與此略同。

⑨⑥ 謂日者之言不可用。

⑨⑦ 孫云：此上疑有脱文。

98 蘇云：「革」，更也。　孫云：「舍」下亦當有「吾」字。

99 畢云：「攈」，拾也。一本作「攗」，非〔一〕。　孫云：國語魯語「收攟而烝」，韋注云：「攟，拾也。」一切經音義引賈逵云：「攟，拾穗也。」「攈」、「攟」字同。　○案：晉書庾袞傳曰「及麥熟，穫者已畢，而採捃尚多」，「捃」、「攈」字同。

100 畢云：太平御覽九百二十八引「其」作「他」。

101 淮南子主術訓曰「猶以卵投石，以火投水」。

102 畢云：太平御覽作「石猶不毁也」。

公孟第四十八

公孟子謂子墨子曰①：「君子共己以待②，問焉則言，不問焉則止。譬若鍾然③，扣則鳴，不扣則不鳴④。」子墨子曰：「是言有三物焉，子乃今知其一耳也⑤，又未知其所謂也。若大人行淫暴於國家，進而諫則謂之不遜，因左右而獻諫則謂之言議，此君子之所疑惑也⑥。若大人爲政，將因於國家之難⑦，譬若機之將發也然⑧，君子之必以諫⑨，然而大人之

〔一〕 本注「攈」、「攗」二字原互錯，據畢刻原注乙。

利⑩。若此者，雖不扣必鳴者也。若大人舉不義之異行，雖得大巧之經，可行於軍旅之事，欲攻伐無罪之國有之也⑪，君得之則必用之矣，以廣辟土地，著稅僞材⑫。出必見辱，所攻者不利，而攻者亦不利，是兩不利也。若此者，雖不扣必鳴者也⑬。且子曰：『君子共己，待問焉則言⑭，不問焉則止。譬若鍾然，扣則鳴，不扣則不鳴。』今未有扣子而言，是子之謂不扣而鳴邪？是子之所謂非君子邪⑮？」

公孟子謂子墨子曰：「實爲善人，孰不知？譬若良玉，處而不出，有餘精⑯。譬若美女⑰，處而不出，人爭求之。行而自衒⑱，人莫之取也⑲。今子偏從人而說之⑳，何其勞也？」子墨子曰：「今夫世亂，求美女者衆，美女雖不出，人多求之。今求善者寡㉑，不强說人，人莫之知也。且有二生於此㉒，善星一㉓，行爲人筮者，與處而不出者，其糈孰多㉔？」公孟子曰：「行爲人筮者其糈多。」子墨子曰：「仁義鈞㉕，行說人者，其功善亦多，何故不行說人也？」

公孟子義㉖章甫㉗、搢忽㉘、儒服，而以見子墨子，曰：「君子服然後行乎？其行然後服乎？」子墨子曰：「行不在服。」公孟子曰：「何以知其然也？」子墨子曰：「昔者齊桓公高冠博帶，金劍木盾㉙，以治其國，其國治。昔者晉文公㉚大布之衣，牂羊之裘㉛，韋以帶劍㉜，以治其國，其國治。昔者楚莊王鮮冠組纓㉝，絳衣博袍㉞，以治其國，其國治。昔者越王句踐剪髮文身㉟，以治其國，其國治。此四君者，其服不同，其行猶一也。翟以是知行之不在服也。」公孟子曰：「善。吾聞之曰『宿善者不祥㊱』，請舍忽易章甫，復見夫子，可乎㊲？」子墨子曰：「請因以相見也，若必將舍忽易章甫而後相見㊳，然則行果在服也。」

公孟子曰：「君子必古言服㊴，然後仁㊵。」子墨子曰：「昔者商王紂卿士費仲爲天下之暴人㊶，箕子、微子爲天下之聖人，此同言而或仁或不仁也㊷。周公旦爲天下之聖人，關叔爲天下之暴人㊸，此同服或仁或不仁。然則不在古服與古言矣。且子法周，而未法夏也，子之古非古也。」

公孟子謂子墨子曰：「昔者聖王之列也，上聖立爲天子，其次立爲卿大夫㊹。今孔子博於詩書，察於禮樂㊺，詳於萬物，若使孔子當聖王，則豈不以孔子爲天子哉？」子墨子曰：「夫知者，必尊天事鬼，愛人節用㊻，合焉爲知矣。今子曰孔子博於詩書，察於禮樂，詳於萬物㊼，而曰可以爲天子，是數人之齒而以爲富㊽。」

公孟子曰：「貧富壽夭，齰然在天㊾，不可損益。」又曰：「君子必學。」子墨子曰：「教人學而執有命㊿，是猶命人葆(51)而去亓冠也(52)。」

公孟子謂子墨子曰：「有義不義，無祥不祥(53)。」子墨子曰：「古者聖王(54)皆以鬼神爲神明，而爲禍福(55)，執有祥不祥(56)，是以政治而國安也。自桀紂以下，皆以鬼神爲不神明，不能爲禍福，執無祥不祥，是以政亂而國危也。故先王之書子亦有之曰[57]：『亓傲也[58]，出於子，不祥。』此言爲不善之有罰，爲善之有賞。」

子墨子謂公孟子曰：「喪禮，君與父母、妻、後子死[59]，三年喪服。伯父、叔父、兄弟期，族人五月[60]，姑姊、舅甥皆有數月之喪。或以不喪之閒誦詩三百[61]，弦詩三百[62]，歌詩三百[63]，舞詩三百[64]。若用子之言，則君子何日以聽治？庶人何日以從事？」

公孟子曰：「國亂則治之[65]，國治則爲禮樂[66]。國貧則從事，國富則爲禮樂[67]。」子墨子曰：「國之治也，治之，故治也[68]。治之廢，則國之治亦廢。國之富也，從事，故富也。從事廢，則國之富亦廢[69]。故雖治國，勸之無饜[70]，然後可也。今子曰『國治則爲禮樂，亂則治之』，是譬猶噎而穿井也[71]，死而求醫也[72]。古者三代暴王桀紂幽厲，薾爲聲樂[73]，不顧其民，是以身爲刑僇、國爲虛戾者[74]，皆從此道也。」

公孟子曰：「無鬼神。」又曰：「君子必學祭礼[75]。」子墨子曰：「執無鬼而學祭禮，是猶無客而學客禮也[76]，是猶無魚而爲魚罟也[77]。」

公孟子謂子墨子曰：「子以三年之喪爲非，子之三日之喪亦非也[78]。」子墨子曰：「子以三年之喪非三日之喪，是猶倮謂撅者不恭也[79]。」

公孟子謂子墨子曰：「知有賢於人[80]，則可謂知乎？」子墨子曰：「愚之知有以賢於人[81]，而愚豈可謂知矣哉？」

公孟子曰：「三年之喪，學吾之慕父母[82]。」子墨子曰：「夫嬰兒子之知[83]，獨慕父母而已。父母不可得也，然號而不止，此亓故何也[84]？即愚之至也。然則儒者之知，豈有以賢於嬰兒子哉？」

子墨子問於儒者曰[85]：「何故爲樂？」曰：「樂以爲樂也[86]。」子墨子曰：「子未我應也。今我問曰『何故爲室』，曰『冬避寒焉，夏避暑焉，室以爲男女之别也[87]』，則子告我爲室之故矣。今我問曰『何故爲樂』，曰『樂以爲樂也[88]』，是猶曰『何故爲室』，曰『室以爲室也』。」

子墨子謂程子曰[89]：「儒之道足以喪天下者，四政焉。儒以天爲不明[90]，以鬼爲不神，天鬼不説，此足以喪天下。又厚葬久喪，重爲棺椁[91]，多爲衣衾，送死若徙，三年哭泣，扶後起，杖後行[92]，耳無聞，目無見，此足以喪天下。又弦歌鼓舞，習爲聲樂，此足以喪天下。又以命爲有，貧富壽夭、治亂安危有極矣[93]，不可損益也。爲上者行之，必不聽治矣[94]；爲下者行之，必不從事矣，此足以喪天下。」程子曰：「甚矣，先生之毁儒也。」子墨子曰：「儒固無此若四政者，而我言之[95]，則是毁也。今儒固〔一〕有此四政者，而我言之，則非毁也，告聞

〔一〕「儒」下「固」字原脱，據畢刻本補。

也[96]。」程子無辭而出，子墨子曰：「逆之[97]。」反，復坐[98]。進復曰[99]：「鄉者先生之言，有可聞者焉[100]。若先生之言，則是不譽禹，不毀桀紂也[101]。」子墨子曰：「不然，夫應孰辭稱議而爲之[102]，敏也[103]。厚攻則厚吾，薄攻則薄吾[104]。應孰辭而稱議，是猶荷轅而擊蛾也[105]。」

子墨子與程子辯，稱於孔子[106]。程子曰：「非儒[107]，何故稱於孔子也？」子墨子曰：「是亦當而不可易者也[108]。今鳥聞熱旱之憂則高，魚聞熱旱之憂則下，當此，雖禹湯爲之謀，必不能易矣。鳥魚可謂愚矣，禹湯猶云因焉[109]。今翟曾無稱於孔子乎[110]？」

有游於子墨子之門者，謂子墨子曰：「先生以鬼神爲明知[111]，能爲禍[112]福[113]，爲善者富之[114]，爲暴者禍之[115]。今吾事先生久矣，而福不至。意者，先生之言有不善乎[116]？鬼神不明乎[117]？我何故不得福也？」子墨子曰：「雖子不得福，吾言何遽不善？而鬼神何遽不明[118]？子亦聞乎匿徒之刑之有刑乎[119]？」對曰：「未得之聞也[120]。」子墨子曰：「今有人於此，什子[121]，子能什譽之，而一自譽乎？」對曰：「不能。」「有人於此，百子，子能終身譽亓善，而子無一乎[122]？」對曰：「不能。」子墨子曰：「匿一人者猶有罪，今子所匿者若此亓多[123]，將有厚罪者也，何福之求？」

子墨子有疾，跌鼻進而問曰[124]：「先生以鬼神爲明，能爲禍福，爲善者賞之[125]，爲不善者罰之。今先生聖人也，何故有疾？意者，先生之言有不善乎？鬼神不明知乎？」子墨子曰：「雖使我有病，何遽不明(126)？人之所得於病者多方，有得之寒暑，有得之勞苦(127)，百門而閉一門焉(128)，則盜何遽無從(129)入哉(130)。」

有游於子墨子之門者，身體強良(131)，思慮徇通(132)，欲使隨而學。子墨子曰：「姑學乎，吾將仕子(133)。」勸於善言而學，其年(134)，而責仕於子墨子。子墨子曰(135)：「不仕子。子亦聞夫魯語乎(136)？魯有昆弟五人者(137)，亓父死(138)，亓長子嗜酒而不葬(139)，亓四弟曰(140)：『子與我葬(141)，當爲子沽酒(142)。』勸於善言而葬，已葬而責酒於其四弟(143)，四弟曰：『吾末予子酒矣(144)。子葬子父，我葬吾父，豈獨吾父哉？子不葬，則人將笑子，故勸子葬也。』今子爲義，我亦爲義，豈獨我義也哉？子不學，則人將笑子，故勸子於學(145)。」

有游於子墨子之門者，子墨子曰：「盍學乎(146)？」對曰：「吾族人無學者(147)。」子墨子曰：「不然，夫好美者，豈曰吾族人莫之好，故不好哉？夫欲富貴者，豈曰吾族人莫之欲(148)，故不欲哉？好美欲富貴者，不視人猶強爲之(149)。夫義，天下之大器也，何以視人(150)？必強爲之(151)。」

二三子有復於子墨子學射者(152)，子墨子曰：「不可，夫知者必量亓力所能至(153)，而從事焉。國士戰且扶人，猶不可及也(154)。今子非國士也，豈能成學又成射哉？」

二三子復於子墨子曰：「告子曰言義而行甚惡(155)，請棄之(156)。」子墨子曰：「不可(157)，稱我言以毁我行，愈於亡⑮⑧。有人於此，翟甚不仁⑮⑨，尊天、事鬼、愛人甚不仁⑯⓪，猶愈於亡也⑯①。今告子言談甚辯，言仁義而不吾毁⑯②，告子毁⑯③，猶愈亡也⑯④。」

二三子復於子墨子曰：「告子勝爲仁⑯⑤。」子墨子曰：「未必然也，告子爲仁，譬猶跂以爲長⑯⑥，隱以爲廣⑯⑦，不可久也。」

告子謂子墨子曰：「我治國爲政⑯⑧。」子墨子曰：「政者，口言之，身必行之。今子口言之而身不行，是子之身亂也。子不能治子之身，惡能治國政⑯⑨？子姑亡⑰⓪，子之身亂之矣⑰①。」

① 惠棟云：「『公孟子』即公明子，孔子之徒。」宋翔鳳云：「孟子公明儀、公明高，曾子弟子。公孟子與墨子問難，皆儒家之言。『孟』與『明』通，『公孟子』即公明子，其人非儀即高，正與墨翟同時。」孫云：「潛夫論志氏姓篇『衛公族有公孟氏』，左傳定十二年孔疏謂公孟縶之後，以字爲氏。說苑脩文篇有公孟子高見顓孫子莫及曾子，此『公孟子』疑即子高，蓋七十子之弟子也。」〇案：『公孟子』，下文亦作『公孟子義』，即宋所謂曾子弟子之公明儀也。『孟』『明』、『義』『儀』並字通。其人在七十子之後，孟子之前，蓋儒家大師之一，故禮記檀弓載子張之喪，公明儀爲志焉，孟子滕文公篇引其言與顏淵並列。至孫所引說苑之『公孟子高』，疑即曾子弟子之公明高。公明儀之爲公孟子義，與公明高之爲公孟子高例正相類。

②孫云：荀子王霸篇云「則天子共己而已」，楊注云：「共讀爲恭，或讀爲拱，垂拱而已也。」案此「共己」當讀爲「拱己」，非儒篇云「高拱下視」是也。

③「鍾」，吴鈔本、寶曆本、繹史本、四庫本作「鐘」，下同。

④非儒下篇文略同。畢云：說文云：「扣，牽馬也。」「攴，擊也。讀若扣。」此假音也。

⑤吴鈔本「其」下有「有」字。「耳」，各本作「身」，今依王校改。王引之云：「身」當爲「耳」。隸書「身」字或作「耳」，見漢荆州從事苑鎮碑，與「耳」相似，故「耳」誤爲「身」。管子兵法篇「教其耳以號令之數」，今本「耳」誤爲「身」。所謂「是言有三物」者，不扣則不鳴者一，雖不扣必鳴者二，而公孟子但云「不扣則不鳴」，是知其一而不知其二也，故曰「子乃今知其一耳」。今本「耳」誤爲「身」，「身」下又衍「也」字。○案：「也」字不當删。禮記雜記曰「有君命焉爾也」，又三年問曰「加隆焉爾也」，論語述而篇包注云「我若老彭矣，但述之耳也」。今本删去「耳」下「也」字，是皆不知古人文虚字較多也。

⑥吴鈔本「所」下有「以」字。孫云：「疑惑」，謂言之無益而有害，則君子遲疑不敢發。此明「不扣則不鳴」之一物。

⑦說文曰：「因，就也。」

⑧孫云：非儒篇云：「若將有大寇亂，盜賊將作，若機辟將發也。」

⑨「之」，是也，此也。

⑩ 王樹枬云：「然而」者，是乃也。范望注太玄務測云：「然猶是也。」儀禮燕禮鄭注云：「乃猶而也。」「乃」、「而」古多通用。

⑪ 吳云：十字爲句。

⑫ 畢云：「僞」疑當爲「𧶠」，説文云：「此古貨字，讀若貴。」 孫云：畢校近是，但「著稅」義難通，疑「著」當作「藉」。 ○案「著」、「租」聲近，説見節用上篇「芊䱜」注。「著稅僞材」，猶〔一〕言租稅𧶠材也。

⑬ 孫云：以上明「不扣必鳴」之二物。

⑭ 非儒篇曰「恬莫待問而後對」。曹箋依上文「待」上增「以」字。

⑮ 公孟子謂君子不扣不鳴，同時即未扣而言，是其言行已自相矛盾，故墨子詰之如此。 畢云：已上申明「又未知其所謂」。

⑯ 孫云：「玉」當爲「巫」，「精」當爲「糈」。 ○案：原文可通。荀子勸學篇曰：「聲無小而不聞，行無隱而不形。玉在山而草木潤，淵生珠而崖不枯〔二〕，爲善不積邪？安有不聞者乎！」大戴記勸學篇文略同。 韓詩外傳卷四「良玉度尺，雖有十仞之土，不能掩其光」，史記龜策傳曰「今夫珠玉

〔一〕「猶」原誤「獨」，徑改。
〔二〕原引無「淵生珠而崖不枯」句，今據荀子勸學原文補。

寶器，雖有所深藏，必見其光，故玉處於山而木潤」，論衡命祿篇曰「信命者則可幽居俟時，不須勞精苦形求索之也。猶珠玉之在山澤，不求貴價於人，人自貴之」，文意並與此相類。

⑰「美」，陸本、茅本、寶曆本、李本、堂策檻本、四庫本作「義」。　秋山云：「義」，一作「美」。

⑱戰國策燕策曰：「處女無媒，老且不嫁，舍媒而自衒，弊而不售。」　畢云：說文云：「衙，行且賣也。」「衒」，或字。

⑲「之」，諸本作「知」，潛本、緜眇閣本、陳本作「之」，今從之。　畢云：「知」，一本作「之」。孫云：意林作「人莫之娶」。

⑳畢云：「徧」舊作「偏」，以意改。　○案：「偏」，諸本同，潛本、緜眇閣本、陳本作「徧」。

㉑四庫本「求」作「夫」。　畢云：言好德不如好色。

㉒「生」疑「𤯔」之壞字。「𤯔」即武后所制「人」字。　吳云：「二生」，周人書中少見。

㉓「星」字王校改「筮」，讀「筮」字絕句。下文「一行爲人筮者」之下，又校增「一處而不出者行爲人筮者」十一字。　吳云：「善星一」句，「善星」即善占星，猶云日者也。「一」者，同也。下無脱文，王氏增改，由失其句也。　○案：吳説是也。漢書翟方進傳曰「郎賁麗善爲星」，後漢書姜肱傳曰「肱明星緯，賣卜給食」。劉孝標辯命論曰「爲善一，爲惡均」，其句法正與此「善星一」、「仁義鈞」相似。

㉔「糈」，各本作「精」，今依王校改，下同。　王云：「精」當爲「糈」，字之誤也。莊子人間世篇「鼓

筴播精」，釋文：「精如字，一音所，字則當作糈。」是「糈」與「精」字形相似而易譌也。郭璞注南山經曰：「糈，先呂反。今江東音所。」說文：「糈，糧也。」言兩人皆善筮，而一行一處，其得米孰多也。史記貨殖傳云「醫方諸食技術之人，焦神極能，爲重糈也」，是其證。　秋山校同。

㉕ ○案：說文曰：「齎財卜問爲䝪。從貝，疋聲。讀若所。」「糈」、「䝪」聲同字通。

吳鈔本「鈞」作「均」。

㉖ 「公孟子義」即公孟子，亦即曾子弟子之公明儀，說詳上文。「義」，道藏本、吳鈔本、陸本、唐本、潛本、茅本、寶曆本、李本、緜眇閣本、陳本並同。秋山云：「『義』疑『戴』誤。」可見秋山所校古本中亦無作「戴」者也。堂策檻本、顧校李本、四庫本、畢本作「戴」，是作「戴」者自明天啟以後之堂策檻本始，而清本承之。　畢云：「戴」，本多作「義」，以意改。

㉗ 孫云：士冠禮記云「章甫，殷道也」，禮記儒行：「魯哀公問孔子儒服，對曰：丘長居宋，冠章甫之冠。」此公孟子儒者，故亦儒服與？

㉘ 畢云：「搢」即「晉」字俗寫，「忽」即「笏」之古文。尚書「在治忽」，亦用此字。舊作「㤈」，誤。孫云：儀禮既夕「木笏」，鄭注云：「今文『笏』作『忽』。」史記夏本紀集解引鄭康成注尚書作「在治曶」，云：「曶者，笏也。」「忽」、「曶」、「笏」字並通。釋名釋書契云：「笏，忽也。君有教命及所啓白，則書其上備忽忘也。」荀子哀公篇：「夫章甫、絇屨、紳而搢笏者。」　○案：「忽」，諸本作「㤈」，或作「㤈」，下並同。茅本作「㤈」，下並同。翻陸本第二字作「惣」。寶曆本第二字作「怱」，

第三字作「惣」。　秋山云：「⿱初心」〔一〕當作「忽」，蓋笏也。」

㉙畢云：説文云：「盾，瞂也。所以扞身蔽目。象形。」　孫云：「盾」，疑亦「曶」之誤。但木曶非貴服，所未詳也。

㉚「晉」，寶曆本、李本作「衛」。　秋山云：「衛」，一作「晉」。

㉛「牂」，四庫本、畢本同，諸本作「⿰牛羊」，俗字。

㉜並詳兼愛中、下篇。

㉝「鮮」，陳本作「解」，是也。　魯問篇「則解而食之」，「解」或作「鮮」，誤與此同。　淮南子主術訓「楚文王好服解冠」，高注云：「解豸之冠，如今御史冠。」初學記二十六引作「楚莊王好獬冠」，太平御覽六百八十四引作「楚莊王好觟冠」，許注云：「今力士冠。」「解」、「獬」同字。「解」、「觟」古音同在齊部，字亦相通。兩書引並作「莊王」，可爲本書「楚莊王解冠」之證。寶曆本「組」作「細」。　孫云：説文糸〔二〕部云：「組，綬屬也。其小者可以爲冠纓。」玉藻云：「玄冠朱組纓，天子之冠也。玄冠丹組纓，諸侯之齊冠也。」此朝服，當爲冠弁服。

㉞「綘」，諸本作「絳」。　畢云：太平御覽引作「褒衣博裒」。　王引之曰：「絳」當爲「綘」，字

〔一〕「⿱初心」原作「㣻」，據日本寶曆本秋山原校改。按：寶曆本正文第一個「忽」字作「⿱初心」。

〔二〕「糸」，墨子閒詁作「系」，本書沿誤，據説文改。

之誤也。綘與縫同。集韻：「縫，或省作綘。」綘衣，大衣也。字或作「逢」，又作「摓」。洪範「子孫其逢」，馬注曰：「逢，大也。」儒行「衣逢掖之衣」，鄭注曰：「逢猶大也。大掖之衣，大袂襌衣也。」莊子盜跖篇「摓衣淺帶」，向秀注曰：「儒服寬而長大。」釋文曰：「摓，本又作縫。」荀子非十二子篇「其冠進，其衣逢」，儒效篇「逢衣淺帶，解果其冠」，楊倞注並曰：「逢，大也。」列子黃帝篇曰「女逢衣徒也」。「縫」、「綘」、「逢」、「摓」字異而義同。「綘衣」與「博袍」連文，「綘」、「博」皆大也。淮南齊俗篇作「裾衣博袍」，高注曰：「裾，褒也。」褒亦大也。又氾論篇云「豐衣博帶」。○案：王校是也。吳鈔本、陸本正作「綘」，今從之。俗書從夆之字多譌作夅。藝文類聚六十七，宋本、蜀本御覽六百八十四、又六百九十、又六百九十三，引並作「綘衣博袍」。又八百十九引作「綘衣博袌」，字並作「綘」。

㉟ 說文曰：「前，齊斷也。從刀，歬聲。」此「剪」即「前」之俗。莊子逍遥游篇曰「越人斷髮文身」。

孫云：淮南子齊俗訓云「越王句踐劗髮文身，南面而霸天下」，說苑奉使篇「越諸發曰：越翦髮文身，爛然成章，以像龍子者，將避水神也」，劗、翦、剪字並通。

㊱ 吳鈔本「祥」作「詳」。　畢云：讀如「無宿諾」。

㊲ 寶曆本「復」作「後」。

㊳「必」，諸本作「不」，潛本、緜眇閣本、陳本作「必」，今從之。蘇校同。畢讀「不」字句，云：「不，一本作『必』，亦是。」

㊴ 句。

㊵ 非儒篇亦有此文。

㊶ 孫云：明鬼下篇作「費中」，「中」、「仲」古今字。

㊷ 下「或」字諸本脱，寶曆本、緜眇閣本、陳本並有，今據補。

㊸ 「關」，潛本、緜眇閣本、陳本作「管」。關叔即管叔，詳耕柱篇。

㊹ 文選王元長曲水詩序注引作「上聖立爲天子，其次立爲三公」。

㊺ 「禮」，吴鈔本作「礼」，下同。

㊻ 「節用」，舊本作「用節」。

㊼ 自「若使孔子」以下至此，凡五十五字，四庫本脱。

㊽ 畢云：「齒」，年也。　俞云：數人之年，安得以爲富，畢説非也。「齒」者，契之齒也。古者刻竹木以記數，其刻處如齒，故謂之齒，易林所謂「符左契右，相與合齒」是也。列子説符篇：「宋人有遊於道，得人遺契者，歸而藏之。密數其齒，曰：吾富可待矣。」此正「數人之齒以爲富」者，蓋古有此喻。　蘇説同。　吴云：此喻言必無此理。習於詩書禮樂，便爲天子，猶有年便爲富人也。列子説符篇云「得人遺契，密數其齒，曰：吾富可待矣」，亦謂默計其年以待富也。俞樾以爲「契之齒」，非是。契之齒豈得舍契而專言齒哉。　○案：畢、吴説較長。

㊾ 畢云：「齰」同「錯」。

50 「執」，陸本、茅本、堂策檻本、四庫本誤「孰」。

51 畢云：「葆」，言包裹其髮。

52 「亓」，諸本作「亦」，潛本、緜眇閣本、陳本作「其」，畢本作「丌」。今依王校作「亓」。後凡本書正文作「亓」，畢本作「丌」，古本作「亦」者，仿此。　畢云：舊作「亦」，知是此字之譌。「丌」即「其」字，以意改。　王引之云：古「其」字亦有作「亓」者。玉篇「亓，古文其」，是其證。今本墨子「其」作「亦」，則是「亓」之譌，非「丌」之譌也。

53 「無」，畢本改「有」。　畢云：舊作「無」，據下文改。　王云：畢改非也。公孟子之意，以爲壽夭貧富皆有命，而鬼神不能爲禍福，故曰「有義不義，無祥不祥」。墨子執非命之說，以爲鬼神實司禍福，義則降之祥，不義則降之不祥，故曰「有祥不祥」。「有祥不祥」乃墨子之說，非公孟子之說，不得據彼〔一〕以改此也。　顧、蘇說同。

54 「者」字畢本脫，舊本並有，今據補。

55 畢云：「而」同「能」。

56 管子白心篇曰：「義於人者，祥其神矣。」

57 戴云：「子亦」疑當作「亓子」。亓，古「其」字，其子即箕子。周書有箕子篇，今亡，孔晁作注時，當

〔一〕「彼」原誤「被」，據讀書雜志改。

尚在也。　吴云：「子亦」蓋古書名。

㊽ 畢云：以下「亓」字，舊皆作「亦」。

㊾ 畢云：「後子」，嗣子也。

㊿ 義並詳節葬下篇。「族人」上，王據非儒篇校增「戚」字。

(61) 「姊」，陸本作「娣」。　孫云：周禮大司樂鄭注云：「以聲節之曰誦。」

(62) 孫云：禮記樂記注云：「弦，謂鼓琴瑟也。」

(63) 孫云：周禮小師注云：「歌，依詠詩也。」

(64) 孫云：謂舞人歌詩以節舞。左襄十六年傳云「晉侯與諸侯宴于温，使諸大夫舞，曰：歌詩必類」，是舞有歌詩也。毛詩鄭風子衿傳云：「古者教以詩樂，誦之歌之，弦之舞之」，與此書義同。

(65) 寶曆本「國」上衍一「日」字，蓋即下句「國」字之譌而錯者。

(66) 「國」字各本脱，王據下文補。

(67) 「國貧」，各本作「國治」，今依王校改。　王云：下「國治」當爲「國貧」。「治」與「亂」對，「富」與「貧」對。「國亂則治之」，即上文所謂「君子聽治」也；「國貧則從事」，即上文所謂「庶人從事」也。非儒篇曰「庶人怠於從事則貧」，故曰「國貧則從事」。今本「貧」作「治」者，涉上文「國治」而誤。

(68) 以上九字，各本僅存「國之治」三字。　盧云：「脱『治之故治也』五字。」王景羲云：「以下文例之，當脱『也治之故治也』六字。」今依增。

(69) 下「事」字，畢本誤「是」，舊本並作「事」，今據正。

(70) 畢云：猶云勉之無已。　○案：商子農戰篇曰「善爲國者，倉廩雖滿，不偷於農」，意與此同。

(71) 「而」，茅本、寶曆本、李本作「則」。　畢云：說文云：「噎，飯窒也。」飯窒則思飲。　俞云：晏子春秋襍上篇「噎而遽掘井」，說苑襍言篇作「譬之猶渴而穿井」，「渴」字較「噎」爲勝，疑此文亦當作「渴」。因「噎」字古作「餲」，漢書賈山傳「祝餲在前」，師〔一〕古曰：「餲，古噎字。」是也。形與「渴」微似，故「渴」誤爲「噎」。　吳闓生曰：噎、渴蓋通用，不煩改字，「陰噎」之爲「陰喝」，是其證也。　○案：俞、吳說較長。「渴」本字作「㵣」，皆從曷得聲，古音在曷部。「噎」字古音在屑部，聲轉甚近。渴思飲，其事相連。飯窒思飲，義較迂曲。說苑奉使篇曰：「寡人所謂飢而求黍稷、渴而穿井者。」

(72) 「醫」，吳鈔本作□〔二〕。

(73) 寶曆本「薾」作「爾」。　畢云：說文云：「薾，華盛。」言盛也。或「侈」假音字。

(74) 「虛戾」，諸本作「戾虛」，潛本、緜眇閣本、陳本作「虛戾」，今從之。　吳鈔本無「者」字。　王云：

〔一〕「師」原誤「帥」，徑改。

〔二〕此字脫印，無從查補。按：本書迎敵祠篇「舉巫醫卜有所長」，號令篇「予醫給藥」，吳校並云：「吳鈔本『醫』作『毉』。」則此處異文疑亦作「毉」。

⑮「戾虛」當爲「虛戾」。魯問篇曰「是以國爲虛戾，身爲刑戮〔一〕也」，趙策曰「齊爲虛戾」，又曰「社稷爲虛戾，先王〔二〕不血食」，非命篇曰「國爲虛厲〔三〕，身在刑僇之中」，「虛戾」即「虛厲」也。莊子人間世篇「國爲虛厲，身爲刑僇」，釋文：「李云：居宅無人爲虛，死而無後曰厲。」

「礼」，諸本作「祀」，八行李本作「礼」，「礼」即「禮」字，見漢華山亭碑，與「禮」之古文「礼〔四〕」形甚相近，今從作「礼」。本書「禮」字，疑古本作「礼」，卷子本治要及北宋本御覽引本書「禮」字皆作「礼」，可證。至刊本治要及宋本、蜀本御覽則皆改作「禮」矣。　畢云：「祀」當爲「禮」。

孫云：即五禮之吉禮。

⑯ 孫云：「客禮」即五禮之賓禮。

⑰ 孫云：說文网部云：「罟，网也。」

⑱ 畢云：「三日」當爲「三月」。韓非子顯學云：「墨者之葬也，冬日冬服，夏日夏服，桐棺三寸，服喪三月。」高誘注淮南子齊俗云：「三月之服，是夏后氏之禮。」而後漢書王符傳注引尸子云「禹制喪三日」，亦當爲「月」。

〔一〕「戮」原作「僇」，據讀書雜志引改，與魯問合。

〔二〕「王」原作「生」，據讀書雜志原引改，與戰國策趙策三合。

〔三〕「厲」原作「戾」，據讀書雜志原引改，與非命中合。

〔四〕「礼」字原誤重，徑刪。

⑲「倮」，畢本作「果」，吴鈔本作「裸」，諸本作「倮」，今〔一〕從之。　畢云：「果」當爲「裸」，説文云「袒也」。玉篇云：「倮，赤體也。」　洪云：禮記内則「不涉不撅」，鄭注：「撅，揭衣也。」謂袒衣與揭衣，其露體不恭一也。晏子春秋外篇上「吾饑晏子猶倮而訾高撅者也」，其義與此同。

俞云：内則「不涉不撅」，撅衣雖不恭，然倮則更甚，故曰「是猶果謂撅者不恭也」。

⑳孫云：謂偶有一事賢於他人。

㉑孫云：「有以」，吴鈔本作「亦有」。　○案：吴鈔本「有以」作「而有」，孫校偶誤。

㉒俞云：「吾」下脱「子」字。管子海王篇尹注曰：「吾子，謂小男小女也。」下文「嬰兒子」即吾子也。

吴云：此無脱文。尚書大傳：「學，效也。」方言：「效，明也。」廣雅：「學，識也。」

㉓畢云：衆經音義云：「倉頡篇曰：男曰兒，女曰嬰。」

㉔「亓」，堂策檻本、顧校李本、四庫本作「其」。

㉕「曰」字諸本在「問」字上，今依蘇校移。潛本、緜眇閣本、陳本無「曰」字。

㉖孫云：説文木部云：「樂，五聲八音總名。」引申爲哀樂之樂，此第二「樂」字用引申之義。古讀二義同音，故墨子以「室以爲室」難之。樂記云「故曰樂者樂也，君子樂得其道，小人樂得其欲」，荀子樂論篇亦云「樂者樂也」，此即墨子所庰儒者之説。

〔一〕「倮今」二字原誤倒，徑乙。

87 俞云：「避寒」、「避暑」、「爲男女之别」，三句皆以「室」言，不當於「男女之别」句獨著「室」字，「室」乃「且」字之誤。

88 畢云：舊脱「爲」字，據上文增。

89 蘇云：「程子」即程繁也，見三辯篇。

90 畢云：舊脱「天」字，據下文增。

91 「椁」，舊本作「槨」，或字。

92 並詳節葬下篇。

93 孫云：「有極」，猶言有常，詳非儒下篇。

94 「必不」，畢本作「不必」，舊本並作「必不」，今從舊本。

95 「若」，各本作「各」，今依王校改。王云：「此各」當爲「此若」，若亦此也，言儒無此四政也。下文曰「今儒固有此四政者」，是其證。今本「此若」作「此各」，則文義不順。墨子書多謂「此」爲「此若」，説見魯問篇。

96 畢云：言告所聞。

97 「逆」，諸本作「迷」。秋山云「『迷』一作『逆』」，今從之。「逆」，迎也，返也。

98 「復」，各本作「後」，今依王校改。王云：「後」當爲「復」，「復」、「後」字相似，故書傳中「復」字多譌作「後」。「反」爲一句，「復坐」爲一句。謂程子反而復坐也。今本「復」作「後」，則義不可通。

(99) 王云：「復」如孟子「有復於王者曰」之「復」，謂程子進而復於墨子也。　曹云：「復」，白也。

(100) 「生」，畢本譌「王」，舊本並作「生」，今據正，下同。　畢云：「聞」當爲「間」。　孫云：畢校是也。孟子曰「政不足與間也」，趙注云：「間，非也。」

(101) 「禹」下，曹校增「湯」字。　孫云：此因墨子言不毀儒，而遂難之。言人不能無毀譽也。

(102) 「議」，吴鈔本作「義」。　孫云：「孰辭」，習孰之辭。「稱義」上當有「不」字。　○案：「孰辭」猶庸言、輿論。「稱」，副也，當也。議當其實，是謂「稱議」。言所以非儒者，非有私憾，乃因應孰辭稱議而爲之。

(103) 左僖三十三年傳「禮成而加之以敏」，杜注云：「敏，審當於事。」

(104) 秋山云：一本「薄吾」下有「者」字。　王引之云：「吾」讀爲「列禦寇」之「禦」。「禦」古通作「吾」。趙策曰：「王非戰國守吾之具，其將何以當之乎。」　孫云：王説是也。「吾」當爲「圄」之省。説文口部云：「圄，守也。」　曹云：「攻」謂辯難也。凡與吾相詰難者，厚則視吾亦厚，薄則視吾亦薄。言聖人之道，欲人相詰難，不畏人之攻之也。

(105) 論其易。　畢云：「蛾」同「螘」。

(106) 「辯」，陸本、茅本、寶曆本、李本作「辨」。　畢云：稱述孔子。

(107) 句。

(108) 俞云：「亦」當爲「亓」，古文「其」字也。言我所稱於孔子者，是其當而不可易者也。「其」字即以孔子言。

⑽9 王云：「云」猶或也。言鳥魚雖愚，禹湯猶或因之也。古者「云」與「或」同義。

⑾0 畢云：此下舊有「有游於子墨子之門者，謂子墨子曰：先生以鬼爲神明知，能爲禍人哉」二十七字，今據一本移後。　○案：畢所據之一本與潛本、緜眇閣本、陳本合。如此校移，似是實非。潛本、緜眇閣本、陳本此處多經刪節，可不必顧及全文。畢本非節本，必須顧及全文。如依畢校，必須移動數處，其移動之結果，「能爲禍人哉福」與「則盜何遽無從」仍不可讀。王、孫諸家踵畢校之誤，望文增刪移易，徒亂原書。今據未刪節諸古本重爲校移，説詳下文。畢移非是。

⑾1 「生」，畢本譌「王」，舊本並作「生」，今據正。「神爲」二字各本倒，今依王校乙。　孫云：吴鈔本不倒。　○案：吴鈔本「神爲」亦倒作「爲神」，孫校偶誤。

⑾2 「能爲禍」三字，諸古本與下文「人哉」二字相接。凡未刪節之本，如道藏本、吴鈔本、陸本、唐本、茅本、寶曆本、堂策檻本、四庫本並同。　孫校謂吴鈔本亦無「知能爲禍人哉」六字者，誤也。畢云：「一本又無『知能爲禍福人哉』六字。」案依畢注字數，實有七字，不當云「六字」。蓋畢本正文脱一「福」字，其「福」字原在「人哉」之下，注文又置於「人哉」之上，刊寫者據誤脱之正文計之爲六耳。孫引畢注徑刪去「福」字，非是。潛本、緜眇閣本、陳本無「知能爲禍人哉福」七字，即畢所據之一本。審校文義，此七字不可無，無者非也。「能爲禍」與「人哉」之閒有脱文耳。今謹據未刪節諸本，將脱文之錯入下文者析出，移置此閒，俾久經錯亂之古籍回復其本來面目也。

⑬「福」字上屬爲句。畢本正文脱「福」字。潛本、緜眇閣本、陳本删去七字，「福」字其一也。

⑭王云：「富」與「福」同。

⑮「爲」字各本脱，今依王校增。管子樞言篇曰「爲善者有福，爲不善者有禍。禍福在爲，故先王重爲」，文意與此相類。

⑯「生」，畢本譌「王」，舊本並作「生」，今據正。王引之云：「『意者』，疑詞。廣雅曰：『意，疑也。』」

⑰陸本、茅本、寶曆本、堂策檻本、四庫本無「乎」字。

⑱王云：「遽」亦「何」也。連言「何遽」者，古人自有複語耳。漢書陸賈傳「使我居中國，何遽不若漢」，説見漢書陸賈傳。○案：細審辭氣，「何遽」二字，一「何」字尚不足以盡之。「何遽」猶言何遂也。左氏桓十三年傳「遂見楚子」，漢書五行志引「遂」作「遽」。戰國策魏策「秦王喟然愁悟，遽發兵，日夜赴魏」，「遽」一作「遂」。漢書陸賈傳「何遽不若漢」，董份曰：「遽」與「遂」通，言何遂不若漢耳。王氏讀書雜志所引『何遽』諸例，皆可以『何遂』釋之。戰國策秦策『甘羅曰：君其試臣，奚以遽言叱也』，高注云：『奚，何也。』史記甘茂傳作『君其試臣，何遽叱乎』。奚遽即何遽，若依王釋「遽」爲「何」，施之於史記，辭氣雖覺未盡，尚屬可通，施之於國策，則爲『何以何言叱也』，文不成義矣。王氏引秦策文作『君其試焉，奚遽叱也』，與原書不合，當是記憶偶誤。」

⑲俞云：「之刑」二字衍文。「子亦聞乎匿徒之有刑乎」，「徒」謂胥徒給徭役者，「匿徒」謂避役。

蘇說同。 孫云：此疑當作「匿刑徒之有刑乎」，衍一「之」字，「刑徒」又誤倒耳。 蓋即左傳昭七年所謂「僕區之法」，孔疏引服虔云「爲隱匿亡人之法」是也。 〇案：「匿徒之刑」疑爲一名詞，猶左傳言「僕區之法」、「被廬之法」也。「刑」、「法」義同。

⑿⓪ 寶曆本「未」作「不」。 畢本改作「未之得聞也」。 畢云：「之得」二字舊倒，以意移。 〇案：節葬下篇曰「未嘗之有也」，句法與此同，未敢輒移，說詳彼注。

⑿① 戰國策燕策曰「詘指而事之，北面而受學，則百己者至。先趨而後息，先問而後嘿，則什己者至」，「百」、「什」字義與此同。 孫云：言其賢過子什倍。 下云「百子」，同。

⑿② 「亓」，潛本、緜眇閣本、陳本、四庫本作「其」。

⑿③ 「亓」，潛本、緜眇閣本、陳本作「其」。

⑿④ 吳鈔本「問」下有「焉」字。 補宋鈔本御覽七百三十八引「跌」作「洗」。 秋山云：「跌」，一作「趺」。

⑿⑤ 「爲」字各本脫，今依王校增。

⑿⑥ 孫云：「何」上疑脫「鬼神」二字。 吳云：「何」上脫「吾言何遽不善而鬼神」九字。

⑿⑦ 御覽引「寒暑」與「勞苦」互易。

⑿⑧ 「閉」字各本脫。 王據魯問篇及太平御覽疾病部一引補。 秋山校同。

⑿⑨ 以上自「福爲善者富之」至此，道藏本原文凡二百六十三字，錯入下文「不視人猶強爲之」與「夫義

天下之大器也」之間，今校移於此。如此校移，上文接合處爲「能爲禍福」句，下文接合處爲「則盜何遽無從入哉」句，文意均適相銜接。其被析出之處，「不視人猶強爲之」，與「夫義，天下之大器也。何以視人？必強爲之」，文意亦適相銜接，字句完足，不煩望文增省。明乎此，然後知俗本刪「知能爲禍人哉福」七字之謬。

(130) 「入哉」二字上屬爲句。「入」舊作「人」，形近而譌。御覽引作「賊何處不入哉」，正有「入哉」二字，可證今本之誤，同時亦可證北宋初年此文或尚有未錯亂之本也。王據魯問篇及御覽於「從」字下校增「入」字，不知本書固有「入哉」二字，與御覽恰合也。特因畢校誤移，致原書真像愈加隱晦耳。　孫云：淮南子人閒訓云「室有百户，閉其一，盜何遽無從入」，即本此文。

(131) 吳鈔本「良」作「梁」，字通。莊子應帝王篇曰：「有人於此，嚮疾強梁，物徹疏明。」

(132) 孫云：史記黃帝本紀「黃帝幼而徇齊」，集解：「徐廣曰：墨子曰『年踰五十，則聰明心慮不徇通矣』。裴駰案：徇，疾也。」索隱云：「『徇齊』，孔子家語及大戴禮並作『叡齊』，一本作『慧齊』。叡、慧，皆智也。史記舊本亦有作『濬齊』。蓋古字假借『徇』爲『濬』。濬，深也，義亦並通。」案徐引墨子，今無此文，蓋在佚篇中。說文人部云：「佝，疾也。」「徇」即「佝」之譌。莊子知北游篇云「思慮恂達」，又借「恂」爲之。

(133) 意林引作「汝速學，君當仕汝」，宋本、蜀本御覽六百十三引作「汝若學，吾當仕汝」。以下本書與意林、御覽文各小異。

134 意林、御覽引並作「朞年」。 畢云：同「期年」。 孫云：此書「期年」字多作「其」。
135 畢云：舊脱「墨子」二字，以意增。 ○案：意林、御覽引作「墨子曰」。
136 吴鈔本無「夫」字。 意林、御覽引「語」作「人」。
137 「魯」字陸本、茅本、寶曆本、李本、堂策檻本、四庫本無。 意林、御覽引亦無。
138 「亓」，潛本、寶曆本、緜眇閣本、陳本、四庫本作「其」，下二「亓」字並同。
139 「亓」，意林引作「其」，下同。
140 「亓」，御覽引作「其」。
141 畢云：「與」舊作「無」，一本如此。 ○案：潛本、緜眇閣本、陳本作「與」。
142 「爲」，緜眇閣本、陳本作「與」。
143 吴鈔本無「其」字。
144 「末」，舊本作「未」。
145 茅本「學」作「斈」。
146 「學」，宋本御覽六百七引作「斈」，蜀本御覽仍作「學」，下同。
147 「無」，宋本御覽引作「无」，蜀本御覽作「無」。
148 以上八字諸本脱，潛本、緜眇閣本、陳本有，今據補。 畢亦據一本增「豈曰我族人莫之欲」八字，案意林、御覽引亦作「吾族人」，畢本作「我族人」，疑誤。

⑭⑨此下未删節諸本有「福爲善者富之」至「則盗何遽無從」原文凡二百六十三字，爲前文之脱文錯置於此者，今校移前，説詳上文。

⑮⓪句。

⑮①畢云：「必」當爲「不」。　蘇云：此勉之之詞，「必」字不誤。　○案：蘇説是也。

⑮②蜀本、補宋鈔本御覽七百四十五引作「或有於墨子學射」。

⑮③「亓」，寶曆本作「其」，御覽引亦作「其」。　吴鈔本作「夫智者亦必量力所能至」。

⑮④畢云：「及」猶兼。

⑮⑤顧云：「日」當爲「曰」。　蘇云：「告子曰」之「曰」當作「日」，或爲「口」字之譌，下墨子言告子「口言而身不行」，是其證也。然此告子自與墨子同時，後與孟子問答者當另爲一人。　孫云：孟子告子篇趙注云：「告，姓也。子，男子之通稱也。名不害。兼治儒、墨之道者，嘗學於孟子。」趙氏疑亦隱據此書，以此告子與彼爲一人。王應麟、洪頤煊説並同。然以年代校之，當以蘇説爲是。　曹云：若此「告子」即孟子之「告子」，則必墨子之年壽甚長，告子及見之；告子之年壽甚長，孟子及見之。

⑮⑥告子蓋學於墨子，故二三子請棄之。

⑮⑦句。

⑮⑧言義是稱我言，行惡是毁我行。言義而不行，猶勝於不言者也。

⑲「甚不仁」疑「言不行」之譌。「言」字古篆或作「[illegible]」，隸書或作「[illegible]」，並與「甚」形略似。「行」與「仁」亦形近。下文「甚不仁」譌與此同。

⑯「甚不仁」當爲「言不行」。

⑯口言尊天事鬼愛人，而身不行之，猶勝於口亦不言之者也。

⑯言翟之言。

⑯不行翟之行。　畢云：「子毀」二字舊倒，今移。

⑯猶勝於不行又不言者也。

⑯畢云：文選注引無「爲」字。　蘇云：「勝爲仁」者，言仁能勝其任也。或以「勝」爲告子名，未知然否。　孫云：文選陳孔璋爲曹洪與魏文帝書云「有子勝斐然之志」，李注引此文釋之，則崇賢似以「勝」爲告子之名。蘇引或説本於彼。閻若璩四書釋地又續引或説謂告子名不害，字子勝。並無碻證，疑不足據。

⑯畢云：「跂」舊作「跛」，據文選注改，此「企」字假音。爾雅云：「其踵企。」陸德明音義云：「去跂反。本或作跂。」説文云：「企，舉踵也。」「跂，足多指。」二字異。

⑯畢云：「隱」，文選注引作「偃」。「隱」、「偃」音相近，亦通。言企足以爲長，仰身以爲廣。偃猶仰。

⑯孫云：「我」下疑當有「能」字。

⑯「惡」，何也。

⑰⓪ 畢云：言子姑無若此。孫云：「姑亡」亦見備梯篇。

⑰① 吴鈔本無「身」字。茅本、寶曆本、李本「矣」作「也」。畢云：一本作「子姑防，子之身亂之矣」，是。○案：「子姑亡，子之身亂之矣」，潛本、緜眇閣本、陳本作「子姑防，子之身亂之矣」，蓋未達「姑亡」之義而以意改之也。畢又謂其是，未允。

墨子校注卷之十三

魯問第四十九

魯君謂子墨子曰①：「吾恐齊之攻我也，可救乎？」子墨子曰：「可。昔者三代之聖王禹湯文武，百里之諸侯也，説忠行義，取天下。三代之暴王桀紂幽厲，讐怨行暴，失天下②。吾願主君之上者尊天事鬼，下者愛利百姓，厚爲皮幣，卑辭令，亟偏禮四鄰諸侯③，毆國而以事齊④，患可救也。非願無可爲者⑤。」

齊將伐魯，子墨子謂項子牛曰⑥：「伐魯，齊之大過也。昔者吴王東伐越，棲諸會稽⑦；西伐楚，葆昭王於隨⑧；北伐齊，取國太子以歸於吴⑨。諸侯報其讐，百姓苦其勞而弗爲用，是以國爲虚戾⑩，身爲刑戮也。昔者智伯伐范氏與中行氏，兼三晉之地⑪。諸侯報其讎，百姓苦其勞而弗爲用，是以國爲虚戾，身爲刑戮，用是也⑫。故大國之攻小國也，是交相賊也，過必反於國⑬。」

子墨子見齊大王，曰⑭：「今有刀於此，試之人頭，倅然斷之⑮，可謂利乎？」大王曰：「利。」子墨子曰：「多試之人頭，倅然斷之，可謂利乎？」大王曰：「利。」子墨子曰：「刀則利矣，孰將受其不祥？」大王曰：「刀受其利⑯，試者受其不祥⑰。」子墨子曰：「并國覆軍，賊敖百姓⑱，孰將受其不祥？」大王俯仰而思之，曰：「我受其不祥。」

魯陽文君將攻鄭，子墨子聞而止之，謂陽文君曰⑲：「今使魯四境之內⑳，大都攻其小都，大家伐其小家，殺其人民㉑，取其牛馬狗豕布帛米粟貨財，則何若？」魯陽文君曰：「魯四境之內，皆寡人之臣也。今大都攻其小都，大家伐其小家，奪之貨財，則寡人必將厚罰之。」子墨子曰：「夫天之兼有天下也，亦猶君之有四境之內也。今舉兵將以攻鄭，天誅亓不至乎㉒？」魯陽文君曰：「先生何止我攻鄭也㉓？我攻鄭順於天之志，鄭人三世殺其父㉔，天加誅焉，使三年不全㉕，我將助天誅也。」子墨子曰：「鄭人三世殺其父，而天加誅焉，使三年不全，天誅足矣。今又舉兵將以攻鄭，曰：『吾攻鄭也，順於天之志。』譬有人於此，其子强粱不材㉖，故其父笞之。其鄰家之父舉木而擊之，曰：『吾擊之也，順於其父之志。』則豈不悖哉！」子墨子謂魯陽文君曰：「攻其鄰國，殺其民人，取其牛馬粟米貨財，則書之於竹帛，鏤之於金石，以爲銘於鍾鼎㉗，傳遺後世子孫㉘，曰：『莫若吾多㉙。』今賤人也，亦攻其鄰家㉚，殺其人民，取其狗豕食糧衣裘㉛，亦書之竹帛，以爲銘於席豆，以遺後世子孫，曰：『莫若我多。』亓可乎㉜？」魯陽文君曰：「然，吾以子之言觀之，則天下之所謂可者，未必然也。」

子墨子謂魯陽文君曰㉝：「世俗之君子，皆知小物而不知大物。今有人於此，竊一犬一彘則謂之不仁，竊一國一都則以爲義。譬猶小視白謂之白，大視白則謂之黑㉞。是故世俗之君子知小物而不知大物者，此若言之謂也㉟。」

魯陽文君語子墨子曰㊱：「楚之南有啖人之國者焉㊲，其國之長子生，則解而食之㊳，謂之宜弟。美，則以遺其君，君喜則賞其父㊴。豈不惡俗哉？」子墨子曰：「雖中國之俗，亦猶是也。殺其父而賞其子，何以異食其子而賞其父者哉？苟不用仁義，何以非夷人食其子也？」

魯君之嬖人死，魯君爲之誄，魯人因説而用之㊵。子墨子聞之，曰：「誄者，道死人之志也㊶。今因説而用之，是猶以來首從服也㊷。」魯陽文君謂子墨子曰：「有語我以忠臣者，令之俯則俯，令之仰則仰，處則靜，呼則應，可謂忠臣乎？」子墨子曰：「令之俯則俯㊸，令之仰則仰，是似景也㊹。處則靜，呼則應，是似響也㊺。君將何得於景與響哉？若以翟之所謂忠臣者，上有過則微之以諫㊻，己有善則訪之上㊼，而無敢以告外㊽，匡其邪而入其善㊾，尚同而無下比㊿，是以美善在上而怨讎在下㊿¹，安樂在上而憂慼在臣。此翟之所謂忠臣者也[52]。」

魯君謂子墨子曰：「我有二子，一人者好學，一人者好分人財，孰以爲太子而可[53]？」子墨子曰：「未可知也，或所爲賞與爲是也[54]。魡者之恭[55]，非爲魚賜也[56]；餌鼠以蟲[57]，非愛之也[58]。吾願主君之合其志功而觀焉。」

魯人有因子墨子而學其子者，其子戰而死，其父讓子墨子[59]。子墨子曰：「子欲學子之子，今學成矣，戰而死，而子慍，是猶欲糶糴[60]，讎則慍也[61]，豈不費哉[62]！」

魯之南鄙人有吴慮者[63]，冬陶夏耕，自比於舜。子墨子聞而見之，吴慮謂子墨子曰[64]：「義耳義耳，焉用言之哉？」子墨子曰：「子之所謂義者[65]，亦有力以勞人，有財以分人乎[66]？」吴慮曰：「有。」子墨子曰：「翟嘗計之矣。翟慮耕而食天下之人矣[67]，盛[68]，然後當一農之耕[69]，分諸天下，不能人得一升粟。籍而以爲得一升粟[70]，其不能飽天下之飢者，既可睹矣[71]。翟慮織而衣天下之人矣，盛，然後當一婦人之織[72]，分諸天下，不能人得尺布。籍而以爲得尺布[73]，其不能煖天下之寒者，既可睹矣。翟慮被堅執鋭救諸侯之患[74]，盛，然後當一夫之戰[75]。一夫之戰，其不御三軍，既可睹矣。翟以爲不若誦先王之道而求其説，通聖人之言而察其辭，上説王公大人，次説匹夫徒步之士[76]。王公大人用吾言，國必治；匹夫徒步之士用吾言，行必脩[77]。故翟以爲雖不耕而食飢[78]，不織而衣寒[79]，功賢於耕而食之、織而衣之者也。故翟以爲雖不耕織乎，而功賢於耕織也。」

吴慮謂子墨子曰：「義耳義耳，焉用言之哉？」子墨子曰：「籍設而天下不知耕，教人耕，與不教人耕而獨耕者[80]，其功孰多？」吴慮曰：「教人耕者其功多。」子墨子曰：「籍設而攻不義之國，鼓而使衆進戰，與不鼓而使衆進戰而獨進戰者，其功孰多？」吴慮曰：「鼓而進衆者其功多。」子墨子曰：「天下匹夫徒步之士少知義，而教天下以義者功亦多，何故弗言也？若得鼓而進於義，則吾義豈不益進哉？」

子墨子游公尚過於越[81]，公尚過説越王，越王大説[82]，謂公尚過曰：「先生苟能使子墨子至於越而教寡人[83]，請裂故吴之地方五百里以封子墨子[84]。」公尚過許諾，遂爲公尚過束車五十乘，以迎子墨子於魯，曰：「吾以夫子之道説越王，越王大説，謂過曰：苟能使子墨子至於越而教寡人[85]，請裂故吴之地方五百里以封子[86]。」子墨子謂公尚過曰：「子觀越王之志何若[87]？意越王將聽吾言，用我道[88]，則翟將往，量腹而食[89]，度身而衣[90]，自比於羣臣，奚能以封爲哉[91]？抑越王不聽吾言[92]，不用吾道，而我往焉，則是我以義糶也[93]。鈞之糶[94]，亦於中國耳，何必於越哉[95]？」

子墨子游[96]，魏越曰[97]：「既得見四方之君[98]，子則將先語[99]？」子墨子曰：「凡入國，必擇務而從事焉。國家昏亂，則語之尚賢尚同；國家貧，則語之節用節葬；國家憙音湛湎[100]，則語之非樂非命；國家淫僻無禮[101]，則語之尊天事鬼；國家務奪侵凌，即語之兼愛非攻[102]。故曰：擇務而從事焉[103]。」

子墨子出曹公子而於宋[104]，三年而反，睹子墨子曰[105]：「始吾游於子之門，短褐之衣[106]，藜藿之羹[107]，朝得之則夕弗得，弗得祭祀鬼神[108]。今而以夫子之故[109]，家厚於始也[110]，有家厚謹祭祀鬼神[111]。然而人徒多死，六畜不蕃，身湛於病[112]，吾未知夫子之道之可用也。」子墨子曰：「不然，夫鬼神之所欲於人者多，欲人之處高爵祿則以讓賢也，多財則以分貧也，夫鬼神豈唯擢季拑肺之爲欲哉[113]？今子處高爵祿而不以讓賢，一不祥也；多財而不以分貧，二不祥也。今子事鬼神，唯祭而已矣，而曰：『病何自至哉？』是猶百門而閉一門焉，曰：『盜何從入？』若是而求福[114]，於有[115]？怪之鬼[116]，豈可哉？」

魯祝以一豚祭，而求百福於鬼神。子墨子聞之，曰：「是不可。今施人薄而望人厚，則人唯恐其有賜於己也。今以一豚祭而求百福於鬼神，鬼神唯恐其以牛羊祀也[117]。古者聖王事鬼神[118]，祭而已矣[119]。今以豚祭而求百福，則其富不如其貧也。」

彭輕生子曰[120]：「往者可知，來者不可知。」子墨子曰：「籍設而親在百里之外[121]，則遇難焉，期以一日也，及之則生，不及則死。今有固車良馬於此，又有奴馬四隅之輪於此[122]，使子擇焉，子將何乘？」對曰：「乘良馬固車，可以速至。」子墨子曰：「焉在矣來[123]。」

孟山譽王子閭曰[124]：「昔白公之禍[125]，執王子閭[126]，斧鉞鉤要[127]，直兵當心[128]，謂之曰：『爲王則生，不爲王則死。』王子閭曰：『何其侮我也。殺我親[129]，而喜我以楚國，我得天下而不義，不爲也，又況於楚國乎？』遂而不爲[130]。王子閭豈不仁哉？」子墨子曰：「難則難矣，然而未仁也。若以王爲無道[131]，則何故不受而治也？若以白公爲不義，何故不受王[132]，誅白公然而反王[133]？故曰：難則難矣[134]，然而未仁也。」

子墨子使勝綽事項子牛[135]，項子牛三侵魯地[136]，而勝綽三從。子墨子聞之，使高孫子請而退之[137]，曰：「我使綽也，將以濟驕而正嬖也[138]。今綽也，祿厚而譎夫子，夫子三侵魯，而綽三從，是鼓鞭於馬靳也[139]。翟聞之，言義而弗行，是犯明也。綽非弗之知也，祿勝義也。」

昔者楚人與越人舟戰於江[140]，楚人順流而進，迎流而退[141]，見利而進，見不利則其退難[142]。越人迎流而進，順流而退，見利而進[143]，見不利則其退速。越人因此若埶[144]，亟敗楚人[145]。公輸子[146]自魯南游楚[147]，焉始爲舟戰之器[148]，作爲鉤强之備，退者鉤之，進者强之[149]，量其鉤强之長，而制爲之兵[150]。楚之兵節，越之兵不節，楚人因此若埶[151]，亟敗越人[152]。公輸子善其巧，以語子墨子曰：「我舟戰有鉤强[153]，不知子之義亦有鉤强乎？」子墨子曰：「我義之鉤强，賢於子舟戰之鉤强。我鉤强[154]，我鉤之以愛[155]，揣之以恭[156]。弗鉤以愛則不親，弗揣以恭則速狎，狎而不親，則速離[157]。故交相愛，交相恭，猶若相利也。今子鉤而止人，人亦鉤而止子，子强而距人，人亦强而距子。交相鉤，交相强，猶若相害也。故我義之鉤强，賢子舟戰之鉤强(158)。」

公輸子削竹木以爲鵲(159)，成而飛之(160)，三日不下(161)，公輸子自以爲至巧。子墨子謂公輸子曰：「子之爲鵲也，不如翟之爲車轄(162)，須臾斲三寸之木(163)，而任五十石之重(164)。故所爲巧，利於人謂之巧，不利於人謂之拙(165)。」

公輸子謂子墨子曰：「吾未得見之時，我欲得宋，自我得見之後，予我宋而不義，我不爲。」子墨子曰：「翟之未得見之時也，子欲得宋，自翟得見子之後，予子宋而不義，子弗爲(166)，是我予子宋也(167)。子務爲義，翟又將與子天下(168)。」

① 吴鈔本「謂」作「問」。　畢云：「魯君」當是魯陽文君，楚縣之君。　蘇云：此「魯君」自是魯國君，故以齊攻爲患。畢注非也。　俞云：「魯陽文君」，耕柱篇再見，此篇亦屢見，子墨子之意皆勸以無攻小國，與此不同。且此篇有「魯君」，又有「魯陽文君」，別而書之，其非一人明甚。　孫云：此「魯君」疑即穆公。　○案：魯悼公、元公及穆公初年皆與墨子年世相值，下文又有魯君問置太子一節，當爲一人。孫謂魯君即穆公，竊以爲不如訂爲元公，於情事尤合也，說詳下文。

② 左襄三年傳疏云：「讎者，相負挾怨之名。」此「讐怨」猶言相負挾怨。

③ 「亟」，諸本作「函」，寶曆本作「函」，今依孫校改。曹校同。管子小匡篇曰「美爲皮幣以極聘覜於諸侯，以安四鄰，則鄰國親我矣」，文與此略同。孫云：爾雅釋詁云：「亟，疾也，速也。」

④ 寶曆本「毆」作「敵」。韓子六反篇「是驅國而棄之也」，「毆」、「驅」古今字。戰國策燕策曰「我有積怨，深怒於齊，不量輕弱，而欲以齊爲事」，韓子存韓篇曰「今趙欲聚士卒以秦爲事」，商子壹言篇曰「故治〔一〕國者，其摶力也以富國強兵也，其殺力也以事敵勸民也。摶力以一務也，殺力以攻敵也」，又徠〔二〕民篇曰「以故秦事敵而使新民作本」，史記趙世家曰「且齊之所以伐者，以事王也，天下屬行以謀王也」，又張湯傳曰「孝文帝欲事匈奴，北邊蕭然苦兵矣」。由以上諸例，可見凡從事於戎事，如圖謀攻戰、守禦之類，皆可謂之「事」。此言「事齊」，義與彼同，舊釋爲事奉之事，誤。

⑤ 畢云：言非此之爲願。王云：「願」當爲「顧」，字之誤也。顧與固通，「顧」上當有「此」字。言非此顧無可爲者也。○案：此句無脱文，亦無誤字。各家未瞭上文「事」字之義，故於此句亦不得其解耳。「願」讀爲「原」。原，本也。「非原無可爲者」，言非本無可爲者也。全節大意，猶言魯君問墨子曰：「恐齊攻我，可救乎？」墨子曰：「可，願君修内政以厚民力，禮四鄰以結外

〔一〕「治」字原引脱，據商君書壹言篇補。
〔二〕「徠」原作「來」，據商君書原篇名改。

援，傾全國之力以防禦暴齊，患可救也。非原無可爲者。」以見本屬可爲。此正墨家自強禦侮，以守禦爲非攻後盾之本色。節葬下篇曰「凡大國之所以不攻小國者，積委多，城郭修，上下調和，是故大國不耆攻者」，備城門篇曰「我城池修，守器具，推粟足，上下相親，又得四鄰諸侯之救，此所以持也」，呂氏春秋召類篇曰「故割地寶器戈劍，卑辭屈服，不足以止攻，唯治爲足，治則爲利者不攻矣，爲名者不伐矣」，陳義並與此同。

⑥ 孫云：「項子牛」蓋田和將，伐魯事詳後。〇案：淮南子人閒訓曰：「三國伐齊，圍平陸，括子以報於牛子曰：『請以齊侯往。』牛子用括子之計，三國之兵罷，而平陸之地存。」許注云：「三國，韓魏趙也。」彼「牛子」與此「項子牛」疑爲一人。

⑦ 吳伐越事詳非攻中篇。　孫云：國語越語云「越王句踐棲於會稽之上」，韋注云：「山處曰棲。」

⑧ 孫云：「葆」、「保」通。左傳定四年吳入郢，「楚鬭辛與其弟巢以王奔隨」。

⑨ 王云：「國太子」本作「國子」，謂齊將國書也。吳敗齊於艾陵，獲國子，事見春秋哀十一年。淺人誤以「國」爲國家之「國」，因加「太」字耳。

⑩ 「虛戾」義詳公孟篇。

⑪ 詳非攻中篇。　陸賈新語道基篇曰「知伯仗威任力，兼三晉而亡」。　孫云：此「三晉」謂晉卿三家，即智氏、范氏、中行氏也，故非攻篇云「并三家以爲一家」，與韓、趙、魏不同。

⑫ 王云：「用是」二字涉上文而衍。上文「是以國爲虚戾，身爲刑戮也」，無「用是」二字，是其證。

王景羲云：「用是〔一〕」乃總結上文兩事之詞，「用是」即由是。公孟篇曰「桀紂幽厲薾爲聲樂，不顧其民，是以身爲刑僇，國爲虚戾者，皆從此道也」，即此「用是」之謂，王校非。

⑬ 「過」，曹箋改「禍」。　吴闓生云：「過」讀爲「禍」。　秋山云：「反」，一作「及」。

⑭ 秋山云：「王」，一作「夫」。　畢云：太平御覽三百四十六無「大」字，下同。　蘇云：「大」當讀「泰」，即太公田和也。蓋齊僭王號之後，亦尊其祖爲太王，如周之古公云。　俞云：大公者，始有國之尊稱。故周追王自亶父始，而稱大王。齊有國自尚父始，而稱大公。以及吴之大伯，晉之大叔，皆是也。田齊始有國者，和也，故稱大公，猶尚父稱大公也。至其後子孫稱王，則亦應稱大王矣，猶亶父稱大王也。因齊大王之稱他書罕見，故學者不得其説，太平御覽引此文，遂删「大」字矣。　孫云：蘇、俞説是也。據史記田敬仲世家及六國年表，田莊子卒於周威烈王十五年，子太公和立。安王十六年，田和始立爲諸侯。墨子見大王，疑當在田和爲諸侯之後。

〇案：孫説泥。墨子見齊大王，在田和執政之後即可，不必在立爲諸侯後也。

⑮ 畢云：「卒」字異文作「倅」，讀如倉猝。

⑯ 四字無義，當爲衍文。此曰「試者受其不祥」，下文曰「我受其不祥」，文例正同，則此四字不當有

〔一〕「用是」原誤作「用事」，據王景羲墨商改。

明矣。宋本、蜀本御覽三百四十六引亦有此四字，則其衍尚在宋以前。

⑰畢云：言持刀之人。

⑱畢云：舊作「敊」，非。太平御覽引作「殺」。案說文云「敊，古文殺」，出此。今依改正。此書觀覽者少，故猶存古字，如廣雅然也，愼勿改亂之。○案：畢校是也。陳本正作「賊殺」。

⑲畢云：「謂」下當脫「魯」字。

⑳畢云：謂魯陽。

㉑「人民」，諸本作「民人」，潛本、緜眇閣本、陳本作「人民」，與畢本同。秋山云：「殺」，一作「移」。

㉒「亓」，潛本、緜眇閣本、陳本作「其」。

㉓陸本、茅本、寶曆本、李本、堂策檻本、四庫本無「何」字。

㉔蘇云：「父」當作「君」。據史記鄭世家云：「哀公八年，鄭人弑哀公，而立聲公弟丑，是爲共公。三十年，共公卒，子幽公已立。幽公元年，韓武子伐鄭，殺幽公。鄭人立幽公弟駘，是爲繻公。二十七年，子陽之黨共弑繻公。」是三世弑君之事也。孫云：黃式三周季編略亦同蘇說。黃氏又據此云：「三年不全，以魯陽文君攻鄭在安王八年，即鄭繻公被弑後三年也。」然二說並可疑。攷文君即公孫寬，爲楚司馬子期子。據左傳，子期死白公之難在魯哀公十六年，次年寬即嗣父爲司馬。則白公作亂時，寬至少亦必已弱冠。鄭繻公之弑在魯穆公十四年，上距哀公十六年已八

十四年，文子若在，約計殆逾百歲，豈尚能謀攻鄭乎？竊疑此「三世」並當作「二世」，蓋即在韓殺幽公之後。幽公之死，當魯元公八年，時文子約計當七十餘歲，於情事儻有合耳。○案：孫疑魯陽文君之年不能與鄭繻公被弒相及，是也。唯改「三」爲「二」，則可不必。此文「三世」、「三年」皆非實數，言「三」者，非一之詞，猶言數世、數年也。古書中「三」字若必一一徵實計之，多見其膠滯難通也。

㉕孫云：呂氏春秋本生篇高注云：「全猶順也。」「三年不全」，猶玉藻云「年不順成」。

㉖孫云：老子云「強梁者不得其死」，莊子山木釋文云：「彊梁，多力也。」詩大雅蕩毛傳云：「彊梁，禦善也。」孔疏云：「彊梁，任威使氣之貌。」

㉗寶曆本「鍾」作「鐘」。宋本六臣文選廣絕交論李注引亦作「鐘」。

㉘「遺」，緜眇閣本、陳本作「於」。文選廣絕交論注引作「琢之盤盂，銘於鍾鼎，傳於後世」，疑兼據他篇文。

㉙「吾多」，諸本作「多吾」，李本、堂策檻本、四庫本作「吾多」。秋山云：「『多吾』一作『吾多』。」今從之。潛本、緜眇閣本、陳本作「我多吾」三字，蓋據下文校增「我」字，又未删「吾」字耳。顧校李本、畢本作「我多」，案顧校李本各條與堂策檻本皆合，唯此條異，當屬筆誤。偏檢舊本，無作「我多」二字者，畢謂一本作「我多」，蓋即據潛本上二字校者。畢云：「我多」舊作「多吾」，一本如此。孫云：周礼司勳云「戰功曰『多』」。

㉚「鄰」，道藏本、吴鈔本、陸本、唐本、茅本、寶曆本、李本、堂策檻本作「隣」。

㉛「糧」，諸本作「粮」，唐本、李本、緜眇閣本、陳本作「糧」，今從之。　畢云：「粮」，「糧」字俗寫。

㉜「亓」，潛本、緜眇閣本、陳本作「其」。

㉝「謂」，諸本作「爲」，吴鈔本、堂策檻本、四庫本作「謂」，今從之。　畢云：「爲」，「謂」字。

㉞吴鈔本無『則』字。

㉟「此若」，諸本同，堂策檻本、顧校李本、四庫本作「若此」，畢本亦改「若此」。　畢云：舊二字倒，一本如此。　王云：畢改非也。古者謂此爲「若」，連言之則曰「此若」。「此若言之謂也」已見尚賢篇。墨子書言「此若」者多矣，它書亦多有之。　○案：王説是也。本作「若此」者，蓋以意改。

㊱吴鈔本「語」作「謂」。

㊲「楚之南」，陸本、茅本、寶曆本、李本、堂策檻本、四庫本作「楚南」二字。「焉」，諸本作「橋」，寶曆本作「焉」，今從之。蓋「焉」草書或作「ち」，「喬」草書或作「㚘」，兩形相近，「焉」譌爲「喬」，又加偏旁作「橋」矣。　孫云：節葬下篇「啖人」作「炎人」，而以食子爲輆沐國俗，與此不同。竊疑「啖人」之名即起於食子，此篇是也。

㊳「解」，諸本同，道藏本、吴鈔本、畢本作「鮮」。　畢云：一本作「解」。　顧云：作「鮮」者誤。古鮮、解字或相亂，殷敬順釋列子用「鮮」字訓，非也。　○案：顧説是也。今從陸本、唐本、茅

本等作「解」，與節葬下篇合。

㊴ 孫云：後漢書南蠻傳云：「交阯其西有噉人國，生首子，輒解而食之，謂之宜弟。味旨則以遺其君，君喜而賞其父。今烏滸人是也。」李注引萬震南州異物志云：「烏滸，地名也，在廣州之南，交州之北。」則漢時尚相傳有是國也。

㊵ 曹云：此事見禮記檀弓篇，縣賁父御魯莊公，卜國爲右，因馬驚敗，赴敵而死之，莊公以其死非罪而誄之，士之有誄自此始。可見魯人之說而用之也。

㊶ 孫云：釋名釋典藝云：「誄，累也。累列其事而稱之也。」

㊷ 寶曆本「來」作「耒」。

秋山云：「耒」，一作「未」。

孫云：「來首」疑即「貍首」。史記封禪書云：「萇弘設射貍首，貍首者，諸侯之不來者。」大射儀鄭注說「貍首」云：「貍之言不來也。」廣雅釋獸云：「豾，貍也。」「不來」即豾貍。方言云：「貔，陳楚江淮之閒謂之猍，關西謂之貍。」來、猍字亦同。蓋「貍」與「來」古音相近，故「貍首」亦謂之「來首」。「服」謂服馬。「以來首從服」，言以貍駕車，明其不勝任也。

㊸ 畢云：「頫」字俗寫。

㊹ 畢云：古「影」字只作「景」，葛洪加「彡」。而明刻本淮南子有注云「古影字」，或以爲高誘文，則非

始於葛[一]。案道藏本淮南子無此三字，蓋明人妄增耳。今尚書亦有「影響」字，寫者亂之。○案：「景」，緜眇閣本、陳本作「影」，下仍作「景」。

㊺ 左昭十二年傳「今與王言如響」，杜注云：「譏其順王心如響應聲。」孫云：管子心術篇云：「若影之象形，響之應聲也。」

㊻ 荀子臣道篇引書曰「微諫而不倦」，大戴記曾子立孝篇、禮記坊記並曰「微諫不倦」，漢書伍被傳「被數微諫」，師古注曰：「私諫之。」孫云：「微」者，「覹」之借字。說文見部云：「覹，司也。」「微之以諫」，言伺君之閒而諫之也。

㊼ 孫云：爾雅釋詁云：「訪，謀也。」謂進其謀於上，而不敢以告人也。○案：孫氏隱據僞古文尚書君陳篇「嘉謀嘉猷」之說釋此，似是實非。此「訪」字不當訓謀。訪者，「傍」之借字。傍，依附也。尚賢中篇曰「若有美善則歸之上，是以美善在上而所怨謗在下，寍樂在君，憂慼在臣」，與此文正同。彼言「歸」，此言「訪」，其義一也。言臣有善則歸附於上也。若「訪」訓謀，則加字迂曲而仍難通。戰國策東周策曰「忠臣令誹在己，譽在上」，晏子春秋諫下篇曰「古之善爲人臣者，聲名歸之君，禍災歸之身，入則切磋其君之不善，出則高譽其君之德義」，管子君臣上篇曰「大夫有善，納之於君」，禮記祭義曰「天子有善，讓德於天；諸侯有善，歸諸天子；卿大夫有善，薦於諸侯」，

[一]「或以爲高誘文，則非始於葛」十一字本書原引脱，據畢注補。

又坊記曰「善則稱君，過則稱己」，春秋繁露保位權篇曰「功出於臣，名歸於君」，又王道通篇曰「善皆歸於君，惡皆歸於臣」。凡此立義，皆言有善讓於上，與所謂進其謀於上者不相及也。

㊽ 句。

㊾ 畢云：「匡」字舊闕，注云：「太祖廟諱上字」，蓋宋本如此，今增。○案：道藏本、陸本、唐本、茅本、寶曆本、李本、堂策檻本並與畢引舊本合。潛本、緜眇閣本缺筆作「匡」。四庫本删去注文六字，又無「匡」字。吴鈔本「而」作「以」。

㊿ 「同」字各本脱，王據尚同篇增。

51 「是」字各本脱，王據尚賢篇增。

52 「所」字諸本脱，吴鈔本有，今據補。孫、曹校同。

53 寶曆本「太」作「大」。劉向列女傳曰「當穆公時，君老，大子幼，漆室女曰：今魯君老悖，大子少愚」，比而觀之，可知此書魯君非穆公。

54 「與」，諸本作「興」，寶曆本作「與」，與畢改合。秋山云：「與」，一作「興」。畢云：「與」，舊作「興」，以意改。孫云：「與」即「譽」之假字。言好學與分財，或因求賞賜名譽而僞爲，是不必真好也。前大取篇云「爲賞譽利一人，非爲賞譽利人也」，是其證。「賞譽」亦見尚同下篇。

55 「魡」，潛本、緜眇閣本、堂策檻本、顧校李本、陳本、四庫本作「釣」。吴鈔本「者」作「魚」。四庫本「恭」作「葢」。畢云：「釣」字俗寫从魚。藝文類聚引作「釣」。案玉篇有「魡」字，云「丁叫切。

亦作釣。餌取魚」，出此。墨書如此類字，由後人抄寫，以意改爲，大都出自六朝。凡秦以前書傳，皆篆簡耳，不應有此。以相傳既久，亦不改也。孫云：集韻三十四嘯云：「釣，或作魡。」莊子刻意篇「釣魚閒處」，釋文作「魡」，云：「本亦作釣。」淮南子說山訓云「釣者使人恭」。

㊱「魚」字畢本無，舊本並有，今據補。畢云：「賜」字，一本作「魚賜」，藝文類聚作「魚」。

㊲「餌」，諸本作「蝐」，四庫本剜改作「餌」。畢云：「餌」舊作「蝐」，非，據藝文類聚改。孫云：「蝐」蓋「餌」之俗體。集韻七志云：「蝐，釣魚食也。」「蟲」非所以餌鼠，疑當爲「蠱」字之誤。蠱有毒義，餌鼠以蠱，即謂毒鼠，故云「非愛之也」。○案：原文之意謂似愛而非愛者，若餌鼠以毒，則根本已不似愛，不得與愛之溷殽矣。藝文類聚六十六引「蟲」作「肉」，於義爲長。吳鈔本「蟲」作「虫」，蓋「肉」譌作「虫」，諸本又傳寫爲「蟲」耳。今之捕鼠者猶以肉類或米糧爲餌，是其遺法也。

㊳唐本「之」作「人」，誤。

㊴孫云：說文言部云：「讓，相責讓。」

㊵句。

㊶吳鈔本「糶糴」二字互易。畢云：「售」字正作「讎」。王云：「糴」當爲「糶」。廣雅：「糴，買也。」「糶，賣也。」故云「是猶欲糶，糶讎則慍也」。○案：「糴」字不誤。「糴」讀如經說下篇「刀糴相爲賈」之「糴」，其本字當作「𥻗」，說文曰：「𥻗，穀也。」經傳多以「糴」爲之。「糴」動

字，「糴」名字，猶言是猶欲賣穀，讎則愠也。

㉒ 秋山云：「費」、「拂」同。　王云：「費」讀爲「悖」，即上文之「豈不悖哉」也。緇衣「口費而煩」，鄭注曰：「費，或爲悖。」作「悖」者正字，作「費」者借字也。

㉓ 畢云：太平御覽八百二十二引作「吴憲」。

㉔ 「日」字各本脱，今據下節文例校增。　孫校同。

㉕ 畢云：「所謂」二字舊倒，以意改。　〇案：吴鈔本、寶曆本、緜眇閣本、堂策檻本、顧校李本、陳本、繹史本、四庫本正作「所謂」。

㉖ 孫云：群書治要引尸子貴言篇云：「益天下以財爲仁，勞天下以力爲義。」

㉗ 「而食天下」，諸本作「天下而食」，寶曆本作「而食天下」，今從之。　王校同。　秋山云：一本作「耕天下而食之人矣」。

㉘ 句。

㉙ 寶曆本「之」作「夫」。　秋山云：「農夫」下脱「之」。　孫云：此云極盛不過當一農之耕也。

㉚ 「籍」，吴鈔本、翻陸本、堂策檻本、繹史本、四庫本作「藉」，下同。　畢云：「籍」、「藉」字假音。

㉛ 吴鈔本「睹」作「覩」，下並同。　孫云：説文目部云：「睹，見也。」古文作「覩」。

㉜ 吴鈔本無「人」字。

㉝ 舊脱「以」字，孫依上文增，曹校同。

(74) 孫云：「患」下當依上文增「矣」字。

(75) 「當」字諸本無，潛本、緜眇閣本、陳本、繹史本有，與畢本合。

(76) 「説」字各本脱，今依畢校增。　畢云：「次」下當脱「説」字。

(77) 「脩」，吴鈔本、李本、潛本、陳本、繹史本作「修」。

(78) 句。

(79) 句。

(80) 畢云：舊脱「不」字，一本有。　○案：潛本、緜眇閣本、陳本、繹史本有「不」字。

(81) 「公尚過」，見貴義篇。

(82) 「越王」當爲王翁或王翳。　畢云：「説」舊作「悦」，下同。此俗寫字，今改正。

(83) 「至」字諸本脱，寶曆本有，今據補。

(84) 吴鈔本此無「方」字，下文仍有「方」字。　畢云：時吴已亡入越，故曰「故吴」。

(85) 寶曆本「苟」作「若」。　吴鈔本無「於」字。

(86) 此復舉上文之辭，「子」字當作「子墨子」三字，今本涉下文而脱耳。

(87) 吴鈔本「志」作「意」。

(88) 「我」，緜眇閣本、陳本、繹史本作「吾」。

(89) 「量」，道藏本、吴鈔本、陸本、唐本、茅本、李本、堂策檻本、四庫本作「⿱罒量」，俗字。

90 淮南子精神訓曰：「至人量腹而食，度形而衣，容身而游，適情而行，餘天下而不貪，委萬物而不利。」又俶真訓曰：「聖人量腹而食，度形而衣，節於己而已，貪污之心奚由生哉。」

91 「奚」，諸本作「不」，潛本、緜眇閣本、陳本、繹史本作「奚」，今從之。 畢云：「不」，一本作「奚」。

92 「越王」二字，諸本作「越」，茅本、寶曆本、李本作「王」，案二字當並有，今據補。

93 「耀」，諸本作「糴」，寶曆本作「耀」，今從之，下同。 畢本改「耀」。 畢云：「耀」舊作「糴」，下同，以意改。 呂氏春秋作「翟」。

94 句。

95 畢云：呂氏春秋高義云「子墨子游公上過於越，公上過語子墨子之義，越王説之，謂公上過曰：『子之師苟肎至越，請以故吳之地陰江之浦，書社三百以封夫子。』公上過往復於子墨子，子墨子曰：『子之觀越王也，能聽吾言，用吾道乎？』公上過曰：『殆未能也。』子墨子曰：『不唯越王不知翟之意，雖子亦不知翟之意。若越王聽吾言，用吾道，翟度身而衣，量腹而食，比於賓萌，未敢求仕。越王不聽吾言，不用吾道，雖全越以與我，吾無所用之。越王不聽吾言，不用吾道，而受其國，是以義翟也。義翟何必越？雖於中國亦可』」，即用此文義。

96 論語里仁篇曰「父母在，不遠游」，戰國策秦策「頓子曰：王資臣萬金而遊」，「遊」字並與此同。 墨子熱心救世，如孔子〔一〕周游列國也。所遊不止一國，故下文以「既得見四方之君」問之。

㊇97 孫云：墨子弟子。

98 句。

99 蘇云：即子將奚先之意。　吴云：「先」乃「奚」之譌。

100 吴鈔本「湛」作「沈」，字通。　畢云：説文云：「憙，説也。」　孫云：説文水部云：「湎，沈於酒也。」史記宋世家云「紂沈湎於酒」，初學記二十六引韓詩云：「齊顔色、均衆寡謂之沈，閉門不出者謂之湎。」

101 吴鈔本「僻」作「辟」。

102 吴鈔本「即」作「則」。

103 「攻故」二字各本脱，王據上文及非攻篇補，顧校亦於「非」下補「攻」字。

104 王云：此本作「子墨子出曹公子於宋」，猶上文言「子墨子游公尚過於越」也。今本衍「曰」字、「而」字，則義不可通。　蘇云：此有脱誤，「曰」字衍。　俞云：王説是也。然「出」字義不可通，「出」當爲「士」字之誤。士與仕通。言子墨子仕曹公子於宋也。　孫云：「曹公子」亦墨子弟子。

〔一〕「子」原誤「字」，徑改。

105 吴鈔本「睹」作「覩」。

106 「短褐」義詳非樂上篇。

107 各本無「藜」字、「之」字，王以意增。

108 「弗得」二字各本不重，今依孫校增。孫云：當重「弗得」二字。言雖藜藿之羹尚不能朝夕常給，故不得祭祀鬼神也。

109 句。

110 各本無「今」字，又「故」作「政」。王云：此言吾始而家貧，今而以夫子之教，家厚於始也。今本脱「今」字，「教」字又誤作「政」，則義不可通。俞云：「政」乃「故」字之誤。蓋子墨子仕曹公子於宋，則宋必致禄，故曰「以夫子之故，家厚於始也」。耕柱篇曰「衛君以夫子之故，致禄甚厚」。○案：「今」字王校是也，今依增。「政」字俞校爲長，今依改。尚同下篇「可而爲政於天下也」，正德本「政」誤「故」，可互爲例。

111 翻陸本「厚」作「原」。「有」古音讀如「以」。「有家厚」，猶以家厚。孫云：「有」讀爲「又」。

112 孫云：内則鄭注云：「湛，猶漬也。」

113 王引之云：「季」蓋「黍」字之譌。祭有黍有肺，故云「擢黍拑肺」。○案：王説近是。「擢」者，引取之義。「拑」者，夾持之義。左僖五年傳引周書曰「黍稷非馨，明德惟馨」，意與此略同。

114 句。

⑮「於」即「烏」之古文。烏有猶言何有。

⑯孫云：此義難通。據下文疑亦當作「求百福於鬼神」。○案：此文無脱誤。自「若是」至「豈可哉」十三字，作四句讀，文義顯達，不須解釋，各家失其句讀，故不得其解耳。

⑰「鬼神」二字各本不重，今依孫、吴校增。

⑱吴鈔本無「者」字。

⑲説苑貴德篇曰：「聖王郊望禘嘗，非求報於鬼神也。」孫云：禮器云「祭祀不祈」，鄭注云：「祭祀不爲求福也。」

⑳孫云：疑亦墨子弟子。○案：此疑當作「彭輕生謂子墨子曰」。

㉑孫云：「籍」亦「藉」之假字。

㉒畢云：「駑」古字只作「奴」，一本作「駑」。説文無「駑」字。○案：潛本、緜眇閣本、陳本作「駑」。列子力命篇曰「駑馬稜車，可得而乘」，蓋古人形容車馬不良之語，有如此者。

㉓盧云：似謂「焉在不知來」，文誤。蘇校同。吴云：「矣」者，「俟」之借字。

㉔孫云：「孟山」疑亦墨子弟子。

㉕詳非儒篇。

㉖孫云：左哀十六年傳「白公欲以子閭爲王，子閭不可，遂刼以兵」，杜注云：「子閭，平王子啓。」

㉗畢云：此正字。餘文作「腰」者，後改亂之耳。

⑫⑧ 孫云：「直兵」，劒矛之屬。晏子春秋内篇雜上説崔杼盟晏子云「戟鉤其頸，劒承其心，晏子曰：曲刃鉤之，直兵推之，嬰不革矣」，吕氏春秋知分篇云「直兵造胷，句〔一〕兵鉤頸」，高注云：「直，矛也。」

⑫⑨ 白公之亂，殺子西、子期於朝，子閭之兄也，故此曰「殺我親」。

⑬⓪ 畢云：説文云：「遂，亡也。从辵，㒸聲。」王逸注楚辭云「遂，往也」，義出於此。孫云：左傳云：「子閭不可，遂殺之」，新序義勇篇同，是子閭實死而非亡。「遂」下疑當有死字。○案：「遂」者，竟從己意，不爲外物所移也。王粲爲劉表與袁尚書曰：「若使迷而不返，遂而不改。」説文曰：「㒸，从意也。」經傳皆以「遂」爲之。

⑬① 「王」指楚惠王。

⑬② 句。

⑬③ 畢云：言何不借王之權以殺白公，然後返位於王。俞云：禮記檀弓篇「穆公召縣子而問然」，鄭注曰：「然之言焉也。」「誅白公然而反王」，猶云誅白公焉而反王，七字爲一句。

⑬④ 上文自「以分貧二不祥也」至此，茅本凡三百六十字，寶曆本脱，蓋刊板時誤脱去一葉也。

⑬⑤ 孫云：「勝綽」，墨子弟子。

〔一〕「句」，墨子閒詁原引作「曲」，本書沿誤，據吕氏春秋知分篇改。

⑬⑥孫云："「項子牛」，齊人，見前。「三侵魯」不知在何年，以史記六國年表及田齊世家攷之，魯元公十九年，齊伐魯葛及安陵，二十年，取魯一城；穆公二年，齊伐魯取郕；十六年，伐魯取最。或即三侵之事與？　張純一云：孫說不盡可從。據史記六國年表，自魯元公十七年至二十一年，五年之閒田齊伐魯已足三侵之數，亦合墨子生存之年，若加入穆公十六年田和伐魯取最事，則爲四侵矣。以墨子之高義，能容勝綽背義而譎項子牛，歷時十九年，始請退乎？況本書明言三侵，未言四侵也。　○案："三侵"、"三從"似亦就虚數言，不必一一實指。

⑬⑦孫云：高孫子亦墨子弟子。

⑬⑧畢云："「濟」，止也。「嬖」同「僻」。

⑬⑨畢云：説文云："「靳，當膺也。从革，斤聲。」一本改作「勒」，非。言馬欲行，而鞭其前所以自困，猶使人仕而反來侵我也。　○案："「靳」，潛本、緜眇閣本、陳本作「勒」。以實事驗之，鼓鞭於當膺則馬行愈急，蓋舉以諭勝綽不能濟驕正僻，反助長項子牛爲惡也。

⑭⓪孫云：渚宮舊事「越人」作「吴越」，下同。

⑭①焦竑校本「迎」作「逆」，下同。「迎」猶「逆」也。

⑭②「其退」，道藏本、陸本、唐本、茅本、寶曆本作「退其」。三國志黄權傳曰："「水軍順流進易，退難。」句。

⑭③「而」字各本脱，今依王校增。

⑮「埶亟」，諸本作「執函」，寶曆本作「埶亟」，今依寶曆本及王校作「埶亟」。　王云：「執」字、「函」字皆義不可通。「執」當爲「埶」，埶即今勢字。「此若埶」者，此埶也。「若」亦「此」也，古人自有複語耳。墨子書多謂「此」爲「此若」，說見上文。「函」當爲「亟」，讀「亟稱於水」之「亟」。亟，數也。言越人因此水勢，遂數敗楚人也。俗書「函」字或作「亟」，與「亟」相似。　孫云：渚宮舊事亦作「勢亟」。

⑯公輸子即公輸篇之公輸般。　畢云：舊有「曰」字，一本無。　秋山云：「曰」疑衍。　王引之云：檀弓「季康子之母死，公輸若方小，斂，般請以機封」，鄭注曰：「般，若之族，多技巧者。」劉氏端臨曰：「若疑般之字。」今從劉說。「公輸般」即孟子離婁篇注所謂魯班也。　漢書揚雄傳「般倕弃其剞劂兮」，顏注曰：「般讀與班同。」廣雅：「如，均也。」孟子公孫丑篇「伯夷、伊尹於孔子若是班乎」，趙注曰：「班，齊等之貌。」是班亦均也。　公輸班字若，與公子班字子如同義。　若猶如也。　孫云：文選西都賦薛綜注云：「魯般，一云公輸子，魯哀公時巧人。」孟子離婁篇云「公輸子之巧」，趙注云：「公輸子，魯班，魯之巧人也。或以爲魯昭公之子。」　○案：潛本、緜眇閣本、堂策檻本、顧校李本、陳本、繹史本、四庫本無「曰」字。

⑰畢云：太平御覽三百三十四引作「公輸般自魯之楚」。　孫云：渚宮舊事云「及惠王時」。

⑱畢云：太平御覽引作「具」。　王云：「焉」字下屬爲句。「焉」猶於是也，言於是始爲舟戰之器也。月令曰「天子焉始乘舟」，晉語曰「焉始爲令」，大荒西經曰「開焉始得歌九招」，此皆古人以

「焉始」二字連文之證。

⑭⑨ 畢云：太平御覽引作「謂之鉤拒，退則鉤之，進則拒之也」。孫云：此作「鉤強」無義，凡「強」字並當從御覽作「拒」。事物紀原引亦同。備穴篇有「鐵鉤鉅」，備高臨篇說弩〔一〕亦有「鉤距」。「鉅」、「距」、「拒」義並同。○案：此「鉤強」爲二物，備穴篇與備高臨篇之「鉤鉅」或「鉤距」似指一物而言。孫比而同之，疑非也。太平御覽三百三十四引作「鉤拒」者，蓋以「鉤強」字不經見，而以意改之。水經注「鉤牽之戲」，荊楚歲時記作「施鉤」，注云：「公輸子遊楚，爲舟戰，其退則鉤之，進則強之，名曰鉤強，遂以敗越。」字亦作「強」。今仍就本書解釋，存待古本參證。諸本作「強」，陳本、繹史本作「彊」。作「強」者，「彊」之借字。說文曰：「彊，弓有力也。」史記絳侯世家曰「材官引彊」，此作名詞用之「彊」也。爾雅釋詁曰：「彊，當也。」當者抵拒之義，此作動詞用之「彊」也。作爲鉤強之備，即用「彊」名詞之義；進者強之，即用「彊」動詞之義也。

⑮⓪ 孫云：渚宮舊事作「量短長而制爲兵」。

⑮① 「埶」，各本作「執」，今依王校改。

⑮② 「亟」，諸本作「函」，寶曆本作「亟」，今從之。王校同。孫云：史記楚世家惠王時無與越戰事，蓋史失之。○案：楚世家曰惠王四十二年，楚滅蔡。四十四年，楚滅杞，與秦平」，是時

〔一〕「弩」原誤「努」，據墨子閒詁改。

越已滅吴而不能正江淮北，楚東侵廣地至泗上，此即楚越構兵之事。

(153) 「有」，潛本、緜眇閣本、陳本、繹史本作「以」。

(154) 依上文疑當作「我義之鉤強」。

(155) 管子小匡篇曰：「鉤之以愛，致之以利。」

(156) 「揣」疑「強」之誤字，下同。　吴云：「揣」，持也，見漢書賈誼傳注。「揣」與「鉤」對文。西山經「嶓冢之山多桃，枝鉤端」，鉤端即鉤揣，蓋格拒之義。

(157) 畢云：舊脱一「狎」字，以意增。　秋山云：「狎」下脱「狎」。　○案：焦竑校本、堂策檻本、顧校李本、四庫本並重「狎」字。　寶曆本「速離」作「退離」。

(158) 上文「賢」下有「於」字。

(159) 畢云：太平御覽引作「鵲」。　孫云：説文烏部「舄」，篆文作「䧿〔一〕」。

(160) 王云：此當作「削竹木以爲䧿，䧿成而飛〔二〕之」，今本少一「䧿」字，則文不足義。太平御覽工藝部九所引已與今本同，初學記果木部、白帖九十五並多一「䧿」字。

(161) 畢云：文選長笛賦注云「案墨子削竹以爲鵲，鵲三日不行」者，彼誤。　孫云：渚宮舊事云「嘗

〔一〕「䧿」，墨子閒詁原誤「鵲」，本書沿之，據説文改。

〔二〕「飛」原誤「非」，據讀書雜志改。

爲木鳶，乘之以窺宋城」，與此異。列子湯問篇云「墨翟之飛鳶」，張注云：「墨子作木鳶，飛三日不集。」淮南子齊俗訓云：「魯般、墨子以木爲鳶而飛之，三日不集。」此皆以䧿爲鳶，又謂二人同爲之，蓋傳聞之異。論衡儒增篇、亂龍篇説並同。韓非子亦云「木鳶」，詳後。

⑯² 畢云：太平御覽引「翟」作「匠」，「轄」下有「也」字。王據御覽校改「翟」爲「匠」。

⑯³ 「斵」，諸本作「劉」，寶曆本作「斵」，今從之。「斵」即「斲」之俗字，説文曰：「斲，斫也。」畢云：「劉」，「鏤」字假音。太平御覽引此作「豎」。王云：畢説非也。「劉」當爲「㔹」。集韻：「斲，或作『㔹』。」廣雅曰：「㔹，斫也。」今本廣雅譌作「劉」。俗書「斲」字作「斵」，故「㔹」字亦作「劉」，形與「劉」相似，因譌爲「劉」。孫云：説文車部云：「轄，鍵也。」舛部云「舝，車軸耑鍵也。」案「轄」、「舝」字通。古車轄多以金爲之，據此則亦有用木者。淮南子繆稱訓云「故終年爲車，無三寸之轄，不可以驅馳」，又人間訓云「車之所以能轉千里者，以其要在三寸之轄」，文選七啓注引尸子云「文軒六駃，題無四寸之鍵，則車不行」，諸書説鍵轄之度略同。抱朴子應嘲篇云「墨子刻木雞以戾天，不如三寸之車轄」，此又以䧿爲雞，與他書異。〇案：蜀本、補宋鈔本御覽七百五十二引「斵」作「逝」，與畢引御覽異。

⑯⁴ 孫云：説文禾部云：「柘，百二十斤也。」經典通借「石」爲之。五十石，六千斤也。

⑯⁵ 畢云：韓非子外儲説云：「墨子爲木鳶，三年而成，蜚一日而敗。弟子曰：『先生之巧，至能使木鳶飛。』墨子曰：『不如爲車輗之巧也。用咫尺之木，不費一朝之事，而引三十石之任，致遠力多，

久於歲數。今我爲鳶，三年成，蜚一日而敗。』惠子聞之曰：『墨子大巧，巧爲輗，拙爲鳶。』」與此異也。

(166)「弗」，潛本、緜眇閣本、陳本、繹史本作「不」。

(167)畢云：「予」，一本作「與」。○案：潛本、緜眇閣本、陳本、繹史本作「與」。

(168)吳鈔本「與」作「予」。自「公輸子謂子墨子曰」至此，凡八十二字，疑當在公輸篇「吾請無攻宋矣」之下。

公輸第五十

公輸般①爲楚造雲梯之械成②，將以攻宋③。子墨子聞之，起於齊④行十日十夜，而至於郢⑤，見公輸般。公輸般曰⑥：「夫子何命焉爲？」子墨子曰：「北方有侮臣者，願藉子殺之⑦。」公輸般不說⑧。子墨子曰：「請獻十金⑨。」公輸般曰：「吾義固不殺人⑩。」子墨子起，再拜曰：「請說之。吾從北方聞子爲梯⑪，將以攻宋。宋何罪之有？荆國有餘於地，而不足於民⑫，殺所不足而爭所有餘，不可謂智。宋無罪而攻之，不可謂仁。知而不爭，不可謂忠。爭而不得，不可謂强。義不殺少而殺衆，不可謂知類。」公輸般服。子墨子曰：「然乎不已乎⑬？」公輸般曰：「不可，吾既已言之王矣。」子墨子曰：「胡不見我於王？」公輸般曰：「諾。」子墨子見王⑭，曰：「今有人於此，舍其文軒⑮，鄰有敝轝而欲竊之⑯；舍其錦繡⑰，鄰有短褐而欲竊之⑱；舍其粱肉，鄰有糠糟而欲竊之⑲。此爲何若人⑳？」王曰：「必爲竊疾矣㉑。」子墨子曰：「荆之地方五千里，宋方五百里㉒，此猶文軒之與敝轝也㉓；荆有雲夢㉔，犀兕麋鹿滿之㉕，江漢之魚鼈黿鼉爲天下富，宋所爲無雉兔狐貍者也㉖，此猶粱肉之與糠糟也㉗；荆有長松文梓楩柟豫章㉘，宋無長木，此猶錦繡之與短褐也。臣以三事之攻宋也㉙，爲與此同類㉚。」王曰：「善哉！雖然，公輸般爲我爲雲梯，必取宋㉛。」於是見公輸般，子墨子解帶爲城，以牒爲械㉜，公輸般九設攻城之機變㉝，子墨子九距之，公輸般之攻械盡㉞，子墨子之守圉有餘㉟。公輸般詘㊱，而曰：「吾知所以距子矣㊲，吾不言。」子墨子亦曰：「吾知子之所以距我㊳，吾不言㊴。」楚王問其故，子墨子曰：「公輸子之意，不過欲殺臣，殺臣，宋莫能守，可攻也㊵。然臣之弟子禽滑釐等三百人㊶，已持臣守圉之器㊷，在宋城上而待楚寇矣㊸。雖殺臣，不能絶也。」楚王曰㊹：「善哉！吾請無攻宋矣㊺。」子墨子歸，過宋，天雨，庇其閭中㊻，守閭者不内也㊼。故曰：治於神者，衆人不知其功；爭於明者，衆人知之㊽。

①「般」，諸本作「盤」，寶曆本作「般」，今從之。下並同。「盤」從「般」聲，字亦得通用。　畢云：史記孟子荀卿傳集解、後漢書光武帝紀、張衡傳注、文選景福殿賦、長笛賦、七命、郭景純遊仙詩、司馬紹統贈山濤詩注，皆引作「般」。廣韻東部引作「班」。　孫云：世説文學篇劉注引作「般」。戰國策宋策、吕氏春秋愛類篇、葛洪神仙傳同。吕覽高注云：「公輸，魯般之號。在楚爲楚王設攻宋之具也。」　○案：宋本、蜀本御覽三百三十六引作「般」。明鈔本北堂書鈔凡三引，一百十九及一百二十六引作「般」，一百十八引作「公輸送設九攻之法，欲攻」，「送」當爲誤字。

②「械」，茅本、寶曆本、李本作「戒」。　畢云：張湛列子注云：「雲梯，可以凌虚。」　孫云：淮南子兵略訓許慎注云：「雲梯可依雲而立，所以瞰敵之城中。」又脩務訓高注云：「雲梯，攻城具。高長上與雲齊，故曰雲梯。械，器也。」文選長笛賦注引此云「公輸般爲雲梯垂成，大山四起，所謂善攻具也，必取宋。於是墨子見公輸般而止之」，似約此篇文，但「大山四起」未詳其義。
○案：宋本六臣文選李注引無「垂成大山四起所謂善攻具也」十二字。

③畢云：文選注引作「必取宋」三字。太平御覽云：「尸子云：般爲蒙天之階，階成，將以攻宋。」　孫云：檀弓載季康子母死時，公輸若方小，而般與斂事，則般必年長於若可知。攷康子父桓子卒於哀公三年，其母死或亦在哀公初年，則般當生於昭、定閒。以墨、輸二子年代參合校之，墨子之止攻宋，約當在宋昭公、楚惠王時。蓋是時楚雖有伐宋之議，而以墨子之言中輟，故史無其事耳。渚宫舊事謂公輸子南游楚在惠王時，其説蓋可信。　○案：「必取宋」三字，文選注凡三

見，皆引下文「公輸般爲我爲雲梯，必取宋」句者，畢引以校此文，未當。公輸般即公輸若，說詳魯問篇。

④畢云：呂氏春秋愛類篇云「自魯往」，是。　○案：「起於」下當脫「魯」字，文選廣絕交論注、世說新語文學篇注及呂氏春秋愛類篇、淮南子脩務訓文可證。「魯」字絕句，「齊」字屬下讀。爾雅釋詁曰：「齊，疾也。」史記五帝紀集解云：「齊，速也。」「齊行」即疾行，校書者不達「齊」字之義，誤以爲齊國之「齊」，見「起於魯齊」詞複，遂妄刪去「魯」字耳。畢以後注墨諸家，頗能旁參博引，校訂本書，惜皆誤讀「齊」字絕句，而疑「齊」爲「魯」字之誤，不知此「齊」字實非誤字也。宋本、蜀本御覽三百三十六引作「自齊至郢」，則知「魯」字之脫尚在宋以前。

⑤高誘云：「郢」，楚都也。　畢云：文選廣絕交論注引云：「公輸般欲以楚攻宋，墨子聞之，自魯往，裂裳裹足，十日至郢。」　王云：世說新語文學篇注引此作「墨子聞之，自魯往，裂裳裹足，日夜不休，十日十夜而至於郢」，文選注所引從略，然亦有「自魯往，裂裳裹足」七字。呂氏春秋愛類篇曰「墨子聞之，自魯往，裂裳裹足，日夜不休，十日十夜而至於郢」，正與世說新語注所引同，則其爲墨子原文無疑。淮南脩務篇曰「墨子聞而悼之，自魯趨而往，十日十夜，足重繭而不休息，裂裳裹足至於郢」，文亦小異而大同。今本「自魯往」作「起於齊」，又無「裂裳裹足日夜不休」八字，蓋後人刪改之也。　孫云：神仙傳云「墨子聞之，往詣楚，脚壞，裂裳裹足，七日七夜到，

見公輸般而說之」，與諸書所云又小異。　○案：諸書所〔一〕引或據他書，以其事屬墨子，遂冠以墨子。以所引文字校之，與呂氏春秋最近。若謂本書經人删改，則以通常心理推測，「自魯往」或改作「自齊往」較爲可能，不至於改作「起於齊」也。今一作「自魯往」，一作「起於□」，可見其同敍一事而措辭各異。竊謂今本墨子除脱一「魯」字外，並未被人改竄，其文與呂氏春秋、淮南小異而大同。此作「起於魯，疾行」云云，與淮南「自魯趨而往」云云文意正合也。

⑥ 陸本、茅本、寶曆本、李本、堂策檻本、四庫本「公輸般」三字不重。

⑦ 「者」字各本脱，渚宮舊事曰「北方有侮臣者，願子殺之」，句法較完，今據補「者」字。　俞云：「有侮臣」下脱「者」字。

⑧ 「説」，吴鈔本、緜眇閣本、陳本作「悦」。

⑨ 畢云：一本作「千金」，是。　孫云：渚宮舊事亦作「獻千金於般」。　○案：舊本並作「十金」，無作「千金」者，宋本、蜀本御覽三百三十六注引尸子亦作「墨子請獻十金」，畢校疑誤。戰國策齊策高注「二十兩爲一金」，則千金當爲二萬兩。墨子疾行至郢，挾此重多之金，恐非事理所宜有。且以墨聖之清，動獻千金，恐亦力不能備。耕柱篇「耕柱子遺十金於子墨子」，畢亦謂當爲「千金」，俞氏已辯其非矣。

〔一〕「所」原誤「有」，徑改。

⑩孫云：宋本國策作「殺王」，吳師道校注引別本作「𤯔」，即武后所制「人」字，則與此同。

⑪畢云：太平御覽引作「階」。　○案：畢注見御覽三百二十七引尸子文，非引墨子文也。以下畢注引御覽，并墨子、尸子、淮南子爲一談，欠審。

⑫吕氏春秋貴卒篇：「吳起謂荆王曰：荆所有餘者，地也。所不足者，民也。」

⑬畢云：太平御覽引作「胡不已也」。　王樹枏云：上「乎」字即「胡」音之譌。　孫説同。　曹云：言既以爲然，則其事何不遂止也。

⑭孫云：吕氏春秋貴因篇云「墨子見荆王，錦衣吹笙」，疑即此時事，蓋以救宋之急，權爲之也。

⑮宋策高注云：「文軒，文錯之車也。」

⑯蜀本御覽三百二十七、宋本蜀本御覽四百六十二引尸子並作「弊輿」。　孫云：宋策、神仙傳並作「弊輿」。

⑰畢云：以上十二字舊脱，據太平御覽增，一本亦有。「轝」即「輿」異文耳。　秋山云：二十九子品彙有此十二字。　顧云：戰國策有。　○案：以上十二字，潛本、緜眇閣本、陳本、四庫本並有。　潛本、緜眇閣本、陳本、繹史本「綿繡」作「文繡」。

⑱「短褐」，繹史本作「裋褐」，下同。　孫云：「短」，「裋」之借字，詳魯問篇。

⑲「穅」，舊本作「糠」，俗字。「穅糟」，吳鈔本、潛本作「糟糠」。　以上十二字，緜眇閣本、陳本、繹史本並脱。

⑳高云：言名此爲何等人也。

㉑畢云：太平御覽作「耳」。　王云：尸子止楚師篇及宋策並作「必爲有竊疾矣」，此脱「有」字，則文義不明。耕柱篇亦曰「有竊疾也」。

㉒「宋方五百里」五字諸本脱，四庫本有，與宋策及御覽四百六十二引尸子均合，今從之。畢本亦據御覽三百二十七引尸子增「宋之地方五百里」七字。　畢云：七字舊脱，據太平御覽增。

㉓畢云：太平御覽引「敝」作「弊」。

㉔孫云：爾雅釋地十藪：「楚有雲夢。」

㉕畢云：太平御覽「滿」作「盈」。　孫云：御覽疑據宋策改。　○案：畢注所引者是尸子，而非墨子，書既不同，固不必依宋策改字始有異文也，孫氏未檢御覽，遂爲畢注所誤。

㉖「爲」，宋策及御覽四百六十二引尸子並作「謂」，字通。「貍」，舊本並作「狸」。秋山云：「無」，一作「有」。　畢云：太平御覽「狐貍」作「鮒魚」。　王云：作「鮒魚」是也。「無雉兔」對上文荆有「犀兕麋鹿」言之，「無鮒魚」對上文荆有「魚鼈黿鼉」言之。尸子、戰國策並作「鮒魚」。　孫云：神仙傳亦作「鮒魚」。　○案：畢注據御覽引尸子文。「狐貍」，王校甚是。或曰當作「鮒鯉」。

㉗「糠糟」，吳鈔本、潛本、緜眇閣本、陳本作「糟糠」。

㉘「楩」，諸本作「梗」，吴鈔本、沈本、潛本、緜眇閣本、陳本作「楩」，宋策及御覽三百二十七引尸子亦作〔一〕「楩」。高注云：「皆大木也。」　畢云：說文無「楩」字。玉篇云：「鼻緜切，楩木，似豫章。」尸子作「梗」，太平御覽引此亦只作「梗」。　○案：御覽未引墨子此文，畢謂引此作「梗」，不知何據。

㉙畢云：戰國策云「臣以王吏之攻宋」，「王吏」蓋「三𠭖」之誤，說文：曰「𠭖，古文事。」尸子作「王使」。太平御覽作「王之攻宋」。　孫云：「三事」疑當作「三吏」。逸周書大匡篇孔晁注云：「三吏，三卿也。」左傳成三年杜注云：「三吏，三公也。」神仙傳作「臣聞大王更議攻宋」，則「三事」似是「王吏」之譌。　王樹枬云：「三事之攻宋」五字不辭，當從戰國策作「王吏」。尸子「王使」亦「王吏」之譌。　吴說同。　○案：「三事」、「王吏」義皆可通，今仍從本文。詩小雅「擇三有事」（十月之交）、「三事大夫」（雨無正）。古「事」、「吏」同字，「三事」即「三吏」也。

㉚此下畢本增「臣見大王之必傷義而不得」十一字。　畢云：以上十一字舊俱脫，太平御覽有，或當在此。　顧云：此十一字不當有，戰國策無。　○案：畢增十一字，爲御覽七百五十二引淮南子文，畢以之竄入墨子，非是。古書中往往有同記一事而小異其辭者，其例至多。用以互相校勘誠爲便利，但有一定限度，若任意互相竄亂，則古籍蕩然矣。畢以後注墨諸家多未細檢

〔一〕「亦作」二字原誤重，徑删。

御覽，無由指證畢氏之誤。顧氏亦僅以戰國策無疑之，尚非探本之論，因戰國策無者，墨子不妨有也。必須指出御覽引墨子原無此十一字，則畢校始根本動摇矣。

㉛ 繹史本「取」作「攻」。 畢云：太平御覽引有云「宋王曰：公輸子天下之巧士，作爲雲梯，設以攻宋，曷爲弗取」二十三字，皆與此異，豈此文已爲後人所節與？ 孫云：御覽所引與淮南子脩務訓文略同。呂氏春秋愛類篇亦云：「王曰：公輸般天下之巧工也，已爲攻宋之械矣。」墨子舊本或與彼二書同。 ○案：畢注所引爲御覽七百五十二引淮南子文，畢氏不惟誤引，且失原文句讀。原文曰「臣見大王之必傷義而不得宋，王曰：公輸子天下之巧士，作爲雲梯，設以攻宋，曷爲弗取」，「宋」字當上屬爲句。畢本截取上文十一字至「得」字止，竄入本書正文，又引下文二十三字自「宋」字起，訂爲本書原文，可謂謬以千里。以孫氏之精勤，亦爲畢注所惑，貤謬增華，未能訂正，而云「與淮南子脩務訓文略同」。攷御覽所引固明標出淮南子，何得云略同？孫又云「墨子舊本或與彼二書同」，是反據畢氏誤注改訂墨子舊本矣。

㉜ 「牒」，畢本改作「褋」。 畢云：舊作「牒」，太平御覽三百三十六引作「褋」，北堂書鈔作「襟」。案作「褋」者是也。「褋」省爲「褋」。說文云：「南楚謂禪衣曰褋。」玉篇云：「褋，徒頰切，禪衣也。褋同。」又案陳孔璋爲曹洪與文帝書云「墨子之守，縈帶爲垣，折箸爲械」，則似以意改用之。王云：禪衣不可以爲械，畢改非也。史記孟子荀卿傳集解引此正作「牒」，索隱曰：「牒者，小木

札也。」説文〔一〕：「札，牒也。」廣雅曰：「牒，板也。」故可以爲械。後漢書張衡傳引亦作「牒」。洪頤煊説同。　俞云：畢據太平御覽改作「楪」，王氏又〔二〕以作「牒」爲是，其實〔三〕「牒」、「楪」皆假字也。其本字當作「梜」，梜與牒叠韻字。玉篇巜部：「渫，浹渫也。」虫部：「蛺，蛺蝶也。」梜之與牒，亦猶浹之與渫、蛺之與蝶，聲近而義通矣。禮記曲禮篇「羹之有菜者用梜」，鄭曰：「梜猶箸也。」以梜爲械者，以箸爲械也。陳孔璋書曰「折箸爲械」。　孫云：史記索隱云：「謂墨子爲術，解身上革帶以爲城也。牒者，小木札也。械者，樓櫓等也。」世説注引亦云「墨子縈帶守之」，與陳琳文同。神仙傳作「以幞爲械」，尤誤。

㉝畢云：太平御覽「城」一作「宋」。「之」下御覽引有「具」字。○案：御覽引淮南子文「城」作「宋」，畢注誤引。

㉞孫云：文選注「攻」下有「城」字。神仙傳同。

㉟畢云：「圉」，史記集解引作「固」，一本作「固」。太平御覽作「禦」。御覽引有云「今公輸設攻之械，墨子設守之備。公輸九攻而墨子九拒之，終弗能入。於是乃偃兵，輟不攻宋」，俱多于此文。　孫云：御覽所引亦與淮南文略同，疑皆涉彼而譌。○案：畢注「今公輸」云云，爲御覽

〔一〕「文」原誤「案」，據讀書雜志改。

〔二〕〔三〕「又」原誤「文」，「實」原誤「寶」，均據諸子平議改。

引淮南子文，畢氏誤引於此，孫疑御覽涉淮南子而譌，未審。

㊱ 吴鈔本「詘」作「屈」，字通。　畢云：太平御覽引作「屈」，文選注作「出」。　孫云：史記集解引仍作「詘」，索隱云：「詘音丘勿反，謂般技已盡，墨守有餘。」

㊲ 孫云：「而」下史記集解引有「言」字。呂氏春秋慎大篇高注云「墨子曰：『使公輸般攻宋之城，臣請爲宋守之備。』公輸般九攻之，墨子九卻之。又令公輸般守備，墨子九下之」，未知何據。

㊳ 「之」字，陸本、茅本、寶曆本、李本、堂策檻本、四庫本無。　畢云：文選注引「我」下有「者」字。

孫云：史記集解引亦有。

㊴ 畢云：文選注引有「之」字。

㊵ 畢云：文選注「可」上有「乃」字，是。　○案：史記集解引無「乃」字。

㊶ 宋本、蜀本御覽三百三十六引「釐」作「氂」。　孫云：「釐」，文選注引作「氂」。陳琳書云「墨、氂」，即墨、禽二子也。漢書儒林傳亦作「氂」。案禽子名，後備城門、備梯篇亦作「滑釐」。史記索隱云：「禽滑釐者，墨子弟子之姓字也。釐音里。」呂氏春秋當染篇作「禽滑釐」，尊師篇作「禽滑黎」。列子楊朱篇作「禽骨〔一〕釐」，殷敬順釋文作「禽屈釐」，音骨貍。漢書古今人表同。惟列子湯問篇、莊子天下篇、説苑反質篇與此同。「滑」「骨」「屈」、「釐」「氂」「黎」並聲近字通。

〔一〕「骨」原誤「滑」，據墨子閒詁改，與列子楊朱原文合。

㊷「圉」，陸本、茅本、李本、堂策檻本、四庫本作「固」。御覽引「圉」作「禦」，字通。　畢云：史記集解引「圉」作「國」。

㊸「待」，畢本譌「侍」，舊本並作「待」，今據正，蘇校同。

㊹「王」字，道藏本、吳鈔本、陸本、唐本、茅本並脫。

㊺陸本「請」作「謂」，誤。　畢云：後漢書注引「請」作「楚」。史記集解引「宋」作「宋城」。文選注引「矣」作「也」。　孫云：後漢書張衡傳注引與今本同。

㊻畢云：「庇」，蔭。　孫云：說文門部云：「閭，里門也。」

㊼孫云：管子立政篇云「置閭有司，以時開閉」，周禮鄉大夫云「國有大故，則令民各守其閭，以待政令」。　時楚將伐宋，宋已聞之。　故墨子歸，過宋，守閭者恐其爲間諜，不聽入也。

㊽畢云：文與戰國策及尸子略同。　高誘注呂氏春秋慎大篇引此，節文。　孫云：群書治要引尸子貴言篇云：「聖人治於神，愚人爭於明也。」

□□第五十一 亡

墨子校注卷之十四

備城門第五十二①

禽滑釐問於子墨子曰：由聖人之言，鳳鳥之不出②，諸侯畔殷周之國③，甲兵方起於天下，大攻小，强執弱，吾欲守小國，爲之柰何？子墨子曰：何攻之守④？禽滑釐對曰：今之世常所以攻者，臨⑤、鉤⑥、衝⑦、梯⑧、堙⑨、水⑩、穴⑪、突⑫、空洞⑬、蟻傅⑭、轒輼⑮、軒車⑯，敢問守此十二者柰何⑰？子墨子曰：我城池修⑱，守器具⑲，推粟足⑳，上下相親，又得四鄰諸侯之救，此所以持也㉑。且守者雖善㉒，則猶若不可以守也㉓。若君用之，守者又必能乎㉔？守者不能，而君用之，則猶若不可以守也。然則守者必善，而君尊用之㉕，然後可以守也㉖。

故凡守城之法㉗，備城門，爲縣門沈機㉘，長二丈㉙，廣八尺㉚，爲之兩相如㉛。門扇數㉜，令相接三寸㉝，施土扇上㉞，無過二寸。塹中深丈五㉟，廣比扇㊱，塹長以力爲度㊲，塹之末爲之縣[38]，可容一人所[39]。

客至[40]，諸門户皆令鑿而慕孔孔之[41]，各爲二幕，二一鑿而繫繩，長四尺[42]。救車火爲烟矢射火城門上[43]，鑿扇上爲棧[44]，塗之[45]，持水麻斗、革盆救之[46]。門扇薄植[47]皆鑿半寸[48]，一寸一涿弋[49]，弋長二寸[50]，見一寸[51]，相去七寸[52]，厚塗之以備火。城門上所鑿以救門火者[53]，各一垂水[54]，容三石以上[55]，小大相雜[56]。

門植關必環錮[57]，以錮金若鐵鍱之[58]。門關再重，鍱之以鐵，必堅。梳關關二尺[59]，梳關一莧[60]，封以守印，時令人行貌封[61]，及視關入桓淺深[62]。門者皆無得挾斧、斤、鑿、鋸、椎[63]。

城上二步一渠[64]，渠立程丈三尺[65]，冠長十尺[66]，辟長六尺[67]。二步一荅[68]，廣九尺[69]，袤十二尺[70]。

二步置連梃[71]、長斧、長椎各一物[72]，槍二十枚[73]，周置二步中[74]。

二步一木弩[75]，必射五十步以上[76]。及多爲矢[77]，節毋以竹箭，楛、趙、⿰扌度、榆可蓋[78]。求齊鐵夫[79]，播以射衙[80]及櫳樅[81]。

二步積石[82]，石重中鈞以上者五百枚[83]。毋百以亢[84]，疾犂、壁皆可善方[85]。二步積苙[86]，大一圍[87]，長丈，二十枚。五步一罌，盛水。有奚[88]，奚蠡大容一斗[89]。五步積狗屍五百枚[90]，狗屍長三尺，喪以弟[91]，瓮其端[92]，堅約弋[93]。十步積摶[94]，大二圍以上、長八尺者二十枚。二十五步一竈，竈有鐵鐕[95]容石以上者一，戒以爲湯[96]。及持沙，毋下千石[97]。

三十步置坐候樓[98]，樓出於堞四尺[99]，廣三尺廣四尺[100]，板周三面密傅之[101]，夏蓋亓上[102]。五十步一藉車[103]，藉車必爲鐵纂[104]。五十步一井[105]，屏周垣之[106]，高八尺。五十步一方[107]，方尚必爲關籥守之[108]。五十步積薪，毋下三百石，善蒙塗，毋令外火能傷也。百步一櫳樅[109]，起地高五丈，三層，下廣前面八尺、後十三尺，亓上稱議衰殺之[110]。百步一木樓，樓廣前面九尺[111]，高七尺，樓軥居坫[112]，出城十二尺[113]。百步一井，井十甕[114]，以木爲繫連[115]，水器容四斗到六斗者百[116]。百步一積雜秆[117]，大二圍以上者五十枚。百步爲櫓[118]，櫓廣四尺，高八尺。爲衝術[119]。百步爲幽牘[120]，廣三尺、高四尺者千[121]。二百步一立樓[122]，城中廣二丈五尺二[123]，長二丈，出樞五尺[124]。城上廣三步到四步，乃可以爲使鬭[125]。俾倪廣三尺，高二尺五寸[126]。陛高二尺五寸[127]，廣長各三尺[128]，遠唐各六尺[129]。城上四隅童異，高五尺[130]，四尉舍焉[131]。

城上七尺一渠，長丈五尺[132]，貍三尺[133]，去堞五寸，夫長丈二尺[134]，臂長六尺。半植一鑿内，後長五寸[135]。夫兩鑿[136]，渠夫前端下堞四寸而適[137]。貍渠鑿坎覆以瓦，冬日以馬夫寒[138]，皆待命[139]，若以瓦爲坎[140]。城上五十步一表[141]，長丈，棄水者操表摇之[142]。五十步一廁[143]，與下同圂[144]，之厠者不得操[145]。城上三十步一藉車[146]，當隊者不用[147]。城上五十步一道陛，高二尺五寸，長十步[148]。城上五十步一樓棷勇，棷勇必重[149]。土樓百步一[150]，外門發樓[151]，左右渠之[152]。爲樓加藉幕[153]，棧上出之以救外。城上皆毋得有室，若也可依匿者，盡除去之[154]。城下州道内[155]，百步一積藉，毋下三千石以上，善塗之[156]。

城上十人一什長[157]，屬一吏士，一亭尉[158]。百步一亭，高垣丈四尺[159]，厚四尺，爲閨門兩扇[160]，令各可以自閉[161]。亭一尉[162]，尉必取有重厚忠信可任事者[163]。

二舍共一井爨[164]，灰、康、粃[165]、杯[166]、馬矢[167]，皆謹收藏之。城上之備，渠譫[168]、藉車[169]、行棧[170]、行樓[171]、到[172]、頡皋[173]、連梃[174]、長斧、長椎[175]、長茲[176]、距[177]、飛衝[178]、縣□、批屈[179]。樓五十步一[180]，堞下爲爵穴[181]，三尺而一[182]。爲薪皐[183]，二圍[184]，長四尺半，必有潔[185]。瓦石重二斤以上，上[186]。城上沙[187]五十步一積[188]，竈置鐵鐕焉[189]，與沙同處[190]。木大二圍、長丈二尺以上，善耿亓本[191]，名曰長從[192]，五十步三十[193]。木橋長三丈，毋下五十[194]。復使卒急爲壘壁，以蓋瓦復之[195]。用瓦木罌容十升以上者，五十步而十，盛水且用之[196]。五十二者，十步而二[197]。

城四面四隅[198]，皆爲高磨㯕[199]，使重室子居亓上[200]候適[201]，視亓能狀[202]與亓進退左右所移處[203]，失候，斬[204]。適人爲穴而來[205]，我亟使穴師選本，迎而穴之[206]，爲之且内弩以應之[207]。民室材木瓦石[208]，可以益城之備者[209]，盡上之[210]。不從令者，斬[211]。

昔築，七尺一[212]。居屬，五步一[213]。壘五[214]。築有銻[215]。長斧，柄長八尺，十步一[216]。長鎌，柄長八尺，十步一[217]。鬭[218]。長椎，柄長六尺，頭長尺[219]，斧亓兩端[220]，三步一。

凡守圍城之法：厚以高[221]；壕池深以廣[222]；樓撕脩[223]；守備繕利[224]；薪食足以支三月以上[225]；人衆以選[226]；吏民和[227]；大臣有功勞於上者多[228]；主信以義，萬民樂之無窮[229]；不然，父母墳墓在焉[230]；不然，山林草澤之饒足利[231]；不然，地形之難攻而易守也[232]；不然，則有深怨於適而有大功於上[233]；不然，則賞明可信而罰嚴足畏也[234]。此十四者具，則民亦不宜上矣[235]，然後城可守。十四者無一，則雖善者不能守矣[236]。

守法：五十步丈夫十人，丁女二十人[237]，老小十人[238]，計之五十步四十人[239]。城人樓本，率一步一人[240]，二十步二十人。城小大以此率之，乃足以守圍[241]。客馮面而蛾傅之[242]，主人則先之知[243]，主人利[244]，客適[245]。客攻以遂[246]，十萬物之衆[247]，攻無過四隊者[248]。上術廣五百步[249]，中術三百步，下術五十步[250]。諸不盡百五步者[251]，主人利而客病[252]。廣五百步之隊[253]，丈夫千人[254]，丁女子二千人，老小千人[255]，凡千人[256]，而足以應之，此守術之數也[257]。

使老小不事者守於城上，不當術者[258]。城持出必爲明填[259]，令吏民皆智知之[260]。從一人百人以上，持出不操填章[261]，從人非亓故人，乃亓填章也[262]，千人之將以上止之，勿令得行。行及吏卒從之，皆斬[263]，具以聞於上[264]。此守城之重禁也[265]，大姦之所生也[266]，不可不審也267。

大鋋前長尺268，蚤長五寸269，兩鋋交之，置如平270。不如平不利，兑亓兩末271。穴隊若衝隊272，必審如攻隊之廣狹273，而令邪穿亓穴274，令亓廣必夷客隊275。疏束樹木令足以爲柴摶276，田前面樹277，長丈七尺一，以爲外面。以柴摶從横施之278，外面以强塗279，毋令土漏280，令亓廣厚能任三丈五尺之城以上281，以柴木土稍杜之282，以急爲故283。前面之長短，豫蚤接之284，令能任塗足以爲堞285，善塗亓外286，令毋可燒拔也287。

大城丈五爲閨門288，廣四尺289。爲郭門290，郭門在外，爲衡291，以兩木當門，鑿亓木，維敷上堞292。爲斬縣梁293，聆穿294斷城，以板橋邪穿295，外以板次之，倚殺如城報296。城内有傅壤，因以内壤爲外297，鑿亓閒，深丈五尺298，室以樵299，可燒之以待適300。令耳屬城爲再重樓，下鑿城外堞，内深丈五301，廣丈二。樓若令耳，皆令有力者主敵，善射者主發，佐皆廣矢302。治裾諸303，延堞304，高六尺，部廣四尺305，皆爲兵弩簡格306。轉射機307，機長六尺，貍一尺308。兩杖合而爲之輼309，輼長二尺，中鑿夫之爲道臂，臂長至桓，二十步一，令善射之者310，佐一人311，皆勿離。

城上百步一樓，樓四植，植皆爲通舄312，下高丈，上九尺313，廣、長各丈六尺314，皆爲寧315。三十步一突，九尺316，廣十尺，高八尺，鑿廣三尺，表二尺317，爲寧318。城上爲攢火319，夫長以城高下爲度[320]，置火亓末[321]。城上九尺一弩、一戟、一椎、一斧、一艾[322]，皆積絫石、蒺蔾[323]。渠長丈六尺[324]，夫長丈[325]，臂長六尺，亓貍者三尺[326]，樹渠毋傅堞五寸[327]。藉莫長八尺[328]，廣七尺，亓木也廣五尺[329]，中藉苴爲之橋[330]，索亓端[331]，適攻[332]，令一人下上之，勿離[333]。城上二十步一藉車[334]，當隊者不用此數[335]。

城上三十步一聾竈[336]。持水者必以布麻斗、革盆[337]，十步一[338]。柄長八尺[339]，斗大容二斗以上到三斗[340]。敝裕、新布長六尺[341]，中拙[342]，柄長丈[343]，十步一，必以大繩爲箭[344]。城上十步一鈂[345]。水瓨[346]容三石以上，小大相襍[347]。盆、蠡各二財[348]。爲卒乾飯，人二斗，以備陰雨[349]，面使積燥處[350]。令使守爲城內堞外行餐[351]。置器備[352]，殺沙礫、鐵[353]，皆爲坏斗[354]。令陶者爲薄瓨，大容一斗以上至二斗，即用取三祕合束[355]。堅爲斗[356]。城上隔棧[357]，高丈二[358]，剡亓一末[359]。爲閨門[360]，閨門兩扇，令可以各自閉也。救闉池者[361]，以火與爭，鼓橐[362]。馮填外內[363]，以柴爲燔[364]。靈丁，三丈一，犬牙施之[365]。十步一人，居柴內弩[366]。弩半，爲狗犀者環之[367]。墻，七步而一[368]。

城上爲爵穴[369]，下堞三尺，廣亓外[370]，五步一。爵穴大容苴[371]，高者六尺，下者三尺，疏、數自適爲之[372]。塞外塹，去格七尺，爲縣梁[373]。城筵陜不可塹者，勿塹[374]。城上三十步一聾竈[375]。人擅苣，長五節[376]，寇在城下[377]，聞鼓音，燔苣，復鼓，內苣爵穴中，照外[378]。

諸藉車皆鐵什(379)，藉車之柱長丈七尺，亓貍者四尺(380)，夫長三丈以上至三丈五尺(381)，馬頰長二尺八寸(382)，試藉車之力而爲之困(383)，夫四分之三在上(384)。藉車夫長三尺(385)，四二三在上(386)，馬頰在三分中(387)。馬頰長二尺八寸、夫長二十四尺以下不用(388)。治困以大車輪，藉車桓長丈二尺半(389)。諸藉車皆鐵什，復車者在之。寇闉池來(390)，爲作水甬(391)，深四尺，堅慕貍之(392)，十尺一，覆以瓦而待令(393)。以木大圍長二尺四分而早鑿之(394)，置炭火亓中(395)而合慕之(396)，而以藉車投之。爲疾犁投(397)，長二尺五寸，大二圍以上。涿弋(398)，弋長七寸，弋閒六寸(399)，剡亓末(400)。狗走(401)，廣七寸，長尺八寸，蚤長四寸(402)，犬牙施之(403)。

子墨子曰：守城之法，必數城中之木(404)，十人之所舉爲十挈，五人之所舉爲五挈(405)，凡輕重以挈爲人數(406)。爲薪樵挈(407)，壯者有挈，弱者有挈(408)，皆稱亓任(409)。凡挈輕重所爲(410)，吏人各得亓任(411)。城中無食，則爲大殺(412)。去城門五步，大塹之，高地三丈，下地至泉(413)。施賊亓中(414)，上爲發梁(415)，而機巧之(416)，比傅薪土(417)，使可道行(418)，旁有溝壘，毋可踰越(419)，而出佻(420)且北(421)，適人遂入(422)，引機發梁，適人可禽。適人恐懼而有疑心，因而離(423)。

① 左昭二十三年傳曰「完其守備，以待不虞」，「備」字義與此同。　畢云：說文云：「備，慎也。」「葡，具也。」經典通用「備」爲「葡具」之字，此二義俱通。　孫云：「五十二」，吴鈔本作「五十

四」，則前當有兩闕篇，未知是否。李筌太白陰經守城具篇云：「禽滑釐問墨翟守城之具，墨翟答以六十六事」，即指以下數篇言之。「六十六事」，別本陰經作「五十六事」。今兵法諸篇闕者幾半，文字復多脱互，與李筌所舉事數不相應。所記兵械名制，錯雜舛牾，無可質證。曹云：墨子以非攻爲教，若非詳明守禦之法，則世之溺於功利之説者未必因口舌而爲之阻止。故其止楚勿攻宋，亦示之以能守之實用，而後楚人信之，非僅以空言感動暴人也。老子稱「兵者不祥之器，有道者不處」。若墨子專言守圉，猶是仁人之事也。○案：自此至襍守凡二十篇，今存十一篇，錯簡斷帛，次敍殽然。不惟有目諸篇互錯，即佚目諸篇之文似亦有參雜其閒者。舊注諸家校移多而愜當者少，今擇其當者從之，又以己意校移數事。其餘雖疑其非本篇之文，而不能知其應何處者，一仍其舊，留待通學。

② 畢云：見論語。

③ 蘇云：殷周皆天子之國，言世衰而諸侯畔天子也。孫云：蘇説是也。蓋通稱王國爲「殷周之國」。呂氏春秋先己篇云「商周之國，謀失於胷，令困於彼」，兼愛中篇引武王告泰山辭云「以祇商夏」。周初稱中國爲商夏，周季稱中國爲殷周，辭例正相類。

④ 吴鈔本「何」上有「我」字。

⑤ 畢云：臨一。詩傳云：「臨，臨車也。」陸德明音義云：「韓詩作隆。」孔穎達正義曰：「臨者，在上臨下之名。」孫云：後有備高臨篇，云「積土爲高，以臨吾城」，又備水篇「竝船爲臨」，備蛾傅

篇有「行臨」，然則「臨」乃水陸攻守諸械以高臨下之通名，不必臨車也。「臨」聲轉作「隆」。淮南子氾論訓云「隆衝以攻」，又兵略訓云「攻不待衝隆雲梯而城拔」，高注云：「隆，高也。」

⑥畢云：鉤二。詩傳云：「鉤，鉤梯也，所以鉤引上城者。」　孫云：備鉤篇今佚，鉤蓋謂施長鉤緣之以攻城。管子兵法篇云「淩山阬不待鉤梯」，韓非子外儲說左上篇「趙主父、秦昭王令工施鉤梯上潘吾及華山」，皆是也。詩皇矣孔疏云：「鉤援一物，正謂梯也。以梯倚城相鉤引而上，援即引也。墨子稱公輸般作雲梯以攻宋，蓋此之謂也。」馬瑞辰云：「墨子分鉤與梯爲二，則鉤非即雲梯明矣。六韜軍用篇有飛鉤，長八寸，鉤芒長四寸，梯長六尺以上，千二百枚。蓋即詩之鉤。傳云『鉤，鉤梯』者，謂以鉤鉤梯而上，故又申之曰『所以鉤引上城者』，非謂鉤即梯也。正義失之。」

⑦畢云：衝三。詩傳云：「衝，衝車也。」說文云：「幢，陷陬車也。」高誘注淮南子云：「衝車，大鐵著其轅端，馬被甲，車被兵，所以衝於敵城也。」又曰：「衝，所以臨敵城，衝突壞之。」孔穎達詩正義云：「衝者，從旁衝突之稱。兵書有作臨車、衝車之法。」按「幢」正字，「衝」假音。　孫云：詩皇矣孔疏又云：「墨子有備衝之篇。」今佚。

⑧畢云：梯四。案即雲梯。　孫云：後有備梯篇。

⑨「堙」，堂策檻本、四庫本作「湮」。　畢云：堙五。一本作「湮」。案當爲「垔」，俗加土。說文

云：「垔，塞也。」玉篇云：「何休曰：上城具。堙，同垔〔一〕。」通典云：「於城外起土爲山，乘城而上，古謂之土山，今謂之壘道。」　孫云：「土山」亦見太白陰經攻城具篇。左傳襄六年「晏弱圍萊，堙之，環城傅於堞」，杜注云：「堙，土山也。」書費誓孔疏云：「兵法，攻城築土爲山，以闚望城内，謂之距堙。」孫子謀攻篇作「距闉」，曹操注云：「距闉者，踊土稍高而前，以附其城也。」蓋堙與高臨略同，惟以堙池爲異。此書今本備堙無專篇，而本篇後文「寇闉池」一節，蓋即備堙之法。又舊備穴篇亦有「救闉池」之文，今移入本篇。襍守篇又作「煙」。「闉」、「堙」、「煙」聲同字通。

⑩ 畢云：水六。　孫云：後有備水篇。

⑪ 畢云：穴七。　孫云：後有備穴篇。

⑫ 「突」，道藏本、吴鈔本、陸本、唐本、茅本、堂策檻本、四庫本作「宊」。　畢云：突八。　孫云：後有備突篇，不詳攻法，而云「城百步一突門」，乃守者所爲。疑突與穴略同，但穴爲穴地，突爲穴城，二者小異耳。襄二十五年左傳「鄭伐陳，宵突陳城」，杜注云：「突，穿也。」三國志魏明帝紀裴松之注引魏略載諸葛亮攻陳倉，「爲地突，欲踊出於城裏，郝昭於内穿地横截之」，則突亦穴地矣，未聞其審。

⑬ 畢云：空洞九。　孫云：「空洞」當亦「穴」、「突」之類，其攻法之異同，今篇佚無可攷。

〔一〕畢刻本脱「同垔」二字，今據玉篇土部補。

⑭「傳」，諸本作「傳」，四庫本作「傳」，皆「傳」之形誤。後有備蛾傅篇。畢刻改作「附」。畢云：蟻附十。「蟻」同「螘」。孫子云：「將不勝心忿而蟻附」，注云：「使卒徐上城，如蟻緣城，殺士也。」

⑮畢云：轒轀十一。太平御覽云〔一〕：「太公六韜曰：『凡三軍有大事，莫不習用器械，攻城圍邑，則有轒轀、臨衝，視城中則有雲梯、飛樓。』周遷輿服雜事曰：『樻榅，今之橦車也，其下四輪，從中推之，至敵城下。』」說文云：「轒，淮陽名車穹隆〔二〕轒。」玉篇云：「轒輼，兵車。」作「輼」。輼、轀音相近。藝文類聚引孫子又作「枌榅〔三〕」。通典云：「攻城戰具，作四輪車，上以繩爲脊，生牛皮蒙之，下可藏十人，填隍推之，直抵城下，可以攻掘，金火木石所不能敗，謂之轒轀車。」孫云：孫子謀攻篇云「攻城之法，脩櫓轒轀」，本書備轒轀篇今佚。後備水篇「以船爲轒轀」，與攻城之車異。

⑯畢云：軒車十二。馬瑞辰云：六韜軍用篇「飛樓」，蓋即墨子之「軒車」、左傳之「巢車」。孫云：備軒篇今佚。左宣十五年傳云「登諸樓車」，杜注云：「車上望櫓。」此「軒車」疑即「樓車」。楚辭招魂王注云：「軒，樓版也。」

〔一〕「云」字原脱，依畢刻本補。
〔二〕「隆」原作「窿」，依畢刻本改，與說文合。
〔三〕「榅」原作「輼」，據畢刻本改，與藝文類聚卷六十三原文合。

⑰「敢」，舊本作「服」。「敢」或作「𠭥」，與「服」形近而誤。

⑱「修」，翻陸本、茅本、寶曆本、緜眇閣本作「脩」。

⑲「具」，陸本、茅本作「貝」，爛文。

⑳ 秋山云：「推」，一作「椎」。 畢云：「推粟」，言輓粟。 孫云：「推」當爲「樵」之誤。下云「薪食足以支三月以上」，樵粟即薪食也。 ○案：節葬下篇曰「積委多，城郭修，上下調和」，與此文意略同。

㉑ 孫云：國語越語韋注云：「持，守也。」

㉒ 盧云：此下當有「而君不用之」五字。

㉓ 舊本脫「猶」字，俞據下句增。

㉔「必能」，緜眇閣本作「能必」。君用與善守，爲守城必具之二事。但在事實上，善守者君未必用，君用之守者又未必能，此城之所以多不可守也。 俞改「乎」爲「守」，似可不必。

㉕「尊用」猶重用也。

㉖ 此與下文緊相銜接，其間無脫文。 俞校移下文「凡守圍城之法」以下一百四十二字置於此間，反覺重複，今仍從舊本。

㉗ 緜眇閣本「故」作「以」。 秋山云：「故」，一作「尚」。

㉘ 畢云：舊脫「門」字，據太平御覽增。 孫云：左傳莊二十八年「縣門不發」，杜注云：「縣門施

於内城門。」又襄十年「圍偪陽，偪陽人啟門，諸侯之士門焉，縣門發」，孔疏云：「縣門者，編版廣長如門，施關機以縣門上，有寇則發機而下之。」　○案：宋本、蜀本御覽一百八十三引「縣」作「懸」。

㉙ 門之長度。

㉚ 孫云：蓋一扇之廣度。

㉛ 孫云：謂門左右兩扇同度。

㉜ 畢云：「門扇」舊作「問扁」，據下文改。「數」同「促」。

㉝ 謂兩扇接處相去三寸，免相切摩滯凝也。

㉞ 秋山云：「施」，一作「於」。　畢云：舊「士扇」作「士扁」，非。通典守拒法云：「城門扇及樓堠以泥塗厚，備火。」

㉟ 畢云：說文云：「塹，阬也。」

㊱ 孫云：亦八尺而兩之。

㊲ 「力」當爲「門」。「門」字行草作「门」，與「力」形近而誤。上文門長二丈，則塹長亦二丈也。

㊳ 「末」，道藏本、吳鈔本、陸本、唐本、茅本、緜眇閣本作「未」，誤。　孫云：「縣」即縣門也。

㊴ 孫云：以上縣門之法。

㊵ 「客」，舊本作「容」，今依王、蘇校改。　王引之云：「容」當爲「客」。「客至」謂敵人至城下也。

蘇云：「容」當作「客」，謂敵人也。襍守篇云「寇至，諸門户令皆鑿而類竅之」，與此合。

㊶ ○案：禮記月令孔疏云：「起兵伐人者謂之客。敵來，禦捍者謂之主。」

下「孔」字，舊本作「孜」，畢以意改。畢又改「慕」爲「幕」。 蘇云：以襍守篇校之，「孔」字疑誤重。 孫云：以襍守篇校之，此「慕」、「幕」並即彼「類」，此「孔」即彼「竅」，亦即所謂「鑿」。「慕」、「幕」並當作「冪」。廣雅釋詁云：「冪，覆也。」「冪」，襍守篇作「類」，則又「幎」之形誤。蓋鑿門爲孔竅，而以物蒙覆之，使外不得見孔竅也。太白陰經守城具篇云：「鑿門爲敵所逼，先自鑿門爲數十孔，出強弩射之。」 ○案：「孔之」當作「之孔」，「之」字上屬爲句，「孔」字屬下讀。

㊷ 蘇云：「幕二」之「二」疑衍。襍守篇云：「各爲二類，一鑿而屬繩，繩長四尺，大如指。」 孫云：蘇校是也。此蓋言每門扇鑿二孔，皆冪之。其一冪而更繫以繩，蓋備牽挽以爲固也。以上鑿冪門户之法，即太白陰經之「鑿門」。 ○案：「幕二」之「二」爲「幕」之重文，此文本作「諸門户皆令鑿而慕孔之，孔各爲二幕，幕一鑿而繫繩，繩長四尺」，今本「孔」字錯入上句，「繩」下又脱一「繩」字。

㊸ 「爲」猶與也。此謂敵以車火與烟矢攻城也。 孫云：備蛾傅篇云「車火燒門」，備梯篇作「煇火」，此「車火」疑當作「熏火」。「烟矢」當作「熛矢」，說文火部云：「熛，火飛也。讀若標。」「熛」誤作「煙」，又從俗作「烟」。孫子火攻篇云「烟火必素具」，亦「熛火」之誤。

㊹ 寶曆本「棧」作「機」。 畢云：說文云：「棧，棚也。」 孫云：「棧」疑當作「杙」，與「弋」同，

即下文之「涿弋」也。

㊺ 畢云：「涂」字俗寫從土，本書迎敵祠亦只作「涂」。通典守拒法云：「門棧以泥厚塗之，備火。柴草之類貯積，泥厚塗之，防火箭飛火。」

㊻ 「斗革」，舊本作「升草」，今依王校改。「救」，陸本作「敕」。王云：「升」當爲「斗」，隸書「斗」字作「外」，因譌而爲「升」。「草盆」當爲「革盆」，備穴篇曰「傳火者必以布麻什革盆」，案「傳火」當爲「持水」，「什」當爲「斗」，即所云「持水麻斗革盆救之」也。「革盆」又見備蛾傅篇。○案：王所引備穴篇文，今移於此篇。

㊼ 畢云：說文云：「欂，壁柱。」「植，户植也。」「薄」假音字。

㊽ 「寸」，諸本作「尺」，緜眇閣本作「寸」，今從之。　孫云：蓋即鑿孔以涿弋。

㊾ 「涿」，各本作「逯」，今依王校改。「涿」字俗書或亦作「逯」，見魏高洛周造象記。　王引之云：「逯」當爲「涿」，字本作「椓」。說文：「椓，擊也。」周南兔罝傳曰「丁丁，椓杙聲」，是也。通作「涿」，周官壺涿氏注曰「涿，擊之」，是也。「涿弋」又見下文。

㊿ 「寸」，畢本作「尺」，舊本並作「寸」，今據正。　畢云：說文云：「樴，弋也。」　孫云：說文弋部云：「弋，橜也。」

(51) 畢云：「見」疑「閒」字。　○案：備梯篇曰「守爲行城襍樓相見」，亦以「見」爲「閒」，即距離。

(52) 孫云：上云「閒一寸」者，謂一行之中每一寸一弋，此則前後行相去之數也。

㊸「救」，陸本、茅本作「敕」。「火」，寶曆本作「人」。「鑿」疑當作「備」。

㊹ 畢云：「垂」，「䍃」字省文。説文云：「䍃，小口罌也。」

㊺「容」，舊本作「火」，王校爲「容」之壞字，是也，今依改。下文曰「水瓴容三石以上，小大相雜」，文與此正同。　顧云：「火」當作「大」。

㊻ 以上救車火與烟矢之法。

㊼ 畢云：言扃固之。「環」與「扃」音相近。　孫云：「植」，持門直木。「關」，持門横木。説文金部云：「錮，鑄塞也。」

㊽ 畢云：「錮」字疑衍。説文云：「鍱，鏶也。」此與「鍇」音同，説文云：「以金有所冒也。」
〇案：「錮」並當爲「扃」。「扃」或作「鉤」，見魏王僧墓誌銘，與「錮」形近而誤。禮記曲禮「入户奉扃」，釋文云：「扃，門扇上鐶鈕。」即此「環扃」之義。此文本作「門植關必環鉤，鉤以金若鐵鍱之」，今本「鉤以」誤倒爲「以錮」耳。

㊾ 畢云：「梳」字未詳，疑作「瑣」。

㊿ 畢云：「管」字假音。春秋左氏云「北門之管」。　孫云：「管」或作「筦」，與「莧」聲形俱近。新序雜事一〔一〕「楚筦蘇」，吕氏春秋長見篇「筦」作「莧」。管即瑣也，檀弓鄭注云：「管，鍵也。」

〔一〕「新序雜事一」，孫引原作「説苑君道篇」，本書沿誤，今改。按：新序作「筦蘇」，説苑作「筦饒」，孫引書名偶誤。

(61)「時」，寶曆本作「持」。　畢云：「貌」疑「視」字。

(62)「入」，各本作「人」，今依蘇校改。　畢云：「桓」，表也。　○案：周禮大宗伯鄭注云：「雙植謂之桓。」此「桓」蓋謂門內兩側之立木，鑿孔以持關者。關入桓，深則固，淺則不固。

(63)蘇云：禁此五者，防有變也。已上言城門關鎖之法，畢以爲救車火之法，非也。

(64)下文云「城上七尺一渠」，與此異。　孫云：「渠」，守城械名。尉繚子武議篇云：「無蒙衝而攻，無渠荅而守。」

(65)「立」，寶曆本作「之」。　畢云：前漢書注云：「墨子曰：城上二步一渠，立程長三尺，冠長十尺，臂長六尺。」則「丈」當爲「長」。　○案：「長」、「丈」二字疑當並有，本書與漢書注互脱一字耳。下文曰「渠長丈五尺」，又曰「渠長丈六尺」，襍守篇曰「渠長丈五尺」，皆有「長丈」二字，可證。　孫云：「程」當爲「桯」。攷工記輪人，蓋杠謂之桯。「立桯」即渠之杠直立者也。

(66)「尺」，畢本作「丈」，舊本並作「尺」，今據正。下文與襍守篇説渠，一曰「夫長丈二尺」，一曰「夫長丈」，一曰「矢長丈二尺」，似皆與此句相當。曰「冠」、曰「夫」、曰「矢」，義皆未詳，今各仍原文。　孫云：「冠」蓋渠之首。

(67)此句下文兩見，「辟」並作「臂」。　畢云：「辟」同「臂」。　孫云：「臂」蓋渠横出之木也。

(68)「荅」，諸本作「答」，寶曆本作「荅」，與畢刻合。餘「荅」字仿此。　畢云：漢書注云：「蘇林曰：渠荅，鐵蒺藜也。」

(69) 王云：此當作「二步一苔，苔廣九尺」。如淳注漢書鼂錯傳引此重「苔」字。

(70) 畢云：「衺」舊作「表」，據前漢書注改。 孫云：以上渠苔之法。

(71) 畢云：舊作「挺」，以意改。說文云：「梃，一枚也。」孟子音義云：「梃，徒頂切。」通典守拒法云：「連梃，如打禾連枷狀，打女墻外上城敵人。」 ○案：緜眇閣本作「梃」，與畢改合。

(72) 孫云：說文木部云：「椎，所以擊也。」齊謂之終葵。」

(73) 周禮職金「凡國有大故而用金石」，鄭注云：「用金石者，作槍、雷、椎、椁之屬。」孔疏云：「皆謂守城禦捍之具。」一切經音義引倉頡曰：「木二端銳曰槍。」

(74) 孫云：以上雜守器之法。

(75) 畢云：通典守拒法云：「木弩以黃連、桑柘爲之，弓長一丈二尺，徑七寸，兩弰三寸，絞車張之，大矢自副，一發聲如雷吼，敗隊之卒。」

(76) 明鈔本書鈔一百二十五引「以」作「已」。

(77) 吴鈔本「矢」作「夭」，同。

(78) 「毋」，畢本作「田」，舊本作「毋」，今據正。 秋山云：「捜」，一作「搩」。 孫云：「節」當作「即」。「毋」與「無」字通。 矢材以竹箭爲佳，爾雅釋地：「東南之美者，有會稽之竹箭焉。」郭注云：「竹箭，篠也。」書禹貢釋文引馬融云：「楛，木名，可以爲箭。」 ○案：「趙」疑「楚」之形譌，楛、楚可以爲箭，見韓子十過篇及戰國策趙策，高注云：「楚，荆也。」「捜」，字書所無。 左思吴都賦「木則松、梓、古度」，庾信枯樹賦「若夫松子、古度，森梢百頃，槎枿千年」，「掖」疑即「古度」。此似言矢多，竹箭難給時，可以楛、楚、掖、榆益之。北史郎基傳「基固守海西，乃至削木爲箭」，即其事例。

(79) 未詳。備穴〔一〕篇曰「必以堅杖爲夫」，畢云：「夫同趺，如足兩分也。」此「夫」字或與彼同，蓋用以播布木弩者，質用鐵，欲其堅也。孫云：「齊」當爲「齎」，「夫」當爲「矢」。或云：「鐵夫」即備穴篇之「鐵鈇」。

(80) 秋山云：「衜」，一作「衛」。畢云：「衜」疑「衝」字。王云：「衝」，說文本作「衜」，今作「衜」者，即「衝」之譌。孫云：說文手部云：「播，布也。」謂分布使衆射之。

(81) 「櫳樅」，畢本如此，諸本二字並從手。道藏本、陸本、唐本「樅」字從木。畢云：已上木弩之法。孫云：「櫳樅」見後，蓋亦攻守通用之器。

(82) 寶曆本「二」作「一」。

(83) 「中」，畢本改「千」。畢云：後漢書注引作「積石百枚，重千鈞以上者」，舊「千」作「中」，據改。孫云：此見堅鐔傳注，「千」並作「十」，未知畢據何本。吳云：「中」讀去聲，畢改「千」字非是。若千鈞之石五百枚，則二步之地不能容矣，且千鈞無能用之者矣。○案：畢改必非，

〔一〕「備穴」原誤「備突」，按引文在本書備穴篇，今改。

吴説近是。又疑「中」當訓半。鈞三十斤，石重半鈞以上，庶可舉以投敵。若過重，不唯二步之地不能容五百枚，且亦不便使用矣。下文曰「瓦石重二斤以上，上」。

⑭ 「百」疑當爲「石」，形近而譌。　孫云：周禮馬質鄭注云：「亢，禦也。」

⑮ 「壁」，陸本、茅本、寶曆本、緜眇閣本、堂策檻本、四庫本作「璧」。「壁」、「璧」皆「甓」之借字。甓，甎也。「善方」即「繕防」之省文，韓子十過篇「使治城郭之繕」。此言無石以亢禦敵人時，疾犁與甓皆可修繕防禦也。「疾犁」，下文及備梯篇、備穴篇亦作「蒺藜」。本草曰：「刺蒺藜，狀如赤根菜，三角四刺。」因之軍用多角多刺之具亦曰蒺藜。六韜軍用篇有木蒺藜、鐵蒺藜、兩鏃蒺藜。

畢云：此「疾犁」正字，漢書注作「蒺藜」，非。通典守拒法云：「敵若木驢攻城，用鐵蒺藜下而敦之。」　孫云：以上積石之法。

⑯ 「苙」，舊本並同，畢本改「笠」。　畢云：一本作「至」，舊作「苙」。　孫云：「苙」當爲「苣」之譌，後文「人擅苣長五節」是也。彼「五節」當爲「五尺」，此長度倍之，蓋苣束葦爲之，有大小長短之異。常時所擅，用其小者，其大者則積之，以備急猝夜戰之用，故長度特倍於恒也。舊本作「苙」，艸形尚存。畢校作「笠」，失之彌遠矣。

⑰ 孫云：儀禮喪服鄭注云：「中人之扼，圍九寸。」

⑧⑧ 王云：「有奚」下當有「蠡」字，下句「奚蠡」即承此而言。杜子春注〔一〕周官鬯人曰：「瓢謂瓠蠡也。」「瓠蠡」、「奚蠡」一聲之轉。蘇云：「奚」下脱「蠡」字。説文：「奚，大腹也。」「蠡」音黎，瓠瓢也。漢書東方朔傳「以蠡測海」，是也。

⑧⑨ 「奚蠡大」，陸本、茅本、寶曆本、緜眇閣本、堂策檻本、四庫本作「奚大蠡」。

⑨⓪ 「五步」之「五」，陸本、堂策檻本、四庫本作「伍」。孫云：「狗屍」疑即下文之「狗犀」，「屍」、「犀」音近通用。後又有「狗走」，即此。蓋亦行馬、柞鄂之類。

⑨① 畢云：「喪」，藏也。孫云：「弟」當爲「茅」之誤。狗屍蓋以木爲之，而掩覆以茅，所以誤敵，使陷擠不得出也。

⑨② 吳鈔本「瓮」作「甕」。孫云：「瓮」當爲「兑」，形近而誤。

⑨③ 翻陸本「弋」作「戈」。説文曰：「約，纏束也。」

⑨④ 「搏」，諸本作「摶」，道藏本、吳鈔本、唐本、寶曆本、緜眇閣本、四庫本作「搏」，今從之。備蛾傳篇「盧薄長八尺」，「搏」、「薄」疑皆「欂」之借字，説文曰：「欂，壁柱。」

⑨⑤ 畢云：舊脱一「竈」字，據太平御覽七百五十七增。「鐕」，「鬵」字假音，説文云：「鬵，大釜也。一曰：鼎大上小下若甑曰鬵。讀若岑。」方言云：「甑，自關而東或謂之鬵。」太平御覽引作「鑊」。

〔一〕「注」字原脱，據讀書雜志補。

⑯ 畢云：太平御覽引作「容二石以上爲湯」。

⑰ 「沙」，寶曆本作「涉」。 秋山云：「涉」，一作「沙」。 畢云：已上積石、苙、狗屍、搏、竈之法。 孫云：「毋下」猶云毋減。

⑱ 畢云：通典守拒法有云：「却敵上建堠樓，以版跳出爲櫓，與四外烽戍晝夜瞻視。」

⑲ 畢云：說文云：「堞，城上女垣也。」「堞」省文。 ○案：初學記二十四引無「樓」、「於」二字。宋本、蜀本御覽一百七十六引無「於」字。

⑩⓪ 畢云：當云「下廣四尺」。 吴云：「廣三尺」乃「四尺」之譌。古「四」字作「亖」，故易與「三」混。下「廣四尺」字與「板」字連文。 ○案：「廣三尺」、「廣四尺」疑衍其一。蓋一本由「廣三尺」而譌〔一〕「廣三尺」，一本作「廣四尺」，今本兩存之耳。樓制之長，出於堞者四尺，廣四尺，其堞内之度，蓋稱城之厚薄適爲之，故其全長不必豫定，要在四尺以上也。

⑩① 「傅」，舊本作「傳」，誤。 蘇云：「傅」即塗也。所以防火。

⑩② 蘇云：所以避日。 ○案：蘇謂夏蓋「所以避日」，冬季之風雨雪豈不當避邪？殆非也。「夏」當爲「复」，或作「复」。說文曰：「复，行故道也。」玉篇曰：「复，今作復。」「复」爲初文，「復」爲後起字。复者，「覆」之省文，說文曰：「覆，蓋也。」复蓋其上，即覆蓋其上也。因「复」字少見，遂誤

〔一〕「譌」，原作「爲」，徑改。

作「夏」矣。下文「以蓋瓦復之」，亦當作「以瓦蓋復之」。

⑩③ 畢云：疑即巢車，「巢」、「藉」音相近。　○案：「藉」，寶曆本作「籍」。「五十步」，下文作「三十步」，又作「二十步」。

⑩④ 「藉車」二字，陸本、茅本、寶曆本、緜眇閣本、堂策檻本、四庫本不重，非是。「纂」，吴鈔本、緜眇閣本作「篡」。　畢云：說文：「簞，治車軸也。」「纂」假音字。

⑩⑤ 「井」當爲「并」，「屏」之省文。號令篇「諸竈必爲屏」，「屏」舊本亦誤作「井」，例與此同。屏，廁也，下文曰「五十步一廁」。

⑩⑥ 畢云：「屏」當爲「井」。　王云：下文言「百步一井」，則此不得又言「五十步一井」。此當以「五十步一井屏」爲句。旗幟篇云「其井爲屏，三十步而爲之圜，高丈」，是其證。初學記地部下引此正作「五十步一井屏」。　孫云：「井屏」即屏廁，非汲井也。周禮宮人「爲其井匽」，鄭衆注云：「匽，路廁也。」　吴云：「井」乃「屏」之誤，畢、王說未當。　○案：吴說較長。王所引旗幟篇文，「其井」與「爲屏」二字不連，且不相涉，王删并爲一句，未允。蓋彼「井」爲汲井，與此亦不同也。初學記引十二字與此全同，何能節取六字，爲「井屏」當連讀之證？若其法可證，則人亦可節取「五十步一井」五字作爲「井」字當斷句之證矣。御覽一百八十九引作「五十步一井」，「井」字雖與此同誤，而斷句則不誤。周禮宮人「爲其井匽」，王氏校「井」爲「并」之譌。并、屏古字通，正與吴校此「井」字爲「屏」之誤相類。廣雅釋室曰：「庰，廁也。」或以「屏」、「并」爲之。

⑩⑦ 俞云：「方」者，「房」之假字。五十步置一房，爲守者入息之所，故必爲關籥守之也。　孫云：「方」疑「户」字之誤，下同。後備穴篇云「爲之户及關籥」。　○案：孫説未允。備穴篇曰「偎爲之户及關籥」，彼「户」有所屬，故義可通。此文依孫校爲「五十步一户」，「户」無所屬，文義不完。

⑩⑧ 蘇云：「尚」與「上」同。「關籥」即管鑰。

⑩⑨ 畢云：舊从手，非。　○案：寶曆本「櫳」從木。

⑪⓪ 「議」同「義」，宜也。謂其上合宜減殺之。

⑪① 孫云：此無後廣之度，疑有脱文。　○案：初學記二十四及宋本、蜀本御覽一百七十六引並無「廣」字。

⑪② 秋山云：「𨋢」，一作「軜」。　畢云：「𨋢」疑「吻」。「坫」疑「坫」字。説文云：「坫，屏墻也。」又或同「阽」。漢書注：「如淳曰：阽，近邊欲墮之意。」　○案：畢説近是。「樓𨋢」蓋謂樓突出陵虛之一部。下文「出城十二尺」，可見近邊欲墮之意。

⑪③ 「尺」，吴鈔本作「步」。

⑪④ 畢云：舊作「百步再再十壅〔一〕」，據太平御覽改。　○案：「甕」，舊本作「壅」，誤。蜀本御覽七

〔一〕「壅」原誤「甕」，據畢注原文改，與墨子舊本合。

百五十八引作「甕」。

⑮ 蘇云：「繫連」，所以引甕而汲也。　孫云：「繫連」疑當爲「擊邉」，即後文之「頡皋」，音並相近。

⑯ 下「斗」字諸本作「什」，即「斗」之俗體。　寶曆本作「升」。　秋山云：「升」，一作「什」。　蘇云：「六什」當作「六斗」。「到」猶至也。　孫云：左傳襄九年「宋災，備水器」，杜注云：「盆、䍍之屬。」

⑰ 畢云：一本作「杆」。　孫云：説文禾部云：「稈，禾莖也。或作秆。」左昭二十七年傳云：「或取一秉秆焉。」

⑱ 畢云：説文云：「櫓，大盾也。」

⑲ 秋山云：「術」，一作「桁」。　孫云：「衝術」即上文之「衝隊」〔一〕，「隊」、「術」一聲之轉。　此下所爲，皆以當衝隊。

⑳ 「𦢊」，寶曆本作「牘」。　俞云：「𦢊」即「竇」字之誤。　孫云：「𦢊」當爲「隫」之誤。　説文阜部云「隫，通溝以防水者也」，與「竇」聲義並相近。　考工記匠人「竇，其崇三尺」，鄭注云：「宮中水道。」「幽隫」猶言闇溝也。

〔一〕 按：「衝隊」之文見本篇下文，墨子閒詁則校移入本篇上文。

㉑ 「千」，疑「十」之譌。

㉒ 「立」，畢本改「大」。　畢云：「『大』舊作『立』，據太平御覽改。」　王云：畢改非也。初學記居處部、鈔本御覽居處部四、玉海宮室部所引並作「立樓」。　○案：宋本、蜀本御覽一百七十六引作「立樓」。

㉓ 畢云：太平御覽引云：「二百步一大樓，去城中二丈五尺。」　孫云：下「二」字疑衍。此「立樓」在堞內者之度，其出堞外者則五尺，下文云「出樞五尺」是也。內外合計之，則廣三丈也。　○案：初學記二十四引作「去城中二丈五尺」。

㉔ 孫云：「樞」疑當作「拒」，謂立樓之橫距出堞外者五尺也。備高臨篇云：「臺城左右出巨各二十尺。」　○案：「樞」疑「堞」之譌，上文曰「樓出於堞四尺」。

㉕ 「爲」字疑當在下句「俾倪」之上。　孫云：此言堞內地之廣度必如此，乃足容守卒行止及儲庤器用也。

㉖ 畢云：說文云：「陴，城上女墻，俾倪也。」杜預注左傳作「僻倪」。衆經音義云：「三倉云：俾倪，城上小垣也。」一云：「三倉作『頓堄』，又作『埤』、『軙』。」　蘇云：即睥睨。釋名云：「城上垣曰睥睨，言於孔中睥睨非常〔二〕也。」

〔二〕「非常」原作「一切」，據蘇時學墨子刊誤卷二改，與釋名釋宮室合。

⑫⑦「寸」字各本無，今依孫、吴校增，與下文合。　孫云：說文𨸏部云：「陛，升高陛也。」

⑫⑧陛每級之廣長。

⑫⑨「唐」，寶曆本、四庫本、畢本作「廣」，道藏本、吴鈔本、陸本、唐本、茅本、緜眇閣本、堂策檻本作「唐」，今從之。　孫云：文選甘泉賦李注引鄧展云：「唐，道也。」此謂城上下當陛之道也。下文云「道陛高二尺五寸，長十步」。　○案：以下文校之，各六尺當爲六十尺，方與十步相合。

⑬⑩孫云：「童異」疑當爲「重廙」。說文广部云：「廙，行屋也。」

⑬①隅各一尉。左傳閔二年「羊舌大夫爲尉」，又成十八年「立軍尉以攝之」，襄十九年有「軍尉」、「輿尉」，襄二十一年「將歸死於尉氏」，杜注云：「尉氏，討姦之官。」管子立政篇「里爲之尉」，史記白起傳「取二鄣四尉」，索隱云：「尉官也。」　孫云：「尉」蓋即下文所謂「帛尉」。商子境内篇云「其縣有四尉」。　畢云：已上候樓、井、櫳樅、木樓、井、雜秆、櫓、幽牘、立樓之法。

⑬②「五尺」，「尺」字各本脱，王據襍守篇補。

⑬③畢云：「貍」，「薶」省文。

⑬④畢云：「夫」字俱未詳，疑即「扶」字，所以著手。　王云：「夫」當爲「矢」。襍守篇「渠長丈五尺，其埋者三尺，矢長丈二尺」，其字正作「矢」，故知此篇諸「夫」字皆「矢」字之譌。　俞云：

畢、王二說皆非也。下文云「爲頡皋必以堅杖爲夫」，畢云：「夫同趺，如足二分也。」〔二〕此說得之。下云「臂長六尺」，是趺也、臂也皆取象於人身。畢得之後而失之前，偶不照耳。襍守篇作「矢」，乃字之誤，不當反據以改不誤者。後文「夫」字應讀「趺」者視此。

135 孫云：「内」、「枘」古今字。楚辭九辨云「圜鑿而方枘兮」。

136 畢云：「兩」舊作「雨」，以意改。○案：寶曆本、緜眇閣本作「兩」。

137 孫云：謂適相當也。

138 孫云：「夫」當作「矢」。下說城上之物有「馬矢」，亦誤作「夫」。「寒」疑「塞」之譌。○案：管子地員篇「其種陵稻、黑鵝、馬夫」，注云：「皆草名也。」

139 孫云：言待命令而施之。下文作「水甬」，亦云「覆以瓦而待令」。

140 「若」猶或也。

141 「五」字各本錯入下文，作「五五十步一廁」，今移於此。「十」字諸本作「千」，陸本作「十」，今從之。

142 孫云：以告人，慮有體汙也。

143 畢云：「五」下舊衍一「五」字。○案：所衍之「五」，即上文「五十步一表」之錯文，今校移前。

144 畢云：說文云：「圂，廁也。」孫云：上「廁」爲城上之廁，「圂」則城下積不潔之處，旗幟篇所

〔二〕按：俞所引此文及畢注，本書已移入備穴篇。

謂「民圂」也。蓋城上下廁異而圂同。

(145) 棄水者操表搖之，之廁者不得操表搖之，此蒙上文而省。孫謂有脱文，非也。畢云：「之」，往也。見爾雅。

(146) 蘇云：上作「五十步」，備穴篇作「二十步」，未詳孰是。○案：蘇引備穴篇文今移於後。

(147) 「隊」，茅本、寶曆本、緜眇閣本作「陣」。當隊謂當攻隧也，説詳下文。孫云：以下文校之，「不用」下當脱「此數」二字。

(148) 此謂城上下道階級之全長。「陛」，詳前。

(149) 「樓杌勇杌勇」，各刻本作「樓杌杌勇勇」，吴鈔本作「樓杌々勇々」。攷古人鈔書之例，「樓杌々勇々」既可讀爲「樓扤杌勇勇」，亦可讀爲「樓杌勇杌勇」。此例凡曾閲古鈔本者不難知之。因此一式兩讀，常易錯誤，經下篇「彼彼此此」，今本誤作「循此循此」，正與此例相互。「杌」字諸本作「扤」，茅本、寶曆本、緜眇閣本作「杌」，今從之。「杌勇」義未詳。

(150) 「士」，寶曆本作「十」，畢以意改「士」。「士樓」蓋因士得名，如上文之「坐候樓」。

(151) 孫云：疑亦爲縣門也。

(152) 蘇云：「渠」，塹也。所以防踰越者。

(153) 畢云：舊作「慕」，以意改。孫云：後作「藉莫」，即「幕」之省。通典兵守拒法云：「布幔複布爲之，以弱竿縣挂於女墻八尺，折拋瓦之勢，則矢石不復及墻。」太白陰經守城具篇説同。説文巾部云：「幔，幕也。帷在上曰幕。」則布幔當即此藉幕之遺制。

⑮④ 畢本「也」改「他」。 畢云：舊作「也」，以意改。 王云：「他」古通作「也」，不煩改字。

⑮⑤ 畢云：疑「周道」。 孫云：「周道」見後備水篇。周禮量人云「營軍之壘舍，量其州涂」，鄭衆注云：「州涂，還市朝而爲道也。」又考工記匠人云「環涂七軌」，杜子春注云：「環涂，環城之道。」此「州道」與「州涂」、「環涂」義並略同。

⑮⑥ 王云：「積藉」當爲「積薪」。積薪必善塗之者，所以防火也。上文云「五十步積薪，毋下三百石，善蒙塗，毋令外火能傷也」，與此文同一例。特彼以城上言之，此以城下言之耳。襍守篇亦曰「塗積薪者厚五寸已上」。 蘇說同。 吴云：「藉」者，草也，與「薦」同。莊子「麋鹿食薦」，士虞禮鄭注：「藉猶薦也。」「藉」、「薦」雙聲。說文：「藉，草不編，狼藉。」

⑮⑦ 孫云：迎敵祠篇云「城上五步有伍長，十步有什長」，蓋城上步一人，十步則十人，有什長。兩篇文異義同。

⑮⑧ 「亭」，諸本作「帛」，寶曆本作「亭」，今從之。 畢云：「帛」同「伯」。

⑮⑨ 蘇云：「高垣」當作「垣高」。 孫云：「高」即「亭」字之誤。 吴說同。

⑯⓪ 畢云：說文云：「閨，特立之户，上圜下方，有似圭。」 孫云：爾雅釋宮云：「宮中之門，其小者謂之閨。」此城閒小門，與宮中小門名同。

⑯① 「閉」，諸本作「閑」，寶曆本作「閉」，與畢本同。

⑯② 各本脱「一」字，王據太平御覽職官部六十七補。

⑯③ 「有重厚」，各本作「有序」二字，今依王校補正。王云：「序」亦當爲「厚」，「厚」上當有「重」字。人必厚重忠信，然後可以任事，故曰「尉必取有重厚忠信可任事者」。號令篇曰「葆衛必取戍卒有重厚者，請擇吏之忠信者、無害可任事者令將衛」，是其證。孫云：以上置什長、亭尉之法。

⑯④ 「爨」，舊本作「鬤」。孫云：儀禮士虞禮鄭注云：「爨，竈也。」

⑯⑤ 「康」，吴鈔本、宋本蜀本御覽八百五十四引並作「糠」，俗字。「粃」，陸本、堂策檻本、四庫本作「粃」，誤。畢云：説文云：「穅，穀皮也。康，或省字。」「秕，不成粟也。」此从米，非。

⑯⑥ 畢云：「麩」字假音。通典守拒法有灰麩、糠粃、馬矢。孫云：「杯」當爲「秠」之借字，秠即稃也。説文禾部云：「稃，稽也。」「稽，穅也。」故墨子亦以秠與康粃同舉也。○案：段玉裁注説文亦校作「秠，稃也。」

⑯⑦ 畢云：舊作「夫」。據太平御覽引云「備城皆收藏灰糠馬矢」，通典云「擲之以眯敵目也」。

⑯⑧ 畢云：疑「渠荅」假音字。「譫」與「幨」同。淮南子氾論訓云「渠幨以守」，高誘注云：「渠，塹也。一曰甲名，國語曰『奉文渠之甲』是也。幨幰，所以禦矢也。」王云：高注後説以「渠」爲「甲」，引吴語「奉文渠之甲」，猶爲近之。今吴語作「奉文犀之渠」，韋注以「渠」爲「盾」，是也。盾與幨皆所以禦矢，故並言之。「譫」蓋「襜」字之誤。齊策曰「百姓理襜蔽，舉衝櫓」，「襜蔽」即高注所云

「幨幰」，所以禦矢也。故廣雅曰：「幨謂之幰。」幨與襜字異而義同。 孫云：王說「譫」是也。此書載渠制甚詳，必非甲盾之名，高、韋說並非是。襜疑即所謂藉幕。

⑯⑨ 見前。

⑰⓪ 見後。

⑰① 疑即備梯篇之「行城襍樓」。緜眇閣本「樓」作「椎」。

⑰② 未詳，疑當作「劍」。

⑰③ 「頡」，諸本作「頡」，寶曆本作「頡」，與畢本合。 蘇云：即桔槔。

⑰④ 「梃」，舊本從手，畢改從木，義詳前。

⑰⑤ 並見前。

⑰⑥ 孫云：「茲」即鎡錤也。孟子公孫丑篇「雖有鎡基」，漢書樊噲傳贊「雖有茲基」，顏注引張晏云：「茲基，鉏也。」說文木部云：「欘，斫也。齊謂之鎡錤。」茲基即「鎡錤」之省。

⑰⑦ 孫云：疑即備穴篇之「鐵鉤鉅」。

⑰⑧ 孫云：即衝車。韓非子八說篇有「距衝」，蓋二者攻守通用之。

⑰⑨ 「縣」下陸本、唐本、茅本、寶曆本、緜眇閣本、堂策檻本、四庫本並無闕文。吳鈔本「批」作「批」。

⑱⓪ 下文曰「城上百步一樓」。

⑱① 畢云：舊作「內」，以意改。 孫云：「爵穴」，謂於城堞閒爲孔穴也。後文云「城上爲爵穴，下

堞三尺」。

(182) 下文「五步一爵穴」，備蛾傅篇「爵穴十尺一」，並與此異。備梯篇「爵穴三尺而一」，與此同。

(183) 「皐」，寶曆本作「皋」。　孫云：疑即前「頡皋」之皋。

(184) 「二」上疑脱「大」字。

(185) 畢云：當爲「挈」。

(186) 「斤」，各本作「升」，今依王校改。下「上」字動詞。下文曰「民室材木瓦石可以益城之備者，盡上之」，襍守篇曰「吏各舉其步界中財物可以佐守備者，上」，例與此同。　王云：「升」當爲「斤」。隸書「斤」字或作「斤」，因譌而爲「升」。

(187) 畢云：舊作「涉」，下同，俱以意改。

(188) 句。

(189) 畢云：舊作「錯」，據上文改。「鐕」同「鬵」。

(190) 孫云：上文説「鐵鐕」以爲湯及持沙，故「與沙同處」。

(191) 畢云：言連其本。「亓」舊作「卞」，以意改。　孫云：「耿」疑「聯」之誤。　○案：「耿」字不誤，「耿」、「鼏」同聲通借。説文曰：「鼏，以木横貫鼎耳舉之。」經典多以「扃」爲之。左宣十二年傳「脱扃」，杜注云：「扃，車上兵闌。」服注云：「横木校輪閒。一曰車前横木也。」文選西京賦「旗不脱扃」，薛注云：「扃，關也。謂建旗車上，有關制之，令不動摇，曰扃。」此「善耿其本」即謂善以闕横貫木本，令不摇脱也。襍守篇曰「諸木大者皆以爲闕鼻」，其法與此相類。

⑲2 既被横貫之木，名曰「長從」。

⑲3 此長從之數。

⑲4 此木橋之數。

⑲5 舊本「復」並作「後」，「卒」作「辛」，依王校改。王引之云：此當作「復使卒急爲疊壁，以蓋瓦復之」，復之即覆之，謂以蓋瓦覆疊壁也。今本兩「復」字皆譌作「後」，「卒」字又譌作「辛」，則義不可通。畢以「辛」爲「薪」字，失之。○案：王説是。惟「以蓋瓦復之」疑當作「以瓦蓋復之」，則文法較順。上文曰「復蓋其上」。

⑲6 宋本、蜀本御覽七百五十八引「木」作「大」，「罌」作「甖」。「盛水且用之」，猶言盛水待用。孫云：史記韓信傳「以木罌瓶渡軍」，是罌或瓦或木，皆可以盛水也。諸篇説罌缶所容，並以斗計，此「升」疑亦「斗」之誤。

⑲7 蘇云：「十二」字譌，當爲「五斗者」。俞云：當爲「五升者十步而四」。孫云：當作「五斗以上者十步而二」。「五斗以上者」與上文「容十斗以上者」文例正同。「上」字古文作「二」，與「二」形近而譌，又脱「以」字，遂不可通。但「十步而二」即五十步而十也。此容量止得上之半，則數不宜同，或當從俞校作「十步而四」爲是耳。○案：蘇、孫校均可通。「十步而二」不誤，此蓋小大相雜，故大罌十步而二，小罌亦十步而二也。又自「樓五十步一」至此，舊本凡一百二十三

字，顧校爲上文「夏蓋亓上」與「五十步一藉車」之閒之脫文。

⑱ 城有四正面、四隅角。　孫云：「城隅」見詩邶風及考工記匠人，城隅高於城率二雉，故匠人鄭注釋爲「角浮思」。

⑲ 王引之云：「磿」當爲「磿」。字書無「𣘺」字，蓋「㯕」字之譌。磿㯕疊韻字。說文：「櫪㯕，柙指也。」此音蓋如說文之「櫪㯕」，而義則不同。磿㯕蓋樓之異名也。號令篇曰：「他門之上，必夾爲高樓，使善射者居焉。女郭、馮垣一人一人守之。使重室子五十步一擊」二篇之意大略相同，彼之「高樓」即此之「高磿㯕」也。　〇案：王校近是。揚雄蜀都賦「於木則櫪㯕」，是「櫪㯕」喬木名。北史韋孝寬傳：「齊攻玉壁，城上先有兩高樓，孝寬更縛木接之，令極高峻，多積戰具以禦之。」磿㯕之制，或亦縛木爲高峻之類。

⑳ 舊本「室」下有「乎」字，今依畢校删。　孫云：「重室子」，謂貴家子也。號令篇云「富人重室之親」，又云「使重室子」。

㉑ 畢云：「敵」字假音。史記亦用此字。

㉒ 畢云：「傩」即「態」字，說文云：「態或从人。」

㉓ 各本「進」下無「退」字，今依蘇校增。　蘇云：「進」下當有「退」字。

㉔ 孫云：以上爲高磿㯕候適之法。

㉕ 畢云：「穴」舊作「内」，以意改。

(206)「亟」，諸本作「函」，寶曆本作「亟」，今從之。「亟」，急也。王校同。「迎」，諸本作「匝」，道藏本、寶曆本作「迊」，今依王校改。　王云：「選本」當爲「選士」，隸書「士」字或作「圡」，因譌而爲「本」。畢改「本」爲「木」，非。「匝」當爲「迎」，草書字譌。言敵人爲穴而來，我急使穴師選善穴之士鑿穴而迎之也。下文云「適人穴土，急壍城內，穴亓土直之」，又曰「審知穴之所在，鑿穴迎之」〔一〕，皆其證也。　孫云：「本」與「卒」隸書亦相近。

(207)畢云：「且」當爲「具」。　孫云：「内弩」即備穴篇之「短弩」，穴中以拒敵者。　蘇云：此數語當入備穴篇，而錯出於此者。　○案：蘇校是。此數語疑當在備穴篇「謹備穴」與「穴疑有應寇」之閒。

(208)「材」，各本作「杵」，今依王校改。　王引之云：「杵」當爲「材」，字之誤也。號令篇「民室材木」，即其證。

(209)「益」，各本作「蓋」，今依王、蘇校改。　王云：「蓋」當爲「益」，字之誤也。言民室之材木瓦石可以益守城之備也。　蘇説同。

(210)畢云：「盡」舊作「蓋」，以意改。　言民室中所有盡爲城備。　○案：寶曆本作「盡」。

(211)自「城四面四隅」以下至此，舊本凡八十五字，與上下文氣不接，除「適人爲穴而來」等二十五字爲

〔一〕按：王氏所引以上二文，本書已校移入備穴篇。

備穴篇錯簡外，其餘六十字疑號令篇之錯簡。

(212) 畢云：「昔築」當云「皆築」。　○案：此與上文「五十二者十步而二」相接，今本錯入「城四面四隅」八十五字，致失其綫索。「昔築」疑當爲「臿築」，形近而譌。釋名釋器用曰：「臿，插也。插地起土也。」說文曰：「築，所以擣也。」史記秦始皇本紀「身自持築臿」，正義云：「築，墻杵也。臿，鍬也。」爾雅云：「鍬謂之臿。」

(213) 畢云：疑「鋸欘」。　孫云：畢據管子小匡篇文，尹知章注云：「鋸欘，钁類也。」說文斤部云：「斸，斫也。」又木部云：「欘，斫也。齊謂之鎡錤。」廣雅釋器云：「鋸，鉏也。」爾雅釋器云「斪斸謂之定」，郭注云：「鋤也。」

(214) 孫云：「壘」疑當爲「虆」。孟子滕文公篇「蓋歸反，虆梩而掩之」，趙注云：「虆梩，籠臿之屬，可以取土者也。」毛詩釋文引劉熙云：「虆，盛土籠也。」釋文又云：「虆，字或作樏，或作蔂。」案「樏」即「欙」之省。「蔂」，「欙」之別體。備蛾傅篇云「土五步一，毋下二十畾」，「畾」亦即「蔂」之省。

(215) 孫云：「銻」疑當作「銕」。銕即夷也，與古文「鐵」字不同。書堯典「宅嵎夷」，史記、說文並作「銕」。國語齊語云「惡金以鑄鉏夷斤欘」，韋注云：「夷，平也。所以削平草地。」管子小匡篇云「惡金以鑄斤斧鉏夷鋸欘」，尹知章注云：「夷，鋤類也。」此作「銻」者，形聲相近而誤。

(216) 孫云：備蛾傅篇云「斧柄長六尺」，此較彼長二尺，故曰「長斧」。

(217) 孫云：說文金部云：「鎌，鍥也。」刀部云：「刉，鎌也。」方言云：「刈鉤，自關而西或謂之鉤，或謂之鎌。」六韜軍用篇云「艾草木大鎌，柄長七尺以上三百枚」。

218 畢云：當爲「斵」。　王樹枬云：「鬭」字衍文。

219 王樹枬云：備蛾傅篇「椎，柄長六尺，首長尺五寸」，則此文「頭長尺」下脱「五寸」二字。

220 「亓」，寶曆本作「其」。椎無兩端，此非釋椎也。備蛾傅篇説椎亦無此四字。「斧」上蓋有脱文。

221 一。　蘇云：「厚」上當脱「垣墉」二字。　王引之云：「厚」上有脱文。　俞云：「厚」上脱二字。　孫云：疑本作「凡守圍之法，城厚以高」。　王景羲云：當作「凡守圍城之法，城厚以高，池深以廣」。今本「壕」字即「城」字之錯而改者。　○案：蘇、王、俞説近是。「圍」字不誤。號令篇曰「圍城之重禁」，又曰「此所以勸吏民堅守勝圍也」，正此「圍」字之義。

222 二。「壕」，緜眇閣本作「塚」。「池」，舊本作「也」，今依王校改。　畢云：玉篇云：「壕，胡高切，城壕也。」「也」字疑衍。　王引之云：「也」當爲「池」。「壕池深以廣」爲句。其「厚以高」上當有與「壕池」對文者，而今本脱之。

223 三。「㯕」，諸本作「撕」，寶曆本作「㯕」，今從之。「脩」，諸本作「揗」，吴鈔本作「楯」，寶曆本作「⿰扌眉」，今依孫説改。此「樓㯕」與上文之「磿㯕」，皆謂城上樓櫓之類。

224 四。吴鈔本「繕」作「善」。

225 五。　畢云：「支」舊作「交」，以意改。

226 六。

㉗七。「民」，諸本作「尺」，寶曆本作「民」，今從之。畢本亦以意改「民」。

㉘八。

㉙九。

㉚十。

㉛十一。

㉜十二。

㉝十三。

㉞十四。畢云：管子九變云「凡民之所以守戰至死，而不德其上者，有數以至焉。曰：大者親戚墳墓之所在也，田宅富厚足居也；不然，則州縣鄉黨與宗族足懷樂也；不然，則上之教訓、習俗、慈愛之於民也厚，無所往而得之也；不然，則山林澤谷之利足生也；不然，則地形險阻，易守而難攻也；不然，則罰嚴而可畏也；不然，則賞明而足勸也；不然，則有深怨於敵人也；不然，則有厚功於上也。此民之所以守戰至死，而不德其上者也」，與此文相似。言有此數者，方可以守圍城。〇案：此下舊本有「城下里中家人」等一百八十二字，及「爲之奈何」等二十四字，凡二百零六字，爲號令〔一〕篇及備穴篇錯簡，今分別移入彼兩篇。

〔一〕「令」原誤「今」，據原篇名改正。

㉟「宜」當爲「誃」之聲借。説文：「誃，離別也。」爾雅釋言：「誃，離也。」「民不宜上」，猶言民不離上也。

㊱以上言守圍城之原則。

㊲孫云：釋名釋天云：「丁，壯也。」

㊳寶曆本「小」作「少」。

㊴「四十人」，舊本作「四百人」。秋山云：「百」當作「十」。畢云：丈夫、丁女、老小共四十人。

㊵「城人」，諸本作「城下」，緜眇閣本作「城人」，今從之。「一人」，「人」字影印唐本作「入」，誤。王云：「本」當爲「卒」，謂守樓之卒也。○案：王校近是。又疑「本」當爲「士」之譌。上文「我亟使穴師選本迎而穴之」，王校「本」爲「士」，例與此同。上文曰「士樓百步一」，此「樓士」即士樓之士也。「城人樓士率一步一人」者，迎敵祠篇曰：「城上步一甲一戟，其贊三人。五步有伍長，十步有什長，百步有百長。」孫注彼文云：「三人爲甲戟士之佐，合之五人，而分守五步，非一步有五人也。」以彼例此，人數正同。「城人」指上文「丈夫」、「丁女」、「老小」言，即號令篇所謂「諸男女有守於城上者」，五十步四十人。「樓士」指甲士言，五十步十人。合城人、樓士計之，五十步五十人，二十步二十人，故曰「率一步一人」也。

㊶王云：「圍」當作「圉」，字之誤也。○案：此與上文守圍城相應，「圍」字不誤。號令篇曰「此

所以勸吏民堅守勝圍也」。

㉔② 「客」，諸本作「宕」，吳鈔本作「蕩」，寶曆本作「客」，今從之。畢校亦改「客」。「客馮面」言敵人馮陵城面。上文曰「城四面四隅」，左襄八年傳曰「馮陵我城郭」。

㉔③ 畢云：二字疑倒。

㉔④ 畢云：言主人先知，則主人利。　孫云：此上下文疑皆備蛾傅篇之文，錯著於此。

㉔⑤ 王樹枏云：「適」當爲「病」字之誤，下文可證。　孫說同。

㉔⑥ 畢云：同「隊」。

㉔⑦ 畢云：「衆」，一本作「數」。

㉔⑧ 緜眇閣本「攻」作「故」。

㉔⑨ 「百」，畢本作「十」，舊本並作「百」，今據正。　孫云：「術」、「隊」一聲之轉，皆謂攻城之道。

㉕⓪ 孫云：疑當作「下術百五十步」。　吳說同。

㉕① 孫云：此即承上「下術」言之，疑亦當作「百五十步」。　吳說同。

㉕② 王闓運云：來道陜，則易於禦守。

㉕③ 上術。

㉕④ 「丈」，諸本作「大」，寶曆本、堂策檻本、四庫本作「丈」，今從之。　王校同。

㉕⑤ 「小」，寶曆本作「少」，下同。　畢云：「千」皆當作「十」。

㉖畢云：當云「四十人」。王引之云：畢説非也。「丈夫千人，丁女子二千人，老小千人」，則下句當云「凡四千人」，不當改上三「千」字爲「十」，而云「凡四十人」也。上文「五十步丈夫十人，丁女子二十人，老小十人」，此廣五百步，則人數不得與上文同矣。孫云：此城下當隊者備守之卒，十倍於前不當隊之數也。

㉗緜眇閣本「術」作「行」。

㉘孫云：不當攻隊者守事不急，故使老小守之。

㉙緜眇閣本「填」作「慎」。王闓運云：「城持」，持出城者，若今護票。

㉚王云：此本作「令吏民皆智之」，「智」即「知」字也。今本作「智知之」者，後人旁記「知」字而寫者因誤合之耳。蘇云：「智」當爲「習」之誤。〇案：經上篇：「恕，明也。」「恕」即「智」字。皆智知之，猶言皆明知之。旗幟篇曰「令皆明白知之」，號令篇曰「令吏大夫及卒民皆明知之」。

㉛言出城不操明填之護票。

㉜「填」，諸本作「積」，寶曆本、四庫本作「填」，今從之。言雖有填章，而從人與所填注者不符也。畢云：「積」，上作「填」，是。「填章」疑印章之屬。

㉝「卒」，畢本作「率」，舊本並作「卒」，今據正。

㉞先斬後報。

㉟「也」，諸本作「之」，寶曆本作「也」，今從之。畢校同。

㉖⑥「大」，諸本作「夫」，寶曆本作「大」，今從之。

㉖⑦自「凡守圍城之法」至此，凡三百八十六字，通論守圍城之法，與前後文論守備器物數度者不同，爲他篇之錯簡無疑。細讀本書，疑當移置於號令篇「此所以勸吏民堅守勝圍也」之下。號令篇「圍城之重禁」句、「此所以勸吏民堅守勝圍也」句，與此文「凡守圍城之法」句、「乃足以守圍」句、「此守城之重禁也」句，皆上下文線索可尋者。　王云：各本此下有「候望適人」至「穴土之攻敗矣」凡三百四十五字，乃備穴篇之錯簡。「穴土之攻敗矣」之下，有「斬艾與柴長尺」云云，多言鑿穴之事，亦當移至於備穴篇，然未知截至何句爲止。（謹案：顧校截至「諸作穴者五十人，男女相半」止，訂爲備穴篇文。）　蘇云：自「候望敵人」以下至「諸作穴者五十人，男女相半」，凡七百四十三言，皆備穴之法，亦備穴篇錯簡也。　○案：王、顧、蘇校是也。今依移入備穴篇。

㉖⑧「鋌」，寶曆本作「鋋」，下同。自「大鋌」至「墻七步而一」凡七百有一字，舊本錯入備穴篇，今依顧校移入本篇。　顧云：「斧其兩端，三步一」接備穴篇「大鋌」云云，謹案若除去上文自「凡守圍城之法」至「不可不審也」之錯簡，則「斧其兩端，三步一」正與此「大鋌」云云相接。　畢云：説文云：「鋌，銅鐵樸也。」

㉖⑨孫云：説文又部〔一〕云：「叉，手足甲。」蚤即「叉」之借字，今字通作「爪」。蓋鋌末鋭細，如車輻及

〔一〕「又部」，墨子閒詁原作「叉部」，本書沿誤，據説文改。

蓋弓之蚤也。

⑳ 吴云：如平，均平也。廣雅：「如，均也。」

㉑ 「亓」，寶曆本作「其」。「末」，舊本作「末」。　畢云：「兑」同「鋭」。

㉒ 孫云：「隊」、「隧」字通。左傳襄二十二年「齊伐晉，爲二隊」，又哀十三年「越子伐吴，爲二隧」，杜注云：「隧，道也。」

㉓ 孫云：「如」當爲「知」。　○案：「如」猶於也。

㉔ 「亓」，寶曆本作「其」。　畢云：「邪」舊作「雅」，據下文改。

㉕ 「廣必」，寶曆本作「必廣」　孫云：毛詩出車傳云：「夷，平也。」以上備隊之法。

㉖ 「搏」，諸本作「搏」，道藏本、吴鈔本、唐本、寶曆本、緜眇閣本、堂策檻本、四庫本作「搏」，今從之。「搏」與下文「治椐」之「椐」、備梯篇「伐椐」之「椐」、備蛾傅篇「置薄」之「薄」，音義並近。下文「以柴爲藩」，事亦相類。

㉗ 「田」，舊本作「毌」。　孫云：説文田部云：「田，穿物持之也。」

㉘ 寶曆本「丈」作「大」。「搏」，諸本作「搏」，道藏本、唐本、寶曆本、四庫本作「搏」，今從之。「從」，吴鈔本作「縱」。

㉙ 孫云：「強塗」，謂以土之性強韌者塗之，使不落。

㉚ 塗以堅土，勿令穿漏。

㉘① 「亓」，四庫本作「其」。「任」，緜眇閣本作「令」。
㉘② 畢云：此「杜」，甘棠也。說文有「㪍」字，云：「閉也。讀若杜。」此及「杜門」字皆當爲「㪍」之假音。
㉘③ 孫云：廣雅釋詁云：「故，事也。」
㉘④ 「豫蚤」即豫早。
㉘⑤ 「柴搏」之上亦爲堞如城法。
㉘⑥ 「亓」，寶曆本、四庫本作「其」。
㉘⑦ 孫云：以上爲柴搏之法。
㉘⑧ 「闉門」見前。孫云：依上文則大城高三丈五尺，門之高當不下二三丈。此「闉門」乃別出小門，故止高丈五尺。
㉘⑨ 孫云：一扇之廣度也。
㉙⓪ 孫云：此亦城之外門。號令篇有「女郭」，與郛郭之門異。
㉙① 孫云：蓋橫木以㪍門。
㉙② 「亓」，寶曆本、四庫本作「其」。孫云：「敷」與「傅」通，謂以繩穿鑿而繫之，傅著城上堞也。
㉙③ 孫云：斬，「塹」之省。縣梁即於塹上爲之。
㉙④ 孫以「酃」爲「令」。「穿」，通也。

295 孫云：連板爲橋，架之城塹，以便往來。上云「木橋長三丈」。六韜軍用篇有渡溝塹飛橋，即此。

296 孫云：「倚殺」猶言邪殺，經下篇云「倚者不可正」。「報」當爲「執」。言板橋邪殺，爲之如城之形勢也。

297 「傳」，舊本作「傳」。蘇云：兩「壞」字皆「堞」字之誤。孫云：蓋爲再重堞。

298 「亓」，寶曆本、四庫本作「其」。孫云：鑿內外堞閒爲塹。上文云「塹中深丈五」。

299 孫云：「室」讀爲「窒」，聲同字通。備蛾傳篇云「室中以榆若蒸」，並以室爲「窒」。爾雅釋言云：「窒，塞也。」

300 畢云：同「敵」。

301 與上文鑿內外堞之閒同。

302 廣，「彍」之省文，字本作「彉」。說文曰：「彉，弩滿也。」廣雅釋詁曰：「彉，張也。」孫云：疑當作「佐以厲矢」，襍守篇云「藺石厲矢」。

303 「裾」，道藏本、吳鈔本、陸本、唐本、茅本、緜眇閣本作「裾」，爲字書所無。蓋「椐」譌作「裾」，又譌作「裾」也。黃紹基云：「裾」當爲「椐」之譌。釋名釋宮室：「籬以柴竹作之，青徐之閒曰椐。椐，居也，居於中也。」廣雅釋宮：「櫖，杝也。」玉篇木部：「櫖，藩落籬。」廣韻九魚：「櫖，枯藩籬名。」說文無「櫖」，即「椐」之後出字。孫云：黃說是也。廣雅以「櫖」與「藩」、「欏落」同訓杝，「欏落」即羅落，則「椐」亦藩杝、羅落之名。六韜軍用篇說守城有「天羅、虎落」，漢書晁錯傳「爲中周虎落」，顏注：「鄭氏云：虎落者，外蕃也。」師古云：「以竹篾相連，遮落之也。」此篇下文亦云「馮垣〔一〕外内以柴爲藩」，制並同，蓋皆以柴木交互爲藩杝也。「治裾」即作薄也。備蛾傅篇有置薄、伐薄之法，備梯篇「薄」並作「裾」。「諸」當爲「者」之假字。

⑳④ 孫云：謂裾與堞相連屬。

③⑤ 孫云：「部」者，謂城堞閒守者所居立之分域。號令篇：「城上吏卒養，皆爲舍道内，各當其隔部。」

③⑥ 「兵」字畢本脱，舊本並有，今據補。　畢云：「簡」同「闌」。　孫云：說文竹部云：「籣，所以盛弩也。」史記索隱引周成雜字云：「格，竝閣也。」

③⑦ 隋書禮儀志有「旋機弩」，或其遺法。

③⑧ 「貍」，舊本作「狸」，即「貍」之俗字。　畢云：「貍」，「薶」省文。

③⑨ 俞云：「杖」當作「材」。　孫云：「輼」即備穴篇之「車輪輼」也。說文車部云：「輓，大車後壓也。」以此及備穴篇所說輼形制推之，似皆以重材爲鎮厭杜塞之用，故以車輪等爲之。　其字蓋當作「輓」，前「轒輼」玉篇亦作「轒輓」，是其證也。

③⑩ 「一令」，畢本倒作「令一」，舊本並作「一令」，今據乙。「一」字上屬爲句。　吴云：「之」指機

〔一〕按：本書下文「垣」作「填」，墨子閒詁校改爲「垣」，與本書不同。

弩。

311 以一人爲善射機弩者之佐。

312 備穴篇曰「柱下傅舄，兩柱同質」。 蘇云：「四植」即四柱。「舄」同「碣」，柱下石也。 孫云：檀弓云「三家視桓楹」，鄭注云：「四植謂之桓。」「四植」猶言四楹也。「通舄」，謂兩植同一舄也。

313 孫云：上云「再重樓」，故上下高度不同。

314 「長」，道藏本、吳鈔本、畢本作「喪」，陸本、唐本、茅本、寶曆本、緜眇閣本、堂策檻本、四庫本作「長」，今從之。 蘇校同。

315 「寧」，疑當爲「窗櫺」之「櫺」。櫺所以透光通氣。 畢云：「寧」，「亭」字。

316 吳云：「九尺」上脱「長」字。

317 王云：「表」當爲「袤」。 蘇云：「表」亦「長」字之誤。 王樹枏説同。

318 「寧」疑亦「櫺」之借字。 畢云：亦即「亭」字。

319 「攢」，寶曆本作「櫕」。北史王思政傳「高岳築土山以臨城，思政亦作火櫕，因迅風便，投之土山，燒其攻具」，此「攢火」當即「火櫕」。 孫云：文選西都賦李注引蒼頡篇云：「攢，聚也。」太白陰經烽燧臺篇及通典兵守拒法並有「火鑽」。 又疑即備蛾傅篇之「火捽」也。

320 「夫」，寶曆本作「丈」。 秋山云：「丈」，一作「夫」。 孫云：「夫」或當爲「趺」省。

○案：上文城高三丈五尺，下文夫長三丈至三丈五尺。

㉑「亓」，寶曆本、四庫本作「其」。「末」，諸本作「未」，四庫本作「末」，與畢本合。

㉒「椎」，陸本、茅本、寶曆本、緜眇閣本、堂策檻本作「權」。　孫云：「艾」，「刈」之借字。國語齊語云「挾其槍刈耨鎛〔一〕」，韋注云：「刈，鎌也。」

㉓「粲」，各本作「參」，今依洪説改。　洪云：「參石」當是「粲石」之譌，粲石即礧石。後漢書杜篤傳「一卒舉礧，千夫沈滯」，李賢注：「礧，石也。前書：匈奴乘隅下礧石。」一切經音義卷十七引韻集：「今守城者下石擊賊曰礧。」　吴説同。　○案：「蔾〔二〕」，道藏本、吴鈔本、唐本、畢本作「蔾」，緜眇閣本作「藜」，陸本、茅本、寶曆本、堂策檻本、四庫本作「蔾」，今從之，上文作「疾犂」，義詳前。

㉔王引之云：「渠長丈六尺」當作「渠長丈五尺，廣丈六尺」。備城門篇曰「渠長丈五尺」，襍守篇曰「渠長丈五尺，廣丈六尺」，皆其證。今本「長丈」下脱「五尺廣丈」四字，則失其制矣。　○案：王引備城門篇文已見前，王校加字未塙。襍守篇「渠廣丈六尺」爲梯渠之制，與渠大同小異，當分別言之。且諸篇説器物，數度固不盡同，不必一一校歸一律也。

〔一〕「鎛」原誤「鏄」，據國語齊語改。
〔二〕「蔾」原誤「藜」，據正文改。

㉕ 王引之云：「夫長丈二尺」當作「矢長丈二尺」。備城門篇、褀守篇並作「矢長丈二尺」，是其證。今脱「二尺」二字，則失其制矣。　○案：「夫」字不誤，說詳上文。

㉖ 「亓」，寶曆本、四庫本作「其」。「貍」，畢本如此，諸本作「狸」，寶曆本作「埋」。

㉗ 「傅」，諸本作「堞」，道藏本、畢本作「傑」。「五寸」，畢本作「三丈」，舊本並作「三尺」。王引之云：「樹渠毋傑堞三丈」當作「樹渠毋傅堞五寸」，謂渠與堞相去五寸也。備城門篇曰「渠去堞五寸」，褀守篇曰「樹渠毋傅葉五寸」，「葉」與「堞」同，皆其證。今本「傅」作「傑」，涉下「堞」字而譌。「五寸」又譌作「三丈」，則失其制矣。　○案：今依改。

㉘ 莫，「幕」之省，上文作「藉幕」，義詳前。

㉙ 「亓」，寶曆本、四庫本作「其」。木所以支張藉幕。

㉚ 「苴」，緜眇閣本作「茸」，似「莫」之爛文。　孫云：「苴」亦當爲「莫」。曲禮鄭注云：「橋，井上橰槔。」故下云「上下之」。

㉛ 「亓」，寶曆本、四庫本作「其」。

㉜ 畢云：「適」同「敵」。

㉝ 「令一」，舊本作「一令」。

㉞ 上文作「五十步一藉車」，又作「三十步」，並與此異。

㉟ 孫云：「當隊」，謂當攻隧也。左襄二十五年傳云「當陳隧者井堙木刊」，「隊」、「隧」通，號令篇又

作「當遂」。不用此數者，當隧則所用多，不定二十步一。備蛾傅篇云「施縣陴，大數二十步一，攻隊所在六步一」，即此意也。

㊱「⿱龍臼」，道藏本作「⿱龍日」，吴鈔本作「⿱龍吕」。畢云：唐、宋字書無「⿱龍臼」字，下文作「⿱龍卑」，疑皆「壟」字。孫云：襍守篇亦作「⿱龍卑」。「⿱龍日」、「⿱龍臼」皆字書所無，畢疑「壟」字，近是。史記滑稽傳云：「以壠竈爲椁」，索隱引皇覽「壠竈」作「礱突」，此「⿱龍吕」當即「礱」之誤。說文火部云：「烓，行竈也。」此壟竈在城上爲之，以具火，蓋即行竈也。

㊲各本「持水」作「傳火」，「斗」作「什」，今依王校改。王云：「傳火」當爲「持水」，「什」當爲「斗」，即上文所云「持水麻斗、革盆救之」也。麻斗與革盆皆所以持水，草書「持」、「傳」二字右畔相似，隸書「斗」字作「⿰夕十」，與「什伍」之什相似，說文序所云「人持十爲斗」也。孫云：「斗」即「枓」之借字。說文木部云：「枓，勺也。」勺部云：「勺，所以挹取也。」喪大記云「沃水用枓」。

㊳下文「堅爲斗」三字疑當在此。

㊴孫云：謂麻斗之柄。說文木部云：「杓，枓柄也。」

㊵各本「斗」並作「什」，末「斗」字又譌「十」，今依俞校改。俞云：「什」、「十」並「斗」字之誤。斗大容二斗以上到三斗，猶下文云「大容一斗以上至三斗」也。蘇校略同。

㊶畢云：說文云：「裕，衣物饒也。」言敝衣物。孫云：「裕」疑「綌」字之誤。此蓋溼布，亦以備火。

㉞② 「拙」，吴鈔本作「掘」。　孫云：「拙」，「詘」之借字。

㉞③ 「敝裕新布」不當有柄，此三字疑下文「一欽」下之錯文。

㉞④ 未詳。

㉞⑤ 上文「柄長丈」三字疑當在此。　畢云：「欽」舊从穴，傳寫誤也。說文云：「欽，臿屬。」玉篇云：「直深切。」

㉞⑥ 畢云：玉篇云：「缻同缶。」　孫云：據上文，則疑「甀」之誤。

㉞⑦ 「小大」，畢本作「大小」，舊本並作「小大」，今據乙。　孫云：上文救門火云「一垂水容三石以上，小大相雜」，與此文同。

㉞⑧ 蘇云：「財」當爲「具」。　孫云：「蠡」當即前文「奚蠡」。

㉞⑨ 宋本、蜀本御覽八百五十引無「爲卒」二字，又「斗」作「升」。

㉟⓪ 蘇云：言陰雨不能舉火，爲乾餱以備也。「面」當作「而」。

㉟① 孫云：「餐」，吴鈔本作「湌」。說文食部云：「餐，吞也。或作湌。」廣雅釋詁云：「湌，食也。」「城内堞外」，謂内堞之外也。上文有「内堞」、「外堞」。

㉟② 孫云：號令篇云：「爲内堞内行棧，置器備其上。」

353 畢云：「殺」，「粲」省文。說文云：「粲，糂粲〔一〕，散之也。」

354 孫云：說文土部云：「坏，一曰瓦〔二〕未燒。」

355 「用取」，陸本、茅本、寶曆本、緜眇閣本、堂策檻本、四庫本作「取用」。

356 此三字疑當在上文「柄長八尺」之上。

357 吴鈔本「隔」作「鬲」。寶曆本「棧」作「機」。孫云：「棧」疑當爲「杙」，杙即弋也。後文云「弋長七寸，剡其末」，是其證。

358 「丈」字陸本、茅本、寶曆本、緜眇閣本、堂策檻本、四庫本並脱。

359 「亓」，寶曆本、四庫本作「其」。蘇云：「一」字疑衍。

360 見前。

361 「闉」，道藏本、吴鈔本、唐本作「闉」，茅本作「闉」，緜眇閣本作「闉」。周書大明武篇曰：「隳城湮溪」，「湮溪」與「闉池」相類。上文字又作「堙」。畢云：闉同亜。

362 畢云：舊作「橐」，以意改。○案：「與」，茅本、寶曆本、緜眇閣本作「異」。「橐」，寶曆本作「櫜」，似「橐」之俗省。孫云：淮南子本經訓云「鼓橐吹埵」，高注云：「橐，冶鑪排橐也。」

〔一〕「糂粲」，畢刻原作「糂殺」，本書沿誤，據說文米部改。
〔二〕「瓦」，墨子閒詁原作「土」，本書沿誤，據說文土部改。

㊱③ 「塡」，吴鈔本作「垍」，道藏本、唐本、畢本作「埴」。陸本、茅本、寶曆本、緜眇閣本、堂策檻本、四庫本作「瑱」。「瑱」、「塡」字通，今訂作「塡」。「塡」，塞也。「馮」與「塡」義近。莊子盜跖篇釋文云：「馮氣，言憤畜不通之氣也。」「馮塡外内」，言杜塞外内通道。下文「柴藩」、「靈丁」、「狗屖」、「墻」等，蓋皆杜塞外内之具也。

364 言以木柴爲藩籬。孫云：「『燔』疑當爲『藩』。」

365 「靈丁」即後世之「鈴鐺」。「犬牙」，各本作「火耳」，今依孫校改。孫云：「『火耳』，疑當作『犬牙』。『牙』、『耳』篆文形近而誤。後文說『狗走』云『犬耳施之』，『耳』亦『牙』之誤。『犬牙施之』，言錯互施之，令相銜接也。」

366 上文「以柴爲藩」，此「柴」即謂藩也。莊子天地篇曰「内支盈於柴柵」。此言十步一人，居柴内主發弩也。

367 「屖」，寶曆本作「犀」，俗字。此似言弩失所及距離之半處環以狗屖，以障礙敵人使難前進。孫云：「『狗屖』疑即前文之『狗屍』、後文之『狗走』。」

368 自「大鋌」以下至此，凡七百零一字，各本錯入備穴篇「城壞或中人」之下，今依顧說移此。說詳前。　顧云：「以上備城門篇文。」

369 顧云：「此以下是備高臨篇文，釋『技機藉之』也。」孫云：「『爵穴』，謂於城堞閒爲空穴，小僅容爵也。」

⑳ 蘇云：此言爵穴之法，廣外則狹内，令下毋見上，上見下也。

㉑ 王引之云：「苴」字義不可通，「苴」當爲「苣」，字之誤也。説文：「苣，束葦燒也。」此云「爵穴大容苣」，下云「内苣爵穴中」，二文上下相應，故知「苴」爲「苣」之譌。　蘇説同。

㉒ 言或疏或數，自適合環境爲之，無定制也。

㉓ 書秦誓序孔疏云：「築城守道謂之塞。」此「塞外」猶言城外。　孫云：「格」即備蛾傅篇之「杜格」、旗幟篇之「牲格」也。蓋於城外樹木爲之，以遏敵人之傅城者。或云「格」與「落」通，六韜軍用篇、漢書晁錯傳並有「虎落」，即此。

㉔ 王引之云：「筵」當爲「筳」。玉篇：「筰，狹也。亦作筳。」與「筵」相似而誤。　蘇云：「筵」當與「埏」同，地際也。

㉕ 詳前。　畢云：「聾」疑「壟」字。

㉖ 「人擅」，各本作「入壇」，今依王校改。　王引之云：「入壇」二字義不可通，「入壇」當爲「人擅」。「擅」讀曰「撣」，説文：「撣，提持也。」古通作「擅」。「人擅苣」者，人持一苣也。備水篇曰「人擅弩」、「人擅有方」、「人擅苗」，是凡言「人擅」者，皆謂人人手持之也。「人」「入」、「擅」「壇」，字之誤。　孫云：「長五節」疑當作「長五尺」，「節」當爲「即」，屬下讀。　○案：「節」，束也。苣以節計。詩甫田「禾易長畝」，毛傳云：「長畝，竟畝也。」然則此「長五節」猶言竟五節矣。苣爲易燔盡之物，故人須持滿五束以備補充，猶備高臨篇説弩矢人六十枚也。

377 「寇」，道藏本、吴鈔本、陸本、唐本、茅本、緜眇閣本、堂策檻本作「冠」，誤。

378 寶曆本「苣」作「巨」。　蘇云：「内」讀如「納」。

379 「什」，寶曆本作「仕」。「鐵什」，謂藉車車飾之鐵質雜具。　秋山云：「仕」，一作「什」。　畢云：「什」與「錯」音近。説文云：「錯，以金有所冒也。」　孫云：上文云「藉車必爲鐵纂」，即此。

380 「亓」，寶曆本、四庫本作「其」。「貍」，寶曆本誤「理」。

381 「夫」同「趺」，説詳前。

382 孫云：説文頁部云：「頰，面旁也。」「馬頰」蓋象馬兩頰骨衺出之象。

383 孫云：「困」，「梱」之借字。説文木部云：「梱，門橜也。」「橜，弋也。一曰門梱也。」口部：「困，古文作朱。」廣雅釋宮云：「橜，機闑朱也。」即以古文「困」爲「梱」。荀子大略篇云「和之璧，井里之厥也」，晏子春秋雜上篇作「井里之困」，「困」亦即「梱」也。○案：據下文「治困以大車輪」，則「困」當爲類似車輪之物。孫釋爲「梱」，未知是否。

384 「夫」，各本作「失」，今依孫校改。　孫云：「失」當爲「夫」，「趺」之借字。

385 孫云：依上文當作「丈」。

386 孫云：當作「四之三在上」。此二句即釋上「夫四分之三在上」之義，疑舊注之錯入正文者。

387 孫云：馬頰橫材旁出，邪夾趺外。「在三分中」，即在上三分内也。

不中度，故不用。

㊳⑧ 「桓」，緜眇閣本作「垣」。　孫云：「桓」即桓楹之桓，與「柱」義同。

㊳⑨ 「闉」，諸本作「䦧」，寶曆本作「闉」，今從之。上有「救闉池」之文。「闉」與「垔」同。　秋山云：

㊳⑩ 「闉」，一作「䦧」。　畢云：「䦧」，或「闉」字。「池」，城池。

㊳⑪ 水甬，蓋中空容水之器，猶今言水桶。

㊳⑫ 「慕」，畢意改「幕」。　孫云：「慕」當作「幂」，畢校未允，詳前。

㊳⑬ 「瓦」，舊本作「月」，今依王校改。畢以意改「穴」。　王云：「月」當爲「瓦」。上文曰「鑿坎覆以瓦」，是其證。隸書「瓦」字作「凡」，與「月」相似而誤。畢改「月」爲「穴」，非也。

㊳⑭ 孫云：「早」疑「中」之誤，言鑿木中空之也。上文云「轀長二尺，中鑿夫之」，可證。

㊳⑮ 「亓」，寶曆本、四庫本作「其」。

㊳⑯ 「慕」，畢本亦改「幕」。　孫云：「慕」當爲「幂」，謂既置炭火，乃以物合而覆之。

㊳⑰ 備梯篇作「蒺藜投」。

㊳⑱ 「杙」，舊本作「代」，下同。畢校作「弋」。孫校作「杙」，今從之。「涿」「椓」、「杙」「弋」並字通。

㊳⑲ 「杙」，舊本作「我」，畢校作「弋」，孫校作「杙」，今從之。

㊵⓪ 「亓」，寶曆本、四庫本作「其」。　孫云：説文刀部云：「剡，鋭利也。」

㊵① 孫云：「狗走」當即上文之「狗屍」，惟尺度異耳。前「救闉池」章又作「狗犀」。

402 「蚤」、「爪」同。蓋指剡鋭之末言。

403 「犬」，諸本作「大」，道藏本、吳鈔本、陸本、唐本作「犬」，今從之。「牙」，各本作「耳」，今依孫説改。 孫云：「耳」當爲「牙」。「犬牙施之」，謂錯互設之。上文云「靈丁三丈一，犬牙施之」，「犬牙」亦譌作「火耳」，與此義同。以上並備闉池之法，與上文錯入備穴篇「救闉池」之文略同。

404 「木」，茅本、緜眇閣本作「目」，寶曆本作「日」，堂策檻本作「未」。

405 「挈」，茅本、寶曆本、緜眇閣本作「擊」，下四「挈」字並同。

406 「輕」，唐本作「經」。 畢云：言即以「十挈」、「五挈」名其物者，以人數也。 孫云：「挈」與「契」字同。「十挈」、「五挈」謂刻契之齒以記數也。

407 「樵」，道藏本、吳鈔本、唐本、畢本作「蕉」，陸本、茅本、寶曆本、緜眇閣本、堂策檻本、四庫本作「樵」，今從之。 孫云：「蕉」、「樵」之俗。 集韻四宵云：「樵，或作蕉。」

408 「弱者」，陸本、茅本、寶曆本、緜眇閣本、堂策檻本、四庫本作「者弱」。 秋山云：「者弱」當作「弱者」。

409 「亓」，寶曆本、四庫本作「其」。

410 「挈」，寶曆本作「擊」。

411 「亓」，寶曆本、四庫本作「其」。 蘇云：「吏」當作「使」。 孫云：蘇校是也。「吏」、「使」古字亦通。此釋「皆稱其任」句義，疑亦舊注錯入正文。

㊷畢云：「殺」，言滅。　孫云：自「子墨子曰」至此一段，與上下文義不相屬，疑當在雜守篇「升食終歲三十六石」之上，而誤錯著於此。　○案：淮南子主術訓「靈王好細要，而民有殺食自飢也」，注云：「殺食，省食也。」

㊸「泉」字各本脱，今依王校增。備穴篇亦曰「斗斬其穴，深到泉」。　王引之云：此本作「高地丈五尺，下地至泉三尺而止」，備穴篇曰「高地丈五尺，下地得泉三尺而止」，是其證。今本「丈五尺」譌作「三丈」，「至」下又脱「泉三尺」三字，則義不可通。　孫云：王説是也。上文亦云「塹中深丈五」。

㊹「賊」，寶曆本作「賊」。「賊」字字書所無，疑「械」之誤字。　王引之云：「賊」字義不可通，「賊」當爲「棧」。　孫云：「賊」疑「杙」之誤。

㊺塹上爲梁，可引機發之，故曰「發梁」。　畢云：「梁」，橋也。　孫云：此即上文所謂「縣〔一〕梁」也。

㊻發梁有機關技巧。

㊼「傳」，各本作「傳」，今依顧、蘇校改。　蘇云：「傳」義與「敷」同。

〔一〕「縣」原誤「發」，據墨子閒詁改。

418 梁上布薪土，使敵履之不疑。「使」，寶曆本作「侯」。　秋山云：「侯」，一作「使」。

419 使敵人必經梁上，無他道可由。「毋」，吴鈔本作「無」。

420 「佻」與「挑」同，言挑戰也。　北史齊紀：「神武圍玉壁以挑，西師不敢應。」

421 「北」，各本作「比」，今依王校改。　王引之云：「而出佻且比」，當作「而出佻戰且北」。「北」，敗也。「佻」與「挑」同。言出而挑戰，且佯敗以誘敵也。故下文曰「適人遂入，引機發梁，適人可禽」。備穴篇曰「穴中與適人遇，則皆圉而毋逐，且戰北，以須鑪火之然」，彼言「且戰北」，猶此言「佻戰且北」也。今本脱「戰」字，「北」字又譌作「比」，則義不可通。　畢改「且」爲「旦」，而以「佻旦」爲「佻達」，大誤。

422 畢云：舊作「人」，以意改。

423 畢云：下脱簡。　○案：此似無脱文。言敵人或追入而被禽，或疑懼而離去也。

備高臨第五十三①

禽子再拜再拜曰：敢問適人積土爲高②，以臨吾城③，薪土俱上，以爲羊黔④，蒙櫓俱前⑤，遂屬之城⑥，兵弩俱上，爲之奈何？子墨子曰：子問羊黔之守邪？羊黔者，將之拙者也⑦，足以勞卒⑧，不足以害城。守爲臺城，以臨羊黔，左右出巨各二十尺⑨，行城三十尺⑩，强弩之⑪，技機藉之⑫，奇器□□之⑬，然則羊黔之攻敗矣⑭。

備高臨以連弩之車⑮，材大方一方一尺⑯，長稱城之薄厚⑰。兩軸三輪⑱，輪居筐中，重下上筐。左右旁二植，左右有衡植⑲，衡植左右皆圜内⑳，内徑四寸。左右縛弩皆於植㉑，以弦鉤弦，至於大弦㉒。弩臂前後與筐齊㉓，筐高八尺，弩軸去下筐三尺五寸。連弩機郭同銅㉔一石三十斤㉕，引弦鹿長奴㉖。筐大三圍半，左右有鉤距，方三寸，輪厚尺二寸，鉤距臂博尺四寸，厚七寸，長六尺㉗。横臂齊筐外，蚤尺五寸㉘，有距㉙，博六寸㉚，厚三寸，長如筐。有儀㉛，有詘勝，可上下㉜。爲武㉝，重一石，以材大圍五寸。矢長十尺，以繩□□矢端，如如弋射㉞，以磨鹿卷收㉟。矢高弩臂三尺，用弩無數，出人六十枚㊱，用小矢無留㊲。十人主此車，遂具寇，爲高樓以射道，城上以苔羅矢㊳。

①吴鈔本作「第五十五」。

②畢云：「適」同「敵」。

③孫云：周書大明武篇云「高堙臨內，日夜不解」，又云「城高難上，湮之以土」，疑皆高臨攻城之法，與堙略同也。

④「羊黔」猶高臨，說詳下文。　畢云：襍守作「羊坽」，未詳其器。

⑤「櫓」，緜眇閣本作「魯」。左襄十年傳「狄虒彌建大車之輪而蒙之以甲，以爲櫓」，杜注云：「蒙，覆也。櫓，大盾。」此「蒙櫓」蓋與彼同。詩小戎「蒙伐有苑」，「伐」亦盾也。

⑥孫云：國語晉語韋注云：「屬，會也。」猶襍守篇云「城會」。

⑦「之守邪羊黔」五字各本脫，今依王校增。　王云：當作「子問羊黔之守邪？羊黔者，將之拙者也」。備梯篇曰「問雲梯之守邪？雲梯者，重器也，其動移甚難」，備蛾傅篇曰「子問蛾傅之守邪？蛾傅者，將之忿者也」，襍守篇曰「子問羊坽之守邪？羊坽者，攻之拙者也」，皆與此文同一例。今本脫「之守邪羊黔」五字，則文義不明。

⑧「卒」，各本作「本」，今依王校改。　王云：「本」當爲「卒」。　王樹枏云：襍守篇正作「足以勞卒，不足以害城」。

⑨孫云：「臺城」即「行城」也。下備梯篇說「行城」，亦云「左右出巨各二十尺」，與此制同。「巨」當

爲「距」之假字。說文足部云：「距，雞距也。」儀禮少牢饋食禮「俎拒」，鄭注云：「拒讀爲介距之距。俎距，脛中當横節也。」此「行城」編連大木，横出兩旁，故亦謂之「距」，蓋與「俎距」義略同。

⑩ 備梯篇曰「行城之法，高城二十尺，上加堞」，此云「三十尺」，殆并堞高計之與？

⑪ 「弩」，茅本、寶曆本、緜眇閣本作「弓」。下文「奇器」之下，道藏本、吴鈔本、畢本並有闕文二格，其一格疑當在此「弩」字之下，作「強弩□之」。孫云：當作「強弩射之」。備蛾傅篇云「守爲行臨射之」，是其證。王樹枏說同。

⑫ 「技」，茅本、寶曆本、緜眇閣本作「枝」，備梯篇作「披」，備蛾傅篇作「校」。「技」、「枝」、「披」、「校」形並相近，疑「技」字是。說文曰：「技，巧也。」「強弩」、「技機」、「奇器」語法相儷，皆以上一字爲形容字。「藉」讀爲「斮」，文選東京賦薛注云：「斮，擊也。」

⑬ 此疑闕一字，作「奇器□之」。

⑭ 「羊黔」二字，久無解人。今以本書文例校之，備梯篇曰「問雲梯之守邪？雲梯者，重器也云云，若此則雲梯之攻敗矣」，備穴篇曰「問穴土之守邪云云，然則穴土之攻敗矣」，備蛾傅篇曰「子問蛾傅之守邪？蛾傅者，將之忿者也云云，然則蛾傅之攻敗矣。備蛾傅爲縣脾」，備高臨篇曰「子問羊黔之守邪？羊黔者，將之拙者也云云，然則羊黔之攻敗矣。備高臨以連弩之車」。據此諸例，知「羊黔」當與「高臨」同實。「羊黔」，襍守篇作「羊坽」，「羊」與「上」、「黔」「坽」與「臨」皆疊韻。節用上篇「羊」借爲「尚」，例與此相似。「上」、「高」義同。兼愛下篇「吾聞爲高士於天下者」、「然後可以

爲高士於天下」，明鬼下篇「奈何其欲爲高士君子於天下」，「高士」並即「上士」，可爲本書「上」、「高」通用之例。「高臨」、「羊黔」、「羊坽」，其義一也。

⑮「高」，諸本作「矣」，寶曆本作「高」，今從之。畢讀「矣」字斷句，王校删「矣」字，並非也。晉書皇甫重傳：「四郡兵築土山攻城，重輒以連弩射之，外軍不得近城。」　孫云：六韜軍用篇有絞車連弩，又有大黄參連弩、大扶胥三十六乘。淮南子汜論訓云「連弩以射，銷車以鬭」，高注云：「連車弩通一弦，以牛挽之，以刃〔一〕著左右，爲〔二〕機關發之，曰銷車。」文選閒居賦李注引漢書音義張晏云：「連弩三十絭共一臂。」

⑯蘇云：「方一」誤重。　俞云：「杖」當作「材」。

⑰「薄厚」，緜眇閣本作「厚薄」。

⑱俞云：既爲兩軸，不得三輪。「三」當爲「四」。○案：後漢書張衡傳「參輪可使自轉」，蓋機器中常有兩軸三輪者，俞説泥。

⑲兩「筐」字，道藏本、陸本、唐本、茅本缺。「衡」，吴鈔本作「横」，下同。

⑳「圜」，茅本、寶曆本、緜眇閣本作「圍」。　孫云：「内」、「枘」同。

〔一〕「刃」，墨子閒詁原引作「刀」，本書沿誤，據淮南子汜論訓高誘注改。

〔二〕「爲」，墨子閒詁原引作「以」，本書沿誤，據淮南子汜論訓高誘注改。

㉑「縳」，諸本作「縛」，道藏本、唐本、緜眇閣本作「縳」，寶曆本、堂策檻本、四庫本作「縳」，今從之。
㉒連弩之制，蓋不一弦。管子問篇「鉤弦之造」，注云：「鉤弦，所以挽弦。」
㉓孫云：即下文之「横臂」也。説文弓部云：「弩，弓有臂者也。」釋名釋兵云：「弩，其柄曰臂，似人臂也。」
㉔孫云：「同」當爲「用」。釋名釋兵云：「牙外曰郭，爲牙之規郭也。含括之口曰機，言如機之巧也，亦言如門户之樞機開闔有節也。」
㉕孫云：説苑辨物篇云：「三十斤爲鈞，四鈞爲石。」　吴讀「銅」字屬此句。
㉖吴鈔本無「長」字。　畢云：「奴」同「弩」。　孫云：疑當作「鹿盧收」，下云「以磿鹿卷收」。
㉗王云：「銅距」當爲「鉤距」，字之誤也。「鉤距」見上文及備穴篇。　蘇説同。
㉘孫云：蚤、爪同。謂臂端剡細者，詳備城門篇。
㉙孫云：亦謂横出旁枝如雞距也，見上。
㉚「博」，舊本作「傳」。
㉛備水篇曰「城上爲射檥」，此疑與彼同。
㉜弩機蓋可轉動，故曰「有詘勝，可上下」。「勝」、「伸」字通。　畢云：即通典「屈勝梯」。
㉝孫云：「武」疑「趺」之聲誤。
㉞闕文二格諸本無，道藏本、吴鈔本、畢本有。「弋」，諸本作「戈」，吴鈔本、翻陸本、寶曆本作「弋」，今從之。此文疑當作「以繩繫矢端，如弋射」。　孫云：「如」不當重，疑衍。「戈」當爲「弋」，形

近而誤。説文隹〔二〕部云：「雊〔三〕繫，射飛鳥也。」詩鄭風女曰雞鳴孔疏云：「以繩繫矢而射鳥謂之繳射。」周禮司弓矢云「矰矢、茀矢用諸弋射」，鄭注謂茀矢弩所用。此「矢」蓋即「茀矢」之屬。漢書司馬相如傳顏注云：「以繳係矰，仰射高鳥，謂之弋射。」

㉟「唐鹿」，畢本作「磨鹿」，寶曆本作「唐鹿」，諸本並作「唐鹿」，今從之。「收」舊本作「牧」。畢云：「收」舊作「牧」，以意改。　王引之云：「磨鹿」當爲「磿鹿」。上文云「備臨以連弩之車」，則此謂車上之磿鹿轉之以收繩者也，故云「以磿鹿卷收」。磿鹿猶鹿盧，語之轉耳。方言曰：「維車，趙魏之間謂之轣轆。」廣雅云：「維車謂之厤鹿。」並字異而義同。　孫云：王説是也。六韜軍用篇有「轉關轆轤」。此「卷收」即冢上矢端著繩而言，古弋射蓋亦用此。國策楚策云「弋者修其碆盧，治其繒繳」，「盧」亦即鹿盧也。

㊱孫云：「出」疑當作「矢」，此謂大矢也。

㊲孫云：疑「數」之誤。

㊳備城門篇曰「二步一荅」，備蛾傳篇曰「羅石縣荅」。　孫云：「羅」疑當作「絫」，「絫」、「羅」一聲之轉。「絫」即「礧」，詳備城門篇。

〔二〕「隹」原誤「佳」，據説文改。
〔三〕墨子閒詁「雊」下衍「者」字，本書沿誤，據説文刪。

第五十四亡。

第五十五亡。○案：以上兩行無題，第次八字及小注「亡」字諸本無，緜眇閣本有，今據補。「第」字仍依原書較題目低三格。

備梯第五十六

禽滑釐子事子墨子三年，手足胼胝①，面目黧黑②，役身給使，不敢問欲，子墨子甚哀之③，乃管酒塊脯④，寄于大山⑤，昧茅坐之⑥，以樵禽子⑦，禽子再拜而嘆⑧。子墨子曰：亦何欲乎？禽子再拜再拜曰：敢問守道。子墨子曰：姑亡姑亡⑨，古有亓術者⑩，內不親民，外不約治⑪，以少閒衆，以弱輕强，身死國亡，爲天下笑。子亓慎之，恐爲身薑⑫。禽子再拜頓首，願遂問守道，曰：敢問客衆而勇，煙資吾池⑬，軍卒並進，雲梯既施⑭，攻備已具，武士又多⑮，争上吾城⑯，爲之奈何⑰？子墨子曰：問雲梯之守耶⑱？雲梯者，重器也，亓動移甚難。守爲行城，襍樓相見，以環亓中⑲，以適廣陜爲度，環中藉幕⑳，毋廣亓處㉑。行城之法，高城二十尺，上加堞㉒，廣十尺，左右出巨各二十尺㉓，高廣如行城之法㉔。爲爵穴、煇鼠㉕，施荅亓外㉖，機、衝、錢、城㉗，廣與隊等，雜亓閒以鐫、劍㉘，持衝十人，執劍五人，皆以有力者。令案目者視適㉙，以鼓發之，夾而射之，重而射㉚，披機藉之㉛，城上繁下矢石沙灰以雨之㉜，薪火水湯以濟之㉝。審賞行罰，以静爲故，從之以急，毋使生慮㉞，若此則雲梯之攻敗矣。

守爲行堞，堞高六尺而一等㉟，施劍亓面㊱，以機發之，衝至則去之，不至則施之。爵穴，三尺而一㊲。蒺藜投㊳必遂而立㊴，以車推引之。置裾城外㊵，去城十尺，裾厚十尺。伐裾㊶，小大盡本斷之㊷，以十尺爲傳㊸，雜而深埋之，堅築㊹，毋使可拔。二十步一殺㊺，殺有一鬲㊻，鬲厚十尺。殺有兩門，門廣五尺。裾門一施㊼，淺埋勿築，令易拔。城希裾門而直桀㊽。縣火，四尺一鉤樴㊾，五步一竈，竈門有鑪炭㊿，令適人盡入，煇火燒門(51)，縣火次之。出載而立(52)，亓廣終隊(53)，兩載之閒一火(54)，皆立而待鼓而燃火(55)，即具發之(56)。適人除火而復攻(57)，縣火復下，適人甚病，故引兵而去。則令吾死士(58)左右出穴門擊遺師(59)，令賁士、主將皆聽城鼓之音而出(60)，又聽城鼓之音而入。因素出兵施伏(61)，夜半城上四面鼓噪(62)，適人必或(63)，有此必破軍殺將。以白衣爲服，以號相得(64)。若此(65)，則雲梯之攻敗矣。

① 畢云：「骿」省文，从月。

②「黧黑」見兼愛中篇。　畢云：「黎」字俗寫从黑。

③「甚」，諸本作「其」，陳本作「甚」，今從之。畢校同。

④「槐」，畢本作「塊」，舊本並作「槐」，今從舊本。「槐」、「褢」字通。廣雅釋草「褢，續斷也。亦名槐」，是其證。説文曰「褢，夾也。一曰橐」，廣韻曰「褢，苞也」，皆此「槐」字之義。　畢云：「乃」舊作「及」，以意改。「塊」當爲「魄」，「饋」字假音。

⑤孫云：非攻中篇「太山」即「泰山」，此疑亦同。

⑥孫云：「昧葇」當讀爲「滅茅」。晏子春秋諫下〔一〕篇云：「景公獵休，坐地而食。晏子後至，滅葭而席。公不説，曰：寡人不席而坐地，二三子莫席，而子獨搴草而坐之，何也？」「昧茅」猶言滅葭，亦即搴茅而坐之也。「昧」當作「眛」，與「滅」古音相近。左氏隱元年經「公及邾儀父盟於蔑」，「蔑」，公羊作「眛」，即其比例。説文手部云：「搣，批也。」「批，捽也。」「滅」亦即「搣」之借字。若然，昧茅即是薙搣茅草。古書「矛」字或混作「柔」。宋本淮南子氾論訓云「槽柔無擊」，説苑説叢篇云「言人之惡，痛於柔戟」，並以「柔」爲「矛」。故此「茅」字亦作「葇」矣。

⑦王引之云：「樵」蓋「醮」之借字也。士冠禮注曰「酌而無酬酢曰醮」，故上文言酒脯。

⑧吳鈔本「嘆」作「歎」。

〔一〕「下」原誤「上」，據墨子閒詁原引改，與晏子春秋合。

⑨ 孫云：「姑亡」，言姑無問守道也。亦見公孟篇。

⑩ 「有亓」，道藏本、唐本作「有亦」，畢校作「有亓」，四庫本剜改作「有其」，吴鈔本、陸本、茅本、寶曆本、緜眇閣本、堂策檻本、陳本作「亦有」。

⑪ 孫云：呂氏春秋本味篇高注云：「約，飾也。」

⑫ 畢云：同「僵」。「亡」、「強」、「薑」爲韻。○案：「薑」，寶曆本作「菑」。

⑬ 「煙」，道藏本、吴鈔本、唐本作「烟」。王云：「煙」當爲「堙」。堙，塞也。備城門篇「救闉池者」，「闉」與「堙」〔一〕同。蘇説同。俞云：「資」當讀爲「茨」。淮南子泰族篇「茨其所決而高之」，高注曰：「茨，積土填滿之也。」是茨與堙同義。古「茨」字或作「薋」。爾雅釋草篇「茨，蒺藜」，釋文「茨，本作薋」，是也。墨子書作「資」者，即「薋」字而省艸耳。説文土部：「垐，以土增大道上。」「茨」與「垐」通。孫云：梯、臨之攻，蓋皆兼用堙法。

⑭ 「雲梯」見公輸篇。

⑮ 宋本、蜀本御覽三百二十引「士」作「力」。

⑯ 畢云：「上」舊作「土〔二〕」，據太平御覽改。○案：「吾」下，緜眇閣本有「民」字。

〔一〕「堙」原作「垔」，據讀書雜志改。

〔二〕「土」原誤「上」，據畢刻本改。

⑰ 畢云：「池」、「施」、「多」、「何」爲韻。

⑱ 「守」字舊本脱，畢本缺一格，今依秋山、王、蘇説增。　秋山云：「邪」上脱「守」。　王云：此當作「問雲梯之守邪」。上文曰「敢問守道」，又曰「願遂問守道」，備穴篇曰「問穴土之守邪」，備蛾傅篇曰「子問蛾傅之守邪」，褋守篇曰「子問羊坽之守邪」，皆其證。今脱「守」字，則文不成義。　蘇説同。

⑲ 「亓」，四庫本作「其」。　俞云：「相見」即相閒也。備城門篇「見一寸」，畢云「見疑閒字」，是其例也。

⑳ 畢云：舊作「慕」，以意改。

㉑ 「亓」，四庫本作「其」。　畢云：「度」、「幕」、「處」爲韻。

㉒ 備高臨篇曰「行城三十尺」，蓋并堞高計之。

㉓ 孫云：「巨」讀爲「距」，見備高臨篇。

㉔ 俞云：上文皆言行城，而此即云「高廣如行城之法」，義不可通。疑「高廣」上脱「褋樓」二字。

㉕ 孫云：「爵」，吴鈔本作「雀」，同。爵穴制見備城門篇。「煇」當讀爲「熏」。史記呂后紀戚夫人去眼煇耳，亦以「煇」爲「熏」。「爵穴煇㑕」，蓋亦城閒空穴之名，明其小僅容雀鼠也。「㑕」，畢本改「鼠」，云：「舊作『㑕』，以意改。」案「㑕」即「鼠」之變體，不必改。詩豳風七月「穹窒熏鼠」，此與彼義同。蓋以火煙熏穴以去鼠，因之小空穴亦謂之「熏鼠」矣。備穴篇有「㑕穴」，亦即此。

○案：備穴篇曰「偃爲之户及關籥」，又曰「偃穴高七尺五寸」，此「偃」字當與彼同。以彼例此，其穴非小僅容鼠者甚明。

㉖ 備城門篇曰「二步一荅。」

㉗ 王引之云：「錢」字義不可通，當是「棧」字之誤。「衝」見襍守篇。備城門篇説城上之備有「行棧」，即此所謂「棧」也。「城」即「行城」，見上文。　孫云：六韜發啓篇云「無衝機而攻」，蓋攻守通用此。

㉘ 「亓」，四庫本作「其」。寶曆本「劍」作「釰」，下同。説文曰：「鐫，破木鐫也。」鐫所以破梯，劍所以刺敵也。

㉙ 畢云：「適」同「敵」。　孫云：「案」、「按」同。爾雅釋詁云：「按，止也。」謂止目注視，欲其審也。淮南子泰族訓云「欲知遠近而不能，教之以金目則射快」，許注云：「金目，深目。所以望遠近射準也。」此「案目」疑與「金目」義同。　○案：若依孫訓「案目」爲「止目」，則止目注視，夫人能之，本文當云「令人案目視敵」，不當云「令案目者視敵」矣。備穴篇曰「使聽耳者伏罌而聽之」，此文例當與彼同。「案目者」猶言明目者。説文曰：「晏，天清也。」引申爲清明之義。小爾雅廣言曰：「晏，明也。」此「案」字疑當讀爲「晏」。

㉚ 孫云：疑脱「之」字。

㉛ 「拔」，堂策檻本、四庫本作「彼」。「拔」、「彼」皆「技」之誤字，見備高臨篇。

㉜「灰」，各本作「炭」，今依王校改。　畢云：太平御覽引「繁」作「多」。　王引之云：「炭」當爲「灰」，「灰」見備城門篇。沙、灰皆細碎之物，炭則非其類矣。襍守篇亦誤作「炭」。太平御覽兵部五十五引此正作「灰」。　○案：宋本、蜀本御覽三百二十引作「灰」，又三百三十六引作「炭」。

㉝宋本、蜀本御覽三百三十六引「水湯」作「湯水」。

㉞非攻下篇曰「則敵生慮而意羸矣」。　畢云：「故」、「慮」爲韻。　蘇云：言兵貴神速，久則變矣。

㉟畢云：「等」，級。　○案：「高」下，陸本、茅本、寶曆本、緜眇閣本、堂策檻本、四庫本又有「高」字。

㊱「劍」，寶曆本作「斂」。「亓」，四庫本作「其」。

㊲備城門篇曰「堞下爲爵穴，三尺而一」，與此同。又曰「五步一爵穴」，與此異。備蛾傅篇又曰「爵穴十尺一」。

㊳「蔾」，吳鈔本、寶曆本、緜眇閣本、畢本作「藜」，道藏本、唐本作「棃」，陸本、茅本、堂策檻本、四庫本作「蔾」，今從之。「蒺蔾投」，備城門篇作「疾犁投」。

㊴孫云：疑當作「必當隊而立」。

㊵秋山云：「以」，一作「則」。　「置」字各本脱，今依畢、孫校增。「裾」，道藏本、吳鈔本、陸本、唐

本、茅本、縣眇閣本作「裾」，下並同。　畢云：「裾城外」，備蛾傳作「置薄城外」四字，下「裾」字俱作「薄」。　孫云：「裾」上當有「置」字。「裾」爲「椐」之譌，詳備城門篇，下並同。　蓋於城外別植木爲薄，以爲藩梔也。

㊶畢云：備蛾傳此下有「之法」二字。

㊷畢云：「本」，備蛾傳作「木」。

㊸畢云：備蛾傳作「斷」，此「傳」字當爲「剅」之譌也。　說文云：「㓡，古文斷。叀，古文專字。」

㊹「雜」，縣眇閣本作「維」。　畢云：備蛾傳作「離而深貍堅築之」。

㊺孫云：「殺」蓋擁裾左右横出爲之。　置裾如城之廣袤，二十步則爲之殺，如備穴篇置穴，十步則擁穴左右爲殺也。

㊻孫云：「鬲」，備蛾傳篇作「壙」，案當與「隔」通。　號令篇有「隔部」，署隔蓋擁裾爲殺，於殺中爲隔，以藏守圍之人及器具，又爲門以備出擊敵也。

㊼「施」，吴鈔本作「柂」。　備蛾傳篇作「薄門板梯」。

㊽畢云：備蛾傳作「置楬」。　王引之云：「城」下當有「上」字。　希與睎同，直與置同，桀與楬同。言城上之人望裾門而置楬也。　備蛾傳篇作「城上希薄門而置楬」，是其證。　今本脱「上」字，則文不成義。

㊾孫云：說文木部云：「樴，弋也。」「鉤樴」，蓋以弋著鉤而縣火。

㊿ 畢云：舊脱一「竈」字，據備蛾傳增。 ○案：「門」字畢本脱，舊本並有，今據補。 備蛾傳篇亦有「門」字。「鑪」，寶曆本、堂策檻本、四庫本作「鑪」。

(51) 畢云：「煇」，備蛾傳作「車」。 孫云：「煇」亦讀爲「熏」。 説文屮部云：「熏，火煙上出也。」「車」疑亦「熏」之譌。

(52) 孫云説文車部云：「載，乘也」，似謂戰車。

(53) 「亓」，四庫本作「其」。

(54) 畢云：「開」下舊有「載之門」三字，據備蛾傳去之。 當是上三字重文之譌。

(55) 「待」，諸本作「持」，寶曆本作「待」，今從之。 「燃」，諸本作「撚」，茅本、寶曆本、緜眇閣本、陳本作「燃」，今從之。 王校同。 「燃」爲「然」之俗字。 畢云：備蛾傳云「待鼓音而燃」。

(56) 「具」，寶曆本作「俱」，字通。 備蛾傳篇作「俱」。

(57) 孫云：「除火」，謂敵屏除城上所下之火。 左昭十八年傳云「振除火災」。 備蛾傳篇作「辟」，義同。

(58) 畢云：舊脱「士」字，據備蛾傳增。 秋山云：「死」下脱「士」。

(59) 畢云：猶言餘師。 ○案：廣雅釋詁：「遺，離也。」上文曰「適人甚病，故引兵而去」，備城門篇曰「適人恐懼而有疑心，因而離」，此「遺師」即謂離去之敵師也。

(60) 「賁」，寶曆本作「貴」。 「賁」，「憤」之省文。 「賁士」猶勇士也。 襍守篇曰「養勇高奮」，又曰「恙愿高憤」。 「憤」、「奮」字通。 奮，勇也。

61 畢本「素」作「數」。　畢云：舊「數」作「素」，「伏」作「休」，據備蛾傳改。　王云：鄭注喪服曰：「素猶故也。」「因素出兵」猶言照舊出兵耳。畢改「素」爲「數」，則義不可通。備蛾傳篇正作「素」，不作「數」也。　○案：「伏」，諸本作「休」，茅本、緜眇閣本作「什」，寶曆本作「伏」，不誤。

62 畢云：説文云：「譟，擾也。」此省文。

63 畢云：同「惑」。

64 孫云：謂口爲號也。號令篇云「夕有號」，六韜金鼓篇云「以號相命，勿令乏音」。

65 畢云：舊作「也」，以意改。

第五十七亡。

○案：「第五十七」四字及小注「亡」字諸本無，緜眇閣本有，今據補。

「第」字仍依原書較題目低二格。

備水第五十八

城内塹外周道①，廣八步。備水謹度四旁高下②。城地中偏下③，令耳亓内④。及下地，地深穿之，令漏泉⑤。置則瓦井中⑥，視外水深丈以上，鑿城内水耳⑦。並船以爲十臨⑧，臨三十人，人擅弩，計四有方⑨。必善以船爲轒轀⑩。二十船爲一隊⑪，選材士有力者三十人共船⑫。亓二十人⑬，人擅有方⑭，劍甲鞮瞀⑮。十人，人擅苗⑯。先養材士，爲異舍⑰，食亓父母妻子，以爲質⑱。視水可決，以臨轒轀⑲決外隄。城上爲射檥⑳，疾佐之㉑。

① 備城門篇曰「城下州道内」，州、周字通，義詳彼注。

② 句。

③ 孫云：此當作「城中地偏下」。

④ 畢云：「耳」疑「瓦」字。　蘇云：「令」與「瓴」通。六書故曰：「瓴，牝瓦抑蓋者。仰瓦受覆瓦之流，所謂瓦溝。」　孫云：「耳」疑當爲「巨」，即「渠」之省。此與備城門篇「令耳」異。

⑤ 使水有泄處。　畢云：通典守拒法云「如有洩水之處，即十步爲一井，井之内潛通，引泄漏」，即其遺法。

⑥ 畢云：「則」同「側」。　吴云：「則瓦」者，以此瓦爲水之準則也，猶今言誌子矣。

⑦ 畢云：疑「瓦」字。　孫云：「耳」亦當爲「巨」，即水渠字。

⑧ 畢云：言方舟以爲臨高之具。

⑨ 「方」，畢本改「弓」。　畢云：舊作「方」，以意改。　王云：「擅」與「撣」同，謂提持也，說見備城門篇。　孫云：「有方」疑當爲「酋矛」。韓非子八說篇云「搢笏干戚，不適有方鐵銛」，「有方」亦「酋矛」之誤，與此正同。此文疑當云「人擅弩，什四酋矛」，或作「什六人擅弩，四酋矛」。

「什」、「計」草書相近而誤。 ○案：畢校「方」爲「弓」，則與上文「人擅弩」複，孫校「有方」爲「酋矛」，則與下文「擅苗」複，皆非也。「有方」爲古兵器名。韓非子八説篇舊注云「方，楯也」，當有所本。其義於此書亦可用，唯於他書罕見之。説文曰「瞂，盾也」，字亦作「伐」。或以雙聲轉爲「方」與？

⑩孫云：七字爲句。此與陸戰以車爲轒轀同，詳備城門篇。 ○案「轒轀」，陸本、茅本、寶曆本、緜眇閣本、堂策檻本作「轞轒」。北史魏紀：「帝令連艦上施轒轀，絶其汲路。」

⑪「船」，翻陸本、茅本、寶曆本、堂策檻本作「舡」，下同。

⑫「有」字茅本、寶曆本、緜眇閣本無。

⑬「亓」，四庫本作「其」。

⑭「方」，畢本改「弓」。

⑮畢云：「昝」、「鍪」字假音。 王引之云：「鞮昝」即兜鍪也。兜鍪，胄也，故與「甲」連文。韓策曰「甲盾鞮鍪」，漢書揚雄傳「鞮鍪生蟣蝨，介胄被霑汗」，師古曰：「鞮鍪即兜鍪也。」字亦作「鞮鞪」，漢書韓延壽傳「被甲鞮鞪」，皆其證。

⑯「人」字各本不重，今依王校增。 畢云：「苗」同「矛」，猶苗山即茅山。

⑰「舍」，茅本、寶曆本、緜眇閣本作「命」。

⑱「亓」，茅本、寶曆本、緜眇閣本作「以」，四庫本作「其」。

⑲「輼」，堂策檻本作「轀」。

⑳「檥」，諸本作「撨」，緜眇閣本作「檥」，畢本亦改「檥」。畢云：説文云：「檥，榦也。」言矢榦。舊从手，非，今改。孫云：「射檥」疑當爲「射機」。備城門篇有作射機之法。○案：備高臨篇有「儀」，疑與此「射檥」同物。

㉑「疾」下，緜眇閣本有「以」字。畢云：通典守拒法云「城中速造船一二十隻，簡募解舟檝者，載以弓弩鍬钁，每船載三十人，自暗門銜枚而出，潛往斫營決隄堰。覺即急走，城上鼓噪，急出兵助之」，即其遺法。

第五十九亡。

第六十亡。○案：以上兩行無題，第次七字及小注兩「亡」字諸本無，緜眇閣本有，今據補。「第」字仍依原書較題目低二格。

備突第六十一

城百步①一突門②，突門各爲窯竈③，竇入門四五尺，爲亓門上瓦屋④，毋令水潦能入門中。吏主塞突門，用車兩輪，以木束之，塗亓上⑤，維置突門内⑥，使度門廣狹⑦，令之入門中四五尺⑧。置窯竈⑨，門旁爲槖⑩，充竈狀柴艾⑪，寇即入，下輪而塞之⑫，鼓槖而熏之。

① 畢云：後漢書注引有「爲」字，一引無。

② 孫云：此城内所爲以備敵者。六韜突戰篇云：「百步一突門，門有行馬。」

③ 「突門」，緜眇閣本作「門二」，蓋古本「一突門突門」或有作「一突門二二」者，遂誤而爲「一突門門二」矣。説文云：「窯，燒瓦竈也。」亦見備穴篇。

④ 「亓」字吴鈔本無，四庫本作「其」。

⑤ 「亓」，寶曆本、四庫本、畢本作「其」。後漢書袁譚傳注引亦作「其」。

⑥ 蘇云：「維」，繫也。

⑦ 「陝」，隸變作「狹」。

⑧ 備穴篇曰「塞穴門以車兩走，爲蒀，塗亓上，以穴高下廣陝爲度，令入穴中四五尺，維置之」，與此略同。畢云：「之」後漢書注，引作「人」。

⑨ 畢云：「窯」，後漢書注引作「窒」，非。

⑩ 畢云：舊作「槖」，下同，據後漢書注改。又韓非子八説篇云「干城拒衝，不若堙穴伏櫜」，「櫜」當爲「槖」。○案：下文「槖」字，寶曆本作「槖」，當即「槖」字。

⑪「狀」，畢本改「伏」。畢云：舊「伏」作「狀」，以意改。後漢書注作「又置艾」。〇案：備穴篇及後漢書注引字並作「狀」，「狀」字不誤。狀讀如北史劉昶傳「以草裝實婢腹」之「裝」，言裝實柴艾於竈中也。

⑫「輪」，各本作「輔」。畢云：後漢書注引作「輪」。王云：「輪」字是也。上文曰「吏主塞突門，用車兩輪」，是其證。〇案：王校是也，蘇說同，今依改。

備穴第六十二①

禽子再拜再拜曰：敢問古人有善攻者②，穴土而入，縛柱施火③，以壞吾城④，城壞，或中人⑤，爲之奈何？子墨子曰：問穴土之守邪⑥？備穴者，城内爲高樓，以謹⑦候望適人，適人爲變，築垣聚土非常者⑧，若彭有水濁非常者⑨，此穴土也，急壍城内⑩，穴亓土直之⑪。穿井城内，五步一井，傅城足⑫，高地丈五尺⑬，下地得泉三尺而止⑭。令陶者爲罌，容四十斗以上⑮，固順之以薄輅革⑯，置井中，使聰耳者伏罌而聽之，審知穴之所在，鑿穴迎之⑰。令陶者爲月明⑱，長二尺五寸，六圍⑲，中判之，合而施之穴中⑳，偃一㉑，覆一。柱之外，善周塗亓傅柱者，勿燒㉒。柱者勿燒㉓。柱善塗亓竇際㉔，勿令泄，兩㫄皆如此，與穴俱前㉕。

下迫地[26]，置康若疾亓中[27]，勿滿[28]，疾康長五竇[29]，左右俱雜，相如也[30]。穴内口爲竈，令如窯[31]，令容七八員艾[32]，左右竇皆如此，竈用四橐[33]。穴且遇[34]，以頡皐衝之，疾鼓橐熏之，必令明習橐事者[35]，勿令離竈口[36]。連版以穴高下廣陜爲度[37]，令穴者與版俱前，鑿亓版，令容矛[38]，參分亓疏數[39]，令可以救竇[40]。穴則遇[41]，以版當之[42]，以矛救竇，勿令塞竇。竇則塞，引版而卻[43]，過一竇而塞之[44]，鑿亓竇[45]，通亓煙，煙通，疾鼓橐以熏之。從穴内聽穴之左右[46]，急絶亓前，勿令得行。若集客穴，塞之以柴塗，令無可燒版也。然則穴土之攻敗矣[47]。

寇至吾城[48]，急非常也，謹備穴[49]。穴疑有應寇[50]，急穴[51]，穴未得，愼毋追[52]。凡殺以穴攻者，二十步一置穴，穴高十尺，鑿十尺，鑿如前[53]，步下三尺[54]，十步擁穴左右横行[55]，高廣各十尺，殺[56]。俚兩罌，深平城[57]，置板亓上[58]，⿰貝冊板以井聽，五步一[59]。密用⿰木㕣若松爲穴户[60]，户穴有兩蒺藜[61]，皆長極亓户[62]，户爲環，壘石外埻[63]，高七尺，加堞亓上[64]。勿爲陛與石，以縣陛上下出入[65]。具鑪橐[66]，橐以牛皮。鑪有兩甀，以橋鼓之[67]。百十每亦熏四十什[68]，然炭杜之[69]，滿鑪而蓋之[70]，毋令氣出。適人疾近五百穴[71]，穴高若下不至吾穴[72]，即以伯鑿而求通之[73]。穴中與適人遇，則皆圉而毋逐[74]，且戰北[75]，以須鑪火之然也，即去而入壅穴殺[76]。有鼠，鼠爲之户[77]及關籥[78]，獨順得往來行亓中[79]。穴壘之中各一狗，狗吠即有人也。

斬艾與柴，長尺[80]，乃置窯竈中，先壘窯壁，迎穴爲連[81]。鑿井傅城足[82]，三丈一[83]，視外之廣陜而爲鑿井，慎勿失。城卑内高從内難[84]。鑿井城上[85]，爲三四井，内新甀井中[86]，伏而聽之，審知穴之所在[87]，穴而迎之。穴且遇，爲頡皋，必以堅杖爲夫[88]，以利斧施之，命有力者三人用頡皋衝之，灌以不潔十餘石[89]。趣狀此井中[90]，置艾亓上[91]，七分[92]，盆蓋井口，毋令煙上泄，旁亓橐口，疾鼓之。以車輪轀[93]。一束樵，染麻索塗中以束之[94]。鐵鎖縣正當寇穴口[95]，鐵鎖長三丈[96]，端環，一端鉤[97]。⿰亻鼠穴高七尺五寸[98]，廣[99]柱閒也尺[100]，二尺一柱[101]，柱下傅舄[102]，二柱共一負土[103]。兩柱同質[104]，横負土[105]。柱大二圍半[106]，必固亓負土，無柱與柱交者[107]。穴二窯，皆爲穴月屋[108]，爲置吏、舍人各一人[109]，必置水[110]。塞穴門，以車兩走[111]爲蒀[112]，塗亓上[113]，以穴高下廣陜爲度[114]，令入穴中四五尺，維置之[115]。當穴者客争伏門[116]，轉而塞之。爲窯容三員艾者[117]，令亓突入伏傅突一旁[118]，以二橐守之，勿離。内予以鐵[119]，長四尺半，大如鐵服説，即刃之二矛[120]。内去竇尺[121]，邪鑿之，上穴當心，亓矛長七尺。穴中爲環利率，穴二[122]。鑿井城上[123]，俟亓穿井且通[124]，居版上，而鑿亓一偏[125]。已而移版，鑿一偏。頡皋爲兩夫[126]，而旁貍亓植[127]，而敷鉤亓兩端[128]。諸作穴者五十人，男女相半[129]。五十人攻穴[130]，爲傳士之口，受六參[131]，約枲繩以牛亓下，可提而與投[132]。已則穴七人守退壘之中，爲大廡一，藏穴具亓中[133]。難穴，取城外池脣木月散之[134]，什斬亓穴[135]，深到泉[136]。難近穴，爲鐵鈇[137]，金與扶林長四尺，財自足[138]。客即穴[139]，亦穴而應之。爲鐵鉤鉅[140]，長四尺者財自足，穴徹，以鉤客穴者[141]。爲短矛[142]、短戟[143]、短弩、虻矢[144]，財自足[145]，穴徹以鬭。以金劍爲難[146]，長五尺[147]。爲銎[148]、木杘[149]，杘有慮枚，以左客穴。戒持罌，容三十斗以上[150]，貍穴中[151]，丈一[152]，以聽穴者聲。爲穴，高八尺，廣[153]，善爲傅置[154]，具全牛交槀[155]皮及坛，衛穴二，蓋陳靃及艾[156]，穴徹熏之[157]。以斧金爲斫[158]，杘長三尺[159]，衛穴四。爲壘[160]，衛穴四十，屬四[161]。爲斤、斧、鋸、鑿、钁[162]，財自足。爲鐵校[163]，衛穴四。爲中櫓，高十丈半，廣四尺[164]。爲横穴八櫓蓋[165]。具槀枲，財自足，以燭穴中[166]。蓋持醯[167]，客即熏，以救目。救目，分方鑿穴[168]，以盆盛醯[169]，置穴中，丈盆毋少四斗[170]，即熏，以自臨醯上[171]，及以洒目[172]。

① 孫云：備城門篇說攻具十二，「穴」在「突」前，此次與彼不同，疑亦傳寫移易，非其舊也。

② 王云：「古」乃「適」之壞字。孫云：備梯篇說守道云「古有其術者」，則「古」字似非誤。

③ 「縛」，諸本作「縳」，唐本、寶曆本、堂策檻本、四庫本作「縛」，今從之。

④ 孫云：商子境内篇云「穴通則積薪，積薪則燔柱」，通典兵部說距闉謂「鑿地爲道，行於城下，攻城建柱，積薪於其柱，圜而燒之，柱折城摧」，即古穴攻法也。

⑤「城」字陸本、茅本、寶曆本、緜眇閣本、堂策檻本、四庫本無。此下各本有「大鋋前長尺」云云，凡七百零一字，今依顧校移入備城門篇。

⑥「士」，堂策檻本、四庫本作「土」，誤。

⑦王引之云：自「爲之奈何」至「以謹」，凡二十四字，舊本誤入備城門篇，今移置於此。○案：王校是也，顧、蘇說同，今依移。「以謹」屬下「候望適人」爲句。

⑧畢云：言以所穴之土築垣。

⑨畢云：「水濁」者，穴土之驗。　王云：「若」猶與也。「彭」與「旁」通。

⑩畢云：玉篇云：「壍同塹。」

⑪畢云：「穴亓」舊作「内亦」，以意改。「直」，當也。說文云：「直，正見也。」

⑫畢云：「傅」舊作「傳」，以意改。

⑬孫云：言高地則以深丈五尺爲度。

⑭「下」字各本脫，今依王引之說增。「下地」與「高地」對文。

⑮「容」，茅本、緜眇閣本作「谷」，誤。

⑯畢云：即通典所云「以新罌用薄皮裹口如鼓」也。　蘇云：說文云：「鞈，生革可以爲縷束也。」　孫云：「固順」義難通。「順」當作「幎」，冥、頁，巾、川，隸書相近而誤。說文巾部云：「幎，幔也。」亦作「冪」，廣雅釋詁云：「冪，覆也。」「固幎之以薄鞈革」，謂以革堅覆罌口也。文選

馬汧督誄李注引作「幕罌」，「幕」即「冪」之誤。李所舉雖非元文，然可推校得其沿誤之由也。

⑰ 「鑿穴」之「穴」各本譌作「內」，今依王校改。文選馬汧督誄注、宋本蜀本御覽三百二十引並作「鑿內」，則唐宋傳本已誤。　畢云：通典守拒法云〔一〕「地聽，於城內八方穿井，各深二丈，以新罌用薄皮裹口如鼓，使聰耳者於井中託罌而聽，則去城五百步內悉知之，審知穴處，助鑿迎之云云」，即其法也。

⑱ 王引之云：「月明」當爲「瓦罌」。　蘇云：「月」當作「瓦」，下「明」字亦瓦傍字之誤。○案：下文曰「中判之，合而施之穴中，偃一，覆一」，則其物非罌甚明。「月明」當爲「瓦瓴」之誤。六書故曰：「瓴，牝瓦仰蓋者。仰瓦受覆瓦之流，所謂瓦溝。」

⑲ 王引之云：「六圍」上當有「大」字，備城門篇「木大二圍」，即其證。

⑳ 「穴八」，各本譌作「內」，今依王校改。

㉑ 畢云：「偃」，仰。

㉒ 畢云：「亓傅」，舊作「亦傅」，以意改。

㉓ 畢云：四字衍。

㉔ 「亓」，寶曆本作「其」。　畢云：「際」，縫也。

〔一〕「云」字原誤置下文「穿井」下，據畢刻本乙。

㉕ 畢云：「穴」舊作「内」，以意改。 孫云：言爲穴柱與鑿穴俱前，猶下云「令穴者與版俱前」也。自「柱之外」至此三十四字，並説穴柱，與上下文不相冡，疑當在後文「無柱與柱交者」下。

㉖ 孫云：疑當接上文「偃一覆一」句。

㉗ 「疾」，畢本改「矢」。 畢云：「康」即「穅」字，見説文。「矢」舊作「疾」，以意改，下同。 王云：「疾」乃「灰」之誤。備城門篇「爨灰康粃」，即其證。 ○案：「疾」當爲「炭」，形近而誤。下文所謂「然炭杜之」，備城門篇「置炭火亓中而合幂之」，備梯篇「竈門有鑪炭」，並與此「炭」字相同。「穅若炭」及下文之「艾」、「柴」、「陳藿」，皆所以然火起煙熏敵，若作「矢」、作「灰」，則不適用矣。下「疾」字同。

㉘ 緜眇閣本「滿」作「漏」。

㉙ 「五」通「伍」，能配套之意。 孫云：「五」疑「亙」之誤。 説文木部云：「㮓，竟也。」古文作「亙」。此言竟滿其竇，猶下云「户内有兩蒺藜，皆長極亓户」。

㉚ 孫云：雜猶帀也。

㉛ 畢云：説文云：「窯，燒瓦竈也。」即今「窰」字正文。

㉜ 孫云：「員」即丸也，論衡順鼓篇云「一丸之艾」。

㉝ 備城門篇救闉池文有「鼓槖」。 孫云：淮南子本經訓高注云：「槖，冶鑪排槖也。」

㉞ 畢云：舊作「愚」，據下改。

㉟ 「明」,四庫本誤「用」。　　畢云:「習」舊作「翟」,以意改。

㊱ 畢云:通典守拒法云「審知穴處,助鑿迎之,與外相遇,即就以乾艾一〔一〕石,燒令煙出。以板於外〔二〕密覆穴口,勿令煙洩,仍用鞴袋〔三〕鼓之」,即其遺法。所云「以板於外密覆穴口,勿令煙洩」,即下連版法也。

㊲ 上句「口」字、本句「連」字茅本缺,寶曆本、緜眇閣本删省缺格,非是。「陜」,道藏本、陸本、唐本、茅本並同,餘本作「狹」,俗字。

㊳ 「亓」,寶曆本作「其」。「矛」,諸本作「予」,寶曆本作「矛」,今從之,下同。畢本亦意改「矛」。

㊴ 蘇云:「參」與「三」同。「數」讀爲「促」。

㊵ 秋山云:「救」,一作「致」。

㊶ 蘇云:「則」猶即也。

㊷ 畢云:「版」舊作「攸」,以意改。

㊸ 「郤」,各本作「郄」,今依王校改。廣雅釋言曰:「郤,退也。」　　畢云:「引」舊作「弓」,以意改。「郄」,「郤」字俗寫。

〔一〕「一」原誤「二」,據畢注改,與通典兵五守拒法原文合。
〔二〕畢引原重「外」字,本書沿誤,據通典守拒法删。
〔三〕「袋」原誤「帶」,據畢引改,與通典守拒法原文合。

㊹「過」，王校作「遇」。

㊺「亓」，寶曆本作「其」，下二「亓」字同。

㊻「從」，舊本作「徒」，畢以意改「徙」，今依王校改「從」。「之」字諸本無，道藏本、吴鈔本、唐本並有，今據補。

㊼「穴土」，諸本作「内士」，四庫本作「穴土」。　秋山云：「内士」當作「穴土」。　畢云：「穴土」舊作「内士」，以意改。　王引之云：自「傒望適人」至「穴土之攻敗矣」凡三百四十五字，舊本亦誤入備城門篇，今移置於此。「以謹傒望適人」六字文義緊相承接，不可分屬他篇。且上文曰「備穴者，城内爲高樓」，下文曰「然則穴土之攻敗矣」，則爲備穴篇之文甚明。　○案：王校是也，顧、蘇校同，今依移。

㊽「城」，緜眇閣本作「誠」。

㊾備城門篇「適人爲穴而來，我亟使穴師選士迎而穴之，爲之具内弩以應之」凡二十五字，疑爲此處脱文。

㊿句。

(51) 句。

(52) 孫云：似言未得敵穴所在，則勿出城追敵。

(53)「十尺鑿」三字誤重，當删。　孫云：「如」讀爲「而」，言穴向前鑿也。

㊿古六尺爲步。步下三尺，以句股法計之，穴身傾斜與地平線成三十度之夾角，其常制蓋如此。至應敵時，則長短高下自適爲之。

55 「行」，緜眇閣本作「竹」。

56 「高」字畢本重，舊本並不重，今據删。　孫云：「殺」上疑當有「爲」字。此言凡穴直前十步，則左右横行別爲方十尺之穴，謂之殺，以備旁出也。備梯篇説置裾城外，亦云「二十步一殺」。

57 畢云：「俚」，同「埋」。　孫云：他篇多作「貍」，此作「俚」，並「薶」之假字。

58 「亓」，四庫本作「其」。

59 「⿰貝冊」，緜眇閣本作「⿰耳冊」〔一〕。　孫云：「⿰耳冊」疑「聯」之誤。「聯板」即上文之「連版」也。　蘇云：「井聽」疑誤倒，當作「井五步一」。

60 「⿰木⿰司台」，道藏本、吴鈔本、唐本、畢本從手。陸本、茅本、寶曆本、緜眇閣本、堂策檻本、四庫本從木，今從之。「密」讀爲下文「必以堅材爲夫」之「必」。　蘇云：「⿰木⿰司台」，或「桐」字之譌。　孫云：「⿰扌⿰司台」未詳，疑當爲「枱」，鐘鼎古文從台者或兼從司省，今所見彝器款識公姞敦「始」字作「⿱司女」，是其例也。此「⿰扌⿰司台」字亦當從木。説文木部：「枱，耒耑也。」此疑假爲「梓」字。説文：「梓，楸也。」

〔一〕「⿰耳冊」原誤「⿰目冊」，據緜眇閣本改。

從木，辛省〔一〕聲。」與台古音同部，得相通借。墨書多古文，此亦其一也。

61 「蘩」，吳鈔本、寶曆本、緜眇閣本、四庫本作「藜」，道藏本、唐本、畢本作「蘩」，陸本、茅本、堂策檻本作「蘩」，今從之。「蒺蘩」，備城門篇或作「疾犁」。　孫云：「户穴」當作「户内」。　吳云：「户穴」當作「穴户」。

62 「亓」，四庫本作「其」。

63 吳鈔本「埻」作「厚」。緜眇閣本「環」作「瓌」，「埻」作「垣」。　畢云：「埻」即「厚」字。　孫云：「埻」疑「埻」字之誤。玉篇土部及集韻十九鐸字並作「墎」，蓋即「郭」之異文。

64 「亓」，四庫本作「其」。

65 蘇云：言穴中勿爲陛階，出入者縋而上下也。

66 畢云：舊俱作「稟」。　○案：「稾」，諸本作「稟」，寶曆本作「稾」，下同。

67 畢云：「橋」，桔臯也。

68 「亦」，四庫本作「其」，畢校改「亓」。「熏」，緜眇閣本作「重」。以緜眇閣本校之，「亦重四十什」疑當作「其重四十斤」。「百十每」三字仍不可解。

69 畢云：「然」即「燃」正文。

〔一〕「省」字墨子閒詁原引脱，本書沿誤，據説文木部補。

⑦⓪寶曆本「鑪」作「爐」。

⑦①蘇云：「五百」二字乃「吾」字之譌，下言「吾穴」是也。

⑦②孫云：言客穴與内穴不正相直也。

⑦③「伯」，吴鈔本作「百」，疑爲「吾」之誤字。　孫云：「伯」疑當作「倚」。倚，邪也。後文曰「内去竇尺，邪鑿之」。

⑦④蘇云：「圉」與「禦」同。言與敵相持，勿逐去之。

⑦⑤「北」，陸本、茅本、寶曆本、緜眇閣本、堂策檻本、四庫本誤「圵」。　孫云：言戰而佯北以誘敵，使深入穴中也。

⑦⑥孫云：「壅」即「擁」之俗。「壅穴殺」即上文所謂「十步擁穴左右横行，高廣各十尺」者也。

⑦⑦下「偘」字，諸本作「倔」，陸本、茅本、緜眇閣本作「倔」，寶曆本、堂策檻本、四庫本作「偘」，今從之。下文有「偘穴」，備梯篇有「煇偘」，當爲同物。　畢云：俱「鼠」字之誤。

⑦⑧「籥」，陸本、茅本、寶曆本、緜眇閣本、堂策檻本、四庫本作「鑰」。備城門篇曰「方尚必爲關籥守之」。　蘇云：「關籥」即管鑰。

⑦⑨「順」疑「須」字之誤。號令篇「守以須」、「城上候須」，今本亦誤「順」，可以爲例。「偘」蓋非常時之穴道，故爲之户及管鑰，獨須要時得往來行其中也。

⑧⓪畢云：「柴」舊作「此」，以意改。　孫云：「此」疑即「柴」之省，此書多用省借字，如以「也」爲

「他」，以「之」爲「志」，皆其例也。備突篇亦云「充竈狀柴艾」。○案：「柴」，舊本並作「此」，即「柴」之省文。自「斬艾與柴長尺」至「男女相半」凡三百九十八字，各本錯入備城門篇。王云：「以下多言鑿穴之事，當移置於備穴篇，然未知截至何句爲止。」顧、蘇校並謂此錯文當截至「諸作穴者五十人，男女相半」爲止，孫校從之，是也，今依移。

㉛ 王引之云：「連」下當有「版」字。上文曰「連版以穴高下廣陜爲度」，是其證。

㉜ 「傅」，舊本作「傳」。

㉝ 孫云：上云「五步一井」，六尺爲步，五步即三丈也。

㉞ 二「內」字，畢本改「穴」。畢云：二「穴」字舊俱作「內」，以意改。

㉟ 俞云：城上無鑿井之理，「城上」當作「城內」，即上文鑿井城內之事。孫云：疑當作「城下」。

㊱ 「甀」，諸本作「斳」，寶曆本作「斷」。秋山云：「斷」，一作「剸」。畢云：「斳」當爲「罋」。孫云：「斳」當爲「甀」之誤。謹案：孫說形較近，今依改。

㊲ 「審」下各本有「之」字，今依王樹枬據上文校刪。孫校同。

㊳ 畢云：同「趹」，如足兩分也。俞云：「杖」乃「材」字之誤。言必以材之堅者爲頡皋之趹也。○案：「杖」，寶曆本作「狀」。

㊴ 畢云：若穅、矢之類。

㊵ 「狀」，緜眇閣本、畢本作「伏」。畢云：「伏」舊作「狀」，以意改。「趣」同「促」。孫云：

「此」當爲「柴」。上文「斬艾與柴」，「柴」亦作「此」。備突篇亦以柴、艾並舉，故此下文云「置艾其上」，皆可證。　○案：備突篇「充竈狀柴艾」，「狀」字義與此同。「此」爲「柴」之省文。説文曰：「趣，疾也。」「趣狀此井中」，言疾裝實柴於井中也。

⑨①「亓」，寶曆本、四庫本作「其」。

⑨②「七分」義不可通，疑爲「比⿱癶火」之壞字。「焚」或作「⿱癶火」，見集韻。此言比⿱癶火，故下言「盆蓋井口，毋令煙上泄」，文正相承。

⑨③「轀」，寶曆本作「輼」。　孫云：「轀」、「輼」同，上當有「爲」字。以車輪爲輼，猶備城門篇云「兩材合而爲之輼」、下文云「以車兩走爲葢」也。「轀」即「輼」之別體，文省作「葢」，正字當作「輓」，詳備城門篇。

⑨④「染」，各本作「梁」，今依蘇校改。　蘇云：「梁」爲「染」之誤。染麻索以塗者，所以避燒。孫云：備蛾傅篇云「染其索塗中」。

⑨⑤畢云：「鎖」當爲「瑣」。説文無「鎖」字，據備蛾傅作「瑣」。「穴」舊作「内」，以意改。　孫云：六韜軍用篇「鐵械鎖參連百二十具」，又有「環利鐵鎖，長二丈以上，千二百枚」，此「鐵鎖」端亦有環，與彼制合。

⑨⑥畢云：通典守拒法云：「先爲桔槔，縣鐵鎖長三丈以上，束柴葦焦草而燃之，隊於城外所穴之孔，以煙燻之，敵立死。」已上罌聽、連版、狀艾、縣鎖，備穴土之法。

⑰ 孫云：言鐵鎖有兩端，一端爲環，一端爲鉤。據通典説鐵鎖，蓋以環繫於桔橰，而鉤則以束柴葦焦草而燃之者也。後文又有「鐵鉤」。

⑱ 「傀」，畢亦以意改「鼠」。上文曰「傀爲之户」，備梯篇曰「煇傀」，諸「傀」字當同物。

⑲ 「廣」下疑脱尺數。

⑳ 「也」字疑誤。

⑽ 孫云：此謂穴墻一邊二尺則一柱也。

⑽ 「傅」，舊本作「傳」。備城門篇曰「植皆爲通舄」。玉篇曰：「磶，柱礩也。」「礩，柱下石。」 畢云：廣雅云：「磶，礩也。」磶古字作「舄」。 孫云：一切經音義引許叔重云：「楚人謂柱磶曰礎。」

⑽ 「負土」，各本作「員十一」，今依孫校改。 孫云：「員十一」義不可通，下文兩言「員土」，疑「十一」即「土」字傳寫誤分之。然「員土」亦無義，蓋當爲「負土」。周禮冢人賈疏云：「隧道上有負土。」此爲穴，亦爲隧道，故有負土。蓋以板横載而兩柱直楮之，故云「二柱共一負土」，下並同。

⑽ 畢云：「礩」古字如此。

⑽ 「負土」，各本作「員土」，今依孫校改，下同。

⑽ 「團」，影印唐本誤作「閩」。

⑽ 柱與柱不相交者，腐壞時易更换，傾墮時免波及也。今用土法楮柱煤礦洞者，正與此同。 孫

云：上文錯入備城門篇者，有「柱之外善周塗亓傅柱者」云云三十四字，疑此下之錯簡，詳前。

⑩⑧ 王引之云：「皆爲穴月屋」當作「皆爲穴門上瓦屋」，謂於穴門上爲瓦屋也。備突篇曰「突門各爲窯竈，竇入門四五尺，爲亓門上瓦屋」，是其證。　蘇云：「月」當爲「瓦」之誤。

⑩⑨ 「吏」，寶曆本作「史」。　孫云：漢書高帝紀顏注云：「舍人，親近左右之通稱也。」文穎云：「舍人，主厩内小吏〔一〕，官名也。」

⑪⓪ 孫云：蓋以備飲。

⑪① 畢云：即車輪。　孫云：備突篇作「車兩輪」，備蛾傅篇亦云「車兩走」。

⑪② 「輼」或作「轀」，此又省作「盍」。

⑪③ 「亓」，寶曆本作「其」。

⑪④ 「陜」，道藏本、吳鈔本、陸本、茅本、緜眇閣本作「陳」，誤。

⑪⑤ 「入」，各本作「人」，今依蘇校改。　蘇云：「人」當作「入」。「維」，繫也。此亦見備突篇。

⑪⑥ 畢云：舊「穴」作「内」，「客」作「容」，以意改。　○案：舊本並作「客」，畢校誤。

⑪⑦ 畢本：「容」舊作「客」，以意改。　○案：「容」，堂策檻本、四庫本作「各」，寶曆本作「容」，即「容」之俗體，見齊常岳等造象記。

〔一〕「吏」，墨子閒詁原引作「史」，本書沿誤，據漢書注改。

⑱畢本作「令亓突入伏尺，伏傅突一㫄」。畢云：「亓突入」舊作「亦突人」，「傅」舊作「付」，並以意改。一本無「伏尺」二字。吳云：「人」，畢改「入」，非是。「令其突人伏」爲句，「尺」亦「人」字之譌。言人伏必傅著突之一旁也。○案：「人伏」下，道藏本、吳鈔本、唐本有「尺伏」二字，陸本、茅本、寶曆本、緜眇閣本、堂策檻本、四庫本並無，今據刪。「尺伏」二字即「人伏」之誤而衍者。「人」字不誤，餘如畢校。六韜突戰篇曰「突門有行馬，車騎居外，勇力鋭士隱伏而處」，與此略同。

⑲「内予」未詳，畢本以意改「穴矛」。案此物既有長，復有大，似非矛也。

⑳畢云：舊凡「矛」字作「予」，俱以意改。○案：寶曆本作「矛」，與畢改合，下同。

㉑孫云：「内」當爲「穴」。

㉒「二」，寶曆本作「也」。孫云：六韜軍用篇亦有「環利鐵鎖」，然其義未詳。○案：「率」，「䋏」之省文，説文作「䋏」，字亦作「繂」。爾雅釋水：「紼，䋏也。」郭注云：「䋏，索。」六韜軍用篇有「環利通索」，當與此「環利率」同。

㉓孫云：「上」亦當爲「下」，詳前。

㉔「穿」，各本作「身」，今依王校改。王云：「身」者，「穿」之壞字也。隸書「身」字或作「耳」，見漢處士嚴發殘碑，與「穿」字下半相似而誤。

㉕畢云：舊作「偏」，以意改。○案：四庫本作「偏」。作「偏」者，「偏」之借字。「亓」，寶曆本、

四庫本作「其」。

⑫6 孫云：亦同「趹」。

⑫7 「貍」，寶曆本作「埋」。「亓」，寶曆本、四庫本作「其」。

⑫8 「敦」，畢本作「數」，舊本並作「敦」，今據正。「亓」，寶曆本、四庫本、畢本作「其」。 孫云：「敦」當讀爲「傅」，謂傅著鉤於頡臯之兩端也。

⑫9 自「斬艾與柴長尺」至此，凡三百九十八字，各本錯入備城門篇，今依王、顧、蘇校移此，説詳上文。

⑬0 「穴」，各本作「内」，今依孫説改。 詩靈臺「庶民攻之」，毛傳云：「攻，作也。」

⑬1 「六」字陸本、茅本、寶曆本、緜眇閣本、堂策檻本、四庫本無。 蘇云：「士」當作「土」，「口」字誤，蓋言器之盛土者。 孫云：「參」疑當爲「彖」，形近而誤。 備城門篇「參石」即礧石，可證。彖即虆之假字。 虆，盛土籠。 亦詳備城門篇。

⑬2 「亓」，四庫本作「其」。 蘇云：「臯繩」，麻繩也。「牛」義未詳，疑「絆」字之誤。「與」當作「舉」。

⑬3 「亓」，四庫本作「其」。 蘇云：「廡」，古文「甒」，見儀禮注。 方言云：「罌，周魏之閒謂之甒。」

⑬4 「月」當爲「瓦」之誤。 難穴時，取城外池脣木瓦散之，其穴較易。「木」，寶曆本作「本」。 秋山云：「本」，一作「木」，一作「水」。

⑬5 「斬」，茅本、寶曆本、緜眇閣本作「矣」。「什」當爲「斗」，説文序所謂「人持十爲斗」也。「斗」即今

阧峻字，古止作「斗」。「斬」爲「塹」之省文。「斗斬其穴」即阧塹其穴也。

⑬⑥「泉」，各本作「界」，今依王校改。王引之云：「『界』字文義不明，『界』當爲『泉』。備城門篇『下地得泉三尺而止』，是其證。隸書『泉』字或作『泉』，見漢郃陽令曹全碑，『界』字作『界』，見衛尉卿衡方碑，二形相似而誤。」

⑬⑦「鈇」，寶曆本作「鉄」。孫云：說文金部云：「鈇，莝斫刀也。」

⑬⑧「財」，畢本作「則」，舊本並作「財」，今據正。孫云：史記孝文紀「見馬遺財足」，索隱云：「財字與纔同。」「財自足」，數適足不過多也。

⑬⑨孫云：漢書西南夷傳顏注云：「即，若也。」

⑭⓪備高臨篇曰「左右有鉤距」。

⑭①「徹」，舊本作「微」。蘇云：「徹」，通也。

⑭②「短矛」二字，陸本、茅本、寶曆本、緜眇閣本、堂策檻本、四庫本並無。「短」，道藏本、吳鈔本、唐本作「矩」。

⑭③「短」，陸本、茅本、緜眇閣本、堂策檻本、四庫本作「矩」。

⑭④孫云：「䖟矢」蓋亦短矢也。方言云「箭，其三鐮長尺六者謂之飛䖟」，郭注云：「此謂今射箭也。」文選閒居賦「激矢䖟飛」，李注引東觀漢紀「光武作飛䖟箭以攻赤眉」。廣雅釋器云：「飛䖟，箭也」。此「䖟矢」疑亦即「飛䖟」也。

⑭⑤ 「財」字，陸本、茅本、寶曆本、緜眇閣本、堂策檻本、四庫本並脱。

⑭⑥ 戰國策秦策「以與秦爲難」，注云：「難猶敵也。」書舜典「而難任人」，傳云：「難，拒也。」並與此「難」字義同。言以金劍爲抗拒之用也。

⑭⑦ 「五」，茅本、寶曆本、緜眇閣本作「王」。

⑭⑧ 畢云：說文云：「銎，斤斧穿也。」案經典文凡以穿爲孔者，此字假音。

⑭⑨ 畢云：說文云：「杘，篗柄也。」 孫云：廣雅釋詁云：「杘，柄也。」

⑮⓪ 「斗」，各本作「斤」，今依王校改。 畢云：「容」舊作「客」，以意改。 蘇云：戒，令也。

孫云：上文錯入備城門篇者云「令陶者爲罌，容四十斗以上」。

⑮① 畢云：「貍」舊作「狸」，以意改。 ○案：「貍」，諸本作「狸」，茅本、寶曆本、緜眇閣本作「埋」。

⑮② 孫云：上文說爲罌置井中，井五步一，又云「三丈一」，三丈即五步也。此云「丈一」，與彼不合，疑「丈」上當有「三」字，而傳寫脱之。

⑮③ 孫云：「廣」下疑脱尺數。

⑮④ 「傅」，舊本作「傳」。 孫云：疑當作「善爲傅埴」，即上文云「善周塗其傅柱者」之義。

⑮⑤ 「槖」，寶曆本作「𣝗」，似「橐」之俗省。

⑮⑥ 「蓋」，掩藏也。上文曰「趣狀柴井中，置艾其上」，文意與此略同。 畢云：鄭君注公食大夫禮云：「藿，豆葉也。」說文云：「藿，尗之少也。」「少」言始生之葉。「靃」，省文。

⑮⑦ 穴通則以陳霍及艾熏敵。

⑮⑧ 孫云：「斫」即斧刃。 李笠云：「以斧」二字蓋誤倒，當乙。

⑮⑨ 斧柄之長三尺。

⑯⓪ 上文曰「户爲環壘石外墫」。

⑯① 孫云：「屬」，「斸」之省，即備城門篇之「居屬」。

⑯② 「钁」，畢本誤「鑺」，舊本並作「钁」，今據正。 畢云：說文云：「钁，大鉏也。」玉篇云：「居縛切。鋤钁。」

⑯③ 孫云：「鐵校」，蓋鑄鐵爲闌校以禦敵。

⑯④ 孫云：「十丈半」於度太高，疑「丈」當作「尺」。 備城門篇云「百步爲櫓，櫓廣四尺，高八尺」，廣與此同，而高差二尺半，彼蓋小櫓與？

⑯⑤ 「䓊」，寶曆本、畢本作「蓋」，其餘諸本並作「䓊」，今從之。「䓊」即「蒀」字之譌。下文「盛醞」、「臨醞」兩「孟」字，寶曆本並作「醖」，可以爲例。 蒀與轀、輼同字。 孫云：「八櫓」疑當作「大櫓」。六韜軍用篇有大櫓、小櫓。「䓊」則疑「蒀」之譌。

⑯⑥ 「槀」舊本從木。 說文曰：「槀，木枯也。」「稾，稈也。」此與「臬」並舉，當以從禾者爲是。 蘇云：稾臬可然以爲燭。

⑯⑦ 蘇云：據文義當作「戒持醞」，「醞」或「醯」字之譌。 俞云：「醞」疑「醓」之壞字。 孫云：

此當作「益持醯」。廣韻十二齊云：「醯，俗作醓。」此「醖」即「醓」之誤，下並同。醓蓋可以禦煙，春秋繁露郊語篇云「人之言醯去煙」。今本繁露「醯」作「醞」，亦字之誤。○案：「蓋」當爲「盆」字之誤，下文曰「以盆盛醖」。「醖」，諸本同，寶曆本作「䤌」。下二「醖」字，寶曆本並作「醞」。上文「八櫓葢」，諸本誤作「茥」。以上下文誤字校之，則此「醖」字亦當爲「醞」。此以醞救熏，與春秋繁露「醞去煙」之說正合。說文曰「醞，釀也」，於義無取。醞蓋一種易揮發之酒類，故下文曰「以自臨醞上」，若不易揮發，則「以自臨醞上」亦屬無益。孫校改春秋繁露之「醞」爲「醯」，亦苦無旁證也。

⑯⑧「鑿」，諸本作「鑿」，寶曆本作「鑿」，今從之，蘇校同。「分方鑿穴」，所以泄氣通煙。

⑯⑨「盆」，各本作「益」，今依蘇校改。「醖」，寶曆本作「醞」，下同。以春秋繁露證之，「醞」字是。蘇云：「益」疑「盆」字之譌。

⑰⓪「丈」，畢本作「文」，舊本並作「丈」，今從舊本。「盆」，茅本、寶曆本、緜眇閣本作「金」。孫云：「丈」當作「大」。

⑰①孫云：「自」當爲「目」。○案：「自」字不誤。說文曰：「自，鼻也。」熏煙有害呼吸，故以鼻臨醞上以解救之。下句「洇目」所以解救視官，與此二事也。

⑰②「洇」，寶曆本作「油」。俞云：「洇」疑「酉」之壞字。孫云：「洇」當爲「洒」。說文水部云：「洒，滌也。」洒目即以救目也。

備蛾傳第六十三①

禽子再拜再拜曰：敢問適人强弱，遂以傅城②，後上先斷③，以爲淹程④，斬城爲基⑤，掘下爲室，前上不止⑥，後射既疾⑦，爲之奈何？子墨子曰：子問蛾傳之守邪？蛾傳者，將之忿者也⑧，守爲行臨射之⑨，校機藉之⑩，擢之⑪，太氾迫之⑫，燒荅覆之，沙石雨之，然則蛾傳之攻敗矣。

備蛾傳爲縣脾⑬，以木板厚二寸，前後三尺，旁廣五尺，高五尺，而折爲下磨車⑭，轉徑尺六寸⑮。令一人操二丈四方⑯，刃其兩端，居縣脾中⑰，以鐵璅⑱敷縣二脾上衡⑲，爲之機，令有力四人下上之，勿離⑳。施縣脾，大數二十步一，攻隊所在，六步一㉑。

爲纍㉒，荅廣從丈各二尺㉓，以木爲上衡，以麻索大徧之㉔，染其索塗中㉕，爲鐵鏁㉖，鉤其兩端之縣。客則蛾傳城，燒荅以覆之，連篗、抄大皆救之㉗。

以車兩走㉘，軸閒廣大，以圉犯之㉙，觸其兩端㉚，以束輪㉛，徧徧塗其上㉜，室中以榆若蒸㉝，以棘爲旁，命曰火捽，一曰傳湯，以當隊。客則乘隊㉞，燒傳湯斬維而下之㉟，令勇士隨而擊之，以爲勇士前行㊱，城上輒塞壞城㊲。城下足爲下説鑱杙㊳，長五尺，大圍半以上㊴，皆剡其末，爲五行，行閒廣三尺，貍三尺，犬牙樹之㊵。

爲連殳，長五尺㊶，大十尺㊷，梃長二尺㊸，大六寸，索長二尺㊹。椎，柄長六尺，首長尺五寸㊺。斧，柄長六尺㊻，刃必利，皆葬㊼其一後。荅廣丈二尺，□□丈六尺㊽，垂前衡四寸㊾，兩端接尺相覆，勿令魚鱗三㊿，著其後行，中央木繩一，長二丈六尺。荅樓不會者以牒塞(51)，數暴乾(52)，荅爲格，令風上下(53)。堞惡疑壞者(54)，先貍木十尺(55)，一枚一節壞斲植，以押慮盧薄於木(56)，盧薄表八尺(57)，廣七寸〔一〕，徑尺一(58)，數施一擊而下之，爲上下釫而斲之(59)。經一鉤(60)，木樓(61)，羅石(62)。縣荅植内，毋植外(63)。杜格，貍四尺(64)，高者十尺，木長短相雜，兑其上(65)，而外内厚塗之。爲前行行棧(66)，縣荅。隅爲樓(67)，樓必曲裏(68)。土，五步一，毋其二十畾(69)。爵穴，十尺一(70)，下堞三尺，廣其外(71)。轉䏡城上(72)，樓及散與池革盆(73)。若轉攻(74)，卒擊其後，煖失治(75)，車革火(76)。

凡殺蛾傅而攻者之法，置薄城外(77)，去城十尺，薄厚十尺。伐薄之法(78)，大小盡木斷之(79)，以十尺爲斷，離而深貍堅築之(80)，毋使可拔。二十步一殺，有壇，厚十尺(81)，殺有兩門，門廣五步(82)，薄門板梯貍之，勿築(83)，令易拔。城上希薄門而置楬(84)。縣火，四尺一椅(85)，五

〔一〕「寸」原誤「尺」，據畢刻本改。

昌一竈，竈門有鑪〔一〕炭86。傳令敵人盡入87，車火燒門88，縣火次之89，出載而立90，其廣終隊，兩載之間一火91，皆立而待鼓音而燃92，即俱發之。敵人辟火而復攻93，縣火復下，敵人甚病。敵引師而榆94，則令吾死士左右出穴門擊遺師95，令賁士、主將皆聽城鼓之音而出96，又聽城鼓之音而入，因素出兵將施伏，夜半而城上四面鼓噪，敵人必或97，破軍殺將。以白衣爲服98，以號相得。

①「傅」，諸本作「傳」，寶曆本作「傅」，與畢本合。下並同。　畢云：「蛾」同「螘」。說文云：「螘，蚍蜉也。」「蛾，羅也。」又云：「蟊，蠶化飛蟲也。」經典多借爲「螘」者，音相近耳。「傅」亦「附」字假音。　孫云：前備城門篇「蛾」作「蟻」，俗「螘」字。孫子謀攻篇作「蟻附」，曹注云：「使士卒緣城而上，如蟻之緣墻。」周書大明武篇云「俄傅器櫓」，「俄」亦「蛾」之誤。

②「適」，舊本作「敵」，字通。「弱」當爲「朋」，形近而譌。　大取篇「盡惡其弱也」，孫校「弱」爲「朋」誤，與此同。　強朋即強馮，聲近字通。　戰國策韓策「王不如資韓朋，與之逐張儀於魏」，史記田完世家作「韓馮」；溯河，經典作「馮河」，皆其例也。　此曰「敵人強朋遂以傅城」，備城門篇曰「客馮面而

〔一〕「鑪」原誤「鑪」，據道藏本、明嘉靖癸丑本、日本寶曆本等舊本改，與吴注所校合。

蛾傳之」，文異而義同。

③ 王云：「斷」，斬也。號令篇曰「不從令者斷」。

④ 「涏」，諸本作「⿰氵缶」，茅本、寶曆本、緜眇閣本並作「涏」，今從之。 畢云：「城」、「程」爲韻。「⿰氵缶」字未詳。 王云：「⿰氵缶」者，「法」之誤。言敵人蛾附登城，後上者則斷之，以此爲法程也。呂氏春秋愼行篇曰「後世以爲法程」，説苑至公篇曰「犯國法程」，漢書賈誼傳曰「後可以爲萬世法程」。「去」、「缶」篆、隸形並相似，故從去、從缶之字傳寫多誤。 孫云：王説是也。「⿰氵缶」即俗「法」字。隋鄧州舍利塔銘「法」作「⿰氵盂」，與「⿰氵缶」略同。 呂覽高注云：「程，度也。」 ○案：「涏」疑古文「法」字之變體。 説文「灋」字古文作「⿱亼正」，龍龕手鑑載「法」之古文有「泟」、「泟」二形，並與此「涏」字形近。

⑤ 孫云：「斬」，「塹」之省。 ○案：備穴篇「斗斬其穴」，亦以「斬」爲「塹」。

⑥ 畢云：「上」舊作「止」，以意改。

⑦ 畢云：「室」、「疾」爲韻。

⑧ 「忿」，各本作「忽」，今依洪校改。 洪云：孫子謀攻篇「將不勝其忿而蛾附之」，「蛾傳」即「蟻附」。禮記「蛾子時術之」，釋文：「本或作蟻。」古字通用。「忽」即「忿」字之譌。

⑨ 孫云：即「高臨」，詳前。

⑩ 「校」，備高臨篇作「技」。「技」字是，説詳彼注。

⑪「擢」，畢本作「擢」，舊本並作「擢」，今據正。「擢」上疑脱二字。

⑫「太氾」，未詳。　孫云：當爲「火湯」。備梯篇云：「薪火水湯以濟之」。

⑬畢云：疑「陴」字。

⑭秋山云：「車」，一作「重」。　孫云：「磨」當爲「磿」。周禮遂師鄭衆注云「抱磿，磿下車也」，當即此「下磿車」，亦即備高臨篇之「磿鹿」。蓋縣重物爲機，以利其上下，皆用此車。故周禮王葬以下棺，此下縣陴亦用之。下云「爲之機」，亦即此也。

⑮蘇云：「轉」當作「輪」。

⑯畢云：「方」疑「矛」字。　○案：下文云「刃其兩端」，則其物非矛。

⑰緜眇閣本「縣」作「下」。

⑱「璅」，吴鈔本作「鎖」，堂策檻本、四庫本作「鏁」。　畢云：説文無「鎖」字，此「璅〔一〕」與「瑣」皆無鎖鑰之義，古字少，故借音用之。

⑲孫云：「敷」、「傅」通。謂鐵璅傅著縣，繫縣陴之上衡也。「二」疑當爲「縣」之重文。

⑳「離」，諸本作「難」。秋山云「難，一作『離』」，今從之。　俞云：「難」乃「離」字之誤。備城門篇

〔一〕「璅」原誤「鏁」，據畢刻本改。

「突一旁以二櫜守之勿離」〔二〕，備穴篇「令一善射之者，佐一人，皆勿離」〔三〕，並其證。

㉑蘇云：此言設縣脾多寡之數，蓋疏數視敵爲之。

㉒畢云：當爲「壘」。

㉓「丈」，寶曆本作「大」。　王引之云：「『從』音縱横之縱。『丈各』當爲『各丈』。言荅之廣縱，各丈二尺也。」　蘇説同。　孫云：王説是也。下文云「荅廣丈二尺」。

㉔孫云：疑當作「以大麻索編之」。

㉕「染」，陸本、茅本、寶曆本、緜眇閣本、堂策檻本、四庫本作「深」。

㉖畢云：據上文當爲「瓅」。　玉篇云：「鑠，俗。」

㉗「箟」疑「筳」之誤字。「連筳」即「連梃」。　孫云：「抄大」當作「沙火」。

㉘孫云：即備城門篇之「轀」也。車「兩走」即兩輪。此及前備穴篇並以車兩輪爲「兩走」。備突篇云「吏主塞突門，用車兩輪以木束之，塗其上」。

㉙「圍犯」疑當作「圍范」。

㉚「螎」，寶曆本作「融」。

〔二〕此處引文，本書已移入備穴篇。

〔三〕此處引文，本書已移入備城門篇。

㉛ 孫云：「以」下疑脱「木」字。

㉜ 蘇云：「偏」字誤重。　孫云：下「偏」字疑當作「編」。上云「以大〔一〕麻索編之，染其索塗中」。

㉝ 孫云：「室」讀爲「窒」。備城門篇云「室以樵，可燒之以待敵」，「窒」亦作「室」。説文艸部云：「蒸，析麻中榦也。」周禮甸師鄭注云：「木大曰薪，小曰蒸。」

㉞ 「客」，茅本、寶曆本、緜眇閣本誤「家」。

㉟ 孫云：「傳湯」即以車兩走所作械名。備突篇説輪、轀並云「維置之」〔二〕，故必斬維乃可下也。

㊱ 先燒傳湯，後出勇士，故云。

㊲ 「壞」，翻陸本作「壞」。茅本作「壊」。　秋山云：「壞」，一作「壞」。

㊳ 「杙」，諸本作「找」，寶曆本作「我」，今依王校改。　王引之云：「找」當爲「杙」。備城門篇曰「杙閒六寸，剡其末」，此亦云「剡其末，爲五行，行閒廣三尺」，故知「找」爲「杙」之譌。　孫云：「説」當作「鋭」，同聲假借字。説文金部云：「鑱，鋭也。」

㊴ 「圉」，諸本作「圉」，寶曆本作「圍」，今從之。　畢云：「圉」疑「圍」。

〔一〕「大」字原脱。按：上文云「以麻索大偏之」，孫校作「以大麻索編之」，今據補。
〔二〕「備突篇」下當脱「備穴篇」三字，孫所引説「輪」之文見備突篇，説「轀」之文見備穴篇。

㊵「犬牙」，各本作「大耳」，今依孫校改。孫云：「『大耳』疑『犬牙』之誤，見備城門篇。」

㊶孫云：說文殳部云：「殳，以杖殊人也。禮：殳以積竹，八觚，長丈二尺，建於兵車，旅賁以先驅。」

㊷孫云：殳不得大至十尺，必有誤。

㊸畢云：「梃」舊俱从〔一〕手，以意改。

㊹孫云：即備城門篇之「連梃」。凡連殳、連梃蓋皆以索係連之。

㊺孫云：備城門篇：「長椎柄長六尺，頭長尺。」

㊻孫云：御覽兵部引備衝法，用斧長六尺，亦與此同。備城門篇「長斧柄長八尺」，此短二尺，與彼異。　○案：備穴篇「以斧金爲斫，柄長三尺」，亦與此異。

㊼孫云：字書無「𦬸」字。

㊽兩空圍陸本、茅本、寶曆本、緜眇閣本、堂策檻本、四庫本並無。「丈六尺」之「丈」，寶曆本作「大」。

㊾「垂」，寶曆本作「重」。　秋山云：「重」，一作「垂」。

㊿蘇云：褀守云「入柴勿積魚鱗簪」，畢注：「疑『槮』字假音。」竊謂此處「三」字亦「槮」字假音也。孫云：蘇說是也。言爲苫之法，以木兩端相銜接，以尺爲度，不可鱗次不相覆也。

〔一〕「从」原誤「衆」，據畢刻本改。

51 蘇云：「會」猶合也。「牒」當爲「堞」。　孫云：說文片部云：「牒，札也。」廣雅釋器云：「牒，版也。」謂以版塞壁隙。

52 畢云：說文云：「暴，晞也。」

53 流通空氣，燒苔時可助然燒。

54 「堞」，茅本、寶曆本作「牒」。　孫云：「疑壞」，謂未壞而疑其將壞也。

55 「十」，茅本、寶曆本、緜眇閣本作「一」。

56 「押」，唐本作「狎」。「慮盧」，茅本、寶曆本、緜眇閣本作「盧盧」，四庫本作「慮慮」。　秋山云：「盧」，一作「盂」。　畢云：唐大周長安三年石刻云「爰雕爰斲」，即「斲」字。「慮」字衍文。

孫云：「慮」即「盧」字之誤衍。

57 畢云：說文云：「櫨，柱上柎也。」「薄，壁柱。」　蘇云：「表」當作「長」。　王樹枏說同。

58 「徑」，諸本作「經」，寶曆本作「徑」，今從之。　蘇云：「經」、「徑」同。

59 畢云：說文云：「芣，兩刃臿也。或从金、亏。」玉篇云：「釫，同鏵。鏵，銎也。胡瓜切。」

60 「鉤」，道藏本、吴鈔本、唐本、畢本作「鈎」，寶曆本作「釣」，陸本、茅本、緜眇閣本、堂策檻本、四庫本作「鉤」，今從之。

61 「木」，諸本作「禾」。　秋山云「禾，一作『木』」，今從之。　孫云：「禾」疑當作「木」，備城門篇有「木樓」。

62 孫云：「羅」疑當作「絫」，聲之轉。絫石即礌石，見備城門篇。
63 孫云：謂縣於荅樓之内也。
64 孫云：旗幟篇有「牲格」，疑即此。
65 蘇云：「兑」同「鋭」。
66 「棧」，寶曆本作「機」。「行棧」亦見備城門篇。
67 號令篇曰「外環隅爲之樓」。
68 「裹」，諸本作「裹」，吴鈔本作「禮」，道藏本、陸本、茅本、寶曆本、緜眇閣本、堂策檻本作「裹」，今從之。　蘇云：「曲裹土」疑「再重」二字之誤，備穴云「爲再重樓」是也。　孫云：「曲裹」即「再重」之譌。「土」當屬下讀。
69 畢云：「畾」，「絫」字。　孫云：「土五步一」，蓋謂積土也。「毋其二十畾」，疑當作「毋下二十畾」。此書「其」字多作「亓」，與「下」形近，故互譌。「畾」讀爲孟子「虆梩」之「虆」，古字通用，盛土籠也。見備城門篇。　○案：「土」，寶曆本作「上」。
70 備城門篇曰「爵穴三尺而一」，又曰「五步一爵穴」，備梯篇亦曰「爵穴三尺而一」，並與此異。
71 「堞」，諸本作「壞」，吴鈔本、翻陸本作「壞」，今依蘇校改。　蘇云：「壞」當作「堞」，見備城門篇。
72 畢云：「牖」即「傅」字。

⑦③「革盆」亦見備城門篇。

⑦④當作「傅攻」。旗幟篇「寇傅攻前池外廉」。

⑦⑤敵若傅攻，則急擊其後，緩則無法以治之。　孫云：「煖」當爲「緩」。

⑦⑥孫云：未詳。此數語與上下文義不相屬，疑有譌脱。

⑦⑦「薄」，備梯篇作「裾」。「裾」爲「椐」之誤字。　黄紹箕云：說文艸部：「薄，林薄也。一曰蠶薄。」荀子禮論篇楊倞注云：「薄器，竹葦之器。」此書所云「椐」，蓋即編木爲藩杝。「椐」爲古聲孳生字，「薄」爲甫聲孳生字，二字同部，聲近義同。　○案：黄說是也。三國志徐盛傳「盛建計，從建業築圍，作薄落，圍上設假樓」，「薄」字義與此同。亦詳備城門篇「治裾諸」注。

⑦⑧「薄」，各本作「操」，今依畢校改。

⑦⑨備梯篇作「小大盡本斷之」。

⑧⓪「離」，備梯篇作「雜」，一本作「維」。

⑧①畢云：備梯云「殺有一鬲，鬲厚十尺」。　孫云：「壉」當作〔一〕「鬲」。　○案：據備梯篇，此當作「二十步一殺，殺有一塥，塥厚十尺」，今本脱去三字，則文義不完。「塥」、「壉」形近，「塥」、「鬲」字通。

〔一〕「作」原誤「本」，據墨子閒詁原注改。

⑧² 畢云：舊脱一「門」字，據備梯增。「步」，備梯作「尺」。　孫云：門不當有三丈之廣，當從「尺」
爲是。

⑧³ 畢云：舊脱「勿」字，據備梯增。　○案：備梯篇作「裾門一施，淺埋勿築」。

⑧⁴ 「楬」，各本作「搗」，今依王校改。　王引之云：「搗」字義不可通，「搗」當爲「楬」，字之誤也。「楬」，杙也。「希」與「睎」同，望也。言望薄門而立杙也。備梯篇「置楬」作「直桀」，「置」「直」、「楬」「桀」並通。廣雅：「楬，杙也。」爾雅：「雞棲於弋爲桀。」

⑧⁵ 舊本「火」誤「大」。　畢云：備梯作「鉤樴」。　孫云：「椅」當作「樴」。

⑧⁶ 「鑪」，畢本作「爐」，舊本並作「鑪」，今從舊本。

⑧⁷ 畢云：舊作「人」，以意改。　○案：備梯篇正作「入」。「傳」字疑衍，備梯篇無。

⑧⁸ 孫云：「車」，備梯篇作「煇」，此疑「熏」之誤。　○案：「車」字，陸本、茅本、寶曆本、緜眇閣本、堂策檻本、四庫本並無。

⑧⁹ 「次」，緜眇閣本作「攻」。

⑨⁰ 畢云：舊脱「出」字，據備梯增。

⑨¹ 「閒」，寶曆本作「門」。　秋山云：「火」，一作「丈」。

⑨² 畢云：「待」舊作「侍」，以意改。　○案：寶曆本、緜眇閣本正作「待」。「燃」疑「然火」二字誤合者，備梯篇作「燃火」二字。　吳鈔本作「然」，當脱一「火」字。

93 孫云：小爾雅廣言云：「辟，除也。」此謂敵人屏除所發之火，復從舊隧而來攻，故下云「縣火復下」也。備梯篇作「除火」，與此義正同。

94 備梯篇作「故引兵而去」，「故」字義長。「師」，各本作「哭」，今依俞校改。俞云：「哭」當作「師」。說文帀部「師」古文作「𠦝」，形與「哭」相似，故「師」誤爲「哭」也。「楡」，畢本作「去」。畢云：「去」舊作「楡」，音之譌，據備梯改。備梯多有微異。

95 「遺師」即離去之敵師也，亦見備梯篇。

96 「賁」，寶曆本作「貴」。「賁士」猶勇士也，詳備梯篇。

97 畢云：「人」舊作「之」，據備梯改。「或」與「惑」同。○案：吴鈔本作「人」。

98 畢云：舊脱「白」字，據備梯增。

墨子校注卷之十五

第六十四亡。

第六十五亡。

第六十六亡。

第六十七亡。

○案：以上四行無題。第次十六字及小注四「亡」字諸本無，緜眇閣本有，今據補。「第」字仍依原書與題目平格。

迎敵祠第六十八

敵以東方來，迎之東壇，壇高八尺①，堂密八②，年八十者八人，主祭青旗，青神長八尺者八，弩八，八發而止，將服必青，其牲以雞③。敵以南方來，迎之南壇，壇高七尺④，堂密七，年七十者七人，主祭赤旗，赤神長七尺者七，弩七，七發而止，將服必赤，其牲以狗⑤。敵以西方來，迎之西壇，壇高九尺⑥，堂密九，年九十者九人，主祭白旗，素神長九尺者九，弩九，九發而止，將服必白，其牲以羊⑦。敵以北方來，迎之北壇，壇高六尺⑧，堂密六，年六十者六人，主祭黑旗，黑神長六尺者六，弩六，六發而止，將服必黑，其牲以彘⑨。從外宅諸名大祠⑩，靈巫或禱焉，給禱牲。

凡望氣，有大將氣⑪，有小將氣，有往氣，有來氣，有敗氣⑫，能得明此者⑬，可知成敗吉凶。舉巫、醫、卜有所長⑭，具藥宮之，善爲舍。望氣舍近守官⑮，巫必近公社⑯，必敬神之。巫、卜以請報守⑰，守獨智巫、卜望氣之請而已⑱。其出入爲流言，驚駭恐吏民，謹微察之⑲，斷罪不赦⑳。收賢大夫及有方技者若工，弟之㉑。舉屠、酤者㉒，置廚給事，弟之㉓。

凡守城之法，縣師受事㉔，出葆循溝防，築薦通塗㉕，脩城㉖。百官共財㉗，百工即事，司馬視城脩卒伍㉘。設守門㉙，二人掌右閹㉚，二人掌左閹㉛，四人掌閉㉜，百甲坐之㉝。城上步一甲、一戟㉞，其贊三人㉟。五步有五長，十步有什長，百步有百長，㫄有大率㊱，中有大將㊲，皆有司吏卒長。城上當階，有司守之。移中中處，澤急而奏之㊳。士皆有職。城之外，矢之所遝㊴，壞其牆，無以爲客菌㊵。三十里之內，薪蒸水皆入內㊶。狗彘豚鷄食其宎㊷，斂其骸以爲醢㊸，腹病者以起㊹。城之内，薪蒸廬室，矢之所逮㊺，皆爲之涂菌㊻。令命昏緯狗纂馬掔緯。靜夜聞鼓聲而誃㊼，所以閹客之氣也㊽，所以固民之意也，故時誃則民不疾矣㊾。

祝、史乃告於四望山川社稷㊿，先於戎，乃退。公素服誓于太廟(51)，曰：「其人爲不道(52)，不脩義詳(53)，唯乃是王(54)，曰：『予必懷亡爾社稷(55)，滅爾百姓。』二參子尚夜自厦(56)，以勤寡人，和心比力兼左右，各死而守(57)。」既誓，公乃退食，舍於中太廟之右(58)，祝、史舍于社(59)。百官具御，乃斗(60)，鼓于門(61)，右置旂、左置旌于隅，練名(62)，射參發，告勝，五兵咸備(63)。乃下，出挨(64)，升望我郊(65)。乃命鼓，俄升(66)，役司馬射自門右(67)，蓬矢射之，茅參發(68)，弓弩繼之，校自門左(69)，先以揮(70)，木石繼之(71)。祝、史、宗人告社(72)，覆之以甑(73)。

① 孫云：月令鄭注云：「木生數三，成數八。」

② 吳云：說文山部：「密，山如堂者。」爾雅注引尸子云「松柏之鼠不知堂密之有美樅」，然「密」之義未聞，疑即「陛」也。「堂密八」者，堂陛八級也。

③ 「雞」，唐本作「鷄」。　孫云：月令注云：「雞，木畜。」

④ 孫云：月令注云：「火生數二，成數七。」

⑤孫云：賈子新書胎教篇「青史氏之〔一〕記云：南方其牲以狗，狗者南方之牲也」，此與彼合。月令「犬屬秋」，注云「犬，金畜」，與此異。

⑥孫云：月令注云：「金生數四，成數九。」

⑦孫云賈子云「西方其牲以羊，羊者西方之牲也」，此與彼合。月令「羊屬夏」，注云「羊，火畜」，與此異。

⑧孫云：月令注云：「水生數一，成數六。」

⑨畢云：已上與黄帝兵法説同，見北堂書鈔。孫云：月令注云：「彘，水畜。」○案：檢北堂書鈔所引黄帝兵法説，無與此同者，畢説或别有據。尚書大傳曰「東方之極，迎春於東堂，距邦八里，堂高八尺，堂階八等，青税八乘，旂旐尚青。南方之極，迎夏於南堂，距邦七里，堂高七尺，堂階七等，赤税七乘，旂旐尚赤。西方之極，迎秋於西堂，距邦九里，堂高九尺，堂階九等，白税九乘，旌旄尚白。北方之極，迎冬於北堂，距邦六里，堂高六尺，堂階六等，黑税六乘，旗旄尚黑」，文意與此相類。吴讀「堂密」爲「堂陛」，甚是，即所謂堂階也。

⑩「祠」，緜眇閣本作「祀」。

⑪此下寶曆本有「有中將氣」四字，茅本、緜眇閣本亦有，唯「中」字作「小」。

〔一〕「之」字原引脱，據賈子新書胎教篇補。

⑫畢云：今其法存通典兵風雲氣候禨占也。

⑬吴云：「得」衍文。

⑭吴鈔本「醫」作「毉」。

⑮「官」，寶曆本作「宫」。以上六字本在下文「謹微察之，斷罪不赦」之下，今依號令篇文校移於此。號令篇曰：「望氣者舍必近太守，巫舍必近公社，必敬神之。」　孫云：「官」謂守所治官府。

⑯「近」，吴鈔本作「迎」。

⑰「請」，寶曆本作「諸」。「報」字各本脱，今依王校增，詳下。

⑱「氣之」各本倒，今依王校乙。　秋山云：「獨」，一作「何」。　畢云：「智」、「知」同。言望氣之請，唯告守獨知之。　王云：「請」皆讀爲「情」。此文當作「巫卜以請報守，守獨智巫卜望氣之請而已」。「智」與「知」同。言巫卜以情報守，巫卜望氣之情唯守獨知之而已，勿令他人知也。號令篇曰「巫祝史與望氣者必以善言告民，以請報守上，守獨知其請而已」，是其證。舊本脱「報」字，「氣之」二字又誤倒，則義不可通。　蘇校同。

⑲王引之云：説文：「䞶，司也。」「司」今作「伺」，「䞶」字亦作「微」。號令篇曰「守必謹微察」。

⑳號令篇曰：「巫與望氣妄爲不善言驚恐民，斷勿赦。」　王云：「斷」，斬也。

㉑「收」，諸本作「牧」，寶曆本作「收」，今從之。　孫云：「工」謂百工。

㉒「酤」，茅本、寶曆本誤「酷」。説文曰：「酤，一宿酒也。一曰買酒也。」玉篇云：「酤，賣酒也。」

㉓ 畢云：言次第居之。古次第字只作「弟」。　孫云：「弟」疑當爲「豑」之省，豑與秩同，言稟食之。

㉔ 孫云：周禮地官有「縣師」，侯國蓋亦有此官，戰國時猶沿其制也。

㉕ 「薦」，縣眇閣本作「荐」。　孫云：「薦」與「荐通」。左哀八年傳〔二〕「栫之以棘」，杜注云：「栫，雍也。」釋文云：「栫，一作荐。」『築荐通塗』，謂壅塞通達之塗也。

㉖ 吴鈔本「脩」作「修」。

㉗ 蘇云：「共」讀如「供」。

㉘ 吴鈔本「視」作「施」，「脩」作「修」。

㉙ 句。

㉚ 「二」，諸本作「三」，寶曆本作「二」，今從之。俞校同。道藏本「三」字首畫甚邪，亦似補刊者。

㉛ 説文曰：「閹，豎也。宮中奄閽閉門者。」此引申爲掩門之義。「掌右閹」、「掌左閹」，即掌掩門之左扉、右扉也。

㉜ 説文曰：「閉，闔門也。」

㉝ 士卒百人，甲而坐守門也。號令篇曰「四面四門之將，從卒各百人」。　孫云：左文十二年傳

〔二〕原文作「左傳哀八年傳」，按二「傳」字必衍其一，今徑删上一字。

云「裹糧坐甲」，荀子正論篇云「庶士介而坐道」。

㉞「上」，陸本、茅本、緜眇閣本、堂策檻本、四庫本作「止」。

㉟孫云：小爾雅廣詁云：「贊，佐也。」三人爲甲戟士之佐，合之五人，而分守五步，非謂一步有五人也。

㊱孫云：即旗幟篇四面四門及左右軍之將，分守四旁。

㊲孫云：即旗幟篇中軍之將。

㊳畢云：言居中者澤急事奏之。「澤」當爲「擇」。　俞云：畢校是也，惟未解「奏」字之義。史記蕭相國世家索隱曰：「奏者，趨向之也。」「擇急而奏之」，謂有急則趨向也。　○案：以今語釋之，即集中於適中之處，擇其危急者而趨應之也。

㊴「逮」，各本作「還」。　王云：「還」當爲「遝」，謂矢之所及也。　吳云：「還」當爲「逮」。　○案：「還」、「逮」字通。非攻下篇數「逮」字本多誤爲「還」，以彼例此，今訂作「逮」。

㊵秋山云：「菌」，一作「⿱艹圉」。　王樹枏云：「菌」當爲「圉」字之誤。言壞其墻，無以爲敵之捍圉也。

㊶孫云：水無入內之理，當爲「木」，上又脱「材」字。「薪蒸」，細木；材木，大木也。襍守篇云：「材木不能盡入者，燔之」，是其證。

㊷畢云：「宎」，「肉」字異文。　廣韻云：「肉，俗作宎。」

㊸楚辭招魂篇「得人肉而祀，以其骨爲醢些」，王注云：「醢，醬也。」

㊹斂骸爲醢，可治腹病。

㊺「逮」，各本作「還」，今訂作「逮」，詳上文。

㊻所以防火箭。備城門篇曰：「五十步積薪，善蒙塗，毋令外火能傷也。」

㊼畢云：「譟」字異文。

㊽畢云：「闟」，遏也。

㊾孫云：「凡守城之法」以下至此，疑他篇之文錯箸於此。

㊿「四望」，寶曆本、畢本如此，諸本作「望四」。左桓六年傳曰：「祝史正辭，信也。」孫云：「祝史」，謂太祝、太史也。周禮大宗伯鄭注云：「四望，五嶽、四鎮、四瀆。」案「山川」蓋謂中小山川在竟内者。

㊿①「于」，吴鈔本、緜眇閣本、堂策檻本、四庫本作「於」。

㊿②蘇云：「其人」疑當作「某人」，讀如字亦可。孫云：孔叢子正作「某人不道」。

㊿③「脩」，吴鈔本、陸本、茅本、寶曆本作「修」。「詳」，緜眇閣本作「祥」。畢云：「詳」、「祥」同。

㊿④疑當作「唯力是上」。「力」「乃」、「上」「王」形並相近。

㊿⑤「予」，翻陸本、茅本、寶曆本、緜眇閣本、堂策檻本、四庫本作「于」。孫云：「懷」猶言思也。

㊿⑥「自」，緜眇閣本作「是」。畢云：「厦」當爲「厲」。蘇云：「參」即「三」，下「參發」義同。

「尚」下當脱「夙」字，或「尚」即「夙」字之譌。吴云：「夜」者，「亦」之借字。或上脱「夙」字。

孫云：孔叢子云「二三子尚皆同心比力，各死而守」，與此略同。

57 畢云：「左右」，助也。

58 「太」，寶曆本作「大」。孫云：「中太廟」，侯國太祖之廟也。儀禮聘禮賈疏説諸侯廟制云：「太祖之廟居中，二昭居東，二穆居西，廟皆别門。」

59 「于」，緜眇閣本作「於」，下並同。

60 畢云：疑「刀斗」字。孫云：「斗」疑「升」之誤。

61 畢云：「門」舊作「問」，以意改。孫云：孔叢子云「乃大鼓於廟門，詔將帥命卒習射三發，擊刺三行，告廟用兵于敵也」，依彼文則上「斗」字當作「大」。

62 孫云：謂門左右隅一置旂，一置旌也。説文糸部云：「練，湅繒也。」「名」、「銘」古今字。謂以練爲旂旌之旒而書名於上也。爾雅釋天説旌旂云：「纁帛縿，練旒九。」儀禮士喪禮云「爲銘各以其物，亡則以緇，長半幅，䞓末，長終幅，廣三寸，書名于末」，鄭注云：「銘，明旌也。今文『銘』皆爲『名』。」周禮司勳云：「銘書于王之大常。」是凡旌旗之屬通謂之「銘」。此作「名」，與禮今文正同。説文亦無「銘」字。

63 「五兵」詳節用上篇。

64 「挨」，寶曆本作「族」。畢云：「挨」當爲「俟」。

⑥⑤孫云：侯國宫廟有門臺，故可升望國郊。

⑥⑥孫云：公羊桓二年何注云：「俄者，謂須臾之間。」

⑥⑦「役」，緜眇閣本作「投」。　孫云：「役司馬」蓋官名，掌徒役者。

⑥⑧孫云：「茅」當爲「矛」。

⑥⑨左襄九年傳「校正出馬」，杜注云：「校正，主馬。」孔疏云：「於周禮爲校人，是司馬之屬官也。」案疑與此「校」相類。

⑦⓪「揮」字，茅本、寶曆本闕，緜眇閣本無。

⑦①「木」，茅本、寶曆本、緜眇閣本作「禾」。

⑦②孫云：左傳哀二十四年杜注云：「宗人，禮官也。」

⑦③孫云：説文瓦部云：「甑，甗也。」此蓋厭勝之術，未詳其義。

旗幟第六十九①

守城之法，木爲蒼旗，火爲赤旗，薪樵爲黄旗，石爲白旗②，水爲黑旗，食爲菌旗，死士爲倉英之旗③，竟士④爲虎旗⑤，多卒爲雙兔之旗，五尺男子爲童旗⑥，女子爲梯末之旗⑦，弩爲狗旗，戟爲菹旗⑧，劒盾爲羽旗⑨，車爲龍旗⑩，騎爲鳥旗⑪。凡所求索，旗名不在書者，皆以其形名爲旗。城上舉旗，備具之官致財物⑫，之足而下旗⑬。

凡守城之法，石有積⑭，樵薪有積，菅茅有積⑮，雚葦有積⑯，木有積⑰，炭有積，沙有積，松柏有積，蓬艾有積，麻脂有積，金鐵有積，粟米有積⑱，井竈有處，重質有居⑲，五兵各有旗，節各有辨⑳，法令各有貞㉑，輕重分數各有請㉒，主慎道路者有經㉓。

亭尉各爲幟㉔，竿長二丈五，帛長丈五，廣半幅者大㉕。寇傅攻前池外廉㉖，城上當隊鼓三，舉一幟；到水中周㉗，鼓四，舉二幟；到藩㉘，鼓五，舉三幟；到馮垣㉙，鼓六，舉四幟；到女垣㉚，鼓七，舉五幟；到大城㉛，鼓八，舉六幟；乘大城半以上㉜，鼓無休。夜以火，如此數。寇卻解，輒部幟如進數㉝，而無鼓㉞。城將爲隆㉟，長五十尺；四面四門將，長四十尺㊱；其次，三十尺；其次，二十五尺；其次，二十尺；其次，十五尺，高無下四十五尺㊲。城上吏卒置之背㊳，卒於頭上㊴，城下吏卒置之肩㊵，左軍於左肩㊶，右軍於右肩㊷，中軍置之胷㊸。各一鼓，中軍一三㊹。每鼓三、十擊之㊺，諸有鼓之吏謹以次應之，當應鼓而不應㊻，不當應而應鼓㊼，主者斬㊽。道廣三十步，於城下夾階者各二其井，置鐵甕㊾。於道之外爲屏，三十步而爲之圜，高丈㊿。爲民圂，垣高十二尺以上(51)。巷術周道者(52)，必爲之門(53)，門二人守之，非有信符，勿行，不從令者斬(54)。城中吏卒民男女皆葕異衣章微，令男女可知(55)。諸守牲格者(56)，三出却適(57)，守以令召賜食前(58)，予大旗(59)，署百户邑若他人財物，建旗其署，令皆明白知之，曰某子旗(60)。牲格内廣二十五步(61)，外廣十步，表以地形爲度(62)。斬卒中教(63)，解前後左右(64)，卒勞者更休之(65)。

①畢云：説文云：「旗，熊旗五游，以象罰星，士卒以爲期。」釋名云：「熊虎爲旗，軍將所建，象其猛如虎，與衆期其下也。」「幟」當爲「織」。詩「織文鳥章」，箋〔一〕云：「徽織也。」陸德明音義音「志」，云「又尺志反」，又作「識」。案漢書亦作「志」，而無從巾字。王改「幟」並爲「職」。王云：墨子書「旗識」字如此，舊本從俗作「幟」，篇内放此。孫云：「幟」正字當作「識」。號令、襍守二篇「微職」字並作「職」者，假借字也。王校甚是。但司馬貞、玄應所引並作「幟」，則唐本已如是。

②畢云：北堂書鈔引作「金爲白旗，土爲黃旗」。孫云：畢據明陳禹謨改竄本書鈔，不足馮。景宋鈔本無。○案：明鈔本書鈔一百二十有「金爲白旗，水爲虎旗，土爲黑」十一字，孔本書鈔亦有「金爲白旗，水爲墨旗，土爲虎旗」十二字。孫謂景宋鈔本無，蓋僅據後文王校推測也。

〔一〕「箋」，畢刻原作「傳」，本書沿誤。按：此爲詩小雅六月鄭箋之文，今改。

③蘇云：「倉英」當即蒼鷹。　俞云：倉〔一〕英之旗乃青色旗，「倉英」即滄浪也。　○案：青色旗與上文「蒼旗」相混，俞說恐非。

④畢云：猶云彊士。　蘇云：猶言勁卒。　孫云：「竟」，「競」之借字。逸周書度訓篇云「揚舉力竟」，亦以「竟」爲「競」。

⑤「虎」，各本作「雩」，今依抄本北堂書鈔、抄本說郛引改。　畢云：「虎」字假音。　王云：「雩」即「虎」之譌，非其假音也。鈔本北堂書鈔武功部八引此爲「虎旗」，上脫二字，而「虎」字則不誤。陳禹謨本作「士爲黃旗」，此以意改之。通典兵五亦曰「須戰士銳卒，舉熊虎旗」。隸書「虎」字或作「乕」，見漢殽阬君神祠碑陰，與「雩」字相似而誤。

⑥「五尺」謂小兒也，詳襍守篇。

⑦孔本書鈔作「女子爲擒矢旗」，明鈔本書鈔作「子爲矢」三字。

⑧畢云：北堂書鈔引作「林旗」。

⑨孫云：蓋即周禮司常「九旗」之「全羽爲旞」。

⑩畢云：舊作「壟」，據北堂書鈔改。「車」，彼作「輿」。　孫云：舊鈔本書鈔仍作「車」。　○案：孔本及明鈔本書鈔「車」並作「輿」。

〔一〕「倉」原作「蒼」，據墨子閒詁引改，與正文作「倉」合。

⑪「鳥」，寶曆本、緜眇閣本作「烏」，明鈔本書鈔引亦作「烏」。「烏」疑當爲「馬」。孫云：「騎」謂單騎，亦見號令篇。左傳昭二十五年「左師展將以公乘馬而歸」，孔疏云：「古者服牛乘馬，馬以駕車，不單騎也。至六國之時，始有單騎，蘇秦所云『車千乘，騎萬匹』是也。曲禮云『前有車騎』者，禮記漢世書耳，經典無「騎」字也。劉炫謂此左師展欲共公單騎而歸，此騎馬之漸也。」案單騎蓋起於春秋之季，而盛於六國之初，故此書及吴子並有之。

⑫句。

⑬畢云：通典守拒法云「城上四隊之閒，各置八旗。若須木橅拯板，舉蒼旗；須灰炭稃鐵，舉赤旗；須稬木樵葦，舉黃旗；須沙石甎瓦，舉白旗；須水湯不潔，舉黑旗；須戰士鋭卒，舉熊虎旗；須戈戟弓矢刀劍，舉鷙旗；須皮氈麻鍱鍬钁斧鑿，舉雙兔。城上舉旗，主當之官隨色而供」，亦其遺法。俞云：下「之」字衍文。孫云：「之」當作「二」，即「物」之重文。〇案：「之」字不誤。詩柏舟「之死矢靡他」，鄭箋云：「之，至也。」言所須之財物至足時，則偃下其旗，不復求索也。

⑭「石」，陸本、茅本、寶曆本、堂策檻本、四庫本作「后」，緜眇閣作「後」。秋山云：「后」疑「石」。〇案：「后」即「石」之古文。説文石部「磬」，古作「硜」，硜即磬也，从石。

⑮「茅」，吴鈔本作「茆」。孫云：説文艸部云：「菅，茅也。」陸璣毛詩艸木疏云：「菅似茅而滑澤無毛，柔韌宜爲索。」「茆」、「茅」古字亦通。

⑯ 「萑」，諸本作「藿」，寶曆本、堂策檻本、四庫本作「萑」，今從之。 孫云：說文艸部云：「萑，薍也。」「葦，大葭也。」萑〔一〕部云：「藿，小爵也。」音、義並別。此「藿」當爲「萑」，經典省作「萑」。或作「藿」，非是。周禮司几筵「萑席」，唐石經初刻亦誤作「藿」。

⑰ 「木」，寶曆本作「水」。

⑱ 吴鈔本「鐵」作「銕」。說文「鐵」古文作「銕」，俗寫作「銕」。 王云：「金鐵」當爲「金錢」，字之誤也。「金錢」、「粟米」皆守城之要物，故並言之。若鐵則非其類矣。號令篇曰「粟米、錢金、布帛」，又曰「粟米、布帛、錢金」，雜守篇曰「粟米、布帛、金錢」，皆其證。太平御覽居處部十二引此正作「金錢」。

⑲ 畢云：言居其妻子。

⑳ 周禮掌節曰：「掌守邦節而辨其用，以輔王命。守邦國者用玉節，守都鄙者用角節。凡邦國之使節，山國用虎節，土國用人節，澤國用龍節，皆金也，以英蕩輔之。門關用符節，貨賄用璽節，道路用旌節。」是節各有辨也。

㉑ 書洛誥馬注云：「貞，當也。」

㉒ 「請」讀爲「情」。

〔一〕「隹」原誤「佳」，據說文改。

㉓「主」字，茅本、寶曆本、緜眇閣本作「王」。孫云：「慎」，「循」之假字，謂循行道路也。周禮「體國經野」，鄭注云：「經謂爲之里數。」

㉔「亭尉」亦見備城門篇。

㉕「半」，茅本、寶曆本、緜眇閣本作「平」，誤。畢云：太平御覽三百四十一引云「凡幟帛長五丈，廣半幅」。孫云：史記高祖紀索隱引墨翟曰「幟帛長丈五，廣半幅」，一切經音義五云「墨子以爲長丈五尺，廣半幅曰幟也」，並即據此文，是唐本已如此，御覽不足據。後文城將幟五十尺，以次遞減至十五尺止，亭尉卑，自當丈五尺，不宜與城將等也。又「者大」，畢本據惠士奇禮說改爲「有大」，屬下「寇傅攻前池外廉」爲句。案「者」字不誤，「大」當爲「六」，二字形近。下文「大城」，「大」又譌「六」，可互證。六即亭尉幟之數，蓋每亭爲六幟，以備寇警緩急舉踣之用。下文舉一幟至六幟，解如數踣之，並以六爲最多，故此先著其總數也。惠、畢並誤改其文，又失其句讀。

㉖「傅」，舊本作「傳」。孫云：「廉」，邊也，詳襍守篇。

㉗孫云：「周」、「州」聲近通用，俗又作「洲」。說文川部云：「水中可居曰州，周遶其旁。」

㉘吴鈔本「藩」作「蕃」。孫云：「藩」蓋池内厓岸，編樹竹木爲墻落。備城門篇云「以柴爲藩」，即此。襍守篇云「墻外水中爲竹箭」，明水在外，墻在内矣。

㉙孫云：「馮垣」在女垣之外，蓋垣墻之卑者。漢書周緤傳顔注云：「馮、陪聲相近。」此「馮垣」亦言與女垣爲陪貳也。號令篇云「女郭馮垣」。

㉚ 孫云：「女垣」即堞。説文土部云：「堞，城上女垣也。」𨸏部云：「陴，城上女墻俾倪也。」此「女垣」在馮垣內、大城外，蓋即號令篇之「女郭」、備城門篇之「外堞」也。備城門篇別有「内堞」。

㉛ 畢云：「大」舊作「六」，以意改，下同。

㉜ 「乘」，緜眇閣本作「到」。

㉝ 王引之云：「部」讀爲「踣」，謂仆其識也。周官大司馬「弊旗」，鄭注曰：「弊，仆也。」「仆」、「踣」、「部」古字通。呂氏春秋行論篇引詩曰「將欲踣之，必高舉之」，「踣」與「舉」正相反。故寇來則舉識，寇去則踣識也。「如進數」者，如寇進之識數而遞減之。識之數以六爲最多，故寇進則自一而遞加之，寇退則自六而遞減之也。

㉞ 蘇云：言夜以火代幟，鼓數同。寇退則無鼓也。

㉟ 「將」字各本脱，今依孫説增。孫云：「城爲隆」疑當作「城將爲絳幟」。「絳」、「降」、「隆」聲類並同。「城將」即大將，見號令篇，尊於四面四門之將，故幟高於彼十尺。○案：「隆」疑當爲「旌」，「旌」或作「㫌」，見漢衡方碑，與「隆」形近而譌。儀禮鄉射禮鄭注云：「旌，總名也。」此曰「城將爲旌」，上文曰「亭尉各爲幟」，句法正同。

㊱ 孫云：號令篇云「四面〔二〕四門之將」。

〔二〕「面」原誤「與」，據墨子閒詁原引改，與號令篇合。

㊲ 孫云：此「四」字衍。「高無下十五尺」，即冢上「長五十尺」以次遞減至此，爲極短也。

㊳ 王引之云：「卒」字涉下文「吏卒」而衍。下文卒置於頭上，則不得又置之背也。又案頭上也、肩也、背也、胷也，皆識之所置也。説文：「徽，識也。以絳帛，箸於背。」張衡東京賦「戎士介而揚揮」，「揮」同「徽」，薛綜曰「揮謂肩上絳幟」，皆其證。今不言「識」者，「城上吏」之上又有脱文耳。

孫云：王説是也。此置背等並謂吏卒所著小徽識，與上將旗不相冡。下文「城中吏卒民男女皆辨異衣章微，令男女可知」十八字，疑即此節首之脱文，傳寫誤錯著於彼，而此小徽識遂與上旗識淆混不分矣。尉繚子經卒令説卒五章：前一行蒼章，置於首。次二行赤章，置於項。次三行黄章，置於胸。次四行白章，置於腹。次五行黑章，置於要。又兵教篇云：「將異其旗，卒異其章。左軍章左肩，右軍章右肩，中軍章胷前。書其章曰某甲某士。」此上文「五十尺」至「十五尺」，即謂將異旗，以下乃言卒異章之事，二書可互證。○案：「城上吏卒」之上當有「城中吏卒民男女皆辨章微」九字領起此節，今本錯入下文，遂致次敘紊亂。

㊴ 吴云：四字衍文。○案：「卒」當爲「民」，字之誤也。上文「城上吏卒置之背」，城上民則置章徽於頭上也。號令篇「諸卒民居城上者」，可爲城上有民之證。下文城下不言民之章徽者，蓋城下之民未與守事，不須章徽，僅男女異衣，令男女可知而已。

㊵ 畢云：舊作「眉」，據禮説改，下同。

㊶ 畢云：「左軍」舊作「在他」，據禮説改。

㊷此句各本脱，今依王說增。

㊸畢云：此俗字，當爲「匈」或「肾」。

㊹孫云：疑當作「中軍三」，言鼓多於左右軍。「一」衍文。　吴云：當作「三鼓」。

㊺孫云：「三、十擊之」，謂或三擊，或十擊，多少之數不過此也。　號令篇云「中軍疾擊鼓者三」，又云「昏鼓鼓十，諸門亭皆閉之」。

㊻句。

㊼「而」下畢本有「不」字，舊本並無，今據刪。　蘇校同。

㊽斬其主鼓者。

㊾說文曰「彏，弓曲也」，非此義。　玉篇曰：「罐，小瓶總名。」一切經音義卷八「瓶罐」，注云：「汲器」。古無「罐」字，此以「彏」爲之。　備城門篇曰「百步一井，井十甕」，「罐」、「甕」字異而義同。　洛陽伽藍記「景樂寺有甘井一所，石槽鐵罐供給行人飲水」，「鐵彏」即鐵罐也。

㊿廣雅釋室曰：「庰，廁也。」或以「屏」爲之。　備城門篇曰「五十步一屏，屏周垣之，高八尺」，制與此略同。

51 畢云：說文云：「圂，廁也。」　○案：「民圂」蓋人民公用廁所，與屏有別。　備城門篇曰「五十步一廁，與下同圂」，亦「廁」、「圂」分舉。

52 孫云：說文行部云：「術，邑中道也。」「周道」詳備城門篇。　言巷術通周道者。

⑤③ 畢云：「必」舊作「心」，以意改。　○案：寶曆本作「必」。

⑤④ 自「道廣三十步」至此，凡六十八字，與旗幟無涉，疑他篇之錯簡。

⑤⑤ 王引之云：「裄」字義不可通。「裄」當爲「辨」。「辨異」二字連文。隸書「辨」字或作「辡」，因譌而爲「裄」。　王念孫云：「衣章微」當作「衣章微職」。說文：「微，識也。」墨子書「微識」皆作「微職」，見號令、襍守二篇。「章」亦微識之類也，故齊策云「變其徽章」，「徽」亦與「微」同。　吳云：「職」字不必增，齊策「變其徽章」，「章微」猶「徽章」也，不得有「職」字。　○案：王校「裄」爲「辨」，是也。此當爲「男女異衣，令男女可知」九字。其「城中吏卒民皆辨章微」九字，爲上文「城上吏卒」之上之脫文，當移置上文，今誤合爲「城中吏卒民男女皆辨異衣章微，令男女可知」，文法似順而文義實非，蓋「吏卒辨異章微」之下，不當承以「令男女可知」也。

⑤⑥ 孫云：「牲格」蓋植木爲養牲闌格，守城藩落象之，因以爲名。備蛾傅篇云「杜格貍四尺，高者十尺，木長短相雜，兑其上，而外內厚塗之」，疑亦即此。

⑤⑦ 畢云：「却」，玉篇云「卻字之俗」。

⑤⑧ 句。

⑤⑨ 蘇云：「予」、「與」通用。　吳云：「賜食前」者，賜食於前也。「予大旗」，所以旌異之也。畢改「予」爲「矛」，殊誤。

⑥⓪ 孫云：尉繚子兵教上篇云：「乃爲之賞法，自尉吏而下盡有旗，戰勝得旗者，各視其所得之爵，以

明賞勸之心。」左哀十三年傳云：「彌庸見姑蔑之旗，曰：吾父之旗也。」

61 「牲」，陸本、堂策檻本、四庫本作「性」。

62 俞云：「表」乃「衷」字之誤。備穴篇「鑿廣三尺，表二尺」，王氏訂「表」爲「衷」之誤，正與此同。○案：俞引備穴篇文今移入備城門篇。「表」校爲「長」，義亦可通。

63 孫云：「斬」疑當作「勒」，尉繚子有勒卒令。○案：孫說「斬」字近是。史記孫武傳「婦人左右前後跪起，皆中規矩繩墨」，神仙傳李仲甫傳「卿性褊急，未中教」，「中」字義與此同。孫釋爲「將居中」，大誤。

64 「解」，知曉也。言士卒既中教訓，目見旌旗，耳聞金鼓，心存號令，前後左右不失其宜也。號令篇曰「伍坐，令各知其左右前後」。

65 「休」，畢本作「修」，舊本並作「休」，今據正。

號令第七十①

安國之道，道任地始②，地得其任則功成，地不得其任則勞而無功。人亦如此③，備不先具者無以安主，吏卒民多心不一者皆在其將長④，諸行賞罰及有治者必出於公⑤。王數使人行勞，賜守邊城關塞、備蠻夷之勞苦者。舉其守率之財用有餘、不足，地形之當守邊者，其器備常多者。邊縣邑：視其樹木惡，則少用⑥；田不辟⑦，少食⑧；無大屋、草蓋，少用乘⑨；多財，民好食⑩。爲內牒⑪，內行棧⑫，置器備其上。城上吏、卒、養⑬皆爲舍道內⑭，各當其隔部⑮。養什二人⑯。爲符者曰養吏一人，辨護諸門⑰。門者及有守禁者皆無令無事者得稽留止其旁⑱，不從令者戮。敵人但至⑲，千丈之城⑳，必郭迎之㉑，主人利。不盡千丈者勿迎也，視敵之居曲、衆少而應之㉒，此守城之大體也。其不在此中者，皆心術與人事參之㉓。

凡守城者，以亟傷敵爲上㉔，其延日持久以待救之至，不明於守者也㉕，能此㉖，乃能守城。守城之法，敵去邑百里以上，城將如令㉗盡召五官及百長㉘，以富人重室之親，舍之官府㉙，謹令信人守衛之，謹密爲故㉚。及傅城㉛，守城將營無下三百人㉜。四面四門〔一〕之將，必選擇之有功勞之臣及死事之後重者㉝，從卒各百人。門將並守他門㉞，他門之上㉟必夾爲高樓，使善射者居焉。女郭、馮垣一人一人守之㊱。使重室子㊲。五十步一擊㊳。因城中里爲八部，部一吏，吏各從四人，以行衝術及里中㊴。里中父老小不舉守之事及會計

〔一〕「四門」，「門」字原誤脱，據畢刻本及道藏刻本等舊刻本補。

者[40]，分里以爲四部[41]，部一長，以苛往來不以時行[42]、行而有他異者，以得其姦。吏從卒四人以上有分者[43]，大將必與爲信符。大將使人行守，操信符，信不合[44]及號不相應者[45]，伯長以上輒止之[46]，以聞大將[47]。當止不止及從吏卒縱之，皆斬[48]。諸有罪自死罪以上[49]，皆逮父母、妻子、同産[50]。諸男女有守於城上者[51]，什六弩、四兵[52]。丁女子、老少，人一矛[53]。卒有驚事[54]，中軍疾擊鼓者三，城上道路、里中巷街[55]皆無得行，行者斬。女子到大軍，令行者男子行左，女子行右，無並行，皆就其守，不從令者斬。離守者三日而一徇[56]，而所以備姦也[57]。里正與皆守宿里門[58]，吏行其部，至里門，正與開門内吏[59]，與行父老之守[60]，及窮巷閒無人之處[61]。姦民之所謀爲外心，罪車裂[62]。正與父老及吏主部者不得，皆斬；得之，除[63]，又賞之黄金人二鎰[64]。大將使使人行守[65]，長夜五循行[66]，短夜三循行[67]。四面之吏亦皆自行其守，如大將之行，不從令者斬。諸竈必爲屏[68]，火突高出屋四尺[69]，慎無敢失火[70]，失火者斬其端，失火以爲事者車裂[71]。伍人不得，斬[72]；得之，除。救火者無敢讙譁[73]，及離守絶巷救火者斬[74]。其正及父老有守此巷中部吏，皆得救之[75]。部吏亟令人謁之大將[76]，大將使信人將左右救之，部吏失不言者斬。諸女子有死罪及坐失火皆無有所失，逮其以火爲亂事者如法[77]。

圍城之重禁[78]：敵人卒而至[79]，嚴令吏民無敢讙囂、三最並行[80]、相視坐泣[81]流涕。若視舉手相探[82]，相指相呼，相麾[83]相踵[84]，相投相擊，相靡以身及衣[85]，訟駮言語[86]，及非令也而視敵動移者，斬。伍人不得，斬；得之，除[87]。伍人踰城歸敵，伍人不得，斬。與伯歸敵，隊吏斬[88]。與吏歸敵，隊將斬[89]。歸敵者，父母、妻子、同産皆車裂；先覺之，除[90]。當術需敵[91]，離地，斬[92]。伍人不得，斬；得之，除。其疾鬬却敵於術，敵下終不能復上，疾鬬者隊二人賜上奉[93]。而勝圍[94]，城周里以上，封城將三十里地爲關内侯[95]，輔將如令賜上卿[96]，丞及吏比於丞者賜爵五大夫[97]，官吏豪傑與計堅守者[98]，十人及城上吏比五官者[99]，皆賜公乘[100]。男子有守者爵，人二級[101]，女子賜錢五千[102]，男女老小先分守者人賜錢千[103]，復之三歲，無有所與，不租稅[104]。此所以勸吏民堅守勝圍也[105]。

吏卒侍大門中者，曹無過二人[106]。勇敢爲前行，伍坐[107]，令各知其左右前後，擅離署，戮。門尉晝三閲之[108]，莫，鼓擊[109]門閉一閲。守時令人參之，上逋者名[110]。餔食皆於署[111]，不得外食[112]。守必謹微察視謁者[113]、執盾[114]、中涓[115]，及婦人侍前者[116]志意、顔色、使令、言語之請[117]，及上飲食必令人嘗，皆非請也，擊而請故[118]。守有所不説[119]謁者、執盾、中涓及婦人侍前者[120]，守曰斷之[121]、衝之[122]、若縛之[123]，不如令及後縛者皆斷。必時素誡之[124]。諸門下朝夕立若坐，各令以年少長相次，旦夕就位，先佑有功有能[125]，其餘皆以次立。五日，官各上喜戲、居處不莊、好侵侮人者一[126]。諸人士外使者來，必令有以執[127]，將出而還[128]。若行縣，必使信人先戒舍室，乃出迎門，守乃入舍[129]。爲人下者常司上之[130]，隨而行，松上不隨下[131]，必須□□隨[132]。客卒守主人，及以爲守衛，主人亦守客卒[133]。城中戍卒，其邑或以下寇，謹備之，數録其署[134]，同邑者，勿令共所守。與階門吏爲符[135]，符合入，勞[136]；符不合，收，守言[137]。若上城者[138]，衣服他不如令者[139]。宿鼓在守大門中[140]。莫，令騎若使者、操節閉城者皆以執毚[141]。昏鼓，鼓十，諸門亭皆閉之[142]，行者斷，必擊問行故[143]，乃行其罪。晨見[144]，掌文鼓[145]，縱行者。諸城門吏各入，請籥開門[146]，已輒復上籥[147]。有符節，不用此令。寇至，樓鼓五，有周鼓[148]，雜小鼓乃應之，小鼓五，後從軍，斷。

命必足畏，賞必足利，令必行，令出輒人隨，省其可行、不行[149]。號[150]，夕有號[151]，失號，斷[152]。爲守備程而署之曰某程[153]，置署街街衢階若門[154]，令往來者皆視而放[155]。諸吏卒民有謀殺傷其將長者，與謀反同罪，有能捕告，賜黄金二十斤，謹罪。非其分職而擅之取[156]，若非其所當治而擅治爲之[157]，斷[158]。諸吏卒民非其部界而擅入他部界，輒收，以屬都司空若候[159]，候以聞守。不收而擅縱之，斷[160]。能捕得謀反、賣城、踰城、歸敵者一人[161]，以令爲除死罪二人[162]，城旦四人[163]。反城事父母去者[164]，去者之父母妻子[165]。悉舉民室材木凡若藺石數[166]，署長短小大。當舉不舉，吏有罪。

諸卒民居城上者[167]，各葆其左右[168]，左右有罪而不智也[169]，其次伍有罪。若能身捕罪人若告之吏，皆構之[170]。若非伍而先知他伍之罪，皆倍其構賞[171]。城下里中家人各葆亓左右前後，如城上[172]。城小人衆，葆離鄉老弱國中及也大城[173]。寇至，度必攻，主人先削城編，唯勿燒[174]。寇在城下，時換吏卒署[175]，而毋換亓養[176]，養毋得上城[177]。寇在城下，收諸盆甕[178]，耕積之城下[179]，百步一積，積五百[180]。城門内不得有室，爲周官[181]，桓吏四尺[182]，爲倪[183]。行棧内閈[184]，二關一堞[185]。除城場外[186]，去池百步，墻垣、樹木小大盡壞伐除去之[187]。寇所從來，若昵道、傒近[188]若城場，皆爲扈樓[189]，立竹箭水中[190]。守堂下爲大樓，高臨城，堂下周散道，中應客，客待見。時召三老在葆宫中者與計事得[191]先[192]，行德，計謀合，乃入葆[193]。葆入守，無行城，無離舍[194]。諸守者審知卑城、淺池而錯守焉[195]。晨、暮卒歌以爲度，用人少易守[196]。

城外令任，城内守任[197]。令、丞、尉，亡，得入當[198]，滿十人以上，令、丞、尉奪爵各二級；百人以上，令、丞、尉免，以卒戍[199]。諸取當者，必取寇虜乃聽之[200]。募民欲財物粟米以貿易凡器者[201]，卒以賈予[202]。邑人知識、昆弟有罪，雖不在縣中而欲爲贖，若以粟米錢金布帛他財物免出者，令許之。傳言者十步一人，稽留言及乏傳者，斷[203]。諸可以便事者，亟以疏傳言守[204]。吏卒民欲言事者，亟爲傳言，請之吏，稽留不言諸者，斷[205]。縣各上其縣中豪傑若謀士居大夫[206]重厚口數多少[207]。官府城下吏卒民[208]，皆前後左右相傳保火[209]，火發自燔[210]，燔曼延燔人[211]，斷[212]。諸以衆彊凌弱少及彊奸人婦女[213]，以讙譁者，皆斷。諸城門若亭，謹候視往來行者符[214]。符傳疑[215]若無符，皆詣縣廷言請[216]，問其所使，其有符傳者，善舍官府。其有知識、兄弟欲見之[217]，爲召[218]，勿令入里巷中[219]。三老守閭令厲繕夫爲荅[220]。若他以事者微者不得入里中[221]，三老不得入家人[222]。傳令里中有以羽[223]，羽在三所差[224]，家人各令其家中[225]，失令若稽留令者，斷。家有守者治食[226]。吏卒民無符節而擅入里巷，官府吏、三老守閭者失苛止[227]，皆斷。諸盜守器械財物及相盜者，直一錢以上，皆斷[228]。吏卒民各自大書於傑[229]，著之其署同[230]，守案其署[231]，擅入者斷。城上日壹發席蓐[232]，令相錯發[233]。有匿不言人所挾藏在禁中者，斷。

吏卒民死者，輒召其人與次司空葬之[234]，勿令得坐泣[235]。傷甚者令歸治病，家善養，予醫給藥[236]，賜酒日二升，肉二斤，令吏數行閭[237]，視病有瘳[238]，輒造事上[239]。詐爲自賊傷以辟事者[240]，族之[241]。事已，守使吏身行死傷家[242]，臨户而悲哀之。寇去事已，塞禱[243]。守以令益邑中豪傑力鬭諸有功者[244]，必身行死傷者家以弔哀之，身見死事之後。城圍罷，主亟發使者往勞[245]，舉有功及死傷者數，使爵禄，守身尊寵，明白貴之，令其怨結於敵[246]。

城上卒若吏各保其左右[247]，若欲以城爲外謀者[248]，父母、妻子、同産皆斷。左右知，不捕告，皆與同罪。城下里中家人皆相葆[249]，若城上之數[250]。有能捕告之者，封之以千家之邑；

若非其左右，乃他伍捕告者[251]，封之二千家之邑。城禁[252]：使卒民不欲寇微職和旌者，斷[253]。不從令者，斷。非擅出令者，斷[254]。失令者，斷。倚戟縣下城[255]，上下不與衆等者，斷。無應而妄讙呼者，斷[256]。總失者，斷[257]。譽客內毀者，斷[258]。離署而聚語者，斷。聞城鼓聲而伍，後上署者，斷[259]。人自大書版，著之其署隔[260]，守必自謀其先後[261]，非其署而妄入之者，斷。離署左右，共入他署，左右不捕，挾私書，行請謁，及爲行書者[262]，釋守事而治私家事[263]，卒民相盜家室、嬰兒，皆斷無赦。人舉而藉之[264]。無符節而橫行軍中者，斷。客在城下，因數易其署而無易其養[265]。譽敵少以爲衆，亂以爲治，敵攻拙以爲巧者，斷。客、主人無得相與言及相藉[266]，客射以書，無得譽[267]，外示內以善，無得應，不從令者皆斷。禁無得舉矢書若以書射寇[268]，犯令者，父母、妻子皆斷，身梟城上[269]。有能捕告之者，賞之黃金二十斤[270]。非時而行者，唯守及摻太守之節而使者[271]。

守入臨城[272]，必謹問父老、吏大夫請有怨仇讎不相解者[273]，召其人，明白爲之解之[274]。守必自異其人而藉之[275]，孤之[276]。有以私怨害城若吏事者，父母、妻子皆斷。其以城爲外謀者，三族[277]。有能得若捕告者，以其所守邑小大封之，守還授其印，尊寵官之，令吏大夫及卒民皆明知之。豪傑之外多交諸侯者常請之[278]，令上通知之，善屬之，所居之吏上數選具之[279]，令無得擅出入。連質之術[280]：鄉長者、父老、豪傑之親戚、父母、妻子[281]，必尊寵之。

若貧人食[282]不能自給食者，上食之。及勇士父母、親戚、妻子[283]，皆時酒肉[284]，必敬之，舍之必近太守。

守樓臨質宮而善周[285]，必密塗樓，令下無見上[286]，上見下[287]，下無知上有人無人。守之所親舉吏貞廉忠信、無害可任事者[288]，其飲食酒肉勿禁。錢金、布帛、財物各自守之，慎勿相盜[289]。葆宮之墻必三重[290]，墻之垣，守者皆累瓦釜墻上[291]。門有吏，主者門里，筦閉必須太守之節[292]。葆衛必取戍卒有重厚者[293]，請擇吏之忠信者、無害可任事者[294]。令將衛自築十尺之垣，周還墻[295]。門、閨者，非令衛司馬門[296]。望氣者舍必近太守[297]，巫舍必近公社，必敬神之。巫、祝、史與望氣者[298]必以善言告民[299]，以請報守上，守獨知其請而已[300]。無與望氣妄爲不善言驚恐民[301]，斷勿赦。

度食不足，令民各自占家五種石升數[302]，爲期其[303]，在蓴害[304]，吏與雜訾[305]。期盡匿不占，占不悉，令吏卒款得，皆斷[306]。有能捕告，賜什三[307]。收粟米、布帛、錢金，出內畜産[308]，皆爲平直其賈，與主人券，書之[309]，事已，皆各以其賈倍償之[310]。又用其賈貴賤、多少賜爵，欲爲吏者許之，其不欲爲吏而欲以受賜賞爵禄，若贖出親戚、所知罪人者[311]，以令許之。其受構賞者，令葆宮見[312]，以與其親[313]。欲以復佐上者，皆倍其爵賞。某縣某里某子家食口二人，積粟六百石，某里某子家食口十人，積粟百石[314]。出粟米有期日，過期不出者王公有之。有能得，若告之，賞之什三。慎無令民知吾粟米多少[315]。

守入城，先以候爲始[316]，得輒宮養之[317]，勿令知吾守衛之備。候者爲異宮[318]，父母妻子皆同其宮，賜衣食酒肉，信吏善待之。候來若復，就閒[319]。守宮三難[320]，外環隅爲之樓，内環爲樓，樓入葆宮丈五尺爲復道[321]。葆不得有室[322]，三日一發席蓐，略視之[323]。布茅宮中，厚三尺以上。發候必使鄉邑忠信善重士，有親戚、妻子，厚奉資之。必重發候，爲養其親若妻子，爲異舍[324]，無與員同所[325]，給食之酒肉[326]。遣他候，奉資之如前候。反，相參審信[327]，厚賜之。候三發三信，重賜之。不欲受賜而欲爲吏者，許之二百石之吏[328]，守珮授之印[329]。其不欲爲吏而欲受構賞祿，皆如前[330]。有能入深至主國者[331]，問之審信，賞之倍他候，其不欲受賞而欲爲吏者[332]，許之三百石之吏[333]。扞士受賞賜者[334]，守必身自致之其親之其親之所，見其見守之任[335]。其欲復以佐上者，其構賞、爵祿、罪人倍之[336]。

士候無過十里[337]。居高便所樹表，表三人守之，比至城者三表[338]，與城上烽燧相望[339]，晝則舉烽，夜則舉火。聞寇所從來，審知寇形必攻，論小城不自守通者[340]，盡葆其老弱、粟米、畜産。遣卒候者無過五十人，客至堞，去之[341]，慎無厭建[342]。候者曹無過三百人，日暮出之[343]，爲微職[344]。空隊要塞之[345]，人所往來者，令可□，迹者無下里三人，平而迹[346]。各立其表，城上應之。候出越陳表[347]，遮坐郭門之外，内立其表[348]，令卒之半居門内，令其少多無可知也㉞㊾。即有驚350，見寇越陳表351，城上以麾指之352，迹坐擊鉦期，以戰備從麾所指353。望見寇354，舉一垂；入竟355，舉二垂；狎郭356，舉三垂；入郭357，舉四垂；狎城，舉五垂358。夜以火，皆如此359。去郭百步，墻垣、樹木小大盡伐除之，外空井盡窒之360，無可得汲也361，外室屋盡發之362，木盡伐之。諸可以攻城者盡内城中363，令其人各有以記之。事以364，各以其記取之。吏爲之券365，書其枚數。當遂材木不能盡内，既燒之366，無令客得而用之。人自大書版，著之其署忠367。

有司出其所治，則從淫之法，其罪聅368。務色謾鉦369，淫囂不静，當路尼衆370，舍事371後就372，踰時不寧373，其罪聅。讙囂駴衆374，其罪殺。非上不諫，次主凶言375，其罪殺376。無敢有樂器、弊騏軍中377，有則其罪聅。非有司之令，無敢有車馳、人趨378，有則其罪聅。無敢散牛馬軍中，有則其罪聅。飲食不時，其罪聅。無敢歌哭於軍中，有則其罪聅。令各執罰盡殺，有司見有罪而不誅，同罰，若或逃之，亦殺。凡將率鬭其衆失法，殺。凡有司不使去卒、吏民聞誓令，伐之服罪379。凡戮人於市，死上目行380。

謁者侍令門外381，爲二曹，夾門坐，鋪食更，無空382。門下謁者一長383，守數令入中視其亡者384，以督門尉385與其官長，及亡者入中報。四人夾令門内坐386，二人夾散門外坐387，客見388，持兵立前389，鋪食更390，上侍者名391。守室下高樓候者392，望見乘車若騎卒道外來者393，及城中非常者，輒言之守。守以須城上候城門及邑吏來告其事者以驗之[394]，樓下人受候者言，以報守[395]。中涓二人，夾散門内坐，門常閉[396]，鋪食更。中涓一長者。環守宮之術衢，置屯道，各垣其兩旁，高丈，爲埤院[397]。立初雞足置[398]。夾挾視葆食[399]。而札書得，必謹案視參食者[400]，節不法[401]，正請之[402]。屯陳、垣外術衢街皆樓[403]，高臨里中，樓一鼓、聾竈[404]。即有故物[405]，鼓[406]，吏至而止[407]，夜以火指鼓所。城下五十步一廁，廁與上同圂[408]。請有罪過而可無斷者[409]，令杍廁利之[410]。

① 蘇云：墨子當春秋後，其時海内諸國，自楚、越外無稱王者，故迎敵祠篇言「公誓太廟」，可證其爲當時之言。若號令篇所言令、丞、尉、三老、五大夫、太守、關内侯、公乘皆秦時官，其號令亦秦時法。而篇首稱「王」，更非戰國以前人語。此蓋出於商鞅輩所爲，而世之爲墨學者取以益其書也。倘以爲墨子之言，則誤矣。　孫云：蘇説未塙，令、丞、尉、三老、五大夫等制並在商鞅前，詳篇中。　吴云：此漢人文字耳，畢氏乃妄證之。　○案：吴説是也。

② 孫云：禮記禮器鄭注云：「道猶從也。」

③ 「如」，陸本、茅本、寶曆本、緜眇閣本、堂策檻本、陳本、四庫本作「爲」。

④ 孫云：言責在將與長也。

⑤畢云：「公」舊作「功」，一本如此。孫云：此對上「將長」爲文，疑當作「王公」。下文云「出粟米有期日，過期不出者，王公有之」，是其證。傳寫誤倒耳。○案：「公」，道藏本、吴鈔本、唐本作「功」。

⑥孫云：言材木不足共用。

⑦畢云：「鬭」假音字。

⑧田不鬭，則食不足。

⑨「乘」，道藏本、陸本、唐本、茅本、寶曆本作「来」，吴鈔本、畢本作「桑」，陸本、緜眇閣本、堂策檻本、陳本、四庫本作「乘」，今從之。畢云：「桑」，一本作「乘」。孫云：説文艸部云：「蓋，苫也。」釋名釋宫室云：「屋以草蓋曰茨。茨，次也，次比草爲之也。」「草蓋」謂以草蓋屋。「少用桑」當作「少車乘」，言室惡民貧，則不能畜車乘馬牛也。

⑩孫云：下有脱誤。

⑪孫云：「牒」疑「堞」之誤。「内堞」見備城門篇。

⑫「棧」，寶曆本作「機」。「行棧」見備城門篇，亦見下文。

⑬孫云：「養」即廝養之養。公羊宣七年何注云：「炊亨曰養。」

⑭「道」，寶曆本作「首」。

⑮「部」，吴鈔本作「步」。孫云：太白陰經：「司馬穰苴云：五人爲伍，二伍爲部。」「部」，隊也。

「隔部」即城上吏卒什人所守分地，皆有隔以別其疆界。下云「人自大書版，著之其署隔」，則凡署皆有隔。

⑯「什」，堂策檻本、四庫本作「十」。孫云：十人爲什，言每卒十人則有養二人。吉天保孫子集注引曹操云「一車駕四馬，養二人，主炊，步兵十人」，亦十步卒二養，與此略同。

⑰畢云：「辨」即今「辦」字正文。孫云：「辨護」猶言監治也，亦見周禮大祝、山虞鄭注。山虞賈疏引尚書中侯握河紀云：「堯受河圖，稷辨護。」○案：「辨」，陸本、茅本、寶曆本、緜眇閣本、堂策檻本、陳本、四庫本作「辯」，字通。公羊宣十五年傳何注云：「其有辯護伉健者，爲里正。」

⑱「稽」字畢本重，舊本並不重，今據刪。「止」字諸本作「心」。秋山云「心，一作『止』」，今從之。王、蘇校同。襍守篇曰「守大門者二人，夾門而立，令行者趣其外」，與此文意相類。

⑲「但」，寶曆本作「伹」。孫云：疑「且」字之誤。

⑳「千」，銀雀山漢簡作「千」，寶曆本作「十」，誤，下文仍作「千」。孫云：襍守篇云「率萬家而城方三里」，此云「千丈」，爲方五里有奇，蓋邑城之大者。尉繚子守權篇云「千丈之城則萬人守之」，戰國策趙策云「今千丈之城、萬家之邑相望也」，齊策亦云「千丈之城拔之尊俎之間」。

㉑「迎」，各本作「近」，銀雀山漢簡作「迎」，今從之。畢校同。

㉒「居曲」讀爲「倨曲」，二字相反爲義。荀子非相篇楊注云「曲直，猶能否也」，此「居曲」之義或與彼

同。

㉓守法僅能示大體，其運用變化，皆心術與人事參之。

㉔「亟」，諸本作「函」，寶曆本作「亟」，今從之。王校同。　畢云：言扞禦傷敵。

㉕「不」字本在下文「能此」之上，今依王景羲說移置於此。　秋山云：「至」下脱「不」。

㉖「能此」之上，各本有「不」字，今移於上句之首。

㉗「令」，各本作「今」，今依畢校改。　畢云：「今」當爲「令」。　孫云：「如令」猶言若令。下文「如今」亦「如令」之譌。

㉘孫云：「五官」蓋都邑之小吏。周制，侯國有五大夫，因之都邑亦有五官。韓非子十過篇云趙襄子至晉陽，「行其城郭及五官之藏」，此即都邑之五官，殆如後世吏有五曹之類。後文吏有比丞、比五官，則五官卑於丞也。

㉙「府」，諸本作「符」，寶曆本作「府」，今從之。王、蘇校同。

㉚俞云：「故」猶事也。言務以謹密爲事也。備梯篇「以靜爲故」，備穴篇「以急爲故」，義與此同。畢屬下讀，失之。

㉛「及傳」，各本作「乃傳」，今依俞校改。　俞云：「乃傳」當作「及傳」，字之誤也。上云「敵去邑百里以上」，此云「及傳城」，其事正相次。「傳」即「蛾傳」之「傳」，備蛾傳篇曰「遂以傳城」是也。

㉜「城」字畢本脱，舊本並有，今據補。

㉝ 蘇云：「重」者，即重室子也。

㉞ 孫云：謂他小門。

㉟ 畢云：舊脱「門」字，以意增。

㊱ 蘇云：「一人」疑誤重。　孫云：「女郭」即女垣，以其在大城之外，故謂之郭。釋名釋宫室云：「城上垣亦曰女墻，言其卑小，比之於城，若女子之與丈夫也。」旗幟篇云：「到馮垣，鼓六舉四幟，到女垣，鼓七舉五幟。」　○案：此疑當作「女郭、馮垣，一步一人守之」，與備城門篇「城人樓本，率一步一人守之」文例相類。若依蘇校作「女郭、馮垣，一人守之」，則情事之所必無也。

㊲ 「室」，各本作「字」，今依王、蘇校改。「重室子」見備城門篇。

㊳ 孫云：文選長楊賦李注引韋昭云：「古文隔爲擊。」此「擊」疑亦署隔之名。　○案：襍守〔一〕篇曰：「爲擊，三偶之，重五斤已上。」

㊴ 秋山云：「衝」，恐「衟」。　畢云：「衝」當爲「衟」，説文云：「通道也。春秋傳曰：及衟以擊之。」　孫云：此「衝術」與旗幟篇「巷術」及後「術衟」義同，與備城門篇「衝術」異。

㊵ 王引之云：「父老小」不當有「小」字，蓋涉下文「老小」而衍。「舉」讀爲「吾不與祭」之「與」，「與」、「舉」古字通，謂里中父老不與守城及會計之事者。　孫云：「老小」上下疑有脱字。

〔一〕「襍守」原誤「號令」，據本書改。

㊶孫云：此又於一里之中分之爲四部。

㊷蘇云：「苛」，譏訶也。　孫云：周禮射人鄭注云：「苛，謂詰問之。」

㊸王引之云：「分」下當有「守」字，而今本脱之，則文義不明。「分守」謂卒之分守者也。下文曰「男女老小先分守者，人賜錢千」，是其證。

㊹王樹枏云：「信」下脱「符」字。

㊺蘇云：「號」即夜閒口號。

㊻孫云：「伯」、「百」通，即上文「百長」。

㊼畢云：告大將。

㊽王樹枏云：「從吏」二字誤倒，當據上文乙正。

㊾「以」字各本脱，今依王校增。

㊿「逮」，各本作「還」，今依非攻下篇「逮」譌爲「還」之例訂作「逮」。王校作「遝」，「逮」、「遝」亦通。

王云：「還」當爲「遝」，謂罪及父母、妻子、同産也。下文云：「歸敵者，父母、妻子、同産皆車裂。」

(51)孫云：疑當云「諸男子」。備城門篇云「守法，五十步丈夫十人，丁女二十人，老小十人」，此〔一〕

〔一〕「此」原誤「丁」，據墨子閒詁原注改。

「男子」即「丈夫」也。下文別云「丁女子」，則此不當兼有女明矣。

㊾ 蘇云：十人爲什。「兵」，戎器也。言十人之中，弩六而兵四之。　孫云：蘇說是也。六韜軍用篇云「甲士萬人，強弩六千，戟櫓二千，矛盾二千」，與此率正同。

㊿ 蘇云：「丁女子」猶言丁女，見備城門篇。

(54) 蘇云：言猝有警急之報。　孫云：「驚」讀爲「警」。文選歎逝賦李注云：「警，猶驚也。」

(55) 「巷街」，緜眇閣本、陳本作「街巷」。

(56) 畢云：當爲「彴」。衆經音義云：「三倉云：彴，偏也。」　孫云：「而一」二字疑皆衍文。離守者不惟斬之，且肆其尸三日。　○案：此指將巡視諸守城吏卒民而言。「離」讀爲「羅」，今字作「邏」，巡邏也。言巡邏守者，三日而一彴行也。說文曰：「彴，行示也。」玉篇曰：「彴，彴師宣令也。」「徇」、「彴」字通。

(57) 孫云：「而」乃「此」字之誤。　○案：「而」猶乃也。羅守乃所以備姦。

(58) 寶曆本「𤴓」作「正」，「門」作「所」，下並同。　秋山云：「正」，一作「𤴓」。「所」，一作「門」。　畢云：「與皆守」當爲「與守皆」。　孫云：「里正」即上文「里長」，每里四人。　○案：「里𤴓與」之下疑有「父老」二字。下文「𤴓與父老」，又「其𤴓及父老」，可以爲例。

(59) 蘇云：「內」讀如「納」。

(60) 「老」，緜眇閣本作「兄」。

61 俞云：「閒」上脱「幽」字，「幽閒」二字連文。　○案：原文可通，不煩增字。
62 孫云：周禮條狼氏「誓馭曰車轘」，鄭注云：「謂車裂也。」
63 畢云：舊脱「得」字，據下文增。　○案：寶曆本有「得」字。
64 「二」，寶曆本作「一」。　蘇云：此連坐之法，唯得罪人，則除其罪，且有賞也。　孫云：「鎰」，二十四兩也，詳貴義篇。
65 孫云：「使人」當作「信人」。上云「謹令信人守衛之」，下云「大將使信人將左右救之」，皆其證。　○案：「使」字誤重。上文曰「大將使人行守」，可證。
66 蘇云：「循」、「徇」通用。
67 使人徇行如此數，若夫將長羅守者，則三日而一徇。
68 畢云：舊「必」作「火」，「屏」作「井」，據藝文類聚改。
69 「屋」，緜眇閣本、陳本作「屈」，誤。淮南子人閒訓「百尋之屋以突隙之煙焚」，注云：「突，竈突也。」　畢云：「火」，藝文類聚引作「心」。　孫云：廣雅釋宮〔一〕云：「竈窻謂之堗。」「堗」、「突」字同。
70 藝文類聚八十引無「敢」字。　畢云：今江浙人家有高墻出屋如屏，云以障火，是其遺制。

〔一〕「宮」，墨子閒詁原引作「室」，本書沿誤，據廣雅改。

⑦① 孫云：「端」，言失火所始。「以爲事者」，據下文當作「以爲亂事者」，此脱「亂」字。

⑦② 吴鈔本「伍」作「五」，下並同。陸本、茅本、寶曆本、緜眇閣本、堂策檻本、陳本、四庫本「伍」作「五」，下文「五」、「伍」錯出。

⑦③ 畢云：説文云「讙」、「譁」轉注。

⑦④ 吕氏春秋悔過篇「又絶諸侯之地以襲國」，注云：「絶，過也。」「絶」字義與此同。「離守絶巷救火」，言離所守之地域，越過他巷以救火也。　畢云：「絶」言亂。

⑦⑤ 此巷失火，里正及父老與乎有守此巷中部吏，皆得救之。

⑦⑥ 畢云：「部吏」二字舊倒，據下移。　孫云：吴鈔本不倒。　○案：吴鈔本亦作「吏部」，孫校偶誤。「亟」，諸本作「函」，寶曆本、堂策檻本、四庫本並作「亟」，今從之。王校同。「令」，緜眇閣本、陳本作「吏」，誤。

⑦⑦ 孫云：漢書淮南厲王長傳顏注云：「逮，追捕之也。」

⑦⑧ 五字標題下節。

⑦⑨ 蘇云：「卒」、「猝」同。

⑧⓪ 王引之云：「最」當爲「冣」，冣與聚通，謂三人相聚，二人並行也。説文：「冣，積也。」徐鍇曰：「古以聚物之聚爲冣。」冣與最字相似，故諸書中「冣」字多譌作「最」。

⑧① 吴云：「坐泣」當爲「垂泣」。

⑧② 孫云：説文手部云：「探，遠取之也。」

⑧③ 「歷」，諸本作「曆」，即「歷」之後起字。説文曰：「歷，過也，傳也。」畢本改「麾」。　畢云：「麾」舊作「歷」，以意改。

⑧④ 孫云：説文止部云：「歱，跟也。」「踵」即「歱」借字，謂以足跟相躡也。

⑧⑤ 孫云：謂以身及衣相切靡。莊子馬蹄篇「喜則交頸相靡」，釋文引李注云：「靡，摩也。」

⑧⑥ 畢云：説文云：「駮，獸如馬。」「駁，馬色不純。」據此義當爲「駁」。

⑧⑦ 孫云：尉繚子伍制令云：「伍有干令犯禁者，揭之，免於罪。知而弗揭，全伍有誅。」

⑧⑧ 孫云：「伯」，百人也。「隊吏」即上文之「伯長」、「百長」。

⑧⑨ 孫云：「隊將」即四面四門之將。

⑨⓪ 蘇云：言先覺察者除其罪也。　○案：説文曰：「覺，發也。」謂先揭發之，則除其罪也。

⑨① 「需」，吳鈔本作「舒」。　孫云：「術」、「隧」通。「當術」即備城門篇之「當隊」，謂當敵攻城之道也。下云「却敵於術」，同。「需」讀爲「懦」，考工記輈人「馬不契需」，鄭衆注云：「需，讀爲畏需之需。」「需敵」謂却敵也。

⑨② 畢云：言離其所。

⑨③ 畢云：玉篇云：「俸，房用切，俸禄也。」此作「奉」，古字。

⑨④ 戴云：「而」讀爲「如」。「如勝圍」句。

⑮畢云：韓非子顯學云「關内之侯，雖非吾行，吾必使執禽而朝」，史記春申君列傳黄歇上書云「韓必爲關内之侯」，又云「魏亦關内侯」，則戰國時有關内侯也。　孫云：戰國策魏策「王與竇屢關内侯」，漢書百官公卿表：秦制，賞功勞爵二十級，十九關内侯。顔注云：「言有侯號，而居京畿無國邑。」　吴云：戰國之關内侯，唯秦有之，墨子未至秦，不應爲此言，其爲漢人文，決也。五大夫、公乘皆秦爵，而漢襲用者。賜民爵亦秦制。　○案：此篇滿紙秦漢官名法制，且嚴刑殘酷，尤非以兼愛立教之墨子所宜有，當從吴説訂爲漢人文字，説詳附録。

⑯「令」，各本作「令」，今依蘇校改。上文「城將如令」，「令」亦誤作「令」，與此同。　蘇云：「輔將」，城將之次者，猶裨將也。「令」當爲「令」。　孫云：「輔將」即上文「四面四門之將」也。漢書百官表：縣令、長，皆秦官，皆有丞、尉。史記商君傳云「集小都鄉邑聚爲縣，置令、丞」，秦本紀在孝公十二年。國策趙策載趙受上黨千户，封縣令。則縣有令，蓋七國之通制矣。　○案：秦滅六國，多去其籍，戰國策所記六國事，固難如六國史記之舊，或不免以秦之官名誤稱他國者，不盡可恃也。餘仿此。

⑰孫云：漢書百官表「秦爵：九，五大夫」，顔注云：「大夫之尊也。」吕氏春秋直諫篇，荆文王時有五大夫。戰國策趙、魏、楚策亦並有之。則非秦制也。　○案：孫引荆文王事見吕氏春秋長見篇，孫謂直諫篇，誤。説苑君道篇、新序雜事一亦載其事。新序作「楚共王」，蓋傳聞小異。吕氏春秋作「於是爵之五大夫」，説苑作「乃爵筦饒以大夫」，若説苑不誤，則吕氏春秋「五」字當爲衍

文。

(98) 畢云：二字舊倒，以意改。

(99) 蘇云：「十人」疑「士人」之譌。

(100) 孫云：漢書百官表「秦爵：八，公乘」，顏注云：「言其得乘公家之車也。」

(101) 孫云：九章算術衰分篇劉注云「墨子號令篇以爵級爲賜」，蓋即指此文。

(102) 孫云：此亦謂有守者。

(103) 孫云：「先」當作「無」。說文「無」古文奇字作「无」，與「先」相似，因而致誤。「無分守者」與上「有守者」正相對。以其本無分守，故止人賜錢千，與上有守者男子賜爵、女子賜錢五千，輕重異也。

(104) 孫云：漢書高帝紀「蜀漢民給軍事勞苦，復勿租稅二歲」，顏注云：「復者，除其賦役也。」紀又云「過沛，復其民，世世無有所與」，注云：「與讀曰豫。」

(105) 備城門篇自「凡守圍城之法」至「此守城之重禁也，大姦之所生也，不可不審也」，舊本凡三百八十六字，疑爲此處脫文，說詳彼注。

(106) 襍守篇曰：「守大門者二人，夾門而立。」　畢云：說文云：「曹，獄之兩曹也。在廷東，从棘。治事者，从曰。」案即兩造，「造」、「曹」音近。　而蜀志杜瓊曰「古者名官職不言曹，始自漢以來名官盡言曹，吏言屬曹，卒言侍曹」，非也。　○案：杜說或有據，畢以此文疑之，不知此文正是漢時文字，故以曹名官也。

(107) 蘇云：謂五人並坐。

(108)「尉」，吳鈔本作「衛」。　孫云：說苑尊賢篇「宗衛相齊，罷歸，召門尉田饒等二十有七人而問焉」，漢書高祖功臣侯表有「門尉彫跖」，蓋亦沿戰國之制。

(109) 畢云：說文云：「莫，日且冥也。」

(110) 蘇云：「參」猶驗也。「逋」謂離署者。

(111) 畢云：此「餔食」字義當作「餔」。說文云：「餔，日加申時食也。」

(112) 蘇云：「鋪」謂坐處，言不得離署而他食也。

(113) 孫云：國策齊策「王斗見齊宣王，宣王使謁者延入」，漢書百官公卿表「謁者，掌賓讚受事」，應劭云：「謁，請也，白也。」孫子用間篇云：「必先知其守將、左右、謁者、門者、舍人之姓名。」

(114) 孫云：漢書惠帝紀注：「應劭云：執盾，親近陛衛也。」史記高祖功臣侯表有「執盾閻澤赤」等。

(115) 孫云：史記高祖功臣侯表集解引漢儀注云：「天子有中涓，如黃門，皆中官者。」國語吳語「涓人疇」，韋注云：「涓人，今中涓也。」史記楚世家作「鋗人」，韋昭云：「今之中涓是。」說苑奉使篇云「緤北犬敬上涓人」，史記萬石君傳正義：「如淳云：中涓，主通書謁出入命也。」漢書陳勝傳「故涓人將軍呂臣爲蒼頭軍」，注：「應劭云：涓人，如謁者。」曹參傳顏注云：「中涓，親近之臣，若謁者、舍人之類。涓，潔也，主居中掃潔也。」　吳云：漢表「謁者」爲秦官，「執盾」、「中涓」高帝始有之，蓋亦秦制。

⑯ 孫云：「侍」，舊本譌「待」。　○案：「侍」字各本並同，孫校誤。

⑰ 蘇云：「請」讀如「情」。

⑱ 蘇云：上句「請」讀如「情」；下句如字，詰問也。　孫云：「皆」疑「若」之誤。末句當作「繫而詰故」。　○案：「擊而請故」，「請」字不誤。儀禮士昏禮「擯者出請事」，鄭注云：「請猶問也。」「請」字義與此同。下文曰「必擊問行故」，「請故」猶問故也。

⑲ 「所」，寶曆本譌「取」。「說」，舊本作「悅」。

⑳ 「侍」，道藏本、唐本、畢本誤「待」，諸本並作「侍」，今從之。蘇校同。

㉑ 「日」，陸本、茅本、緜眇閣本、堂策檻本、陳本、四庫本作「日」。　孫云：「斷」即斬也。

㉒ 孫云：「衝」與「撞」通。說文手部云：「撞，丮擣也。」

㉓ 「縛」，茅本作「縛」，下同。

㉔ 吳鈔本「必」作「不」。

㉕ 畢云：「佑」舊作「估」，非。此「右」字，俗加人。

㉖ 「一」，謂一次。　孫云：疑當作「日五閱之，各上喜戲、居處不莊、好侵侮人者名」。

㉗ 外使來，必爲信符使執之，所以備察驗，防姦宄。　畢云：「令」舊作「合」，以意改。

㉘ 將出，面還其所執之信符。

㉙ 以備不虞。

⑬⓪ 畢云：「司」即「伺」字。王引之云：「司」，古「伺」字也。「之」讀爲「志」。墨子書或以「之」爲「志」字，見天志中、下二篇。言爲人下者常伺察上人之志，隨之而行也。蘇云：「司上之」當言「伺上之所之」。

⑬① 王引之云：「松」讀爲「從」。學記「待其從容」，鄭注「從或爲松」，是其例也。言從上不隨下也。

⑬② 闕文二格，茅本、寶曆本、緜眇閣本、堂策檻本、陳本、四庫本無。

⑬③ 孫云：「客卒」，謂外卒來助守者。「主人」，謂内人爲守卒者。二者使互相守察，防其爲姦謀也。

⑬④ 蘇云：此即守客卒之事。蓋戍卒之入衛者，或其鄉邑已爲敵人所取，則必謹防其卒，恐生内變也。「以」、「已」通用。

⑬⑤ 孫云：「階吏」即迎敵祠篇所云「城上當階有司守之」是也。

⑬⑥ 「入」，諸本作「人」，顧校道藏本作「入」。「入」字是也，今從之。案道藏本亦作「人」。日本宮内省道藏本「人」字擎之起處尚有餘痕可辨，其他道藏本爛作「∧」狀，顧氏遂校作「入」矣。

⑬⑦ 「收」，各本作「牧」，今依蘇校改。蘇云：「牧」當作「收」，謂收治之。孫云：此當作「收言守」，謂收而告之守也。後云「亟以疏〔一〕傳言守」。

⑬⑧ 「上城」，畢本作「城上」，舊本並作「上城」，今據乙。

〔一〕「疏」原誤「書」，據墨子閒詁原引改。

⑬⑨ 以上十一字，與上下文不屬，疑爲下文「倚戟縣下城」下之錯簡。

⑭⓪ 孫云：周禮脩閭氏鄭衆注云：「宿，謂宿衛也。」謂夜戒守之鼓。

⑭① 「鼃」即「鼃」之省文。孫云：此字誤。前耕柱篇「白若之鼃」，「鼃」舊本作「鼃」。疑此亦當爲「鼃」之譌。但「執鼃」義亦難通，疑當作「執圭」。說文土部云：「楚爵有執圭。」「圭」、「鼃」音相近而譌。

⑭② 蘇云：上云「莫鼓擊，門閉」，即此。

⑭③ 孫云：「擊」亦「繫」之誤。

⑭④ 言平旦日光伸見也。釋名釋天曰：「晨，伸也，旦而日光復伸見也。」

⑭⑤ 王景羲曰：「文」當爲「鼖」之借。鼖鼓者，長八尺大鼓也。周禮夏官大司馬「諸侯執鼖鼓」。否則或是「大鼓」之譌。

⑭⑥ 「入」，陸本、茅本、寶曆本、緜眇閣本、堂策檻本、陳本、四庫本作「人」。

⑭⑦ 蘇云：「籥」同「鑰」。孫云：說文門部作「闟」。

⑭⑧ 孫云：「有」讀爲「又」。言樓鼓五下，又周徧鼓以警衆也。

⑭⑨ 「人」，畢本作「入」，舊本並作「人」，今據正。言每出令，其可行或不行，輒以人隨而省察之。

⑮⓪ 句。

⑮① 上文曰「號不相應者」。秋山云：「夕」，一作「名」。

152 句。

153 蘇云：「程」，式也。

154 吴云：「街街衢」當爲「街術衢」。下文「環守宮之術衢」，又云「屯陳垣外術衢街皆樓」。○案：「街街衢」，緜眇閣本、陳本作「街二衢」。

155 令往來者皆須驗視而後放行。

156 王引之云：「擅之取」當爲「擅取之」，與「擅治爲之」對文。今「取之」二字倒轉，則文不成義。蘇校同。

157 句。

158 句。

159 畢云：「收」舊作「牧」，以意改。　吴云：「都司空」漢官。漢表不言秦官，則漢所置。　孫云：漢書百官公卿表「宗正，屬官有都司空令丞」，如淳云：「都司空主水及罪人。」此「候」爲小吏，與後「候敵」之「候」異。　○案：「收」，諸本作「牧」，寶曆本作「收」。「候」，翻陸本作「候」，下同。

160 「收」，諸本作「牧」，寶曆本作「收」，與畢本合。

161 「歸」字各本脱，今依畢説增。

162 「除」，緜眇閣本、陳本作「賖」。

⑯③ 吴云：「城旦」漢法。　孫云：漢書惠帝紀注：「應劭云：城旦者，旦起行治城，四歲刑也。」

⑯④ 吴云：「反」讀平反之反，謂踰城也。「事父母去」者，言因父母之事而去也。

⑯⑤ 下文「人舉而藉之」五字，疑當在此。

⑯⑥ 王引之云：「凡」字義不可通。「凡」當爲「瓦」，字之誤也。隸書「瓦」字作「凡」，與「凡」相似。「若」猶及也，與也。謂民室之材木、瓦及藺石也。「材木」、「瓦」、「藺石」即備城門篇之「材木」、「瓦石」、「藺石」，又見襍守篇。漢書晁錯傳曰「具藺石，布渠荅」。　孫云：漢書晁錯傳注：「服虔云：『藺石，可投人石。』如淳云：『藺石，城上雷石也。』」李廣傳作「壘石」。説文㫃部云：「旝，建大木，置石其上，發以機，以槌敵。」　○案：襍守篇有「先舉縣官室居、官府不急者材之大小長短及凡數」之文，此文疑當作「悉舉民室材木若藺石凡數」，今本「凡」字錯入上文，遂致難通。

⑯⑦ 「卒」，寶曆本誤「率」。　孫云：「卒」上當有「吏」字。

⑯⑧ 「葆」，吴鈔本作「保」。下文曰「城上卒若吏各保其左右」，與此略同。

⑯⑨ 畢云：「智」同「知」。

⑰⓪ 「構」，寶曆本作「搆」。　顧云：「構」讀爲「購」。説文：「購，以財有所求也。」　蘇云：「構」與「購」同，謂賞也。

⑰① 「構」，寶曆本作「購」。漢書張敞傳曰「明設購賞」。

172 「葆」，吳鈔本作「保」。下文曰「城下里中家人皆相葆，若城上之數」，與此略同。自「城下里中家人各葆亓左右」至「三老在葆宮中者與計事得」止，凡一百八十二字，各本錯入備城門篇，今審校文意，移置於此。上曰「諸卒民居城上者各葆其左右」，下曰「城下里中家人各葆亓左右前後，如城上」，文義相承。城上無前後可言，故上文不言「前後」也。

173 「也」，「他」之省文，畢校改「他」。　畢云：舊作「也」，以意改。　蘇云：「城小人衆」則不可守，宜遣其老弱葆於國中及他大城。　○案：漢書王莽傳曰「收合離鄉，小國無城郭者，徙其老弱置大城中」，與此略同。

174 「勿」，吳鈔本作「毋」。「勿」、「毋」皆語詞。此蓋言附城之室屋、樹木、葛籐等須先削除燒卻，以免寇藉以攀拔上城，或有所依匿也。

175 畢云：說文云：「署，部署，有所网屬。」

176 上文曰：「城上吏卒養皆爲舍道內，各當其隔部。」　俞云：「養」即廝養之養。宣十二年公羊傳「廝役扈養死者數百人」，何休注曰：「炊亨者曰養。」　孫云：此言吏卒署雖時換，而其廝養給使令者則各有定署，不得移易也。

177 「養」，茅本、寶曆本、緜眇閣本作「義」，誤。

178 畢云：「收」舊作「牧」，以意改。　○案：寶曆本作「收」。

179 「耕」疑「積」字之誤衍。　畢云：「耕」疑「菁」字。

⑱⓪ 孫云：言五百箇爲一積也。

⑱① 畢云：疑云「周宮」。 孫云：疑當作「爲周宮」。周宮者，回環築堵宮中，蓋但有庌而無室也。

⑱② 疑當作「垣丈四尺」。「垣」與「桓」、「丈」與「吏」並形近。備城門篇「籍車桓」，「桓」或作「垣」，可以爲例。備城門篇曰「百步一亭，高垣丈四尺」，此周宮之垣，高與彼同。

⑱③ 畢云：陴倪也。古只作此，作「堄」者俗。 蘇云：「倪」上當脱「俾」字。 ○案：下文曰：「環守宮之術衢置屯道，各垣其兩旁，高丈，爲埤院。」

⑱④ 左襄三〔一〕十一年傳釋文引沈注云：「閈，閉也。」又疑「閈」即「閉」字。閉，漢王純碑作「閈」，北魏石門銘作「閈」，並與此相似。

⑱⑤ 「堞」、「鍱」字通。備城門篇曰：「門關再重，鍱之以鐵。」

⑱⑥ 孫云：爾雅釋詁云「場，道也」，謂城下周道。

⑱⑦ 畢云：「伐」舊作「代」，以意改。 ○案：寶曆本正作「伐」。日本宮内省道藏本「伐」字末撇起處尚有餘痕。可知其爲「伐」之壞字。下文曰「去郭百步，墻垣樹木小大盡伐除之」。

⑱⑧ 孫云：當作「近傒」。「傒」與「蹊」字通。釋名釋道云：「步所用道曰蹊。蹊，傒也，言射疾〔二〕則

〔一〕「三」原誤「二」，據左傳改。

〔二〕「疾」原誤「急」，據墨子閒詁原引及釋名改。

用之，故還傒於正道也。」蓋正道爲道，閒道爲傒。「昵」、「近」義同。

189「皆」，畢本誤「家」，舊本並作「皆」，今據正。　畢云：禮記檀弓云「毋扈扈」，陸德明音義云：「音户。廣也，大也。」

190「水」，各本作「天」，今依孫校改。　孫云：此「竹箭」當即後襍守篇墻外水中所設之竹箭，疑「天中」即「水中」之誤。

191寶曆本「時召」作「持名」。各本「在」作「左」，「宮」作「官」，今依王、蘇校改。　王引之云：「左」當爲「在」，「官」當爲「宮」。襍守篇曰「父母昆弟妻子有在葆宮中者，乃得爲侍吏」，是其證。「得」下有脱文，不可考。各本「得」下有自「爲之柰何」至「以謹」凡二十四字，乃備穴篇之錯簡。蘇校同。　孫云：漢書百官公卿表：「秦制，鄉有三老，掌教化。」後號令篇云「三老守閭」，則邑中里閭亦置三老。管子度〔一〕地篇云：「與三老、里有司、伍長行里。」史記滑稽列傳西門豹治鄴，亦有三老。漢書高祖紀「二年，舉民年五十以上，有脩行，能率衆爲善，置以爲三老，鄉一人。擇鄉三老一人爲縣三老，與縣令、丞、尉以事相教，復勿繇戍」，蓋亦放秦制爲之。　吴云：「三老」亦漢制，古有「三老五更」，非此「三老」。漢表云「鄉有三老」，秦制也。〇案：自「城下里中家人各葆亓左右前後」至此，凡一百八十二字，從備城門篇校移於此，說詳上。

〔一〕「度」，墨子閒詁原作「水」，本書沿誤，今改。

⑲² 孫云：當爲「失」，屬上「與計事得失」爲句。言與客計事，審其得失也。

⑲³ 「行德」，緜眇閣本、陳本作「德行」。　孫云：「德」當爲「得」，古通用。此冡上「計事得失」而言，謂所行既得，計謀又相合，乃聽其入葆城也。

⑲⁴ 孫云：謂自外入葆者，不得行城、離舍也。

⑲⁵ 孫云：論語包咸注云：「錯，置也。」「錯守」猶言置守。

⑲⁶ 「卒歌」猶後世之軍歌。自「先行德」至此，凡四十三字，各本錯入襍守篇「墉善其上」之下，今依孫校移，與上文「與計事得」相屬。　孫云：「卒歌」，「歌」疑「鼓」之誤。兵法禁歌哭，不當使卒歌也。末句有誤。

⑲⁷ 孫云：言城外內守與令分任之。「令」即縣令，「守」即太守也。

⑲⁸ 吳云：「守」、「令」、「丞」、「尉」皆漢官，沿秦制。　孫云：凡守人亡，其所司令、丞、尉當受譴罰者，使得別入當以自贖，即下云「必取寇虜」是也。　尉繚子束伍令云：「亡伍而得伍，當之；得伍而不亡，有賞；亡伍不得伍，身死家殘。」又說「亡長得長，當之」，「亡將得將，當之」。　彼法本伍亡而得別伍之人，則相抵當免其罪，亡長、亡將亦然，與此入當之法小異而大同。

⑲⁹ 蘇云：言免官而遣戍。

⑳⁰ 蘇云：「當」謂其值足以相抵也。

⑳¹ 孫云：「以」字疑當在「欲」字下。

202 蘇云：「賈」、「價」同，言平其值也。　孫云：此當作「以平賈予」。襍守篇云「皆爲置平賈」，可證。「平」與隸書「卒」或作「卆」，相近而誤，今本又倒其文，遂不可通。

203 「及乏」，寶曆本作「反之」。　秋山云：「反」，一作「及」。「之」，一作「乏」。　蘇云：「稽留」，謂不以時上聞。「乏傳」，不爲通也。　○案：寶曆本「之」訓其，義亦可通。

204 「亟」，諸本作「函」，寶曆本作「亟」，今從之，下同。　王校亦改「亟」。　孫云：漢書蘇武傳顏注云：「疏，謂條録之。」

205 「者」，寶曆本作「署」。　秋山云：「署」，一作「者」。　畢云：「諸」當爲「請」。　○案：「諸」，之也，義可通。或「諸」、「者」二字衍其一，「諸」訓者，義亦可通。

206 畢云：其大夫之家居者。　俞云：「居」乃「若」字之誤。「若謀士」、「若大夫」，猶言或謀士、或大夫也。秦爵有「大夫」，有「官大夫」，有「公大夫」，有「五大夫」，是民間賜爵至大夫者多矣，上不能悉知，故使縣各上其名也。上文「關内侯」、「五大夫」、公乘「之名」，悉如秦制，則此所謂「大夫」者，非必如周官之大夫也。

207 畢云：「重厚」言富厚。

208 「官」，諸本作「宮」，寶曆本作「官」，與畢本同。

209 「皆」，畢本誤「家」，舊本並作「皆」，今據正。

210 孫云：說文火部云：「燔，爇也。」

⑪淮南子說林訓曰「一家失熛，百家皆燒」。　孫云：說文又部云：「曼，引也。」廴部云：「延，行也。」糸部云：「⿰糸㐬，絲曼延也。」是蔓延字古止作「曼」。此「燔人」對「自燔」爲文，謂延燒他人室廬。

⑫句。

⑬「彊奸」，吳鈔本作「強奸」。「彊」，陸本、茅本、寶曆本、緜眇閣本、堂策檻本、陳本、四庫本作「強」。「奸」，唐本作「姦」，寶曆本作「姧」。　畢云：玉篇云：「奸同姦，俗。」　吳云：「彊奸人婦女」後世律文，非古書明甚。

⑭「行」，唐本作「往」，誤。

⑮孫云：周禮司關有「節、傳」，鄭注云：「傳，如今移過所文書。」釋名釋書契云：「傳，轉也，轉移所在，執以爲信也。」崔豹古今注云：「凡傳皆以木爲之，長五寸，書符信於上，又以一板封之，皆封以御史印章，所以爲信也。」未知周制同否。「疑」謂疑其矯僞也。　○案：漢書甯成傳「詐刻傳出關歸家」，顏注云：「傳，所以出關之符也。」

⑯「廷」，諸本作「延」，翻陸本、寶曆本作「廷」，今從之。「請」讀爲「情」，謂符傳疑者與無符者皆至縣廷言其情也。　孫云：「縣廷」，令所治。

⑰句。

⑱句。

(219)「入」字各本脱，今依蘇説增。

(220)「厲」疑當爲「屬」。「屬」字隸或作「属」，見漢賜馮焕詔，與「厲」形近而誤。「屬」謂三老所屬之人民也。「夫」、「苔」皆守具，故三老令其屬修繕治爲之。

(221)蘇云：此句有錯誤，當作「若以他事徵者，不得入里中」。

(222)漢書郊祀志師古注曰：「家人，謂庶人之家也。」

(223)蘇云：「有」當作「者」。

(224)蘇云：「三」下當脱「老」字，而「差」字即「老」字之譌誤倒也。

(225)「令」，緜眇閣本、陳本作「正」。「家」，諸本作「官」，今從一本作「家」。　秋山云：「官」，一作「家」。

(226)「有」，緜眇閣本、陳本作「其」。

(227)「閭」，緜眇閣本、陳本作「闢」。　畢云：言不訶止之。「止」舊作「心」，以意改。

(228)「以上」二字，吳鈔本作一「者」字。

(229)「傑」，吳鈔本作「桀」。　洪云：「傑」，古通作「楬」字。周禮職幣「皆辨其物而奠其録，以書楬之」，鄭注：「楬之，若今時爲書以著其幣。」「傑」、「楬」義同。　孫云：洪説是也。「傑」即「桀」假字，「桀」與「楬」通，詳備蛾傅篇。

㉚「同」疑當爲「閒」，艸書形近而誤。下文曰「著之其署隔」，又曰「其署忠」，忠、中字通〔一〕，隔、中、閒字異而義同。　孫云：「同」，當從下文作「隔」。

㉛「案」，視察也。

㉜「日」，舊本作「曰」。席蓐日一發，所以稽挾藏，備姦宄。　孫云：「日」上疑脱「三」字，後云「葆宫三日一發席蓐」。爾雅釋器云：「蓐謂之兹。」郭注云：「蓐，席也。」

㉝蘇云：言互相稽察。

㉞「其人」疑當作「其家人」。「次司空」與「都司空」相次得名，蓋亦漢官，亦見襍守篇。

㉟「坐泣」當爲「哭泣」，謂勿令其家人得哭泣也。「哭」或作「关」，見北周曹恪碑，與「坐」相似。「坐」或作「㘴」，見漢孫叔敖碑，與「哭」亦相似。故「哭」誤爲「坐」。下文曰「無敢歌哭於軍中」。

㊱「醫」，吴鈔本作「毉」。

㊲「閒」，緜眇閣本、陳本作「問」。

㊳畢云：説文云：「瘳，疾瘉也。」

㊴孫云：謂病瘳即造守所共役也。

㊵畢云：「辟」同「避」，言詐爲廢病以避事。○案：此謂吏卒民用器物自賊傷，詐言爲敵所傷，

〔一〕「忠、中字通」四字原無，依下文「著之其署忠」句吴注補。

俾得退休療養，免罹戰死之危。今在不良軍隊中猶有此習。畢說似失其旨。

(241) 謂夷其族。

(242) 「家」字畢本脫，舊本並有，今據補。

(243) 畢云：「塞」即「賽」正文。　孫云：史記封禪書「冬塞禱祠」，索隱云：「塞與賽同。賽，今報神福也。」漢書郊祀志顏注云：「塞，謂報其所祈也。」管子禁藏篇云「塞久禱」。韓非子外儲說右上篇云：「秦襄王病，百姓爲之禱，病瘉，殺牛塞禱。」　○案：孫引史記文，檢數本均作「冬賽禱祠」，索隱云：「賽音先代反。賽，謂報神福也。」又引韓非子文見外儲說右下篇。

(244) 孫云：「益」猶言加賞也。商子境內篇云：「能得爵首一者，賞爵一級，益田一頃，益宅九畝。」

(245) 「亟」，諸本作「函」，寶曆本作「亟」，今從之。　王校同。　蘇云：「勞」讀去聲，謂慰問也。

(246) 「怨結」，緜眇閣本、陳本作「結怨」。

(247) 「保」，上下文作「葆」，字通。

(248) 「若」，道藏本、吳鈔本、陸本、唐本、茅本譌「苦」。

(249) 畢云：「里」舊作「理」，以意改。　○案：吳鈔本、堂策檻本、四庫本作「里」。

(250) 以上十四字，蘇校移於上文「城上卒若吏各保其左右」之下，案此十四字當移置於下文「乃他伍捕告者封之二千家之邑」之下。自「若欲以城爲外謀者」至「封之二千家之邑」凡五十七字，皆城上相保之規條，即所謂城上相保之數也，故以「城下里中人家皆相葆，若城上之數」承之。

251 「乃」，畢本誤「及」，舊本並作「乃」，今據正。

252 標題下節。

253 文有誤。「使卒民」即「吏卒民」，字通。

254 「非」下疑有脱文。　蘇云：「非擅」當作「擅非」。　王樹枏云：「非」字衍文。

255 「下」，各本作「不」，今依蘇校改。倚戟縣下城，行不由道，慮有奸謀。上文「若上城者衣服他不如令者」十一字，疑爲此處脱文。

256 「而」，寶曆本作「爲」。

257 孫云：「總」疑當爲「縱」。縱失，謂私縱罪人也。

258 畢云：言稱敵而自毁，以其惑衆。

259 「伍」、「五」字通。上文曰：「小鼓五，後從軍，斷。」

260 畢云：舊作「鄗」，以意改。　孫云：説文𨸏部云：「隔，障也。」「署隔」，蓋以分別署之界限者。

○案：「署隔」，上文作「署閒」，下文作「署中」，字異而義同。

261 文選思玄賦舊注云：「諜，察也。」謂凡有分守者，必自察其先後也。上文曰「伍坐令各知其左右前後」。

262 「爲行書」，謂爲他人傳通書信。

263 「守事」，四庫本作「守備」。

㉖④「藉」，陳本作「籍」，字通。既云「家室嬰兒皆斷，無赦」，不當復云「人舉而藉之」，此五字疑當在上文「去者之父母妻子」之下。

㉖⑤「養」即厮養，說詳上文。

㉖⑥蘇云：「藉」猶借也。

㉖⑦「無」，吴鈔本作「毋」。　俞云：「譽」當作「舉」，字之誤也。下文曰「禁無得舉矢書」。

㉖⑧「寇」，茅本作「冠」。

㉖⑨畢云：說文云：「𥄉，到𥄉也。賈侍中說，此斷首到縣『𥄉』字。」今多用「梟」者，說文云「梟，从鳥頭在木上」，義亦通。

㉗⓪「斤」，緜眇閣本、陳本作「金」。

㉗①畢云：史記趙世家云「孝成王令趙勝告馮亭曰：敝國君使勝〔一〕致命，以萬户都三封太守，千户都三封縣令」，正義云：「爾時未合言太守，至漢景帝始加太守，此言『太』，衍字。」沅案：此書亦云「太守」，則先秦時已有此官，張守節言「衍字」，非也。「摻」即「操」異文。廣雅云：「摻，操也。」以爲二字，非。言行不以時，唯守者及操節人可，餘皆禁之。　孫云：漢書百官公卿表：「郡守，秦官，景帝中二年更名太守。」國策趙策說韓靳黈、趙馮亭，並云「太守」。吴師道謂當時已有

〔一〕「勝」字原脱，據史記趙世家補。

此稱，以此書證之，信然。　吴云：「太守」景帝後始有，此漢人文字耳，畢氏乃妄證之。

㉗② 「入」，諸本作「人」，寶曆本作「入」，今從之。

㉗③ 「請」讀爲「誠」。　孫云：「請」當爲「諸」。

㉗④ 孫云：周禮地官調人鄭衆注云：「今二千石以令解仇怨，後復相報，移徙之。」是漢以前有吏以令爲民解怨之法。

㉗⑤ 「人」，諸本作「入」，吴鈔本、寶曆本作「人」，與畢本同。　蘇云：「藉」謂記其姓名也。　孫云：「藉」與「籍」通，即襍守篇所云「札書藏之」也。

㉗⑥ 畢云：「孤」舊作「狐」，以意改。　○案：有怨仇者不令同處，以免私鬭。

㉗⑦ 畢云：史記云：「秦文公二十年，法初有三族之罪。」然家語云「宰予與田常之亂，夷三族」，楚世家云「鉏人曰：新王下〔一〕法，有敢饟王、從王者，罪及三族」，酷吏列傳云「光禄徐自爲曰：古有三族」，則知「三族」是古軍法，非始于秦。

㉗⑧ 「者」字唐本缺。　孫云：説文言部云：「請，謁也。」

㉗⑨ 「善」，寶曆本作「喜」。　蘇云：「具」謂供具。　孫云：「選」讀爲「饌」。廣雅釋詁云：「饌，具也，食也。」

〔一〕「下」字原脱，據史記楚世家補。

(280) 標題下文。

(281) 王引之云：「父母」二字，皆後人所加也。古者謂父母爲親戚，故言親戚則不言父母。後人不達，故又加「父母」二字耳。篇内言「父母妻子」者多矣，皆不言「親戚」。下文有「親戚妻子」，則但言「親戚」而不言「父母」，是親戚即父母也。

(282) 孫云：「食」字衍，或當爲「貧乏食」，亦通。

(283) 「父母」二字〔一〕，王校爲後人所加。

(284) 王云：「酒肉」上當有「賜」字，而今本脱之，則文義不明。下文曰「父母妻子皆同其宮，賜衣食酒肉」，是其證。

(285) 畢云：「質宮」，言質人妻子之處。守樓臨之，所以見遠，必周防之也。古者貴賤皆謂之宮。孫云：「質宮」即下「葆宮」。

(286) 句。

(287) 句。

(288) 孫云：「舉」當讀爲「與」。史記蕭相國世家「以文無害，爲沛主吏掾〔二〕」，集解：「漢書音義云：

〔一〕「字」原誤「子」，徑改正。

〔二〕「掾」原誤「椽」，據墨子閒詁原引改，與史記合。

文無害，有文無所枉害也。律有無害都吏，如今言公平吏。一曰無害者如言無比，陳留間語也。」索隱：「應劭云：『雖爲文吏而不刻害也。』韋昭云：『爲有文理無傷害也。』」漢書蕭何傳作「文毋害」。

㉈289 「慎」，翻陸本作「愼」。

290 「三」，緜眇閣本、陳本作「二」。

291 「釜」，寶曆本作「塗」。　秋山云：「塗」，一作「釜」。　蘇云：此防其踰越，使有聲聞於人。

292 「筦」，茅本、寶曆本、緜眇閣本、陳本作「莞」。　蘇云：「門里」當作「里門」。「筦」、「關」古通用，書中「管叔」亦作「關叔」。　孫云：「者」、「諸」通。

293 孫云：「葆衛」，謂葆宮之衛卒也。

294 孫云：「請」疑「謹」之誤。以上文校之，「者」字當衍。

295 吳云：「還」讀「環」。

296 緜眇閣本、陳本「閨」作「門」，「令衛」作「衛令」。吳鈔本「司馬」下無「門」字。　孫云：「門、閨」者，謂守大門及閨門之人。備城門篇「大城丈五爲閨門，廣四尺」，公羊宣六年傳云「入其大門，則無人門焉者；入其閨，則無人閨焉者」，孫子用間篇亦有「門者」，詳前。「非」疑當爲「并」，言吏卒衛葆宮之門、閨者，并令衛司馬門，猶上文云「門將并守他門」也。漢書元帝紀顔注云：「司馬門者，宮之外門也。」漢官儀云：「公車司馬，掌殿司馬門。」三輔黃圖云：「宮之外門爲司馬門。」史記索隱云：「天子門有兵欄，曰司馬門也。」列女傳辯通篇「鍾離春詣齊宣王，頓首司馬門外」，國策秦策云「武安君過司馬門，趨甚疾」，則戰國時國君之門已有司馬門之稱。此「司馬門」則似是守令官府之門，又非公門。賈子等齊篇云「天子宮門曰司馬門，諸侯宮門曰司馬門」，是漢初諸侯王宮門亦有是稱，蓋沿戰國制。　吳云：「司馬門」亦漢制因秦故者。　○案：「非」猶不也。「門、閨者不令衛司馬門」者，使各有專司，慎重職守也。蓋官事不攝之意。

297 「太」，陸本作「大」。

298 「史」，畢本作「吏」，舊本並作「史」，今據正。　迎敵祠篇有「祝史」。

299 「善言」，緜眇閣本、陳本作「性善」。

300 畢云：言望氣縱有不善，而必以善告民，但私以實告守耳。　王云：「以請報守上」當作「以請上報守」。　蘇校同。　○案：「上」字即「守」字重文之誤而衍者。因兩「守」字連文，一本作「守守」，一本作「守二」，傳寫者兩存之。「二」與古文「上」字相似，遂譌爲「守上守」矣。迎敵祠篇「以請報守，守獨知巫卜望氣之請而已」，正無「上」字，可證。

301 王引之云：「無」即上文「巫」字，因聲同而誤。　蘇云：「望氣」下當有「者」字。

302 「令」，各本作「食」，今依秋山校改。「升」，王校作「斗」。　王云：史記平準書「各以其物自占」，索隱引郭璞云：「占，自隱度也。謂各自隱度其財物多少，爲文簿送之於官也。」　蘇云：「五種」謂五穀。

303 「期其」，寶曆本作「其期」。「期其」疑當作「期日」，下文曰「出粟米有期日」。

304 「蕁」，諸本作「蓴」，陸本作「蒪」，今從之。「蒪」即「薄」之省文，薄古「簿」字。「害」疑「書」字之形譌。言爲之期日，記於簿書上也。

305 「雜」，聚也，集也。「雜訾」猶言總計。 孫云：淮南子原道訓高注云：「訾，量也。」

306 「占不悉」，「不」字各本脱，今依王校增。「款」，緜眇閣本、陳本作「疑」。 秋山云：「款」，一作「疑」。 王引之云：「占悉」當作「占不悉」，「令吏卒款得」當作「令吏卒敳得」。敳與䰕同，説文：「䰕，司也。」「䰕」字亦作「微」，上文曰「守必謹微察」，迎敵祠篇曰「謹微察之」。言使民各自占其家穀而爲之期，若期盡而匿不占或占之不盡，令吏卒伺察而得者，皆斬也。史記平準書曰「各以其物自占，匿不自占，占不悉，戍邊一歲，没入緡錢」，即用墨子法也。今本脱「不」字，「敳」字又譌作「款」，則義不可通。 吴云：廣雅：「款，叩也。」叩猶問也。

307 「賜」，吴鈔本作「賞」。 孫云：下文亦作「賞」。

308 「收」，諸本作「牧」，寶曆本作「收」，今從之。王校同。「帛」字各本無，今依王校增。 蘇云：「出内」即出納。 王樹枏云：「出内」二字與「收」字不應，當爲「牛馬」之誤。襍守篇云「民獻粟米、布帛、金錢、牛馬畜産」，是其證。

309 王引之云：「主人券」當作「主券人」，謂與主券之人，使書其價也。襍守篇曰「民獻粟米、布帛、金錢、牛馬畜産，皆爲置平賈，與主券書之」，是其證。今本「券人」二字誤倒，則義不可通。

〇案：「主人」，即粟米布帛之物主人也。襍守篇「與主券書之」，「主」亦即粟米布帛之物主也。取物主之粟米布帛，與物主以券，書物價於上，事已，照其價倍償之，文義甚明，王改失之。

⑩ 畢云：古「償」只作「賞」，此俗寫。

⑪ 「出」，諸本作「士」，或作「土」，今依王校改。　王引之云：「『贖士』二字義不可通。『士』當爲『出』，謂以財物贖出其親戚、所知罪人也。上文云『知識昆弟有罪而欲爲贖，若以粟米、錢金、布帛、他財物免出者，許之』，是其證。隸書『出』、『士』二字相似，故諸書中『出』字多譌作『士』。

⑫ 「宮」，各本作「官」，今依蘇校改。

⑬ 「與」，吴鈔本作「予」，字通。

⑭ 蘇云：此即自占其石升之數也。

⑮ 「慎」，翻陸本作「愼」。「無」，吴鈔本作「毋」。　孫云：以上占收民食之法。

⑯ 蘇云：「候」謂訪知敵情者。

⑰ 「宮」，翻陸本作「官」。

⑱ 「異」，陸本、茅本、縣眇閣本作「巽」，堂策檻本作「蕖」，四庫本作「冀」。「宮」，道藏本、吴鈔本、陸本、唐本、茅本、縣眇閣本、堂策檻本、四庫本作「官」。

⑲ 孫云：小爾雅廣詁云：「閒，隙也。」

⑳ 孫云：「難」當爲「雜」。襍守篇云「塹再雜」，此「三雜」猶言三帀也。上亦云「葆宮之墻必三重」。

321 蘇云：「復」與「複」通。上下有道，故曰復。
322 葆宮無室，蓋通厦也。
323 文選上林賦李注云：「略，巡行也。」
324 「異」，翻陸本作「巽」，堂策檻本作「冀」，四庫本作「冀」。
325 孫云：廣雅釋詁云：「員，衆也。」
326 「肉」，緜眇閣本作「食」。
327 「審」，緜眇閣本作「賞」。　蘇云：「參」猶驗也。「信」，謂其言不妄。
328 孫云：韓非子外儲説右篇云：「燕王收吏璽，自三百石以上皆效之子之。」
329 畢云：「佩」字俗寫從玉。
330 孫云：「禄」上疑當有「爵」字。上文云「其不欲爲吏而欲以受賜賞爵禄，以令許之」，下又云「其構賞爵禄，罪人倍之」，皆可證。
331 孫云：「主國」，國都。
332 「吏」，諸本作「利」，寶曆本作「吏」，今從之。王云：「吏」、「利」俗讀相亂，故「吏」譌作「利」。
333 「百」字各本脱。「吏」，舊本作「候」，畢本作「侯」，今依王校補正。　王引之云：「三石之侯」當作「三百石之吏」。上文「候三發三信，許之二百石之吏」，此文「能深入至主國者，賞之倍他候」，故許之三百石之吏。上文云「有能捕告之者，封之以千家之邑，若非其左右，乃他伍捕告者，封之二千家之邑」，是其例也。今本「石」上脱「百」字，「吏」字又譌作「侯」，則義不可通。秋山云：「三」下恐脱「百」。蘇説同。

334 漢書刑法志顔注云：「扞，禦難也。」蘇云：「扞士」，能卻敵者。

335 上「其親之」，「之」字寶曆本作「又」。秋山云：「又」，一作「之」。蘇云：「其親之」三字誤重，上「見」字疑當作「令」，即上所謂「守身尊寵，明白貴之」者也。

336 王引之云：「罪人」二字蓋衍文。孫云：「罪人」上當有「贖出」二字。○案：孫校近是。

337 王引之云：「士」亦當爲「出」，謂出候敵人，無過十里也。下文曰「候者日暮出之」，是其證。○案：「士」字不誤，上文説候「有能入深至主國者」，則出候不止十里甚明。「士候」與「卒候」有別，猶今軍中分爲官長偵探與士兵偵探也。士候無過十里，卒候則所及里數未定，故有能入深至主國者。卒候無過五十人，士候則得至五十人以上，故下文總其數曰「候者曹無過三百人」。原文上下本屬可通，若依王校改「士」爲「出」，則上下文皆不可解矣。

338 「比」，諸本作「北」，唐本、茅本、緜眇閣本作「姪」，字形在比、北之間，寶曆本作「比」，今從之。王、顧、蘇校同。「比」，及也。襍守篇「候出置田表，即有驚，舉孔表，見寇舉牧表」，合爲三表。王引之云：「三表」當爲「五表」，説見後。

339 畢云：說文云：「熢燧，候表〔一〕也。邊有警則舉火。」「䦱，塞上亭守𤍠火者。隧，篆文省。」漢書注云：「孟康曰：𤍠如覆米䉛，縣著契皋頭，有寇則舉之。燧，積薪，有寇即燔然之也。」此二字省文。

340 孫云：言城小不能自守，又不能自通於大城也。

341 孫云：「至堞」謂傅城也。傅城則諜無所用，故去之。

342 孫云：「建」讀爲「劵〔二〕」，聲近字通。考工記輈人「左不楗」，杜子春云：「書『楗』或作『劵』。」鄭康成云：「劵，今倦字也。」又襍守篇作「唯弇逮」，則疑「建」即「逮」之形誤。逮與怠音近古通。非儒篇「立命而怠事」，晏子春秋外篇「怠」作「逮」。二義並通，未知孰是。○案：「建」當從襍守篇作「逮」。「厭逮」猶淹怠，詳襍守篇。

343 畢云：據上文「暮」當爲「莫」。

344 畢云：即徽織，「微」當爲「徽」。說文云：「微，幟也。以絳帛箸於背。从巾，微省聲。春秋傳曰：揚徽者公徒。」東京賦云「戎士介而揚揮」，薛綜注云：「揮爲肩上絳幟，如燕尾。」亦即徽也。說文又無「幟」字，當借「織」爲之。　孫云：正字當作「徽識」，詳前旗幟篇。

〔一〕「候表」，畢刻本原誤倒，本書沿誤，據說文火部乙。
〔二〕「劵」原誤「券」，據墨子閒詁改。下並同。

㉟ 蘇云：「隊」當作「隧」。「要塞」謂險隘之處也。　孫云：「隊」、「隧」字通。　○案：「要塞」二字作動字用。空隊要塞之，所以難寇。襍守篇曰「諸外道可要塞以難寇」，「空隊」猶「外道」也。

346 「可」下空格，茅本、寶曆本、緜眇閣本、堂策檻本、陳本、四庫本無。　王引之云：此當作「人所往來者令可以迹，迹者無下里三人，平明而迹」，言人所往來之道必令可以迹，其迹者之數，無下里三人，至平明時而迹之也。襍守篇云「距阜山林皆令可以迹，平明而迹」，是其證。今本「可」下脫「以迹」二字，「平」下又脫「明」字，則義不可通。周官迹人注：「迹之言跡知禽獸處。」襍守篇曰「可以迹知往來者多少」。

347 襍守篇作「置田表」。　孫云：「田」、「陳」古音相近字通。「田表」謂郭外之表也。

348 襍守篇曰「斥坐郭内外，立旗幟」。　吳云：「遮」、「斥」同義，淮南兵略篇「相爲斥闉要遮」。古稱斥候，若史記李將軍傳云「遠斥候」是也。亦稱候遮，晉語「候遮扞衛不行」是也。此文「遮」若下文之「迹」，皆主此事之人也。「坐」讀左傳「楚人坐其北門」之「坐」，「坐」者，守也。

349 「半」，各本作「少」，今依王校改。「可知」，諸本作「知可」，寶曆本作「可知」，今從之，王校同。王引之云：此當作「令卒之半居門内，令其少多無可知也」，言令其卒半在門外，半在門内，不令人知我卒之多少也。襍守篇云「卒半在内，令多少無可知」，是其證。　蘇校同。

350 畢云：「即」舊作「節」，以意改。　蘇云：「驚」同「警」。　○案：寶曆本作「即」。襍守篇曰「即有驚舉孔表，見寇舉牧表」，文義較完，此疑有脫文。

351 畢云：說文云：「越，度也。」言踰越而來。　吴云：爾雅：「越，揚也。」揚，舉也。

352 畢云：「麾」即「摩」字異文。摩即⿱靡手字省文。說文云：「⿱靡手，旌旗，所以指⿱靡手也。从手，靡聲。」玉篇云：「⿱靡手，呼爲切。」

353 「擊缶」，寶曆本作「繫缶」。　畢云：禥守篇云「斥步鼓整旗旗以備戰」，此作「坐擊正期」，即擊鼓正期也。　蘇云：「迹坐」當從上文作「遮坐」，「擊」下脱「鼓」字，謂坐而擊鼓也。「正期以戰備」，當從禥守篇作「整旗以備戰」。　孫云：蘇校上句近是，「迹」當作「遮」，與上「迹」字爲候不同。以戰備從麾所指，謂遮者既見寇，則具戰備，從城上旌麾所指進退而迎敵。此遮者從戰，而候則敵至去之，不從戰，是其異也。蘇校從禥守篇改「戰備」爲「備戰」，誤。　吴云：「迹」即「遮」之誤字。

354 「見寇」二字各本脱，今依王校增。　王云：禥守篇：「望見寇，舉一烽。入竟，舉二烽。」

355 蘇云：「竟」同「境」。

356 「狎」，寶曆本作「押」，下同。　畢云：「狎」，近。

357 「郭」字各本脱，今依王校增。

358 王引之云：「垂」字義不可通，當爲「表」。上文言候者「各立其表」，則此所舉者皆表也。又此文曰「望見寇舉一垂，入竟舉二垂，狎郭舉三垂，入郭舉四垂，狎城舉五垂」，即上文所謂「比至城者五表也」，則「垂」字明是「表」字之譌，隸書二形略相似。通典兵五曰：「城上立四表以爲候視，若敵去城五六十步，即舉一表；橦梯逼城，舉二表；敵若登梯，舉三表；欲攀女墻，舉四表。夜即舉火如表。」此「舉表」二字之明證也。又案襍守篇「守表者三人，更立捶表而望」，當作「更立表而望」。蓋一本誤作「垂」，一本正作「表」，而校書者誤合之，淺人不知「垂」爲「表」之誤，又妄加手旁耳。　俞云：王說非也。「垂」者，「郵」之壞字，郵即表也。禮記郊特牲篇有「郵表畷」，鄭君說此未明。阮氏元揅經室集有釋一篇，稍近之，然亦有未盡者。「郵表畷」蓋一物也。古者於疆界之地立木爲表，綴物於上，若旌旗之旒，謂之「郵表畷」。「郵」與「旒」通，「畷」與「綴」通。鄭君引詩「爲下國畷郵」，今長發篇作「綴旒」，是知「郵畷」即「綴旒」也。以其用而言，所以表識也；以其制而言，若綴旒然。此「郵表畷」所以名也。墨子書多古言，襍守篇「捶表」即郵表也。「郵」誤爲「垂」，後人妄加手旁耳。重言之曰「郵表」，單言之則或曰「表」、或曰「郵」，皆古人之常語也。王氏竟改爲「表」，雖於義未失，而古語亡矣。

(359) 王云：亦如五表之數。

(360) 王引之云：「外空井」當作「外宅井」，謂城外人家之井也。恐寇取水，故塞之，故下文云「無令可得汲也」。襍守篇云「外宅溝井可窴塞」，是其證。若空井，則無庸塞矣。　王樹枏云：「空」字不誤。「空井」、「空室」，謂無人食之、居之也。　吴說同。

(361) 王云：「無」下脫「令」字。下文曰「無令客得而用之」，襍守篇曰「無令寇得用之」。　○案：「可」字不當有，「可」即「令」字之誤。上文「勿令」或「無令」字屢見，「令」下皆無「可」字。　王引二例亦無「可」字，可證。

362 「室屋」，諸本作「空室」，寶曆本作「室屋」，今從之。「室屋」古人常語，禮記月令曰「毋發室屋」，戰國策趙策「毋伐樹木，毋發室屋」，吕氏春秋懷寵篇曰「不伐樹木，不焚室屋」，論衡龍虚篇曰「發壞室屋」，潛夫論實邊篇曰「發徹室屋」。本書襍守篇曰「寇薄，發屋伐木」，商子兵守篇曰「客至，發梁撤屋，使客無得以助攻備」，文意與此同。　王引之云：「外空室」當作「外宅室」。

363 蘇云：「内」讀如「納」。

364 陳本作「事已」。　孫云：「以」與「已」同，言守事畢也。

365 各本脱「以」字，又「吏」作「事」，今依蘇校補正。　蘇云：「各」下脱「以」字。「事爲之券」當作「吏爲之券」。「叓」，古「事」字，與「吏」近也。　○案：金文「事」、「吏」同字。

366 「材」，各本作「枚」，今依王校改。　畢云：「遂」同「術」。　王云：「遂」與「隧」同，道也。「内」與「納」同。　王引之云：「枚木」當爲「材木」，「既燒之」當爲「即燒之」。言當道之材木不能盡納城中者，即燒之，無令寇得而用之也。襍守篇云「材木不能盡入者，燔〔一〕之，無令寇得用之」，是其證。　蘇説同。　孫云：「當遂」即備城門篇之「當隊」。　○案：「既」字不誤。「既」，盡也。「既燒之」即盡燒之，與上文「盡伐除之」、「盡室之」、「盡發之」、「盡伐之」文例一律。

〔一〕「燔」原作「燒」，據讀書雜志改，與襍守篇原文合。

⑶67 「忠」、「中」字通。上文作「署閒」、「署隔」，字異而義同。

⑶68 「聅」，各本作「射」，今依畢、吴説改，下並同。畢云：「射」謂貫耳。俞云：「射」疑「刖」字之誤。吴云：「射」當爲「聅」，説文：「聅，貫耳也。」畢説是。俞改爲「刖」，妄也。孫云：「射」正字作「䠶」，與「聅」形近。

⑶69 「色」，緜眇閣本、陳本作「邑」。「乏」，寶曆本作「正」。孫云：「謾正」謂欺謾正人。

⑶70 畢云：「尼」，止。

⑶71 畢云：言舍其事。

⑶72 「就」下畢本有「路」字，舊本並無，今據删。畢云：言緩。孫云：言事急而後至。

⑶73 孫云：謂不謁告也。漢書高帝紀注：「李斐云：休謁之名，吉曰告，凶曰寧。」

⑶74 「讙」，茅本、寶曆本、緜眇閣本、陳本作「驩」。説文曰：「讙，譁也。」畢云：「駴」、「駭」字異文。周禮云「鼓皆駴」，陸德明音義云：「本亦作駭，胡楷反。李一音亥。」又「大僕戒鼓」，鄭君注云：「故書戒爲駭。」則「駴」本「戒」之俗加也。

⑶75 「次」讀爲「恣」。恣主猶言傲主。

⑶76 「凶言其罪」四字，四庫本誤作「上其罪」。

⑶77 「弊騏」讀爲「蔽棊」。方言：「簙謂之蔽，或謂之棊。圍棊謂之弈。」楚辭招魂：「菎蔽象棊，有六簙些。」此言「弊騏」，猶論語言「博弈」。

③78 「之令」，四庫本作「號令」。

③79 「聞」，寶曆本作「閒」。　王引之云：「伐」當爲「代」。卒吏民不聽誓令者，其罪斬。若有司不使之聞誓令，則當代之服罪矣。　蘇説同。　俞云：「去」乃「士」字之誤。

③80 孫云：此句有誤，疑當作「死三日徇」。「徇」、「徇」古今字。「死」與「尸」聲近義通。謂陳尸於市三日，以徇衆也。周禮鄉士云「肆之三日」，左襄二十二年傳「楚殺子南，三日，棄疾請尸」，是戮於肆者，皆陳尸三日也。「三」與古文「上」作「二」相似。「日」、「目」、「徇」、「行」形並相近。○案：孫校近是。「死」、「尸」古字通用。左哀十六年傳「而問白公之死焉」，「死」即「尸」也。

③81 「侍」，寶曆本作「待」。

③82 蘇云：「更」，代也。言鋪食則遣其曹更代，勿令空也。

③83 王引之云：「長」下當有「者」字，而今本脱之。下文曰「中涓一長者」，是其證。

③84 「入」，諸本作「人」，寶曆本作「入」，與畢本同。

③85 孫云：文選藉田賦李注引字書云：「督，察也。」

③86 堂策檻本、四庫本「令」作「今」，「坐」作「生」，誤。

③87 吳云：「令門」蓋内門，「散門」蓋外門。

③88 句。

③89 句。

㊂⑨⓪ 句。

㊂⑨① 「名」，畢本誤「民」，舊本並作「名」，今據正。

㊂⑨② 候居高樓便瞭望。

㊂⑨③ 孫云：「道」亦從也，詳前。

㊂⑨④ 「須」，諸本作「順」，寶曆本作「順」，字形在「順」、「須」之間。蘇校作「須」，今從之。蘇云：「順」爲「須」之譌。「須」，待也。襍守篇云：「以須告之，至以參驗之。」

㊂⑨⑤ 畢云：言傳其言。

㊂⑨⑥ 「閑」，寶曆本、畢本誤作「閉」，餘本並作「閑」。「閑」字是。說文曰：「閑，闌也。从門中有木。」周禮虎賁氏「舍則守王閑」，鄭注云：「閑〔一〕，梐枑〔二〕。」左襄二十一年經孔疏云：「閑是欄衛禁防之名也。」皆此「閑」字之義。「閑」者爲欄衛而人可通過，若作「閉」則失其義矣。

㊂⑨⑦ 畢云：「院」當爲「俔」。

㊂⑨⑧ 「初」，道藏本、陸本、唐本、茅本、緜眇閣本作「初」。

㊂⑨⑨ 孫云：此有脱誤。疑當作「卒夾視葆舍」。葆舍猶葆宫也。

〔一〕「閑」原誤「闌」，據鄭注改。
〔二〕「枑」原誤「柾」，據鄭注改。

400「札」，諸本作「扎」，寶曆本作「札」，與畢本同。王云：「參食」當爲「參驗」。襍守篇曰「吏所解皆札書藏之，以須告之，至以參驗之」，是其證。此「驗」譌爲「僉」，又譌爲「食」耳。

401 孫云：「節」當爲「即」。○案：「節」、「即」字通。

402 孫云：「正請」當爲「止詰」。

403「街」字，寶曆本無。孫云：「屯陳」即上文之「屯道」。「樓」上疑脫「爲」字。

404 寶曆本重「鼓」字。孫云：「聾」、「壟」之假字，詳備城門篇。樓有一竈者，夜以舉火。

405 商子定分篇曰「即後有物故」。孫云：「物故」猶言事故。

406 孫云：言有事故則擊鼓也。

407「止」，諸本作「正」，寶曆本作「止」，今從之。孫云：言擊鼓以報吏，吏至鼓乃止也。

408 孫云：備城門篇云「城上五十步一廁，與下同圂」，與此略同。

409 孫云：「請」亦當爲「諸」之誤。

410 孫云：「杼」當爲「抒」。左傳文六年杜注云：「抒，除也。」開元占經甘氏外官占引甘氏讚云「天溷伏作，抒廁糞土」。「利」疑譌。○案：「利」疑「罰」字之譌。謂令其抒除圂廁以罰之。淮南子說山訓曰：「以潔白爲汗辱，譬猶沐浴而抒溷。」

襍守篇第七十一①

禽子問曰：客衆而勇，輕意見威②，以駭主人，薪土俱上③，以爲羊坽④，積土爲高，以臨吾民⑤，蒙櫓俱前，遂屬之城⑥，兵弩俱上，爲之柰何？子墨子曰：子問羊坽之守邪⑦？羊坽者，攻之拙者也，足以勞卒，不足以害城⑧。羊坽之政⑨，遠攻則遠害，近城則近害，不至城⑩。矢石無休⑪，左右趣射，蘭爲柱後⑫，望以固⑬。厲吾鋭卒，慎無使顧，守者重下，攻者輕去⑭。養勇高奮，民心百倍，多執數賞⑮，卒乃不殆⑯。作士不休⑰，不能禁禦，遂屬之城，以禦雲梯之法應之。凡待煙、衝、雲梯、臨之法⑱，必廣城以禦之⑲。日不足⑳，則以木椁之㉑，左百步，右百步㉒。繁下矢石、沙灰以雨之㉓，薪火、水湯以濟之。選厲鋭卒，慎無使顧，審賞行罰㉔，以静爲故，從之以急，無使生慮㉕，恙恿高憤㉖，民心百倍，多執數賞，卒乃不怠㉗。衝、臨、梯皆以衝衝之。渠長丈五尺，其埋者三尺㉘，矢長丈二尺㉙。渠廣丈六尺㉚，其弟丈二尺㉛，渠之垂者四尺，樹渠無傳葉五寸㉜。梯渠十丈一㉝。梯㉞渠、荅大數，里二百五十八渠，荅百二十九㉟。諸外道可要塞以難寇，其甚害者爲築三亭㊱，亭三隅㊲，織女之㊳，令能相救。諸距阜㊴、山林、溝瀆、丘陵、阡陌㊵、郭門若閻術，可要塞㊶及爲微職㊷，可以迹知往來者少多及所伏藏之處。

葆民，先舉城中官府、民宅、室署，小大調處㊸。葆者或欲從兄弟、知識者，許之㊹。外宅粟米、畜産、財物諸可以佐城者，送入城中，事即急，則使積門内㊺。

俟無過五十，寇至隨葉去，唯弇逮㊻。

民獻粟米、布帛、金錢、牛馬畜産，皆爲置平賈㊼，與主券書之㊽。使人各得其所長，天下事當㊾；鈞其分職，天下事得㊿；皆其所喜，天下事備(51)；强弱有數，天下事具矣(52)。

築郵亭者圜之(53)，高三丈以上，令侍殺爲辟梯(54)，梯兩臂長三尺(55)，連門三尺，報以繩連之(56)。塹再雜，爲縣梁(57)。聾竈(58)，亭一鼓(59)。寇烽、驚烽、亂烽(60)，傳火以次應之，至主國止(61)。其事急者，引而上下之(62)。烽火以舉(63)，輒五鼓傳，又以火屬之(64)，言寇所從來者少多(65)，旦弇還(66)。去來屬次，烽勿罷。望見寇，舉一烽；入境(67)，舉二烽；射妻(68)，舉三烽、一鼓(69)；郭會(70)，舉四烽、二鼓；城會，舉五烽、五鼓(71)。夜以火，如此數(72)。守烽者事急(73)，日暮出之，令皆爲微職。距阜、山林皆令可以迹，平明而迹，無迹，各立其表，城上應之(74)。俟出置田表(75)，斥坐郭内外，立旗幟(76)，卒半在内，令多少無可知。即有驚(77)，舉孔表；見寇，舉牧表(78)。城上以麾指之，斥步鼓，整旗旗以備戰(79)，從麾所指(80)。田者男子以戰備從斥(81)，女子亟走入(82)，即見放(83)，到傳到城止(84)。守表者三人，更立捶表而望(85)。守數令騎若吏行㫄視，有以知爲所爲[86]。其曹一鼓[87]，望見寇，鼓，傳到城止。

升食[88]，終歲三十六石[89]；參食，終歲二十四石[90]；四食，終歲十八石[91]；五食，終歲十四石四斗[92]；六食，終歲十二石[93]。升食食五升[94]，參食食參升小半[95]，四食食二升半，五食食二升，六食食一升大半，日再食。救死之時，日二升者二十日，日三升者三十日，日四升者四十日[96]，如是而民免於九十日之約矣[97]。

寇近，亟收諸雜鄉金器若銅鐵[98]及他可以左守事者[99]。先舉縣官室居、官府不急者，材之大小、長短及凡數[100]，即急先發。寇薄[101]，發屋伐木，雖有請謁，勿聽[102]。入柴勿積魚鱗簪[103]，當隊，令易取也[104]。材木不能盡入者燔之，無令寇得用之[105]。積木，各以長短、小大、惡美形相從[106]，城四面外各積其內，諸木大者皆以爲關鼻[107]，乃積聚之。

城守司馬以上，父母、昆弟、妻子有質在主所，乃可以堅守[108]。署都司空，大城四人[109]，候二人[110]。縣候，面一[111]。亭尉、次司空，亭一人[112]。吏侍守所者，財足、廉信[113]，父母、昆弟、妻子有在葆宮中者[114]，乃得爲侍吏。諸吏必有質，乃得任事。守大門者二人[115]，夾門而立，令行者趣其外[116]。各四戟，夾門立[117]，而其人坐其下，吏日五閱之[118]，上逋者名。

池外廉有要有害[119]，必爲疑人，令往來行夜者射之，謀其疏者[120]。牆外水中爲竹箭[121]，箭尺廣二步[122]，箭於下水五寸[123]，雜長短[124]，前外廉三行[125]，外外鄉[126]，内亦内鄉[127]。三十步一弩廬，廬廣十尺，袤丈二尺[128]。百步一隊[129]，隊有急[130]，極發其近者往佐[131]，其次襲其處[132]。

守節出入使，主節必疏書[133]，署其情，令若其事[134]，而須其還報以劍驗之[135]。節出[136]，使所出門者，輒言節出時摻者名[137]。

閤通守舍[138]，相錯穿室。治復道，爲築墉，墉善其上[139]。

取疏[140]，令民家有三年畜蔬食[141]，以備湛旱[142]，歲不爲常[143]。令邊縣豫種畜芫、芸、烏喙、祩葉[144]，外宅溝井可寘塞[145]，不可[146]，置此其中[147]。

安則示以危，危示以安。

寇至，諸門户皆令鑿而類竅之[148]，各爲二類，一鑿而屬繩，繩長四尺，大如指[149]。

寇至，先殺牛、羊、雞、狗、鳧、鴈[150]、彘，皆剥之[151]，收其皮革、筋、角、脂、葪、羽[152]。

吏橝桐卣[153]，爲鐵錍[154]，厚簡爲衡枉[155]，事急卒不可遠，令掘外宅林[156]，謀多少[157]，若治城[158]爲擊[159]，三隅之[160]，重五斤已上[161]。諸林木渥水中，無過一茷[162]。塗茅屋若積薪者，厚五寸已上。

吏各舉其步界中財物可以左守備者，上[163]。

有讒人，有利人，有惡人，有善人，有長人，有謀士，有勇士，有巧士，有使士[164]，有内人者，外人者[165]，有善人者，有善門人者[166]，守必察其所以然者，應名乃内之[167]。民相惡，若議吏，吏所解[168]，皆札書藏之[169]，以須告之至以參驗之[170]。睨者小五尺不可卒者，爲署吏，令給事官府若舍[171]。

藺石[172]、厲矢、諸材[173]器用皆謹部，各有積分數[174]。爲解車以枱，城矣[175]以軺車[176]，輪軲[177]廣十尺，轅長丈，爲三輻，廣六尺。爲板箱，長與轅等[178]，高四尺[179]，善蓋上，治中令可載矢[180]。

子墨子曰：凡不守者有五：城大人少，一不守也[181]。城小人衆，二不守也。人衆食寡，三不守也。市去城遠，四不守也。畜積在外[182]，富人在虚[183]，五不守也。率萬家而城方三里[184]。

① 本篇多掇拾他篇異文，特分段録之。

② 「意」讀爲「意」。説文曰：「意，滿也。」「輕意」言輕佻驕滿也。國語周語曰「師輕而驕」，説苑敬慎篇曰「昆吾自臧而滿意」。

③ 「土」，堂策檻本、四庫本誤「上」。

④「坽」，諸本作「坽〔一〕」，寶曆本作「坽」，今從之。儀禮既夕禮有「坽」字。「羊坽」，備高臨篇作「羊黔」，猶言高臨也，詳彼注。

⑤「吾」字各本脱。畢云：「句，脱一字。」王樹枬云：「據備高臨篇，此文『民』上應脱『吾』字。」今依增。

⑥畢云：「民」、「城」爲韻。

⑦「之」字各本脱，今依王校增。

⑧「城」，緜眇閣本作「成」。

⑨蘇云：「政」當作「攻」。

⑩畢云：句，脱一字。孫云：此當作「害不至城」，即上云「不足以害城」也。

⑪此句之上疑有脱文。

⑫畢云：「休」、「後」爲韻。

⑬畢云：句，脱一字。

⑭畢云：舊作「云」，以意改。「固」、「顧」、「去」爲韻。

⑮「多」，堂策檻本作「百」，誤。「賞」，各本作「少」，今依王校改。王云：「多執數少」義不可通。

〔一〕「坽」原誤「坽」，據畢本及道藏本、嘉靖本等舊刻本改。

「少」當爲「賞」，「賞」字脱去大半，僅存「小」字，因謁而爲「少」。言我之卒能多執敵人者數賞之，則卒乃不怠也。下文正作「多執數賞，卒乃不怠」。　蘇説同。

⑯ 畢云：舊脱「卒」字，據下文增。「倍」、「殆」爲韻。　王云：「怠」、「殆」古字通。

⑰ 孫云：「士」當作「土」，即上文之「積土」也。商子兵守篇云：「客至而作土以爲險阻。」

⑱ 畢云：「煙」同「堙」。　○案：備城門篇作「堙」，又作「闉」。

⑲ 「廣」，畢本誤「應」，舊本並作「廣」，今據正。

⑳ 「日」本作「曰」，誤。

㉑ 「椁」讀爲「郭」。敵已迫近，時間迫促，則以木爲郭，遏止敵人。蓋恐城褊小，不便待禦敵人之堙、衡、梯、臨。晉書宣帝紀「孟達於城外爲木柵以自固」，即此所謂「以木郭之」之類。

㉒ 「右」，茅本、寶曆本、緜眇閣本、陳本作「又」。

㉓ 「灰」，各本作「炭」，今依王校改，説詳備梯篇。

㉔ 「審賞」，諸本倒作「賞審」，寶曆本作「審賞」，與備梯篇合，今從之。王、蘇校同。

㉕ 畢云：「生」舊作「主」，以意改。　○案：寶曆本作「生」，備梯篇亦作「生」。

㉖ 「恙」舊作「恚」，今依王校改。「恿」舊作「⿸疒恿」，今依畢校改。「憤」，寶曆本誤「慎」。　畢云：説文「恚，恨也」，「恿，古文勇，从心」，則字當爲「恿」。　王引之云：畢以「⿸疒恿」爲「恿」之誤，是也。「恚」當爲「恙」，字之誤也。「恙」與「養」古字通。「憤」與「奮」同。上文云「養勇高奮，民心百倍」，

是其明證也。

㉗ 畢云：舊「乃不」二字倒，以意改。「顧」「故」「慮」、「倍」「息」爲韻。

㉘ 「其」，堂策檻本爛作「具」，四庫本誤作「具」。　畢云：「埋」，舊本作「理」，以意改。

㉙ 蘇云：備城門篇「矢」作「夫」。　俞云：「矢」當爲「夫」，即「趺」之省，詳備城門篇。　孫、吳說同。

㉚ 「渠」上當有「梯」字，下文衍一「梯」字，當移置於「渠」上。此指梯渠言，故下以「其弟」承之。

㉛ 蘇云：「弟」與「梯」同，下文作「梯」是也。

㉜ 「傅」，舊本作「傳」，誤。　畢云：「葉」即「堞」字。　蘇云：備城門篇言「去堞五寸」，與此言合。

㉝ 「梯渠」與渠設置之距離有別。備城門篇曰「城上二步一渠」，又曰「城上七尺一渠」，蓋指普通渠言之。此十丈一，蓋專指梯渠言也。

㉞ 此「梯」字當移置於上文「渠廣丈六尺」之上。

㉟ 蘇云：備城門篇言「城上二步一渠」，又言「二步一荅」，此「里」字疑當作「步」。　孫云：此當作「里一百五十八步」。「里」字不誤，今本脫一「步」字耳。里法本三百步，而云「二百五十八步」者，蓋就設渠荅之處計之，所餘四十二步或當門隅及樓圉，不能盡設渠荅，故不數。○案：備城門篇言「城上二步一渠」，又言「城上七尺一渠」，若以七尺一渠計之，則一里正可設二百五十

八渠，此文當從「渠」字斷句。「荅百二十九」者，似言每里中渠、荅比例二渠一荅，其大數蓋如此也。

㊱蘇云：此言險隘宜守。「害」謂要害。築亭，備瞭望也。

㊲「亭三」，畢本倒作「三亭」，舊本並作「亭三」，今據乙。

㊳陳奐云：織女三星成三角，故築防禦之亭以象織女處隅之形。　孫云：陳説是也。此言亭爲三隅，形如織女三星之隅列，猶下文云「爲擊三隅之」也。六韜軍用篇云「兩鏃蒺藜，參連織女」，是古書多以織女儗三角形之證。

㊴畢云：「距」舊作「詎」，以意改。　蘇云：「距」、「鉅」通用，大也。

㊵畢云：古只爲「仟佰」。

㊶孫云：説文門部云：「閻，里中門也。」

㊷「微職」即微識。

㊸「小大」，畢本作「大小」，舊本並作「小大」，今據乙。　孫云：「葆民」即外民入葆者。計度城内宮室之大小，分處之，必均調也。

㊹「識」字各本脱，今依王校增。　王引之云：「知」下當有「識」字，而今本脱之，則文義不完。號令篇曰「其有知識、兄弟欲見之」，是其證。

㊺孫云：事急不及致所積之處，則令暫積門内，取易致也。

㊻「葉」，畢意改爲「棄」。　王云：畢改非也。此當作「寇至葉，隨去之」，言候無過五十人，及寇至堞時即去之也。「葉」與「堞」同。號令篇曰「遣卒候者無過五十人，客至堞去之」，是其證。

孫云：「唯弇逮」當作「無厭逮」，「逮」、「怠」通。號令篇作「無厭建」。　○案：王校甚是。孫謂「唯」當作「無」，亦可從。「弇」字不誤，「弇逮」猶淹怠。淹，遲。怠，緩也。「弇逮」，下文作「弇還」，號令篇作「厭建」，「厭」爲「淹」之聲借，「還」、「建」並「逮」之形譌。孫據號令篇文移此十三字於下文「日暮出之」之上。惟移後與彼處上下文亦不銜接，今仍從舊本。

㊼孫云：號令篇作「皆爲平直其價」，疑「置平」亦「平直」之誤。　○案：原文不誤。管子輕重甲篇曰「子大夫有五穀菽粟者，勿敢左右，請以平價取之，子與之定其券契之齒，釜鏂〔一〕之數，不得爲侈弇焉」，輕重乙篇、輕重丁篇文略同，可爲「平價」連文之證。

㊽號令篇作「與主人券書之」。

㊾畢云：「長」、「當」爲韻。

㊿「鈞」、「均」字通。　畢云：「職」、「得」爲韻。

(51)畢云：「喜」、「備」爲韻。

(52)畢云：「數」、「具」爲韻。　蘇云：此八句與前後文語意不倫，疑有錯簡。　○案：以上三

〔一〕「鏂」原作「彄」，據管子輕重甲改。

十六字疑當在下文「守〔二〕必察其所以然者，應名乃納之」之下。

(53)「郵」，舊本作「卸」，即「郵」之俗譌。佩觿曰：「俗以下卸之卸爲郵亭。」

(54)「侍」讀爲「等」。「殺」，差也。「侍殺」猶言等差，謂等差爲臂梯也。畢云：「辟」即「臂」字。

(55)孫云：亭高三丈以上，則梯長不得止三尺，疑「尺」當爲「丈」。

(56)孫云：「連門」疑當作「連版」。

(57)孫云：「槧」當爲「塹」。「塹縣梁」見備城門篇。「再雜」猶言再帀。

(58)孫云：當作「壟竈」，詳備城門篇，亦言每亭爲一壟竈。號令篇云「樓一鼓、壟竈」。

(59)下文「守烽者事急」五字疑當在此。

(60)孫云：言舉烽有此三等，以爲緩急之辨。

(61)畢云：舊作「正」，以意改。

(62)孫云：謂引烽而上下之。烽著桔槔頭，故可引而上下，詳號令篇。

(63)藝文類聚八十引「以」作「已」，字通。

(64)畢云：「火」舊作「又」，以意改。

(65)「多」字茅本闕。類聚引作「言寇所從來多少。」

〔二〕「守」原誤「必」，據下文改。

66「旦」，翻陸本、寶曆本作「且」。孫云：疑當爲「毋弇建」，或爲「毋弇逯」。○案：當作「毋弇逮」，言毋遲緩也。說詳上文。

67 畢云：號令篇作「竟」，是。

68 孫云：「妻」疑「要」之譌。上文屢云「要塞」，下文又云「有要有害」，可證。吴云：「射妻」當爲「狎郭」之誤。

69「一」字畢本脱，舊本並有，今據補。

70 孫云：謂寇至郭。

71 以上三「鼓」字，各本並作「藍」。王引之云：「藍」字義不可通，蓋「鼓」字之誤。「鼓」字篆文作「鼓」，上「屮」誤爲「廿」，中「豆」誤爲「臣」，下「业」誤爲「血」，遂合而爲「藍」字。此文當云：「望見寇，舉一烽一鼓；入境，舉二烽二鼓；射妻，舉三烽三鼓；郭會，舉四烽四鼓；城會，舉五烽五鼓。」上文曰「烽火以舉，輒五鼓傳」，正與此舉五烽五鼓相應。史記周本紀「幽王爲烽燧大鼓，有寇至則舉烽火」，是有烽即有鼓也。今本「舉一烽」、「舉二烽」下脱「一鼓」、「二鼓」四字。「舉三烽三鼓」、「舉四烽四鼓」，「鼓」字既皆誤作「藍」，而上句「三」字又誤作「一」，下句「四」字誤作「二」。唯下文「舉五烽五藍」，「藍」字雖誤，而兩「五」字不誤，猶足見烽鼓相應之數，而自「一烽一鼓」以至「五烽五鼓」皆可次第而正之矣。下文曰「夜以火如此數」，正謂如五烽五鼓之數，則「藍」爲「鼓」字之誤甚明。○案：王以「藍」爲「鼓」字之誤，是也，今依改。至謂烽鼓之數皆相應，則增改太多。今以旗幟篇文校之,「鼓三舉一幟,鼓四舉二幟,鼓五舉三幟,鼓六舉四幟」云云,「夜以火如此數」,其文例與此相似,彼文幟數與鼓數不同,或此文烽數與鼓數亦不同也。此文「三烽一鼓」、「四烽二鼓」,則五烽當爲三鼓,今本「三鼓」作「五鼓」者,三與五形近而譌耳。

(72) 夜則舉火,其數如烽。

(73) 以上五字疑當在上文「寇烽、驚烽」之上。

(74) 「城上應之」,各本作「下城之應」,今依秋山、王、蘇校改。秋山云:「下城之應」當作「城上應之」。蘇說同。王引之云:此本作「平明而迹,迹者無下里三人,各立其表,城上應之」,言迹者之數每里無下三人,各立其表而城上應之也。號令篇云「迹者無下里三人,平明而迹,各立其表,城上應之」,是其證。今本「迹者無下里三人」七字祇存「無迹」二字,「城上應之」又譌作「下城之應」,則義不可通。

(75) 孫云:「田表」,候出郭外所置之表。郭外皆民田,下云「田者男子以戰備從斥」,即郭外耕田之民也。

(76) 「斥」、「庶」義同,詳號令篇。蘇云:號令篇云「候出越陳表,遮坐郭門之外內,立其表」,文較此爲優。「田」與「陳」通。

(77) 「驚」、「警」通,詳號令篇。

(78) 吳云:「孔表」、「牧表」皆表之名。

⑲ 蘇云：「步」當作「坐」。下「旗」字衍。　孫云：「備戰」當從號令篇作「戰備」，即兵械之屬。舊讀「以備戰」三字屬上句，誤。　○案：號令篇作「以戰備」，屬下讀，此作「以備戰」，屬上讀，義均可通，今各仍本文。

⑳ 「指」，畢本誤「止」，舊本並作「指」，今據正。　蘇云：號令篇作「指」。

㉑ 孫云：謂從斥卒禦敵。

㉒ 「亟」，諸本作「函」，寶曆本作「亟」，今從之。王校同。

㉓ 孫云：「放」當爲「寇」，下文可證。

㉔ 「止」，諸本作「正」，寶曆本作「止」，今從之。　王引之云：上「到」字當爲「鼓」，「正」當爲「止」。「鼓傳到城止」見下文。　蘇云：此句上有脱簡。上「到」字誤衍，「正」爲「止」字之譌。

㉕ 「捶」，緜眇閣本、陳本作「棰」。「捶表」詳號令篇。　蘇云：號令篇言「表三人守之」，與此合。「捶」，號令篇作「垂」。

㉖ 蘇云：「㫄」當作「訪」。上「爲」字當作「其」。　孫云：「㫄視」猶言偏視。

㉗ 孫云：言守表者每曹有一鼓。

㉘ 論衡治期篇曰「若升食以下」。　畢云：「疑『斗食』。」蘇、俞校同。

㉙ 蘇云：據下言「升食食五升」，又言「日再食」，是一食五升，再食則一斗，以終歲計之，當三十六石也。

(90) 俞云：「參食」者，參分斗而日食其二也，故終歲二十四石也。

(91) 「四」字畢本脱，舊本並有，今據補。　蘇云：據下言「四食食二升半」，日再食則五升，以終歲計之，當得十八石也。

(92) 「四斗」二字各本作「一升」字，今依俞校補正。　俞云：「五食」者，五分斗而食其二，則每日食四升，終歲當食十四石四斗。今作「終歲十四石升」，蓋誤「斗」爲「升」，又脱「四」字耳。　蘇説同。

(93) 蘇云：下言「六食食一升大半」，是每日食三升有奇，以終歲計之，當得十二石也。

(94) 此以下注明升食等每食之量，日再食、歲計之各與前述總數相合。

(95) 「參升」之「參」，道藏本、陸本、茅本作「叁」，唐本、緜眇閣本、堂策檻本、陳本、四庫本作「三」，影印唐本作「二」，誤。「小半」二字各本脱，今依俞校增。

(96) 孫云：日二升者，再食每食一升也；日三升者，每食一升有半也；日四升者，每食二升也。

(97) 孫云：「約」謂危約。

(98) 「亟」，諸本作「函」，寶曆本作「亟」，今從之。王校同。「金」，唐本作「食」。　孫云：「雜鄉」當作「離鄉」，言城外別鄉器物皆收入城内也。備城門篇〔一〕云：「城小人衆，葆離鄉老弱國中及他

〔一〕「備城門篇」四字，原作「上文」二字，據墨子閒詁原文改。按：孫所引之文，本書已移入號令篇。

大城。」

⑲ 顧云：「左」，助也。　蘇云：「左」、「佐」通用，下同。

⑳ 説文曰：「凡，冣括而言也。」　孫云：凡數猶言大總計數也。周禮外史云「凡數從政者」。

㉑ 蘇云：「薄」謂迫近。

㉒ 句。

㉓ 畢云：疑「槮」字假音。讀若高誘注淮南積柴之「罧」。　孫云：畢説是也。淮南子説林訓本作「罛」。高注云：「罛者，以柴積水中以取魚。罛讀沙槮。幽州名之爲涔也。」説文作「罧」，云：「積柴水中以聚魚也。」備蛾傅篇説荅云「兩端接尺相覆，勿令魚鱗三」，「三」即「參」，亦即「槮」之省也。爾雅釋器云：「槮謂之涔。」郭注以爲聚積柴木捕取魚之名。小爾雅廣獸云：「潛，槮也。」潛、涔字通。蓋通言之凡積聚柴木並謂之「槮」。槮、潛、參、簪聲並相近。　○案：「罛」字爲宋以前字書所無，畢校作「罧」字，是也。

㉔ 孫云：「當隊」即「當隧」，詳備城門篇。

㉕ 號令篇曰「當遂材木不能盡内，既燒之，無令客得而用之」，與此略同。

㉖ 「小大」，畢本作「大小」，舊本並作「小大」，今據乙。「惡美」，茅本、寶曆本、緜眇閣本、陳本作「一矣」。

㉗ 畢云：言爲之紐，令事急可曳。

句。

⑩⑨「都司空」見號令篇。

⑪⓪「二」字茅本版爛作「一」，寶曆本、緜眇閣本、陳本作「一」，即涉茅本而誤。

⑪①孫云：四面面各一候。

⑪②「次司空」由次於都司空得名，蓋亦漢官也。

⑪③「財足」猶言富厚也。號令篇曰「以富人重室之親舍之官府」，又曰「葆衛必取戍卒有重厚者，謹擇吏之忠信者」。

⑪④「在」，影印唐本作「存」。

⑪⑤孫云：「守」疑當作「侍」。號令篇云「吏卒侍大門中者，曹無過二人」。○案：「守」字不誤。迎敵祠篇曰「設守門」，旗幟篇曰「門二人守之」。

⑪⑥蘇云：「趣」，疾行也，所以防窺伺者。

⑪⑦孫云：此言夾門別有持戟者四人也。

⑪⑧「日」，諸本作「曰」，寶曆本作「日」，與畢本同。

⑪⑨「外」，各本作「水」，今依王校改。王云：「『水廉』當爲『外廉』。鄭注鄉飲酒禮曰：『側邊曰廉。』『池外廉』，謂池之外邊近敵者也。下文曰『前外廉三行』，旗幟篇曰『寇傅攻前池外廉』，皆其證。隸書『外』字或作『外』，見漢司隸校尉魯峻碑，與『水』相似而譌。史記秦本紀『與韓襄王會臨

晉外」，正義：「外字，一作水。」

⑳ 俞云：「疑人」，蓋束草爲人形，望之如人，故曰「疑人」。「謀其疏者」，「謀」乃「誅」字之誤。○案：文選思玄賦舊注云：「謀，察也。」

㉑ 畢云：舊作「箣」，今改，下同。　蘇云：「箭」當從舊作「箣」，漢書有此字。竹箣蓋竹籤也，削竹而布之水中，所以防盜涉者。　孫云：「箣」字古字書所無，俗字書引漢書王尊傳「箣張禁」，字如此作。攷漢書各本皆作「箭」，不作「箣」，蘇誤據之，非也。　○案：「箣」字諸本同，寶曆本作「箭」，緜眇閣本、陳本作「剪」，下同。號令篇「立竹箭水中」，字亦作「箭」。孫引漢書「箭」字，宋景佑本作「翦」，諸本或作「翦」，或作「箭」。

㉒ 孫云：言插竹箭之處廣二步也。

㉓ 此「箭」字舊本並作「剪」。　蘇云：「於下」二字誤倒。言藏竹籤於水中，令人勿見也。

㉔ 蘇云：「雜長短」，使之不齊也。

㉕ 孫云：謂前池之外廉列竹箭三行也。　旗幟篇云「前池外廉」。

㉖ 句。

㉗ 蘇云：「鄉」讀如「向」。

㉘ 「廬」，寶曆本並作「盧」。　孫云：「弩廬」即置連弩車之廬也。通典兵守拒法有「弩臺」，制與此略同，而步尺數異，詳備高臨篇。

⑫⑨ 此四字本在下文「輒言節出時摻者名」下，今移置於此。

⑬⓪ 孫云：「隊」亦謂當攻隊。

⑬① 「極」下舊本並有「急」字，蓋舊注誤入正文者。　王引之云：古字「極」與「亟」通。「極發」即「亟發」也。莊子盜跖篇「亟去走歸」，釋文：「亟，急也。本或作極。」荀子賦篇「出入甚極」，又曰「反覆甚極」，楊注並云：「極讀爲亟，急也。」淮南子精神篇「隨其天貲而安之不極」，高注云：「極〔一〕，急也。」

⑬② 蘇云：言軍有危急，則發其近者往助之。近者既發，則移其次者居之，以爲接應也。

⑬③ 孫云：「主節」，小吏掌符節者。

⑬④ 「署」，唐本作「置」。言書署其情，令與其事相若，無虛誣也。

⑬⑤ 王云：「劍驗」亦當爲「參驗」，謂參驗其事情也。此「參」譌爲「僉」，又譌爲「劍」耳。　蘇云：「劍」字誤衍，或當爲「參」。

⑬⑥ 句。

⑬⑦ 畢云：言操節人即出門者，當記其名。　○案：此下舊有「百步一隊」四字，今校移於上文「隊有急」之上。

〔一〕「極」原誤「亟」，據經義述聞三改，與高誘注合。

(138)「閣」，陸本、茅本、寶曆本、緜眇閣本、堂策檻本、陳本、四庫本作「閤」。　孫云：說文門部云：「閤，門旁户也。」爾雅釋宮云：「小閨謂之閤。」

(139)蘇云：「善」與「繕」通。　孫云：此「善」下有脱字。後文說輒車云「善蓋上」，備穴篇云「善塗亓竇際」，此疑亦當云「善蓋其上」，或云「善塗其上」。又此下舊本有「先行德」至「用人少易守」凡四十三字，當爲前備城門篇之錯簡，今審定移正。○案：此下四十三字，今移入號令篇。

(140)畢云：此正字，下作「蔬」，俗。

(141)孫云：「畜」、「蓄」字通，下同。

(142)王云：論衡明雩篇曰「久雨爲湛」。

(143)王讀「爲」字斷句。　王云：當以「歲不爲」連讀。「湛旱」，水旱也。言令民多畜蔬食，以備水旱歲不爲也。晉語注曰：「爲，成也。」「歲不爲」，猶玉藻言「年不順成也」。賈子孽産子篇曰「歲適不爲」，是其證。○案：王說義訓甚塙，唯斷句終覺未安。此文「令民家」，下文「令邊縣」，句法似當一律，今從「常」字斷句，言民既蓄三年蔬食，蔬食性耐久庤，可存儲待用，不必每年加蓄也，故曰「歲不爲常」。

(144)寶曆本「豫」下有「擅」字。「喙」作「啄」。「袾」，諸本从示，寶曆本、陳本从木，畢本从衣。　蘇云：「芫」，魚毒也。漁者煮之以投水中，魚則死而浮出，故以爲名。「芸」，香草也，可以辟蠹。「烏喙」，烏頭別名。「袾葉」未詳。　孫云：「芸」非毒草，當爲「芒」字之誤。爾雅釋艸云：

「葞，春草。」郭注云：「一名芒草。」山海經中山經云：「葌山有木曰芒草，可以毒魚。」朝歌山作「莽草」，周禮翦氏及本草經同。本草字又作「茵」，並聲近字通。芒與芫皆毒魚之草，蓋亦可以毒人。通典兵守拒法云：「凡敵欲攻，即去城外五百步内井樹墻屋並填除之，井有填不盡者，投藥毒之。」

⑭⑤ 「寘」，諸本作「寘」，陸本作「窴」，今依王校作「寘」。說文曰：「寘，塞也。」言外宅溝井可寘塞之。

畢云：「寘」同「填」。

⑭⑥ 句。

⑭⑦ 言溝井不可寘塞者，則置所畜之毒物於其中，使敵飲之中毒。　顧云：左氏傳「秦人毒涇上流」。

⑭⑧ 「鑿」字陳本脱，茅本、寶曆本、緜眇閣本誤「而」。　孫云：「類」，備城門篇作「慕」。彼「慕」當作「冪」，此「類」當作「幎」。「幎」正字，「冪」變體，義並詳彼注，下同。

⑭⑨ 說詳備城門篇。

⑮⓪ 「鳧」，諸本作「烏」，寶曆本作「鳥」，今依王校改。　畢云：說文云：「鴈，鵝也。」此與鴻雁異。呂氏春秋云「莊子舍故人之家，故人令豎子爲殺鴈饗之」，亦見莊子。新序束奢云：「鄒穆公有令，食鳧鴈必以秕，無得以粟」，皆即鵝也。今江東人呼鵝猶曰鴈鵝。　王云：畢說是也。「烏」非家畜，不得與「牛」、「羊」、「雞」、「狗」、「鵝」並言之。「烏」當爲「鳧」，此鳧謂鴨也，亦非「弋

梟與鴈」之梟。廣雅：「梟、鶩，𪇰也。」𪇰與鴨同。晏子春秋外篇「君之梟鴈食以菽粟」是也。故曰「殺牛羊雞狗梟鴈」。蘇說同。

⑮以上四字，舊在「脂、蓟、羽」之下，今校移於此。先殺，次剝，次收其皮革等，其事相次。王引之云：「彘」與「皮革」、「筋角」、「脂」、「羽」並言之，亦爲不倫。「彘」字當在上文「牛、羊、雞、狗」之間。迎敵祠篇亦云「狗彘豚雞」。

⑯畢云：舊「收」作「牧」，「皮」作「支」，俱以意改。「蓟」即考工記「刲」字，本「𠚍」字之譌也。○案：寶曆本作「收其皮革」。後漢書西羌傳「支革判解於重崖之上」，注云：「支謂四支。革，皮也。」則作「支革」義亦可通。

⑰「橝」，舊本作「橝」。寶曆本「桐」作「挏」，「貞」作「自」。陳本「貞」作「卣」。畢云：未詳。

⑱蘇云：「錍」，賓彌切，音卑。說文曰：「鈭錍，斧也。」孫云：方言云「凡箭，其廣長而薄鎌謂之錍」，郭璞注云：「江東呼鎞箭。」

⑲未詳。

⑳孫云：「林」疑當作「材」，下同。言事急，守城之卒不可令遠出，則令掘外宅材木納城內以備用。又疑「急卒」同「急猝」。

㉑書大禹謨孔疏云：「謀謂豫計前事。」

㉒原注：元本空。

⑮ 孫云：即號令篇所云「五十步一擊」也。「城」下疑缺「上」字。○案：「城」字下，畢本空一格，舊本並閒二格，有「元本空」三字雙行注文，今從之。

⑯ 孫云：言擊之形爲三隅，不方也。

⑯ 「已」，緜眇閣本、陳本作「以」。

⑯ 「茷」，陸本、茅本、寶曆本、緜眇閣本、堂策檻本、陳本、四庫本作「筏」。　畢云：說文云「橃，海中大船」，臣鉉等曰：「今俗別作筏。」案唐隆闡禪師碑又作「栰」，此作「茷」，皆「橃」假音字。蘇云：「林」疑當作「材」。「渥」，漬也。　孫云：蘇校是也。論語公冶長集解引馬融云：「編竹木大者曰栰，小者曰桴。」方言云：「簰謂之筏。」通典兵門云：「槍十根爲一束，勝力一人，四千一百六十六根即成一栰。」此後世法，不知墨子所謂「一茷」數幾何也。

⑯ 「左」，助也，詳前。　王引之云：「步界」二字義不可通。「步」當爲「部」。吏各有部，部各有界，故曰「部界」。號令篇云「因城中里爲八部，部一吏」，又云「諸吏卒民非其部界而擅入」，皆其證也。俗讀部、步聲相亂，故「部」譌作「步」。「上」下當有「之」字，「上之」謂上其財物也。備城門篇云「民室材木瓦石可以益城之備者，盡上之」，與此文同一例。今本脫「之」字，則文義不明。
蘇云：「上」謂聞之於上。

⑯ 孫云：「使士」謂可以奉使之士，又疑當作「信士」。號令篇屢言「信人」，亦或誤爲「使人」。吴云：「使士」當作「死士」。

(165) 依上下文例，「外」上亦當有「有」字。

(166) 蘇云：上句「善」下疑脱一字。「善門」疑「善門」之譌。

(167) 蘇云：「應名」，言名實相應也。「内」讀如「納」。

(168) 「若」，道藏本、陸本、唐本、茅本、緜眇閣本作「苦」。　孫云：「吏所解」，謂民相惡有讎怨，吏爲解之者，見上號令篇。

(169) 「札」，各本作「禮」，今依王説改。　王引之云：「禮書」當爲「札書」。古「禮」字作「礼」，與「札」相似，「札」譌爲「礼」，後人因改爲「禮」耳。「札書」見號令篇。莊子人閒世篇「名也者，相札也」，崔譔曰：「札或作禮。」淮南説林篇「烏力勝日，而服於雠札」，今本「札」譌作「禮」。　孫云：周禮調人云「凡有鬭怒者成之，不可成者則書之，先動者誅之」，鄭注云：「不可成，不可平也。書之記其姓名，辯本也。」此「札書」與彼義同。

(170) 「至」字吴鈔本脱。下句「睨者」之「者」，當移置於此「告」字之下。　孫云：「告」下疑當有「者」字。

(171) 蘇云：「睨者」二字傳寫錯誤，或爲「兒童」之譌。意言弱小未堪爲卒，給使令而已。　孫云：孟子梁惠王篇趙注云：「倪，弱小繄倪者也。」説文女部云：「婗，嫛〔一〕婗也。」廣雅釋親云：

〔一〕「嫛」原誤「繄」，據説文改。

「娩、兒，子也。」此「睆」即「娩」之假字。孟子滕文公篇云「五尺之童」，管子乘馬篇云「童五尺」，荀子仲尼篇云「五尺豎子」，論語泰伯篇「可以託六尺之孤」，周禮鄉大夫賈疏引鄭注云：「六尺，年十五以下。」然則五尺者，蓋年十四以下也。「舍」謂守者之私舍。號令篇云「城上吏卒養皆爲舍道內」。○案：「睆」字孫説是也。「睆」下「者」字錯文，當移於上句「告」字之下。旗幟篇曰「五尺男子爲童旗」，漢書賈誼傳「今西邊北邊之郡，五尺以上不輕得息」，如淳注云：「五尺，謂小兒也。」

⑰² 「藺石」，雷石也，見號令篇。

⑰³ 畢云：舊作「林」，以意改。

⑰⁴ 孫云：號令篇云「輕重分數各有請」。

⑰⁵ 「枱」，四庫本作「守」。　蘇云：此句錯誤不可讀。「解車」疑即「軺車」，據下文是言車之載矢者。「城矣」二字或即「載矢」之譌。下「以」字衍。　孫云：此「枱」當爲木材，疑即「梓」之假借字。「枱」籀文从辝作「辝」，與「梓」聲類相近也。備穴篇「用榆若松爲穴户」，「榆」疑亦即「枱」、「梓」之異文。

⑰⁶ 「軺」，陸本、茅本、寶曆本、緜眇閣本、陳本作「軺」。　畢云：漢書注：「服虔云：軺音瑤，立乘小車也。

⑰⁷ 舊本「軲」作「軲」。　畢云：此「轂」字異文無疑。廣雅云：「軲，車也。」曹憲音枯，又音姑。

孫云：畢說未塙。「軲」亦見經說下篇，疑即車前胡〔二〕，字形又與「軸」相近。

178 孫云：說文竹部云：「箱，大車牝服也。」考工記車人云「大車牝服二柯，又參分柯之二」，鄭注云：「牝服長八尺，謂較也。鄭司農云：牝服，謂車箱。」此車箱長丈，蓋長於大車二尺也。

179 「高四」，各本作「四高」，今依蘇、吴校乙。

180 「中」字畢本脱，舊本並有，今據補。

181 畢云：舊作「者」，以意改。 ○案：寶曆本、堂策檻本、陳本、四庫本並作「也」。

182 「畜」、「蓄」字通。

183 蘇云：「虚」同「墟」。言不在城邑也。

184 「萬」，茅本、緜眇閣本作「属」，寶曆本、陳本作「屬」，並誤。 畢云：言大率萬家而城方三里，則可守。 孫云：尉繚子兵談篇云：「量地肥墝而立邑，建城稱地，以城稱人，以人稱粟，三相稱則内可以固守，外可以戰勝。」

〔二〕經說下篇第二十八條「載弦其軲」，孫詒讓墨子閒詁注云：「軲，以字形校之，頗與『軸』相近。而以聲類求之，則疑當爲『前胡』之假字。周禮大行人侯伯『立當前侯』，注『鄭司農云：前侯，駟馬車轅前胡下垂拄地者』，是也。」按：本書經說下篇未引此條注文，今轉録於此，俾知孫說所本。

附錄

（一）墨子佚文

樂者，聖王之所非也，而儒者爲之，過也。畢云：見荀子，當是非樂篇文。孫云：見樂論篇。然似約舉非樂篇大意，畢以爲佚文，未塙。

孔子見景公。畢云：「子」字皆鮒所更，墨本用孔子諱。公曰：「先生素不見晏子乎？」對曰：「晏子事三君而得順焉，是有三心，所以不見也。」公告晏子。晏子曰：「三君皆欲其國安，是以嬰得順也。聞君子獨立不慚於影。今孔子伐樹削迹不自以爲辱，身窮陳蔡不自以爲約。始吾望儒貴之，今則疑之。」景公祭路寢，聞哭聲，問梁丘據，對曰：「魯孔子之徒也，其母死，服喪三年，哭泣甚哀。」公曰：「豈不可哉？」晏子曰：「古者聖人非不能也，而不爲者，知其無補於死者而深害生事故也。」畢云：見孔叢詰墨篇，疑非儒上第三十八篇文。孫云：案二條并見晏子春秋外篇，或墨子亦有是文。

堂高三尺，畢云：索隱云：「自此以下韓子之文，故稱曰也。」孫云：後漢書趙典傳注首有「堯、舜」二字。韓非子十過篇亦有此文，即索隱所據也。土階三等，茅茨不翦，采椽不刮。孫云：後漢書、文選魏都賦注作「斲」，又東京賦注作「刊」。食土簋，孫云：後漢書注「食」作「飯」。啜土刑，孫云：後漢書注作「歠土鉶」。糲粱之食，孫云：後漢書注「食」作「飯」。藜藿之羹，夏日葛衣，冬日鹿裘。其送死桐棺三寸，舉音不盡其哀。畢云：見史記太史公自序，又見文選注、後漢書注，文皆微異。今韓非子雖有之，然疑節用中下篇文。孫云：此司馬談約引墨子語，似未必即節用中下篇佚文。群書治要及藝文類聚十一、太平御覽八十引帝王世紀云：「墨子以爲堯堂高三尺，土階三等，茅茨不翦，采椽不斲，夏服葛衣，冬服鹿裘。」論衡是應篇云：「墨子稱堯舜堂高三尺，儒家以爲卑下。」以上諸書及後漢書注，文選注疑并據史記展轉援引，非唐本墨子書實有此文也。」

年踰十五，則聰明心慮無不徇通矣。畢云：見裴駰史記集解，索隱「十五」作「五十」，「無不」作「不」，云作「『十五』非是」。

禽滑釐問於墨子曰：「錦繡絺紵將安用之？」墨子曰：「惡，是非吾用務也，古有無文者得之矣，夏禹是也。卑小宮室，損薄飲食，土階三等，衣裳細布。當此之時，黼黻無所用，而務在於完堅。殷之盤庚大其先王之室，而改遷於殷。茅茨不翦，采椽不斲，以變天下之視。當此之時，文采之帛將安所施？夫品庶非有心也，以人主爲心，苟上不爲，下惡用之？二王者以身先於天下，故化隆於其時，成名於今世也。且夫錦繡絺紵，亂君之所造也。其本皆興於齊景公，喜奢而忘儉，幸有晏子以儉鐫之，然猶幾不能勝。夫奢安可窮哉！紂爲鹿臺、糟丘、酒池、肉林，宮墻文畫，雕琢刻鏤，錦繡被堂，金玉珍瑋，婦女優倡，鐘鼓管絃，流漫不禁，而天下愈竭。故卒身死國亡爲天下戮，非惟錦繡絺紵之用邪？今當凶年，有欲予子隨侯之珠者，不得賣也，珍寶而以爲飾；又欲予子一鍾粟者，得珠者不得粟，得粟者不得珠。子將何擇？」禽滑釐曰：「吾取粟耳，可以救窮。」墨子曰：「誠然，則惡在事乎奢也。長無用，好末淫，非聖人之所急也。故食必常飽，然後求美；衣必常暖，然後求麗；居必常安，然後求樂。爲可長，行可久，先質而後文，此聖人之務。」禽滑釐曰：「善」。畢云：見説苑反質篇，疑節用下篇文。孫云：節用諸篇無與弟子問答之語。畢説未塙。

吾見百國春秋。畢云：見隋李德林重答魏收書。孫云：見隋書本傳，亦見史通六家篇。「春秋」下畢本有「史」字，今據史通刪。考德林書云：「史者，編年也，故晉號紀年。墨子又云：『吾見百國春秋。』史又無有無事而書年者，是重年驗也。」審校文義，李書「史」字當屬下爲句。畢氏失其句讀，遂并「史」字録之，謬也。

甘瓜苦蒂，天下物無全美。畢云：二句原書闕，見埤雅引。下二條亦原書所無。

古之學者，得一善言附於其身；今之學者，得一善言務以説人，言過而行不及。畢云：書鈔引新序：「齊王問墨子曰：古之學者爲己，今之學者爲人，何如？對曰：古之學者云云説人。」則爲墨子之言甚明。○案：亦見御覽六百零七引新序，文微異。

君子服美則益敬，小人服美則益驕。以上三條見馬總意林，因其爲今本墨子所無，依曹箋校置於此。

孫云：今本公輸篇後，兵法諸篇之前，闕第五十一篇，以上數條疑皆此篇佚文。

禽子問：「天與地孰仁？」墨子曰：「翟以地爲仁。太山之上則封禪焉，培塿之側則生松柏，下生黍苗莞蒲，水生黿鼉龜魚。民衣焉、食焉、家焉、死焉，地終不責德焉。故翟以地爲仁。」畢云：見藝文類聚，又見北堂書鈔、太平御覽、吴淑事類賦，文微異。○案：「家焉」二字畢本無，今據藝文類聚卷六補。

申徒狄曰：周之靈珪出於土石，楚之明月出於蚌蜃。畢云：見藝文類聚八十三。孫云：此即後「申徒狄謂周公」章之文，當并爲一條。

畫衣冠、易章服，而民不犯。畢云：見文選漢武帝賢良詔注。

墨子獻書惠王，王受而讀之，曰：「良書也。」畢云：見文選謝玄暉和伏武昌登孫權故城詩注。孫云：本書貴義篇云「子墨子南游於楚，見楚獻惠王」，疑即「獻書惠王」之誤。又余知古渚宫舊事二亦云「墨子至郢，獻書惠王，王受而讀之，曰：良書也」，與李所引正同。彼文甚詳，疑皆本墨子，但不箸所出書，今不據補録，詳貴義篇。

時不可及，日不可留。畢云：見文選曹子建贈王粲詩注。

備衡篇畢云：見詩皇矣正義。

備衡法，絞善麻長八丈，内有大樹，則繫之。用斧長六尺，令有力者斬之。畢云：見太平御覽三百三十六，疑備衡篇文。

申徒狄謂周公曰：「賤人何可薄耶？周之靈珪出於土石，楚之明月出於蚌蜃，少豪大豪出於污澤，天下諸侯皆以爲寶。狄今請退也。」畢云：見太平御覽九百四十一。又八百二引云：「周公見申徒狄，曰：『賤人强氣則罰至。』申徒狄曰：『周之靈珪出於土□，楚之明月出□蚌蜃，五象出於汙澤，和氏之璧、夜光之珠、三棘六異，此諸侯所謂良寶也。』」疑今耕柱篇脱文。孫云：此文當在佚篇中，今書耕柱篇雖亦有「和璧」、「隋珠」、「三棘六異」之文，然非申徒狄對周公語，畢説非也。通志氏族略引風俗通云「申徒狄，夏賢人也」，林寶元和姓纂説同。莊子外物篇云「湯與務光，務光怒，申徒狄因以踣河」，此即應説所本。淮南子説山訓高注則云：「申徒狄，殷末人也」。史記鄒陽傳集解：「服虔云：『申徒狄，殷之末世人也。』」索隱引韋昭又云：「六國時人。」莊子大宗師釋文亦云：「申徒狄，殷時人。」案：依韋説，則此「周公」或爲東西周君。御覽八百二引有「和氏之璧」語。又韓詩外傳一及新序士節篇並云：「申徒狄曰：『吴殺子胥、陳殺泄冶而滅其國。』」則狄非夏殷末人可知。疑韋説近是。○案：從御覽八百二與九百四十一兩條推測，其原文當爲：「周公見申徒狄，曰：『賤人强氣則罰至。』申徒狄曰：『賤人何可薄耶？周之靈珪出於土石，楚之明月出於蚌蜃，少豪大豪出於汙澤，天下諸侯皆以爲寶。狄今請退也。』」其八百二條「和氏之璧」以下二十字與上文意不一致，當爲墨子另條引文，今本在耕柱篇。關於申徒狄事，莊子盜跖篇曰「申徒狄諫而不聽，負石自投於河」，與外物篇所記小異。自此以下各條，畢本間有誤字，今依據宋本御覽校正，不另注明，以省繁瑣。

桀女樂三萬人，晨譟聞於衢，服文繡衣裳。畢云：見太平御覽。孫云：此管子輕重甲篇文。以後御覽所引諸條，似多誤以它子書語爲墨子，不甚足據也，今亦未及詳校。○案：本條爲御覽八十二引管子文，御覽標目不誤，爲畢氏誤集於此。孫氏亦不知其誤不在御覽而在畢氏也。

秦穆王遺戎王以女樂二八。戎王沈於女樂，不顧國政，亡國之禍。畢云：見太平御覽。

良劍期乎利，不期乎莫邪。畢云：見太平御覽三百四十四。

禹造粉。畢云：見太平御覽七百一十九。

子禽問曰：曹箋作「禽子」。孫云：疑當作「禽子」。「多言有益乎？」墨子曰：「蝦蟆蛙黽日夜而鳴，舌乾擗，然而不聽。一引作「口乾而人不聽之」。今鶴雞時夜而鳴，天下振動。多言何益？唯其言之時也。」畢云：見太平御覽三百九十。

昔夏之衰也，有推侈、大戲；殷之衰也，有費仲、惡來。足走千里，手制兕虎。畢云：見太平御覽。孫云：此晏子春秋諫上篇文。○案：本條爲御覽三百八十六引晏子文，畢氏誤集於此。

神機陰閉，剞劂無迹，人巧之妙也，而治世不以爲民業。孫云：此淮南子齊俗訓文。

工人下漆而上丹則可，下丹而上漆則不可，萬事由此也。孫云：此淮南子說山訓文。

規矩鉤繩者，乃巧之具也，而非所以爲巧。巧存於心也。孫云：此淮南子齊俗訓文。

神明之事，不可以智巧爲也，不可以筋力致也。天地所包，陰陽所嘔，雨露所濡，以生萬殊。翡翠瑇瑁碧玉珠，文采明朗，澤若濡，摩而不玩，久而不渝。奚仲不能放，魯般弗能造，此之謂大巧。孫云：此淮南子泰族訓文。

夫至巧不用劍。巧在心手，故不用劍。此淮南子說山訓文。

大匠不用剟。孫云：此淮南子說林訓文。

夫物有以自然，而後人事有治也。故良匠不能剟金，巧冶不能鑠木。金之勢不可剟，而木之性不可鑠也。埏埴而爲器，刳木而爲舟，爍鐵而爲刃，鑄金而爲鐘，因其可也。畢云：見太平御覽，而意不似墨子，或恐誤引他書。孫云：末條淮南子泰族訓文。○案：自「神機陰閉」以下七條，爲御覽七百五十二引淮南子文，畢氏誤集於此。

畢云：右二十一條今本所脫，由沅採摭書傳，附十五卷末。其意林所稱，已見篇目考中，不更入也。○案：畢本所集佚文原爲二十一條，加入意林所引三條，共爲二十四條。

金池湯池。孫云：見水經河水二酈道元注。

釜丘。孫云：見水經濟水注，云：「陶丘，墨子以爲『釜丘』也。」

使造化三年而成一葉，天下之葉少哉。孫云：見廣弘明集朱世卿法性自然論。案：韓非子外儲說左上「宋人爲玉楮葉」章有此文，或本墨子語也。○案：韓非子喻老篇曰：「使天地三年而成一葉，則物之有葉者寡矣。」亦見列子說符篇，文微異。韓非子外儲說左上篇無此文，孫注誤。

舜葬於蒼梧之野，象爲之耕。孫云：見劉賡稽瑞。

禹葬會稽，鳥爲之耘。孫云：見稽瑞。以上二條疑節葬上中二篇佚文，然說舜葬處與節葬下篇不符，未詳。

五星光明，苣豔如旗。孫云：見稽瑞。

孫云：右六條畢本無，今校增。

棄作舟。見藝文類聚七十一。

天雨土，君失封。見開元占經三。

天雨粟，不肖者食祿，與三公易位。見開元占經三。

天雨黍、豆、粟、麥、稻，是謂惡祥。不出一年，民負子流亡，莫有所向。見開元占經三。

國君失信，專祿去賢，則天雨草。見開元占經三。

天雨甑釜，歲大穰。見開元占經三。

天雨絮，其國將喪，無復有兵。見開元占經三。

天雨墨，君陰謀。見開元占經三。

天下火燔邑城門，其邑被圍。見開元占經三。

謹案：以上九條張純一集入墨子佚文中。

桀無道，九鼎淪。見開元占經一百十四。

湯以天下讓務光，而使人說曰：「湯欲加惡名於汝。」務光遂投清泠之泉而死，湯乃即位無疑。見史通疑古篇。

大忘。見史通雜說上篇。

雖金城湯池，而無粟不能守也。

畫衣冠□章服謂之戮，上世用戮而民不犯。見文選王元長永明九年策秀才文注。其文較畢氏集者爲完。

堯舜之功著於竹帛也。見舊鈔本文選曹子建求自試表注。

墨子爲守使公輸般服，而不肯以兵知。墨子雖善爲兵，而不肯以知兵聞也。

善持勝者以強爲弱，故老子曰：「道沖而用之有弗盈也。」見太平御覽三百二十二。案：此淮南子道應訓文，御覽標目誤爲墨子。

秦繆公之時，戎強大。繆公遺之女樂二八與良宰。戎王大喜，以其故數飲食日夜不休。左右有言秦寇之至者，因扞弓而射之。秦寇果至，戎王醉而卧於尊下，卒生縛之。未禽則不知。登山而視牛若羊、視羊若豚。牛之性不若羊，羊之性不若豚，所自視之勢逆也。而因怒於牛羊之性也，此狂者也。狂而以行賞罰，此戴氏之所以絶。見太平御覽五百六十八。案：此吕氏春秋壅塞篇文，御覽標目誤爲墨子。

采椽不斲，茅茨不翦。

嚴父配天，宋祀文王。

若保赤子，發罪惟均。以上六句均見高似孫子略。子略云：「墨子稱堯曰：『采椽不剄，茅茨不翦。』稱周曰：『嚴父配天，宋祀文王。』又引『若保赤子，發罪惟均』，出康誥太誓篇。固若依於經、據於禮者。」案：今本墨子除尚同下篇有「發罪鈞」一句外，餘均不見於本書。

上二十條畢本、孫本均未採及，今校增。在全部佚文中，有文不似墨子者，有他書語類書誤引爲墨子者，有類書標目不誤爲畢氏誤集者。今略加案語，用便參稽。

（二）墨子舊本經眼錄 原名墨子現存版本考，晚近校刻本附。

本篇所列舊本，或係自藏，或經手校，皆屬親見其書，搜集廿年，漫游萬里，墨子刊本略備于斯。所聞尚有鈔本數種，正訪求中。各本異文，悉采入余著墨子校注中，隨文箋記，用便檢尋。茲篇所論，僅概述版本之美惡，及其先後遞禪之迹，俾世之研求墨子者知所輕重焉。

一、卷子本

卷子本墨子，今尚存數篇于日本宮内省所藏之卷子本羣書治要中。書中遇唐太宗諱「民」字皆缺筆作「㞩」，宛然唐鈔矩矱。每行十六字，亦有十七字及十五字者。卷末有校點者識語如次：「文應元冬參洛之次，申知蓮華王院御本校點了，直講清原。」凡二十三字，「清原」之下書有花押。「文應」爲日本年號，當吾國宋理宗時。「直講清原」蓋校點者之銜名也。卷子本與今本異文頗多，茲舉所染篇爲例：「厲公」，卷子本作「𠎝公」。「伍員」，卷子本作「五員」。「宰嚭」，卷子本作「宰喜」。凡此異文，皆初唐時傳本如此，後人不達，輒援通用之字輕加改易，致古本真像日就湮没，深可惜也。現存墨子舊本，當推此年代最遠矣。

二、正德俞鈔三卷本

此書前有宋濂讀子墨子、韓愈讀墨子，後有閩人吴海讀墨及黄丕烈手書跋語，知爲士禮居舊物，現歸楊氏海源閣。分卷凡三，卷上自親士至三辯七篇，每篇篇目之前分題「墨子經一」遞至於「墨子經七」。卷中尚賢三篇，卷下尚同三篇，合爲六篇，每篇篇目之前，分題「墨子論一」遞至於「墨子論六」。中興館閣書目所謂「一本自親士至上同凡十三篇」者，此本與之正合，蓋宋人節取墨子前三卷單行之，有樂臺爲之注，見鄭樵通志及焦竑國史經籍考。今樂注不傳。錢曾讀書敏求記載有明弘治己未舊鈔本墨子，卷篇之數與此本同。此本俞弁鈔于明正德丙寅，前後相去八年，或當同出一原。此本佳字甚多，雖寥寥三卷，可補正今本之脱誤凡數十字。細校其内容，與日本宫内省所藏之卷子本多相吻合。雖錯簡譌字亦復不少，然其佳處往往於錯譌中得之。古本之可貴，不在其無錯譌，而在其錯譌未經竄改，示人以考求本原之線索也。

三、吴鈔本

有宋以還，鈔本較刻本難於取信，誠以展轉傳録，或形聲偶誤，或意爲增省，皆所難免。傳鈔一次，錯誤即增一次，所謂書經三寫，魯或爲魚也。故鈔本非詳考淵原，細審内容，不宜輕加信據。明吴匏菴手鈔墨子，爲墨子有名舊鈔，無增省竄改之迹，其爲可據，早有定評。孫詒讓據以校正畢本墨子處甚多，今重加校勘，知其中尚有可采者，如非樂篇「其説將必與人」句，他本「與」下皆涉下文衍二「賤」字，此本獨不衍，是亦其底本近古之一證也。孫氏與余所見，皆自第六卷起，以上各卷訪求未得，甚望藏是書者校其異同，供世人之研討也。

四、道藏本

墨子久無宋元舊槧，今藏書家所藏刻本，以道藏本爲最早。宋刻道藏靡得而見，今周秦諸子之收於道藏者，皆明正統十年刊本。自正統至于明末，因版時有爛損，故時有修補。版有原、修，印有先、後，形體之小誤，間或有之，而皆同出一版。今國内所藏，以北平白雲觀者尚稱完帙。國外則日本宫内省亦存有道藏全部。以余所見，似以日本所藏者印刷較早。兹就墨子而論，如白雲觀、如傅氏雙鑑樓所藏，皆屬版爛後修補者，日本所藏版亦時有爛壞，然其爛壞處尚未修補，其印刷時間顯然不同。如兼愛下篇「被甲嬰胄將往戰」，「戰」字他處道藏本或誤作「識」，日本藏本不誤。天志上篇「故昔三代聖王禹湯文武」，「王」字日本藏本雖爛，而大體尚可辨識，他處道藏本則誤爲「正」。明鬼下篇「故酒醴粢盛與歲上下也」，「醴」字他處道藏本誤作「體」，日本藏本亦不誤。全書尚不止此，可爲日本藏本印刷較早之證。所惜者，日本藏本之爛壞處、模糊處，間爲校讀者用墨筆據時本填入，致原書若干依稀可識之真面目因之反晦，深可惜也。日本島田翰以治漢籍目録學名于彼邦，其作古文舊書考，竟謂「正統道藏本裝成綫縫，字大如錢，萬曆道藏字樣稍小，行亦較密，裝成梵夾，祕府所儲即是也」。祕府即指日本宫内省言。彼蓋不知萬曆所刻者爲續藏，與正統所刻者書各不同，不得并爲一談。今彼邦宫内省所藏與北平白雲觀所藏，字之大小，行之疏密，舉無差異，裝式皆爲梵夾，傅氏雙鑑樓、濟南山東省立圖書館所藏並同。固無所謂「正統作綫裝」者。島田氏多見祕籍，亦作此懸揣無根之意説，殊可笑也。

五、顧校道藏本

清顧千里以畢本作底本，校道藏本異文于其上。「墨子卷之一」下記「道藏本校正統十年刊」九字，卷之十五雜守篇之末記云：「乙卯二月七日，澗薲記」。又一行云：「嘉慶己未再讀一過，又正錯簡數條，澗薲再記。」傳録者又記其後云：「千翁原本近爲長沙馬芝生銘所得，周意蓮先生假來渡校，因得借抄一過，朱墨句讀，悉依原本，道光己酉十一月三十日，陳並識。」李笠引孫詒讓案語云：「陳並，不知何許人，册内又有『陳大案』者，疑『奂』字之誤，蓋碩甫先生手録也。」李笠又云：「墨子閒詁所據本，光緒丙戌春德清蔡通判匯滄假陸氏十萬卷樓所藏，傳録以贈籀高先生者。」

謹案：孫説殊誤。「陳並識」之「陳並」二字不當連讀，蓋陳德大既鈔録之，並識其後也。「大案」之「大」字亦不誤。書中有「大案」，而無「陳大案」，孫引誤。十萬卷樓所藏之本，現藏日本岩崎氏文庫，卷首有「容齋乩」、「海鹽陳德大藏書」、「歸安陸樹聲藏書之記」三印，卷末「陳並識」之下有「德大之印」、「陳容齋」兩印，是轉録顧校道藏本者，非江蘇長洲之陳碩甫，乃浙江海鹽之陳德大也。蓋蔡氏傳録陸氏藏本未及印記，故孫氏不得其詳，而意爲揣測之辭。顧校此本，失校之字甚多，且有誤校者。孫氏閒詁所據之道藏本，即幾經傳録之顧校本。今將其失校及誤校之字，據道藏原本于墨子校注中隨文正之，不一一分别注明，以免繁贅。

六、嘉靖壬子陸校銅板活字本

他書稱引銅板活字本墨子者，以明堂策檻本墨子爲最早。其凡例有云：「購求四方，得江右芝城銅板活字繕本，乃陸北川先生所枕函，復細爲校讐，以付殺青，亦快睹也。」是銅活字本墨子在明季已爲稀本。今去明季又三百年，宜更視爲珍祕矣。此書見于收藏家書目者有二：一藏黄氏士禮居，繼入楊氏海源閣，現存吴縣某舊家。一藏日本狩谷望之求古樓，狩谷氏卒後，藏書星散，不知流傳何所。余先後訪日本熟習漢籍之宫良當壯、山谷貞一、内野台嶺、高田真治、長澤規矩也、川瀨一馬、田中慶太郎諸氏，併託人訪問服部宇之吉、小柳司氣太、雨谷毅諸氏，皆不知銅活字本現藏何所。嗣後訪問前田侯爵家文庫主任永山近彰氏，彼言二十許年前曾親見嘉靖銅活字本墨子，而忘其收藏之人，現不知已在大地震中損失否。經數日之追憶，彼又云可往訪三村清三郎，或知其書所在。旋往訪三村氏，彼慨然告知藏書之處，依說尋求，果見一本，仍屬翻刻，豈藏書家對于原本有所珍祕歟？抑果不知去向歟？又得見鈔嘉靖壬子銅活字本墨子一種，譌字頗多，然亦有可正翻刻本之處。如非攻中篇自「莒之所以亡於齊越之間者」以下十五行，翻刻本每行首一字皆後二行錯入者，而鈔本不錯，其一例也。銅活字本正文之前有韓愈讀墨子及目録，道藏本無敍無目，即此一端，亦足證其所出各異。取以對校，長短互見。以貴義篇「子墨子南遊於楚，見楚獻惠王」，銅活字本無「見楚」二字證之，不惟銅活字本不出道藏，且其所據底本或尚在道藏所據底本之前，蓋「見楚」二字似後人據類書增也。又如公孟篇「子墨子曰：子亦聞夫魯語乎？魯有昆弟五人者」，銅活字本無下「魯」字，與意林、御覽引合，若以墨子爲魯人，審覈此文，則無下「魯」字者語氣尤佳，非銅活字本有脱文也。其他類此者尚不少。綜觀全書，銅活字本雖譌字微多，其古樸處較之道藏轉似過之。周香嚴謂其出於內府，日本吉田漢宧謂爲宋代遺本，洵非無見之言也。

謹案：本書一九四四年印行後，著者先後得見嘉靖銅活字本校本及銅活字藍印原本，取以與日本田直詩翻印木活字本對校，知其中差異仍屬不少。田直詩在翻印本跋語中有所謂「右依嘉靖原本對擺精審」之語，不過是主觀願望。在本書新版校語中，依據嘉靖銅活字藍印原本者則稱陸本，僅依據翻印陸本或傳鈔陸本者則稱翻陸本。

七、嘉靖癸丑陸敍唐刻本

嘉靖壬子陸校銅活字本，與嘉靖癸丑陸敍唐刻本，黄丕烈言其原流甚當。長沙葉德輝以前清進士留心典籍，其品題古書版本，尤能洞悉原委，爲世推重。其郎園讀書志論嘉靖本墨子，一反黄説，世多信之。其言曰：「墨子一書久無宋元舊本，黄丕烈士禮居藏書題跋記載有明吴匏菴叢書堂鈔本，校明藍印活字本，跋中因及唐堯臣本、陸穩本，云：「陸穩序刻本與此差後一年，而陸序有『前年居京師，幸于友人家得内府本讀之』之語，香嚴以爲此從内府本者，非無據也。陸序又云『別駕唐公以博學聞於世，視郡暇，訪余於山堂，得墨子原本，將歸而梓之』，是又一本矣。余取唐本以勘陸本，殊有不合，知陸所云唐『得墨子原本』者，非即陸本也。陸本出内府本，唐本出道藏本，殆不謬矣。惟陸本無序，唐本有陸之序，後人遂疑唐本出自陸本。其實陸刻先一年，唐刻後一年，實不侔爾。」吾按：黄説非也。吾于各本，或收藏，或借校，其於唐、陸、活字三本源流，考之最審。所謂唐堯臣本，刻于嘉靖壬子，是時印本初出，無自跋亦無陸序。三城王孫芝城以此本活字印行，其藍印者，蓋初印用靛色印本，黃氏所藏即此。其自序作於嘉靖甲寅，乃刻成之三年。陸穩序作於嘉靖癸丑，乃刻成之二年。前後時有校改，故三本字有異同，實則只一本也。黃氏不悟，見其字有異同，又不知芝城之出唐本，于是以一本歧而爲三。苟非取諸本一一校勘，而僅據黃跋揣測推敲，未有不誤以一本分爲三本者。又曰：芝城館本題「壬子」，實癸丑以後，殆唐刻初出尚未作序，其書爲芝城館據以排印，故余斷其爲一本而分二刻。

謹案：葉氏所論完全錯誤，其于黃跋原意亦未明憭。黃氏謂陸穩序刻本即是唐本，觀文中「唐本有陸之序」一句，即可明憭。所謂陸本即是藍印銅活字本。葉氏未見銅活字本，致未達黃跋之意，竟謂二本爲三本，可謂無中生有。茲將兩本異處對照如次：

陸本即銅活字本。　有韓愈讀墨子一文，無他敘跋，有目。每半葉十一行，行二十二字。

日本翻印活字本每半葉十行，行二十字。鈔嘉靖銅活字本每半葉九行，行二十字。

唐本　無韓愈讀墨子，有陸敘、唐跋，無目。每半葉八行，行十七字。

陸本即銅活字本。　卷首目録之末有「明刑部河南清吏司郎中吳興北川陸穩校行」一行，卷八非樂上篇之末有「嘉靖三十一年歲次壬子季夏之吉芝城銅板活字」一行，卷十五雜守篇之末有「嘉靖壬子歲夷則月中元乙未之吉芝城銅板活字」一行，則校行此書者明爲陸穩。

唐本　卷首敍末結銜有「嘉靖癸丑歲春二月吴興陸穩敍」一行，敍中有云「别駕唐公訪余于山堂，得墨原本，將歸而梓之」，則梓行此書者明爲唐堯臣。

上列各項爲陸、唐兩本不同處之顯而易見者，至其内容則差異甚多。讀余著墨子校注者自可隨文見之。葉氏誤解黄跋之二本爲三本，又謂唐堯臣本刻於嘉靖壬子，銅活字本印於癸丑以後，唐本自序作於甲寅，皆屬嚮壁虚造，羌無徵驗。蓋黄氏實有陸、唐兩本，且經手校，故能言之有物。葉氏僅有江藩重刻唐本，未見陸穩校行之銅板活字本，以意推度，宜乎其言之無當也。特詳論之，俾世之考訂嘉靖本墨子者，得一是是非非之結論焉。

八、嘉靖丁巳江藩重刻唐本

長沙葉氏觀古堂藏有江藩重刻唐本墨子。葉德輝題辭有云：此本爲江藩重刻唐本，據前序大題云「重刻墨子序」，序末結銜云「江藩七十七翁白賁衲于敕賜孝友樓」，其序不載年月，以語意推之，爲唐刻墨子初成，以送江藩，江藩世子遂據以重刻，其爲一年中事毫無可疑。且于此益證刻者爲唐堯臣。常熟瞿氏鐵琴銅劍樓所藏明刻墨子與此本同，而無江藩一敍。傅沅叔同年爲張菊生同年購得一本，前有「孫忠愍祠堂藏書」印記，亦即此本，則并陸序、唐跋而無之。又在蘇城莫楚生觀察家見所藏者，亦即此本，序、跋俱全，是此書江藩重刻本流傳甚多。近日在上海忠厚書局李子東書友處見一明刻本，八行十七字，係重刻唐本，前有草書序，末題「江藩七十八翁白賁衲校於敕賜孝友樓書」，「敕賜」二字提行臺寫，末有唐堯臣識，均無年月，益見唐本爲當時推重，故諸藩一刻再刻云。

謹案：余藏有江藩重刻唐本，首白賁行草書序，次陸穩敍。白敍共佔三葉，第三葉僅爲「嘉靖丁巳歲中秋江藩白賁拱枘書於敕獎孝友樓」凡二十字，分書三行，「嘉靖」與「敕獎」字皆提行頂格。此本蓋屬初印，故敍文結銜特爲詳備。後或因敍文底版損壞，晚印之本改刊敍文，遂將年月省去，又將「白賁拱枘」四字省作三字，致令年月湮没，名字混淆。以葉氏見聞之廣，考訂之勤，亦莫能塙定其年月也。唐本刻於嘉靖癸丑，此本刻於嘉靖丁巳，相去四年，以此本與商務書館四部叢刊影印之嘉靖癸丑陸敍唐刻本對校，略有差異，其差異處皆四部本誤而此本是也。四部本之誤字皆有修改痕迹，似此本版爛後修改致誤者。此本修改或殘闕之字，在四部本中仍然存留。如備穴篇「廣長各丈六尺」之「長」字，備蛾傅篇「施縣脾」之「脾」字，其例頗多，茲不枚舉。豈商務書館影印之嘉靖癸丑本即嘉靖丁巳本之晚印者，而脱失白賁一敍歟？近日藏書家所藏嘉靖重刻唐本多無白賁敍文，有白賁敍者皆無年月，此本獨具年月，殆海内孤帙矣。

九、隆慶丁卯沈刻百家類纂本附萬曆壬子百子類函本。

此本删節甚多，蓋無足取，唯以時代較早，尚無明萬曆以後逞臆竄改之陋習。萬曆壬子金陵萬卷樓校刊之百子類函，題「葉相高選」。即此本之翻刻也。

十、萬曆丁丑潛菴敍刻本

此本一名子彙本，因其爲子彙所刊諸子之一也。日本森立之經籍訪古志所謂「容安書院藏萬曆刊本」，王樹枏墨子斠注補正所引之「萬曆節本」，皆屬此本。每葉版心有刻工姓名及字數，字體亦頗佳善，全書文從字順，幾無一不可通之處，唯有一大缺憾存，即竄改之處頗多，古本真面目爲之斲喪，大足遺誤後學。森立之詆之爲俗本，陸心源訾其删并移易，皆對此本明致不滿。畢沅墨子敍謂有明刻本，其字少見皆以意改，無經上、下及備城門等篇，蓋無足觀，似亦指此本而言。然畢氏于非攻中篇改古本之「且一不著何」五字爲「中山諸國」，公孟篇之誤移錯簡，皆似根據此本，其餘因此本致誤之處尚多，則信古本不篤，不能嚴守己説之過也。此本以文從字順之故，傳播頗廣，後此節選墨子者多依據之。子彙全書無輯刊人姓名，其附敍者均題「潛菴」。潛菴究爲何人，世多不知。明末黄虞稷千頃堂書目列有子彙，則以爲余有丁。歸安陸心源據孫繼臯宗伯集考訂潛菴爲周子義別字。據陸引孫氏原文，僅謂周子義自號儆菴，其謂又號潛菴者，乃陸氏推定之辭。近來藏書家多從陸説。余攷馮夢楨先秦諸子合編引潛菴敍語，則直易以「余有丁曰」。馮爲明萬曆丁丑進士，與子彙成書時代相值，黄亦明末有名藏書家，設潛菴果爲周子義別字，馮、黄二人似不當漫不加察，張冠李戴。

唯余有丁、周子義二人連名校刻之書頗多，子彙之輯無論其出於彼二人，或二人中之一人，皆有傳聞異辭之可能也。

十一、萬曆辛巳茅校書坊刻本

楊守敬云：此本卷首籤題「鹿門校刻墨子全編」，上層有書林童思泉識語，稱「得宋本，請茅鹿門讐校」。其并爲六卷者，特書估之所爲。然五十三篇皆備，不似他本之缺經上、經下及備城門等篇。其中文字異同多與道藏本合。然則謂此本根源於宋槧，良不誣也。惟其中古字古言多爲書估所改，如「亓」本古「其」字，書估不識此字，皆改爲「亦」字，可笑之甚。又云：墨子世少善本，近因以畢氏所校爲精核，今以此書照之，如所染篇「行理性於染當」，畢校云「性當爲生」，不知此本原作「生」。如此之類甚多。

葉德輝云：萬曆辛巳書坊童思泉刻六卷本，前有茅坤序，楊惺吾、繆小山極推重之。吾細按茅序即將唐本陸序鈔録，一字不移，但易陸穩名爲茅坤，有如張冠李戴。余嘗言墨子止可校，不可注，以其訓詁異於儒書，文辭古奥，亦不能據周秦諸子書彼此勘正。世行張皋文惠言經説注、孫氏閒詁諸書，多從古訓古字展轉推求，陳義非不甚高，恐于墨氏之旨去之千里。後有讀者，當味余言。

謹案：此本佳字頗多，字體亦遒勁可喜，閒有脱誤處，灼然易見，非有心竄改者可比。

楊氏評識之語，雖亦有見，然彼實未見茅校童刻原本，僅據日本寶曆七年翻刻茅本加以推測耳。所染篇「行理性於染當」，茅原本仍作「性」，寶曆刻本作「生」。今楊氏謂茅本「性」作「生」，可爲彼未見茅本之塙證。彼又謂「丌」字書估皆改爲「亦」，不知畢本諸「丌」字，道藏本、吴鈔本、銅活字本、唐本等皆作「亦」，決非萬曆時書估始改爲「亦」也。彼未檢各本之内容，遽加品評，是其疏也。葉氏謂茅序即唐本陸序改題茅名，其説甚是。但敍之結尾僅題「茅坤書」，未言「茅坤譔」，茅鹿門全集亦未收此篇敍文，不得逕謂茅頂陸名也。古書敍有書、譔同爲一人之例，亦有書、譔異人之例。如剡川姚氏本戰國策既有姚宏撰序，又或有姚寬書序，兩序小異大同，溯其淵源，實出一序，而一「譔」、一「書」，其例正與此類。細校茅本内容，與銅活字本最近，書坊謂其出于宋槧，洵非無因。故其書雖改并卷第，不免爲有識者所惜；然其内容文字，其可恃程度不在道藏、嘉靖諸本之下也。

十二、日本寶曆七年秋山儀校刻本

楊守敬云：寶曆七年源儀重刻茅本，以諸本之異同者校刊於書楣，多與畢氏闇合，與太平御覽所引合，不惟勝茅本，且勝畢氏所據之道藏本。惜乎源氏無卓識，不刻其所引之一本，而刻此合并之本，令人太息也。

謹案：本書秋山自序有云：「余嚮與岡士駸會數本校讐一過，惟諸家屢歷傳寫，亥豕非一，未易臆斷。後獲鹿門茅氏本，與松子文、井子章再閱之，彼此參合，得失互有，茅本難必盡從。」是則秋山刻本之不盡從茅本，固已於自序中明言之。世人未將兩本内容全部勘對，見其表面相似，遂徑謂寶曆本爲茅本，或謂寶曆本與茅本之原本相同，如李笠墨子閒詁校補所述。皆屬無稽之談。在秋山未校刻墨子以前，日本一班流行之墨子皆屬鈔本，自秋山刻本出世後，鈔本遂日就澌滅。余在日本訪求多處，竟未見一明嘉靖以前之全部古鈔本。聞北海道前有養賢堂文庫，藏有古鈔本墨子一種，訪求未得。蓋墨子書本屬難讀，在中國已若存若亡，其在日本亦遠不如論語及千字文之重要，故有刻本墨子後即不知愛惜古鈔本，迄今百八十年，遂鮮存者。秋山校刻墨子，其始固專以鈔本對校，及得茅本，或震於其原出宋本之牌記，始采用之以爲主本，于是無形中即爲茅本所拘束，而不能多采鈔本，鈔本中可貴材料失去自當不少。秋山以日人而整理漢籍，其不敢篤守彼邦傳鈔之舊本而忽視中國翻宋之刻本，自有其相當理由。從前日本漢學家多有此習，不獨一秋山爲然也。設秋山能以一較古之鈔本作底本，而以他鈔本及刻本之異文盡量載出，不以主觀去取之，則其書之價值當遠在今本之上也。楊氏病其不刻所引之一本而刻此合并之茅本，不知秋山所刻者固非盡從茅本，而其所引者亦非一本也。此書因有古鈔本成分在内，故佳字特多，如尚同中篇「政以爲便嬖宗族父兄故舊」句，與正德俞鈔三卷本若合符節，其餘他本皆誤而此本獨不誤者屢見不一見也。

十三、李贄批選本

李贄批墨子有節本、全本之别。全本即下文第十五項之堂策檻本，此項即節本也。節本刊於萬曆間，爲李卓吾叢書中之一種。版式有二，而選文全同。其一分爲四卷，每半葉八行，行十八字。其一分爲二卷，每半葉九行，行十八字。兩本比較，九行本誤字較少。全書字句無以意竄改之處，是萬曆以後節本中矜慎者。李氏當時雖爲一班拘儒詆毁，然其人固多見博聞者流，其書所據底本與茅本最爲接近，或與茅本同出一原，或即根據茅本，均屬可能。

十四、緜眇閣本

馮夢楨爲明萬曆時有名藏書家，其刊刻緜眇閣本諸子書，頗爲世重，墨子其一也。其書底本頗佳，中有若干篇略有删節改易，則似根據潛菴本，殆喜其文從字順，故舍其底本而從之也。明人刻書往往不能篤守底本，而多所更張，萬曆以後，此風尤盛，其去取之結果，類多得石遺玉，不如其朔，而古本真面目横被此溷殽摧殘，時代稍遠，即有好學深思之士欲考訂之，莫由也已。

十五、堂策檻本

郎氏堂策檻所刊各書，多在明天啟時，墨子當亦其時之刊本。校其内容，觀其凡例，似以茅本、李贄批選本爲底本，而以嘉靖壬子銅板活字本校訂其謬誤者。卷一之前，除郎兆玉、李贄二叙外，併有韓愈讀墨子及目録，即沿襲銅活字本而來。全書校讎亦頗勤慎，唯于單字閒有意改者，如非命中篇「内沈于酒樂而罷不肖」，「而」字意改作「我」，畢、王諸家據以校移，竟至溷亂原書，一字之差，謬以千里矣。此書又名李贄郎兆玉評輯本，以其上楣所附評語出諸李贄也。

十六、顧校李本

孫詒讓題識此書云：以上四卷閒出季本，異文不知何本，疑泰興季氏舊藏鈔本也。以後又作李本，必有一誤，俟更訪千翁所校底本覆之。

謹案：此校本附記於顧校道藏本之下闌，共校五十五條，其書作「李本」者五十二條，作「季本」者三條而已，且其「季」字又似「李」字中畫起筆釘頭之狀，其原文當爲「李」字比較近情。今從其大多數，定爲李本。又考五十五條中，其與堂策檻本異者，僅魯問篇「莫若吾多」一條，校李本作「我多」，徧檢古本，或作「多吾」，或作「吾多」，或作「我多吾」三字，畢校謂一本作「我多」，蓋即據「我多吾」三字節取上二字言之，畢氏校書，閒有截取失句讀者，此其一例也。

無僅作「我多」二字者。今堂策檻本作「吾多」，校李本作「我多」，殆涉畢注偶然筆誤。是所謂顧校之李本，實即李贄、郎兆玉評輯本之簡稱也。又細察原校，不唯三「季」字當作「李」，即孫詒讓所加「顧校」二字亦無塙實根據。非攻下篇「王兄自縱也」，顧注云「兄讀爲況」，並引管子「召忽曰：兄與我齊國之政也」作證，但下闌又注云「詩常棣『兄也』，傳：『兄，茲也。』」云云，設上下闌爲一人注語，則同一「兄」字之注，紙幅既未滿，不當分書於上下闌。此下闌爲顧校之不可通者，一也。非儒下篇畢本「孔乃恚怒於景公與晏子」，「孔」字下顧校加一空□，顧氏之意，蓋不欲書孔子諱，非謂道藏本「孔」下有一空□也。畢本上下文十餘「孔某」，「某」字道藏本皆作「丘」，顧皆缺而未校，可爲顧氏不願書「丘」字之證。今下闌校云「空處李本作『丘』」，設下闌亦爲顧校，則必不云「空處」，蓋道藏本「孔」下固不空也。顧校道藏本不書「丘」字，何至于校李本而又書「丘」字？此下闌爲顧校之不可通者，二也。魯問篇「其國之長子生，則鮮而食之」，顧云「作『鮮』者誤」，下闌李本此字未校。若下闌爲顧校，則必校李本作「解」，以證其說矣。此下闌爲顧校之不可通者，三也。考下闌起初注語，數見「樹玉案」字樣，今下闌既不爲顧校，其鈕樹玉校乎？轉録顧校道藏本者爲陳德大，下闌又有「大案」字樣，若不爲鈕校，其陳德大校乎？爲鈕、爲陳，所關甚微，今姑仍孫氏閒詁，稱爲顧校。

十七、陳仁錫本

此本刊于諸子奇賞中，間亦有佳字，似由節選緜眇閣本墨子而參校以他本者，其與緜眇閣本異處頗少也。

十八、傅山本

傅山注墨子成於明末清初，其異文、新解，部份采入本書。

十九、馬驌繹史本

馬驌繹史成於清初，所引各書尚多古本，其中引有墨子多篇，異文可資參校，今隨文采入。

二十、四庫全書本

清乾隆時修四庫全書，爲有清一代大事之一。收羅宏富，軼過前代。其於各書底本之選擇，間有可議之處，前人已論及之。墨子一書，似以明堂策檻本爲底本，而加以館臣校訂者。改易之處頗多紕謬，如尚同上篇「生於無政長」，彼竟改爲「政教」。耕柱篇「人不見而耶，鬼不見而富」，彼不知「耶」爲「助」字之誤，又不知「富」讀爲「福」，竟將上句「耶」字改爲形聲兩不相近之「貴」字，而與下句「富」字對文。明鬼下篇脱文，一處至六十一字之多。公孟篇脱文，一處至五十五字之多。此書寫定，與畢刻墨子同時，取以與畢本比較，校讎之功不及遠甚。蓋吾國官府辦事，大都敷衍，四庫收羅既廣，校訂因難，主持雖有宿學之儒，分纂難獲宏通之士，疏失挂漏，勢所難免，固不獨墨子一書爲然也。

二十一、畢沅校刻本

此書刊布于清乾隆四十八年，傳播甚廣，日本亦有翻刻。據畢氏自敘，謂本存道藏中，知其以道藏本爲底本，而以潛菴本、堂策檻本輔之，明萬曆以後節俗之本，如諸子品節、諸子彙函等，似亦采及，而統稱之曰「一本」。畢注前無所承，措手倍難，雖多疏漏，留待補苴，其草刱之功，殆將附墨子本書共垂不朽也。

以上所述，除畢刻外，皆屬稀見之本，異文歧句，有裨校勘。萬曆以後節本充斥，類皆濫惡，無當大雅。校注或采以廣異聞，茲論版本，概從舍旃。晚近所刻，有如下述：

二十二、王樹枏墨子斠注補正

此書無正文，僅取墨子書中文句之一小部解釋之。「補」者，補畢、王諸家舊注之所未及。「正」者，正其謬誤也。立說樹義，頗見矜慎，唯所援據之版本僅爲萬曆節本即潛菴本。及焦竑校本，見諸子品類評釋中。皆墨子舊本中之下乘，故對于畢本不能多所訂正。其書刊於清光緒十三年，在孫詒讓墨子閒詁之前，孫氏未見，故閒詁未采及之。

二十三、孫詒讓墨子閒詁

孫氏爲清末有名漢學家，此書爲其覃思十年，精心結譔之作。考訂之博，徵引之富，在諸子注釋中允推名箸。其書於光緒二十一年初以活字本印行，厥後續有增補，勒成定本，刊布於宣統二年，其時距孫氏之卒已兩年矣。今通行之定本墨子閒詁是也。

二十四、吴汝綸點勘墨子

此爲吴氏點勘諸子之一種。據王樹枏墨子斠注補正已引吴説，則吴氏亦治墨子有年者。其注簡要不繁，勝義頗多。如第十五卷號令等篇，竟能塙定其爲漢代文字，樹義精卓，大率類此。吴氏卒于光緒二十九年，其點勘諸子書，於吴氏死後始由其子闓生及其門人等搜集刊布之。

二十五、曹耀湘墨子箋

曹氏治墨子頗具卓識，其箋雖不如孫氏閒詁之博贍，其精審處頗有可補孫氏之未逮者。如論墨經校讀之法，有云：「經、説二篇每遇分段之際，必取經文章首一字以識别之，其中亦有脱漏數處。必明乎此，然後此四篇之章句次序始可尋求，而校訛補脱略有據依之處矣。」案經、説標目之例，孫氏言之而未明，今得曹氏之説，始宣達無餘藴矣。其書爲曹氏死後遺稿，印行於光緒三十二年，其正文至第十三卷止，備城門以下第十四、第十五兩卷僅存篇目第次，正文概行刪節。

二十六、王闓運注本墨子

此書根據畢本，而與畢本異處頗多。除一部似據王、蘇、俞、孫諸家之説改易而未明注來歷外，其餘多以意改，大非慎重古書之道。故于其書與畢本異處，只能視爲王闓運一家之言，不應視爲一種版本之異文。此書刊于光緒甲辰，後孫氏墨子閒詁者十年。

二十七、日本牧野謙次郎墨子國字解

此書注解除采取吾國畢本、孫本所列諸家外，又采取日本秋山儀（翻刻茅本）、小川信成（著墨子闡微）、户埼允明（著墨子考）、諸葛蠡（著墨子箋）、佐藤晉（著墨子樞義）諸家之説。所引異文中有所謂藤本者，不知其所出，蓋藤澤甫校定之本也。牧野原注云：藤澤甫字元發，號東畝，仕於高松藩，居於大阪，慶應某年卒。牧野書中凡例有云：「今出入諸書，檢討異同，或覃思殫慮，照準前後，脱者補之，誤者訂之，贅者削之，錯者正之。每篇之末附存異一闌，廣列異文，仍載原文，以供讀者之參考。」是牧野搜討之勤，校本之富，皆有足稱者。唯以校讎未精，所列異文不盡可據耳。牧野論先秦諸子亦多特識，其書序説中有云：「孔、老對舉，實漢代以降之事。至戰國以前，一世歸嚮之學宗，惟儒墨而已。」是牧野不惟善治墨子，亦善觀察先秦學術思想之重要派別也。

二十八、尹桐陽墨子新釋

釋多傅會，亦閒有新解。

二十九、張純一墨子集解

張氏前發表墨子閒詁箋，近又成墨子集解，研討甚勤，惟以缺少異本，參校功疏，對於畢、孫本脱誤處，頗少新創之發見與有據之訂正。

三十、李笠定本墨子閒詁校補

此書據嘉靖癸丑唐本、百家類纂沈本、萬曆辛巳茅本及聚珍本墨子閒詁諸書校勘定本墨子閒詁，故能言之有物。沈本、茅本校語采自楊嘉。其校語失誤之處亦頗不少，今姑舉其以不誤爲誤者如次：

尚賢中篇「盜樂在君」。

李笠云：「寧」譌「盜」，畢本避清廟諱作「寍」，今更脱筆作「盜」。

謹案：「盜」爲「安盜」正字，畢注已及之。「寧」字爲清宣宗廟諱，畢本刻于乾隆四十八年，字本作「寧」，其時尚無宣宗，豈豫知其廟諱歟？

尚同中篇「輕大夫師長」。

畢注引盧云：「下篇作『奉以卿』，字誤也。」李云：「『此』譌『字』，當據畢本正。」

謹案：「字」字可通。畢原本亦作「字」，不作「此」。

尚同下篇「家既已治」。

李云：「已」譌「己」。

謹案早印之定本墨子閒詁不譌，李氏或見晚印本爛損耳。

兼愛下篇「譬之猶以水救火也」。

孫注云：「顧校季本作『火救水』。」李云：「顧校季本作『人救水』，孫注偶誤。」

謹案顧校季本作「火救水」，孫注不誤，李校誤。

非攻中篇「計莒之所以亡於齊越之閒者」。

李云：「閒」譌「聞」，據畢本正。

謹案：聚珍本墨子閒詁原作「聞」，改作「閒」，「閒」字不誤。

非攻中篇「古者王公大人情欲得而惡失」。

孫注云：「『古者』亦當從王校作『今者』。」李云：「注文『王』譌『土』。」

謹案：定本孫注作「王」，不譌。

節葬下篇「仁者將興之天下」。

楊嘉校云：「茅本『將』下有『來』字，蓋『求』之誤也。」李校云：「嘉靖本作『將求興天下』，茅本脱『求』字，併無『來』字，楊校誤。」

謹案：此處舊本文有衍複，故上下文重出。

嘉靖唐本　上文作「仁者將求興天下」，下文作「仁者將興之天下」。

萬曆茅本　上文作「仁者將來興天下」，下文作「仁者將興之天下」。

楊氏據茅本上句校，「將」下固有「來」字，何得云楊校誤乎？若據下句，茅本固脱「求」字，嘉靖本亦脱「求」字。今李氏訾楊校，則引茅本下句，而遺其上句。申己説，則引嘉靖本上句，而遺其下句。校書如此，庸有當乎？李氏可據嘉靖本上句校，楊氏獨不可據茅本上句校乎？

節葬下篇「棺槨必重」。

孫注引荀子楊注云：「蓋以棺槨與抗木合爲十重也。」李云：「聚珍本初印亦作『抗木』，後改『杭』，是，當據正。杭音居郎反。」

謹案：余見聚珍本墨子閒詁不下十本，皆先作「杭」，後改「抗」，「抗」、「杭」字通。今定本作「抗」，正與聚珍本改正後相合也。

明鬼下篇「奈何其欲爲高君子於天下」。

孫注云：「『高』當作『尚』。『尚』下又脱『士』字。」王闓運寫刻本「高」下增「士」字。李云：「『高士』不見於墨子，仍從孫校改爲是。」

謹案：「高士」數見於兼愛下篇，何謂不見？至「高士」與「尚士」兩校孰長，當別論之。

經說上篇「仁，愛己者非爲用己也」。

孫注云：「淮南子精神訓云：『聖王之養民，非求用也，性不能已。』李氏引張純一箋云：『「聖王之養民，非爲己用也，性不能已也」』，見文子微明篇，淮南精神訓無。」

謹案：孫注見淮南子繆稱訓，僞文子即襲淮南文，言精神訓者，篇名偶誤耳。張未檢及，李竟據之，疏矣。

以上各條，皆李氏以不誤爲誤者也。至其本誤而不覺，與當校而失校者，茲不枚舉，與余著墨子校注對勘，即可知之。孫氏定本墨子閒詁失誤之處頗多，李氏所致力者，多屬於與聚珍本對校之一部，此外則發明甚少，似非長時閒用功之作。雖然，孫氏閒詁以後，能廣求異本以校墨子者，惟此書耳。

（三）墨子各篇真僞考

漢書藝文志：「墨子七十一篇。」今本有五十三篇，分爲六組討論之。

第一組　親士、脩身、所染、法儀、七患、辭過、三辯，凡七篇。

畢沅云：親士與脩身篇無稱「子墨子云」，疑翟所著也。

汪中云：親士、脩身二篇，其言淳實，與曾子立事相表裏，爲七十子後學者所述。所染篇亦見吕氏春秋。墨子蓋嘗見染絲者而歎之，爲墨之學者增成其説耳。

孫詒讓云：脩身、親士諸篇，誼正而文靡，校之他篇殊不類。所染篇又頗涉晚周之事，非墨子所得聞。疑皆後人以儒言緣飾之，非其本書也。

胡適之云：自親士到三辯凡七篇，皆後人假造的，前三篇全無墨家口氣，後四篇乃根據墨家餘論作的。

梁任公云：親士、脩身、所染三篇，非墨家言，純出僞託，可不讀。法儀、七患、辭過、三辯四篇，是墨家記墨學概要，很能提綱挈領，當先讀。

謹案：親士、脩身二篇之僞，可無庸疑。畢謂無「子墨子曰」者爲墨子所著，其實無「子墨子曰」者正可爲非墨子言之本證。所染篇雖僞，但篇首三十餘字爲墨子之言，此可以呂氏春秋當染篇、淮南子説林訓、論衡藝增篇證明之。後四篇中，法儀篇與墨家法天思想尚不相違，其餘三篇則頗有出入。茲舉其顯而易見者：如七患篇「五味盡御於主」、「人君徹鼎食五分之三」、「大夫徹縣」、「桀無待湯之備故放，紂無待武王之備故殺」，皆不似墨家語。辭過篇「當是之時，堅車良馬不知貴也」，大有緬懷上古之意，不知墨家乃貴堅車良馬者也。又「士民不勞，足以征不服，故霸王之業可行於天下矣」，墨家非主張霸道者，不服似無征伐之必要。又「當今之王」「王」字據古本。本篇屢見，墨子時唯楚越稱王，墨子書中凡通論當時事而無所特指者，多言「王公大人」，無單稱王者。三辯篇「武王治天下不若成湯，成湯治天下不若堯舜」，此種比較在墨子書中亦爲特例。梁氏謂「這四篇是墨家記墨學概要，很能提綱挈領」，似未深考。此外尚有一無關宏恉而堪注意之點，墨子全書，第四組以下皆作「子墨子曰」，第二組則「子墨子曰」與「子墨子言曰」並用，但在第二組各篇，凡以「子墨子云」冠首者，皆作「子墨子言曰」，據古本。無作「子墨子曰」者。法儀、七患、辭過三篇論性質當與第二組同，但篇首皆作「子墨子曰」，不作「子墨子言曰」，蓋造僞書者未照及此等瑣細之處，而不知其與第二組通例不合也。法儀篇不失爲墨家言，有引作「子墨子言曰」者。

第二組　尚賢上中下、尚同上中下、兼愛上中下、非攻上中下、節用上中、節葬下、天志上中下、明鬼下、非樂上、非命上中下、非儒下，凡二十四篇。

畢沅云：非儒篇無「子墨子言曰」者，門人小子臆説之詞，并不敢以誣翟也。

曹耀湘云：非儒篇蓋不悦儒術者附會爲此説，必非墨翟之本書也。

胡適之云：第二組凡二十四篇，大抵皆墨者演墨子的學説所作的，其中也有許多後人加入的材料，非樂、非儒兩篇更可疑。

梁任公云：前十個題目二十三篇，是墨學的大綱目，墨子書的中堅篇，中皆有「子墨子曰」字樣，可以證明是門弟子所記，非墨子自著。每題各有三篇，文義大同小異，蓋墨家分爲三派，各記所聞。非儒下篇無「子墨子曰」字樣，不是記墨子之言。

謹案：畢、梁兩氏以非儒篇無「子墨子曰」字樣，定爲不是記墨子之言，甚是。但篇中前半所述，多見於公孟等篇，雖非墨子所自言，尚不害爲墨家之言。篇中後半所述，「以所聞孔丘之行」以下至篇末，與上半篇就事立論者顯然有别，不類一篇文字。辭氣粗獷，遠不如墨家辯論之謹嚴。其文又多見於晏子春秋，蓋後人妄以他書竄入墨子者。僞孔叢子詰墨篇即以此下半篇爲詰問資料。孟子、荀子皆以尊孔非墨名世者，假使非儒後半爲墨子原書，則孟、荀早舉而辯之非之矣，尚待僞孔叢者始舉而詰之邪？固有以知其必不然矣。本組性質相類，他目皆有上中下三篇，而非儒獨否，亦其不類之一徵也。節用中篇文氣不接，篇首數行即顯餖飣，且多勦襲他書，如舉百工之次序，似考工記言；堯撫四方，似韓非子、尸子、大戴記、賈子、淮南子等書；堯飯土塯，史記李斯傳固明言二世聞于韓子，則本非墨子之文甚明。其餘文字，亦與辭過、節葬等篇小異而大同。通篇除摹擬勦襲外，所餘殆同無物。胡氏謂此組「非樂、非儒兩篇更可疑」，余則以爲非樂篇無庸疑，可疑者在節用中與非儒下兩篇也。魯問篇：「子墨子曰：凡入國必擇務而從事焉，國家昏亂則語之尚賢尚同，國家貧則語之節用節葬，國家喜音湛湎則語之非樂非命，國家淫僻無禮則語之尊天事鬼，國家務奪侵凌則語之兼愛非攻，故曰擇務而從事焉。」據此，則本組十目之義，皆子墨子所雅言也。

第三組　經上、經下、經説上、經説下、大取、小取，凡六篇。

此六篇時代學者意見至爲紛歧，兹分述其概。

甲、經上各篇爲墨子自著者。

晉魯勝墨辯注敍云：墨子著書，作辯經以立名本，惠施、公孫龍祖述其學，以正刑名，顯于世。墨辯有上下經，經各有説，凡四篇。

畢沅云：此翟自著，故號曰「經」，中亦無「子墨子曰」云云，詞亦最古。

曹耀湘云：墨子之書，唯此數篇爲難讀。漢志名家者流如尹文、公孫龍、惠子、毛公皆爲堅白同異之辯，故知名家者墨氏之支流也。

梁任公云：這六篇大半是講論理學，經上、下當是墨子自著，經説上、下當是述墨子口説，但有後學增補。大取、小取是後學所著。

乙、經上各篇非墨子自著者。

汪中云：經上至小取六篇，當時謂之墨經。莊周稱相里勤之弟子，五侯之徒，南方之墨者苦獲、已齒、鄧陵子之屬，以堅白同異之辨相訾，以觭偶不仵之辭相應者也。公孫龍、惠施二子實始爲是學，是時墨子之殁久矣，其徒誦之，並非墨子本書。

孫詒讓云：經上下、經説上下四篇，皆名家言。又有算術及光學、重學之説，精眇簡奥，未易宣究。其堅白異同之辯，則與公孫龍書及莊子天下篇所述惠施之言相出入。據莊子所言，則似戰國之時墨家别傳之學，不盡墨子之本恉。畢謂翟所自著，考之未審。

高瀨武次郎云：經上下、經説上下數篇，古來傳爲墨子之真筆，而爲其精髓所在。今考其文，皆片斷短句，非如天志、兼愛等篇，爲首尾一貫之論文。又其所言亦非治國平天下之大經。古人見其有「經」字，遂臆斷爲墨子精髓所在，實非允當之論。予竊謂經及經説不過集合當時辯論上之用語，確定其解説而已。名之曰「經」，所以示其爲辯論上之依據，猶之記圍碁之術者曰「碁經」，記墨之製法者曰「墨經」也。又大取、小取二篇，亦爲辯論之方術，與墨子學說無密切關係。蓋當時墨子之徒爲欲布教，不得不用此等辯論術，其門人後生既習用之，又會萃之以成篇耳。徵諸莊子天下篇之文，墨者用力于辯論，有暗誦墨經之迹，由是可知墨者之辯論殆爲名家者流之淵源，故晉之魯勝謂名家者流祖述墨辯也。

胡適之云：這六篇不是墨子的書，也不是墨者記墨子學說的書。我以爲這六篇就是莊子天下篇所說的「別墨」做的。這六篇中的學問，吋不是墨子時代所能發生的，況且其中所說，和惠施、公孫龍的話最爲接近。惠施、公孫龍的學說，差不多全在這六篇裏。至于這六篇吋非墨子所作的理由，約有四端：

一、文體不同。這六篇的文體、句法、字法，没有一項和墨子書的兼愛、非攻、天志……諸篇相像的。

二、理想不同。墨子的議論，往往有極淺鄙可笑的，例如明鬼一篇雖用三表法，其實全無論理。這六篇便大不同了，六篇之中全没有一句淺陋迷信的話，全是科學家和名學家的議論，可見這六篇書吋不是墨子時代所能做得出的。

三、「墨者」之稱。小取篇兩稱「墨者」。

四、此六篇與惠施、公孫龍的關係。這六篇中討論的問題，全是惠施、公孫龍時代的哲學家争論最烈的問題。如堅白之辯、同異之論之類。還有莊子天下篇所舉惠施和公孫龍等人的議論，幾乎没有一條不在這六篇之中討論過的。又如今世所傳公孫龍子一書的堅白、通變、名實三篇，不但材料都在經上下、經説上下四篇之中，並且有許多字句文章都和這四篇相同。于此可見墨辯諸篇若不是惠施、公孫龍作的，一定是他們同時的人作的。

胡氏所舉四項理由，梁任公駁之。

一、梁云：經之文體與他篇不同，此正乃經爲墨子自著之確證耳。何也？諸篇皆有「子墨子曰」云云，則其必爲門弟子所記述，而非墨子自著甚明。師之著述，其文體何須模擬弟子所記？經文體與他篇異者，經爲墨子自著，他篇爲弟子記故也。胡氏反以此爲經非出墨子之證，何也？

謹案：此項理由本不充足，故胡、梁兩氏之説皆不能立于不破之地。蓋文體不同，固不足以爲非墨子自著之塙證，同時亦不足以爲墨子自作之塙證。如荀子書，其賦篇與其他諸篇文體不同，固不害其出于一人之手也。若僅就文體不同而謂其作者必異，寧有是乎？

二、梁云：胡謂與他篇「理想不同」，此實不然。墨子之教，曰智與愛。他篇多教愛之言，此經多教智之言，其範圍本應有別。且此經根本理想，實與墨教一致，如「仁，體愛也」、「義，利也」、「任，士損己而益所爲也」、「無窮不害兼」諸條最明。其與他篇互有詳略，則固宜然耳。胡氏謂明鬼等篇多迷信之言，此經無有，以是爲不同出一手之證。此論非是，墨子惟天志、明鬼兩篇有迷信之言，所謂言各有當耳，不能以此爲墨家之根本義。

謹案：此項胡、梁所見各隨其分，胡謂不同，似以兩者之精粗及其所涉之範圍言之；梁謂同，亦以其「仁」、「義」、「任」、「無窮不害兼」諸條與墨家根本思想一貫也。

三、梁云：六篇性質各異，不容并爲一談。大取、小取既不名「經」，自是後世墨者所記，斷不能因彼篇中有「墨者」之文，而牽及經之真僞。蓋彼本在經之範圍外也。胡氏誤認六篇同出一人手，此根本致誤處。經分上下兩篇，文例不同。經上必爲墨子自著無疑，經下或墨子自著，或禽滑釐、孟勝諸賢補續，未敢懸斷。至經説與經之關係，則略如公羊傳之於春秋。欲明經，當求其義於經説，固也。然不能逕以經説與經同視。經説固大半傳述墨子口説，然既非墨子手著，自不能謂其言悉皆墨子之意，後學引申增益，例所宜有。今因説之年代以疑經之年代，是猶因公羊傳有孔子以後語，而謂春秋非孔子作，大不可也。

謹案：此項胡氏理由充足，但僅能適用於小取一篇。若舉以概他篇，則證據尚嫌不足。梁氏謂此六篇不容并爲一談，而不知即大取、小取二篇亦不容并爲一談也。

四、梁云：墨經與惠施、公孫龍一派學説之關係最當明辯，施、龍輩確爲別墨，其學説確從墨經衍出，無可疑也。然斷不能謂墨經爲施、龍輩所作，施、龍輩所祖述者，不過墨經中一小部分，而其説之内容又頗與經異也。細按四篇之文，經下或比經上時代稍後，其兩經皆墨子著邪？抑經下出自弟子手邪？未能確斷。經説則吋非出自一人，且並未必出自一時代，或經百數十年遞相增益，亦未可知。莊子天下篇「俱誦墨經，而倍譎不同，相謂別墨。以堅白同異之辯相訾，以觭偶不仵之辭相應」，謂其同出於墨經，而倍譎不同，互相詆以「別墨」。別墨者，言非墨家之正統派也。胡氏讀「相謂」爲「自謂」，大非宜。若如胡氏説，則所謂「俱誦墨經」者，究誦何物？明明有經兩篇，必指爲非經而別求經於他處，甚無謂也。胡氏指尚同、兼愛等篇爲墨經，非是。此諸篇篇各有三，蓋當時三墨之徒各記所聞，其文乃論體，而非經體。三墨並宗者，則此經上、下二篇而已。

關於胡氏所舉四項理由，張煊於民國八年北京大學出版之國故中亦有駁議，今引其論別墨及墨經爲墨子自著二段如次：

張云：韓非顯學篇「自墨子之死也，有相里氏之墨，有相夫氏之墨，有鄧陵氏之墨，取舍相反不同，而皆自謂真墨」，是相里氏、相夫氏、鄧陵氏固未嘗不以己説爲真墨也。莊子天下篇所云「相謂別墨」者，亦猶云各自以爲真，而謂人爲別耳。故「別墨」二字，實三墨互相稱道之名，而非一學派之名也。

張又云：吾以墨經爲翟所自著者，舍以上各反證外，謹案：即證明胡氏四項理由不能成立之反證。詳國故第二期，可參閱。尚有數證：一、舊有經名，二、包羅宏富，三、翟嘗教弟子以名學。兼愛等篇，但有定旨，即不易誤，故任弟子自記。名形等學，皆爲定義，一字稍異，差即千里，故翟自著。説之作，蓋略後於經，殆爲弟子講解時隨手所録，故補經不逮處甚衆。

丙、經上各篇爲墨者所撰述，以抗禦惠施、公孫龍輩者。

此説章行嚴創之，見東方雜誌二十卷二十一號章著之名墨訾應論中，其言曰：

墨、惠兩家，凡所同論之事，其義莫不相反。如墨言「景改爲住」，與惠言「飛鳥之景不動」；墨言「非半不新則不動」，惠言「一尺之棰取半不竭」，理均相抗，各執一端。且細繹兩家之辭意，似惠子諸義先立，而墨家攻之。以如此互相冰炭之兩宗并爲一談，謂此是一是二，夫亦可謂不思之甚矣。

惠施與墨家俱有事於名，特施爲譬者，而墨爲非譬，其中鴻溝甚大。

以愚推之，墨子自著之辯經久已亡絶，辯經中巍然自立之定義，使其層累成爲一科，不合與人角智之性者，必較今存之六篇爲精且詳。以施、龍之出後于墨子，墨子固不得如豫言者流，知某時將有譬者某某求勝于彼，而先設駁義若干條以爲之備也。其後墨者傳經，節節遇有名家者流相與詰難，因釋經以拒之。而後起諸問，經中焉能備載？其徒勢不得不以己所崇信詮解師説，詮解不同，而派别以起，此乃天下篇所謂「俱誦墨經而倍譎不同」者也。今之六篇，殆墨家弟子之所撰述，此與其徒俱誦之墨經迥乎不同，而爲其徒之一派半述半粉，以抗禦名家之謷者如施、龍輩焉，則愚所自信，爲千慮一得，無可置疑者也。

謹案：由右列各家之説，此組時代差異亘百餘年，自墨子至公孫龍以後，即自戰國初年至其末期。再加徵引，徒益紛歧，書缺有閒，無以定是非之誠也。余之所見，又與諸家異趣，今述之如左：

一、六篇時代不同，應分别觀之。

二、六篇時敍，以大取篇最先，經上、經説上次之，經下、經説下、小取又次之。

三、大取篇爲全部墨學綱領，在六篇中與墨子關係最爲明憭，因篇中一稱「子墨子」，兩稱「子」，皆其他五篇所無也。此點證據確鑿，爲與其他五篇顯然不同之處。諸家皆未據此與他篇分别觀察，豈非異事？孟子謂「墨子兼愛，摩頂放踵利天下爲之」，蓋即本此篇「斷指與斷腕，利于天下相若，無擇也」而來，篇中兩「子」字或可曲作他種解釋，「子墨子」三字則意義明塙，不容曲解，其爲墨子弟子之所記録可無疑義。唯今本簡帛錯亂難讀，冠于全書，治墨諸家率多擱筆。王闓運析出篇中「語經」以下文，别立一語經篇，雖屬逞臆無據，然本篇有加入材料，則爲不可掩之事實。「語經」以下二十餘字，其尤可疑者也。

四、經與經説同時産生。經與説往往各明事理之一面，非通觀無以知其全，與純粹注疏性質者不同。經與説相待而得名，雖其産生之方法或不必同，如一爲教者手訂，一爲學者記録等。其産生之時代當不懸隔也。在諸子中，管子與韓非子皆有經文與解説互見之例，蓋古代文體之一種。韓非子八説篇曰「書約而弟子辯，是以聖人之書必著論」，即説明此種文體成立之理由也。

五、經上與經下異時。其理由：

（甲）經上皆建樹自家理論，經下多反駁他家議論，一正一反，其時代之有先後甚爲顯然。

（乙）經上與經下體裁相同，而文式結構不同，若非異時，似無不同之必要。

六、經上與墨子之關係。

（甲）經上如「仁」、「義」、「禮」、「實」、「忠」、「孝」、「信」、「廉」、「任」、「勇」諸條，是墨家共同踐履之德目，墨子當日蓋即以此等德目教授弟子，故能造成一學派之風氣。

（乙）吕氏春秋去私篇：「墨者鉅子腹䵍對秦惠王曰：墨者之法曰：『殺人者死，傷人者刑。』王雖令吏弗誅，腹䵍不可不行墨子之法。」可見墨家團體内尚有成文的共同遵守之法規，則其有成文的共同踐履之德行與共同應具之知識，實非意外之事。

（丙）韓非子外儲説左上篇曰：「言有纖微難察而非務也，故李、惠、宋、墨皆畫策也。」又八説篇曰：「楊朱、墨翟，天下之所察也。」又曰：「博習辯智如孔、墨。」是墨子固以智慧辯察見稱于世者，則其以智慧辯察之術上説下教，當爲事理之所宜有。

（丁）莊子駢拇篇曰：「駢於辯者，纍瓦結繩竄句，游心於堅白同異之閒，而敝跬譽無用之言非乎，而楊、墨是已。」使駢拇篇塙爲莊子文，則墨家至遲在莊子時已游心於堅白同異矣。

根據上述理由，經上、經説上兩篇即非墨子自著，然其大部分理論由墨子遞禪而來，此可推知者也。

七、經下之時代。

（甲）經下篇「仁義之爲内外也，悖」條，正反駁孟子告子篇告子「仁内義外」之説。循先立後破之通例，可測定經下之作最早與告子同時。與孟子問答之告子。

（乙）經下篇：「於，一有知焉，有不知焉，説在存。」説曰：「於：石，一也。堅白，二也，而在石。故有智焉，有不智焉，可。」公孫龍子堅白篇曰：「於石，一也。堅白，二也，而在於石。故有知焉，有不知焉；有見焉，有不見焉。」二書相同，果孰爲勦襲邪？墨經説「於」字爲標目，公孫龍子「於」字爲正文，字近于贅。墨經「知」字實晐手拊、目見二者。公孫龍子「知」、「見」二字並舉。兩相比較，則公孫龍子之由墨經蜕變而來甚爲顯然。

（丙）公孫龍子白馬、通變、堅白、名實諸篇所論，與經上、下等篇相發者甚多。審覈内容，皆似墨經導其原，公孫龍子宏其流者。晉魯勝謂公孫龍祖述辯經，洵非無徵。是經下之作，最早不能在與孟子問答之告子學成以前，最晚不能在公孫龍子以後。因之可得下列諸判斷：

（一）、經下與經説下篇非墨子作。

（二）、經與經説非公孫龍作。

（三）、經與經説非公孫龍學説之反動。

（四）、經説標目之例，起於公孫龍以前。

八、小取篇爲一氣呵成之論辯文字，文思細密，格局調匀，字句矜慎。依學術思想演化之通例，此種文字不能成於辯學尚未發皇光大之時，胡氏據篇中兩見「墨者」，定爲施、龍時代文字，可從。

九、莊子天下篇言「俱誦墨經」，可知墨經在誦時早已存在，其誦者亦非一派也。又言「倍譎不同，相謂別墨，相訾相應」，可知其時作墨經之人已死，諸派各有所執，乖戾分争，自謂真墨，斥異于己者爲別墨。于此尚有一重要問題，即所謂「俱誦墨經」究誦何物？胡氏以墨經乃墨教經典，如兼愛、非攻之類。梁氏謂即經上、經下兩篇。此説不自梁氏始，今爲行文簡便計，惟舉梁。章氏謂其徒俱誦之墨經久已亡絶，今之六篇殆墨家弟子之所撰述。古今學者多同梁說，以其本有「經」名，取證直捷也。然以先秦學術思想參伍校之，說終難安。余以爲俱誦之墨經非他，即大取篇也。經者，不必自經也，後人尊之以爲經。大取爲墨經而不標「經」名，猶六經之原無「經」名也。大取篇之末言「其類在」者凡十有三，原蓋有說以釋之，以其有說，則大取篇之爲經也愈明矣。時代推移，墨徒繁衍，散布之區域日廣，新興之事理愈多，原遠流分，口多心異，于是俱誦之中不免有歧異之說。莊子所謂「倍譎不同」，韓非子所謂「取舍相反不同」，義蓋如此。今本經上、下諸篇爲後世墨者所撰述，始明標「經」名。新編之經名雖立，俱誦之墨經猶在也。後人不達古代經不自經之例，以原有經名者始謂之「經」，而無經名者則否，是何異以晚出之孝經爲儒家俱誦之經，而忽視其詩、書、禮、樂、易、春秋也？

十、墨經既爲墨家各派所宗，在理想上似當具下列條件：

(甲)時代較早，與墨子有明塙關係。

(乙)爲墨學綱領所在。

(丙)含義豐富。今檢墨子全書，具此條件者，唯大取一篇。胡氏以經上等篇有爲施、龍所作嫌疑，章氏以經上等篇有與施、龍訾應證據，皆無當於俱誦之墨經，誠以其時代太晚，疑點太多，不得已而求諸外，以期無牾于莊子天下篇之文，實于無解答中聊作解答也。

平衡三説，胡以兼愛非攻等篇爲墨經，失之廣汎。章徑謂墨經亡失，失之虚眇，反不如梁説之有據。今若以大取篇爲墨經，則時代疑慮既可消失，廣汎、虚眇兩無與焉。若從梁説墨經即經上、下兩篇，則施、龍時代之濃厚色采終不可掩，經下則尤爲不倫。以經下列入墨經，則是墨家以與人角智爭勝之晚出小辯爲全宗俱誦之經，其非事理所宜有，章章明矣。

第四組　耕柱、貴義、公孟、魯問、公輸，凡五篇。

胡適之云：這五篇乃是墨家後人把墨子一生的言行輯聚來做的，就同儒家的論語一般。

梁任公云：這五篇是記墨子言論行事，體裁頗近論語。

謹案：本組學者閒無異議。

第五組　備城門、備高臨、備梯、備水、備突、備穴、備蛾傅凡七篇。

第六組　迎敵祠、旗幟、號令、襍守凡四篇。

以上兩組十一篇，舊皆并爲一組。

胡適之云：自備城門以下到襍守，凡十一篇，所記都是墨家守城備敵的方法。

梁任公云：這十一篇是專言守禦的兵法。

朱逷先云：備城門以下二十篇，舊説皆禽滑釐所受墨子守城之法。余謂皆屬漢人僞託，今存者僅十一篇，其九篇已亡，茲將其僞託證據列下：
一、備城門以下，今存之十一篇中多漢代官名。
二、備城門以下，今存之十一篇中有漢代刑法制度。
三、備城門以下，今存之十一篇多勦襲戰國末及秦、漢諸子。
四、備城門以下，今存之十一篇中多言鐵器、鐵兵，與墨子時代不符，決爲漢人僞託。
綜上四證，則備城門以下二十篇實爲漢人僞託，殆無疑者。朱氏原文見民國十八年清華週刊三十卷第九期。

謹案：朱氏所舉四證，前二者前人已道及之。孫氏墨子閒詁於號令篇目下引蘇時學注，即認爲非墨子之言。吴汝綸點勘墨子，則塙定其爲漢人文字。吴書隨處可得，豈朱氏未見邪？但朱氏爲國内有名國學家，決非襲人見以爲己見者，當屬偶未檢及耳。迎敵祠以下四篇爲僞書，余幸與吴、朱所見相合，無庸費辭。今所論列者，在備城門至備蛾傅七篇。朱氏證其爲漢人文字者，余以爲其所引證據，尚不足以證明其爲漢人文字也。茲就朱氏所引證據中關於前七篇者討論之。

節録朱氏原文。備城門篇云「召三老左葆官中者，與計事」。

案：備城門篇「召三老左葆官中者，與計事」，似爲縣三老。

又案：孫詒讓曰：「管子水地篇『與三老、里有司、伍長行里』，史記滑稽傳西門豹治鄴，亦有三老」，則三老戰國時已有，且墨子時必尚無「三老」之名也。

謹案：朱氏所引，是他篇文錯入備城門篇者，孫氏校爲襍守篇文，余校爲號令篇文，所見雖不盡同，其訂爲非備城門篇文則一，本可置諸不辯。退一步言，假定此節爲備城門篇文，由朱氏所引孫注既考定戰國時有三老，則據「三老」二字不足以證明其爲漢代文，其理自明。管子非管仲時代之書，可無論。史記西門豹治鄴已有三老，則三老制之存在，當始于西門豹治鄴以前。西門豹爲魏文侯臣，文侯與墨子年世相值，朱氏一面既肯定西門豹治鄴已有三老，一面又謂「墨子時必尚無三老之名」，不知更有何據下此判斷？如其無也，是何異說「墨子時已有三老，墨子時必尚無三老之名」也，有是理乎？

節録朱氏原文。備城門篇云「城上四隅童異高五尺，四尉舍焉」。

案：商子境内篇云「其縣有四尉」，商子係戰國末所僞託，且皆秦制，而漢因之。

又案：孫詒讓云：「史記商君傳云『集小都鄉邑聚爲縣，置令、丞』，秦本紀在孝公十二年。」

縣令諸國或皆有之，丞、尉則起于秦。據孫氏墨子年表，秦孝公十二年墨子卒已久，當時必無令、丞、尉並立之官。

謹案：漢制除長安、洛陽外，大縣二尉，小縣一尉。今備城門篇之尉，舍于城上之四隅，其數至少當及四人，與漢制一班縣尉人數不合，與商子之四尉、丞尉，在未有塙證以前，亦不當視作全同。蓋以商子之文注疏墨子未嘗不可，若因商子有尉，墨子亦有尉，遂謂墨子書當在商子之後，則未免言之過早也。尉爲古官名，左傳閔二年「羊舌大夫爲尉」，又成十八年「立軍尉以攝之」，襄十九年有「軍尉」、「輿尉」，襄二十一年「將歸死于尉氏」，杜注云：「尉氏，討姦之官。」是尉之爲官名，由來舊矣。孫詒讓注：「北堂書鈔職官部引韋昭辨釋名云：廷尉、郡尉、縣尉，皆古官也。以尉尉人心也。凡掌賊及司察之官，皆曰尉。尉，罪也，言以罪罰姦非也。」似此，則僅據一「尉」字不足以證明其爲漢代文字也。

節録朱氏原文。備城門以下，今存之十一篇，有漢代刑法制度。

謹案：此項朱氏所引諸例，無在備城門至備蛾傅七篇者，可不辯。

節録朱氏原文。備城門以下，今存之十一篇，多勦襲戰國末及秦漢諸子。

勦襲管子　　備城門篇云：「凡守圍城之法，厚以高，壕池深以廣，樓撕楯，守備繕利，薪食足以支三月以上，人衆以選，吏民和，大臣有功勞於上者多，主信以義，萬民樂之無窮。不然，父母墳墓在焉。不然，山林草澤之饒足利。不然，地形之難攻而易守也。不然，則有深怨於適而有大功於上。不然，則賞明可信而罰嚴足畏也。」案：此篇即係勦襲管子九變篇，而故爲顛倒錯亂耳。朱氏引管子九變篇文，畢注墨子曾引之，今從略。

勦襲黃帝兵法　迎敵祠篇云：「敵以東方來，迎之東壇，壇高八尺，堂密八，年八十者八人，主祭青旗青神，長八尺者八，弩八，八發而止，將服必青，其牲以雞。敵以南方來，迎之南壇，壇高七尺，堂密七，年七十者七人，主祭赤旗赤神，長七尺者七，弩七，七發而止，將服必赤，其牲以狗。敵以西方來，迎之西壇，壇高九尺，堂密九，年九十者九人，主祭白旗，素神長九尺者九，弩九，九發而止，將服必白，其牲以羊。敵以北方來，迎之北壇，壇高六尺，堂密六，年六十者六人，主祭黑旗黑神，長六尺者六，弩六，六發而止，將服必黑，其牲以彘。」案：北堂書鈔引黃帝兵法與此節文全同。朱氏以爲全同，故彼未將書鈔文引出，以避重複。

勦襲尉繚子　旗幟篇云：「城將爲絳幟，長五十尺。四面四門將，長四十尺。其次三十尺，其次二十五尺，其次二十尺，其次十五尺，高無下十五尺。城上吏置之背，卒於頭上。城下吏卒置之肩，左軍於左肩，中軍置之胸。」尋此文前後脱誤甚多，蓋必勦襲尉繚子無疑。朱氏引尉繚子文，孫注墨子曾引之，今從略。

謹案：旗幟篇與尉繚子文不似勦襲，即爲勦襲，誰勦襲誰似乎尚是問題。朱氏謂旗幟篇必勦襲尉繚子無疑，判斷亦微嫌過早。迎敵祠篇文，朱氏謂與北堂書鈔引黃帝兵法全同。今檢北堂書鈔併無與此節文全同之黃帝兵法，應請朱先生指明出於書鈔何卷。若朱先生不能指出，則勦襲一層自難談到。管子一例，塙似勦襲，不過此節文字，在備城門篇上下文皆不相屬，明是錯簡。通觀墨子全書，此節三百餘字，當在號令篇「此所以勸吏民堅守勝圍也」之下，因號令篇「圍城之重禁」句、「此所以勸吏民堅守勝圍也」句，與此「凡守圍城之法」句、「乃足以守圍」句、「此守城之重禁也」句，有線索可尋也。此節非備城門篇文，余校注本墨子，於此三百餘字仍從古本，未加移動，試與上下文比較，即可知其文不類。可無庸辯。退一步言，假定此節爲備城門篇文，持與管子九變篇比較，墨子文除與管子類似者外，字句尚多，文亦通暢，管子九變全篇除與墨子類似者外，所餘不過數句，文勢短促，甚似勦襲墨子成篇，而又無力續長者。就文而論，管子塙似勦襲。再退一步言，假定墨子勦襲管子，亦不足以塙定其爲漢人文字也。何也？因管子九變篇之時代尚不易塙定也。又凡甲乙兩書相同，而有勦襲嫌疑者，欲定何書爲勦襲，以貫例言，當比較兩書之時代、文字之内容及真僞程度而定。今朱氏所列三書，一爲管子，一爲黄帝兵法，一爲尉繚子，若以上項貫例繩之，與其説墨子勦襲彼三書，無寧説彼三書勦襲墨子較爲可能也。黄帝兵法與尉繚子二例不在本文討論範圍内，此姑連類及之。

節録朱氏原文。備城門以下，今存十一篇中多言鐵器、鐵兵，與墨子時代不符，吋爲漢人僞託。

鐵器則有鐵鍱、鐵鐕、鐵纂、鐵什、鐵校、見備城門篇。鐵校、鐵鎖、見備穴篇。鐵鏁。見備蛾傅篇。鐵兵則有鐵矢、見備城門篇。鐵鉤鉅、鐵鈇、鐵矛。見備穴篇。朱氏原文尚有褋守篇一例，因在本文範圍外，今不録。

謹案：此項證據取材新穎，性質塙實，發前人所未發，爲朱氏全篇文字精要之處。今欲研究本項問題，須先明中國鐵器使用之時代。

國語齊語曰：「美金以鑄劍、戟，試諸狗馬。惡金以鑄鉏、夷、斤、斸，試諸壤木。」

管子小匡篇曰：「美金以鑄戈、劍、矛、戟，試諸狗馬。惡金以鑄斤、斧、鉏、夷、鋸、欘，試諸木土。」又海王篇曰：「今鐵官之數曰，一女必有一鍼一刀，若其事立。耕者必有一耒一耜一銚，若其事立。行服連軺輂者，必有一斤一鋸一錐一鑿，若其事立。」

左傳魯昭公二十九年：「遂賦晉國一鼓鐵，以鑄刑鼎。」

由上列諸例，可知中國在春秋時，塙已用鐵作器，併知其時鐵之用僅及於鉏、夷、斤、斸等粗制之器，而未用於精利之兵器如劍、戟等。是朱氏所舉鐵器諸例，已不足以證明其爲漢代文字，可無庸論。今專論其所引兵器之在備蛾傅以上七篇中者，檢備城門篇併無「鐵矢」之文，不知朱氏所據何本？篇中有「二步一木弩，必射五十步以上。及多爲矢，節毋以竹箭，楛、趙、掕、榆可。蓋求齊鐵夫，播以射衙」，孫注云：「『夫』亦當爲『矢』。或云『夫即鈇』。備穴篇有鐵鈇。」不知朱氏是否據此？若其據此，似應將據孫注說明，以免正文與孫注溷殽不清。此處墨子原文譌亂難通，孫氏一面謂「夫當爲矢」，一面又引或曰「夫即鈇」，是孫氏改「夫」爲「矢」，尚屬未能自信。由多聞闕疑之義，此二十許字當從蓋闕，既不必强作解人，尤不可引作論據，致鄰輕信。若更據近人臆改未定之字以疑古書，則無的放矢，考據家所引爲深戒者矣。「夫」字本篇屢見，畢、俞訓爲「趺」之省文，如人足兩分也。凡器物中如人足兩分之形者，皆得謂之「夫」。必欲加以詮釋此「夫」字，固可援例以「趺」釋之。下文「射」字，似與上文「木弩」、「矢」字相應也。備穴篇「爲鐵鈇金與扶林長四尺」，原文義頗難憭。說文：「鈇，莝斫刀也。」就字爲訓，「鈇」之本義爲圉人斬芻之刀。「鐵夫」與「鐵鈇」，無論其爲一物或爲二物，要皆粗制之具，非精利武器之類也。「鉤鉅」之制不詳，求之本書備高臨篇，可得其大略，蓋非以斮刺如劍矛之類，不必用精錬之鐵即可爲也。韓非子南面篇載商君之鐵殳，例與此近。至朱氏引「鐵矛」一證，檢備穴篇無「鐵矛」連文者，或畢本有「穴矛以鐵，長四尺半，大如鐵服」之文，當爲朱說所本。但「穴矛」原作「內予」，畢注固明言以意改矣。今徧檢古本，無作「矛」者。下文有兩「予」字，畢亦校改「矛」。日本寶曆本墨子下文兩「予」字皆作「矛」，與畢改合，獨此「內予」字仍作「予」，與畢改異，可見此「予」字在或本上，不與下文二「予」字一例也。再就文義考察，矛爲長兵，考工記廬人有「夷矛三尋」之語，下文謂「矛長七尺」，疑即篇中所謂之「短矛」。今此云「内予以鐵，長四尺半，大如鐵服」，既舉其長，又舉其大，則其物非矛甚明。蓋本書言「矛」，皆不及其大也。畢氏改「予」爲「矛」，義實未安，後人何必從之？且此「予」字關係重要，非有塙證，何可輕率意改？備蛾傅以上七篇六千餘言，言攻守器備者近百事，於重要兵器如劍、斧、矛、戟之類，皆未見有鐵制者，正可爲其成書時代鐵兵尚未發達之證。朱氏謂越絶書、吴越春秋所記之「鐵劍」、「鐵櫪」，即有人證明其僞。余以爲彼兩書所記之僞與否，本文不必具論，但戰國時之有鐵兵，則爲不容否認之事實。藝文類聚卷六十引戰國策曰：「蘇秦爲楚合從，元戎以鐵爲矢，長八寸，一弩十矢俱發。」史記范雎傳：「秦昭王曰：吾聞楚之鐵劍利。」荀子議兵篇「楚人宛鉅鐵釶，慘如蠭蠆」，楊注云：「釶與鍦同，矛也。」韓非子八説篇：「搢笏干戚，不適有方鐵銛。」又五蠹篇：「共工之戰，鐵銛短者及乎敵。」吕氏春秋貴卒篇：「趙氏攻中山，中山人被鐵甲，操鐵杖以戰。」鐵能作甲，非有相當冶鍊技術不可，是皆戰國時塙有鐵制銛利兵器之證也。江淹銅劍讚序有云：「古者以銅爲兵，春秋迄於戰國、戰國至於秦時，攻爭紛亂，兵革互興，銅既不充給，故以鐵足之。鑄銅既難，求鐵甚易，是故銅兵轉少，鐵兵轉多，年甚一年，遂成風俗。所以鐵工比肩，而銅工稍絶，二漢之世，逾見其微。」準此，則備蛾傅以上七篇中，即有明塙不誤之精利鐵兵，亦止能疑其非墨子時代之文，不能遽謂其爲漢代文字也，况其無鐵兵乎？不惟無而已，尚有其反證焉：

備穴篇曰「以金劍爲難」，又曰「以斧金爲斫」。

此二句爲考訂本書時代之重要材料。就人類技術演化通則言，冶鍊之事，鐵後於銅；利兵之資，銅遜於鐵。墨家講求守器，而利兵尚未論及鐵，可爲其時利兵尚未銅鐵並用之證。根據江淹之説，即此「金劍」、「斧金」亦可證其非漢人文字。蓋漢代雖或有銅兵，然決不至以銅爲唯一利兵材料，而不及鐵，猶之今日講求守備，不至舍鋼甲戰艦不談，而僅舉數十年前之木制礮船也。昔人讀墨子，每將備城門以下二卷十一篇并爲一談，此實大誤，不獨一朱氏爲然也。兩卷文字不侔，一經細讀，不難辨別。今雖不免互相錯亂，然其錯亂處，在未經移動之古本上下文皆不銜接，顯而易見。保存古本面目，即辨別錯亂最便之法門也。孫氏墨子閒詁下筆頗矜慎，唯於備城門篇輕加移易，甚有底本不誤而移之反誤者，錯亂之迹幾於不可復識矣。更申論之：備城門篇：「禽滑釐問於子墨子曰：『甲兵方起於天下，大攻小，强執弱，吾欲守小國，爲之奈何？』子墨子曰：『何攻之守？』禽滑釐對曰：『今之世常所以攻者，臨、鉤、衝、梯、堙、水、穴、突、空洞、蟻傅、轒轀、軒車，敢問守此十二者奈何？』」

此節文字總冒以下各篇，甚爲重要，孫氏據此以考訂今本缺佚篇目，頗具卓識。所惜者，彼未能據此作進一步之探討，以辨别各篇之真僞也。根據此節與第十四卷現有篇目，以及詩疏所引之備衝篇參校，可推知禽、墨問答之語，蓋以備城門篇爲總冒，而以備十二攻具之技術分述之。今其文雖多殘闕，其目經孫氏之考訂，已可概見。此外各篇，則禽、墨問答之所未及，亦即墨家原書之所不載，故迎敵祠以下三篇皆無「禽子」、「墨子」字樣。蓋彼文本在禽、墨問答範圍之外以之附入墨子者，亦未嘗僞造其爲禽子、墨子之言也。襍守篇雖有「禽子」、「墨子」之稱，然實不類一整篇文字，一讀便知。蓋後人拾取他篇殘脱無所屬者，加以己意，增竄成篇，附之卷末，亦非墨子本書也。禽子問語語氣，他篇皆紆餘有味，襍守篇獨傷直率，是亦僞迹之可尋者。考漢書藝文志「兵技巧家」注云「省墨子」，不言篇數。省者，劉歆七略互著，而班志省之也。「兵家都數」注云「省十家，二百七十一篇」。以「兵權謀家」注「省九家，二百五十九篇」計之，則省「兵技巧家」之墨子當爲十二篇，與禽子所問十二攻具之數正合。竊疑墨子守備原書，除「救闉池」之文已附見於備城門篇，不別立備堙專篇外，其餘備十一種攻具當各爲一篇。今本存備城門、備高臨、備梯、備水、備突、備穴、備蛾傅七篇，尚缺備鉤、備衝、備空洞、備轒轀、備軒車五篇，存佚合計凡十二篇。案以今本目次，皆當在第十四卷中，若再加第十五卷之八篇，則與漢志「兵家」所載篇數顯然不合。又漢志列墨子於「兵技巧家」，「技巧者，習手足，便器械，積機關，以立攻守之勝者也」。設墨子原書有迎敵祠等篇，則當入「陰陽家」（推刑德，隨斗擊，因五勝，假鬼神），否則亦當入「兵權謀家」(兼形勢，包陰陽，用技巧)。今墨子不列入「陰陽家」或「權謀家」，可爲墨子論兵原書無迎敵祠等篇之塙證。此外兩卷中尚有下列可注意之點：

一、第十五卷迎敵祠篇以五行説爲骨幹，與墨家不信「日者方龍」及「五行毋常勝」之説不合。

二、第十五卷中多言嚴刑峻罰，非主張兼愛之墨家所宜有。

三、第十四卷中多論守械之名物數度，第十五卷則否。

四、第十五卷中有漢代官制律文，第十四卷則無之。

五、金錢之重要性見於第十五卷中，旗幟篇「金錢有積」，號令篇「金錢」凡三見，又曰「直一錢以上」，襍守篇「布帛金錢」。第十四卷則無之。

六、一人一時所作文字，其所用普通字當無差別。今檢兩卷，竟有顯示相異者。如「其」字在第十四卷多誤作「亦」，今校作「亓」，第十五卷「其」字竟無一誤作「亦」者。一篇如此，可云偶然，全卷如此，是知其來源之異矣。今唯余自備城門篇移入號令篇之錯簡「其」字誤作「亦」，此疑原亦作「其」，因其文錯入備城門篇之時代頗早，傳録者見備城門篇「其」字皆作「亓」，古本當如此。遂將錯簡之「其」字亦鈔作「亓」，後因同誤爲「亦」矣。

綜觀墨子各篇，有「子墨子」之稱者未必真，而無「子墨子」之稱者則必僞。持此以概全書，自謂可無大過。今本真書中無「子墨子」之稱者，僅非攻上、備水、備突三篇。備水篇僅百餘字，備突篇僅數十字，其爲殘脱顯而易見。非攻上篇之有脱文，曹耀湘早於數十年前論及，併校移非攻中篇「子墨子言曰」云云數十字於上篇。故三篇雖今本無「子墨子」之稱，亦可推知其原本之有也。又此所謂僞者有二：

一、時代雖較晚，而不害其爲墨家重要思想者，如經上、下等篇是。

二、時代較晚，行文不類，或竟與墨家思想倍馳者，如親士、迎敵祠等篇是。今以記墨子之學術言行者爲墨子書，以時代較晚而不失爲墨家思想者爲墨家言，其餘則爲僞書，列爲總表如左：

第一組——（卷　一）——｛親士、脩身、所染、法儀、七患、辭過、三辯｝凡七篇僞書。前二篇無「子墨子」之稱，後五篇襲墨家餘論，不盡與墨家思想相合也。

墨子

- 第二組
  - （卷二）—尚賢上中下
  - （卷二）—尚同上中下
  - （卷四）—兼愛上中下
  - （卷五）—非攻上中下
  - （卷六）—節用上中、節葬下
  - （卷七）—天志上中下
  - （卷八）—明鬼下、非樂上
  - （卷九）—非命上中下、非儒下

  凡十目，二十三篇。除節用中篇疑僞外，其餘爲墨子書。蓋墨子弟子引據墨子學説而或加以闡發者。

  篇中無「子墨子」之稱，前半墨家言，後半僞書。

- 第三組
  - （卷十）—經上下、經説上下
  - （卷十一）—大取、小取

  凡六篇，大取篇爲墨子書，即莊子天下篇所謂之「墨經」，墨學綱領旨趣之所在也。其餘五篇無「子墨子」之稱，爲墨家言。

第四組——（卷十一）——耕柱
　　　　（卷十二）——貴義、公孟
　　　　（卷十三）——魯問、公輸

凡五篇，墨子書，記墨子言行。

第五組——（卷十四）——備城門、備高臨、備梯、備水、備突、備穴、備蛾傅

凡七篇，墨子書，記守禦器備。

第六組——（卷十五）——迎敵祠、旗幟、號令、襍守

凡四篇，僞書。前三篇無「子墨子」之稱，後一篇爲采綴增竄而成。

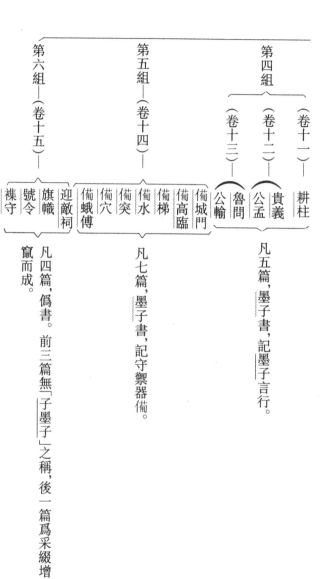

(四) 墨子姓氏生地年世考

一、姓氏

墨子名翟，姓墨氏，唐宋以前無異辭。至元伊世珍瑯嬛記引賈子説林，始有墨子姓翟名烏之説。賈子説林並無其書，蓋即伊氏所虛擬也。清初，周亮工承之，謂墨子姓翟名烏，以墨爲道。近人江瑔著讀子卮言，益演周氏之説，列舉八證以實之，兹節録其文如次：

古以孔墨、楊墨並稱。自漢以後，皆以墨子姓墨名翟，數千載無異詞。竊則以爲不然，蓋墨子者，非以「墨」爲姓者也。古者，諸子派别共分九流，墨子居其一，凡傳其學者皆曰某家，故傳墨子之學亦曰「墨家」。然所謂「家」者，言學派之授受，非言一姓之子孫，故周秦以前，凡言某家之學，不能繫之以姓，至漢代學者始以某姓爲某家。古人繫姓而稱，必曰某子或某氏，而稱「家」則不能繫姓。若「墨」既爲姓而復稱曰「墨家」，則孔子可稱「孔家」，莊子可稱「莊家」乎？此不合於古人稱謂之例，其證一也。「九家」之名詳於漢志，漢志本於劉略，劉氏亦必有所本，而司馬談亦有「六家要指」之論，則其名由來舊矣。然所謂「九家」者，墨家而外，若儒、若道、若名、若法、若陰陽、若縱横、若雜、若農，莫不各舉其學術之宗旨以名其家，聞其名即知其爲何學。即九家外之小説家亦然，並無以姓稱者。若「墨」爲姓，是以姓稱其學，何以獨異於諸家乎？此不合於「九家」名稱之例，其證二也。墨子〔一〕之學出於史佚、史角。史角無書，史佚有書二篇，漢志列於「墨家」之首，且謂尹佚爲周臣，在成康時。則由史佚歷數百歲而後至墨子，未有墨子之前已有墨家之學。墨子生於古人之後，乃諱其淵源所從出，以己之姓而名其學，而盡廢古人，不特爲諸家之所無，且於理有未安也。此不合於學派相傳之理，其證三也。周秦時之姓氏複雜奇僻，往往非後世所經見，然考以世本諸書，亦各有所自來。「墨」之爲姓，墨子一人外更無所見。惟古有墨胎氏，爲孤竹國君，伯夷、叔齊即其後。然夷、齊後即無聞，斷非墨子之所出。且墨子之前後亦絶無墨姓其人，是不特墨子非姓墨，且恐其時並無墨之一姓矣。此其證四也。又漢志所録墨家者流僅有六家，末爲墨子，首即史佚，此外四人曰我子、曰隨巢子，皆不著其姓，曰田俅子、曰胡非子，疑亦非姓。班注於此四人亦不詳其姓名，顔師古亦不及之，當必皆爲姓名外之别號，自無可疑。墨家諸人無一稱姓，則墨子之「墨」斷非姓明矣。竊疑墨家之學，内則薄葬，外則兼愛，無親疏之分，無人我之辨，示大同於

〔一〕「子」原誤「家」，據江瑔讀子巵言卷二改。

天下，以宗族姓氏爲畛域之所由生，故去姓而稱號，以充其兼愛、上同之量，又與釋氏之法同，此亦墨氏之學所以獨異於諸家，而高出於千古也。孟子一書所載當世之人，皆詳其姓氏，而於「墨者夷之」祇冠以「墨者」二字，而不言其何姓。論衡福虚篇言墨家之徒纏子，「纏」亦非姓。是皆可爲墨家不稱姓之證，可以與此相發明。是凡墨家之學者，無一稱姓，固不特墨子爲然矣。此其證五也。墨子原書多稱「子墨子」。夫稱曰「子」者，爲尊美之詞，不繫於别號即繫於姓，然皆稱曰「某子」，斷無以「子」字加於姓之上者。若子思子之類，上「子思」二字合爲孔伋之字，下「子」字乃尊稱之詞耳。唐宋以後，去古日遠，名稱亦漓，始有以「子」字加於姓之上，秦漢以前則絶無之。（惟荀子書引宋鈃語或稱「宋子」，或稱「子宋子」，顯爲後人所亂。列子書亦稱「子列子」，則因其書爲後人掇輯而成，未足爲據。至墨子原書於禽滑釐稱曰「禽子」，亦閒有「子禽子」之稱，或疑爲後人所加。）今稱曰「子墨子」，適與「子思子」之稱同，則墨子非姓墨，尤瞭若指上漩渦。若云「墨」爲姓，然則孔子亦可稱「子孔子」，莊子亦可稱「子莊子」乎？此其證六也。孟子多拒墨之詞，其稱之也，或曰「墨子」，或曰「墨氏」，或直單稱之曰「墨」，如「墨之治喪，以薄爲其道」是也。韓非子顯學篇亦曰「有相里氏之墨，有相夫氏之墨，有鄧陵氏之墨」，皆單以「墨」稱。然人有姓亦有名，姓所同而名所獨。故古者稱人必舉其名，寧去其姓而稱名，無去名而稱姓。是以古籍所載，有單稱名而不知其姓者，而斷無單稱姓而不著其名之理。今孟、韓皆單稱曰「墨」，則「墨」豈得爲姓乎？況韓子〔一〕所謂「相里氏之墨」云云，若「墨」爲姓，尤不能作是稱。韓子此篇上文云「有子張氏之儒」云云，下文則曰「儒分爲八，墨分爲三，取舍相反不同，而皆自謂真孔墨」，下曰「孔」而上曰「儒」，蓋言孔子一人可稱「孔」，言孔子之學不可稱「孔」也。以「相里氏之墨」例之，則何不云「子張氏之孔」，而云「子張氏之儒」乎？此其證七也。凡爲墨家之學，可稱曰「墨者」，如孟子所謂「墨者夷之」，莊子、韓非子及史記自序亦皆有「墨者」之稱。然「墨者」之義，指學墨子之人言之，學墨子之人非必姓墨，何以繫其師之姓？孔子之門弟子三千，未聞稱曰「孔者」也。墨家之稱「墨者」，當與儒家之稱「儒者」同，而「儒」非姓。不論古今，未有舉人之姓氏加於一「者」字之上而稱之者。以此推之，則「墨者」之「墨」亦非墨子之姓，尤瞭然明矣。此其證八也。班氏譔漢志、高誘注呂氏春秋，皆衹云墨子名翟，而不言其姓，則固心焉疑之矣。（謹案：凡以姓氏冠於「子」上者，班、高僅舉其名，注書之例則然，江説未審。）考「墨」字從黑，爲會意兼形聲字，故古人即訓「墨」爲黑，又訓爲晦，引申之爲瘠墨、爲繩墨。是所謂「墨」

〔一〕「子」字原脱，據江瑔讀子巵言卷二補。

者，蓋垢面囚首、面首黎黑之義也。墨子之學出於夏禹，禹之爲人盡儉苦之極軌，故墨氏亦學之。墨子之學深合於「墨」字之義，故以「墨」名其家。攷墨書貴義篇云「先生之色黑」，凡人形容枯槁者其顔色必黑，茲所謂「色黑」者，蓋因勞苦過甚，顔色因而黎黑。呂氏春秋高誘注曰：「墨子，魯人也。著書七十篇，以墨道聞。」蓋謂墨子著書，以墨道聞，故稱曰「墨子」也。其得名之故，實由於瘠墨不文、以繩墨自矯而來，故曰「墨」。其爲學始於大禹，傳於史佚，至墨子而益發揚，爲一時之盛，世乃以其學稱其人，故曰「墨子」。墨氏一家學問之精義，全在「墨」之一字。「墨」既爲學而非姓，則「翟」之義又安在？曰：「墨」者，墨子之學；而「翟」者，非墨子之名則墨子之姓也。孔璋北山移文稱墨子爲翟子，似亦以「翟」爲姓。而瑯環記載墨子，則直云「姓翟名烏」。此又墨子非姓墨之一大證也。

謹案：古代書籍司於官府，蓋非平民之所得誦習者。自孔子出，始將古代書籍選擇其認爲重要者，加以潤飾删節，傳播民間，即所謂述詩書、訂禮樂、作春秋也。孔子聚人徒，立師學，開私家講學之風，中國學術至此爲一大轉關。前乎此者，君師合一，政教不分，學之大原爲官府所把持。此後則家學朋興，人類知識隨研究之便利、思想之解放而擴大增高，開戰國時文化燦爛之奇局。據説文，「儒」爲術士之通稱。周禮太宰「儒以道得民」，論語

「子謂子夏曰：女爲君子儒，毋爲小人儒」，是儒實先孔子而存在。荀子書中用「儒」字甚多，其「儒」字之形容詞，如「陋儒」、「散儒」、「腐儒」、「瞀儒」、「賤儒」、「俗儒」、「雅儒」、「大儒」、「小儒」等等，品類至爲複雜。「儒家」二字，實由公名以轉稱孔家者也。孔子亦百家之一，見荀子解蔽篇。儀禮士冠禮「願吾子之教之也」，鄭注云：「子，男子之美稱。」賈疏云：「古者稱師曰子。」考古書中「子曰」二字，除本文塙有所指外，幾與「孔子曰」相等。墨子書中有「子曰」二字，畢沅依本書文例校補作「子墨子曰」。公羊隱十一年傳「子沈子曰」，何注云：「沈子稱子冠氏上者，著其爲師也。不但言『子曰』者，辟孔子也。」是「子曰」二字亦由通稱而轉爲特稱，與「儒」字演化略相類似。家言、子學之興始於孔子，墨子次之，而發皇光大於戰國。故論先秦學派，舉其顯學，則曰「孔墨」，或曰「儒墨」；總而舉之，則曰「百家」。其分別析舉之者，如莊子徐无鬼篇、儒、墨、楊、秉、惠施。天下篇，尸子廣澤篇，荀子非十二子篇、天論篇、解蔽篇、墨子、宋子、慎子、申子、惠子、莊子、孔子七家。成相篇，呂氏春秋不二篇。除孔子一派或以「儒」字代表外，其餘皆實指其人，無「九流」之名也。惟今本尹文子以「名」、「法」、「儒」、「墨」與「道」對舉，正可爲今本尹文子爲秦漢以後僞書之證，不當以此謂先秦已有「九流」之稱也。江氏僅據漢人妄分之九流，而繩先秦家學稱謂之例，庸有當乎？「儒」字由公名而轉化爲一學派之名，「墨」字以私氏而引申爲一學派之名，或由廣而陜，或由陜而廣，其演化之途徑雖殊，其爲習慣所鑄成則一也。西洋學術史上，以其人之名氏變化語尾以代表其學派者，尤比比然也。古書中如「子墨子」、如「墨氏」，是以「墨」爲姓氏之墨也。如「墨者夷之」，如「相里氏之墨」，是以「墨」爲學派之墨也。一字數用，各有其適，執一不通，適足賊道。若以墨僅爲學派之名，而無與於姓氏，則何解於「子墨子」與「墨氏」乎？若謂學派亦可以子之、氏之，則亦可言「子儒子」與「儒氏」乎？論衡自紀篇「孔墨祖愚，丘翟聖賢」，若「墨」僅爲學派之名而非姓氏，則不得言其祖之愚，蓋一學派之祖決無愚者也。是江氏之説知其一而不知其二，通其偏而不能通其全也。明乎此，江氏所舉一、二、七、八諸證皆不能立。江氏似未知古人姓、氏之分，不知「墨」固非姓。孟子書言「墨氏兼愛」，可證也。秦、漢以後，始混姓、氏爲一，鮮能辨之者矣。

墨子蓋學焉而自爲其道者，汪中早于百年前道及之。近年胡適之發表諸子不出于王官一文，以爲諸子之學皆起于救世之弊，應時而興。漢志「墨」家首列尹佚，已屬可笑，若更謂墨家之學始于大禹，傳於史佚，未有墨子之前已有墨家之學，則「墨子」之稱當屬諸大禹或尹佚，數千百年後之墨翟，當退居墨者之列，不當僭稱墨子。又以思想進化之程序考之，以墨家之學置諸孔子之前，已屬不類，況置之夏禹或成康時乎？

江氏第四證，理由亦甚脆弱。王符潛夫論讚學篇「禹師墨如」，「墨」亦似姓氏。元和姓纂謂墨氏由墨台氏轉化而來，江氏謂墨台氏斷非墨子所自出，不知有何塙據？且古人奇僻之姓氏，一見而前後不見者甚多，如穀梁赤即其一例，何獨至於墨子而疑之？

江氏第五證可無庸辯，一閱孫詒讓墨子傳授考即知其謬。

江氏第六證所述亦甚疏忽，除荀子書之「子宋子」、列子書之「子列子」爲江氏所已引者外，國語越語有「子范子」，公羊傳有「子沈子」、「子公羊子」、「子司馬子」、「子女子」、「子北宮子」，呂氏春秋不二篇有「子列子」，此在稍讀古書者類能知之，江氏竟謂秦漢以前絶無其例，可謂疏忽之至。

江氏八證，無一可立。此外尚有自相矛盾之處，如既言自漢以後皆以墨子姓墨名翟，數千載無異詞，又言班固、高誘疑之於前，孔稚珪、北山移文。伊世珍瑯嬛記。歧異於後。既言墨子去姓「以充其兼愛、上同之量」，又謂翟爲「墨子之姓」。既言「未有墨子之前已有墨家之學」，又言其學「適合於『墨』字之義，故以『墨』名其家」。其説之抵捂如此，乃竟有喜其異而從之，並矜爲江氏之創解者，夫亦不思之甚矣。

近人錢穆謂：「墨子姓墨，從來都如此説，直至清末，江瑔始開異議，謂『墨』爲道術之稱，其論極是。至説『墨』字之義，則尚未盡。余考『墨』乃古代刑名之一，『墨』爲刑徒，轉辭言之便爲奴役。」錢氏并舉出「墨」爲奴役之稱之證據六項，其説似較江氏爲勝，然細考之，亦不能立。在評述錢氏所引證據之前，有當明瞭者二事：

一、研究墨家思想，以墨子本書爲最可恃，若爲他人批評墨家者，則須慎重選擇，分別去取。蓋兩喜則多溢美之言，兩怒則多溢惡之言，此尚論古人者不可不知也。

二、墨家對於人類物質享受之態度，就静的方面言，是主張貴族奢侈生活化爲平民生活，決不是主張平民生活化爲乞丐生活。就動的方面言，是主張人類生活水準向上改善，以趨于文明；決不是主張人類生活水準向下低落，反于古野。蓋主張奢侈生活平民化者，同時即主張一般生活水準提高者，兩者不相妨也。墨子節用上篇曰：「凡爲衣裳之道，冬加温、夏加清者，芊䱉」，又節用中篇曰：「冬服紺緅之衣輕且煖，夏服絺綌之衣輕且清。」辭過篇曰：「冬則練帛之中，足以爲輕且煖，夏則絺綌之中，足以爲輕且清。」其詳見拙著墨家之經濟思想一文中，茲不贅引。墨家物質生活有其積極之面目，有其消極之限度，與「垢面囚首」江氏語。以及「刑徒奴役」錢氏語。一類考語渺不相涉。若僅從「墨」之一字展轉傅會，則求之彌深，失之彌遠。今就錢氏所舉「墨」爲奴役之稱諸證，附以案語如次：

錢云：（一）墨子貴義篇：「楚王使穆賀見子墨子，曰：子之言則誠善矣，而君王，天下之大王也，無乃曰『賤人之所爲』，而不用乎？」穆賀以墨道爲賤人所爲，下面墨子也自以農夫、庖人相比，這是「墨」字有勞役的意義之第一證。

謹案：論語里仁篇「富與貴」、「貧與賤」，皇疏云：「富者財多，貴者位高。乏財曰貧，無位曰賤。」穀梁襄二十九年傳：「賤人非所貴也，貴人非所刑也。」是「賤」者，無位之通稱，故孔子曰「吾少也賤」，論語子罕篇。伊尹、申徒狄亦天下之賤人。墨子貴義篇及佚文。我國古代除王公卿大夫階級外，其餘無位者殆皆可謂之賤人。所謂「賤人」二字，範圍至廣，何得引爲墨家「墨」字有勞役意義之一證？使此種邏輯可用，則孔子、伊尹、申徒狄亦爲賤人，是「孔」字、「伊」字、「申徒」字亦將有勞役之意義，可乎？不可乎？墨子書兼愛下篇「今之賤人，執其兵刃、毒藥、水火以交相虧賊」，又魯問篇「今賤人也亦攻其鄰家，殺其人民，取其狗豕、食糧、衣裘」。今錢氏引貴義篇文以墨子爲賤人，因之「墨」字有奴役的意義，則人亦可引兼愛、魯問篇文，謂墨子既爲賤人，因之「墨」字有盜匪的意義，可乎？不可乎？錢氏謂「墨子自以農夫、庖人相比」，不知墨子同時又以藥草相比，豈墨子又將爲藥草乎？墨子書貴義篇「翟上無君上之事，下無耕農之難」，又魯問篇「故翟以爲雖不耕織乎，而功賢于耕織也」，韓非子八説篇「博習辯智如孔墨，孔墨不耕耨」，則墨子之不爲奴役也至明。

錢云：（二）呂氏春秋高義篇「墨子弟子公尚過爲越王迎墨子，墨子曰：若越王聽吾言，用吾道，翟度身而衣，量腹〔一〕而食，比于賓萌，未敢求仕」，高注：「賓，客也。萌，民

〔一〕「腹」原誤「服」，據呂氏春秋高義篇改。

也。」「賓萌」的意義，譬如現在所説的客籍流氓。許行至滕，也説「願受一廛而爲氓」，許行也是主張親操勞作的，這是「墨」字有勞役的意義之第二證。

謹案：錢氏以墨子比于賓萌爲「墨」字有勞役意義之證，不知「賓萌」二字爲講學游説、傳食諸侯者之稱，正是不勞而食，與勞役之義適相反對。韓非子五蠹篇所謂修文學，習言談，無耕之勞而有富之實，無戰之危而有貴之尊，是故服事者簡其業，而游學者日衆，是世之所以亂也，即指此輩賓萌而言。荀子解蔽篇：「昔賓孟之蔽者，亂家是也。俞樾云：「孟」當讀爲「萌」。所謂「賓萌」者，蓋當時有此稱。戰國時遊士往來諸侯之國，謂之賓萌。若下文墨子、宋子等，皆其人矣。墨子蔽於用而不知文，宋子蔽於欲而不知得，慎子蔽於法而不知賢，申子蔽於埶而不知知，惠子蔽於辭而不知實，莊子蔽於天而不知人，此蔽塞之禍也。孔子仁知且不蔽，故學亂術，足以爲先王者也。一家得周道，舉而用之，不蔽於成積也。」由是可知，墨、宋、慎、申、惠、莊、孔諸家，無一而非賓萌。所異者，孔子爲賓萌之不蔽者，其餘爲賓萌之蔽者而已。「賓萌」爲講學遊説者之通稱，與所謂「奴役」及「勞役」等辭風馬牛不相及，何得引以爲「墨」字有勞役意義之證？宋、慎、申、惠、莊、孔諸家皆賓萌也，是「宋」、「慎」、「申」、「惠」、「莊」、「孔」諸字亦將有勞役之意義乎？錢又舉許行主張親操勞作事，此與墨子何關？豈許行主張與民並耕而食，墨子亦必主張與民並耕而食乎？

錢云：(三)墨子備梯篇：「禽滑釐事子墨子三年，手足胼胝，面目黎黑，役身給使，不敢問欲。」淮南子泰族訓也說：「墨子服役者百八十人，皆可使赴火蹈刃，死不旋踵。」作墨子弟子的都要服役，這是「墨」字有勞役的意義之第三證。

謹案：禮記檀弓篇「事師無犯無隱，左右就養無方，服勤至死」，鄭注云：「勤，勞辱之事也。」孔疏云：「謂服持勤苦勞辱之事。」韓非子五蠹篇「仲尼聖人也，而爲服役者七十人。」莊子漁父篇：「子路傍車而問孔子曰：由得爲役久矣。」又庚桑楚篇：「老聃之役。」是古人事師服役，實爲當然之事，了不足異，不獨墨家爲然，不足以證明「墨」爲奴役之稱。莊子讓王篇：「曾子居衛，縕袍无表，顏色腫噲，手足胼胝。」豈曾子亦墨家徒乎？

錢云：(四)孟子盡心篇「墨子兼愛，摩頂放踵利天下爲之」，趙岐注：「摩頂，摩突其頂。」荀子非相篇「孫叔敖突秃」，楊倞注：「突，謂短髮可凌突人者。」焦循孟子正義說，「突」、「秃」聲轉，「突」即「秃」。趙氏以「突」明「摩」，謂摩迫其頂，髮爲之秃。今按：「摩頂」即今言秃頭，古有髡罪翦髮服役。墨家爲要便於作苦，不惜摩頂截髮，近似髡奴，不暇講究冠髮之禮，故爲孟子所譏斥。「放踵」也是失禮的事，莊子上說：「墨子以跂蹻爲服。」史記孟嘗君傳：「孟嘗君躡屩而見馮煖。」「屩」、「蹻」同字，是一種輕便無底的鞋子，當時只私下穿着，孟嘗君急于見客，躡蹻而出，這是有失禮貌的。墨家爲便于作事行走，故截髮秃頂，穿鞋放脚，弄得如刑徒、奴役一樣，自頂至踵，無不失禮。孟子是主張以禮援天下的，故説墨子「摩頂放踵利天下爲之」，是譏斥墨子的話。這是「墨」字有勞役的意義之第四證。

謹案：孟子盡心篇「楊子取爲我，拔一毛而利天下，不爲也。墨子兼愛，摩頂放踵利天下，爲之」，趙注：「楊子爲我，拔己一毛以利天下之民，不肯爲也。墨子兼愛他人，摩突其頂，下至于踵，以利天下，己樂爲之也。」阮元校勘記：「文選注引作『致于踵』，引注『致，至也。』」摩頂放踵利天下爲之，與拔一毛而利天下不爲，文義相反。拔一毛，言所損于己者至輕；摩頂放踵，言所損于己者至重，即墨子大取篇所謂「斷指與斷捥，利于天下相若，無擇也」之意。風俗通義十反篇：「墨翟摩頂以放踵，楊朱一毛而不爲。」法苑珠林破邪篇：「湯恤烝民，尚焚軀以祈澤；墨敦兼愛，欲摩足而至頂」，南齊書高逸傳贊：「墨家之教，磨踵滅頂，且猶非吝。」隋釋彦琮通極論「夏禹疏川，則有勞手足；墨翟利物，則不悋頂踵。」語意顯達，可當詮釋。趙注「摩突」二字，義雖不明，但以「摩突」晐頂與踵言之，則甚明。若解「摩突」作禿，則禿頂至踵，殊爲不辭。若由錢説，更解作「截髮禿頂，穿鞋放脚」，則語意索然，又與「拔一毛而利天下」之義不相反。且在墨子及他書中，亦無禿頂放脚之塙證也。若「放」字從古本作「致」，更與放脚無涉。墨子公孟篇「墨子言：行不在服」，則墨家之無一定服飾甚明。節用等篇言衣裳尚輕煖或輕清，則墨家非主張刑徒奴役之衣服甚明。莊子天下篇：「使後世之墨者多以裘褐爲衣，以跂蹻爲服。」其說不見于墨子本書，尚難徵信。天下篇爲戰國末年以後文字，非莊子作。又「多」者，不盡之辭，非謂墨家之徒皆然也。由是僅能明後世墨家徒多貧或尚儉，不能證明其「截髮禿頂，穿鞋放脚」。訓「蹻」爲一種「輕便無底的鞋子」，「無底」二字頗覺費解，不知錢氏所據何書。錢氏所引史記原文爲「馮驩聞孟嘗君好客，躡屩而見之」，所謂「躡屩」，是馮驩躡屩，錢氏竟解爲「孟嘗君躡屩」，以證成其失禮之說，似誤。

錢云：（五）荀子禮論篇說「刑餘罪人之喪，不得合族黨，獨屬妻子，棺椁三寸，衣衾三領，夫是之謂至辱」，這也是譏斥墨家薄葬的非禮。左傳上也說「若其有罪，絞縊以戮，桐棺三寸，不設屬辟」。現在墨子正是主張桐棺三寸的葬禮，自齊于刑餘罪人，故荀子指斥他爲「至辱」了。這更是墨家「墨」字爲黥墨罪人之意的顯證了。

謹案：禮記檀弓篇：「子游問喪具，夫子曰：『稱家之有亡。』子游曰：『有亡，烏乎齊？』夫子曰：『有，毋過禮。苟亡矣，斂手足形，還葬，縣棺而封，人豈有非之者哉。』」孔疏云：「下棺内壙中，貴者則用碑繂。若貧而即葬者，但手縣棺而下之，同于庶人，不待碑繂。」左哀二年傳：「若其有罪，絞縊以戮，桐棺三寸，不設屬辟，下卿之罰也。」管子揆度篇：「若有子弟師役而死者，父母爲獨，上必葬之，衣衾三領，木必三寸。」以禮記、左傳、荀子比而觀之，可知荀子所謂「刑餘罪人之喪」，蓋亦指在位者有罪而言。若夫庶人，則棺椁三寸，衣衾三領，固多有不能具者矣。孔鯉死，有棺而無椁，況其他之庶民乎？據管子，則禮所以罰卿大夫之有罪者，正所以賞爲國死事之有功者也。喪葬厚薄，與墨家名稱截然二事，不足以證明墨家「墨」字爲鯨墨罪人之意。

錢云：（六）荀子王霸篇云：「以是縣天下，一四海，何故必自爲之？爲之者，役夫之道也，墨子之説也。」這明明斥墨子之説爲役夫之道，這又是墨家「墨」字爲罪人服役之意的顯證了。

謹案：荀子王霸篇：「以是縣天下，一四海，何故必自爲之？爲之者，役夫之道也，墨子之説也。論德使能而官施之者，聖王之道也，儒之所謹守也。」又君道篇：「急得其人，則身佚而國治，功大而名美。」墨子尚賢上篇：「以德就列，以官服事，以勞殿賞，量功而分祿。故得士則謀不困，體不勞，名立而功成，美章而惡不生。」所染篇：「善爲君者，勞于論人，而佚于治官。」是墨子與荀子所謂原無殊異，而荀子必欲非之者，正所謂名實未虧，而喜怒爲用者也。世人論墨，率多誣辭，此其一例，錢氏據以立説，疏矣。考「役夫」爲賤者之稱，以之加諸人，則爲輕詆之辭。左文元年傳江芈稱楚太子商臣爲「役夫」，又見韓非子内儲説下篇。荀子性惡篇「齊給便敏而無類，雜能旁魄而無用，析速粹孰而不急，不恤是非，不論曲直，以期勝人爲意，是役夫之知也」，可見「役夫」爲輕詆之通辭，何得引以爲墨家「墨」字爲罪人服役之證？此種邏輯，殊難索解。劉知幾史通言語篇：「江芈罵商臣曰『役夫』，漢王怒酈生曰『豎儒』，單固謂楊康曰『老奴』，斯並當時侮嫚之詞，流俗鄙俚之説。」若依錢氏之推論式，則「商臣」字將有「役夫」之意，「酈生」字將有「豎儒」之意，「楊康」字將有「老奴」之意，有是理乎？孟子書詆楊墨爲「禽獸」，則「楊」字、「墨」字不又將有「禽獸」之意義乎？先秦諸子各有學説，皆思以其説易天下，故不免非毁他家。若就其所用毁人之名，以定被毁者之實，而不加以衡量，不惟根據薄弱，抑且厚誣古人，非所望于實事求是之考訂家也。

總上觀察，可知江、錢二人所列論證，理由皆不充足。而類似江、錢諸説，或不及江、錢言之成理者，無庸辯矣。錢氏博洽多聞，若于墨家學派取義于奴役之説，更有堅確不拔之證據、圓融無礙之理解，公諸社會，亦學術界之所樂聞也。

二、生地

墨子生地，其説有三：

一、楚人説　畢沅、武億序跋墨子，皆以吕氏春秋高注「墨子，魯人」之語，謂魯即楚之魯陽。

孫詒讓云：攷古書無言墨子爲楚人者，渚宫舊事載魯陽文君説楚惠王曰「墨子北方賢聖人」，則非楚人明矣。

謹案：兼愛下篇「有君大夫之遠使于巴越齊荆」，荆即楚也。貴義篇「子墨子南游於楚」，魯問篇「鈞之羅，亦于中國耳，何必于越哉」，楚越皆非中國，若墨子爲楚人，立辭當不如此。吕氏春秋愛類篇「墨子見荆王，曰：臣北方之鄙人也」，皆可爲墨子非楚人之證。

二、宋人説　見葛洪神仙傳、文選長笛賦李注引抱朴子、荀子脩身篇楊注、元和姓纂。

高瀨武次郎云：公輸篇之末「子墨子歸，過宋」云云，已明示墨子之非宋人。若是宋人，何得言「過宋」？史記、漢書雖皆有「墨翟宋大夫」之説，然爲宋大夫者，不必宋人也。即「宋大夫」説，亦甚可疑。墨子果爲宋大夫，必有多少之治績及其君臣間之問答見之傳記，今皆無之，不知司馬遷、班固果何所據而爲此「宋大夫」之説也。

三、魯人説　見吕氏春秋當染篇、慎大篇高注。

孫詒讓云：貴義篇：「墨子自魯之齊」，又魯問篇「越王爲公尚過束車五十乘以迎子墨子於魯」，吕氏春秋愛類篇「公輸般爲雲梯，欲以攻宋，墨子聞之，自魯往見荆王，曰：臣北方之鄙人也」，淮南子脩務訓亦云「自魯趨而往，十日十夜至於郢」，並墨子爲魯人之塙證。

高瀨武次郎云：墨子以大禹爲理想的人物，南船北馬，從事教導，由此推察，足跡所至當徧天下，無如徵諸遺書，僅僅左列數國，今以其所歷游對照觀之，亦可知墨子魯人説之正塙也。

齊　貴義篇「子墨子北之齊」云云。齊當墨子生國魯之北方，故曰「北之齊」也。

魯　魯問篇「子墨子自魯之齊，即過故人」云云；又「魯之南鄙人有吴慮者，冬陶夏耕，自比於舜，子墨子聞而見之」云云；呂氏春秋愼大篇「公輸般將攻宋，子墨子聞之，自魯往」云云；李善文選注引「公輸般將欲以楚攻宋，墨子聞之，自魯往，裂裳裹足，十日至郢」云云。魯爲墨子之生國，故無遊魯之記載。玆所引出遊、記事，皆自魯至他國，措辭有別也。

衛　貴義篇「子墨子南遊使衛」云云。衛在魯之西南方，故曰「南遊」，若如畢沅説墨子爲楚之魯陽人，則遊衛當爲「北」矣。

宋　公輸篇「子墨子歸，過宋」云云。自南方之楚，歸北方之魯，途中當過宋，墨子生地若爲楚之魯陽，或爲宋，此句俱不可解。

楚　貴義篇「子墨子南遊于楚」云云。玆言「南遊于楚」者，明示自魯國南遊于楚也。若自楚國内之魯陽往，則直曰「遊郢」，不當曰「遊楚」矣。

謹案：孫氏與高瀨所攷皆甚精塙，高誘「墨子，魯人」之注，可爲定論矣。

三、年世

司馬遷史記爲中國第一部正史，對於與孔子並稱「顯學」，領導先秦學術思想垂二百年之偉大哲人，竟不專爲立傳，僅於孟荀傳後附綴「蓋墨翟宋之大夫，善守禦，爲節用。或曰並孔子時，或曰在其後」二十四字，其年世尚不能質定，遑論其他。近世學者頗有以此爲史記全書之玷者，揆厥原因，約有數端：

（一）其時去秦火未遠，典籍散佚，墨子之書或未獻諸漢朝，司馬遷未及見之。史記孟荀列傳謂「自如孟子至于吁子十餘人，世多有其書」，繼敍墨子獨作疑詞，不言世有其書，可爲司馬遷未見墨子書之證。史記謂墨子「或曰並孔子時，或曰在其後」，劉向、班固則肯定墨子在孔子後，非劉、班密而史遷疏也，實以劉、班時得見墨子書，而史遷則未之見也。司馬談亦以未見墨子書，故其論墨家要旨甚膚淺，無精采，遠不如孟子、荀子論墨之扼要。

（二）史記六國表謂：「秦既得意，燒天下詩書，諸侯史記尤甚。詩書所以復見者，多藏人家，而史記獨藏周室，以故滅。獨有秦記，又不載日月，其文略，不具。」墨子年世正當戰國初期，其時秦正衰亂，與關東諸侯少接觸，接觸少則記載略。墨子周遊列國，獨未至秦，故秦記亦無緣記載墨子言行。今司馬遷傳論墨子，僅能資取於疏略之秦史中，其材料當然十分缺乏。

（三）漢景帝、竇太后崇信黄老，漢武帝表章儒術。司馬談受易於楊何，習道論於黄子，史遷漸染於孔老高潮之環境中，無形受其同化，對於與孔老思想不侔之墨子，自不免生出歧視。

（四）墨家思想與封建社會不適合，爲專制帝王及御用學者所不喜，無詳悉稽考表章之必要。

有此數因，故史記不專爲墨子立傳。其自敘中雖云「獵儒墨之遺文，明禮義之統紀，作孟子荀卿列傳」，但在傳中敘墨子止有二十四字，猶是疑詞。今幸墨子之書尚有大部分存在，汪中、孫詒讓、高瀨武次郎、胡適之、梁任公諸人據以推求其時代，已可大體質定，不復如前此之迷離矣。茲節録諸家之説如次：

汪中云：今按耕柱、魯問二篇，墨子於魯陽文子多所陳説。楚語「惠王以梁與魯陽文子」，韋昭注：「文子，平王之孫，司馬子期之子。」其言實出世本，故貴義篇言〔一〕「墨子南遊於楚，見獻惠王，獻惠王以老辭」。由是言之，墨子實與楚惠王同時，其年於孔子差後，或猶及見孔子矣。藝文志以爲在孔子後者，是也。非攻下篇言「今天下好戰之國齊晉楚越」，又言「唐叔、吕尚邦齊晉」，今與楚越四分天下。節葬下篇言「諸侯力征，南有楚越之王，北有齊晉之君」。明在句踐稱伯之後，秦獻公未得志之前，全晉之時，三家未分，齊未爲陳氏也。

孫詒讓云：竊以今五十三篇之書推校之，墨子前及與公輸般、魯陽文子相問答，而後

〔一〕「言」字原脱，今補。

及見齊太公和見魯問篇。田和爲諸侯，在安王十六年。與齊康公興樂、見非樂上篇。康公卒於安王二十三年。楚吳起之死，見親士篇。在安王二十一年。上距孔子之卒敬王四十一年。幾及百年，則墨子之後孔子蓋信。審覈前後，約略計之，墨子當生於周定王之初年，而卒於安王之季，蓋八九十歲，亦壽考矣。

高瀨武次郎云：墨子遊楚，獻書，惠王以老辭。以此推測，惠王當時大概六十歲以上，其時墨子歲數雖未明知，以儼然爲有道之士則可無疑。假定其年爲五十歲左右，則墨子之生當在孔子七十歲左右。以普通年壽計算，自孔子晚年至其卒後五六十年間，可推定爲墨子之生存時代。

胡適之云：孫詒讓所考，不如汪中考的精確。墨子決不曾見吳起之死，據呂氏春秋上德篇，吳起死時，墨學久已成了一種宗教。那時墨者鉅子傳授的法子，也已經成爲定制了，那時的墨者已有了新立的領袖。孟勝的弟子勸他不要死，説「絶墨者於世，不可」，要是墨子還没有死，誰能説這話呢？可見吳起死時，墨子已死了許多年了。我們推定墨子大概生在周敬王二十年與三十年之間，西曆紀元前五〇〇至四九〇年。死在周威烈王元年與十年之間。西曆紀元前四二五至四一六年。墨子生時，約當孔子五十歲、六十歲之間，孔子生西曆紀元前五五一年。到吳起死時，墨子已死了差不多四十年了。

梁任公云：據我的意見，考證這問題，當以本書所記墨子親見的人、親歷的事爲標準，再拿他書所記實事做旁證、反證。我所信的，是鄭繻公被弑後三年，西紀前三九〇年。謹案：梁氏附録墨子年代考正文作「西紀前三九三年」是也，此文計算偶誤，當據附録訂正。下文年代誤處，並當據以訂正。墨子還未死。吴起死時，前三八一年。墨子却已死了。墨子之死，總不出這前後八年間，上推他的生年，總不能比公輸般小過三十歲。公輸般是孔子卒前十年已生的，所以我推定墨子生於周定王元年至十年之間，西紀前四六八至四五九年。約當孔子卒後十餘年，孔子卒於前四七九。墨子卒於周安王十二年至二十年之間，西紀前三九〇至三八二年。約當孟子生前十餘年。孟子生於前三七二年。

右列諸家之説竟，今再略事補充，爲考訂墨子年世之助。

一、楚惠王　貴義篇「墨子南遊於楚，獻書惠王，惠王以老辭」，渚宫舊事注謂當惠王之五十年。是時墨子之年少亦當及四十，否則將無「北方賢聖人」之譽。又據渚宫舊事，墨子止楚攻宋事在獻書惠王之前。墨子生於儒家發祥之國，當儒學方盛之時，剏學説聚人徒殊非易事，今觀其止楚攻宋，已有可以使赴危難於數百里外之弟子三百人，見公輸篇。則必在學成授徒若干年後，始有此現象，是其年少亦當在四十左右也。

二、公輸般　禮記檀弓篇「季康子之母死，公輸若方小，斂，般請以機封」，王引之云：若，般之字。又曰「季孫之母死，哀公弔焉，曾子與子貢弔焉，涉内霤，卿大夫皆辟位，公降一等而揖之」，二人受此優禮，似當在孔子卒後，子貢未去魯以前。魯哀公十六年孔子卒，曾子二十七歲。據史記仲尼弟子傳推算。若季康子之母死在魯哀公十年以前，則曾子年僅二十許，不當遽受人君之優禮。子貢在孔子卒後，有賢於仲尼之譽，見論語子張篇。哀公禮之，情事尤合。今既云「公輸若方小」，則其年當不過二十，生於魯定、哀之際。史記楚世家「惠王四十四年，楚滅杞，與秦平」，是時越已滅吴，而不能正江淮北，楚東侵廣地至泗上，此與魯問篇公輸般游楚，爲楚作舟戰之器，「亟敗越人」，當爲一事，渚宫舊事載其事於楚惠王五十年以前。據兩書推定，其事當在惠王四十四年與五十年之間，其時公輸般年約五十，長於墨子十許歲也。

三、魯陽文君即魯陽文子　國語楚語：「惠王以梁與魯陽文子，文子辭曰：『梁險而在境，懼子孫之有貳者也。縱臣而得保其首領以没，懼子孫之以梁之險，乏臣之祀也。』王曰：『子之仁人，不忘子孫，施及楚國，敢不從子。』與之魯陽。」觀文子「得保首領」語之肯定，惠王答辭之客氣，顯然爲君臣行輩相同相處已久之語。賈逵、韋昭注並云「魯陽文子即公孫寬」，與本文語氣正合。梁任公以魯問篇「鄭人三世殺其父」節推定魯陽文子在楚悼王九年猶存，與公孫寬年世不值，遂謂魯陽文子非公孫寬，當爲寬之子，漢人舊注不可信。不知「三世」「三」字是虚數，古書中其例甚多，若必一一執「三」之實數以求之，多見其窒礙難通也。且國語記事，大都斷於春秋，其涉及戰國者，類多終言一事偶筆及之，亦止於春秋後二十餘年。據左哀十六年傳「諸梁兼二事，國寧。乃使寧爲令尹，使寬爲司馬，而老於葉」，可見其時寬之年齡不大，衆望未孚，故國寧然後使嗣父爲司馬。設魯陽文子爲寬之子，而其辭封時又不類少年人語氣，則其事必不得載諸國語矣。是梁氏謂魯陽文子爲寬之子者，不唯與古注相違，且並國語書之時代而亦忘之也。

四、公孟子義即公明儀　禮記檀弓篇：「子張之喪，公明儀爲志焉。」掘坊志「子張卒年五十七」，史記仲尼弟子傳「子張少孔子四十八歲，曾子少孔子四十六歲」，檀弓「子張死，曾子有母之喪，齊衰而往哭之」，則子張固未享高壽，掘坊志之説不爲無因。據以推其卒年，則魯悼公之二十一年，楚惠王之四十二年也。其時公明儀已能主持喪事章識之禮，其年少亦當在三十左右。據公孟篇公孟子與墨子問答之語氣推之，墨子之年當不至少於公明儀。

五、越王繄虧　非攻下篇「越王繄虧」，蓋即越王翳，「虧」爲語後餘聲，「翳」之爲「繄虧」，猶魯隱公息之爲息姑、宋文公鮑之爲鮑革、鄭釐公惲之爲髠頑、陳平公鬱之爲郁釐、晉静公俱之爲俱酒也。

六、齊大王　魯問篇「子墨子見齊大王」，「大王」即田和，經蘇、俞諸家之考釋，可無庸疑。墨子見田和，當在彼執政以後。

七、項子牛　魯問篇曰：「齊將伐魯，子墨子謂項子牛曰：伐魯，齊之大過也。」又曰：「子墨子使勝綽事項子牛，項子牛三侵魯地。」淮南子人閒訓曰：「三國伐齊，圍平陸，許注：三國，韓魏趙也。括子以報於牛子，許注：括子、牛子，齊臣。曰：『三國之地不接於我，踰隣國而圍平陸，利不足貪也，然則求名於我也，請以齊侯往。』牛子以爲善，而用括子之計，三國之兵罷，而平陸之地存。」此「牛子」蓋即「項子牛」，猶嬰子之爲田嬰、章子之爲匡章也。竹書紀年「周威烈王十八年，王命韓景子、趙烈子及魏師伐齊，入長垣」，與淮南子三國伐齊殆爲一事。孫詒讓注「三侵魯地」在周威烈王十餘年，與淮南及紀年所表現之時代正相值。

八、季孫紹、孟伯常　耕柱篇：「墨子曰：季孫紹與孟伯常治魯國之政，不能相信，而祝於藂社，曰：『苟使我和。』」史記：「魯悼公之時，三桓勝，魯如小侯。」禮記檀弓：「悼公之喪，孟敬子曰：吾三臣者之不能居公室也，四方莫不聞矣。」可見悼公卒時，魯政猶在三家。魯穆公二年，齊伐魯，取郕。郕爲孟氏私邑，失郕則孟氏或衰或亡，勢不能與季氏争政。其時去悼公之卒二十三年。由是可推知，季孫紹與孟伯常公治魯政，當在此二十三年之間，墨子身見其事也。

九、齊康公　非樂上篇：「昔者齊康公興樂萬，萬人不可衣短褐，不可食糠糟，曰：『食飲不美，面目顏色不足視也；衣服不美，身體從容不足觀也。』是以食必粱肉，衣必文繡。此掌不從事乎衣食之財，而掌食乎人者也。是故子墨子曰：今王公大人惟無爲樂，虧奪民衣食之財，以拊樂如此多也。是故子墨子曰：爲樂非也。」細讀原文，自「昔者」至「而掌食乎人者也」與墨子無明塙關係，墨子晚年容及見康公，但僅據非樂篇文，殊不足以爲康公時墨子尚存之證也。

十、孟勝、田襄子　據呂氏春秋上德篇，吳起死時，楚悼王二十一年。墨者鉅子爲孟勝。孟勝死，屬鉅子於宋之田襄子。考之墨子本書，無孟勝、田襄子其人。若其時墨子新卒，二鉅子之名似不應皆不見於墨子書。在理想上，墨子之後設已有鉅子制，其鉅子當屬諸禽滑釐。耕柱篇有「子禽子」之稱，呂氏春秋當染、尊師兩篇載許犯、索盧參爲禽子弟子，皆可爲禽子死於墨子之後，嘗講學授徒之證。今非禽子者，可推知吳起死時，墨家鉅子之傳已非一代，即禽子亦已不在人間也。

茲據孫詒讓墨子年表，並博采陳說，參以己見，作爲簡表如次：

周王紀年	西曆紀元前		
敬王卅二	四八八	楚惠王元年。魯哀公七年。	墨子生於此年至以後十年間。
卅六	四八四	魯哀公十一年。吴夫差敗齊於艾陵，獲齊國書。	魯問篇：「吴王北伐齊，取國太子以歸於吴。」亦見非攻中、非儒下兩篇。
卌一	四七九	魯哀公十六年。孔子卒。楚白公勝作亂，劫王子閭。	是年墨子已生，季康子之母死當在此後數年内。魯問篇：「昔白公之禍，執王子閭。」亦見非儒篇。
卌二	四七八	楚惠王十一年，伐陳，滅之，乃使寧爲令尹，使寬爲司馬。	寬即司馬子期之子公孫寬，亦即耕柱、魯問諸篇與墨子問答之魯陽文君。

卅三	四七七	周敬王崩。楚惠王十二年封公孫寧於析。	楚惠王封公孫寬於魯陽，事見國語及注，不知在何年。寧位崇於寬，寬受封當在寧之後。
元王四年	四七三	越滅吳。	非攻中篇、魯問篇言其事。
定王元年	四六八	魯哀公二十七年，季康子卒。	
四	四六五	越王句踐卒。	句踐事見親士、所染、兼愛、非攻、公孟諸篇。
十四	四五五	鄭哀公八年，鄭人弒哀公。韓魏趙敗智伯於晉陽，殺智伯，三分其地。	魯問篇「鄭人三世殺其父」，蘇時學云：「父」當作「君」。哀公即其一也。非攻中篇：智伯圍趙襄子於晉陽，韓魏趙合擊智伯，大敗之。亦見魯問篇。

廿二	四四七	楚惠王四十二年，滅蔡。魯悼公二十一年，子張卒。子張之喪，公明儀爲志焉。	非攻中篇：蔡亡於吳越之閒。公明儀即公孟子義，見公孟篇，與墨子相問答。
廿四	四四五	楚惠王四十四年，滅杞，東侵越，廣地至泗上。	魯問篇：公輸般游楚，爲楚作「舟戰之器，亟敗越人」，當在此以後數年内。
考王元年	四四〇	楚惠王四十九年。	公輸篇：公輸般爲楚爲雲梯，將以攻宋，墨子疾行至郢，見楚王，乃不攻宋。據渚宮舊事，此事在般作舟戰器敗越以後，墨子獻書惠王之前。
二	四三九	楚惠王五十年，墨子獻書惠王，惠王不能用。	貴義篇：「墨子南遊於楚，獻書惠王，惠王以老辭。」渚宮舊事：「惠王以書社封墨子，不受而去。」是時墨子之年，少亦當及四十。

九	四三二	楚惠王五十七年卒。	
十	四三一	楚簡王元年，滅莒。	非攻中篇：莒亡於齊越之閒。
十一	四三〇	魯元公元年。	魯問篇：「魯君謂子墨子曰：吾恐齊之攻我也，可救乎？」又：「魯君謂子墨子曰：我有二子，一人者好學，一人者好分人財，孰以爲太子而可？」「魯君」疑即魯元公。
威烈王元年	四二五		
三	四二三	鄭幽公元年，韓伐鄭，殺幽公。	魯問篇「鄭人三世殺其父」，蘇云：「父」當作「君」。幽公即其一也。

十四	四一二	齊宣公四十四年，伐魯攻葛及安陵。	魯問篇「齊項子牛三侵魯地」，孫云：此攻葛及安陵，或即三侵之一。
		越王翁三十七年卒。	魯問篇：公尚過説越王，越王使公尚過迎墨子於魯。孫云：疑爲王翁中晚年事。
十五	四一一	齊宣公四十五年，伐魯，取都。田莊子卒，太公和立。	魯問篇「墨子見齊大王」，當在此後各年中，大王即太公和也。新序亦載齊王與墨子問答事。孫云：齊伐魯，取都，或亦三侵之一。
		越王翳元年。	非攻下篇越王繄虧，即王翳。
十八	四〇八	齊宣公四十八年，取魯之郕。魯穆公二年。	耕柱篇「季孫紹與孟伯常治魯國之政」，當在此年以前。孫云：齊伐魯取郕，或亦三侵之一。

二十	四〇六	晉烈公十四年，魏滅中山。	所染篇「中山尚染於魏義、偃長」，孫云：中山尚疑即中山桓公，爲魏文侯所滅。
廿二	四〇四	齊康公元年。 宋昭公四十七年卒。	非樂上篇「齊康公興樂萬」，史記亦謂康公淫於酒、婦人，不聽政。 孫云：吕氏春秋召類篇注「子罕殺昭公」，史記鄒陽傳「宋信子罕之計而囚墨翟」，疑昭公實被弑，囚墨子即其季年事。 謹案：囚墨子事古書無徵。
廿三	四〇三	晉烈公十七年，魏趙始列爲諸侯。	

廿四	四〇二	周威烈王崩。越王翳十年。	據墨子本書可恃各篇所載，墨子親見之人、親歷之事，以齊大王、越王緊虧爲最晚，此後即無堉可信據之資料。墨子蓋即卒於周威烈王末年，享年八十左右。
安王六年	三九六	鄭繻公二十七年，鄭相子陽之徒弑繻公。	孫云：魯問篇「魯陽文君曰：鄭人三世殺其父」，或謂指哀、幽、繻三君，然與文君年不合，疑當作「二世殺其君」，即指哀公、幽公被殺也。謹案：孫謂繻公被殺與魯陽文君年不合，是也。惟「三世」是虛數，不必改字，義亦得通。
十六	三八六	齊康公十九年，田和始列爲諸侯。	
十七	三八五	齊康公二十年，田和卒。	

（五）墨學之真諦

一、墨學綱領

孫中山先生云：「古時最講『愛』字的，莫過於墨子。」蔡孑民先生云：「先秦惟孑墨子頗治科學。」綜合二先生之言，爰得墨學綱領如次：

墨學——愛、智雙修｛愛——以感情親愛人類。智——以理智分析物象。｝

人生與處，曰人與物。愛以接人，智以格物。愛、智雙修，洪纖畢舉。人生問題，思過半矣。西洋自文藝復興以還，中經産業革命，智甚發達，而愛不足以副之，是以内則分配不均，貧富懸隔，外則侵略不已，慘無人道。中國自秦漢以後，焚書禁學，罷黜百家，思辯既受束縛，研求日趨陜隘，晚周之科學萌芽横被摧殘，學術進步于焉停滯。智既錮蔽，愛亦偏私，陵夷至於清末，餘風未殄，遺俗猶存，國弱民困，非偶然也。

愛、智雙修

- 愛
  - 一、兼愛精神。
  - 二、犧牲精神。論語曰：「仁者必有勇。」老子曰：「慈，故能勇。」故以犧牲精神係于愛。
- 智
  - 三、科學精神。
  - 四、創造精神。
  - 五、力行精神。力行精神爲愛、智二者之推動力。

（一）兼愛精神

愛之對象愛人。　大取篇曰：「凡學愛人。」「諸聖人所先，爲人。」「不爲己之可學也。」

愛之動機愛無所爲。　大取篇曰：「愛人非爲譽也。」經上篇曰：「仁，體愛也。」說曰：「仁。愛民者，非爲用民也，不若愛馬者。」

愛之實利　兼相愛，交相利。尸子曰「夫愛民，且利之也。愛而不利，則非慈母之德也」，義與此近。

愛之分量及其施展　墨者夷之曰：「愛無差等，施由親始。」大取篇曰：「愛無厚薄。」

「爲天下厚愛禹，乃爲禹之愛人也。」經說下〔一〕篇曰：「進行者，先敷近，後敷遠。」

愛之範圍無時量，無方量。　大取篇曰：「盡愛是世。」「愛衆世與愛寡世相若，兼愛之有相若。愛尚世與愛後世，一〔二〕若今之世。」經下篇曰：「無窮不害兼。」「不知其所處，不害愛之。」

愛之完成無人我相。　大取篇曰：「天下無人，子墨子之言也。」「愛人不外己，己在所愛之中。」于是人我渾融，充類至盡。

（二）犧牲精神

勇敢　大取篇曰：「聖人惡疾病，不惡危難，正體不動。」經上篇曰：「勇，志之所以敢也。」說曰：「勇。以其敢於是也，命之。不以其不敢於彼也，害之。」陸賈新語曰：「墨子之門多勇士。」淮南子曰：「墨子服役百八十人，皆可使赴火蹈刃，死不旋踵，化之所致也。」

任俠　經上篇曰：「任，士損己而益所爲也。」說曰：「任：爲身之所惡，以成人之所

〔一〕「經說下」原誤「經下」，逕改。按引文見經說下第六三條。
〔二〕「一」原誤「亦」，據大取篇改。

急。」

犧牲　大取篇曰：「殺己以存天下，是殺己以利天下。」「斷指與斷捥，利於天下相若，無擇也。」經下篇曰：「無說而懼，說在弗必。」說曰：「無。子在軍，不必其死生。聞戰，亦不必其死生。前也不懼，今也懼。」魯問篇：「子墨子曰：子欲學子之子，今學成矣，戰而死。」孟子曰：「墨子兼愛，摩頂放踵利天下，爲之。」

(三)科學精神

科學方法之樹立　大取等六篇討論名學甚詳，與西洋邏輯、印度因明同爲世界學術史上有價值之科學方法。

數學、物理學等之研究　見經上等篇。先秦諸子研究此種自然科學者，唯墨家耳。

工藝制造　墨子大巧，爲車轄，爲木鳶，爲守禦器械。

(四)創造精神

公孟篇：「公孟子曰：『君子不作，述而已。』子墨子曰：『不然。古之善者則述之，今之善者則作之，欲善之益多也。』」非儒篇：「儒者曰：『君子必古服言然後仁。』應之曰：『所謂古之服言者，皆嘗新矣。而古人服之、言之，則非君子也。然則必服非君子之服、言非君子之言，而後仁乎？』又曰：『君子循而不作。』應之曰：『古者羿作弓，伃作甲，奚仲作車，巧垂作舟。然則今之鮑、函、車、匠皆君子也，而羿、伃、奚仲、巧垂皆小人邪？且其所循，人必或作之，然則其所循，皆小人道也。』」

(五)力行精神

祛除畏難心理　兼愛中篇：「今天下之士君子曰：『然，乃若兼則善矣。雖然，天下之難物迂故也。』子墨子言曰：『愛人者，人必從而愛之。利人者，人必從而利之。此何難之有？特上弗以爲政，士不以爲行故也。』」經下篇曰：「無窮不害兼。」說曰：「人若不盈無窮，則人有窮也，盡有窮無難。盈無窮，則無窮盡也，盡有窮無難。」

廓清命定主義　非命上篇曰：「執有命者不仁。」「今用執有命者之言，是覆天下之義。覆天下之義者，是立命者也。」非命下篇曰：「昔者禹湯文武得光譽令問於天下，夫豈可以爲命哉？故以爲其力也。」本書有非命三篇。

行須有方法有程敍　尚賢中篇曰：「既曰若法，未知所以行之術，則事猶若未成。」經下篇曰：「行脩以久，說在先後。」說曰：「行者必先近而後遠。遠近，脩也。先後，久也。民行脩必以久也。」

不爲環境轉移　耕柱篇：「巫馬子謂子墨子曰：子之爲義也，人不見而助，鬼不見而富，而子爲之。」貴義篇：「故人謂子墨子曰：『今天下莫爲義，子獨自苦而爲義，子不若已。』子墨子曰：『今有人於此，有子十人，一人耕而九人處，則耕者不可以不益急矣。何故？則食者衆而耕者寡也。今天下莫爲義，則子如勸我者也。何故止我？』」公孟篇：「子墨子曰：夫義，天下之大器也，何以視人？必强爲之！」

從力行中證驗愛智　兼愛下篇：「天下之士曰：『兼即善矣。雖然，豈可用哉？』子墨子曰：『用而不可，雖我亦將非之。』」貴義篇：「穆賀謂子墨子曰：『子之言則誠善矣，而君王，天下之大王也，毋乃曰賤人之所爲，而不用乎？』子墨子曰：『唯其可行。』」「子墨子曰：今天下之君子之名仁也，雖禹湯無以易之。兼仁與不仁而使天下之君子取焉，不能知也。故我曰：天下之君子不知仁者，非以其名也，亦以其取也。」魯問篇曰：「翟聞之，言義而弗行，是犯明也。」

二、墨家羣治之主張

墨學綱領曰愛與智。發于政事，亦不過宏其愛、智之用而已，玆分述之：

（一）關於社會教育者

人性之熏陶　人性無善無惡，非善非惡，善惡緣於習染，如素絲然，染于蒼則蒼，染于黃則黃，故染不可不慎也。大取篇曰：「諸陳執既有所爲，而我爲之，陳執之所爲，因吾所爲也。若陳執未有所爲，而我爲之陳執，陳執因吾所爲也。」如此因果承續，業行交酬，胥入于習染洪流中，而演進不已。

體育之注重　大取篇曰：「聖人惡疾病。」節用上篇曰：「居處不安，飲食不時，作疾病死者不可勝數。」節用中篇：「飲食之法曰：足以充虛繼氣，强股肱，使耳目聰明。」節葬下篇反對儒家處喪之法，有曰：「相率强不食而爲飢，薄衣而爲寒，使面目陷陬，顔色黧黑，耳目不聰明，手足不勁强，不可用也。」又曰：「苟其飢約，是以百姓冬不仞寒，夏不仞暑，作疾病死者不可勝計也。」

尊天明鬼　信仰天志，效法天行。天之行廣而無私，其施厚而不德，其明久而不衰。天鬼賞善罰暴，使天下之爲善者勸，爲暴者沮。本書有天志、明鬼等篇。

學貴專精　耕柱篇：「子墨子曰：能談辯者談辯，能説書者説書，能從事者從事。」公孟篇：「二三子有復於子墨子學射者，子墨子曰：不可。夫知者必量其力所能至而從事焉。」

教貴普及　尚賢下篇曰：「有道者勸以教人。」公孟篇：「公孟子謂子墨子曰：今子徧從人而説之，何其勞也？」魯問篇：「子墨子曰：天下匹夫徒步之士少知義，而教天下以義者功亦多，何故弗言也？若得鼓而進於義，則吾義豈不益進哉！」

（二）關於國家政治者

尚賢　不辯貧富貴賤、遠邇親疏，賢者舉而尚之，不肖者抑而廢之。本書有尚賢三篇。

尚同　縱的主張上下情通，免除隔閡。其反面爲下比。橫的建樹中心信仰，共同趨赴，以免紛歧。其反面爲交相非。本書有尚同三篇。

非攻　以今語釋之，即反侵略主義也。非攻上篇曰：「今至大爲不義攻國。」非攻下篇曰：「攻伐爲不義，非利物。」非攻下篇同時倡導、肯定正義之戰爭，「督以正，義其名……則天下無敵矣」。本書有非攻三篇。

守備　守備與非攻爲一事之兩面。蓋强暴之國，其侵略有非空言非攻所能勸阻者，則以守備防制之，使不得逞，守備所以濟非攻之窮也。節用上篇曰：「其爲甲盾五兵何？以爲以圉寇亂盜賊。凡爲甲盾五兵，加輕以利堅而難折者尚諸。」備城門篇曰：「我城池修，守器具，推粟足，上下相親，又得四鄰諸侯之救，此所以持也。」公輸篇曰：「公輸般九設攻城之機變，子墨子九距之。公輸般之攻械盡，子墨子之守圉有餘。」戰國策魯仲連遺燕將書曰：「今公以弊聊之民，距全齊之兵，期年不解，是墨翟之守也。」本書有備城門、備高臨等篇。

（三）關於人民生活者

生産與分配

指出勞動爲人類生活所必需，「賴其力者生，不賴其力者不生」(《非樂上》)。主張對「不與其勞獲其實」之人加以懲罰(《天志下》)。

主張有力相勞，有財相分，有道相教(見《天志中》、《尚賢下》等)；「分財不敢不均」(《尚同中》)，多財以分貧(《魯問》)，助貧使之富(《節葬下》)。實現飢者得食，寒者得衣，勞者得息；疾病侍養之，死喪葬埋之；老而無子者，有所得終其壽；少失其父母者，有所放依而長(見《尚賢》、《兼愛》、《非命》等篇)。

主張「按勞分配」，「有能則舉之……以勞殿賞，量功而分禄」(《尚賢上》)。

生活之節目及其法式

衣　「凡爲衣裳之道，冬加温、夏加清者，尚諸。」

食　「聖王制爲飲食之法曰：足以充虚繼氣，强股肱，使耳目聰明，則止。」節用上篇未言及飲食問題，姑以節用中篇文補之。

住　「凡爲宫室，加固者，尚諸。」

行　「凡爲舟車之道，加輕以利者，尚諸。」

性　「聖王爲法曰：丈夫年二十，毋敢不處家。女子年十五，毋敢不事人。」内無拘女，外無寡夫。

人民之享受

「……食必常飽然後求美，衣必常暖然後求麗，居必常安然後求樂，……先質而後文，此聖人之務。」（見本書墨子佚文。）

生活之恉歸

甲、除去特殊階級之奢侈生活。

王公大人生養死葬之浪費，首應除去。「非樂」、「節葬」諸義因之而立。節用上篇曰：「去大人之好聚珠玉、鳥獸、犬馬，以益衣裳、宮室、甲盾五兵、舟車之數。」

乙、提高一般人民之生活水準。

丙、促進人類社會之物質文明。

衣裳加温凊，宮室加固，舟車加輕利，甲盾五兵加輕利與堅韌，即提高生活水準與促進物質文明之徵也。參看拙箸墨家之經濟思想。

丁、建設兼愛交利之共享互助社會。

兼相愛，交相利。愛人若愛其身。國都不相攻伐，人家不相亂賊。人爲其所能，以交相利也。

前項「生活節目及其法式」，多見于節用上篇。「節用」云者，節省無益之用，充實有益之用。二者爲一事之兩面，不可偏廢，非徒爲吝嗇也。故曰「發令興事，使民用財，無不加用而爲者」。是則因加用而使民用財，固墨家之所樂爲也。非樂上篇曰：「古者聖王亦嘗厚措斂乎萬民，以爲舟車。既已成矣，曰：吾將惡許用之？曰：舟用之水，車用之陸，君子息其足焉，小人休其肩背焉。故萬民出財，齎而予之，不敢以爲慼恨者，何也？以其反中民之利也。」所謂「興天下之利」，所謂「利人乎即爲」，義即如此。昔人論墨家者，多誤解「節用」之義，僅舉其去無用之消極一面，而遺其尚加用之積極一面。大聖宏規，晦霾千古，滋可慨已。

三、孔學、墨學之比較

中國文化發皇，首推先秦。先秦顯學，厥唯孔、墨。研究孔學，以論語爲足徵。孟子、荀子亦可引用。至於漢儒所輯之「孔子曰」，則多不足恃。如禮運大同之説，以尊崇孔子甚力，研究孔學甚晰之梁漱溟先生，亦定其非孔子之言。誠以一家學説，須觀其通，不宜輕據片辭隻字，展轉比傅，失其本真也。目前尊崇孔子，僞滿甚于國民政府。北平失陷後，倭酋與所謂維持會諸奸祀孔，其典禮之隆重爲數十年來所未有（見當時北平各報）。于中機括，已可概見。孔子爲中國數千年師表，當然有其偉大處。惟其偉大，所以易受利用。正如羅蘭夫人所云，自由、自由，世上許多罪惡，假汝之名以行耳。研究墨學，材料亦須選擇。今本墨子以卷二至卷十四爲可信。其中尚須除去節用中及非儒後半篇。此外孟子、荀子批評墨子之語，亦有參證價值。著者研究孔、墨二家之結果，得一簡單比較如次：

孔學　以封建社會爲基礎，以禮之等差爲骨幹，以安分守身爲美德，以述而不作爲精神，以君主爲楮柱者也。故欲收斂人心、保持現狀者，則崇尚孔學。

墨學　以共享社會爲理想，以人類平等爲骨幹，以爲人損己爲美德，以述作兼施爲精神，以民衆爲楮柱者也。故欲啓發民智、改進現狀者，則崇尚墨學。

中華書局
初版責編　薛有紅